झूठा सच
(वतन और देश)

झूठा सच

(वतन और देश)

यशपाल

विप्लव कार्यालय, लखनऊ
की ओर से

लोकभारती प्रकाशन

विप्लव कार्यालय, लखनऊ
की ओर से
लोकभारती प्रकाशन
पहली मंजिल, दरबारी बिल्डिंग, महात्मा गांधी मार्ग
प्रयागराज-211 001
वेबसाइट : www.lokbhartiprakashan.com
ईमेल : info@lokbhartiprakashan.com
शाखाएँ : 1-बी, नेताजी सुभाष मार्ग, दरियागंज
नई दिल्ली-110 002
अशोक राजपथ, साइंस कॉलेज के सामने
पटना-800 006

पहला संस्करण : 1977
पहला लोकभारती संस्करण : 2007
नौवाँ संस्करण : 2023

मुद्रक : यश प्रिंटोग्राफिक्स
नोएडा-201 301 (उत्तर प्रदेश)

JHOOTHA SACH
Vatan Aur Desh
by Yashpal

ISBN : 978-81-8031-065-2

मूल्य : ₹1195

झूठा सच में

सच को कल्पना से रंग कर उसी जन समुदाय को सौंप रहा हूँ जो सदा झूठ से ठगा जाकर भी सच के लिये अपनी निष्ठा और उसकी ओर बढ़ने का साहस नहीं छोड़ता।

— **यशपाल**

आवश्यक

'झूठा सच' के दोनों भागों —'वतन और देश' और 'देश का भविष्य' में देश के सामयिक और राजनैतिक वातावरण को यथा-सम्भव ऐतिहासिक यथार्थ के रूप में चित्रित करने का यत्न किया गया है । उपन्यास के वातावरण को ऐतिहासिक यथार्थ का रूप देने और विश्वसनीय बना सकने के लिये कुछ ऐतिहासिक व्यक्तियों के नाम ही आ गये हैं परन्तु उपन्यास में वे ऐतिहासिक व्यक्ति नहीं, उपन्यास के पात्र हैं ।

कथानक में कुछ ऐतिहासिक घटनायें अथवा प्रसंग अवश्य हैं परन्तु सम्पूर्ण कथानक कल्पना के आधार पर उपन्यास है, इतिहास नहीं है ।

उपन्यास के पात्र तारा, जयदेव, कनक, गिल, डाक्टर नाथ, नैयर, सूद जी, सोमराज, रावत, ईसाक, असद और प्रधान मंत्री भी काल्पनिक पात्र हैं ।

— **यशपाल**

१

सास के अन्तिम समय दोनों बहुएँ उपस्थित थीं।

बड़ी बहू ने सास की मृत्यु की घोषणा करने के लिए, दारुण दुःख के समय की रीति का ध्यान कर देवरानी को असह्य पीड़ा के ऊँचे स्वर में चीत्कार करने के लिए कहा।

घबराहट में देवरानी से ठीक तरह से न बन पड़ा। बड़ी बहू ने रीति की रक्षा के लिए स्वयं खिड़की में जाकर उचित ऊँचे स्वर में विलाप का हृदय-बेधी चीत्कार किया जैसे बाण से बिंध गयी कोई चील मर्मान्तिक पीड़ा से चीख उठी हो।

गली भर के लोग नींद से जाग उठे। पड़ोसिनें मेलादेई, लाल्लो, कर्तारो, संतकौर, पीतमदेई और जीवां तुरन्त आ गयीं। छाती पीट-पीटकर विलाप होने लगा। विलाप करती स्त्रियाँ बीच-बीच में संतोष भी प्रकट कर देती थीं—बुढ़िया का समय भी आ गया था। भागवान पोते-पोतियों से भरा घर छोड़ कर गयी है। कर्मों वाली थी।

मर्द भी नीचे गली में, मकान के चबूतरे पर एकत्र हो गये थे। सब लोग मास्टर रामलुभाया और बाबू रामज्वाया के माँ की छत्रछाया से वंचित हो जाने पर सोग प्रकट करके, संसार की अनित्यता की याद दिला कर उन्हें सांत्वना देने लगे।

वृद्धा प्रायः अपने बड़े लड़के बाबू रामज्वाया के ही घर पर रहती थी। रामज्वाया रेलवे पार्सल दफ्तर में नौकर थे। वे छब्बीस वर्ष से नौकरी में थे। उन्होंने पीपल बेहड़े (पीपल वाले आँगन) मुहल्ले की उच्ची गली में दो गिरे हुए मकान खरीद कर, नये तिमंजिले मकान बनवा लिये थे। आमदनी के लोभ में, अपने रहने के मकान का भी आधा भाग किराये पर दे दिया था।

रामज्वाया के बड़े लड़के का विवाह हो चुका था। मकान का एक कमरा लड़के और नयी बहू ने सँभाल लिया था। अन्य सबका तो निर्वाह हो ही जाता था, केवल बुढ़िया माँ के लिए जगह न रहती थी। बुढ़िया को ऐसा कुछ करना भी क्या था कि उसके लिए खास जगह की जरूरत समझी जाती।

रामज्वाया की घरवाली का स्वभाव कुछ तीखा था। दो मकानों की मालकिन बन जाने से उसकी जिह्वा की तीव्रता भी कुछ बढ़ गयी थी। सास बुढ़ापे की चिड़चिड़ाहट में बक देती तो स्वयं सास बन चुकी बहू खरा-खटाक उत्तर दिये बिना न रहती। जब-तब ऐसा झगड़ा हो जाता और बुढ़िया अपने बड़े बेटे की पहली बहू का गुण याद करने लगती। अपने चार कपड़ों की पोटली बगल में दबाये, भोला पाँधे की गली में, अपने छोटे बेटे मास्टर रामलुभाया के घर आ जाती। कुछ दिन बाद रामज्वाया जाकर माँ को लौटा लाते या बुढ़िया छोटे बेटे के घर में जगह की तंगी से तंग आकर बड़े बेटे के बच्चों को देख आने के लिए उच्ची गली में लौट आती थी पर सन् १९४६ के जाड़ों में बुढ़िया छोटे

बेटे के यहाँ आयी थी तो गहरी सर्दी खा गयी। उसे निमोनिया हो गया। दोनों बेटों ने बहुत दौड़-धूप की परन्तु माँ का समय आ गया था।

मास्टर रामलुभाया आर्य समाजी डी० ए० वी० स्कूल में अध्यापक थे और विचारों से सुधारवादी थे। उनके विचार में माता की मृत्यु का शोकाचार और सूतक दूर करने का उपाय ईश्वर-भजन और हवन से होना चाहिए था। गली की स्त्रियों ने उचित स्यापे के स्थान में रूखे ईश्वर-भजन और हवन के प्रस्ताव सुने तो उन्होंने विस्मय प्रकट कर आपत्ति की—हाय, यह कैसे हो सकता है। कर्मों वाली बुढ़िया थी, पोते-पोतियों का, पोते की बहू का मुँह देखकर मरी है; इसका विमान नहीं सजेगा, इसके लिए संगस्यापा नहीं होगा तो फिर क्या किसी जवान के मरने पर होगा?

बुढ़िया की मृत्यु मास्टर रामलुभाया के घर में हुई थी। नड़ोया (अर्थी) भी उन्हीं के दरवाजे से उठा परन्तु दह बाबू रामज्वाया की भी तो माता थी और बुढ़िया का किरिया-कर्म उचित सम्मान के साथ होने में उनके सम्मान का भी प्रश्न था। ऐसी भाग्यवान बुढ़िया का विमान जिस सज-धज से उठना चाहिए था, वह गरीब मास्टर जी के वश की बात न थी। रामज्वाया को इस बात के लिए भी बहुत खेद और लज्जा थी, शहर में उनका अपना घर रहते माँ का अन्तकाल छोटे भाई के यहाँ आया। माँ के किरिया-कर्म का अनुष्ठान छोटे भाई के घर पर भोला पाँधे की गली में हो रहा था, परन्तु माँ के प्रति उचित प्रतिष्ठा प्रदर्शन करने के लिए सब खर्च और व्यवस्था उन्होंने सँभाल ली थी।

मास्टर जी किराये के मकान की ऊपर की मंजिल में रहते थे। नीचे आँगन में पानी का नल था और नीचे की कोठरियों में मकान मालिक का बजाजे का गोदाम था। ऊपर एक बड़ी कोठरी, एक रसोई और बरामदा ही तो था। रीति के अनुसार स्यापे की संगत ऊपर की मंजिल पर नहीं बैठ सकती थी। बाबू रामज्वाया और मास्टर जी की ससुरालों से और गाँव से सम्बन्धियों का आना भी आवश्यक था। मास्टर जी के मकान से लगते मकान में डाकखाने का बाबू बीरूमल और इंश्योरेन्स कम्पनी के क्लर्क टीकाराम रहते थे। इन मकानों के साथ गज भर चौड़े रास्ते से पीछे एक छोटा-सा आँगन था। गली के काज, संग-स्यापे उस खुले स्थान में ही होते थे। स्यापे के लिए वहाँ ही चटाइयाँ बिछा दी गयी थीं।

वृद्धा की मृत्यु का समाचार पाकर 'बुद्ध समाज' की बहिनें आ गयी थीं। यह बहिनें समाज से कुरीतियाँ दूर करने का और सदाचार का प्रचार करती थीं। इन बहिनों ने दिवंगत वृद्धा के सोग में स्यापे की कुप्रथा को छोड़कर भक्ति और वैराग्य के भजन गाने का उपदेश दिया। वृद्धा की बड़ी बहू ने उनकी एक न सुनी, बोली—"हम चली आयी रीति को छोड़ अपनी नाक कैसे कटा लें? लोग नाम धरेंगे कि खर्च रो डर गये··· ।"

रामज्वाया की घरवाली ने कौलां नाऊन को बुलवा लिया था। कौलां स्यापा-विशारद समझी जाती थी। सब स्त्रियाँ स्यापे और सोग के परम्परागत पहनावे में थीं। काले लहँगे और राख घोलकर रंगी हुई मोटी मलमल की खूब बड़ी-बड़ी चादरें। नाऊन, दिवंगत भागवान बुढ़िया की दोनों बहुओं के साथ बीच में बैठी। जिन स्त्रियों का जितना निकट का सम्बन्ध था, वे उतनी ही निकट, एक के पश्चात एक वृत्तों में बैठ गयीं।

कौलां नाऊन ने पहली उलाहनी (विलाप का बोल) दी—"बोल मेरिए राणिए रामजी दा नाम।"

स्त्रियों ने समवेत स्वर में उसका अनुकरण किया।

नाऊन वृद्धा माँ की स्मृति के उपयुक्त उलाहनियाँ बोल रही थी—''डिट्ठे पलंगा वालिए (भरे-पूरे घर वाली) राणिए अम्मां।''

स्त्रियों ने समवेत स्वर में दोहराया—''हाय-हाय राणिए अम्मां।''

नाऊन बोली—''हुन्दयां हुक्मां वालिये (जिसका हुक्म चलता हो) राणिए अम्मां।''

स्त्रियों ने दोहराया—''हाय-हाय राणिए अम्मां।''

नाऊन बोली—''लग्गे बागां वालिए (अनेक बागों की मालकिन) राणिए अम्मां।''

स्त्रियों ने अनुकरण किया—''हाय-हाय राणिए अम्मां।''

स्यापे में स्त्रियों के हाथ एक ताल से धप-धप छातियों पर पड़ने लगे। नाऊन वेदना में कुरलाते स्वरों से विलाप के बोल बोलती थी और स्त्रियाँ एक स्वर से 'हाया-हाया, हाया-हाया' पुकारती दोनों हाथों से एक साथ छाती पीटती जाती थीं। रीति के इस विलाप और पीटने में एक सुनिश्चित क्रम था। स्त्रियों के हाथ कभी छातियों पर पड़ते थे कभी क्रम से जांघों और छातियों पर, फिर जांघों, छातियों और गालों पर पड़ते थे। कौलां के संकेतों के अनुसार यह क्रम कभी विलम्बित में, कभी द्रुत में और फिर अति द्रुत में चलता और कभी बैठ कर और कभी खड़े होकर। नाऊन इस अनुष्ठान का नेतृत्व सतर्कता और अनुशासन से करती थीं। आँखें मूँद कर अथवा दीवार की ओट से सुनने पर स्त्रियों के छाती पीटने का सम्मिलित स्वर इस प्रकार बँधा हुआ जान पड़ता था मानो मैदान में बहुत सधे हुए सिपाही मार्च, मार्क-टाइम और क्विक मार्च कर रहे हों। किसी स्त्री के बेमेल हो जाने पर नाऊन उसे संगत से उठा दे सकती है।

स्यापों का भारीपन मृतक के वियोग के शोक के अनुपात से होता है। भरी जवानी में हुई मृत्यु पर सोग-स्यापा अधिक और बूढ़ों के मरने पर कम होता है। रामज्वाया की माँ की मृत्यु पर शोक कम और आमोद अधिक होने का अवसर था परन्तु रीति पूरी करने में किसी प्रकार की शिथिलता नहीं दी गयी। बुढ़िया के जीवन-काल में उसके प्रति जो उपेक्षा हुई थी, उसे मृत्यु उपरान्त प्रतिष्ठा से पूरा किया जा रहा था।

स्यापे में हाय-हाय कर छाती पीटने का प्रत्येक दौर चार-पाँच मिनट का होता था। नाऊन के संकेतों पर आरम्भ और विराम होता था। विराम के समय स्त्रियाँ गत स्यापों और सम्भावित सगाइयों की चर्चा करती रहती थीं। दूर के सम्बन्धों या बिरादरी की स्त्रियाँ स्यापा करने वालियों को घेर कर दूसरी बातें करने लगतीं; अथवा हाथ में लिया कोई काम करती रहतीं। शोक में उनका कर्तव्य उनकी अनुपस्थिति से ही पूरा समझ लिया जाता था। सोग का 'देय और कर्तव्य' सम्बन्ध की निकटता के अनुसार माना जाता था। बिरादरी और परिचय के सम्बन्ध से आने वाली स्त्रियाँ साधारण पोशाक में भी आ सकती थीं। परिवार में शोक की पोशाक से छूट केवल कुमारी लड़कियों और नयी दुल्हिनों को होती थी। वृद्ध-वृद्धाओं के स्यापे में मृतक के जीवन की सफलता का प्रदर्शन किया जाता था। उसके लिए उनकी कुमारी पोतियों और पोत-बहुओं के गहने-कपड़े से सज-धज कर आकर बैठने की रीति थी।

मास्टर रामलुभाया की माता का शोक मनाने के लिए, पुरुषों की बैठक उनके मकान के चबूतरे पर दरी बिछाकर लगती थी। दोनों भाइयों ने सिर, दाढ़ी-मूँछ उस्तरे से मुड़ा

दिये थे। दोनों भाई चेहरे लटकाये आगतों के बीच में बैठे रहते। उनकी आँखों में रुलाई की लाली रहती। लोग पहले आकर मिनट-दो मिनट चुपचाप उनके समीप बैठ जाते। फिर माता-पिता के स्नेह और वत्सलता की चर्चा करते। दोनों भाइयों के सिर से माता की छत्र-छाया और वरद-हस्त का बादल उठ जाने पर संवेदना प्रकट करते। अन्त में, इस शरीर के नश्वर होने के उपदेश की याद दिलाकर, संसार से विरक्ति द्वारा सन्तोष पाने का उपदेश दोहरा कर चले जाते हैं।

बाबू रामज्वाया और मास्टर जी अभ्यागतों के कुछ देर बैठ लेने पर हाथ जोड़कर 'आओ जी' कहकर उनकी संवेदना के लिए धन्यवाद देते। यह अभ्यागतों के लिए उठकर जा सकने का संकेत था। सहानुभूति प्रकट करने वाले शोकग्रस्तों से ऐसा संकेत दो-तीन बार पाकर ही उन्हें छोड़ कर जाते थे।

शोक के इस अनुष्ठान में प्रयत्न, सतर्कता, सावधानी और संयम की इतनी आवश्यकता रहती थी कि मस्तिष्क शोक के आघात से जड़ नहीं हो पाता था। शोक आघात न रहकर एक अनुष्ठान और कर्तव्य बन जाता था, जिसकी उपेक्षा नहीं की जा सकती थी। शोकातुरों को शोक के वशीभूत न होने देकर शोक को अनिवार्य सम्पादन और कर्तव्य बना देना, शोक को वश करने का और उसे बहा देने का मनोवैज्ञानिक उपाय भी था।

बाबू रामज्वाया और मास्टर रामलुभाया की माँ की मृत्यु के चौथे दिन 'मरना' बाँटा गया। रामज्वाया की बहू विशेष रूप से बन-सँवर कर आयी थी। मास्टर जी की लड़की तारा और रामज्वाया की लड़की शीलो को भी नये रंगीन रेशमी कपड़े पहनकर कुछ समय स्यापे की संगत के समीप बैठना पड़ा था।

दोपहर में शीलो और तारा अपने छोटे भाई-बहिनों को लेकर मास्टर जी के यहाँ बैठ कर बातचीत करने और कुछ खाने-पीने के लिए जाने लगीं तो उन्होंने भाभी को भी साथ चलने के लिए कहा परन्तु बहू सिर में दर्द बताकर उच्ची गली लौट गयी।

शीलो की बातचीत करते समय कुछ नमकीन या मीठा ठुंगते रहने की आदत थी। छः मास पूर्व उसकी सगाई हो चुकी थी इसलिए उसे भी दादी के 'मरने' के दो रुपये मिले थे। बेचारी तारा की सगाई अभी तक नहीं हुई थी इसलिए उसका कोई हक नहीं आता था। शीलो ने तारा के घर जाकर बैठने से पहले, गली के मोड़ पर जाकर दो आने का ताजा मोंगरा दोने में ले लिया था।

तारा के घर में सूना था। बड़ा भाई जयदेव कालिज गया हुआ था। तारा ने अपनी बरस भर की बहिन के सामने रबड़ की गुड़िया और झुनझुना रख दिया और चटाई बिछाकर शीलो के साथ लेट गयी। मोंगरे का दोना बीच में रख कर, दोनों मोंगरे के दाने ठुंगती हुई बातें करने लगीं।

शीलो ने कहा—"भाभी की बात जानती हो। उसे लहँगा-दुपट्टा मिला और पाँच रुपये मिले हैं। फिर भी कह रही थी, मैं तो दस रुपये लूँगी।" फिर शीलो बोली, "और तू देख, हमने बुलाया तो हमारे यहाँ नहीं आयी। झूठी ने कह दिया, सिर में दरद हो रहा है। घर लौटकर भाई के साथ कमरे में जाकर किवाड़ बन्द कर लेगी, और क्या। बेशर्म कहीं की दिन में भी नहीं मानती।"

"क्या?" तारा ने पूछा।

"वाह तू नहीं जानती?" शीलो मुस्कराकर घुले हुए स्वर में बोली, "मैंने तो उन्हें किवाड़ों की फाँक से झाँक कर देखा है। तूने कभी नहीं देखा?"

तारा का मुँह झेंप से लाल हो गया—"हमारे यहाँ एक ही तो कोठरी है। भाई और मास्टर जी बरामदे में सो जाते हैं। एक रात नींद खुल गयी। नाली पर जाने के लिए उठी तो मास्टर जी···मुझे बहुत शरम आयी···।" तारा ने दोनों हाथों से मुँह ढाँप लिया।

हँसी और संकोच के मारे तारा की बात रुक रही थी—"हाय तुझे कैसे बताऊँ, हरी अभी कितना है और सामने वाली पीतो; वही जो अभी नीचे बिना झगले के फिर रही थी। हाय कैसे बताऊँ, गधों ने जाने कहाँ क्या देख लिया होगा।" तारा ने लाज से होंठों पर हाथ रख लिया, "पीतो के आँगन में वैसे ही करने लगे। कर्तारो मौसी ने देख लिया तो हरी को घसीटती हुई माँ के पास आयी और लड़ने लगी—क्या सिखाती हो बच्चों को? कुछ लाज-शर्म है तुमको?"

माँ उल्टे बोली, "तू ही दिखाती-सिखाती होगी। तेरी पीतो ही बड़ी है।" दोनों में बहुत लड़ाई हुई।

"मास्टर जी ने आकर सुना तो हरी को बहुत पीटा। माँ से नाराज हुए—लड़के को जांघिया क्यों नहीं पहनाती। वही हाल है हमारे यहाँ। इतनी ही जगह पीतो के घर है। बच्चे मरे देखकर समझते हैं खेल है और मार खाते हैं। हाय मर गयी, कितनी बेशर्मी है।"

शीलो ने स्वर दबाकर विज्ञता से कहा—"और क्या, मैंने बाबू जी और माँ को भी देखा है।" और कुछ सोच कर फिर बोली, "तुझे लड़कों से डर लगता है?"

तारा ने उत्तर दिया—"कई लड़के बहुत खराब होते हैं। सिर सड़े (कपाल फूटे) छेड़ते है।"

शीलो बोली—"हमारी गली में बलदेव है न, हाय कितना अच्छा लगता है। भैड़ा (बेशर्म) कहीं का, मुझे देखकर आँख··· ।"

जीने में तेजी से ऊपर आते कदमों की आहट सुनकर शीलो ने अनुमान प्रकट किया—"भाई!"

तारा ने कहा—"रतन होगा।"

कोठरी के किवाड़ खुले ही थे। आधे मकान के पड़ोसी बाबू गोविन्दराम के लड़के रतन ने पुस्तकें बगल में दबाये झाँककर पूछ लिया—"मासी जी स्यापे से अभी नहीं लौटीं? झाई (मेरी माँ) नहीं आयी?"

शीलो ने रतन को तारा के यहाँ पहिले भी कई बार देखा था। रतन ने शीलो से पूछ लिया—"तू कब आयी?"

तारा ने रूखा-सा उत्तर दे दिया—"अभी से कैसे आ जायेगी! तेरी झाई रसोई में कटोरदान के नीचे ढाँक गयी है।"

रतन लौट गया। रतन ग्यारहवीं श्रेणी में पढ़ रहा था। उम्र सत्रह-अठारह की थी। तारा से तीन बरस बड़ा था। गोरा-गोरा, लम्बा कद, होंठों पर रोयें काले हो रहे थे।

शीलो ने मुस्कराकर तारा की आँखों में देखा—"हाय, यह तो बड़ा सुन्दर निकल आया है। क्या तुझसे नहीं बोलता?"

तारा ने मुख गम्भीर बनाकर गर्व से कहा—"बड़ा कोयदा (बिगड़ा) है। घूरता रहता है। जीने में मिल जाये तो छेड़ने लगता है। मैं डाँट देती हूँ—फिटे मुँह! लानत है! सिरसड़्या (कपाल-फूटा) मुझे छू तो! चीख मारकर तेरी माँ से कह दूँगी।"

रतन और तारा दोनों उसी मकान में पैदा हुए थे। तारा को याद आ जाता था कि आठ-नौ बरस पहले दोनों जांघिये पहिने, दूसरे बच्चों के साथ गली में कोयले से या ठीकरे से लकीरें बनाकर टापू, कीड़ी-काड़ा और आँख-मिचौनी खेला करते थे। आयु बढ़ी तो दोनों का साथ कम होने लगा। तारा ग्यारह बरस की थी तो एक दिन स्कूल से लौटते समय, गली के समीप ही किसी दूसरी गली के लड़कों ने धक्का देकर उसकी किताबें गिरा दी थीं। तारा गली में आयी तो रोयी हुई थी। तभी रतन ने स्कूल से लौटकर गली में कदम रखा था।

रतन ने पूछा—"क्या किसी ने मारा है?"

तारा की आँखों से फिर आँसू बह गये।

रतन ने तारा को बाँह से खींच कर कहा—"चल, मुझे बता।"

तारा अपने अपमान का बदला लेने के लिए रतन के साथ लौटी और उन लड़कों को पकड़ लिया। रतन ने उन्हें गाली देकर ललकारा। दोनों ओर के लड़कों ने अपने-अपने बस्ते बाजार की सड़क पर रख दिये और गुत्थम-गुत्था हो गये। तारा अभिमान से देखती रही। बाजार के लोगों ने दोनों लड़कों को पकड़ कर लड़ाई छुड़ायी।

रतन ने हाँफते हुए चेतावनी दी—"खबरदार, हमारी गली की लड़की से छेड़-छाड़ की! सिर फोड़ दूँगा।"

रतन घर आया तो सिर धरती पर रगड़ जाने से खून बह रहा था। माँ के पूछने पर उसने कह दिया—"स्कूल में गिर पड़ा था, कोई खास बात नहीं।"

तारा रतन को अपना सम-वयस्क और गली का साथी समझती थी। रतन गली के दूसरे लड़कों की अपेक्षा अधिक समीपी, बीरसिंह और मेवालाल की अपेक्षा सुथरा और अधिक पढ़ा-लिखा भी था। दोनों में अपनापन आ गया था। दो बरस बाद रतन कुछ-कुछ शरारत करने लगा। तारा उसे डाँट देती थी पर वह उसे बुरा न लगता था। जानती थी, उसे चाहता था। फिर क्यों बुरा लगता!

जीने के दूसरी ओर रतन के घर से पुकार सुनाई दी—"तारा, झाई नालदा (रोटी के साथ खाने के लिए दाल-सब्जी) कुछ नहीं रख गयी है। तेरे यहाँ कुछ है तो दे जा।"

तारा ने शीलो की आँखों से संकेत किया—"देखा मरे को! मैं क्यों जाऊँ!"

शीलो बोल उठी—"ला, मैं दे आऊँ। बता, तरकारी कहाँ रक्खी है?"

शीलो चौके से सुबह की रक्खी तरकारी एक कटोरी में लेकर जीने के दूसरी ओर गयी और पुकारा—"कहाँ है तू? ले नालदा।" और तरकारी देकर लौट आयी।

तारा और शीलो कुछ देर बातें करती रहीं। तारा की माँ सूर्यास्त से पूर्व स्यापे से उठ नहीं सकती थी। तारा ने शीलो को अपनी गोद की बहिन को सम्भालने के लिए कहा

और स्वयं साँझ की रसोई के लिए आटा सँवारने लगी। शीलो उसके सामने बैठी अपनी गली में हुए झगड़ों की चर्चा सुनाती रही। कुछ देर बाद शीलो ने लड़की को गोद में उठाकर कहा—"मुन्नी को लेकर कुछ देर हवा में ऊपर बैठती हूँ। मुन्नी भी वहाँ खेलेगी। तू फुल्के सेंक ले।"

तारा ने दाल पिछले चूल्हे पर रख दी और फुल्के सेंकने लगी। आधी घड़ी में फुल्के सेंक कर उसने दाल के नीचे आग ठीक कर दी और आटे की परात, चकला-बेलन धोकर रख दिये। शीलो से बातें करने के लिए जीना चढ़कर खुली छत पर जा पहुँची।

मुन्नी छत के फर्श पर फैल गये अपने पेशाब पर बैठी हुई रबड़ की चूँ-चूँ करने वाली गुड़िया को, चावल के दानों जैसे दो दाँतों से काट-काट कर अपने में मगन किलक रही थी। तारा को शीलो दिखाई न दी। तारा ने बिना पुकारे आगे बढ़कर बरसाती की आड़ में से झाँका और झटके से पीछे हट गयी। रतन शीलो को दोनों बाँहों में लिये उसका मुँह चूम रहा था।

तारा की आहट पाकर दोनों घबरा गये थे। तारा कुछ न बोल, मुन्नी को गोद में उठा कर क्रोध में धम्म-धम्म जीना उतरती नीचे चली गयी।

कुछ पल में शीलो भी नीचे उतर आयी। तारा उससे बोली नहीं।

शीलो ने आँखें झुकाये क्षमा-सी माँगते हुए कहा—"उसने मुझे जबरदस्ती पकड़ लिया था।"

"चल झूठी!" तारा ने कुछ सुनने से इनकार में मुँह फेर लिया।

शीलो सिर झुकाकर चुप बैठ गयी तो तारा से रहा नहीं गया। शीलो के समीप जाकर बोली—"मरी, कुछ शरम कर! तेरी कुड़माई (सगाई) हो चुकी है।"

"तो क्या हुआ," शीलो ने सिर झुकाये पाँव के नाखून से ईंटों के जोड़ों में भरे सीमेंट को कुरेदते हुए कहा, "मैंने कुछ और थोड़े ही किया है।"

"क्या नहीं किया?" स्वर दबाकर क्रोध में तारा बोली, "सिर-सड़ी (तेरे सिर में आग), गली का कोई देख लेता तो तेरा सिर मूँड़ देता और उसकी भी हड्डियाँ तोड़ दी जातीं। हमें भी गली से निकाल देते। बेशर्म कहीं की!"

उस संध्या के बाद से तारा को रतन से घृणा हो गयी। इससे पहले रतन तारा की धमकियों से नाराज नहीं होता था। धमकी का स्वर ही बता देता था कि सच्ची लड़ाई नहीं थी। अब तारा की आँखों में घृणा थी। तारा को रतन और शीलो के प्रति क्रोध था। दोनों ने उसे धोखा दिया था। रतन शीलो से बोला ही क्यों? यह कैसा प्यार हुआ? सचमुच गुंडा है। लड़के ऐसे ही होते हैं।

दादी की मृत्यु पर शीलो को 'मरना' दिया गया था और तारा को नहीं। तारा की माँ को दो रुपये और एक जोड़ा कपड़ों के लिए ईर्ष्या नहीं थी परन्तु यह इस बात का प्रमाण था कि जेठानी की लड़की की सगाई हो गयी और भागवंती की लड़की की सगाई नहीं हो पायी। तारा चाहे शीलो से अढ़ाई साल ही बड़ी थी पर थी तो बड़ी। स्कूल में भी तारा शीलो से दो श्रेणी ऊपर थी। लोग उसे पन्द्रह की होने पर भी सोलह-सत्रह की मान लेते थे। बड़े भाई के भाग की लम्बाई भी उसी ने ले ली थी।

तारा की माँ को मास्टर जी की अव्यावहारिक बुद्धि पर भी खेद होता था। लड़की को यूँ जल्दी-जल्दी इतना पढ़ा देने की जरूरत ही क्या थी? गरीब मास्टर की लड़की के दहेज का प्रलोभन किसे था? मास्टर जी की आशा कि लड़की की बुद्धि और शिक्षा उसके लिए स्वयं ही वर आकर्षित कर लेगी, मिथ्या प्रमाणित हो रही थी। ऐसी अवस्था में, तारा की माँ की कठिनाई में जेठानी ही सहायक हो सकती थी। इसलिए भागवंती अपने घर के दस काम की हानि सहकर भी जेठानी के घर जाकर, उसके लिए पापड़-बड़ियाँ बना आती, उसकी पुरानी रजाइयों की रुई तोड़कर दरियों के लिए कात देती थी।

शीलो की माँ आयु में तारा की माँ से दो बरस छोटी थी, परन्तु जेठानी होने के नाते सम्बन्ध में बड़ी थी। स्त्री की स्थिति अपने पति की स्थिति की छाया होती है। रामज्वाया की पहली पत्नी केवल एक पुत्र को जन्म देकर चल बसी थी। शीलो की माँ रामज्वाया के दूसरे विवाह में आयी। साधारण व्यवहार के अनुसार उसकी खातिर भी अधिक थी। उसे पहनने-ओढ़ने का भी चाव और ढंग था। रेशमी कपड़े के बिना वह गली से बाहर न निकलती थी। जेठानी के साथ चलती तारा की माँ वस्त्रों और व्यवहार से भी निस्तेज और भिन्न स्तर की दीखती थी। तारा की माँ मोटी मलमल की चादर ओढ़े और बदरंग हो चुका रेशमी लहँगा या सलवार पहने हुए अपनी आयु से पाँच बरस अधिक जान पड़ती थी। उसकी दोनों कलाइयों पर तोले-तोले भर सोने की दो चूड़ियाँ विवाह के समय से चली आ रही थीं। शीलो की माँ पतंग के कागज की तरह महीन छब्बी की मलमल के कलफ़ से ऐंठे हुए, झाग की तरह श्वेत दो दुपट्टे जोड़कर ओढ़ती थी। कलाइयों पर सोने की चूड़ियाँ और कड़े बदलते रहते थे। चिकना, चमकता चेहरा और रूप-यौवन का गर्व उसकी आयु को कम कर देता था। बात भी वह अधिकार से करती।

मास्टर रामलुभाया और बाबू रामज्वाया में भी वैसा ही अन्तर था। मास्टर जी के चेहरे पर सदा थकान, सिर पर भूरी गोल टोपी और शरीर पर बन्द गले का कोट रहता। किफायत के लिए हजामत स्वयं बनाते थे—फिर भी सप्ताह में सोमवार और बृहस्पतिवार को ही स्कूल नहीं जाना होता था, इसलिए ठोढ़ी पर दो दिन की हजामत की भी उपेक्षा कर जाते थे। उनकी दो-तिहाई सफेद हो गयी मूँछें होंठों को ढँके रहतीं, पानी पीने के बाद उन्हें पोंछना पड़ जाता था।

बाबू रामज्वाया को रेलवे से गर्मी और सर्दी की वर्दी मिलती थी, परन्तु वे मेल-जोल में आने-जाने के लिए रेलवे के कपड़े न पहनकर अपने ही कपड़े पहनते थे। सिर पर महीन मलमल का कलफ़ लगा साफा, खूब सफेद कलफ़ लगी कालरदार कमीज और पायजामा। लाल, रेशमी ज़रीदार कमरबन्द के छोर कमीज के दामन के नीचे से तनिक झाँकते रहते थे। वे ऋतु के अनुसार कालरदार सूती या ऊनी कोट पहनते थे। नेकटाई और पतलून का उपयोग उन्होंने कभी न किया था। नाई एक दिन का व्यवधान देकर उनकी ठोढ़ी बना जाता था। गंगा-जमनी मूँछों को ओठों की लकीर पर कतर कर सुथरा कर देता था। चेहरे की त्वचा पर स्निग्धता बनी रहती थी।

बाबू रामज्वाया की माता के सोग में संवेदना प्रकट करने के लिए लाला सुखलाल साहनी भी आये थे और स्यापे में सुखलाल की पत्नी भी आयी थी। लाला सुखलाल का रामज्वाया से बिरादरी का सम्बन्ध तो नहीं था पर उससे अधिक गूढ़ व्यावसायिक नाता

था। सुखलाल प्रकट में लाहौर से पूर्व, पश्चिम की ओर ट्रकों द्वारा माल का यातायात करते थे, परन्तु दूसरे व्यवसाय भी थे। उनका व्यवसाय रेलवे पार्सलों की यातायात से सम्बन्ध रखता था।

लाला सुखलाल साहनी की पत्नी जयरानी स्यापे में आयी तो स्वयं भी शोक की अवस्था में थी। तीन मास पूर्व उसकी बहू गुजर गयी थी। बहू की बीमारी और मृत्यु की चर्चा चली तो आनुषंगिक रूप से उसके लड़के सोमराज की दूसरी सगाई की चर्चा भी चली।

जयरानी ने शीलो की माँ से कहा—"बहिन तू जानती है, हमारे लिए लड़कियों की कमी नहीं है। अर्थी जलाकर लौट भी नहीं पाये थे कि पाँच जगह से सन्देश आ चुके थे पर मैं इस बार जल्दी नहीं करूँगी। बहू बेचारी स्वभाव की तो अच्छी थी, उन लोगों ने दाज-दहेज भी बुरा नहीं दिया था, परन्तु सच बात यह है कि लड़के के मन नहीं भायी थी। कुछ सिद्धढ़-सी चेहरा-मोहरा भी साधारण ही था। घर पर लड़के का मन ही नहीं लगता था। बेचारी को खाँसी-जुकाम वाला फलंजा बुखार (इन्फ्लुएंजा) हो गया था। वच्छोवाली और माल रोड के सभी डाक्टरों का इलाज करा लिया परन्तु परमेश्वर की लिखी को कौन मेट सकता था। इस बार तो मैं जैसे भी हो देख-सुन कर, कद-काठ की अच्छी और सुघड़ लड़की ही लूँगी। न हो किसी तरह लड़के को भी दिखा लूँ; वही ठीक होगा। आजकल के लड़कों को तो तुम जानती ही हो! दाज-दहेज की मुझे उतनी परवाह नहीं है। लड़की वही लूँगी जिसे देखकर लड़का हाँ कर दे··· ।"

शीलो की माँ ने अवसर देख कर कहा—"मेरा देवर बेचारा स्कूल में मास्टर है। गरीब आदमी है। बड़ा दाज-दहेज तो क्या देगा पर सच मानो, लड़की के नैन-नक्श हजारों में एक हैं, हाथ लगे से मैली होती है। आँखें मानों आम की फाँकें हैं। ···मेरी शीलो से दो ही महीने बड़ी है पर उससे आधा बालिस्त सिर निकालती है। बिल्कुल छमक-सी, दसवीं में पढ़ रही है। पढ़ाई में सदा अव्वल आती है। मेरी देवरानी तो बेचारी··· ।"

सुखलाल साहनी का लड़का सोमराज कुछ ही दिन बाद, किसी कारण से कुछ समय के लिए कहीं चला गया था, इसलिए प्रायः बरस भर इस सम्बन्ध में कोई बात न उठ सकी।

तारा ने १९४३ में मैट्रिक फर्स्ट डिवीजन में पास किया था। उसके भाई जयदेव ने आग्रह किया कि तारा को बी० ए० तक जरूर पढ़ाया जाय। जयदेव दयालसिंह कालेज में एम० ए० के दूसरे वर्ष में पढ़ रहा था। तारा को भी वहाँ ही दाखिल करा दिया था। जयदेव तो दो मास बाद ही गुप्त राजनैतिक आन्दोलन में भाग लेने के कारण जेल चला गया। तारा-अकेली ही कालेज जाती रही।

तारा इण्टर की परीक्षा दे रही थी। उसे नित्य सुबह नौ बजे परीक्षा भवन जाना होता था। एक दिन शीलो सुबह आ गयी और बोली—"आज मैं भी तेरे साथ चलूँगी।"

शीलो की आँखों में रहस्य की चमक थी। मुस्कान छिपाये न छिपती थी।

माँ ने तारा को टोका—"यह क्या, इतने मुसे हुए कपड़े पहनकर जा रही है। कंघी तो ठीक से कर!"

माँ ने स्वयं उसकी सबसे अच्छी सलवार, कमीज और दुपट्टा निकालकर पहनने का आग्रह किया।

तारा स्वभाव से ही सुचज्जी (सुथरी) थी। उसे माँ ने पहले कभी ऐसे नहीं टोका था। मास्टर जी सादगी पसन्द करते थे। तारा समझ नहीं पा रही थी कि परीक्षा में ऐसे कपड़े पहनकर जाने की क्या जरूरत थी, तिस पर शीलो की रहस्यमयी मुस्कान। माँ के बार-बार आग्रह करने पर तारा ने बात-बात में विलम्ब हो जाने की आशंका से कपड़े बदल डाले। घर का जीना उतरते ही उसने शीलो से पूछा—"क्या बात है, कहती क्यों नहीं?"

"आज रास्ते में तुझे वह देखेगा। मुझे तेरे साथ देख कर पहचान लेगा। मैं तुझे इशारा कर दूँगी। तू भी देख लेना।" शीलो बोली।

तारा को अच्छा नहीं लगा। सगाई हो जाना लड़कियाँ साधारणतः सौभाग्य और गर्व की बात समझती हैं। अपनी सगाई की बात सहेलियों-सहपाठियों को बताये बिना रह नहीं सकतीं, परन्तु तारा इण्टर तक पहुँचते-पहुँचते कुछ और भी कल्पना करने लगी थी।

पिछले से पहले शनिवार, तारा की एक सहपाठिन अमृता रविवार के दिन अपने घर अम्बाला छावनी गयी थी। लौट कर उसने बताया था कि उसे सगाई के लिए बुलाया गया था। अमृता के माता-पिता नये और उदार विचारों के थे। उन्होंने सगाई से पहले लड़के को चाय पर निमंत्रण देकर अपने घर बुलाया और अमृता से भावी वर का परिचय करा दिया गया था। लजाते-सकुचाते दो-चार बातें भी हो गयी थीं। लड़के-लड़की के स्वीकार कर लेने पर सगाई कर दी गयी थी। लड़कियों ने अमृता को पार्टी देने के लिए विवश किया था। उसने 'स्टैण्डर्ड' में छः सहेलियों को खूब अच्छी पार्टी दी थी।

गुर्टू और स्नेह दोनों बड़बोली थीं। गुर्टू ने अमृता से पूछा—"मरी, घण्टे-सवा घण्टे में तूने लड़के का क्या देख-समझ लिया?"

उत्तर दिया स्नेह ने—"देखना-समझना क्या होता है, लड़के-लड़के सब एक से। देख लिया कि देखने में भला है, मिलिटरी में लेफ्टीनेन्ट है और इसे क्या चाहिए?"

कृष्णा बोली—"अमृता के जीवन की तो रेखा बन गयी। इसके लेफ्टीनेन्ट को जब फुर्सत होगी, विवाह हो जाएगा। घर सँभालेगी, बच्चे देगी। उन्हें पाल-पोस कर उनके शादी-विवाह की चिन्ता करेगी।"

अमृता ने पूछा—"और तू डाक्टर बन कर जैसे शादी ही नहीं करेगी?"

स्नेह ने कहा—"जहाँ एक बच्चा हो गया, सब डाक्टरी भूल जायेगी बिटिया को!"

तारा को कहना पड़ा—"यह बात तो सही है। बच्चों के काम से माँ को फुर्सत तो कभी मिल नहीं सकती। माँ तो उसी में डूब जाती है।"

कृष्णा ने उत्तर दिया—"आया रख लेंगे भई, ऐसी क्या बात है!"

सुरेन्द्र ने मजाक किया—"तेरे बच्चे को पेट में भी आया लिये फिरेगी?"

स्नेह बोल उठी—"तो फिर तेरी जगह आया ही···।" सब लड़कियाँ जोर से हँस पड़ीं।

सुरेन्द्र सोचकर बोली—"सचमुच लड़कियों के लिए यह बड़ी भारी मुसीबत और बाधा है। बच्चे हो जायें तो जिन्दगी बच्चों के लिए ही हो जाती है।"

अमृता ने उसे टोका—"बच्चे नहीं चाहिए; और पति?"

सुरेन्द्र ने माना—"भई, पति तो चाहिए।"

स्नेह ने प्रश्न किया—"कालेज में सगाई होने की पार्टी लड़कियाँ ही देती हैं, लड़के क्यों नहीं देते?"

गुर्टू बोली—"लड़के तो छिपाते हैं। कमबख्त चाहते हैं, जितनी लड़कियों से दोस्ती हो सके, अच्छा है। लड़की के लिए तो एक दोस्ती में भी बदनामी और खतरा है।"

कृष्णा ने गम्भीरता से व्याख्या की—"बात यह है कि लड़का उछल-कूद चाहता है और लड़की बँध जाना और बाँध लेना चाहती है।"

गुर्टू बोल उठी—"लड़कों को विवाह से लाभ ही क्या है? वे तो खामुखाह अपनी गर्दन जुएँ में फँसाकर स्वामी बनने के अहंकार में खुश होते हैं। वे जो चाहे करते फिरें, उसके लिए कौन पकड़ है। लड़कियों को अलबत्ता ब्याह से अधिकार और लाइसेंस मिल जाता है। ···स्त्री का पेट सबसे बड़ी मुसीबत है।"

सुरेन्द्र ने सुझाव दिया—"शादी तो हो, परन्तु बच्चे न हों?"

"उम्र भर के लिए सांडनी बनी रहे!" अमृता ने आपत्ति की, "लोग बाँझ कहेंगे।"

"हाय, यह और मुसीबत!" स्नेह ने होंठों पर हाथ रखकर परेशानी प्रकट की।

सुरेन्द्र बोली—"वाह, यह सब क्या? जैसे प्रेम और जीवन का साथ कोई चीज ही नहीं?"

गुर्टू ने अमृता की ओर संकेत कर कहा—"इसने क्या कभी प्रेम किया है?"

"क्यों नहीं!" अमृता बोली, "अब करेंगे!"

"यह क्या प्रेम हुआ!" गुर्टू ने आपत्ति की, "माँ-बाप ने कहा, इस लड़के से प्रेम करो तुम्हें इजाजत है या आज्ञा है और आपका प्रेम हो गया?"

सुरेन्द्र बोली—"मैं तो ऐसा कभी न करूँ मैं तो स्वयं ही अपने लिए साथी चुनूँगी।"

तारा ने उसका समर्थन किया। सुरेन्द्र कहती गयी—"आनन्द तो प्रेम करने में है। शादी हो गयी तो फिर क्या; बँध गये!"

अमृता ने कहा—"प्रेम का कोई खास ढंग थोड़े ही होता है। प्रेम तो हो जाता है।"

सप्ताह भर में ही तारा के सामने वह समस्या स्वयं आ गयी।

शीलो और तारा के शहालमी दरवाजे से बाहर निकलकर चारदीवारी के बाहर बाग में से लुहारी की ओर जा रही थीं।

"वह सामने देख; रेशमी सूट वाला, हमारी तरफ देख रहा है!" शीलो ने तारा की बाँह दबाकर कहा।

पहली ही झलक में जो तारा ने देख लिया, फिर न देख सकी, आँखें झुक गयीं। लड़का जिस तीखेपन से उसकी ओर घूर रहा था, उसे अच्छा नहीं लगा।

तारा कालेज में लड़कों के साथ पढ़ती थी। उसने अच्छे और बुरे लड़के देखे थे। तारा और उसकी सहेलियाँ ऐसे घूरने वाले लड़कों को आपस में स्टुपिड, रूड (अभद्र, गधे), गर्ल-गेजर (लड़कियाँ ताकने वाले) कह कर वितृष्णा प्रकट करती थीं, उनका मजाक करती थीं। गर्ल-गेजर (लड़कियों का पीछा करने या चिपकने वाले) लड़कों से बचती थीं। जैसे बी० ए० का अविनाश था। किसी लड़की को एक ओर अकेली देखता तो दूसरों के सामने उसके समीप जाकर बहुत धीमे से पूछ लेता—आज इतनी तारीख है न? दूसरे अनुमान करते रहें, जाने क्या कहा होगा। इसकी लड़की से बहुत आत्मीयता है। तारा को लड़कों का अनायास और कोमल व्यवहार अच्छा लगता था; जैसा सभा, सोसायटियों, डिबेटों और फेडरेशन में भाग लेने वाले लड़कों का होता था, जैसे क्रिश्चियन कालेज के एम० ए० के असद भाई साहब थे। बिल्कुल सरल, अनायास, सहृदय और विनीत।

तारा ने घर पर माँ के सामने कई बार कहा—"मैं तो ब्याह नहीं करूँगी, एम० ए० तक पढ़ूँगी।"

किसी ने उसकी बात पर ध्यान नहीं दिया, उससे कुछ पूछा भी नहीं गया। एक दिन उसने सुना कि उसकी माँ बन्नी हाते के मुहल्ले में जाकर लड़के को ठाके के (सगाई के) ग्यारह रुपये दे आयी है। उस दिन तारा छिप-छिप कर खूब रोयी। सोचा, भाई होता तो ऐसा न हो सकता। भाई को वह किसी तरह अपनी बात कह ही सकती थी। भाई उसकी इच्छा के विरुद्ध सगाई का समर्थन नहीं कर सकता था।

तारा दयालसिंह कालेज में दाखिल हुई थी तो उसका विचार था कि वह लड़कियों से ही मिलना-जुलना और सम्बन्ध रखेगी, परन्तु दूसरे वर्ष में पहुँचते-पहुँचते उसका विचार और व्यवहार बदल गया। उसे कालेज में सुरेन्द्र, ज़ुबेदा, स्नेह, गुर्टू आदि लड़कियों की संगति भली लगी जो राजनीति और फेडरेशन में भी भाग लेती थीं। यह लड़कियाँ न लड़कों से संकोच करती थीं, न उनसे कतराती थीं।

सुरेन्द्र कौर तारा की सबसे आत्मीय सहेली बन गयी थी। सुरेन्द्र का भाई नरेन्द्र सिंह जयदेव का सहपाठी रहा था और एम० ए० पास कर 'लॉ-कालेज' में पढ़ रहा था। नरेन्द्र सिंह स्टूडेण्ट फेडरेशन का नेता था। सुरेन्द्र भी फेडरेशन के काम में बहुत भाग लेती थी। सुरेन्द्र की संगति में तारा भी उन सभाओं में जाने लगी। इन सभाओं में दूसरे महायुद्ध की अन्तर्राष्ट्रीय दृष्टि से विवेचना की जाती थी। जर्मनी और जापान के आक्रमण को फासिज्म का आक्रमण बताया जाता था। भारत का हित रूस के नेतृत्व में अमेरिका और ब्रिटेन की विजय और फासिज्म (जर्मनी और जापान) की पराजय में बतलाया जाता था। भारत पर जापान के आक्रमण के विरोध के लिए ऐसी नीति की चर्चा की जाती थी कि युद्ध का नेतृत्व अंग्रेजों की अपेक्षा भारत के राष्ट्रीय आन्दोलन के हाथ में आ जाय। तारा कुछ समझती और कुछ नहीं भी समझती पर उसे इन लोगों का साथ अच्छा लगता था।

दयालसिंह कालेज 'ब्रह्मसमाज' की विचारधारा का समर्थक था। कालेज के प्रोफेसर साम्प्रदायिक और सामाजिक रूढ़िवाद और कट्टरता के समर्थक नहीं थे। वे सभी सम्प्रदायों के प्रति सहिष्णुता और उनमें सच्चाई खोजने का उपदेश देते थे। तारा के मन पर उस दिन बहुत प्रभाव पड़ा था, जब पहले ही वर्ष गरमी के अवकाश से पूर्व, कालेज की ओर से 'जहाँगीर के मकबरे' में सहभोज हुआ था। हिन्दू, मुसलमान, सिक्ख विद्यार्थियों ने एक साथ बैठ कर, एक दूसरे के हाथ से लेकर, कुछ ने साथ-साथ एक पत्तलों में खाया था। तारा को भेदों को दूर करके एकता की अनुभूति में आनन्द का पुलक जान पड़ा था। स्टूडेण्ट फेडरेशन के विद्यार्थी इससे भी आगे बढ़ रहे थे।

तारा को स्टूडेण्ट फेडरेशन और कम्युनिस्ट कहलाने वाले लोगों की उन्हीं बातों के प्रति आकर्षण था जिनके कारण समाज में इन लोगों की आलोचना की जाती थी। यह लोग साम्प्रदायिक विश्वासों और रूढ़िवाद की उपेक्षा करने के लिए बदनाम थे। वे स्त्री-पुरुषों की समता, विवाह के सम्बन्ध में लड़के-लड़कियों के आत्म-निर्णय के अधिकार के लिए बहस करते थे। इन लोगों की संगति में तारा भी अपने भाई की तरह, रूढ़ि-विरोधी तर्क करने लगी थी। उसके तर्क और हाजिर जवाबी की प्रवृत्ति की कद्र होती तो उसे प्रोत्साहन मिलता था।

तारा बचपन से मास्टर जी के धार्मिक विश्वासों का अनुशासन सहती आयी थी। मास्टर जी उसे और बड़े भाई जयदेव को प्रातःकाल खूब तड़के उठकर स्नान कर लेने के लिए विवश करते थे। समीप बैठा कर संध्या-भजन कराते आये थे। ऐसी ही बात पोशाक और दूसरे व्यवहारों के बारे में थी। जयदेव को सिर के केश मशीन से छोटे कटवाने पड़ते थे, कोट बन्द गले का पहनना पड़ता था। कालेज में चले जाने के बाद जयदेव इन नियमों से मुक्त हो गया था। तारा कालेज में भरती हो गयी तो उस पर भी नियंत्रण कुछ शिथिल हो गया था, परन्तु उससे पहिले तारा को भी केशों की एक ही चोटी बनाने की आज्ञा थी। घर से बाहर जाते समय सिर ढके रहना आवश्यक होता था। वह दूसरी लड़कियों की तरह कमर पर फिट जम्पर और खुले पहुँचे की सलवार पहनना और बहुत महीन चुन्नी ओढ़ना चाहती थी पर उसे ढीला जम्पर, तंग पहुँचे की सलवार पहननी पड़ती और चुन्नी मोटे कपड़े की मिलती थी। गली-मुहल्ले में सब लोग सिनेमा के गीत और गजलें गाते रहते थे पर मास्टर जी के घर में वह निषिद्ध था।

तारा को पिता के आदेश और नियम अरुचिकर लगते तो उसे अपनी रुचि पाप की ओर होने की शंका से, स्वयं अपने प्रति ग्लानि होती थी। सहपाठियों और फेडरेशन के साथियों की संगति में उसे जान पड़ा कि वह स्वभाव और रुचि से अपराधी नहीं थी। वह आत्म-सम्मान अनुभव करने लगी। रेस्टोरेन्ट में कभी ज़ुबेदा, असद या ज़ुबेर के साथ बैठकर निःसंकोच कुछ खा पी लेने से उसे मिथ्या संस्कारों से मुक्ति का संतोष होता था। इनमें से किसी लड़के से निःसंकोच बात करते हुए साथ-साथ चलने पर समता और आत्म-विश्वास की अनुभूति होती थी। इससे पूर्व किसी लड़के से बात करना वह निन्दा का कारण और कुचेष्टा ही समझती थी। तारा अपनी गली में पिता जी और गली के लोगों के लिहाज से अपना व्यवहार बहुत कुछ पूर्ववत् बनाये रहती। कालेज में वैसा व्यवहार उसे हास्यास्पद लगता था।

२

जयदेव पुरी १९४३ में एम० ए० के दूसरे वर्ष में पढ़ रहा था। पुरी युद्ध-विरोधी आन्दोलन में भाग लेने के कारण गिरफ्तार हो गया और जेल भेज दिया गया था। पुरी का हृदय युद्धकाल में अपने परिवार की आर्थिक दशा से विदीर्ण था परन्तु वह देश की स्वतन्त्रता के लिए बलिदान से मुँह न मोड़ सका। जेल जाते समय जयदेव पुरी को विश्वास था कि वह शीघ्र ही स्वतन्त्र देश में जेल से स्वतन्त्र होगा। उस समय देश के दुखों के साथ उसके अपने दुख भी दूर हो जायेंगे।

पुरी ने मुलतान जेल में दण्ड भुगतते हुए अपने समय का सदुपयोग किया था। जेल जाने से पहले पुरी की महत्त्वाकांक्षा थी कि वह प्रथम डिवीजन में एम० ए० पास करके किसी कालेज में प्रोफेसर बन जायगा और साहित्य के क्षेत्र में भी नाम कमा लेगा। उसके साथी उसकी साहित्य प्रतिभा के कायल थे। विद्यार्थी अवस्था में ही, लाहौर के अनेक पत्रों में उसकी कुछ भावपूर्ण रचनाएँ और छोटी कहानियाँ प्रकाशित हो चुकी थीं। जब जेल में दूसरे राजनैतिक कैदी तेल से मालिश करने और चोरी से मँगाये सामान से पकवान बनाने में समय बिताते थे तो पुरी निरन्तर पढ़ता और लिखता रहता था। अपने लिखे को आलोचक की दृष्टि से पढ़ता और उसे पुनः लिखता था। पौने दो बरस में उसने अपनी छोटी कहानियों का एक संग्रह खूब माँज-संवार कर तैयार कर लिया था। उसे विश्वास था कि जेल में किया उसका यह श्रम उसके लिए साहित्यिक मार्ग बनाने में सहायक होगा।

भाग्य की विडम्बना; जयदेव पुरी १९४५ मई के दूसरे सप्ताह में जेल से रिहा हुआ, परन्तु जेल से उसकी रिहाई तो अगस्त १९४२ की क्रान्ति की विजय और भारत में अंग्रेज सरकार की पराजय के कारण नहीं हुई थी बल्कि दूसरे महायुद्ध में मित्र-राष्ट्रों की विजय के साथ, अंग्रेजों की विजय के उपलक्ष में हुई थी। पुरी को देश की स्वतन्त्रता का लक्ष्य प्राप्त किये बिना भी जेल से मुक्ति पाकर सन्तोष और उत्साह ही अनुभव हुआ था।

पुरी ने जेल से घर लौटकर दूसरी ही परिस्थिति देखी। पौने दो वर्ष जेल में रहते समय परिवार की याद और चिन्ता होते हुए भी उसे निर्वाह की चिन्ता न थी। जेल का भोजन-वस्त्र जैसा भी था, बिना चिन्ता के मिल जाता था। जेल में राजनैतिक कैदियों को अनाज और कपड़े के भावों के कारण संकट अनुभव न होता था।

पुरी को जेल से लौटे तीसरा ही दिन था। माँ ने संकोच से कहा—"तुम्हारे पिता जी स्कूल से लौटेंगे तो उन्हें ट्यूशन पर जाना होगा। मैं बच्ची को गोद में लिये राशन की दूकान में कैसे खड़ी रहूँ। ऊषा को भी कैसे कहूँ। वहाँ सब तरह के लोग खड़े रहते हैं। जानते हो तारा बड़ी हो गयी है। तुम एक रुपये की चीनी ले आओ। बाजार से लाओगे तो डेढ़ रुपये सेर मिलेगी···।"

जयदेव पुरी को एक रुपये की चीनी के लिए पौने दो घण्टे तक क्यू में खड़ा होना असह्य व्यथा जान पड़ी। कहाँ देश की स्वतन्त्रता के लिए जूझ जाने का विचार और कहाँ सेर भर चीनी के लिए संघर्ष; परन्तु इससे बचाव न था। युद्ध समाप्त हो गया था, परन्तु अनाज की महँगाई बढ़ती ही जा रही थी। वही हाल कपड़े का था। मास्टर जी अब भी वही धारीदार कपड़े का बदरंग हो चुका कोट पहन रहे थे जो उन्होंने पुरी के जेल जाने से

पहले सिलाया था। माँ, तारा और ऊषा की सलवारों में घुटनों और पहुँचों के ऊपर अनेक पैबन्द और बखिये पड़ चुके थे। माँ और बहिनें बाहर जाने के कपड़ों की चिन्ता अपने शरीर की त्वचा से भी अधिक करती थीं। पुरी पहचान गया था, छोटा भाई हरदेव जो नीली धारी की खाकी पतलून पहने था, वह पड़ोसी रतन की छोटी हो चुकी पतलून थी। रतन की माँ ने चुपचाप भागवंती को दे दी थी।

राशन में प्रति व्यक्ति तीन मास में केवल ग्यारह गज कपड़ा मिलता था। गेहूँ रुपये का ढाई सेर। राशन की दूकान पर साढ़े तीन सेर मिल सकता था, परन्तु उसके लिए डेढ़ घण्टे खड़े रहने की मजदूरी भी करनी पड़ती थी। आठ वर्ष पूर्व एक रुपये का बीस सेर आटा और रुपये के सेर भर घी की बातें 'आईने अकबरी' में पढ़ी ऐतिहासिक स्मृतियाँ जान पड़ने लगी थीं।

डाकखाने के बाबू बीरूमल की माँ सुबह-सुबह लौकी का एक टुकड़ा हाथ में लिये जयदेव के मकान के नीचे से जा रही थी। भागवंती ने खिड़की से देखा तो पूछ बैठी—"बहिन, लौकी क्या भाव मिली?"

जयदेव सुन रहा था। माँ के स्वर से स्पष्ट था कि लौकी देखकर उसके मुँह में पानी आ गया। बीरूमल की माँ ने उत्तर दिया—"बहिन, छः आने सेर। मरी लौकी को छः पैसे सेर कोई नहीं पूछता था। बहिन, हम लोग तो दाल ही बना लेते हैं। कई दिन हो गये थे, आज सोचा एक दिन तरकारी खा लें।

जयदेव को याद आया कि पिछली साँझ, समीप गाँव की कोई किसान स्त्री गली में बार-बार हाँक लगा रही थी—"घ्यो लै लौ, घर दी मजदा असली घ्यौ (घर की भैंस का असली घी ले लो)!"

गली की स्त्रियों ने भाव पूछा, परन्तु चार रुपया सेर घी कौन खरीदता?

देहातिन ने झुँझलाहट प्रकट की थी—"भाव ही पूछते हैं खरीदता कोई नहीं। मैं इन गलियों में दस-दस सेर घी बेच जाती थी। अब जाने कैसे-कौन लोग यहाँ आ बसे हैं।"

खुशालसिंह की सरदारनी कर्तारो अपनी खिड़की से बोल उठी थी—"घी खाने के दिन गये। अब तो बीमारी-शमारी में डाक्टर कहेगा तो बोतल में घी आया करेगा। बहिन, हम लोग अब घी की सुगन्ध से ही सन्तोष कर लेते हैं।"

जयदेव जानता था कि बीरूमल, इंश्योरेंस कम्पनी के क्लर्क टीकाराम और खुशालसिंह सबके घर की अवस्था ऐसी ही थी। टीकाराम की बहू दो दिन पहले अपने पति का फट गया पायजामा तारा के पास लाकर अनुरोध कर रही थी, कि इसमें से छोटे लड़के के लिए पायजामा निकाल दो। खुशालसिंह को महीन मलमल का कलफ़ लगा रंगीन साफा बाँधने का बहुत शौक था। अब उसके साफे से लीरें लटकती रहती थीं।

सबसे करुण अवस्था थी ब्राह्मणी पूरणदेई की। बेचारी अनपढ़ विधवा शीशामोती बाजार की आर्यपुत्री पाठशाला में बुलावी का काम करती थी। बताती थी कि अच्छे खाते-पीते खानदान की लड़की और बहू थी। विधवा हो गयी थी तो जेठ ने पूरे मकान पर कब्जा करके उसे घर से निकाल दिया था। कसूर में बिरादरी के लोगों के सामने नौकरी करते उसे शरम लगती थी इसलिए लाहौर आ गई थी। उसकी पन्द्रह बरस की जवान लड़की सीता थी। उसे किसी तरह आठवीं श्रेणी में पढ़ा रही थी। ऐसे जमाने में भी पाठशाला के समाजसेवी प्रबन्धक पूरणदेई को बीस ही रुपये महीने दे रहे थे। बेचारी घर

में चाहे रूखी-सूखी खा लेती या भूखी रह जाती पर लाज ढँकने के लिए कपड़े तो चाहिए ही थे, खासकर जवान लड़की के लिए।

डाक्टर प्रभुदयाल की पत्नी पुष्पा ने अकेले में भागवंती से कहा—"मेरी तो पूरणदेई और सीता से बातचीत नहीं है। मैं इस गली में नयी आयी हूँ, मुझसे संकोच करेगी। सीता की सलवार की हालत ऐसी है कि बेचारी रो रही थी। आज स्कूल भी नहीं गयी। मेरी एक रेशमी पहनी सलवार है; बस दो बार पहनी होगी। जरा ऊँची हो गयी है। उसे ठीक ही होगी। यह मत कहना मैंने दी है। किसी को पता भी न चलेगा। लड़की देखने में अच्छी है। उसका कहीं इन्तजाम हो जाय तो गरीब विधवा का यह बोझ तो टले।"

भोला पाँधे की गली से एक पतली गली मोची दरवाजे के बाजार की ओर चली जाती थी। गली में मुसलमान रेलवे मजदूरों और कारीगर पेशा लोगों की बस्ती थी। जयदेव उधर से गुजरता तो उसे किसी भी दरवाजे पर पर्दे के लिए लटकाए हुए टाट का टुकड़ा साबुत न दिखाई देता। मर्दों के कुर्ते, सलवारें या तहमत फटे हुए और गन्दे होते। आती-जाती स्त्रियों की चादरें और बुर्के उससे भी गन्दे दिखाई देते।

भोला पाँधे की गली में जयदेव के मकान के साझीदार पी० डब्ल्यू० डी० के हेड क्लर्क बाबू गोविन्दराम अब पहले से अच्छी अवस्था में थे। रतन की माँ ने सोने की नयी चूड़ियाँ बनवायी थीं। घर में बिजली का पंखा भी आ गया था।

बजाज दीवानचन्द चबूतरे पर बैठकर कहता रहता था—लाम (युद्ध) के जमाने में तो पत्थर पर भी घास उग रही थी। जिसने कभी न कमाया था, उसने भी कुछ कमा लिया। घसीटाराम लोहे वाले ने अपने घर के समीप गूजरों के गिरे हुए मकान खरीद कर नये मकान की नींव डाल दी थी। यह भी सुना था कि बाबू रामज्वाया सरीं मुहल्ले में एक और छोटा मकान खरीदने की बात कर रहे थे।

खुशालसिंह बड़ी बेपरवाही से गाली देकर कहता—"यह सब ब्लैक वाले माँ के खसम हैं..."

मास्टर जी पहले स्कूल के काम के अतिरिक्त एक ट्यूशन लगातार सेठ गोपालशाह की हवेली में करते आये थे। कभी दो ट्यूशनें भी ले लेते थे। अब वे तीन-चार ट्यूशनें कर रहे थे परन्तु घर में कृच्छता और कृपणता बढ़ गयी थी। माँ और मास्टर जी के मुख पर दैन्य को छिपाने के संघर्ष की थकावट पहले से भी अधिक स्पष्ट थी। तारा की उदासी घर की स्थिति को और भी असह्य बना रही थी।

इण्टर की परीक्षा का परिणाम निकल चुका था। तारा पहले डिवीजन में पास हो गयी थी। मास्टर जी उसे बी० ए० में दाखिल होने की अनुमति नहीं दे रहे थे। उनका विचार था जयदेव फिर एम० ए० की पढ़ाई करेगा। छोटी लड़की और लड़का भी स्कूल में थे। वे कितना बोझ सम्भाल सकते थे। विद्या चाहे जितनी उत्तम वस्तु हो और पैसा केवल हाथ का मैल, परन्तु विद्या पैसे के बिना अप्राप्य रहती है।

जयदेव ने बचपन से गरीबी ही देखी थी, परन्तु जेल के पौने दो वर्ष वह स्वार्थ की चिन्ता न करके, त्यागी वीर की भावना से काट रहा था और भविष्य में अपनी योग्यता के बल पर निरन्तर सफल जीवन के स्वप्न बाँधता रहा था। जेल से लौटकर दारिद्र्य का वह उत्कट रूप उसे अधिक असह्य लगा। जयदेव ने पिता से कह दिया कि वह अब कालेज में नहीं पढ़ेगा।

जयदेव के लिए अब एम० ए० की डिग्री का कुछ लाभ भी न था। राजनैतिक अपराध में जेल काटने के बाद अंग्रेज सरकार की नौकरी के लिए हाथ फैलाना उसे अपमान जान पड़ता था। ऐसी नौकरी की उसे आशा भी क्या थी! उसने अपने पाँव पर खड़े होने का निश्चय कर लिया था। सोच रहा था, किसी पत्र में नौकरी कर लेगा।

जयदेव ने अपनी अनुपस्थिति में तारा की सगाई हो जाने की बात भी सुनी थी। शीलो आकर यह समाचार भी दे गयी थी कि सोमराज बी० ए० की परीक्षा ही नहीं दी थी। इस सम्बन्ध में घर में चर्चा चलती तो तारा का मुँह लटक जाता था। वह छिपकर आँसू बहा लेती थी। माँ और मास्टर जी का विचार था कि तारा के भावी पति के बी० ए० पास कर लेने की कोई आशा नहीं तो तारा का बी० ए० पास कर लेना क्या शोभा देगा।

जयदेव 'सनातन धर्म कालेज' के विद्यार्थी सोमराज साहनी के विषय में थोड़ा-बहुत पहले भी सुन चुका था। वह इस सगाई को तारा के प्रति अन्याय समझ रहा था। जयदेव ने तारा के प्रति अन्याय का प्रतिकार करने के लिए उसे बी० ए० प्रथम वर्ष में भरती करवा देने का निश्चय कर लिया था।

जयदेव ने तारा को कालेज में भरती कराने का निश्चय किया था तो उसका खर्च मास्टर जी पर डालना उसे उचित न जान पड़ा। इतना रुपया कमा सकने का आत्म-विश्वास उसे था, परन्तु कालेज में दाखिले के लिए रुपया कमा सकने की प्रतीक्षा तो नहीं की जा सकती थी। रुपया उधार माँगने के लिए वह अपने सहपाठी कालीचरन कौल के यहाँ पहुँचा। आशा थी कौल एम० ए० पास कर अवश्य अच्छी नौकरी पर लग गया होगा। कौल सहृदय, प्रतिभावान और परिश्रमी था। सदा पहले डिवीजन में पास होता रहा था।

कालीचरन बहुत उदास था। वह नौ मास से जाने कितनी दरख्वास्तें सभी जगह दे चुका था। डाक्टर राधेबिहारी, सेठ गोपालशाह, बैरिस्टर चावला, रायबहादुर दीनानाथ सभी से सिफारिशी पत्र ले चुका था परन्तु सब विफल रहा था।

कौल ने कटुता से शिकायत की—"यूनियनिस्ट मिनिस्टरी में हम लोगों के लिए नौकरियाँ कहाँ हैं? मुसलमान और जाट को थर्ड डिवीजन में बी० ए० पास करके भी नौकरी मिल सकती है। हिन्दू के लिए एम० ए० फर्स्ट डिवीजन करके भी जगह नहीं है।" पुरी को दूसरे मित्रों से भी आर्थिक कठिनाई की बातें सुनने को मिलीं।

जयदेव ने मास्टर जी से भी डाक्टर प्रोफेसर प्राणनाथ की प्रशंसा सुनी थी। वे सदा ही प्राणनाथ पी-एच० डी० की प्रशंसा करते रहते थे। उन्हें गर्व था कि डाक्टर को बचपन में उन्होंने आठ वर्ष तक पढ़ाया था। मास्टर जी पिछले पचीस वर्ष से सेठ गोपालशाह के परिवार में बच्चों के ट्यूटर चले आ रहे थे। आरम्भ में वे आठ रुपये मासिक वेतन पाते थे। पाँच वर्ष तक उनकी ट्यूशन आठ रुपये मासिक ही रही थी। फिर पाँच वर्ष तक दस रुपये मासिक रही। तब से प्रति वर्ष एक रुपया तरक्की होती आ रही थी। सेठ गोपालशाह की हवेली में विद्या का यही मूल्य था, परन्तु डाक्टर प्राणनाथ की बात दूसरी थी।

डाक्टर प्राण मास्टर जी का बहुत आदर करता था। जयदेव के गिरफ्तार होने पर वह अपने पद और सरकारी नौकरी की चिन्ता न करके सहानुभूति प्रकट करने मास्टर जी

के यहाँ गया था और मास्टर जी से प्रार्थना कर आया था कि मामले-मुकद्दमे में यदि रुपये-पैसे की कठिनाई हो तो उसे याद करें।

प्राणनाथ आक्सफोर्ड से राष्ट्रीय अर्थशास्त्र में पी-एच० डी० की उपाधि लेकर १९३९ में लौटा था। उसके कुछ लेख 'ब्रिटिश इकोनोमिस्ट' पत्र में उसके भारत लौटने से पहले ही प्रकाशित हो चुके थे। बड़े-बड़े ब्रिटिश अर्थशास्त्रियों ने उसे 'जीनियस' कह कर उसकी सूझ की प्रसिद्ध अर्थशास्त्रियों 'टोरी' और 'डंकिन' आदि से तुलना की थी। पंजाब यूनिवर्सिटी ने उसे यूनिवर्सिटी प्रोफेसर नियुक्त कर लिया था। डाक्टर प्राण आयु में जयदेव से केवल छः-सात वर्ष ही बड़ा था, परन्तु जयदेव एम० ए० की तैयारी के लिए उसके लेक्चर सुनने जाता था। युद्ध-काल में पंजाब के गवर्नर ने प्रोफेसर प्राण को आर्थिक विषयों के लिए सरकारी परामर्शदाता नियुक्त कर दिया था। तब से वह उस पद पर भी काम कर रहा था।

जयदेव और रास्ता न देखकर डाक्टर प्राण के यहाँ पहुँचा। प्राण ने जयदेव की पत्रों में प्रकाशित कहानियों की सराहना करके उससे जेल के अनुभवों के विषय में बात की।

डाक्टर प्राण ने जयदेव को याद दिलाया—"पुरी, याद है तुम्हें; मैंने कहा था कि जर्मनी की अर्थ-व्यवस्था युद्ध का बोझ देर तक नहीं सम्भाल सकेगी… !"

यूनिवर्सिटी में प्रायः सब लोग जानते थे कि डाक्टर प्राण कम्युनिस्टों के संगठन से सम्पर्क नहीं रखता था परन्तु विचारों से मार्क्सवादी और उग्र परिवर्तन का समर्थक था। प्राण कम्युनिस्टों को भी रूढ़िवादी कहकर उनकी आलोचना करता रहता था।

बातचीत के पश्चात् डाक्टर प्राण ने पुरी से पूछा—"कहो, इस समय कैसे आये? मेरे लायक कोई काम हो तो बताओ!"

"डाक्टर साहब, मुझे एक सौ रुपया उधार चाहिए।" जयदेव ने सकुचाते हुए कह दिया।

प्राण ने पल भर सोचा। आलमारी से दस-दस के दस नोट लेकर जयदेव के हाथ में दे दिये और बोला—"आशा है कि किसी झगड़े में पड़ने के लिए रुपया नहीं चाहिए।"

संकेत स्पष्ट था। जयदेव एक बार १९४२ में स्वतंत्रता के लिए क्रांति के गुप्त कार्यों क प्रयत्न के लिए सहायता माँगने डाक्टर प्राण के पास आया था। उसे विश्वास था कि डाक्टर सहायता नहीं देगा तो भी उसे पुलिस के हाथ नहीं देगा। जयदेव ने अपने प्रति शंका दूर कर देने के लिए स्पष्ट कह दिया—"रुपया बहिन को बी० ए० में दाखिल करवाने के लिए ले रहा हूँ। जब मेरी रचनाओं का मिलेगा, वापिस कर दूँगा।"

"हूँ," कह कर प्राण ने एक सिगरेट ले लिया और बोला, "तुम्हारी बहिन तारा इतनी बड़ी हो गयी?"

"जी, उसने फर्स्ट डिवीजन में इण्टर पास किया है।"

"गुड। देखने में तेज लगती थी। तुम्हारे घर पर उसे दो बार देखा है। उसे जरूर पढ़ाना चाहिए परन्तु वह अपने पाँव पर क्यों न खड़ी हो! गर्मी की तीन महीने की छुट्टियाँ आ रही हैं। कोई ट्यूशन क्यों न कर ले। इससे लड़की में स्वावलम्बन का भाव भी आयेगा।"

जयदेव के उत्तर की प्रतीक्षा किये बिना प्राण ने कहा—''उसे यहाँ ले आना। इस घर में मेरे भतीजे-भतीजियाँ—तीन और चार वर्ष के हैं। छुट्टियों में तारा उन्हें संध्या समय एक डेढ़ घंटे पढ़ा सकेगी। कालेज में उसे और भी तो खर्च चाहिए।'' प्राण अंग्रेजी में बोला, ''साथियों की भाँति पहन-ओढ़ न सकें या और खर्च न निभा सकें तो हीन भाव आने लगता है। उसका प्रभाव अच्छा नहीं होता।''

जयदेव अपने अनुभव से इन्कार न कर सकता था।

मास्टर रामलुभाया स्कूल की नौकरी और ट्यूशन के चक्कर में पिसे जा रहे थे। जयदेव अपने पाँव पर खड़े हो सकने के लिए कुछ नहीं कर पा रहा था। यह परिस्थिति उसके लिए अपमान और उत्कट मानसिक पीड़ा का कारण बन रही थी।

जयदेव पुरी जेल से पहले कालेज में पढ़ते समय कभी-कभी मास्टर जी के अस्वस्थ या थके होने पर उनकी जगह जाकर ट्यूशन पढ़ा आता था। पिछले दो मास से मास्टर जी को एक और ट्यूशन मिल गयी थी। समय और सामर्थ्य न होने पर भी वे ट्यूशन से इन्कार नहीं कर सकते थे, चाहे सिर में दरद हो जाये या स्कूल में ऊँघना ही पड़े।

लाला बधावामल नारंग का लड़का जगदीशचन्द्र मास्टर जी का विद्यार्थी रहा। जगदीश पढ़ने के लिए कुछ ऐसा-वैसा ही ध्यान देता था इसलिए नारंग जी प्रायः मास्टर जी की ट्यूशन लगाये रहते थे। जगदीश जैसे-तैसे बी० ए० पास करके घर की मशीनों की दुकान में काम करने लगा था। जगदीश की बहन उर्मिला मैट्रिक की परीक्षा में फेल होकर स्कूल छोड़ बैठी थी। उर्मिला के पिता, विशेषकर माता चाहती थी कि लड़की किसी तरह मैट्रिक पास कर ले। जमाना ही ऐसा आ गया था कि लड़कियों की सगाई या ब्याह अच्छे घर में करना चाहो तो लोग लड़की की बात पहले पूछते थे। माँ अपनी बेटी के चंचल और शोख स्वभाव से परिचित थी। उसकी ट्यूशन के लिए विश्वासी आदमी को ही रखा जा सकता था। नारंग जी स्वयं मास्टर जी से अनुरोध करने आये थे।

बधावामल जी तीन बरस से 'खूह तिलियाँ' का मुहल्ला छोड़कर मंसो गली में जा बसे थे। मंसो गली मास्टर जी को दूर पड़ती थी। ताँगे के खर्चे का विचार करके नारंग जी पच्चीस रुपया महीना देने के लिए तैयार हो गये थे। मास्टर जी स्कूल में आठवीं श्रेणी को ही पढ़ाते थे, परन्तु ट्यूशन में वे अंग्रेजी छोड़कर और सब विषय मैट्रिक के लिए भी पढ़ा देते थे। नारंग जी को अंग्रेजी के लिए दूसरे ट्यूटर की खोज थी।

जयदेव को जेल से छूटे दो सप्ताह ही हुए थे कि मास्टर जी को बुखार ने जकड़ लिया। बुखार तीन दिन रहा।

दस-दस, पन्द्रह-पन्द्रह की ट्यूशनों पर दो-तीन दिन न जा सकने की कोई बात न थी परन्तु नारंग जी के यहाँ न जा सकने से मास्टर जी परेशान थे। उर्मिला को नारंग जी सितम्बर में ही परीक्षा में बैठाना चाहते थे।

मास्टर जी जगदीश का ट्यूशन कर रहे थे तो जयदेव कई बार पिता के स्थान पर पढ़ा आता था। नारंग जी जानते थे कि मास्टर जी का लड़का बहुत योग्य है। पिता के अनुरोध से जयदेव संध्या समय रतन से साइकिल माँग कर नारंग जी के घर उर्मिला को पढ़ाने चला गया था।

जयदेव ने नारंग जी, उर्मिला की माँ और जगदीश सभी लोगों में अपनी देशभक्ति और साहित्यिक योग्यता के प्रति आदर का भाव पाया। उन लोगों ने उसके जेल जीवन के अनुभव भी पूछे और स्नेह से जल-पान कराया। पुरी सप्ताह भर उर्मिला को पढ़ाने जाता रहा। जयदेव बहुत निष्ठा से पढ़ाता था।

उर्मिला की माँ ने जयदेव से बात की—"काका जी, जगदीश कहता है तुम तो अंग्रेजी भी पढ़ा सकते हो!"

जयदेव के हामी भरने पर उर्मिला की माँ ने जयदेव को जगदीश की तरह ही सम्बोधन करके अपनी बात कही। उर्मिला के पिता का स्वास्थ्य ठीक नहीं चल रहा था। जून का महीना लग गया था। वे लोग गरमी के दो-तीन मास 'मरी' पहाड़ पर बिताना चाहते थे। लड़की की पढ़ाई का भी खयाल था। उर्मिला की माँ ने सुझाया, तुम जेल में रहकर आये हो, बहुत कष्ट सहा है। तुम्हें भी कुछ आराम मिलना चाहिए। मास्टर जी को तो अभी स्कूल से छुट्टी भी नहीं है। तुम उर्मिला को अंग्रेजी भी पढ़ा सकोगे। हमारे साथ ही रहना-खाना हो जायेगा। हमारे लिए तुममें और जग्गी में क्या फरक है। हमारी मरी की कोठी में काफी जगह है। हम पचास रुपया महीना भी दे देंगे। कभी हुआ, छोटे काके को भी देख लेना कि क्या पढ़ रहा है।

पहाड़ की सैर और कुछ पैसा भी हाथ आ जाने का विचार जयदेव को बुरा नहीं लगा। लाहौर में उसे सभी लोगों से मिलने-जुलने के अतिरिक्त करना ही क्या था? पुरी ने सोचा, मरी के शीतल-शांत वातावरण में रहकर वह अपनी रचनाएँ पत्र-पत्रिकाओं में भेजता रहेगा। पिता जी और माँ ने भी इस प्रस्ताव का अनुमोदन किया; उन्हें क्या आपत्ति होती। जयदेव अपनी लिखी चीजें साथ लेकर नारंग जी के साथ मरी चला गया।

उर्मिला की माँ जानती थीं कि बेटी का मन पढ़ने में नहीं लगता था। उसका सुकुमार गुड़िया-सा शरीर सोलह का भी नहीं जँचता था पर अठारह की हो रही थी। विवाह हो जाना ही ठीक था, परन्तु अपनी रुचि पढ़ने-लिखने में होने के कारण सगाई से पहले लड़की को मैट्रिक जरूर करवा देना चाहती थीं। पुरी से वे नितान्त अपनेपन का व्यवहार करती थीं। कोठी में बरामदे के साथ का अच्छा कमरा उसे रहने को दिया था। घूमने-फिरने जातीं तो उसे भी चलने के लिए कहतीं। पुरी को समझा दिया था कि उर्मिला का मन पढ़ने में नहीं लगता। उसे तो विशेष ध्यान देकर, जरा सख्ती से ही पढ़ाया जा सकता था। कुछ याद भी करती है या नहीं, यह देखना भी जरूरी था।

पुरी साधारणतः उर्मिला से निःसंकोच और आत्मीयता का व्यवहार करता था, परन्तु पढ़ाने के समय गम्भीर रहता था। पुरी मस्तिष्क में तीव्र बुद्धि और प्रतिभा पाकर भी कद में कुछ छोटा ही रह गया था। चौदह-पन्द्रह की आयु तक भी वह आधे टिकट में सफर करने का लाभ उठा सकता था। उसका चेहरा अब भी लड़कों की तरह कोमल था। अपनी बहिन से वह आध इंच से अधिक ऊँचा न हो सका था। बहिन-भाई साथ चलते तो बराबर कद के लगते। पुरी को सत्रह-अठारह की आयु में अपने कद की न्यूनता की चेतना हुई तो वह सदा कन्धे ताने और रीढ़ अकड़ा कर चलने लगा। वह अभ्यास उसकी प्रकृति बन गया था। देखने में वह अपनी आयु से कम लगता था। लड़का ही न समझ लिया जाने के लिए उसने होंठों पर लकीर सी, छटी हुई मूँछें भी रख ली थीं। उर्मिला को

पढ़ाने के लिए वह खाने के कमरे की मेज पर बैठता तो अपने कद की छोटाई के कारण गुरुत्व कम न हो जाने के लिए रीढ़ को अकड़ाये रहता था।

उर्मिला पुरी को 'मास्टर जी' सम्बोधन करती थी, परन्तु साथ रहने से झिझक मिट कर, सम्बोधन में बराबरी और निस्संकोच की ध्वनि आ गयी थी। पुरी ने देखा कि बे जी (उर्मिला की माँ) ने ठीक ही कहा था। वह पढ़ाई आरम्भ कर देता, परन्तु उर्मिला की बात ही समाप्त होने में न आती। वह पढ़ा रहा होता तो उर्मिला कोई दूसरी बात छेड़ देती। स्कूल की किसी लड़की का किस्सा या कोई मजाक उसे याद आ जाता या कोई ऊटपटांग प्रश्न। पिछली संध्या घूमने जाते समय देखी बात या कुछ और आरम्भ कर देती।

पुरी टोक देता—"पहले पढ़ लो" या "यह पढ़ने का समय है। बातें बाद में होंगी।"

उर्मिला हँस देती—"अच्छा इतना बता दो" या "नहीं पहले सुन लो।" पुरी के अनुशासन के आग्रह पर उर्मिला हँसी से बिखर जाती।

आकर्षक, चपल युवा लड़की से विनोद और खेल के अवसर की उपेक्षा कर देने के लिए पुरी को कम आत्म-दमन न करना पड़ता परन्तु पुरी को अपने पिता और अपने प्रति नारंग-परिवार के विश्वास और आदर का भी ध्यान था।

उर्मिला के स्वभाव की उर्मि की सी चपलता में उसके रूप की छवि भी योग देती थी। नख-शिख के अनुपातों से उसे रूपवती नहीं कहा जा सकता था। चेहरा गोल, गर्दन कुछ छोटी, नाक भी बखान के योग्य नहीं, परन्तु उजला सुनहरा, गोरा रंग, उड़े-उड़े से कोमल भूरे-सुनहरे केश और बड़ी-बड़ी कौड़ियों जैसी आँखों से आँखें मिल जाने पर दृष्टि सहसा न हट पाती। उसके आकर्षण के मोह में रूप को परख की चेतना रह नहीं पाती थी। तिस पर उसका बढ़-बढ़ कर बोलना।

पुरी अपनी स्थिति के प्रति सचेत था, फिर भी उर्मिला की आँखों में छलक आये रस में आँखें भरे बिना न रह पाता। ऐसा केवल उर्मिला के साथ बाजार जाने पर या बे जी की पीठ पीछे आँखें चार हो जाने पर ही होता। पढ़ाई के समय वह बिल्कुल गम्भीर रहता था।

पुरी उर्मिला को बीजगणित समझा रहा था। वह बार-बार कोई और बात छेड़ देती थी। तीन बार ध्यान से पढ़ने के लिए कहने का भी फल न हुआ। पुरी खीझ गया—"मैं बाबू जी से कह दूँगा।"

इससे पहले उर्मिला के शरारत करने पर पुरी ने ऐसी धमकी दी थी तो उर्मिला ने उत्तर दे दिया था—"कह दो! मुझे डाँट पड़ेगी तो आपको बड़ा मजा आयेगा?"

उस दिन उर्मिला ने तड़ाक उत्तर दिया—"प्रवीण (छोटे भाई) की तरह बाबू जी, बे जी का डर दिखाते रहते हैं। बात हमारे आप के बीच है। बाबू जी, बे जी से मतलब? अपनी हिम्मत से बात कीजिए!"

पुरी बौखला उठा—"मैं एक चाँटा लगा दूँगा! याद रखो!"

"लगाओ चाँटा, लगाइए!"

पुरी ने गहरी साँस लेकर अपने आप को वश में किया—

"अच्छा ध्यान दो—य^{२} + ३य + २ = य^{२} + य + २य + २य^{२} + ३य + २ = (य^{२} य+य+२य+२)।"

"पहले चाँटा मारिए।" अपना गाल आगे बढ़ा कर उर्मिला ने जिद्द की।

"आई एम सौरी। प्लीज पे अटेंशन।" पुरी ने गम्भीरता से आदेश किया।

"पहले चाँटा मारिए। कहा क्यों था।" उर्मिला ने गणित की कापी पुरी के हाथ से खींचकर ठप्प से मूँद दी और गाल आगे बढ़ा दिया।

चटाक! कमरा शब्द से गूँज गया।

पुरी आपे में न रह सका था। उसका हाथ जोर से चल गया था और करारा पड़ा था। उर्मिला के भरे हुए सुनहरे गोरे गाल पर, लाल-लाल चार उँगलियाँ झलक आयीं।

उर्मिला स्तब्ध रह गयी, बड़ी-बड़ी आँखों में दो मोटी-मोटी बूँदें आ गईं। उसने निचला होंठ दाँत काटकर आँसू रोके। पलकें झुकाकर अपने आपको वश में किया। अप्रत्याशित स्थिति में पुरी और उर्मिला कुछ पल चुप रह गये।

पुरी पश्चात्ताप से गला जा रहा था। उसके रोम और मस्तिष्क की शिराएँ क्रोध के स्थान पर उत्तेजना से कंटकित हो गयीं। मन चाह रहा था क्षमा माँगने के लिए उर्मिला को बाँहों में लेकर उसके चोट खाये गाल को चूम ले। अपने को वश कर बोला—"आइ एम वैरी सारी। अब पढ़ो।"

"और मारो।" उर्मिला गाल और आगे बढ़ा कर बोली।

पुरी ने पराजय स्वीकार कर लिया। पढ़ाना छोड़ उठकर कमरे से चला गया और अपने कमरे में जाकर लेट गया। सोचने लगा—गाल पर पड़ा निशान कौन नहीं देखेगा।

अब क्या होगा? उसे क्या-क्या सुनना पड़ेगा? किस जाल में आ फँसा।

पुरी को खाने के कमरे के दूसरी ओर से ऊँचे-ऊँचे बोल सुनाई दिये। प्रवीण को धमकाया जा रहा था। प्रवीण बहिन को मारने के आरोप का विरोध कर रहा था। उसे दो चाँटे भी पड़ गये। प्रवीण रो-रो कर झूठे इलजाम का विरोध करता रहा!

ओफ, कितनी चालाक, शोख लड़की है। प्यार में बेहोश है। लड़की क्या नहीं कर सकती? क्या करूँ?

संध्या बे जी उर्मिला को साथ लेकर जरा घूमकर सब्जी ले आने के लिए चलीं तो उन्होंने साधारण अभ्यास के अनुसार पुकार लिया—"पुरी काका जी, आओ, जरा घूम आयें।" मार्ग में उर्मिला नित्य की तरह पुरी से हँसती-बोलती रही, जैसे कोई घटना नहीं घटी थी। गाल का निशान प्रायः मिट चुका था।

बे जी प्रवीण के बार-बार जिद्द करने पर कुँजड़े की टोकरी में से आलूचे छाँटने के लिए प्रवीण के साथ झुकी हुई थीं। उर्मिला की आँखें पुरी की ओर चली गयीं। आँखें अनुराग से छलकी हुई थीं। पुरी ने अनुताप का साँस लिया। उर्मिला ने आँखों से सांत्वना बरसा दी।

दूसरे दिन पुरी उर्मिला को पढ़ाने बैठा तो उसने अधिक गम्भीरता से आरम्भ किया—"'परफेक्ट लाइफ' का पैराफ्रेजिंग लिखा है, दिखाओ!"

''पहले मारो।'' उर्मिला का उत्तर था।

''जो लिखा है। दिखाओ!''

''पहले मारो।''

''मुझसे भूल हुई, अब नहीं मारूँगा।''

''क्यों नहीं मारोगे?''

''वह उचित नहीं है।''

''कल क्यों मारा था?''

''गुस्सा आ गया था। क्षमा चाहता हूँ! अब पढ़ो।''

''अब गुस्सा क्यों नहीं आ रहा?''

''नहीं आ रहा। तुम पढ़ो।''

''अब क्या आ रहा है?''

''कुछ भी नहीं आ रहा है।'' पुरी ने सिर झुकाये खीझ कर कहा।

''आ तो रहा है।'' उर्मिला मुस्करा दी।

''नहीं आ रहा।'' पुरी ने उसकी ओर देखा।

उर्मिला ने शेर कह दिया—''उन्हें आता है प्यार पर गुस्सा, हमें उनके गुस्से पर प्यार आता है।''

पुरी ने संयम के लिए दीर्घ निश्वास खींचकर उर्मिला की ओर नेत्र उठाये। उर्मिला नेत्र मिलाये रही।

''पढ़ोगी नहीं?'' पुरी ने अनुरोध से प्रश्न किया।

उर्मिला ने इनकार में सिर हिला दिया।

''तो क्या करोगी?''

''बता तो दिया।'' उर्मिला का चेहरा और आँखें तरबूज के गूदे की तरह लाल हो रही थीं। प्यार के नशे में उड़ी जाती मोहक युवा लड़की के खिंचाव से पुरी के पाँव औचित्य की शिला पर से फिसल गये। वह हवा में उड़ा जा रहा था। चेहरे की त्वचा पर उष्णता अनुभव कर पुरी ने पूछ लिया—''कैसे?''

''तुम्हें नहीं मालूम?'' उर्मिला का कंठ उमड़ते उन्मेष से रुँध रहा था।

''नहीं।'' पुरी ने बाढ़ की प्रबल लहर में बह जाने से सम्भलने का पूरा यत्न किया।

''बताऊँ?'' उर्मिला ने और भी रुँधे स्वर में उसे और भी खींचा।

''हाँ।''

''आँखें मूँदो।''

पुरी अपने आप को वश में रखने के लिए एक घुटने से दूसरे को दबाये था। सहारे के लिए मेज पर कोहनी टिका ली थी। ठोढ़ी हाथ की हथेली पर रख ली थी। उर्मिला के कहने से उसने आँखें मूँद लीं।

अपने गाल पर चुम्बन का स्पर्श पाकर पुरी की आँखें खुल गयीं। उर्मिला का श्वास द्रुत हो गया था, गुलाबी आँखों में अदमनीय आकर्षण के दो बल्ब चमक रहे थे। पुरी कुर्सी से खिंच न जाने के लिए अपने आपको पूरी शक्ति से रोके था। फिर भी उसका हाथ उर्मिला की बाँह पर पहुँच गया।

''उर्मि इधर आओ!'' पर्दे के दूसरी ओर से बे जी की कड़क सुनायी दी।

''मारे गये! देख लिया। तुम जाओ!'' उर्मिला ने साँस के दबे स्वर में कहा और उठ गयी।

पुरी कुर्सी से सहसा उठ न सका। उर्मिला भय से सिहरती हुई चली गयी।

उर्मिला के पर्दे की ओट होते ही पुरी को 'चट-पट, धप-धप' मार पड़ जाने की आहट मिली। वह उठ कर अपने कमरे में गया। विक्षिप्त की तरह अपने कमरे में इधर से उधर घूमता रहा। क्या करे? कभी खाट पर लेट जाता, कभी बैठकर सोचने लगता। फिर बाजार की ओर चला गया। पुरी चार बजे लौटा तो निश्चय कर चुका था। वह अपना संक्षिप्त सामान बाँधने लगा। बाजार में 'एजेंसी' से रावलपिण्डी जाने वाली बस के छूटने का समय पूछ आया था।

पुरी अपना सामान सँभाल रहा था तो प्रवीण ने आकर कहा—''मास्टर जी, बे जी चाय के लिए बुला रही हैं।'' लड़के ने धीमे से बताया, ''बहिन को खूब मार पड़ी है, बे जी ने पर्दे के डण्डे से मारा है। बाबू जी से मत कहना।'' प्रवीण के स्वर में दरद था।

बे जी बहुत उदास थीं। पुरी के सामने चाय और कुछ मीठा-नमकीन रख कर बोलीं—''काका जी, दोपहर कहाँ चले गये थे। खाना नहीं खाया?'' वे अपने स्वर में पीड़ा का पुट छिपा नहीं पा रही थीं।

पुरी को ऐसी आशा तो कभी नहीं थी। वह कुछ पल सिर झुकाये चुप रह गया और अपराध की स्वीकृति और क्षमा-याचना के स्वर में बोला—''मैं आज साँझ लाहौर जा रहा हूँ।''

''क्यों काका जी?'' बे जी ने पूछा, ''तुम्हें तो मैंने कुछ नहीं कहा, तुम्हें कोई दोष नहीं दिया। हमारा अपना दोष है, किस्मत है। बाबू जी से कुछ न कहना। उन्हें गुस्सा आता है या सदमा लगता है तो दिल की हरकत बढ़ जाती है।''

पुरी ने दाँत दबाकर आँसू रोक लिये।

पुरी तीन दिन उर्मिला को देख न सका। उसकी पीठ की झलक मिली भी तो वह आँचल में सिर-मुँह लपेटे थी। चौथे दिन प्रवीण ने आकर कहा—''मास्टर जी, बहिन पढ़ने के लिए बैठी है।''

पुरी ने उर्मिला को सरसरी निगाह से देख लिया। उसके माथे पर सुनहले केशों के नीचे गोरे रंग पर नीला दाग झलक रहा था। बायें हाथ पर भी सफेद धज्जी बँधी हुई थी। पुरी ने सिर झुकाये कहा—''वही पोयम फिर पढ़ो।''

''बड़े बेदर्द हो, देखोगे भी नहीं?'' पुरी ने सुना।

पुरी स्थिति को सम्भाल लेने का निश्चय किये हुए था। सिर झुकाये ही कड़ाई से बोला—''हड्डियाँ टूटने में अभी कुछ कसर बाकी है!''

''मार मुझे पड़ी, डर तुम रहे हो।''

"तो फिर?" पुरी ने आँखें उठायीं।

"मार खा ली है तो अब डर क्या? और मार लें। क्या मुफ्त में मार खायी है!"

पुरी ने आँखें मूँदे सोचा। रक्त खौल जाने की गरमी से उसके मुख में तिक्तता भर गयी थी। वह सिर झुकाये पोयम का अन्वय, अर्थ और भाव बताने लगा।

नहीं सुनूँगी! ···नहीं पढ़ूँगी! ···नहीं सुनूँगी!" उर्मिला पुरी को टोकती जा रही थी।

पुरी उठकर अपने कमरे में चला गया।

दोपहर से कुछ पहले पुरी के किवाड़ खटके। बे जी भीतर आयीं। उनकी आँखें मली जाने से भारी हो गयी थीं। पुरी की ओर दस-दस के पाँच नोट बढ़ा कर बोलीं—"तुम्हारा देना है।" उन्होंने एक नोट और देकर कहा, "यह किराया है।"

बे जी लौटी जा रही थीं। पुरी ने लज्जा से भारी स्वर में कहा—"इसकी कोई आवश्यकता नहीं। मैं आपकी कोई सेवा नहीं कर सका। आपको केवल परेशानी हुई।"

"यह कैसे हो सकता है।" बे जी ने लौटकर साड़ी के खूँट से आँखें पोंछते हुए कहा, "तुम्हें बुला कर लाये थे, शर्मिन्दा हैं। अपना पैसा ही खोटा है तो क्या करें। काका जी, बात को अपने तक ही रखना है।"

पुरी मरी से अकस्मात् लाहौर लौट आया तो परिवार के सब लोग विस्मित थे। गली में प्रश्नों की झड़ी लग गयी। पुरी जितना मौन था, भीतर उतना ही क्षुब्ध। मन में उर्मिला की याद प्रति क्षण बनी रहती, क्या यह मेरी कापुरुषता नहीं थी? कितनी सुन्दर है···हमारा विवाह नहीं हो सकता? बे जी को तो एतराज न होगा! उसका प्रेम कितना तन्मय है? ···नौकर होकर क्या प्रेम करता?···मेरे लिए विवाह का मतलब केवल शारीरिक सम्बन्ध नहीं है। वह लड़की तो प्रबल शारीरिक आकर्षण के अतिरिक्त और कुछ है नहीं। कैसे गले पड़ गयी!

पुरी को अपने सफल जीवन की कल्पना में अपने बौद्धिक कलात्मक जीवन की उचित संगिनी के विषय में की हुई कल्पनाएँ याद आने लगतीं। सोचता, दलदल में फँस जाने से बच ही गया···।

३

जयदेव पुरी जेल में माँज-सँवार कर तैयार की हुई अपनी कहानियों को पत्रों में जहाँ-तहाँ प्रकाशित करता रहा था। 'पैरोकार' और 'निशात' के साप्ताहिक अंकों में उसकी कहानियाँ प्रकाशित हुई थीं। उसे उदीयमान लेखक के रूप से तो बहुत से लोग जानते थे, परन्तु इन चार कहानियों की विशेष चर्चा और प्रशंसा हुई। इस प्रशंसा के नशे में पुरी पेट में बेरोजगारी की पोल रहने पर भी, अभ्यास से अकड़ी रहने वाली अपनी रीढ़ पर गर्दन को भी अकड़ा कर चलने लगा।

'पैरोकार' के सम्पादक ने उसकी कहानी के शीर्षक के नीचे फारसी बहुल उर्दू में जो परिचायक टिप्पणी लिखी थी, उसका भाव था—"हमारे पत्र को गौरव है कि हम उदीयमान कलाकारों में अग्रणी, मानव-प्रकृति के अनुपम चित्रकार, कथाशिल्पी श्री जय पुरी की कहानी अपने पाठकों के मनोविहार के लिए प्रस्तुत कर रहे हैं। जय पुरी नवयुवक हैं, परन्तु उनकी कलात्मक प्रौढ़ता विश्व-साहित्य को देदीप्यमान कर रही है…" आदि आदि।

पत्रों के कार्यालयों के लोग जय पुरी को खोज-खोज कर सम्पादकों की ओर से कहानियों, भावपूर्ण गद्यों और हास्य-रस के लेखों के लिए अनुरोध करने आते थे परन्तु इस अनुरोध में कहानियों के पारिश्रमिक की कोई चर्चा न होती थी। मानो वे कला की चर्चा में कुछ रुपयों की बात लाकर महान कलाकार का अपमान न करना चाहते हों परन्तु पुरी को अपने परिवार की आवश्यकता के लिए रुपया न कमा पाने के अपमान की वेदना बींधे दे रही थी।

पुरी सोचता—इस कला का मूल्य यह है। इस कला की रचना के लिए मेरे पास बैठने का स्थान और सुविधा से लिख पाने के लिए मेज-कुर्सी भी नहीं। श्रम से जर्जर, निरन्तर श्रम करते पिता के सामने मैं बेकार हूँ। मेरी माँ घर की सेवा की थकावट से चूर और झुँझलाहट से बौखलायी रहती है, बहिनें एक-एक धुले कपड़े की चिन्ता अपनी त्वचा से अधिक करने के लिए विवश हैं। मैं स्वयं कहीं जाने के लिए साफ कमीज-पतलून भी नहीं पा सकता…। पुरी ने कई बार सोचा, किसी पत्र के कार्यालय में जाकर नौकरी के लिए बात करे, उसे कौन इन्कार करेगा, परन्तु इतनी प्रशंसा और सराहना पाकर उसका आत्माभिमान दूसरों से निमंत्रण की प्रतीक्षा करना चाहता था। तब तक वह क्या करे।

पुरी 'अदायरा मुनव्वर' (मुनव्वर प्रकाशन) से एक उपन्यास अनुवाद करने के लिए ले आया था। उपन्यास के कुछ अंश सप्ताह भर में ही उलथा करके वह पारिश्रमिक की आशा से गया परन्तु प्रकाशक को पुस्तक प्रकाशित कर डालने की इतनी उतावली न थी।

'पैरोकार' का एक उपसम्पादक लेखराम शर्मा पुरी का पुराना मित्र था और उसकी समस्या से भी परिचित था। शर्मा 'पैरोकार' की नौकरी के अतिरिक्त कभी-कभी 'नया हिन्द पब्लिकेशन' के लिए अनुवाद या कुछ दूसरा काम भी करता रहता था। उसने पुरी को सुझाव दिया—"नया हिन्द के पंडित गिरधारीलाल जी से भी क्यों नहीं मिल लेते। वहाँ एक ट्यूशन का भी चांस है। तुम तो हिन्दी भी खूब जानते हो।"

नया हिन्द पब्लिकेशन के मालिक पंडित गिरधारीलाल की मँझली लड़की कनक को एम० ए० के प्रथम वर्ष में पढ़ते समय हिन्दी की परीक्षा देने का चाव हो आया था। उन दिनों पंजाब के हिन्दुओं में, विशेषकर स्त्रियों में हिन्दी की ओर प्रबल बहाव आ गया था। पुरी ने भी एम० ए० प्रथम वर्ष में पढ़ते समय प्रभाकर की परीक्षा दे डाली थी।

कनक १९४२ की राजनीति में भाग लेने वाली कालेज की लड़कियों में थी। पंडित गिरधारीलाल जी स्वयं पुराने देशभक्त और उदार विचारों के थे। उनकी लड़की तत्कालीन लाहौर के समाज में भी साड़ी पहन सकती थी। पिता के विचारों के प्रभाव से कनक की

सहानुभूति स्टूडेंट कांग्रेस के प्रति थी। सन् १९४२ के आन्दोलन में प्रायः सभाओं और जुलूसों में सम्मिलित होती थी। महीन खद्दर की सफेद साड़ी पहने उसका सलोना चेहरा बहुत लोगों की दृष्टियों को खींचता था। जयदेव पुरी ने भी देखा था परन्तु बातचीत नहीं हुई थी।

पंडित जी उर्दू, अंग्रेजी ही जानते थे। उन्हें साहित्य में रुचि थी। बल्कि लेखक बन सकने के प्रयत्न में ही प्रकाशन के धंधे में आ गये थे। कनक को बचपन में उन्होंने उर्दू ही सिखायी थी। उसने स्कूल में हिन्दी भी पढ़ी थी, परन्तु अधिक झुकाव कनक का उर्दू की ही ओर रहा था। वह अंग्रेजी साहित्य में एम० ए० पास करके उर्दू में 'मुंशी फाजिल' की परीक्षा देना चाहती थी, परन्तु राष्ट्रीयता की भावना से उसने हिन्दी-प्रभाकर की परीक्षा देने का निश्चय कर लिया।

पुरी पंडित गिरधारीलाल का संदेश पाकर कनक के साहित्यिक अध्ययन विशेषतः हिन्दी की पढ़ाई के सम्बन्ध में परामर्श देने गया था। कनक ने विद्यार्थी के रूप में जयदेव पुरी को गुरु मानकर उसका स्वागत विशेष विनय और आदर से किया था। वह जयदेव की सभी प्रकाशित कहानियाँ और कुछ लेख भी पढ़ चुकी थी। दो कहानियाँ उसने अपने साहित्य-प्रेमी पिता को भी पढ़ कर सुनायी थीं।

कनक ने अपने जीजा नैयर को जयदेव का परिचय ऐसे दिया, मानो जयदेव से मिल पाना नैयर का सौभाग्य हो। नैयर हाईकोर्ट में प्रैक्टिस करता था और माडल टाउन में अपने बंगले में रहता था।

पंडित गिरधारीलाल जी ने जय पुरी जैसे साहित्यिक के समय के मूल्य समझने के कारण संकोच से बात को घुमा-फिरा कर अनुरोध किया। सप्ताह में तीन दिन या प्रतिदिन कुछ समय कनक की सहायता के लिए दे सकेगा। अपने समय के मूल्य का ख्याल कर, वह अपनी बहिन के समान लड़की को साहित्यिक विकास में सहायता देने के लिए, कम से कम क्या पारिश्रमिक स्वीकार कर सकेगा?

कनक से कुछ ही समय बात करने के बाद पुरी को उसके समीप वेतन पाने वाले की स्थिति में बैठने का विचार अच्छा न लगा। वेतन लेकर उर्मिला को पढ़ाने का अनुभव भी अभी याद में ताजा था। आर्थिक कठिनाई का विचार आत्म-सम्मान की भावना में डूब गया। पुरी ने कभी-कभी आकर कनक को पढ़ा देना इस शर्त पर स्वीकार किया कि पारिश्रमिक का प्रश्न न उठाया जाय।

पुरी लगभग प्रति दूसरे दिन संध्या समय कनक को पढ़ाने के लिए ग्वालमंडी जाने लगा। साहित्य और राजनीति दोनों ही क्षेत्रों में पंडित जी का आदर था। पुरी को उस सम्मानित परिवार में आ-जा सकने का संतोष था। पुरी के मन में सदा एक सतर्कता बनी रहती कि उसकी आर्थिक कठिनाई पंडित जी के परिवार और कनक के सम्मुख किसी प्रकार प्रकट न हो। कनक के मकान पर जाते समय वह अपने अच्छे से अच्छे कपड़े पहने रहता था। अपनी सबसे अच्छी कमीज और पतलून उसने वहाँ जाने के लिए ही रख ली थी। जूतों पर पालिश का ध्यान भी रखता था।

पंडित जी का प्रेस और गोदाम केले वाली सड़क पर था और उनका दफ्तर साधूराम की गली में अपने मकान के नीचे घर में बैठक के साथ था। वे साधारणतः संध्या साढ़े

पाँच या छः बजे दफ्तर का काम समाप्त करके बैठक में चाय पीते तो कनक और कंचन को भी पुकार लेते थे। कनक की माँ का स्वभाव ही दूसरा था। बात करने के लिए बात वह कर ही न सकती थी। बात करती थी तो दो वाक्यों से अधिक शायद ही कभी। वह रसोई से निकलती तो कपड़े धोने बैठ जाती। कपड़े धोने को न होते तो धुले हुए कपड़ों की पड़ताल कर उधड़ गये बखियों को ठीक करने लगती। वह भी न हो तो आटा पीसने के लिए गेहूँ या महीने भर के लिए दाल और मसाले ही बीन डालती। उसे सदा ही काम रहता था। तबीयत ठीक न होने पर चादर ओढ़ कर आँगन में सो जाना उसकी एकमात्र औषधि थी। वह बुलाने पर भी बैठक में न आती थी। वह पिछली सदी की थी और उसी में संतुष्ट थी।

पुरी कनक को बैठक में ही पढ़ाता था। गिरधारीलाल जी की लड़कियाँ कांता, कनक और कंचन बचपन से मुक्त वातावरण में पली थीं। उन्हें लड़कों के सामने सिमिट, सकुचाकर चुप हो जाने का अभ्यास न था। दूसरे घरों में लड़कियों को युवा अध्यापक पढ़ाने आते थे तो लड़की को भयभीत न होने देने के लिए या चौकसी के लिए किसी बड़ी-बूढ़ी के समीप बैठे रहने का कायदा था। वैसा रिवाज पंडित जी के यहाँ न था।

पुरी पंडित जी के घर में वैतनिक अध्यापक की तरह नहीं, सम-सामाजिक स्तर के सहायक, सम्मानित अभ्यागत की भाँति आता था। वह कभी पाँच बजे आ जाता, कभी साढ़े पाँच आता। पंडित जी ने उसके आने पर चाय मँगवा देने का सुझाव दे दिया था। साढ़े पाँच बजे कभी-कभी पंडित जी भी बैठक में एक ओर आ बैठते थे पर चौकसी के लिए नहीं, ब्रजभाषा के दोहों या दूसरी कविता का रस लेने के लिए। सराहना में वाह-वाह किये बिना न रहते। कभी दोहे या कविता की तुलना या समता में उर्दू का कोई शेर या किसी गजल की सतरें भी सुना देते। अच्छी-खासी साहित्यिक चर्चा हो जाती। इस बैठक में चर्चा साहित्य तक ही सीमित न रहती, राजनैतिक चर्चा और पुरी के जेल के अनुभव, सभी तरह की बातें हो जातीं। कभी कनक अपना लिखा कोई लेख या कहानी सुना कर पुरी के परामर्श से सुधार लेती।

पुरी ने कनक को दो सप्ताह ही पढ़ाया था कि संध्या समय ग्वालमंडी जाने के समय की प्रतीक्षा उसके मन में दिन भर बनी रहने लगी। उर्मिला के व्यवहार से पुरी के मन में लड़कियों के प्रति जो विरक्ति अनुभव हुई थी, उसे कनक की प्रतिभा और संयमित सहज व्यवहार ने पुरी के मन से ऐसे दूर कर दिया जैसे मई-जून में झुलसे हुए मैदान की विरूपता को सावन-भादों की वर्षा दूर कर देती है। यह नहीं था कि उससे पूर्व पुरी किसी लड़की के रूप-लावण्य के प्रति आकर्षित हुआ ही नहीं था, परन्तु कनक के सामीप्य से वे ओछी स्मृतियाँ ऐसे धुल गयीं जैसे सूर्योदय हो जाने पर ऊषा का धुँधलका लोप हो जाता है।

चढ़ते यौवन में कौन लड़की आकर्षक नहीं होती! कनक में अपने ढंग का सौंदर्य और आकर्षण था। गहरा स्वस्थ गेहुँआ रंग, शरीर भरा हुआ, एकहरा होने से कुछ लम्बा लगता था। उसका आधुनिक व्यवहार और व्यक्तित्व छाप छोड़ जाता था। उसके सामाजिक स्तर और स्थिति ने उसके रूप और व्यवहार के आकर्षण को पुरी के महत्त्वाकांक्षी मन के लिए दूना कर दिया।

पुरी की कनक के प्रति भावना की स्वाभाविक प्रतिक्रिया यह भी हुई कि वह कनक की भावना का अनुमान करने लगा। अपनी और कनक की आर्थिक स्थिति में अन्तर

और अपनी बेकारी की ग्लानि उसे निरुत्साहित और लज्जित कर देती। कनक के समीप समता और अधिकार से खड़े हो सकने के लिए उसके पैरों में बारोजगार होने की शक्ति आवश्यक थी।

पुरी को जेल से छूटे दो मास हो गये थे। उसकी छः कहानियाँ पत्रों में छप चुकी थीं। चारों ओर प्रशंसा थी। सम्पादकों की ओर से कहानियों के लिए कई अनुरोध आते थे, परन्तु नौकरी के लिए कोई सम्वाद न आता। पुरी सोचता, कब तक निमंत्रण की प्रतीक्षा करता रहेगा। कनक के परिवार के सम्मुख हीनता से उसे अपने परिवार का दैन्य और भी अधिक खलने लगा।

पुरी ने विवश होकर अपने मकान के सामने रहने वाले डाक्टर प्रभुदयाल के सम्मुख अपनी समस्या रखी। डाक्टर प्रभुदयाल जयदेव के जेल जाने से कुछ समय पूर्व भोला पाँधे की गली में आया था। उसने १९४२ में एम० बी० बी० एस० की परीक्षा पास कर ली थी। प्रभुदयाल चाहता तो युद्ध के समय सेना में सुविधा से अच्छी नौकरी पा सकता था परन्तु राष्ट्रीय भावना के कारण वह अपनी स्वतन्त्र प्रैक्टिस जमाने की चिन्ता में था। कांग्रेस के काम में भी भाग लेता था और डाक्टर राधेबिहारी के सहायक के रूप में भी काम करता था। वह डाक्टर साहब की ओर से नये चुनावों के काम में भी योग दे रहा था।

डाक्टर साहब ने युद्ध के समय मकानों की तंगी के जमाने में भी रेंट कंट्रोल अफसर को पत्र लिख कर डाक्टर प्रभुदयाल को भोला पाँधे की गली में अच्छा और सस्ता मकान दिलवा दिया था। डाक्टर कांग्रेस के प्रमुख नेता थे और असेम्बली के प्रभावशाली सदस्यों में से थे। खिजर हयात का मंत्रिमंडल भी उनकी बात का आदर करता था। हिन्दू जगत में तो डाक्टर की राय आदेश ही समझी जाती थी।

पुरी डाक्टर प्रभुदयाल के साथ डाक्टर राधेबिहारी के यहाँ गया। प्रभुदयाल ने जयदेव की देश और कांग्रेस के प्रति भक्ति और उसके जेल जाने की चर्चा की। उसकी साहित्यिक प्रतिभा का बखान करके उसके परिवार की आर्थिक अवस्था के प्रति चिन्ता प्रकट की। डाक्टर राधेबिहारी ने सुना और आश्वासन दिया—सोचेंगे।

डाक्टर प्रभुदयाल पुरी को तीसरी बार दोपहर के एकान्त में डाक्टर राधेबिहारी के यहाँ ले गया। पुरी की कांग्रेस भक्ति, उसके जेल जाने का साहस, उसकी साहित्यिक प्रतिभा की सराहना को दोहरा कर प्रभुदयाल ने स्पष्ट ही कहा—"जेल जाने से पूर्व यह सोशलिस्टों के साथ था। चुनाव के समय ऐसे काम के आदमी का अपने साथ ही रहना अच्छा है। दूसरी पार्टी में क्यों जाय… !"

डाक्टर राधेबिहारी 'पैरोकार' के डायरेक्टरों के बोर्ड के चेयरमैन थे। उन्होंने तत्काल ही एक पत्र 'पैरोकार' के मुख्य सम्पादक कर्मचन्द जी 'कशिश' के नाम टाइप करवा दिया।

'पैरोकार' के सम्पादक कर्मचन्द जी 'कशिश' ने जय पुरी का नाम सुनते ही उसे कमरे में बुलवा लिया। कशिश जी पुरी के कद-कामद और आयु का विचार न कर खड़े हो गये और दोनों हाथ उसकी ओर स्वागत में बढ़ा दिये। पुरी का हाथ अपने दोनों हाथों के अन्दर और स्नेह से बहुत देर तक दबाये हुए कहते रहे—"आओ जी, आओ जी,

बैठो जी··· !'' पुरी को कुर्सी पर बैठा कर स्वयं बैठे। अपना सिगरेट केस खोल कर उसके सामने रख दिया और माचिस जला कर पंखे की हवा से बचाने के लिए, दोनों हाथों में सम्भाल कर खड़े होकर उसके सामने कर दी।

पुरी पिता के लिहाज और अवसर भी न होने से सिगरेट नहीं पीता था। उस आयु तक दो-तीन ही सिगरेट फूँके होंगे। पुरी ने झिझक न प्रकट करने के लिए सिगरेट सुलगा कर धुआँ छोड़ दिया। मन में समझा, चतुर सम्पादक से बात करने में धुएँ का पर्दा सहायक होगा।

कशिश जी ने अनुरोध किया—'मिस्टर पुरी, हुक्म कीजिए, आपके लिए क्या मँगाया जाय। चाय, कॉफी या कोई ठंडी चीज पसन्द करेंगे?''

पुरी और भी सहम गया। ऐसा आदर उसे कनक के घर के अतिरिक्त और स्थानों में पाने का अभ्यास न था।

''आप कष्ट न करें।'' पुरी ने उत्तर दिया, ''इस समय किसी भी वस्तु की इच्छा नहीं है।''

''यह कैसे हो सकता है?'' कशिश जी ने दूने आग्रह से विरोध किया, ''आप जैसे होनहार, प्रतिभावान साहित्यिक के कदम हमारे दफ्तर में पड़ें और हमें आपका सत्कार करने का भी सौभाग्य प्राप्त न हो! वेल, आप चाय के साथ पेस्ट्री पसन्द करेंगे या मिठाई?''

पुरी इन्कार कर चुका था। अपनी बात रखने के लिए विवशता दिखाकर बोला—''एडीटर साहब, विश्वास कीजिए, अभी-अभी एक मित्र के यहाँ चाय पीकर आ रहा हूँ।''

''दैट्‌ज आल राइट,'' कशिश जी ने स्वीकार किया, ''कुछ ठहर कर सही। जल्दी क्या है!'' कशिश जी ने दोनों हाथों के पंजे परस्पर फँसा लिये और कोहनियाँ मेज पर टिका कर पुरी की ओर झुक आये। पुरी के भीतर आने पर जो सिगरेट उनके होंठों में था, राखदानी पर उपेक्षित पड़ा जलता रहा।

कशिश जी फिर बोले—''पुरी साहब, यह बताइए हमारे लिए क्या लाये हैं। हम दशहरे पर विशेष संस्करण निकाल रहे हैं।''

इतना आदर पाकर नौकरी पाने की सिफारिश के लिए लाया पत्र दिखाने का साहस पुरी को नहीं हो रहा था। उसने बात आरम्भ करने के लिए खास कर कहा—''मैं तो चाहता हूँ आपको अधिक सहयोग दे सकूँ।''

कशिश जी ने मेज पर घूँसा मारकर प्रबल उत्सुकता प्रकट की—''इस समय आप क्या लिख रहे हैं? चीज ऐसी होनी चाहिए कि दिल को छू जाय, पकड़ ले।'' उन्होंने हवा में मुट्ठी बाँध पाठकों का दिल पकड़ कर दिखा दिया।

पुरी अपनी बात आरम्भ करने के लिए बोला—''एडीटर साहब, अपनी परिस्थितियों और समय का भी··· ।''

कशिश जी ने टोक दिया—''···समय! ···आर्टिस्ट को तो इस तरह ख्याल आता है।'' उन्होंने चुटकी बजायी और बोले, ''उसे कागज पर उतार देने का ही सवाल रहता है। मैं स्वयं इसी तरह लिखता हूँ।''

पुरी कुर्सी पर सम्भल कर बोला—"दूसरे कामों में लगे रहने से उसी तरह के ख्याल दिमाग में भर जाते हैं। मैं साहित्यिक कार्य को ही जीविका के रूप में अपनाना चाहता हूँ, विशेषकर आपके ही कार्यालय में।" पुरी ने कशिश जी के बोल पड़ने से पहले ही कह दिया, "डाक्टर साहब ने आपके लिए एक पत्र दिया है।" उसने पत्र कशिश जी के सामने रख दिया।

कशिश जी डाक्टर राधेबिहारी का नाम सुनकर गम्भीर हो गये। लिफाफे में से पत्र निकाल कर पढ़ा। पत्र को मेज पर सामने रख कर आँखों पर से चश्मा उतार कर पत्र पर रख दिया और दोनों हाथों की हथेलियों की गद्दियों से आँखों को मलने लगे, मानो अब आँखों की नहीं मस्तिष्क की आवश्यकता थी।

कशिश जी ने आँखें मल कर नया सिगरेट सुलगाया और छत की ओर धुआँ छोड़ कर बोले—"दोस्त, अदब और पालिटिक्स की सेवा आसान काम नहीं है।" उनका स्वर बदल गया था। कमरे के किवाड़ खुलने की आहट से उन्होंने किवाड़ों की ओर देखा। कमीज-पायजामा पहने एक नौजवान हाथ में कागज लिये भीतर आ गया था। कशिश जी ने उसे सम्बोधन किया, "कहो भाई!"

"दूसरे सफे पर तीनों बयानों के लिए जगह नहीं है। दत्तात्रेय का बयान तीसरे सफे पर दे दिया जाय?" नवयुवक ने पूछा।

"अभी बैठो," कशिश जी ने नवयुवक को कुर्सी पर बैठ जाने का संकेत कर दिया, "इन्हें जानते हो, मिस्टर जय पुरी!"

नवयुवक ने हामी भरी।

"मिस्टर पुरी हमारे अखबार में काम करना चाहते हैं।" कशिश जी बोले, "मैं इन्हें कह रहा था कि अदब और सियासत की सेवा बहुत बड़ी जिम्मेदारी का काम है। सेवा त्याग से होती है। महात्मा गांधी, पंडित नेहरू, सरदार पटेल को देश की सेवा से क्या मिलता है? ...राइटर अपने ख़यालात का इज़हार करता है, यही उसकी सेवा का फल है। हम लोग जानते हैं, अखबार-नवीसी में कितनी मेहनत और कितना त्याग करना पड़ता है। इस काम में पैसा कहाँ! गुरबत है और तपस्या... क्यों इंदरनाथ जी!

"अखबार-नवीसी कठिन तपस्या है और इसे सीखना पड़ता है," कशिश जी बोलते गये, "बड़े-बड़े लेखक तमाम उम्र सीखते रहे हैं। मिसाल के तौर पर ताल्सताय को लीजिए। डू यू नो, ताल्सताय ने अपनी कहानियों के पहले कलेक्शन को एक सौ बार रिवाइज किया था। आजकल के नौजवानों में टेलेण्ट की कमी ही नहीं, इट इज देयर लेकिन तपस्या नहीं है। वे सीखना नहीं चाहते। एकदम नाम, ओहदा और दौलत चाहते हैं। अगर आपने कभी मोटर नहीं चलायी तो आप मोटर कैसे चला सकेंगे! जरूर एक्सीडेंट करेंगे, सर्टनली करेंगे! मोटर तो मामूली चीज है। जर्नलिज्म सियासत का जहाज है। जर्नलिस्ट चाहे तो स्टेट को बचा ले, चाहे तो डुबो दे। कितनी बड़ी जिम्मेदारी है!" कशिश जी ने जिम्मेदारी के बोझ से दोनों बाँहें फैला कर गहरी साँस ली।

"बेशक, सही फर्मा रहे हैं आप!" इन्द्रनाथ ने समर्थन किया, "एक-एक लफ्ज तौल कर लिखना पड़ता है।"

"बहुत अच्छा," कशिश जी ने पुरी की ओर देखे बिना कहा। उनका स्वर धीमा और अफसराना हो गया था, "आप काम कीजिए पर आपको काम सीखना होगा। आप बाबू बनारसीदास से बात कर लीजिए। आप काम शुरू कीजिए। तनख्वाह के बारे में आपका काम देख कर तय हो जायगा।"

कशिश जी ने चश्मा नाक पर रख लिया और दूसरे कागजों पर नज़र गड़ा कर इन्द्रनाथ से बोले—"भई इसे जैसे मुनासिब समझो, कर डालो, पटेल साहब के बयान की अहमियत का ख़याल रखना चाहिए।" पुरी को आग्रह से चाय पिलाने की बात वे भूल चुके थे।

इन्द्रनाथ को उठते देखकर पुरी ने समझ लिया उसे भी उठ जाना चाहिए। कुर्सी पर बैठाये जाते समय वह सम्मानित कलाकार अतिथि था। उठते समय कशिश साहब के अधीन पत्र का एक नौकर! अनुभूति बहुत कटु थी, परन्तु जीविका का अवलम्ब हाथ में आने की सान्त्वना ने उसे सह्य बना दिया था।

'पैरोकार' में जयदेव पुरी की ड्यूटी एक सप्ताह के लिए प्रातः दस से चार तक, दूसरे सप्ताह दोपहर बाद चार से रात के नौ तक और तीसरे सप्ताह रात नौ से दो बजे तक होती थी। पत्रों का काम साधारण मनुष्यों की सुविधानुसार नहीं चल सकता। सब पत्रों को, परस्पर होड़ में, सुबह लोगों की नींद टूटते उनके हाथ में पहुँच जाना चाहिए। इसी आवश्यकता के अनुसार पत्रों के सम्पादन और छपाई का समय निश्चित होता है। प्रत्येक प्रातः नागरिकों की नींद टूटने से पहले दैनिक पत्र संसार भर की गत चौबीस घण्टों की घटनाओं का चिट्ठा बनाकर उनके सामने उपस्थित कर देते हैं, इसलिए जब सर्वसाधारण सो रहे होते हैं, पत्रकार रोशनी जलाकर, मेज पर अपना सिर झुकाये संसार भर के समाचारों का चिट्ठा तैयार करते रहते हैं। प्रेस की मशीनें तेज चाल से बड़े-बड़े कागजों को छापती जाती हैं। इस व्यवस्था में कठिनाई भी नहीं होती। कठिनाई किसे हो? पत्र का मालिक या डाइरेक्टर, मैनेजर अथवा मुख्य सम्पादक कम वेतन पाने वाले सहायक सम्पादकों और छापे की मशीन चलाने वालों को आदेश देते हैं और वे पेट भर सकने के अवसर के लिए किसी कठिनाई को कठिनाई नहीं समझते।

नागरिकों की नींद खुलते ही दैनिक पत्र घटनाओं को अपने-अपने ढंग से सजा-बनाकर पाठकों के सामने उपस्थित हो जाते हैं। पत्रकार के काम की विशेषता यह है कि वह अपने व्यक्तित्व को परोक्ष में रखकर मालिकों की इच्छानुसार घटनाओं के वर्णन को रंग देता है। हजारों पाठक उसके काम से प्रभावित होते हैं परन्तु उससे अपरिचित रहते हैं इसलिए उसकी सुविधा और आराम का प्रश्न नहीं उठता। सहायक सम्पादक प्रेस की मशीनों के लिए मसाला तैयार करने की मशीन होते हैं। पुरी ने इसी जीविका को चुना था और ऐसी ही दिनचर्या उसे अपनानी पड़ी थी। उसके भोजन और शयन के समय पत्र की आवश्यकता के अनुकूल चलते थे। मुख्य सम्पादक बनने की महत्त्वाकांक्षा पुरी के मन में थी, परन्तु वह दूर, बहुत दूर की बात थी। वह ग्वाल मण्डी में कनक के यहाँ कई-कई दिन न जा पाता, परन्तु जा सकने का अवसर होने पर जरूर जाता।

पुरी कई दिन की प्रतीक्षा के बाद कनक के यहाँ आता तो आते ही किसी दोहे की उपमा और रूपक की विवेचना में डूब जाना पुरी और कनक के लिए सम्भव न हो पाता।

इतने दिन पुरी के न आने की शिकायत भी न करना कनक के लिए कैसे सम्भव होता। पुरी को भी अपने काम के बोझ का कुछ ब्योरा देना ही पड़ता था। शनैः शनैः कनक के सहज निस्संकोच व्यवहार और साहित्य चर्चा के उत्साह का स्थान उसका आदरपूर्ण मौन लेता जा रहा था। अब वह पहले की तरह खोज-खोज कर छन्दों की विवेचना नहीं करती थी। ध्यान आ जाता, पुरी जी काम से थके हुए होंगे। यदि पिता जी उठकर चले जाते तो वे भी कभी कुछ समय के लिए दोनों चुप रह जाते और फिर संकोच होने लगता, वे चुप क्यों बैठे हैं।

जाड़ों के दिन थे। पुरी सप्ताह भर बाद कनक के यहाँ आया तो सूर्यास्त से पूर्व न पहुँच सका। बैठक में पंडित जी सिर पर साफा बाँधे और हाथ में छड़ी लिये, बाहर जाने के लिए तैयार बैठे थे। गिरधारीलाल जी ने 'आओ बरखुरदार' कहकर ऊँचे स्वर में पुरी का स्वागत किया, उसके स्वास्थ्य के विषय में प्रश्न किये। 'पैरोकार' पत्र की प्रशंसा के व्याज से उसके काम की सराहना की। कनक के लिए बहुत-सी हिन्दी पुस्तकें मँगा देने की सूचना दी।

बैठक की बगल के ज़ीने से कनक के उतरते कदमों की आहट मिली। कनक आयी तो रेशमी साड़ी पहने थी और बाँह पर कोट था, बाहर जाने के लिए तैयारी थी। पुरी से आँखें चार हुईं तो कनक के चेहरे पर हर्ष का गुलाबीपन आकर पलकें उदासी से झुक गयीं। चेहरे पर दुविधा का भाव आ गया। पीछे-पीछे कनक की छोटी बहिन कंचन भी साड़ी पर कोट पहने उतर रही थी।

पंडित जी छड़ी फर्श पर टकोरते हुए बोल उठे—''कनक बेटा, पुरी जी आ गये हैं, तुम पढ़ लो। मैं और कंची चड्ढा के यहाँ हो आते हैं। तुम विमला से फिर किसी दिन मिल आना, योर स्टडी फर्स्ट।'' उन्होंने पुरी की ओर देखा, ''बरखुरदार, मैंने ही इसे कह दिया था, हमारे साथ चली चले पर पढ़ाई सबसे अहम है। वर्क आलवेज़ फर्स्ट।''

''नहीं-नहीं, आप तैयार हैं तो आइए। मैं कल फिर आ जाऊँगा।'' पुरी ने पिता-पुत्री की योजना में बाधक न होने का सौजन्य प्रकट किया।

कनक ने बेबसी में पिता की ओर देखा।

पंडित जी ने तुरन्त निर्णय कर दिया—''नहीं-नहीं बेटा, मिलना-जुलना तो होता ही रहता है। वर्क इज आलवेज फर्स्ट।'' वे उठ खड़े हुए। जाते-जाते कह गये, ''बेटा, पुरी जी के लिए चाय मँगा ले।'' उन्होंने पुरी की ओर देखकर मुस्कुराहट से सहानुभूति प्रकट की, ''दफ्तर से थके हुए आ रहे होंगे। आई नो, यू आर वेरी हार्ड वर्किंग।''

कनक अपना कोट सोफा की पीठ पर रखकर पुरी के समीप की कुर्सी पर बैठ गयी। एकान्त ने दोनों को चुप करा दिया। दोनों ही दूसरे के बात आरम्भ करने की प्रतीक्षा में थे, परन्तु आरम्भ करते नहीं बन रहा था।

''आप इतनी चुप क्यों हैं?'' पुरी ने पूछा।

''नहीं तो,'' कनक बोली, ''आप कहिए!'' दोनों फिर एक दूसरे की उपस्थिति की अनुभूति में चुप रह गये।

कनक को याद आया—''चाय ले आऊँ?''

"जल्दी क्या है..." पुरी ने कहा। उसके अवरुद्ध स्वर ने कनक को और भी कंटकित कर दिया। वह अपनी साड़ी के आँचल के छोर में आँखें गड़ाये कोई एक विशेष धागा खोजने लगी।

कनक को चुप देख पुरी ने पूछा—"चाय की जल्दी है?"

कनक ने एक पल पुरी की आँखों में देख पलकें झुका कर इनकार में सिर हिला दिया और उसकी काँपती हुई उँगलियाँ साड़ी के आँचल में फिर तागा खोजने लगीं।

"तुम्हारी आँखें इतनी गुलाबी क्यों हो रही हैं," पुरी ने साहस किया, "कोई देखेगा तो क्या कहेगा!" वह आपके स्थान पर तुम कह गया।

कनक का रोम-रोम सिहर उठा। पुरी से आँखें मिलाने में झिझक अनुभव कर वह बोली—"मेरी आँखें गुलाबी हैं? अपनी देखिए!" उसकी आँखें फिर झुक गयीं।

पुरी ने जिस बात को सदा मन में दबाये रखने का निश्चय किया था, अचेतन रूप से जिह्वा पर आ गयी। बोला—"एक बात कहूँ?"

कनक ने अनुमति में सिर झुकाया।

"नाराज तो नहीं होगी?"

कनक ने पुरी की आँखों में देख कर नाराज न होने के आश्वासन के लिए इनकार में सिर हिला दिया।

"प्रतिज्ञा करो।" पुरी ने और अधिक आश्वासन चाहा।

"किस बात की?" कनक ने साँस के स्वर में पूछा।

"तुम नाराज नहीं होगी।"

"कभी नहीं।"

"वचन दो।"

पुरी ने अपना हाथ बढ़ा दिया।

कनक की आँखें एक बार फिर पुरी की आँखों से मिलीं। चेहरा लाल हुआ। उसने अपना हाथ पुरी के हाथ पर रख दिया। उसकी आँखें झुक गयीं।

"हाथ दे रही हो, छुड़ाओगी तो नहीं।" पुरी कंपित स्वर से पूछ बैठा।

कनक की आँखें पुरी की आँखों में जाकर स्थिर हो गयीं—"कभी भी नहीं।" हृदय की गहराई से उठे श्वास से बोल कर कनक गम्भीर हो गयी। अपना हाथ उसने पीछे नहीं खींचा।

कनक की गम्भीरता के आदर में पुरी ने उसका हाथ उठाकर अपने मस्तक से लगा लिया और फिर स्वर को सम्भाल कर बोला—"मैंने तुमसे इतनी बड़ी चीज माँग ली है। जानता हूँ, उसके योग्य नहीं हूँ। मेरी क्या स्थिति है? न तुम्हारे योग्य धन, न तुम्हारे योग्य सामाजिक स्थिति।"

हर्ष के आवेग की रुलाई से कनक के ओंठ काँप गये। अपने को वश करके बोली—"कैसी बात करते हैं, मैं आपके योग्य कहाँ हूँ? आप महान् हैं, कलाकार हैं, लेखक हैं।" हृदय का उद्वेग सम्भाल न सकी तो उसने आँचल आँखों पर रख लिया और उठकर रसोई की ओर चली गयी।

कनक बसंते को चाय बनाने का आदेश देकर हाथ में एक पुस्तक लिये लौटी। पुस्तक खोलकर उसे मुँद जाने से बचाने के लिए, बीच में पेंसिल की आड़ रखकर वह फिर पुरी के समीप आ बैठी। नये पाये अधिकार से उसने पुरी की ओर देखकर मान किया—"आपने योग्यता-अयोग्यता की ऐसी उल्टी बात क्यों कही··· ?"

पुरी कनक के घर के सम्पन्न वातावरण में और कनक के सहज संतुष्ट व्यवहार के सम्मुख अपनी आर्थिक हीनता की चेतना से पल भर भी मुक्त न हो पाता था। बोला—"तुम इतनी सहृदय हो, तुम्हें धोखे में रखने का अपराध नहीं कर सकता। मैं धनी नहीं हूँ। अभी केवल सौ रुपये मासिक की ही नौकरी है, परन्तु मुझे अपने सामर्थ्य और भविष्य पर विश्वास है···।" पुरी को संतोष हो गया कि उसने कनक को अपनी आर्थिक स्थिति के विषय में धोखा नहीं दिया।

कनक ने फिर आँखों में आँसू भरकर प्रतिवाद किया—"पैसे का क्या है, मैं पैसे की भूखी हूँ? आपकी कला और व्यक्तित्व की महत्ता को कौन नहीं जानता!"

उस दिन के बाद पुरी और कनक घर के बाहर भी मिलने लगे। संध्या समय पुरी की ड्यूटी दफ्तर में रहती तो दोपहर के समय जब रेस्तोराँ सूने होते, कनक कालेज से चली आती। कभी दोनों माल रोड पर 'स्टैण्डर्ड' में मिल जाते, कभी किसी दूसरे स्थान पर। कनक की कल्पना में उसके भविष्य की रूप-रेखा स्पष्ट बन गयी थी। धन की उसे परवाह न थी। अभाव की अनुभूति न होने से उसने धन की चिन्ता भी न जानी थी। उसे धन की विपुलता का भी अनुभव न था और न वैसी महत्त्वाकांक्षा थी। उसकी दो सहेलियाँ धनी परिवार की थीं, मोटर में आती-जाती थीं। कनक को टाँगे के किराये के लिए कभी कठिनाई नहीं हुई थी। उसे बस में आने-जाने में आपत्ति न थी। वह उसी से सन्तुष्ट थी। अब उसका विचार एम० ए० की परीक्षा के पश्चात् उर्दू साहित्य में मुंशी फाजिल की परीक्षा देने का न रहा था। वह पत्रकारिता सीख कर पुरी के साथ अपना स्वतन्त्र साहित्यिक पत्र आरम्भ करने की कल्पना करने लगी थी। उसे तनिक भी सन्देह न था कि पुरी एक दिन प्रेमचन्द, शरत, गोर्की, हार्डी, मॉम के समान विश्व-विश्रुत लेखक होगा। ···एक छोटी सी फुलवारी से घिरा घर, कमरे में लिखने के लिए दो मेज़ें···।

४

पत्र के कार्यालय में अपनी उपयोगिता प्रमाणित करने में जयदेव पुरी को बहुत समय न लगा। उसे टेलीप्रिंटर पर अंग्रेजी में आये समाचारों का अनुवाद करने की अपेक्षा टिप्पणी और लेख लिखने का काम दिया जाने लगा। दफ्तर में उसकी सम्मति का भी मूल्य समझा जाने लगा था। इसलिए कशिश जी से कभी छोटे-मोटे मतभेद का अवसर भी आ जाता था।

कशिश जी प्रायः पुरी से तकाजा करते रहते थे—"पुरी साहब, बहुत दिन से आपकी कहानी हमारे अख़बार में नहीं छपी। सम्बन्ध आपका 'पैरोकार' से है, कहानी आप देते हैं 'आरसी' को। हम तो आपकी कहानियों की ही ज्यादा कद्र करते हैं।" पुरी अपनी रचनाओं के लिए 'पैरोकार' से पृथक पारिश्रमिक की आशा नहीं करता था इसलिए कहानियाँ दूसरे पत्रों को देता था।

पुरी ने फरवरी १९४६ की नाविक क्रांति की घटना पर अपनी टिप्पणी में क्रांतिकारी नाविकों के प्रति, कांग्रेसी और लीगी नेताओं की सहानुभूति के अभाव के प्रति कुछ छीटें कस दिये थे। पुरी के उस लेख को सर्व-साधारण ने बहुत सराहा था। कशिश जी ने उसे चेतावनी दी थी—पत्र की जनप्रियता बहुत बड़ी चीज है, परन्तु राजनैतिक पत्र का काम जनता की भावनाओं में बह जाना नहीं बल्कि उन भावनाओं को दिशा दिखाना है।

पुरी के इस लेख के कारण बहुत समय से बिछड़े हुए कई साथी उसके समीप आ गये। यह थे, स्टूडेंट फेडरेशन और कम्युनिस्ट पार्टी के लोग—मंजूर, नरेन्द्रसिंह, असद, प्रद्युम्न आदि। उन्होंने उसके लेख को सराहा और ब्रैडला हाल में बम्बई के नाविक विद्रोहियों के प्रति सहानुभूति प्रकट करने के लिए आयोजित सभा में पुरी को ले गये। सभा में पुरी बहुत उत्साह से बोला था। कामरेडों को आशा हो गयी कि पुरी के रूप में उन्हें एक प्रबल समर्थक मिल गया है, परन्तु कामरेडों से पुरी को दूर रखने वाले दूसरे प्रश्न भी थे।

पुरी और कम्युनिस्टों में भेद का प्रश्न था, कम्युनिस्ट दल का जातियों के आत्म-निर्णय के अधिकार की माँग। पुरी इस माँग का अर्थ समझता था, हिन्दुओं और मुसलमानों को दो पृथक जातियाँ मानकर देश का पाकिस्तान और हिन्दुस्तान में बँटवारा।

कम्युनिस्ट जातियों के आत्म-निर्णय के अधिकार को ही संतोषजनक एकता का और देश को बँटवारे से बचाने का उपाय समझते थे। इस विकट समस्या पर बहस करने के लिए स्टडी सर्किल (विचार सभाएँ) करते थे। कभी-कभी सुरेन्द्र और ज़ुबेदा के साथ तारा और कनक भी इन सभाओं में पहुँचती थीं। पत्रों में प्रकाशित वक्तव्यों के सम्बन्ध में कभी घर पर भी बात हो जाती, परन्तु बहस खुलकर न हो पाती इसलिए तारा का समाधान न हो पाता था। पुरी लक्ष्य कर रहा था कि तारा की सहानुभूति कम्युनिस्टों के दृष्टिकोण की ओर हो रही है। यह उसे अच्छा नहीं लग रहा था।

अप्रैल मास की संध्या थी। लाहौर कड़ी सर्दी के लिहाफ फेंक कर बसंत की अँगड़ाइयाँ ले रहा था। युवतियाँ अपने रूप-यौवन के उभार को छिपा देने वाले गरम कोटों को फेंककर लारेंस गार्डन, चारदीवारी के बाहर के बागों—अनारकली और माल रोड पर तितलियों की तरह टूट पड़ी थीं। उनके कपड़ों के रंग चारदीवारी के बागों और माल रोड की पैदल पटरियों के साथ लगी फूलों की क्यारियों से स्पर्धा कर घूमने लगे थे। पुरी की ड्यूटी दफ्तर में रात नौ से दो तक थी। उस संध्या वह कनक के साथ लारेंस बाग में जाकर अपने भावी जीवन की कल्पनाएँ कर आया था। उसे काम में लग जाने का उत्साह था।

इन्द्रनाथ ने दोपहर में आये समाचार उसके हाथ में देकर सुझाव दिया—"बड़ी सुर्खी (बड़ा शीर्षक) सीनेट हाल के हंगामे को दे दो।"

समाचार था—आज बी० ए० की परीक्षा के अन्तिम दिन इनविजिलेशन (चौकसी) आफिसर दीनमुहम्मद ने सनातन धर्म कालेज के एक विद्यार्थी सोमराज साहनी को अपने साथ लाये कागजों से परीक्षा पुस्तक पर नकल करते देखकर आपत्ति की और उसे परीक्षा पुस्तक उन्हें सौंप देने की आज्ञा दी। विद्यार्थी के आज्ञा मानने से इनकार करने पर प्रोफेसर ने विद्यार्थी को सीनेट हाल से बाहर निकाल दिये जाने की आज्ञा दे दी। चपरासियों को अपनी तरफ बढ़ते देखकर सोमराज साहनी ने प्रोफेसर दीनमुहम्मद को पीट दिया और सीनेट हाल से बाहर चला गया।

पुरी एक साँस में समाचार पढ़ गया और कुछ देर निश्चल बैठा रहा। उसे तारा का ध्यान आ गया। वह समाचार का कागज मेज पर रखकर ठोढ़ी को मुट्ठी में लिये बहुत देर तक सोचता रहा। समाचार को रोक देने से कशिश जी के सामने जवाबदेही करनी पड़ती और उसे सोमराज के प्रति सहानुभूति की अपेक्षा ग्लानि ही अधिक थी।

पुरी ने समाचार में से सनातन धर्म कालेज और साहनी शब्द काट दिये। 'नकल करते देख' की जगह 'नकल करते समझ' कर दिया। मुख्य शीर्षक 'सीनेट हाल में हंगामा' को बदल कर उसने 'सीनेट हाल में गलतफहमी' कर दिया। मन बहुत उचाट हो गया था। काम पूरा करने के लिए उसे दो बजे के बजाय तीन बजे तक दफ्तर में रुकना पड़ा।

मास्टर जी ने पुरी और तारा के लिए प्रातः उठने का नियम शिथिल कर दिया था। वे लोग परीक्षाओं की तैयारियों के कारण रात बहुत देर-देर तक पढ़ते रहते थे इसलिए प्रातः विलम्ब से उठ सकते थे। मास्टर जी जिस समय बिस्तर से उठ जाना उचित समझते थे, ठीक उसी समय नींद की अंतिम ऊँघ पुरी को बहुत मधुर जान पड़ती थी। इस समय पड़ोसी, पापड़-बड़ियों की दुकान करने वाला खुशालसिंह नींद से उठते ही आसावरी छेड़ देता था—

'खेडन दे दिन चार नी माये।
खेड खिडन्दड़ी नू शामा जे पइयां, विस्सर गया घर-बार नी माये।'

(अम्मा, खेलने के चार ही तो दिन हैं, खेल में उलझी तो साँझ ही हो गयी, घरबार सब भूल गयी।)

खुशालसिंह के गले में कुछ ऐसा माधुर्य था कि उसकी आसावरी की तान, पूरी गली के लोगों के लिए नींद टूटने के दुख को मीठा बना देती थी। उसे राग का भी कुछ स्वाभाविक ज्ञान था। सभी लोग कुछ मिनट आँखें मूँदे उसके स्वर को सुनते रहना चाहते थे परन्तु उसकी प्रतिद्वन्द्विता में मास्टर जी भी अपने कर्कश स्वर में आरम्भ कर देते—

'जगत की जननी जगत की माता, नमस्ते पहुँचे तुम्हें हमारा।'

उस दिन पुरी अख़बार वाले की पुकार सुनते ही उठ गया और गली में जाकर अख़बार ले आया।

मास्टर जी भजन समाप्त करके संध्या-प्रार्थना के लिए नेत्र मूँदना ही चाहते थे कि पुरी ने अख़बार उनके सामने रखकर कह दिया—"यह ख़बर अच्छी नहीं है।"

समाचार पढ़कर मास्टर जी का मुँह खुला रह गया। कुछ देर बाद वे बोले—"किसी दूसरे का भी नाम हो सकता है।"

''साहनी ही है, सनातन धर्म कालेज का। उतना मैंने बदल दिया है।'' पुरी ने बताया।

''इस साल भी इम्तहान में रह गया।'' मास्टर जी ने चिन्ता से कहा।

''इम्तहान में क्या रह गया,'' पुरी बोला, ''यह मामला बढ़ भी सकता है।''

''प्रभु की जो इच्छा।'' मास्टर जी ने दीर्घ श्वास लिया और बेटे की ओर देख कर चिन्ता प्रकट की, ''यह मामला तो शायद बहुत गम्भीर हो जाये, शायद सजा भी हो जाये।''

''होनी तो चाहिए,'' पुरी ने निर्ममता से कहा, ''प्रोफेसर दीनमुहम्मद रजिस्ट्रार से शिकायत करेगा। वह चुप नहीं रह जायेगा।''

''अख़बार में क्या ख़बर है?'' नीचे गली से बजाज दीवानचन्द के मुख में दातुन लिये बोलने की पुकार सुनायी दी।

''हिन्दू लड़के ने मुसलमान प्रोफेसर को पीट दिया।'' टीकाराम का उत्तर सुनायी दिया।

''शाबास पट्ठे!'' दीवानचन्द बोला, ''बेचारे को तंग किया होगा। इन मुसलों की...'' उसने सुबह-सुबह भयंकर गाली दे दी।

''मास्टर जी! मास्टर जी! क्या कर रहे हैं?'' ज़ीने के नीचे से बाबू गोविन्दराम ने पुकारा।

''आ रहा हूँ भाई साहब!'' मास्टर जी ने घबराहट छिपाकर उत्तर दिया और जीना उतर गये।

बाबू गोविन्दराम के हाथ में 'पैरोकार' नहीं 'छत्रपति' दैनिक था। 'छत्रपति' में सोमराज के नाम के साथ साहनी, विद्यार्थी सनातन धर्म कालेज भी छपा हुआ था। गोविन्दराम पड़ोसी थे और इस सम्बन्ध के विषय में जानते थे। उन्होंने संवेदना और चिन्ता से कहा—''किस्मत भी आदमी को कितना धोखा देती है। आपको क्या मालूम था? कहाँ तारा जैसी होनहार लड़की और लड़का क्या कर बैठा?''

मास्टर जी 'जो प्रभु की इच्छा' कहकर लज्जा से सिर झुकाये रह गये।

घर में सब लोगों को पता लग गया। किसी ने कुछ कहा नहीं। तारा गर्दन लटकाये रही। उसने भोजन नहीं किया न कालेज जा सकी। सिर दर्द बताकर लेटी रही। कालेज के परिचितों को उसके इस सम्बन्ध का कुछ पता नहीं था फिर भी इस प्रकार अकारण अपमानित हो जाने से मन चाह रहा था कि गली के कुएँ में जा गिरे।

मास्टर जी स्कूल पहुँचे तो वहाँ मास्टरों में सब जगह इसी विषय की चर्चा थी। मास्टर लोग अनुशासन की इस हत्या के प्रति चिन्ता प्रकट कर रहे थे। उनका कहना था—यूनिवर्सिटी के प्रोफेसरों का इस प्रकार अपमान होगा तो साधारण मास्टरों के लिए तो सड़क पर चलना भी सम्भव नहीं रहेगा। ऐसे विद्यार्थी को तो बेंतों की सजा दी जानी चाहिए, जेल की सजा होनी चाहिए। सदा के लिए यूनिवर्सिटी से बहिष्कृत करके उदाहरणस्वरूप दण्ड दिया जाना चाहिए। मास्टर जी गहरी साँस लेकर चुप रह जाते।

दूसरे दिन पत्रों में भिन्न-भिन्न प्रकार के समाचार थे। 'पैरोकार' में नगर के संवाददाता की एक सूचना थी—सभी कालेजों और यूनिवर्सिटी के प्रोफेसर, कालेजों और परीक्षाओं में अनुशासन की रक्षा के लिए, रजिस्ट्रार से इस विषय में शीघ्र और उचित कार्यवाही की माँग कर रहे हैं।

'सियासत' दैनिक में समाचार था—सीनेट हाल के फिसाद का मुलज़िम लापता। सोमराज साहनी, तालिबइल्म सनातन धर्म कालेज पर मैजिस्ट्रेट के सामने पेश होने के लिए समन जारी। मोतबर ज़रिये से मालूम हुआ कि मुलज़िम लापता है। पुलिस मजीद तहकीकात कर रही है।

'छत्रपति' दैनिक में दूसरी तरह का समाचार था—तास्सुब की इंतहा, सीनेट हाल के मामले में मजीद इन्कशाफात। राष्ट्रीय स्वयंसेवक संघ के कारकुन पर लीगी प्रोफेसर का कहर! मोतबिर ज़रिये से मालूम हुआ है कि सनातन धर्म कालेज के तालिबइल्म सोमराज साहनी पर अरसे से लीगी प्रोफेसर दीनमुहम्मद की नाराज़गी चली आ रही थी। वह तास्सुब का शिकार होने से बच नहीं सका। लीग की सल्तनत क्या रंग लायेगी?

मास्टर जी स्कूल से लौट कर सेठ गोपालशाह के यहाँ लड़कों को ट्यूशन पढ़ाने चले गये थे। वहाँ से लौटे तो बाबू रामज्वाया के यहाँ से बुलावे का संदेश मिला। बाबू रामज्वाया अख़बार-वख़बार कम ही पढ़ते थे। गली-मुहल्ले में चर्चा सुनकर ही उन्हें घटना का पता चला था। उन्होंने छोटे भाई की नासमझी पर खेद प्रकट किया—''तुम्हें ख़बर मिल गयी थी तो कान में तेल डाले बैठे रहे। तुम्हें अपने सम्बन्ध का भी कुछ ख़याल नहीं। उनका बेटा है तो तुम्हारा भी तो दामाद है। एक बार सुखलाल साहनी के यहाँ जाकर पूछताछ तो करनी चाहिए थी···।''

रामज्वाया मास्टर जी को साथ लेकर बन्नी हाते के मुहल्ले में लाला सुखलाल के घर गये। कोई और दो आदमी भी लाला जी के समीप चिन्ता में भारी चेहरे लिये बैठे थे। रामज्वाया सीनेट हाल की घटना के प्रसंग में बोले—''रामलुभाया ने सुना तो बेचारे ने कल से मुँह में दाना नहीं डाला। बात कुछ समझ में नहीं आयी। मामला क्या था··· ?''

सुखलाल क्रोध में प्रोफेसर दीनमुहम्मद को गाली देकर बोले—''उसकी मज़ाल क्या है कि हमारे लड़के की बेइज़्ज़ती करे। इस···'' उन्होंने फिर गाली दी, ''रजिस्ट्रार को पूछता कौन है? हमारी पहुँच भी लाट जेंकिन्स तक है। यह फौजदारी का मुकदमा हमारे लड़के पर करेगा? हमें नहीं जानता! उसी के दरवाज़े पर उसे सौ जूते न लगवा दूँ तो मुझे क्षत्री नहीं भंगी के बीज से पैदा समझना। ···क्या समझते हो? लाहौर में एक मुसलमान को जिंदा नहीं छोड़ूँगा। हम सूरजवंशी हैं, प्राण जाय पर वचन न जाये।''

रामज्वाया ने सहमते हुए पूछा—''लड़का घबड़ाया हुआ तो नहीं है न?''

सुखलाल ने बेपरवाही से कहा—''हम इस साले बीए, शीए की परवाह बाल बराबर नहीं करते। हमारा लड़का क्या मुनीमी, मुंशीगिरी करेगा?''

दूसरे महायुद्ध के बाद १९४६ में भारत को शासन का अधिकार दे देने के लिए ब्रिटेन के मंत्रिमंडल ने अपने तीन प्रतिनिधि भारत भेजे थे। यह प्रतिनिधि शिमले में लीग और कांग्रेस के नेताओं से परामर्श और मोल-तोल कर रहे थे। पूरे देश की आँखें और

कान उसी ओर लगे हुए थे। देश का भविष्य लीग और कांग्रेस (मुसलमानों और हिन्दुओं) की प्रतिद्वन्द्विता के काँटे पर तुला हुआ था। लाहौर उसे भूलकर सीनेट हाल के मामले, मुसलमान प्रोफेसर और हिन्दू विद्यार्थी के झगड़े में उलझ गया था। परीक्षा में नकल करने पर आपत्ति साम्प्रदायिक मामला बन गया था। दो मास पूर्व विधान सभा के चुनावों के समय लाला सुखलाल डाक्टर राधेबिहारी के प्रमुख सहायक रहे। हिन्दू सभा और राष्ट्रीय स्वयंसेवक संघ में भी लाला सुखलाल डाक्टर साहब के प्रतिनिधि और दाहिने हाथ थे। डाक्टर साहब को जाकर मुख्यमंत्री खिजरहयातखाँ को परामर्श देना पड़ा कि मामले ने साम्प्रदायिक रंग ले लिया है। हिन्दुओं को आपकी सरकार से खामुखाह आशंका हो जायेगी।

उस समय पंजाब के मुख्यमंत्री सर खिजर की स्थिति डाँवाडोल थी। सन् ४६ के चुनाव में पंजाब विधान सभा में लीग और कांग्रेस के सदस्यों की संख्या तो बढ़ गयी थी परन्तु यूनियनिस्ट पार्टी की संख्या घट गयी थी। वे कांग्रेस मेम्बरों की सहायता से ही शासन चला रहे थे। मुस्लिम लीग उनका मंत्रिमंडल तोड़ देने के प्रयत्नों में लगी हुई थी। उनके सामने अनुशासन और यूनिवर्सिटी की प्रतिष्ठा का प्रश्न भी था। यूनिवर्सिटी के रजिस्ट्रार मदनमोहन प्रोफेसर दीनमुहम्मद के मामले का उचित निर्णय न होने पर, हाईकोर्ट में दरख्वास्त देने पर तुले हुए थे। ऐसे समय उत्तेजना से समस्या के बिगड़ जाने की ही आशंका थी। कांग्रेस के प्रतिनिधियों को संतुष्ट रखना जरूरी था। सरकार ने मामले की उचित जाँच-पड़ताल के लिये एक कमेटी नियुक्त करने का आदेश दे दिया।

पुरी ने घर में बताया कि उसे विश्वस्त सूत्र से मालूम हो गया है कि प्रोफेसर दीनमुहम्मद को पेशावर कालेज के प्रिंसिपल का पद देकर लाहौर से हटा दिया गया है। वह पद की उन्नति को अपनी कर्तव्य-निष्ठा की सराहना समझ कर संतुष्ट हो गया है। एक जाँच कमेटी बना दी गयी है। कमेटी में ऐसे ही लोग हैं जो निर्णय को टाल देना चाहते हैं।

बाबू रामज्वाया के घर से तारा की तायी ने आकर तारा की माँ को समझाया—''लड़की को कालेज में पढ़ा कर तुम्हें क्या लेना है? लड़के के बराबर तो अभी पढ़ चुकी है। उन लोगों के यहाँ जाकर इसे कौन स्कूल मास्टरी मुंशीगिरी करनी है। क्या बच्चों को अंग्रेजी में लोरी देगी? कालेज में लड़कियों को पढ़ाने का फैशन तो माल रोड और ग्वालमंडी के लोगों में है। तू जानती है, हमने तो दसवीं पास कराकर शीलो के हाथ पीले करा दिये। ससुराल में जाकर रस-बस गयी है। लड़की तो बहिन परायी जमानत है। जब लड़का ही बी० ए० पास नहीं तो लड़की का बी० ए० पास करना क्या भला लगेगा? व्यर्थ जग हँसाई होगी।''

तारा की माँ को जेठानी की राय ठीक लगी। मास्टर जी को भी लाचारी में यही उचित जंचा। उन्होंने कहा—''प्रभु की इच्छा के सामने कोई क्या कर सकता है।''

तारा की माँ और मास्टर जी भी लड़की की सगाई हो जाने पर उसे इण्टर से अधिक पढ़ाना व्यर्थ समझने लगे थे। पुरी के कारण ही तारा को बी० ए० में दाखिला कराना पड़ा था। तारा पढ़ने की जिद्द किये बैठी थी। उसे बड़े भाई के प्रभाव से ही वश में किया जा सकता था।

पुरी खाना खाने के लिए बैठा तो माँ ने तारा को समीप बुलाकर बात आरम्भ की—"इसे तुम समझाओ। जब ससुराल वाले पढ़ाना नहीं चाहते तो इस पढ़ाई से लाभ क्या? उन्हें नाराज़ करके हम कहाँ जायेंगे?"

तारा मुख दीवार की ओर किये चुप बैठी रही।

"हो जाने दो नाराज़।" पुरी माँ की आशा के विपरीत बोला।

माँ की आँखें विस्मय से फैल गयीं। उसने सिर को दोनों हाथों में थाम कर समझदार समझे जाने वाले लड़के की ओर देखकर पूछा—"उन लोगों ने सगाई तोड़ दी तो?"

"अच्छा ही है। हम सगाई तोड़ने की चिन्ता से बचेंगे।"

"लड़की की ज़िन्दगी का क्या बनेगा?" माँ ने पूछा।

"तुम्हें उसकी ज़िन्दगी भारी हो रही है तो मैं बहिन का बोझ उठा सकता हूँ।" पुरी बिगड़ उठा, "कहाँ फर्स्ट डिवीज़न में पास होने वाली लड़की, कहाँ इम्तहान में नकल करने वाला।"

माँ बात न बढ़ाने के लिए उठ गयी। पुरी ने तारा की ओर देखकर अंग्रेजी में कहा—"तुम व्यर्थ चिन्ताओं में घुली जा रही हो। पढ़ने-लिखने में ध्यान दो। हमारे चारों ओर इतने बड़े-बड़े परिवर्तन हो रहे हैं। हमारे माता-पिता की दृष्टि वहाँ तक नहीं पहुँच सकती। विवाह ही तो सब कुछ नहीं है। जब तुम चाहोगी, योग्य लड़की को चाहने वाले युवकों की कमी नहीं होगी।"

तारा की आँखों से सान्त्वना के आँसू बह गये। उसके मन, मस्तिष्क और शरीर को अव्यक्त पीड़ा से जड़ बना देने वाला ज्वर सहसा उतर गया। जून मास में घर की कोठरी गरमी से नरक बन जाती थी। वह बरामदे में चटाई बिछाकर जा लेटी और आँखें मूँदे सोचने लगी—यदि उसने परीक्षा में नकल न की होती या यदि इसी लड़के से मेरा विवाह निश्चित रहे तो मेरा पढ़ते रहना केवल इसलिए अनुचित है कि वह लड़का नहीं पढ़ सकता। ···पुरुष की तुलना में स्त्री की हीनता स्वाभाविक तो नहीं, परन्तु आवश्यक बना दी गयी है।

तारा की कल्पना और आगे बढ़ी—विवाह कभी करूँगी तो खूब विद्वान, प्रतिभावान व्यक्ति से ही। ···अपनी अपेक्षा हीन आदमी से क्या विवाह? वह तर्क करने लगी—स्त्री अपनी शोभा अपने से बढ़कर पुरुष को पाने में ही समझ लेती है, स्त्री स्वयं अपने योग्य पुरुष से हीन क्यों रहना चाहती है? स्त्री जिसे अपने से बढ़कर नहीं समझ सकती उसे अपने योग्य कैसे समझे, उसके प्रति श्रद्धा और प्यार क्या···?

जुलाई के पहले रविवार प्रातः सुरेन्द्र की बहिन के लड़के का नामकरण था। सुरेन्द्र ने तारा को बहुत आग्रह से आने के लिए कहा था। तारा प्रातः आठ बजे ग्वालमंडी में अमृताधारा के समीप, सुरेन्द्र के मकान पर पहुँची। एक बड़े कमरे में फर्श पर दरियाँ और चादरें बिछाकर संगत बैठी हुई थी।

कमरे में दाहिनी ओर स्थान पर एक वृद्ध ग्रंथी (सिक्ख पुजारी) चौकी पर रखे हुए श्री गुरुग्रन्थ साहब का पाठ कर रहे थे। ग्रन्थ साहब रेशम के बस्तों के बिछौने पर रखा

हुआ था। सुरेन्द्र के पिता चौकी के समीप बैठे हुए श्रद्धा से ग्रन्थ साहब पर चँवर डुला रहे थे। सामने एक ओर पुरुष और दूसरी ओर स्त्रियाँ बैठी थीं। स्त्री-पुरुषों के बीच लगभग हाथ भर खाली स्थान था।

तारा कुछ विलम्ब से आयी थी इसलिए उसे खाली स्थान के किनारे पुरुषों के समीप जगह मिली थी। सुरेन्द्र ने तारा को दुपट्टे के आँचल से सिर ढाँक लेने का संकेत कर दिया था। सुरेन्द्र कालेज या बाजार में कभी सिर न ढाँकती थी। तारा के समीप ही गुर्टू और कनक साड़ियों और दुपट्टों के आँचलों से सिर ढँके बैठी थीं। वे मुस्करा दीं। सभी स्त्रियों के सिरों पर कपड़ा था। संगत में अधिकांश सिक्ख ही थे। उनके सिरों पर दस्तारें (पगड़ियाँ) थीं। कुछ मोने (केश काटने वाले लोग) भी थे। उनके सिरों पर भी पगड़ियाँ थीं। एक अति आधुनिक महाशय हैट पहनकर चले आये थे। वे मजबूरी में सिर पर हैट ही रखे बैठे थे। यहाँ उघाड़े सिर बैठने की अपेक्षा सिर पर हैट रखे बैठना ही उचित था। एक सज्जन भूल से पगड़ी या टोपी बिना चले आये थे। उन्हें जेब से रूमाल निकाल कर सिर ढँक लेना पड़ा था।

तारा के आने के कुछ समय बाद फेडरेशन का साथी असद अहमद आया। तारा को अच्छा लगा। असद का परिहास बहुत सुलझा हुआ होता था। वह सभा और स्टडी-सर्कल में बोलता था तो कुछ ही वाक्यों में बात समझा देता था। अवसर होता तो वह शहालमी दरवाजे तक तारा का साथ दे देता था। तारा ऐसी बात के लिए असद से निस्संकोच कह दे सकती थी। कमरे के दरवाज़े के समीप अधिक जमाव हो चुका था इसलिए असद को चार-पाँच आदमी लाँघकर स्त्रियों से बँटवारे के खाली स्थान में तारा के सामने ही बैठना पड़ा। दोनों ने परस्पर पहचाना। संकेत से नमस्ते हुई।

असद के सिर के केश घुँघराले थे। वह सिर पर कभी भी टोपी या साफा नहीं रखता था। उसे सिक्ख-समाज के रीति-रिवाज का भी परिचय न था। दूसरे लोगों को गुरु ग्रन्थ साहब की ओर हाथ जोड़े देखकर वह भी संगत के प्रति सम्मान के लिए हाथ जोड़ कर बैठ गया।

असद के समीप बैठे सरदार जी ने असद का ध्यान आकर्षित कर उसे सिर ढँक लेने का संकेत कर दिया। असद ने चारों ओर देखकर स्थिति समझी। रूमाल से सिर ढँके सज्जन की ओर देखकर उसे उपाय सूझा। पतलून की जेब में रूमाल के लिए हाथ डाला तो रूमाल नहीं था। तारा यह सब देख रही थी और मुस्कान रोके थी।

जेब में रूमाल न पाकर असद झेंप गया। क्षमा माँग कर उठकर जाने को ही था कि एक सिक्ख सज्जन ने अपनी जेब से नया, तह किया हुआ फूलदार रेशमी रूमाल निकालकर उसके हाथ में दे दिया। रूमाल ओढ़ लेने पर असद की आँखें तारा से मिल गयीं। तारा मुस्कान न दबा सकी। असद को अपनी अवस्था पर स्वयं हँसी आ रही थी। हँसी फूट न पड़े इसलिए दोनों ने आँखें बचा लीं।

ग्रन्थ साहब का पाठ पूर्ण कर ग्रन्थी जी ने घोषणा की—"भुजंगी (बालक) के नाम का पहला अक्षर जानने के लिए श्री गुरुग्रन्थ साहब जी से बिनती की जाये।"

ग्रन्थी जी ने ग्रन्थ साहब को पुनः खोला। खुले पृष्ठ पर पहला अक्षर देख कर कहा—"श्री गुरुग्रन्थ साहब की आज्ञा है, भुजंगी के नाम का पहला अक्षर तत्ता (त) हो। आप लोग तत्ता से नाम सोच लें।"

चारों ओर से प्रथम अक्षर 'त' से नाम पुकारे जाने लगे—तेजसिंह, तारासिंह, तोतासिंह, तख्तसिंह। एक सरदार जी ने तोपसिंह सुझाया। असद के लिए मुस्कान दबा लेना कठिन हो रहा था।

तारासिंह नाम स्वीकार कर लिया गया। असद ने तारा की ओर झुककर धीमे से कह दिया—"भुजंगी तो तुम्हारा भाई हो गया।"

बहुत बड़े-बड़े थालों में कड़ाह प्रसाद (हलुआ) लाया गया। ग्रन्थी जी ने खड़े होकर अरदास (प्रार्थना) की। संगत हाथ जोड़कर खड़ी हो गयी। कुछ कड़ाह प्रसाद एक पात्र में गुरुग्रन्थ साहब की पीढ़ी के नीचे भोग के रूप में रख दिया गया। एक दूसरा युवक और नरेन्द्रसिंह बड़े-बड़े थालों में पुरुषों की ओर और सुरेन्द्रकौर और उसकी बहिन स्त्रियों की ओर अँजुलियों में भर-भर कर हलुआ बाँटने लगीं।

असद विस्मित था, न तश्तरी, न कटोरी, न पत्ता, कागज के टुकड़े भी नहीं। लोग दोनों हाथों की अँजुलियाँ बढ़ाकर आदर से घी टपकता हलुआ श्रद्धा से ले रहे थे। नरेन्द्रसिंह हलुए का थाल लिये असद के पास पहुँच गया। असद ने आँखें दबाकर उसे आगे निकल जाने का संकेत किया। नरेन्द्रसिंह ने संकेत से समझा दिया कि प्रसाद से इनकार नहीं किया जा सकता।

असद ने विवश होकर हलुआ स्वीकार कर लिया। वह अपनी विवशता में आँख बचा कर तारा की ओर देखता जा रहा था कि तारा क्या कर रही है। तारा और उसकी सहेलियों के हाथ छोटे होने के कारण उन्हें कुछ कम हलुआ स्वीकार करके ही त्राण मिल गया था। असद ने गर्दन तारा की ओर बढ़ाकर धीमे से कहा—"हाथ बड़े होने की भी सजा है।"

"यह तो इनाम है।" तारा ने उत्तर दिया।

"तो लाओ बदल लें।"

"ऊँ हूँ, अपनी-अपनी कमाई।" तारा ने अपने हाथ पीछे कर लिये।

लगभग पाव-पाव भर हलुआ निगल लेना तारा और उसकी सहेलियों के लिए कठिन था। हलुआ किसी तरह समाप्त हुआ तो समस्या थी कि घी टपकते हाथों को किस प्रकार साफ किया जाये। अधिकांश सिक्ख सज्जन हाथों की चिकनाहट लम्बी दाढ़ियों पर पोंछ कर सन्तुष्ट हो गये। कुछ ने दाढ़ी के पश्चात् रूमाल का भी उपयोग कर लिया था। तारा और उसकी सहेलियों के पास छोटे-छोटे जनाना रूमाल थे, उन्होंने अपने हाथ जैसे-तैसे पोंछे। असद क्या करता? दूसरे के सौजन्य से उधार मिले नये रेशमी रूमाल को घी से कैसे खराब कर देता! वह दोनों हाथ फैलाये बैठा; उठ सकने के अवसर की प्रतीक्षा कर रहा था।

तारा असद की बेबसी देखकर मुस्करा रही थी और वह गम्भीरता बनाये रखने का यत्न कर रहा था। तारा ने अपना हाथ पोंछा हुआ रूमाल उसकी ओर फेंक दिया। कनक और गुर्टू ने भी अपने रूमाल देकर उसकी सहायता की।

असद ने नरेन्द्रसिंह की ओर संकेत कर दबे स्वर में तारा और गुर्टू से पूछा—"बेवकूफ़ ने इतना हलुआ बाँटा है तो क्या तश्तरियों या दोनों का प्रबन्ध नहीं कर सकता था?"

तारा ने बताया—"यह प्रसाद है। आदर से हाथों में ही लिया जाता है। बर्तन में लेने से प्रसाद का अपमान होता है।"

संगत के उठने पर नरेन्द्र और सुरेन्द्र ने कालेज और फेडरेशन के साथियों को जरा ठहर जाने के लिए कहा। अपने साथियों में आकर असद ने बनावटी क्रोध से नरेन्द्र और सुरेन्द्र को धमकाया—"तुम लोगों ने मुझे पहले क्यों नहीं स्थिति समझा दी थी। मैं भी खूब बड़ा पग्गड़ बाँधकर, जेब में एक तौलिया रखकर आता। खैर, मैं भी तुम्हें किसी रोज़ धोखे से मसजिद में ले जाऊँगा और बच्चू खूब उठक-बैठक करवाऊँगा।"

नरेन्द्रसिंह 'पीपल्स-एज' की नयी प्रति ले आया। कुछ देर तक बहस हुई कि ब्रिटेन के मंत्रिमण्डल के प्रतिनिधि कांग्रेस और लीग दोनों को मिथ्या आशाएँ देकर, अपने कब्जे में रखने के लिए, उन्हें शब्दों से सन्तुष्ट कर रहे हैं। यह कैसे हो सकता है कि कैबिनेट मिशन की योजना से लीग को पाकिस्तान मिल जाय और कांग्रेस को अखण्ड हिन्दुस्तान भी मिल जाय। छुट्टियों में हमें अपने कार्यकर्ताओं को यह समझाना आवश्यक है कि लीग और कांग्रेस का परस्पर सहयोग ही हिन्दुस्तान को फूट की आग से बचा सकता है···।

तारा घर लौटने के लिए गली में उतरी तो असद उसके साथ हो लिया। रास्ते में असद ने सिक्खों की संगत में उघाड़े सिर पहुँच जाने की घटना के प्रसंग में कहा—"यह छोटे-छोटे रीति-रिवाज और विश्वास हम लोगों को किस प्रकार एक-दूसरे से पृथक किये हुए हैं। क्या इन्हें निबाहते जाना ही परम्परा की रक्षा है? ···लोग परस्पर जितना अधिक मिलें-जुलें अच्छा ही है। इनमें से कुछ रिवाज और विश्वास रह जायेंगे, कुछ बदल जायेंगे···।" तारा हुंकारा भरती जा रही थी।

असद ने पूछा—"कोई मुसलमान लड़की तुम्हारी सहेली नहीं है?"

"ज़ुबेदा से बातचीत है।" तारा ने बताया।

"कभी उसके घर नहीं गयी?"

"कोई मौका नहीं आया।"

"मैं उससे कहूँगा तुम्हें अपने घर चाय पर बुलाये। तुम भी उसे एक दिन बुला लेना।"

"हमारे यहाँ कठिन है।" तारा ने संकोच से कहा।

"क्यों? तुम्हारे घर पर बहुत छुआछूत चलती है? पुरी तो हमारे साथ खा-पी लेता है।" असद ने विस्मय प्रकट किया।

"भाई की और मेरी बात दूसरी है। हमारे यहाँ जगह भी कहाँ है?" तारा ने लजाते हुए कहा।

"अच्छा जाने दो, लेकिन यदि मैं तुम्हारे यहाँ चला जाऊँ तो तुम्हारे माता-पिता मेरा चेहरा-मोहरा और व्यवहार देखकर कभी नहीं कह सकते कि हिन्दू नहीं हूँ। मैं कई बार डाक्टर प्राण के घर उसके साथ खा-पी आया हूँ। उसका परिवार सामन्तवादी ढंग का महा कट्टर है···"

"आप उनके यहाँ आते-जाते हैं?" तारा ने पूछ लिया।

"वाह, हम लोग—पुरी और मैं उसके स्टूडेण्ट रहे हैं। अब भी उसके यहाँ ही जा रहा हूँ। गवर्नर का एक्नामिक एडवाइजर है, परन्तु आदमी बहुत भला है। वह तो केवल एम० ए० के विद्यार्थियों के लिए लेक्चर देता है। तुम पुरी के साथ उसके यहाँ गयी होगी!"

"मैंने छुट्टियों में उनके घर के बच्चों की ट्यूशन ले ली है। शाम को साढ़े चार से साढ़े पाँच तक वहाँ जाती हूँ। पिछले साल यह ट्यूशन न मिलती तो कालिज में दाखिल भी न हो पाती।" तारा को असद के सामने अपनी कठिनाई प्रकट कर देने में संकोच न हुआ। सफेदपोश निम्न-मध्यवर्ग के लिए अपनी गरीबी से अधिक संकोच और रहस्य की दूसरी बात क्या हो सकती है!

५

"लैली जी केल्ले हरी छालदे। मरूद अलाहाबादी, नार काबल-कंधारे दे जे।" (ले लो जी केले हरी छाल के, अमरूद इलाहाबादी, अनार काबुल-कन्धार के हैं।)

भोला पांधे की पूरी गली के सब मकानों की सब कोठरियों और कोने-कोने में चिरपरिचित, खूब ऊँचे सशक्त कंठ का आलाप गूँज गया।

गली में मकानों के द्वारों के साथ चबूतरों पर बैठी स्त्रियों में कुछ हलचल हुई। अधिकांश स्त्रियाँ चबूतरों पर चटाइयाँ बिछाये या पीढ़ियाँ रखे बैठी किसी न किसी काम में हाथ लगाये थीं। अगस्त मास की सड़ी गरमी के कारण उनके शरीरों पर महीन कपड़े के ब्लाउज और मलमल की धोतियाँ थीं। प्रौढ़ाओं के शरीर पर केवल धोतियाँ ही। चढ़ती आयु की लड़कियाँ जरूर सलवार-कमीज़ पहने थीं। स्त्रियों के जीवन से लज्जा का उतार-चढ़ाव दिन के पहरों में ताप की भाँति होता है। बचपन में लाज की अनुभूति नहीं रहती। जीवन के दूसरे पहर में जब वे अपने शरीर में नारीत्व को पहचानने लगती हैं और जान जाती हैं कि उनके जीवन की परिणति उनकी आकर्षण-शक्ति में है तो वे आकर्षण के प्रबल माध्यम लाज को बढ़ाने लगती हैं। यौवन में विवाह से पूर्ण लाज़ और संकोच की यह अनुभूति और उसका प्रदर्शन भी नवयुवती में अत्यन्त उत्कट होता है। विवाह के रूप में आकर्षण-शक्ति के चरितार्थ हो जाने पर और विवाह की परिणति सन्तान के रूप में हो जाने पर अपने शरीर के सम्बन्ध में स्त्रियों की लाज घटने लगती है। जर्जर बुढ़ापे की संध्या आ जाने पर, आकर्षण का अवसर नहीं रहता तो स्त्रियों में शरीर के प्रति शैशव का सा निस्संकोच फिर लौट आता है।

लाहौर के मध्यम अथवा निम्न-मध्यम आर्थिक स्थिति के लोगों से बसी हुई गलियों में दिन के तीसरे-चौथे पहर स्त्रियों की महफिलें जम जाती थीं। गलियाँ तंग होने के कारण बीच का अन्तर तीन या चार हाथ से अधिक न रहता था। दोनों ओर चबूतरों पर बैठी

स्त्रियों को बात करने में असुविधा नहीं होती थी। उस समय पुरुष दुकानों पर या दफ्तरों में या अपने व्यवसायों में उलझे रहते थे। स्त्रियाँ निःशंक रहती थीं। ऐसे समय यदि कभी अकस्मात् कोई पुरुष किसी कार्य से घर लौटता तो गली के सिरे से ही खाँस-खखार कर चेतावनी दे देता था। स्त्रियाँ आँचल या दुपट्टे से ओट कर लेतीं या उधर पीठ कर लेती थीं। कम आयु के बच्चे केवल गोपनीय अंगों पर कपड़े पहने गली के फर्श पर कोयले से या घड़े के ठीकरे से लकीरें खींच कर टापू या गिट्टियों के खेल खेलते रहते थे। खोमचे, छाबड़ियाँ उठाये सौदा बेचने आने वाले लोग निम्न, घरेलू नौकर की श्रेणी के समझे जाते थे। स्त्रियाँ उनके आने-जाने की परवाह नहीं करती थीं।

भोला पांधे की गली में चौथे पहर स्त्रियों की जिह्वाएँ बातों में और हाथ अपने-अपने कामों में तेजी से चल रहे थे। ऊषा, मेलादेई से माँगी हुई सिलाई की, बिना पाओं की मशीन पर झुकी हुई थी। बीरूमल की माँ चरखा कात रही थी। कर्तारो उल्टी चारपाई सामने खड़ी किये उस पर तानी बाँधे नाला बुन रही थी। मेलादेई छोटे अड्डे पर निवार चढ़ाये थी। पूरणदेई रेशम की लच्छियाँ बना रही थी। कर्तारो की लड़की पीतो कसीदा काढ़ रही थी। कोई स्त्री सूत अटेर रही थी और कोई कुछ भी करने के लिए न होने पर खरबूजे या कद्दू के बीज ही छील रही थी। ऐसे काम घर के लिए या बाजार के लिए भी किये जाते थे। ऐसी कमाई से स्त्रियाँ सोने के जेवर तक बनवा लेती थीं। केवल खूहवाली (कुएँवाली) माई, आयु सत्तासी बरस की हो जाने के कारण दीवार से पीठ लगाये, हाथ घुटनों पर रखे बातें ही कर रही थी।

बातचीत मुख्यतः मेलादेई के लड़के रतन और भागवंती के लड़के जयदेव के लिए योग्य लड़कियों के विषय में चल रही थी। दोनों स्वस्थ, जवान रोजगार से लग गये थे लेकिन विवाह की बात टाले जा रहे थे। रतन ब्याह की बात चलते ही बिगड़ उठता था और जयदेव कह देता था अभी जल्दी क्या है।

रतन और जयदेव की माताएँ अपनी बेबसी प्रकट कर रही थीं और खूहवाली माई किसी की ओर देखे बिना निर्णय दे रही थी—सब तुम्हीं लोगों का किया हुआ है। क्या यह लड़कों की शादी की उम्र है? हमारे जमाने में तो लड़कों की शादी सोलह में न हुई अठारह में हो जाती थी। जो चाहे जो कहे, लड़कों के मन दो-दो चुटिया करके उघाड़े सिर घूमने वाली डायनों ने भरमा लिये हैं।

सीता और ऊषा माई की बातें सुनकर आपस में इशारे करके सिर झुकाये हँस रही थीं।

फल वाले की पुकार सुनकर कर्तारो और मेलादेई ने गरमी के कारण उघड़ गये अपने कन्धों और घुटनों पर कपड़ा खींच लिया। सलवार-कमीज़ पहने सीता और ऊषा ने समीप खड़े दुपट्टे उठाकर कंधों पर रख लिये।

गली के मुहाने पर खड़े फल बेचने वाले के सिर पर चौड़ी, भारी टोकरी थी। उसने टोकरी को दोनों हाथों से हुलारा दिया और सिर से उतार कर गली में ईंटों के फर्श पर रख दिया। फल बेचने वाले के उस्तरे से मुँड़े सिर पर, भारी टोकरी को सँभालने के लिए, लम्बी पगड़ी गेंडुली की तरह गोल-गोल लिपटी हुई रखी थी। मूँछें मुख के भीतर न जायें इसलिए उन्हें होंठों के साथ-साथ कतर दिया गया था परन्तु होंठों के दोनों कोनों पर मूँछें चिड़िया के परों की तरह लटकी हुई थीं। दाढ़ी पर मशीन फिरी हुई थी और दाढ़ी की

कोरें उस्तरे से सँवारी हुई थीं। भारी, चौड़े कन्धों से लटका नकली रेशम का ढीला कुरता और कमर पर बँधा एड़ी से नीचे धरती पर रगड़ता, नीले रंग का तहमत उसके मुसलमान राईं (काछी) होने की निर्विवाद पहचान थी।

चौड़ी टोकरी को तंग गली के फर्श पर टिका राईं ने स्वर में आत्मीयता का पुट दे फिर आलाप से पुकारा—"माइय्यो, बिब्बियो, भैणो, धिय्यो, फलांवाला आ गया जे!"

अपनी माताओं के समीप बैठे खिलौने से या हाथ में आ गयी चीज़ से खेलते हुए दो-तीन बच्चे फल वाले की हाँक सुन कर मचल उठे। माँ के इनकार के लिए अवसर न रहने देने के लिए उन्होंने अपना अनुरोध ठुनकते हुए या माँ का आँचल खींच कर रोने की सी आवाज में किया—"केल्ला लैणा! मूद लैणा!"

भागवंती अपनी मुन्नी के मचल उठने और आँचल खींचे जाने से फल बेचने वाले के प्रति अपनी झुँझलाहट प्रकट करने के लिए बोल उठी—"ऐ मोया (मरा) भाई नित्त ही चला आता है।"

पूरणदेई ने अपनी आँखें रेशम की लच्छियों से हटाये बिना ही पूछ लिया—"भाई, अमरूद क्या भाव है?"

राईं उत्तर न दे पाया। उत्तर दे सकने से पहले उसे पीठ पीछे बाज़ार में से किसी स्त्री की क्रोध भरी फटकार सुनायी दे गयी—"यह क्या बेहूदगी है? गली का रास्ता रोक लेने का क्या मतलब? तू बाजार में खड़ा हो! जिसे सौदा लेना होगा, आकर ले जायेगा।"

स्त्रियों ने घूम कर गली के बाजार की ओर के सिरे पर देखा, सफेद धोती पर सफेद चादर ओढ़े एक सम्भ्रांत महिला और सफेद खद्दर की कमीज़-सलवार पहने एक युवती, गली का रास्ता रुका पाकर मुसलमान राईं पर क्रोध प्रकट कर रही थीं।

राईं ने क्रोध भरी फटकार की उपेक्षा कर अपनी चौड़ी टोकरी को एक ओर बालिश्त भर खींच कर उत्तर दे दिया—"बच्चे जीवां (तेरे बाल-बच्चे चिरंजीव हों) रास्ता कौन रोकता है? रास्ता ही रास्ता है! इतने में तो बैलगाड़ी लँघ सकती है।"

गली के भीतर जाने के लिए पाँव रखने भर की जगह हो गयी थी, परन्तु प्रौढ़ा और युवती राईं की टोकरी गली के बाहर ले जाने के लिए धमकी दिये जा रही थीं। राईं उनकी प्रत्येक धमकी पर उन्हें दीर्घायु और समृद्धि का आशीर्वाद देकर टोकरी को सूत भर इधर या उधर खिसका देता था।

गली की स्त्रियाँ विस्मय से इस विवाद को देख रही थीं। उनके चेहरों पर मौन विरोध भी था; क्यों कोई उनकी गली में नित्य फल बेचे जाने वाले से झगड़ा कर रही है। हमारी गली से किसी को क्या मतलब?

नवागन्तुक स्त्रियों के अधिकारपूर्ण और तीखे बोल विजयी हो गये। गली में से राईं की टोकरी हटवा कर वे चबूतरों पर बैठी स्त्रियों की ओर आ रही थीं। रतन की माँ मेलादेई ने समीप बैठी जयदेव की माँ भागवंती के कान में कहा—"उस बेचारे से क्यों लड़ रही हैं, बेचारे की टोकरी हटवा दी!" तब तक नवागन्तुक महिलाएँ चबूतरों के समीप पहुँच गयीं।

युवती ने तर्जनी उँगली से ठोढ़ी छूकर विस्मयपूर्ण क्षोभ प्रकट किया—"बहिनो, बहुत अफसोस की बात है।"

ठुनकते और मचलते बच्चे साफ-सुथरे कपड़े पहने अपरिचित स्त्रियों को अपनी ओर आते और अपनी माताओं को सहम गया देख कर चुप हो गये। गली की स्त्रियों ने प्रश्नात्मक भाव से नवागन्तुकों की ओर देखा।

युवती बोली—"बहिनो, क्या तुम्हें नहीं मालूम, कलकत्ते में मुसलमानों ने हजारों हिन्दू भाइयों को कत्ल कर डाला, हमारी सैकड़ों बहू-बेटियों को बेइज्जत कर डाला है। अफसोस है, तुम्हारी गली में यह लोग अब भी सौदा बेच रहे हैं… ।"

प्रौढ़ा ने क्षोभ की अभिव्यक्ति में हाथ फैलाकर युवती को टोक दिया—"हम इन बच्चे पिट्टों (अपनी सन्तान का सोग करने वालों) के पेट पालें और यह हमारे पेटों में छुरे भोंके! कहाँ है तुम लोगों की अक्ल?"

कर्तारो बोल उठी—"भैन जी, हम इन रंडीछड्णे (रांड छोड़ जाने वाले) मुसल्लों से सौदा क्यों लें! हम तो सौ बार हिन्दू भाइयों से ही खरीदें पर रुड़पुढ़जाणे (बेड़ा बह जाये) हिन्दू फेरी वाले यहाँ आते ही नहीं। आते भी हैं तो दूने दाम माँगते हैं।"

नवयुवती ने उत्तर दिया—"बहिनो, हिन्दू फेरी वाले आयेंगे क्यों नहीं? तुम जानती नहीं हो, मेवा मण्डी पर तो मुसलमानों का कब्जा है। हिन्दू माल खरीदते हैं तो मुसलमान दाम चढ़ा देता है। अपने भाई को दो पैसे ज्यादा भी दिये तो क्या हो जायेगा! हम इन मुसलों का पेट पालेंगे तो ये एक दिन हमारे ही पेट में छुरा भोंकने भी तो आयेंगे। हमारे मुहल्ले में तो सब बहिनों ने कसम खा ली है कि मुसलमान से सौदा नहीं खरीदेंगी।"

कर्तारो ने बाँह उठा कर राईं को चले जाने का संकेत कर पुकारा—"जा, भाई जा! यहाँ किसी को कुछ नहीं चाहिए। यहाँ मत आया करो।"

युवती ने सन्तुष्ट होकर अपने साथ आयी प्रौढ़ा का परिचय दिया—"यह बच्छोवाली की माता ईश्वरकौर जी हैं। आप लोगों ने नाम सुना ही होगा। हम लोग हिन्दू-रक्षा-कमेटी की ओर से आप बहिनों से बातचीत करने के लिए आयी हैं।"

"हाँ! हाँ! हिन्दू फल बेचेंगे… !" सहसा तीखे, ऊँचे स्वर में सुनायी दिया।

सबकी आँखें खूह वाली माई की ओर चली गयीं। नवागन्तुक युवती और प्रौढ़ा ने भी विस्मय से उस ओर देखा। शेष स्त्रियों में कुछ चुपचाप रहीं और कुछ ने मुस्कराहट छिपाने के लिए होंठों पर आँचल रख लिये। बाजार की ओर अन्तिम चबूतरे पर दीवार से पीठ टिकाये, पुराने काले लहँगे में लिपटे, कंकालों जैसे घुटने समेट माई अपना सिर दोनों हाथों में पकड़े किसी की ओर देखे बिना बोलती गयी—"अब हिन्दू सब्जी-तरकारी बेच कर राईं-कुंजड़े बनेंगे, दूध बेचकर गूजर बनेंगे, कपड़े धोकर धोबी बनेंगे, जूते बेचेंगे, ललारी (रंगरेज) का काम करेंगे… ।"

मेलादेई नवयुवती की ओर झुक गयी और बुढ़िया के बोलते जाने की उपेक्षा करके धीमे स्वर में बोली—"जी आयांनू (आगत को स्वागत) सिर आँखों पर आइये, आप बैठिये तो!"

सामने के चबूतरे से कर्तारो ने अपनी पीढ़ी प्रौढ़ा के लिए इस ओर दे दी और स्वयं चबूतरे पर यों ही बैठकर बोली—"बहिन जी, आप खूह वाली सियाणी की बात की परवाह न करें। वह तो यों ही बोला करती हैं। कोई भी बुरा नहीं मानता।"

खूह वाली सियाणी किसी के सुनने की चिन्ता और किसी के उत्तर देने की अपेक्षा न कर, अपनी कोहनियाँ घुटनों पर टेके और सिर को दोनों हाथों में थामे अविराम बोलती चली जा रही थी—"हिन्दू कुम्हार बनेंगे, बर्तनों में कलई करेंगे। हिन्दुओं का बेड़ा डूब गया। अपना धर्म छोड़ कर कुजात बन जाओ। दोनों ही जातों ने अपना-अपना धर्म छोड़ दिया। मुसलमान हलवाई बनेंगे, बज़ाज़ी करेंगे। हमने कभी मुसलमान को हलवाई और बज़ाज़े की दुकान करते नहीं देखा-सुना था। हिन्दू नलों का पानी पियेंगे मुसलमानों के हाथ का पानी पियेंगे तो धर्म कहाँ रहेगा? जो नलों का पानी पियेंगे वे सब कुछ करेंगे, उन्हें डर किसका रहेगा? लड़कियों को स्कूलों में भेजो। अंग्रेजी पढ़ाओ, चश्मे लगाओ, दो-दो चोटियाँ कराओ; धोतियाँ पहनाओ, चाहे नंगी रखो उसमें फरक ही क्या है? हमें क्या, अब सब कंजरियों (वेश्याओं) की तरह आइने में मुँह देखती हैं। हमारे जमाने में क्या कभी किसी भले घर में आइना होता था? अब तो न धर्म रहा, न कर्म रहा, न शर्म रही···।"

गली में आये अतिथियों के सामने ऐसी अभद्रता होने से स्त्रियों को भला नहीं लग रहा था। मेलादेई ने संकोच के स्वर में क्षमा माँगते हुए कहा—"बहिन जी, खूह वाली सियाणी के कहने का यहाँ कोई बुरा नहीं मानता। उसका दिमाग कुछ··· ।"

कर्तारो, भागवन्ती और दूसरी स्त्रियों ने मेलादेई को टोक कर उसका समर्थन किया—"हाँ जी, सियाणी-वियाणी, दादी-परदादी के कहे का क्या बुरा मानना?"

मेलादेई ने बात जारी रखी—"बहिन जी, गली का कुआँ इसी के घर का है। इसके पोतों ने अनारकली में मकान बनवा लिये हैं। यह अपने कुएँ का पानी न छोड़ने के लिए यहाँ ही बैठी है। गली का पहला मकान इसी का है। कुछ देख नहीं पाती, कमर झुक गयी है पर दाँत पूरे बत्तीस हैं। कहती है, नल का पानी पीने से ही दाँत गिर जाते हैं। अपने मकान में बिजली नहीं लगवायी, नल नहीं लगवाया। सरसों के तेल का दिया जलाती है। भला इस जमाने में ऐसे मकान में कोई क्या रहता, पर अब मकान नहीं मिलते तो लोगों को रहना ही पड़ता है। सदा सिक्खों के राज की बात करती है। लहँगा-चादर छोड़कर दूसरा कपड़ा पहनना अधर्म समझती है। पोतों ने अनारकली में काँच और चीनी के बर्तनों की दूकान खोल ली है, उनके यहाँ का पानी नहीं पीती।"

दीवानचन्द बज़ाज़ की बहू टोककर बताने लगी—"पोतों का इसे कोई विश्वास नहीं है। अपना गाय-बछिया का दान, क्रियाकर्म, श्राद्ध, सूतक सब पहले से कर चुकी है कि मरे तो सीधी स्वर्ग चली जाये।"

कर्तारो ने हँसते हुए कहा—"बेचारी ने पैसा खर्च करके कर तो सब कुछ लिया है, परन्तु जमराज के दूतों ने इसे पहचानने में भूल कर दी तो? ये मुसलमान गूजर और मुसलमान राईं के सिवा किसी से दूध, सब्जी नहीं लेती। कहती है, गूजर और राईं का धर्म मुसलमान का है··· ।"

हिन्दू-रक्षा-कमेटी की ओर से आयी युवती ने बात आरम्भ की—"बहिनो, आप लोगों को तो मालूम ही है, कौन नहीं जानता, अख़बारों में सब बातें छपी हैं। कलकत्ते में मुसलमानों ने पाँच हजार हिन्दू भाई कत्ल कर दिये हैं, बताओ हमारा क्या होगा··· ?"

कर्तारो समर्थन के लिए टोके बिना न रह सकी—"हाँ, हाँ हमें नहीं मालूम क्या! यह देखो," उसने भागवंती की ओर संकेत किया, "इसका लड़का तो अख़बार लिखता

है। सौ पढ़े-लिखों में से एक है और पुष्पा का गभरू (पति) डाक्टर भी कह रहा था तुर्कों ने दस हजार हिन्दू काट दिये हैं।''

युवती ने स्वीकार कर लिया—''हाँ भैन, कोई ठिकाना है इन बेईमानों का। दस हजार से भी अधिक मारे होंगे। बेईमान अंग्रेज इन लोगों से मिले हुए हैं। ठीक-ठीक ख़बरें नहीं देते। इन नासपीटों ने हमारी हजारों बहिनों, बहू-बेटियों को बेइज़्ज़त किया है।''

कर्तारो फिर टोक बैठी—''हाँ जी, सुनो! पीतो के भाइया (पिता) भी कह रहे थे कि बड़े-बड़े जुल्म किये हैं। मोये सिर सड़े (मरे कपाल फूटे)। हिन्दू औरतों को सौ-सौ मुसलों ने ख़राब किया है⋯।''

दीवानचन्द बज़ाज़ की स्त्री जीवां ने भय से सिहर कर कहा—''बहिना, सुना है औरतों की छातियाँ काट लेते हैं।''

बीरूमल की माँ ने पूछा—''सुना है यह लोग हिन्दू बच्चों को खा जाते हैं।''

हिन्दू-रक्षा-कमेटी की कार्यकर्त्री ज्ञानदेवी ने अफवाहों का निराकरण करने में समय नष्ट न कर कहा—''रक्षा कमेटी बंगाल के हिन्दू भाइयों की सहायता के लिए चन्दा और कपड़ा-लत्ता इकट्ठा कर रही है। बंगाल के बेईमान मुसलमानों ने गाँवों में हिन्दुओं को ऐसे लूट लिया है कि औरतों के कपड़े उतार कर ले गये हैं। बहू-बेटियाँ शरीर पर कपड़ा-धोती न होने के कारण घड़ा भर पानी ला सकने के लिए घर से नहीं निकल सकीं और भूखी-प्यासी मर गयीं। कई बहिनों ने तो इसी लज्जा में कुओं में कूद कर प्राण दे दिये हैं।''

बसंतकौर की आँखें भीग गयीं, बोल पड़ी—''गुरु महराज कक्ख न छड्डे (तिनका भी न बचे) इन ज़ालिमों का।''

ज्ञानदेवी कहती गयी—''कमेटी हिन्दू भाइयों की सहायता के लिए रुपया-पैसा, कपड़ा-लत्ता इकट्ठा करके भेज रही है। आप लोगों को भी मदद करनी चाहिए।''

मेलादेई ने आह भर अनुमोदन किया—''हाँ बहिन जी, अपने भाई-बहिनों के लिए क्यों नहीं करेंगे! वे कौन पराये हैं? जैसी अपने गात की लाज, वैसी अपनी बहिनों की लाज। हमसे जो बन पड़ेगा, करेंगी।''

दूसरी स्त्रियों ने आँचलों से आँखें पोंछ लीं।

ज्ञानदेवी ने समझाया—''बंगाली बहिनें सलवार-लहँगा नहीं पहनतीं। सिर्फ धोती पहनती हैं। धोतियाँ चाहिए।''

भागवंती की छोटी लड़की ऊषा विस्मय से पूछ बैठी—''लड़कियाँ भी धोती पहन कर स्कूल जाती हैं?''

भागवंती ने उसे डाँट दिया—''चुप रह, बड़ों की बातों में नहीं बोलते। अपने-अपने मुल्क का रिवाज़ होता है।''

''हाँ, रिवाज ही की तो बात है।'' बसंतकौर बोल उठी, ''हमारे शहर रावलपिंडी में ऐसी बेपर्दगी कभी नहीं हो सकती! मजाल है कोई भी स्त्री धोती-साड़ी पहन कर गली-बाज़ार में निकल जाये!''

मेलादेई ने चिन्ता प्रकट की—''धोतियों को तो आजकल आग लगी हुई है। तीन की मिलती थीं तो तेरह की मिलती हैं। खैर, फिर भी देखेंगी⋯''

कर्तारो हाथ हिला कर बोली—"उन्हें महीन धोतियाँ थोड़े ही चाहिए। पूरब की औरतें धोती के नीचे पेटीकोट नहीं पहनतीं। मैंने हरिद्वार में देखा। हाय बहिन, मैं मर गयी, बड़ी शरम आती है... ।"

ज्ञानदेवी ने बात समाप्त करने के लिए कहा—"अपनी गली में आप लोग स्वयं चन्दा करें, कपड़े इकट्ठे करें। जिस-जिस घर से जो मिले, लिस्ट बना लीजिए। कमेटी के आदमी आकर ले जायेंगे और रसीद दे जायेंगे। गली में आपको अपना संगठन भी बनाना चाहिए। खतरा हमारे सिर पर भी तो आ रहा है।"

मेलादेई बोली—"बहिन जी, सब हो जायेगा। हमारे यहाँ पढ़ी-लिखी लड़कियाँ हैं। पुष्पा है, तारा है, अंग्रेजी अखबार पढ़ लेती हैं। हम लोगों के जमाने में तो माँ-बाप पढ़ने ही नहीं देते थे। आठवीं तक पढ़ा देते थे तो बहुत था, अब दसवीं तक तो सभी पढ़ लेती हैं। पुष्पा बारह जमातें पढ़ी हैं, तारा बी० ए० में पढ़ रही है।"

ज्ञानदेवी बोली—"बुलाओ न उन लड़कियों को। ऐसी ही लड़कियाँ तो काम करेंगी।"

भागवंती को सदा आशंका रहती थी कि यह न समझ लें कि तारा के पिता मास्टर जी अहंकार या फैशन के कारण लड़की को कालेज में पढ़ा रहे हैं। वह बोली—"बहिन, पढ़ायें न तो क्या करें? हम लोग गरीब आदमी हैं। अब लड़कियों की कुड़माई (सगाई) की बात करो तो लोग पूछते हैं, लड़की कितनी पढ़ी है? ज़माना ही बदल गया है।"

ज्ञानदेवी ने फिर आग्रह किया—"उन लड़कियों को बुलाओ न।"

भागवंती ने अपनी कोठरी की खिड़की की ओर नज़र उठाकर पुकारा—"नी तारा! ज़रा यहाण आकर बात सुन जा।" और साथ बैठी स्त्रियों से बोली, "बेचारी को पढ़ने के लिए समय ही नहीं मिलता। दोपहर में ज़रा अकेला देखकर कुछ पढ़-लिख लेती है। आज उसकी बहिन शीलो अपनी ससुराल से आयी है। वह उसके साथ ऊपर बैठी है।"

मेलादेई ने सामने दूसरी मंजिल की खिड़की की ओर नज़र उठा कर पुकारा—"नी पुष्पा, यहाँ आ जरा। पड़ोसिनों में भी दो मिनट बैठना चाहिए।"

"वह नहीं आयेगी।" कर्तारो ने टोक दिया, "रूठी हुई है। गभरू से आज सुबह से लड़ी हुई है।"

बसंतकौर ने अवाक् रह जाने की मुद्रा में उँगली होंठों पर रख कर विस्मय प्रकट किया—"हाय नी, मैं मर गयी, अभी जुम्मा-जुम्मा अठारह महीने शादी को हुए हैं। लड़ाई और रूठना भी शुरू हो गया।"

"हाँ और क्या," कर्तारो बोली, "ये नयी पढ़ी-लिखियों के ढंग हैं। सच कहूँ, आजकल की पढ़ी-लिखी लड़कियों को तमीज़ ही नहीं है! ये क्या जानती हैं मर्दों को कैसे बस में रखा जाता है! ब्याह कर आयी और चौड़-चपट्ट खोलकर बैठ गयीं। खसम के साथ बाजार घूम, सिनेमा जा, महीने भर में गभरू का मन ही भर जाये। हम लोग छः महीने-साल में तो आधा चेहरा दिखाती थीं... ।"

"क्या है माँ?" ज़ीने से उतरती हुई तारा का स्वर सुनायी दिया। तारा और शीलो नीचे आ गयीं।

"चुप रह!" मेलादेई ने कर्तारो को टोक दिया, "जवान बेटियों के सामने नहीं बकते।" और चटाई के नीचे रखे पैसे निकालकर समीप बैठी कर्तारो की दस बरस की

लड़की पीतो से बोली, "मुन्नी, जा मोहन के यहाँ से दो आने की गरम बूँदी और इकबाल के यहाँ से दो आने के बताऊँ (बैगन) की पकौड़ी ले आ। एक पैसे की बरफ भी ले आना।"

"न! न ! न ! रहने दीजिए भैन जी।" ईश्वरकौर ने दोनों हाथ उठाकर विरोध किया।

"नहीं भैनजी, इसमें क्या है।" मेलादेई बोली, "एक गिलास ठंडा जल तो पीना ही होगा। गरमी में चल कर आयी हैं।"

पीतो मेलादेई के हाथ से अठन्नी लेकर, गर्दन में उलझे मलमल के दुपट्टे को पीछे हवा में उड़ाती गुर्सल की तरह फुर्र से उड़ गयी।

ज्ञानदेवी ने तारा और शीलो को सम्बोधन किया—"आओ कुड़ियो (लड़कियो) बैठो। तुम जैसी लड़कियों को ही तो गली की स्त्रियों के संगठन का काम करना चाहिए।"

कर्तारो ज्ञानदेवी की ओर से बोलने लगी—"सुनो कुड़ियो, बहिन जी कह रही हैं कलकत्ते के बंगाल में मुसलमानों ने दस हजार हिन्दू भाई कत्ल कर दिये हैं। बाज़ारों में बहिन-बेटियों के कपड़े उतार कर सौ-सौ बेईमान मुसलमानों ने हिन्दू औरतों... ।"

"चुप फिटे मुँह, लानत!" मेलादेई ने दबे स्वर में डाँटा, "जवान बेटियाँ बैठी हैं।" और स्वयं बताने लगी, "बहिन जी कह रही हैं, गली में चन्दा और कपड़ा-लत्ता इकट्ठा करना है, सब हिसाब तुम लिख देना।"

तारा ने अपने सामने न कहने योग्य बात कह दी जाने पर लज्जा से सिर झुका लिया था। उसने ज्ञान देवी को उत्तर दिया—"जो होगा मैं लिख दूँगी।"

ज्ञानदेवी तारा को सम्बोधन कर निर्विवाद बात कहने के ढंग से बोली—"खैर इतना तो तुम कर दोगी। तुमने अख़बारों में पढ़ा होगा... ।"

कर्तारो फिर टोक बैठी—"इसी का भाई तो अख़बार लिखता है।"

ज्ञानदेवी कहती गयी—"बम्बई में मुस्लिम लीग ने १६ अगस्त (१९४६) से हिन्दुओं से लड़ाई छेड़ दी है। मर गये कहते हैं, हम पाकिस्तान बनायेंगे! हम आधा हिन्दुस्तान लेंगे। पंजाब पाकिस्तान में लेंगे! हिन्दुओं को यहाँ से निकाल देंगे... ।"

बसंतकौर बोल उठी—"ऐ हैं, निकाल देंगे! पंजाब उनके बाप का है ! पंजाब तो सदा हिन्दू-सिक्खों का रहा है। इन मरे मुसलमानों का राज दिल्ली, आगरा, लखनऊ में रहा होगा। पंजाब तो हमारा है।"

बसंतकौर भी दसवीं तक पढ़ी थी। उसका पति बीरूमल डाकखाने में बाबू था।

ईश्वरकौर ने दृढ़ता से मुट्ठी बाँधकर कहा—"पंजाब हमारा है तो पंजाब में रहने के लिए मुसलमानों का मुकाबला करना होगा। तुम सबने देखा था न १६ तारीख को मुसलमानों ने कितना बड़ा जुलूस निकाला था। बंगाल में तो लड़ाई शुरू हो गयी, अब पंजाब में भी होगी।" स्वर धीमा कर उसने बताया, "मुसलमान मरे खूब तैयारी कर रहे हैं। पानी के नल कटवा-कटवा कर बन्दूकें बना रहे हैं। मुसलमानियों ने भी छूरे रख लिये हैं। हमीं लोग सोये हुए हैं। तुम्हें चाहिए अपने घर के सब मर्दों को अखाड़े भेजो। सब लोग लाठी, तलवार, बन्दूक चलाना सीखें नहीं तो तुम्हारी जायदादें कहाँ बचेंगी?"

जीवां बोल उठी—"मरे मुसलमान के घर में होता ही क्या है? चार बर्तन मिट्टी के, एक हुक्का और एक बुर्का। तभी तो सिरसड़े लड़ने के लिए उतावले रहते हैं।"

ज्ञानदेवी ने दूसरे शब्दों में समझाया—"अपने धर्म और अपनी सम्पत्ति की रक्षा की शक्ति हमारी बाँहों में होनी चाहिए। हिन्दू तो लाजवन्ती के पौधे बन गये हैं, हाथ लगने से मुरझा जाते हैं। हिन्दू तो पैसा कमाना जानते हैं और लुटवाना और दया करना जानते हैं। हमारी बहिनों को अपनी रक्षा करना सीखना चाहिए। जो तुम्हारी ओर बुरी नजर से देखे, उसका पेट फाड़ दो! झाँसी की रानी और पद्मिनी कैसी थीं और हमें क्या हो गया है! सब बहिनों और लड़कियों को अपने शरीर पर कृपाण रखनी चाहिए।"

ज्ञानदेवी ने अपनी कमीज़ के नीचे से कृपाण दिखा कर चुनौती दी—"कोई हाथ तो लगाये मुझे!"

तारा की बहिन ऊषा और मेलादेई की लड़की दम्मो ने पुलक कर कहा—"हम भी कृपाण रखेंगी।"

तारा ने परिहास से पूछा—"मोइयो (मरी), कृपाण से किसे मारोगी!"

उत्तर दिया कर्तारो ने—"अपने खसमों की नाक काटेंगी।"

"हाय सुक्खीसांदी (सुख-स्वास्थ्य), इन बच्चियों को कृपाणों से क्या लेना-देना है।" पूरणदेई ने चटाई पर से रेशम की लच्छी उठाते हुए कहा।

"बहिनो, ऐसे ही तो तुम बच्चों को कायर बना देती हो।" ज्ञानदेवी ने टोक दिया।

"बहिन जी, ये लड़ाइयाँ तो अंग्रेज ही कराते हैं··· ।" तारा ने धीमे से बात शुरू करनी चाही।

ईश्वरकौर ने उसे तुरन्त काट दिया—"तो मरे मुसलमान अंग्रेजों के कहने से हमसे क्यों लड़ते हैं, न लड़ें!"

"लड़ाने से तो हिन्दू भी लड़ते हैं।" तारा ने साहस किया, "अभी हम भी तो लड़ाई की तैयारी की बात कर रहे थे।"

ज्ञानदेवी और उसके साथ कर्तारो और बसंतकौर बोल पड़ीं—"औत्रे (निर्बंसिये) मुसलमान ही तो लड़ते हैं। हिन्दू बेचारे कहाँ लड़ते हैं। लड़े हमारी जूती! हमें कोई मारेगा तो क्या हम नहीं लड़ेंगे, लहू पी लेंगे··· ।"

"मासी, तुम लहू पियोगी!" तारा ने धीमे से पूछा, "तुम तो उनके घर का पानी भी नहीं पी सकोगी।"

कर्तारो क्रोध और घृणा प्रकट करने के आवेश में शिष्टता भी भूल गयी। अपना पाँव सबके सामने धप्प से चबूतरे पर पटक कर बोली—"उनका पानी पिये मेरी जूती!"

"मुझे बुलाया बहिन जी?" ज़ीने से उतरकर पुष्पा ने पूछा। उसके चेहरे पर नाराज़गी का भारीपन स्पष्ट था। सब उसकी ओर देखने लगीं। वह चटाई पर कर्तारो के समीप बैठ गयी। हिन्दू-मुसलमान की लड़ाई की चर्चा छोड़ कर मेलादेई ने पूछा—"कुड़िये (अरी लड़की), हुआ क्या? ऊपर मुँह सुजाये बैठी है!"

"अपने डाक्टर से लड़ रही है।" कर्तारो ने उत्तर दे दिया।

"चल झूठी।" पुष्पा ने झेंपते हुए विरोध किया।

''देख तो इस झूठी का मुँह!'' कर्तारो ने पुष्पा के चेहरे की ओर हाथ बढ़ाकर कहा, ''हाय री, गली की पड़ोसिनों से क्या पर्दा? ये इन पढ़ी-लिखियों के चरित्तर हैं। बहिना, आड़े समय तो अपनी पड़ोसिनें ही झेलती हैं। तब खसम क्या कर लेगा?'' कर्तारो हाथ बढ़ाकर पुष्पा की कोख टटोलते हुए बोली, ''कुछ है या नहीं?''

पुष्पा का चेहरा लाज से लाल हो गया। वह सिकुड़कर पीछे हट गयी।

पीतो दो दोनों में मिठाई और नमकीन अपनी चुन्नी के छोर में बरफ ले आयी थी। मेलादेई ने दोने सँभालकर बरफ अपनी लड़की दम्मो के हाथ में थमाकर कहा—''जा, छोटी बाल्टी में पानी बना कर चार गिलास ले आ। दो तास्सियाँ (तश्तरियाँ) भी लेती आना।''

मेलादेई फिर पुष्पा की ओर घूम गयी—''हाँ बता तो किस बात पर झगड़ पड़ी?''

पुष्पा विवश हो गयी थी, बोली—''मासी जी कुछ नहीं हुआ। ये जल्दी अस्पताल जाते हैं। मैं ज़रा देर से उठी थी। अभी नहा रही थी। मुंडू (नौकर) ने परोंठे सेंककर इनके सामने मैली-सी प्लेट में रख दिये। गुस्से में इन्होंने प्लेट पटक दी। बिना खाये चले गये। मुझे बुला ही लेते···।''

''हाय! हाय!'' विकट विस्मय से कर्तारो ने दोनों हाथों में अपना सिर थाम लिया. ''हाय री, तू गभरू को नौकर से खाना दिलवाती है! देखो न पढ़ी-लिखियों की अक्ल! अरी यही तो मर्द को रस में बाँधने का समय होता है। कुत्ता उसका जिसके हाथ से टुकड़ा पाये!''

बसंतकौर बोली—''अड़िये (गुइयां), मियाँ-बीबी की लड़ाई और कार्तिक का बादल कितने पल ठहरता है!''

तारा ने बात बदलने के लिए ज्ञानदेवी को सम्बोधन किया—''बहिन जी, हिन्दू-मुसलमान का झगड़ा तो व्यर्थ की मूर्खता है। झगड़ा कर जायेंगे कहाँ? वही तो दोनों का घर है। हमारी असली लड़ाई तो अंग्रेज से है जिसने मुल्क पर कब्जा किया हुआ है।''

ईश्वरकौर ने धमकी से उत्तर दिया—''क्या भोली बातें करती हो बेटी, वे पाकिस्तान बना रहे हैं। हमारा घर-बार ही नहीं रहेगा तो मुल्क का क्या बनायेंगे? कहाँ रखेंगे मुल्क को? अंग्रेज के लिए जैसे हिन्दू वैसे मुसलमान। पंजाब में जबसे सिकन्दर और खिजर वजीर बने, किसी हिन्दू को नौकरी मिलती है? ···पहले समय में कहीं मुसलमानों को दफ्तरों के बाबू का काम करते देखा था? चपरासी का काम करते थे, तांगे चलाते थे या दूसरे कमीन काम···।''

ज्ञानदेवी ने इस व्यर्थ विवाद का अन्त करने के लिए सुझाव दिया—''इस गली के मुहाने पर लोहे का फाटक लगना चाहिए। सब लोगों को आत्मरक्षा के लिए तैयार रहना चाहिये। बंगाल के लिए जो दान मिले उसका हिसाब लड़कियाँ लिख लें। कमेटी सब चीज़ों की रसीद देती है।''

तारा उठने के लिए सिमिट कर बोली—''जो होगा, पुष्पा बहिन जी लिख देगी, कहेंगे मैं लिख दूँगी। अभी मुझे ट्यूशन पढ़ाने जाना है। मुझे देर हो जायेगी।''

''हाँ हाँ बेटी, तू जा।'' मेलादेई ने समर्थन किया, ''मर्द लोग आ जायेंगे। मास्टर जी, रतन के बाबू जी और जयदेव आ जायें, डाक्टर साहब आ जायें, सरदार होरी (जी) आ जायें, मर्दों से बात करके ही काम करना ठीक होता है।''

तारा और शीलो जीना चढ़ कर फिर कोठरी में आ गयीं। तारा ने दीवार के सहारे टिके हुए बक्सों पर रखी हुई टाइमपीस की ओर देख कर कहा—"देर तो अभी नहीं हुई।" उसने रसोई में जाकर कोने में बनी मोरी पर मुँह धो लिया और तहाये हुए सलवार-कमीज़ अल्गनी पर से उतार लिये। कपड़े बदलने से पहले गली में खुलती खिड़की को मूँद आयी।

"हाय, कितनी गरमी है!" शीलो बोली, "तूने हवा बिल्कुल बन्द कर दी।"

"अभी खोल दूँगी, कपड़े पहन लूँ।" तारा ने कहा, "उधर खिड़की से मरा बीरू छिप-छिप कर देखता है। अभी पिल्ला सा तो है पर गुंडों के कुलच्छन सब सीख लिये हैं। शरम से चुप हूँ। बोलें तो अपनी बेइज्जती करायें। किसी दिन गुस्से में बक दूँगी तो गली के लोग गधे का सिर तोड़ देंगे। एक ही कोठरी है। कभी पिता और भाई घर होते हैं तो कपड़े बदलना मुसीबत हो जाती है। कभी कंधे से आँचल ही गिर जाता है…।"

शीलो ध्यान से कपड़े बदलती तारा की ओर देख रही थी। बोली—"तेरी बाडी (अंगिया)) किसी काम की नहीं। मेरी देख बाजार की है, विलायती! तुझे नमूने दूँगी। तू तो बना ही लेगी।"

"ना बाबा, मेरे लिए ऐसा ही ठीक है। इस पर भी माँ टोकती रहती है, इतने तंग कपड़े क्यों पहनती है।" तारा ने उत्तर दिया, "तेरा क्या है, ब्याह हो गया है, जो चाहे कर। हाँ सुन, मैं छः साढ़े छः बजे लौटूँगी। तुझे माँ घर पहुँचा देगी।"

"मैं अभी नहीं जाऊँगी। जल्दी क्या है?" शीलो की आँखों में एक चमक सी आयी और गर्दन झुक गयी, "परसों तो ससुराल चली जाऊँगी। आज भी बुलाने आये थे। एक बार तो मिल जाऊँ।"

"तू तो कहती थी," तारा ने बहुत गहरी साँस से पूछा, "मोहन जी बड़े भले हैं, तेरी बहुत खातिर करते हैं।"

"तो क्या हुआ? खातिर को क्या करूँ!" शीलो बोली, "पुरानी लगी क्या टूट जाती है। अपना दिल और स्वभाव भी तो होता है। 'ये' तो सदा सीख ही देते रहते हैं, यह न खा ठंडा है, वह गरम है, जुकाम हो जायेगा, पेट खराब हो जायेगा। यह चार आने कहाँ खर्च! न हँसी न गुस्सा…।"

"हाय तुझे डर नहीं लगता?"

"जब डर था, तब नहीं डरी। अब तो हो ही गया है। नाम तो उसी का होगा।" शीलो मुस्करा दी।

"क्या मतलब?" तारा ने हाँफ कर पूछा।

"इसी का तो है।" शीलो ने आँखें झुका कर उत्तर दिया।

ग्लानि से तारा की साँस रुक रही थी। फिर भी पूछा—"कैसे?"

"याद नहीं, पिछली बार जब मैं दोपहर में आयी थी। तू कालेज से शाम को लौट कर मुझे उच्ची गली तक छोड़ने गयी थी।"

तारा कुछ बोल न सकी। उसके अपने घर में रतन और शीलो द्वारा ऐसा भयंकर कांड कर देने की बात से उसका सिर घूम गया था।

"कितने बजे आयेगा?" शीलो ने पूछ लिया।

"मुझे क्या मालूम!" तारा ने क्रोध प्रकट किया।

"बड़ा गुस्सा दिखा रही है," शीलो बोली, "देख लेंगे जब तेरा समय आयेगा। तुझे अपना सोमराज कौन बड़ा अच्छा लगता है! मेरी बहिना, यह तो किस्मत की बातें हैं।"

"मुझे उससे क्या मतलब? मैं कभी उससे ब्याह नहीं करूँगी।" तारा ने जवाब दिया और जीने की ओर बढ़ गयी।

तारा के मन में शीलो के प्रति दबी हुई घृणा उग्र हो गयी थी। रतन से भी वह अपनी सगाई हो जाने से पूर्व ही घृणा करने लगी थी।

तारा ट्यूशन पढ़ाने जाने के लिए गली में उतरी तो ईश्वरकौर और ज्ञानदेवी जा चुकी थीं। कुछ स्त्रियाँ अपना काम समेट कर चौके-चूल्हे की चिन्ता करने के लिए उठ चुकी थीं। तारा गली से मच्छीहट्टे के बाज़ार में आयी तो भीड़ के धक्कों और चर कर लौटती हुई बाज़ार की भीड़ में निधड़क चली आती गाय-भैंसों से बचने के लिए, बाज़ार के बायीं ओर किनारे-किनारे आँखें झुकाये शहालमी दरवाज़े की ओर चलने लगी। शीलो की बातों से उठी ग्लानि ने उसे विक्षिप्त कर दिया था। सोच रही थी—हाय लोग कितने बेशर्म होते हैं। सब धोखा है। यह शीलो लोगों की नज़रों में भली है। ब्याह कर लिया है और यह हाल है! धोखा पाप नहीं तो क्या है? मैंने कह दिया कि मुझे ब्याह नहीं करना तो मैं बुरी बन गयी। जो भी हो, मुझे क्या। ···यह लोग तो गलियों में दंगे की आग लगा रहे हैं। असद भाई साहब ने कहा था, मंगल के बाद डाक्टर साहब के यहाँ जायेंगे। आज शायद आयें। उन्हें यह स्थिति बताना आवश्यक है।

सेठों की हवेली के फाटक के भीतर ड्योढ़ी में दोनों बाजू बरामदे थे। बरामदों में तख्त पड़े थे। तख्तों पर दब कर कड़े हो गये गद्दे थे। गद्दों पर स्याही के दागों से छींट बनी हुई मैली चादरें बिछी रहती थीं। दीवार के साथ बड़े-बड़े तकिये पड़े रहते थे। दोनों मुनीमों के सामने लाल कपड़ों की जिल्द में मढ़ी हुई बहियाँ पड़ी रहती थीं। तारा किसी ओर आँखें उठाये बिना ड्योढ़ी से आँगन में चली आती थी। आँगन के दायें-बायें दोनों ओर चौड़े-चौड़े ज़ीने थे। तारा बायीं ओर के ज़ीने से दूसरी मंजिल पर जाती थी।

तारा ने ऊपर जाकर देखा, बड़ा कमरा जिसमें वह बच्चों को पढ़ाती थी खाली था।

तारा ने कमरे के पिछवाड़े के बरामदे में जाकर पुकारा—"किक्के! गुल्ली! वे किक्के! गुल्ली! ···कहाँ हो! आ जाओ बच्चों!"

कोई उत्तर न मिला।

तारा सोच रही थी, बच्चे कहाँ चले गये? उसकी पुकार बच्चों के अतिरिक्त और लोग भी तो सुन सकते थे, कोई भी उत्तर क्यों नहीं दे रहा था। उसने नीचे आँगन में झाँककर बुढ़िया नौकरानी कर्मो को पुकारा।

तारा को आँगन सूना-सा लग रहा था। नीचे के आँगन में चेतू पानी डाल-डाल कर, बाल्टियाँ पटक-पटक कर फर्श धो रहा था। तारा ने उसे पुकार कर बच्चों के विषय में पूछा।

चेतू ने उत्तर देने के लिए हाथ की बाल्टी फर्श पर पटकी और बताया—"बच्चे दूसरे आँगन में हैं। नहीं पढ़ेंगे। माँ जी ने कहलाया, हमें बच्चों को पढ़ाने की जरूरत नहीं है।"

तारा का मन धक् से रह गया। वह लौटने के लिए ज़ीने की ओर घूम रही थी। उसी समय बायीं ओर से पुकार सुनायी दी—"तुम हो तारा?"

डाक्टर प्राणनाथ ने सामने आकर चेतू द्वारा दी सूचना में संशोधन किया—"बच्चों को ढूँढ़ रही हो। वे सब लोग वच्छोवाली गये हैं। आओ, उधर आ जाओ। असद भी बैठा है। उधर ही बैठकर बात करेंगे।"

डाक्टर प्राण इतने साधारण ढंग से बोला, मानो चेतू द्वारा दी गयी सूचना का कुछ महत्त्व न था, परन्तु तारा के लिए उस बात का ही महत्त्व था। घर का वह भाग केवल डाक्टर का था। वहाँ कोई स्त्री नहीं रहती थी। उधर जाते तारा को संकोच हुआ, परन्तु डाक्टर साहब की बात की अवहेलना कैसे कर सकती थी।

तारा पिछले वर्ष भी इस घर के तीन से साढ़े चार बरस तक के बच्चों किक्के, भोली और गुल्ली को छुट्टियों में तीन मास पढ़ा चुकी थी। पढ़ाना क्या था, वह घण्टे, डेढ़ घण्टे बच्चों को चित्रों और कागज पेंसिल से खेलना सिखा जाती थी। पुरी के कहने पर डाक्टर साहब ने तारा की सहायता के लिए ही यह ट्यूशन लगा दी थी। गत वर्ष डाक्टर साहब यह ट्यूशन लगाकर और सौ रुपया अग्रिम देकर शिमला चले गये थे। युद्ध तो समाप्त हो चुका था, परन्तु गवर्नर जब-तब उन्हें परामर्श के लिए शिमला में बुलाता रहता था।

उस वर्ष तारा ने स्वयं पुरी से कहकर ट्यशन के लिए डाक्टर साहब से अनुरोध किया था। वह चाहती थी, कुछ रुपया हो जाये तो सर्दियों के लिए कोट और कपड़े बनवा सकेगी। उस वर्ष डाक्टर प्राण ने शिमले जाना आवश्यक न समझा था। तारा बच्चों को पढ़ाने आती थी तो कभी-कभी घर पर मिल जाते थे और उसे बुलाकर हाल-चाल पूछ लेते या चाय पीने के लिए भी कह देते थे। इस घर की स्त्रियाँ पहले तारा से अच्छी-भली बोलती-चालती थीं, परन्तु उन्होंने तारा को डाक्टर के अकेले भाग में जाते देखा और उसके वहाँ चाय पीने की बात सुनी तो तारा से बोलना छोड़ दिया। अब वे उसकी ओर कटाक्ष कर आपस में मुस्कराने लगती थीं। यह देखकर तारा का मन बहुत कुंठित होता था।

असद को तारा के डाक्टर के यहाँ ट्यूशन करने की बात मालूम हो गयी थी। वह तारा को यहाँ आकर दो बार मिल चुका था अन्यथा छुट्टियों में कालेज और फेडरेशन के परिचितों के परस्पर मिलने की सम्भावना कम ही रही थी। असद, तारा की प्रतीक्षा में डाक्टर के साथ बात करता बैठा रहता था। तारा के लौटते समय उनके साथ हो लेता और उसे घर की गली तक पहुँचा देता था।

तारा जानती थी कि गोपालशाह सेठ का परिवार लाहौर के बहुत धनी-मानी परिवारों में था। दायीं ओर के तीन बहुत बड़े-बड़े आँगनों में डाक्टर के प्रौढ़ पिता, उनके पुत्र, पौत्र, बहू-बेटियाँ रहती थीं। बायीं ओर के आँगन में डाक्टर प्राण अकेले रहते थे। डाक्टर का नौकर अलग था और रसोई भी अलग बनती थी। तारा यह भी जानती थी कि डाक्टर प्राण को बचपन में मास्टर जी ने आठ वर्ष तक हवेली में आकर पढ़ाया था। डाक्टर प्राण मास्टर जी का बहुत आदर करता था। विलायत से लौटा था तो मास्टर जी के यहाँ भी प्रणाम करने आया था। तारा को याद था, उस समय प्राण खूब सफेद कमीज़-पतलून पहने था। मास्टर जी इतने सम्मानित अतिथि के आने से घबरा गये थे और पीढ़ी लाने के लिए पुकारने लगे थे, परन्तु प्राण मास्टर जी के साथ ही फर्श पर बिछी

चटाई पर बैठ गया था। प्रोफेसर प्राण के मास्टर जी के यहाँ आने की चर्चा गली भर में हुई थी।

डाक्टर तारा को अपने आँगन के बरामदे में ले गया। असद ने तारा को देखकर, शिष्टाचार के नाते खड़े होकर नमस्ते की। तारा ने साधारण परिचय की नमस्ते से उत्तर दे दिया और बैठ गयी।

डाक्टर ने बेचू को पुकार कर चाय दे जाने के लिए कह दिया और बैठते हुए असद ने कहा—''हाँ, तुम कहो! तारा से संकोच की कोई बात नहीं है।''

''जी हाँ, इनसे कोई संकोच नहीं है।'' असद ने स्वीकार किया और बोला, ''डाक्टर साहब, मैं अर्ज कर रहा था कि हिन्दू और मुस्लिम मुहल्लों में ज़हर फैलाया जा रहा है। मुल्ला मसज़िदों में रो-रोकर पैगम्बर के नाम से ज़िहाद के लिए फतवे दे रहे हैं। हथियार इकट्ठे करने की योजनाएँ बन रही हैं। यकीन रखिए, यहाँ दंगे की ऐसी आग भड़केगी कि कलकत्ते से भी ज्यादा खून होगा। अगर खिजर परवाह नहीं करता तो गवर्नर का ध्यान इस ओर दिलाया जाना चाहिए··· ।''

''साम्प्रदायिक दंगों से नौकरशाही को कोई भय नहीं है,'' डाक्टर ने उत्तर दिया। ''दंगों से नुकसान पहुँचता है कांग्रेस और लीग की शक्ति को। तुम अपने लीडर फिकार से कहो। अब तो वह कांग्रेस छोड़कर लीग में आ गया है। तुम रेलवे यूनियन के लीडर इब्राहीम से कहो। उन लोगों पर तो मुसलमानों का विश्वास है।''

असद ने अपनी कुर्सी पर आगे झुककर उत्तर दिया—''वे लोग तो जो कुछ उनसे हो सकता है कर ही रहे हैं, लेकिन स्थिति को सम्भाल सकना तो सरकार के सामर्थ्य की ही बात है।''

तारा ने झिझकते हुए कहा—''कुछ ऐसी ही बातें आज हमारी गली में हिन्दू-रक्षा-कमेटी की स्त्रियाँ कर रही थीं।''

''जानता हूँ, शहर क्या प्रांत भर में यही हो रहा है।'' डाक्टर ने स्वीकार किया और असद की ओर देखकर सिर के केशों में उँगलियाँ चलाते हुए बोला, ''खिजर इस समय कुछ नहीं कर सकता। उसकी यूनियनिस्ट पार्टी के कई लोग लीग में शामिल हो गये हैं। वह इस समय लीग पर दबाव डालेगा तो शेष मुसलमान मेम्बर भी उसका साथ छोड़ जायेंगे। वह अपनी मिनिस्ट्री खतरे में नहीं डालना चाहता। उसकी मिनिस्ट्री खतरे में है ही, जितने दिन घिसट जाये··· ।''

असद ने फिर कहा—''आप तो गवर्नर जेंकिन्स से भी बात कर सकते हैं। आप उसके एडवाइज़र हैं।''

डाक्टर ने तर्जनी उठा कर असद को सुनने का संकेत किया—''मैं आर्थिक प्रश्नों के लिए परामर्शदाता हूँ। बिना पूछे मैं कोई सलाह नहीं दे सकता। गवर्नर भी जानता है कि यूनियनिस्ट मिनिस्ट्री के दिन गये। इस चुनाव से यह स्पष्ट हो गया है। मुझसे गवर्नर ने पंजाब के किसानों में फैले असंतोष के आर्थिक कारणों के विषय में रिपोर्ट माँगी थी। उसे मालूम है कि किसान भूमि व्यवस्था में परिवर्तन के लिए विद्रोह करने पर तुले हैं। यूनियनिस्ट मिनिस्ट्री उन्हें दबा नहीं सकेगी। सब शासन व्यवस्थाओं की नींव सामयिक भूमि व्यवस्था पर ही होती है। किसानों की ओर से सरकार पर आते संकट को टालने का

फिलहाल यही उपाय हो सकता है कि वे अपनी समस्या साम्प्रदायिक झगड़ों में भूले रहें। यदि लीग और कांग्रेस आपस में नहीं लड़ेंगे तो अब सरकार के लिए इनमें से किसी एक को भी दबाना सम्भव नहीं रहा है। जेंकिन्स तो कैबिनेट मिशन को यह दिखा देना चाहता है कि हिन्दुस्तानियों को शासन का अधिकार सौंपना व्यावहारिक नहीं है। अगर वह योजना सफल हो जाये तो अंग्रेज गवर्नर की जरूरत ही नहीं रह जायेगी।''

चाय पीते-पीते डाक्टर समझाता रहा—''ब्रिटेन में बैठे अंग्रेज तो अपनी स्थिति के कारण अपने आपको भारत का बोझ उठा सकने में असमर्थ समझने लगे हैं, परन्तु हिन्दुस्तान में मौजूद अंग्रेज ब्युरोक्रेसी अन्तर्राष्ट्रीय स्थिति और ब्रिटेन की वर्तमान आर्थिक स्थिति जानती नहीं। वे हिन्दुस्तान के शासन का मोह नहीं छोड़ना चाहते···।''

चाय समाप्त कर असद ने उठकर चलने के अभिप्राय से तारा की ओर देखा। तारा दुविधा में थी। वह असद के साथ जाना चाहती थी, परन्तु चेतू द्वारा दी गयी सूचना के विषय में भी जानना चाहती थी।

असद ने और कोई बात कहने के लिए न होने के कारण उठने की आज्ञा माँगी। डाक्टर ने तारा की दुविधा समझी और बोला—''तारा, अगर जल्दी न हो तो पाँच मिनट और ठहरो। बच्चों के विषय में कुछ पूछना चाहता हूँ।''

तारा कुछ उत्तर न दे सकी। असद को चले जाना पड़ा।

''तुम असद के साथ जाना चाहती थी।'' डाक्टर मुस्कराया, ''मैंने रोक लिया। नाराज तो नहीं हो?''

तारा अपना रहस्य भाँप लिये जाने की लज्जा से संकुचित हो गयी। इस रहस्य को उसने स्वयं अपने सामने भी इतनी स्पष्टता से कभी स्वीकार नहीं किया था। घबराहट में कुछ उत्तर न दे सकी।

डाक्टर उसके उत्तर की प्रतीक्षा न कर अंग्रेजी में बोला—''उस दिन पुरी तुम्हारी ट्यूशन की बाबत बात करने आया था तो कह रहा था कि तुम्हारे ताऊ ने किसी बेवकूफ़ लड़के से तुम्हारी सगाई कर दी है। तुमने और पुरी ने इसका विरोध नहीं किया?''

तारा गर्दन झुकाये निरुत्तर रह गयी।

''असद तुम्हें पसन्द है, बहुत भला नौजवान है। तुम क्या सोशल रिस्ट्रिक्शन्स को मानती हो?''

तारा मौन रही।

''टु बी इन लव इज़ ए प्लेजेंट फीलिंग (प्रेम में होने की अनुभूति आनन्ददायक होती है)। यू फील अलाइव (उससे उमंग अनुभव होती है)।''

''तुम्हारी आयु उन्नीस-बीस की होगी?''

''उन्नीस।''

''प्रेम बेशक करो, परन्तु विवाह शिक्षा समाप्त करके ही करना।''

तारा की गर्दन और भी झुक गयी। तारा मन में डाक्टर को जयदेव से भी बड़ा भाई समझती थी। उसके मुख से ऐसी बातें सुनकर लज्जा से गड़ गयी।

डाक्टर ने कुर्सी पर करवट ली और बोला—''इस बार तुम्हें बी० ए० की परीक्षा देनी है। बच्चों को पढ़ाने में तुम्हारा काफी समय नष्ट होता होगा!''

तारा ट्यूशन हाथ से चले जाने की आशंका से चौंकी—''जी, ऐसी बात तो नहीं है।''

डाक्टर ने कुछ पल सोचा और बोला—''तुम्हें तीन मास के लिए रखा था। उतनी रकम तो मुझे तुम्हें देनी ही है। तुम्हारी आर्थिक हानि नहीं होगी। तुम्हें काम न करने के लिए कह दिया है तो तुम्हें काम करना अच्छा भी नहीं लगेगा।''

''जी, यह ठीक है।'' तारा ने नेत्र उठाकर कहा, ''परन्तु जितने दिन काम किया है उतने ही दिन के लिए रुपये लूँगी।''

''यह कैसे उचित होगा!'' डाक्टर ने झुँझलाहट से कहा, ''तुम अपनी इच्छा से नहीं जा रही हो। हमें काम छुड़ाने की नोटिस देना चाहिए था या उसके एवज़ में उतने ही दिन की तनख्वाह दी जायेगी। कायदा तो कायदा है।''

''यहाँ कायदे की ऐसी क्या बात है?'' तारा ने विनय से कहा।

''इस घर का वातावरण तुम्हारे लायक है भी नहीं।'' डाक्टर ने तारा से आँखें चुराकर कहा, ''जानती हो, तुम्हें चेतू से यह सन्देश क्यों दिलाया गया है? तुम स्वयं भाँप गयी होगी। मैंने भूल से इन लोगों के सामने तुम्हारी प्रशंसा कर दी थी।''

तारा ने विस्मय से डाक्टर की ओर देखा। डाक्टर की नज़र दूसरी ओर थी। वह कहता गया—''इन लोगों का ख़याल है कि मैं तुम्हारे प्रति आकर्षित हूँ। शायद तुमसे विवाह कर लूँगा।''

तारा की गर्दन और भी अधिक झुक गयी—हाय क्या कह रहे हैं!

डाक्टर उसकी ओर देखे बिना कहता गया—''तुम्हारी आयु उन्नीस है, मेरी तीस है। ये स्त्रियाँ यह नहीं सोचतीं कि उन्नीस साल की लड़की तीस बरस के अधेड़ से क्यों ब्याह करेगी! इन स्त्रियों का दोष भी क्या है? वे यह कल्पना भी नहीं कर सकतीं कि स्त्री के विवाह या उसके उपयोग में उसकी अपनी इच्छा का भी सवाल हो सकता है। यह स्त्रियाँ यह भी अनुमान नहीं कर सकतीं कि मैं तुम्हें सेक्स (यौन विचार) के बिना भी लाइक (पसन्द) कर सकता हूँ।''

तारा का रोम-रोम सिहर उठा। गनीमत यही थी कि डाक्टर की आँखें दूसरी ओर थीं। वह बोलता गया—''इसके लिए इन स्त्रियों को दोष भी क्या दिया जाये! यह बेचारी विवाह और सेक्स के अतिरिक्त और कुछ सोच और समझ भी तो नहीं सकतीं। इस श्रेणी, अर्थात् सम्पत्ति के आधार पर सम्भ्रान्त बनी श्रेणी की स्त्रियों का प्रयोग सेक्स के अतिरिक्त और है भी क्या? घर के सब कामों के लिए नौकर-चाकर हैं बल्कि सेक्स के लिए भी इस श्रेणी के पुरुष जो चाहें कर सकते हैं। पत्नियाँ केवल सम्पत्ति के निर्विवाद अधिकारी पैदा करने के लिए ही हैं। यही इस श्रेणी की स्त्री का पतिव्रत धर्म है, गुण है, ईमान है। ये बेचारी कुछ और सोच ही नहीं सकतीं। ये स्त्री की एक ही योग्यता को जानती हैं—हाथ आ गये पुरुष को हाथ से निकल जाने न देना। इन्हें तुम्हारी किसी अन्य योग्यता से ईर्ष्या नहीं है। इन्हें केवल तुम्हारे नारीत्व के आकर्षण से ईर्ष्या है।''

तारा विस्मित थी, डाक्टर साहब क्या कहते जा रहे हैं। यह भी समझ रही थी कि डाक्टर साहब अपने मन के दुख और खिन्नता में यह सब कहे जा रहे थे इसलिए अभद्रता

या अनौचित्य नहीं अनुभव हो रहा था। बातें मन और मस्तिष्क को अत्यन्त तीखी लगने पर भी उन पर क्रोध नहीं आ रहा था।

तारा ने एक नजर डाक्टर की ओर देखा। इस व्यक्ति को वह सदा बहुत बड़ा विद्वान् और समर्थ समझती थी। यूनिवर्सिटी के विद्यार्थी, विद्वत्ता, पद, धन और सम्मान में उससे अधिक क्या कल्पना कर सकते थे! उसके प्रति तारा ने सदा आदर और कृतज्ञता ही अनुभव की थी। इस समय उसके प्रति सहानुभूति अनुभव हो रही थी।

''तुम कल्पना नहीं कर सकतीं, यह सब क्यों है, इसका कारण क्या है?'' डाक्टर कुछ उत्तेजित होकर बोला, ''कारण मेरे चरित्र की चिन्ता नहीं है, इस मकान और सम्पत्ति की चिन्ता है। मकान का यह हिस्सा दादा ने मेरे नाम कर दिया है, परन्तु यदि मैं कानूनी दावा करूँ तो इस परिवार की पूरी सम्पत्ति में से आधे का हिस्सेदार मैं अकेला हूँ और शेष आधे के दूसरे सब लोग। झगड़ा सब प्रापर्टी (जयदाद) का है।''

तारा ने कौतूहल से डाक्टर की ओर देखा। डाक्टर की आँखों में क्रोध था। वह बोला—''रहस्य यह है कि मैं अपने दादा का पोता हूँ, परन्तु मेरी माता का पति, मेरे दादा का बड़ा पुत्र मुझे अपनी सन्तान स्वीकार नहीं करना चाहता। वह विवाह के बाद मेरी माँ को यहाँ छोड़ गया था। तब वह कश्मीर में कारोबार देख रहा था। वहाँ उसकी रखेल भी थी इसलिए मेरी माँ को साथ नहीं ले जा सकता था। मैं वास्तव में अपने दादा के छोटे पुत्र की सन्तान हूँ। उस घटना से नाराज होकर मेरे दादा के बड़े पुत्र ने दूसरा विवाह कर लिया था। मेरे दादा के छोटे पुत्र की विवाहिता पत्नी से सदा लड़कियाँ ही हुईं। यदि दादा अपनी पैतृक सम्पत्ति अपने दोनों डाक्टर पुत्रों में बाँटें तो एक पुत्र का एकमात्र उत्तराधिकारी मैं ही हूँ, वही प्रापर्टी का सवाल! कानूनन मेरे दादा के बड़े पुत्र के पुत्र ही सम्पत्ति के अधिकारी हैं। उसके बड़े पुत्र की दो पत्नियों में से एक की एकमात्र सन्तान मैं ही हूँ। दूसरी के पाँच पुत्र हैं। मेरी माँ के पति उत्तराधिकार में पायी अपनी सम्पत्ति से मुझे कोई भाग नहीं देना चाहते। दादा को इस बात से बहुत दुःख था। वे यह रहस्य प्रकट कर परिवार का अपमान नहीं होने देना चाहते थे। मैं उनके बड़े पुत्र का पुत्र न सही उनका पोता तो हूँ। मुझ पर उनका स्नेह था। मैं उनका पहला पोता हूँ। यदि मुझे उन्होंने सदा अपने साथ न सुलाया होता तो मेरी सौतेली माँ ने या मेरे कानूनी पिता ने ही मुझे अपनी सम्पत्ति न बँटाने देने के लिए समाप्त कर दिया होता। एक बार मेरी माँ के जीवित रहते मुझे विष दे दिया गया था परन्तु मैं बच गया। यह देखो··· ।''

डाक्टर ने अपनी कनपटियों और बाँहों पर चिह्न दिखाते हुए कहा—''बचपन में जलने के चिह्न अभी तक हैं। मुझ पर उबलता हुआ पानी डाल कर मुझे समाप्त कर देने का षड्यंत्र किया गया था। मेरे विवाह न करने से इन्हें सान्त्वना है कि उनकी सम्पत्ति अक्षुण्ण रहेगी, यह मकान भी मेरी मृत्यु के पश्चात् भाइयों को या उनकी सन्तान को मिल जायेगा। यदि मैं विवाह कर लूँ तो मेरी सन्तान पूरी जायदाद के आधे भाग की अधिकारी हो जायेगी··· ।''

गत मास की ट्यूशन के रुपये तारा ने नहीं लिये थे कि सब एक साथ लेकर कपड़े बनवायेगी। उसे कोट पहनने का बड़ा चाव था। कालेज में वही तो एक लड़की बिना कोट के थी। उसमें अपना कुछ अपराध न होने पर भी गरीबी की लज्जा तो थी ही। डाक्टर ने तीनों मास के ट्यूशन के लिए एक सौ रुपये का नोट उसे थमा दिया। तारा

हिसाब से दस रुपये अधिक लेने में झिझकी, परन्तु इतने बड़े आदमी के सम्मुख दस रुपये की ओर क्या संकेत करती।

डाक्टर उसकी ओर स्नेह भरी आँखों से देखकर अंग्रेजी में बोला—"मुझे गलत न समझना। ...आशा है फिर भी मुलाकात होगी।"

तारा घर लौटती हुई डाक्टर के विषय में सोच रही थी, वह भी दुखी और विवश था, परिवार और समाज में बँधा हुआ था। वह तो समर्थ होकर भी विरोध नहीं कर पा रहा था। डाक्टर साहब के शब्द याद आ गये, उन्होंने कैसे कह डाला—"आई लाईक यू।" कितने भले आदमी हैं!

डाक्टर की उस बात पर दूसरी बात की याद उमड़ आयी—"असद तुम्हें पसन्द है। भला नौजवान है।" डाक्टर के यह शब्द मस्तिष्क में गूँजकर हृदय में तीर की तरह गहरे उतर गये। हृदय पर इस तीर के आघात ने शरीर को रोमांचित कर दिया। यह रहस्य हृदय में कितना गहरा दबा हुआ था? उसने अपने मन में भी इसे ऐसे स्वीकार नहीं किया था।

तारा ने गम्भीर होकर सोचना चाहा—डाक्टर साहब को ऐसा क्यों जान पड़ा? ...यदि दूसरे लोग भी सन्देह करने लगें? भय क्या है? कोई अनुचित बात, शीलो-रतन की तरह तो है नहीं... !

तारा अपने ध्यान में डूबी जल्दी-जल्दी कदम उठाये चलते-चलते ठिठक गयी। वह अपनी गली से भी आगे निकली जा रही थी। पीछे लौटकर वह अपनी गली में घूम गयी।

तारा घर लौटी तो माँ अकेली ही थी और चौके में व्यस्त थी। तारा ने पूछा—"शीलो चली गयी! क्या तुम छोड़ने गयी थीं?"

"नहीं, गयी नहीं।" माँ ने उत्तर दिया, "यहाँ गरमी है। मैंने उससे कहा, ऊपर छत पर बैठ। तू उसे उच्ची गली तक छोड़ आ। लौटकर ही कपड़े बदलना।"

सूर्यास्त हो चुका था। तारा छत के ज़ीने पर चढ़ी तो मन में झिझक हुई, रतन भी छत पर न हो। जान-बूझकर कदमों की आहट अधिक की और खाँस दिया। छत पर पहुँची तो देखा, शीलो एक खाट पर लेटी आकाश की ओर आँखें लगाये थी। ऊषा भी मुन्नी को गोद में लिये बच्ची को आकाश में उड़ती पतंगें दिखा रही थी।

"अभी यहाँ ही है!" तारा ने शीलो को सम्बोधन किया और उसके साथ खाट पर बैठ गयी। शीलो बहुत उदास थी। आँखें गुलाबी थीं, रोकर पोंछी हुई। तारा ने दो घण्टे पूर्व का क्रोध भुलाकर पूछा, "हाय क्यों, क्या हुआ?"

शीलो के गाल और होंठ थिरके। उसने होंठों को दाँतों से काटकर आँचल आँखों पर रख लिया और बहुत गहरा निश्वास लेकर तारा की ओर करवट ले ली।

तारा ने ऊषा के सामने शीलो के रोने का कारण पूछना उचित न समझकर ऊषा की खुशामद की—"बीबी बहिन, माँ से एक पैसा लेकर जरा बर्फ ले आ। बड़ी प्यास लगी है। शीलो भी एक गिलास ठंडा जल पियेगी।"

ऊषा ज़ीना उतर गयी तो तारा ने शीलो के माथे पर हाथ रखकर पूछा—"बोल न, क्या हुआ?"

शीलो रो पड़ी और फिर आँचल से आँसू पोंछकर बोली—"मुझसे नाराज हो गया है।"

''किस बात पर?''

''मैंने उसे बता दिया था कि उसका है तो सोच में चुप हो गया और फिर कहने लगा—ऐसी बात है तो तू मेरे साथ कहीं चली चल। मैंने समझाया—ऐसे कहीं हो सकता है। मेरा ब्याह हो चुका है, यूँ तो तेरी ही हूँ, तो कहने लगा—वाह! मेरा बच्चा दूसरे का हो जाय, यह मैं कैसे मान जाऊँ··· !''

तारा और ऊषा शीलो को उसके घर पहुँचा कर लौट रही थीं तो गली में उन्हें बाज़ार की ओर जाता हुआ रतन दिखायी दे गया। ऊषा ने पूछ लिया—''भाई, कहाँ जा रहे हो!''

''कहीं नहीं, ऐसे ही।'' संक्षिप्त उत्तर से टाल कर रतन चला गया।

तारा चुप रही। उसे रतन के चेहरे और स्वर में गहरी चिन्ता और उदासी का आभास मिला। जाने क्यों शीलो से सुनी बात के बाद उसे रतन उतना उच्छृंखल न जान पड़ा। तारा को लगा, आदमी, छिछोरा नहीं है··· । असद की भी याद आ गयी। सोचा, उनकी तो बात ही दूसरी है··· ।

६

कड़ाके की सर्दी पड़ने लगी थी। सूर्यास्त के पश्चात् तुरन्त ही कोहरा उतर आता और आकाश की ओर उठते हुए धुएँ को नीचे दबाकर नगर पर छत्र की तरह छा जाता था। नाक-कान पाले से ठिठुरने लगते। सड़कों और बाज़ारों में चलते लोगों के नाक और मुख से भाप की विरल-सी फूँकें छूटती रहतीं। टाँगे में जुते, दौड़ से हाँफते घोड़ों के नथुनों से ऐसे भाप उड़ती रहती जैसे चूल्हे पर रखी केतली की सूँड़ से फुफकार छूट रही हो। आँखें कोहरे में मिले धुएँ से चरचराने लगतीं। दुकानों पर तेज़ बिजली की बत्तियों का प्रकाश, उस धुएँ और कोहरे को भी बेध कर अनारकली बाज़ार में कन्धे से कन्धा रगड़ती भीड़ को जगमगाता रहता था।

इस भीड़ में से प्रति संध्या 'अल्लाहो अकबर! मुस्लिम लीग जिन्दाबाद! कायदे-आज़म ज़िन्दाबाद! खिजर मिनिस्ट्री मुरदाबाद! लीग मिनिस्ट्री कायम हो! हिन्दू-मस्लिम इत्तहाद ज़िन्दाबाद! पाकिस्तना ले के रहेंगे!' के नारे लगाते हुए जुलूस निकलते थे। इन जुलूसों में अधिक लोग न होते थे। कुछ मुस्लिम लीग के स्वयं-सेवक, कुछ मुस्लिम विद्यार्थी या मध्यम श्रेणी के मुसलमान युवक ही हरे झण्डे लिये इन जुलूसों में रहते थे।

लाहौर के हिन्दू सहम रहे थे, लीग का बढ़ता जाता आन्दोलन जाने क्या रंग लाये। लाहौर के हिन्दू पत्र और कांग्रेसी पत्र अपनी टिप्पणियों में सरकार को इस परिस्थिति से सावधान हो जाने की चेतावनी दे रहे थे। 'पैरोकार' में पुरी दो बार लिख चुका था—''साम्प्रदायिक उत्तेजना से भरी राजनीति और साम्प्रदायिक घृणा और द्वेष का तूफान

क्षितिज पर उठ रहा है। यह तूफान सार्वजनिक नागरिक जीवन का अन्त कर देगा। उस समय हिन्दू-मुस्लिम इत्तहाद के नारे याद न रहेंगे···।''

शीघ्र ही लीग के जुलूसों का आकार बहुत बढ़ गया। जुलूसों में खासकर रेलवे के मज़दूर सम्मिलित होने लगे और उनके नारे भी बदल और बढ़ गये—'हिन्दू-मुस्लिम एक हों! खिजर मिनिस्ट्री मुरदाबाद! सल्तनतशाही मुरदाबाद! हिन्दुस्तान ज़िन्दाबाद! पाकिस्तान ज़िन्दाबाद! कायदे-आज़म ज़िन्दाबाद! हिन्दू-मुस्लिम एक हों! जम्हूरी मिनिस्ट्री कायम हो! हके खुदइखत्यारी (आत्मनिर्णय का अधिकार) मिले! दुनिया के मज़दूर एक हों!'

पुरी ने 'पैरोकार' में लिखा—···जुलूसों के नारों में जो परिवर्तन आया है उससे शान्तिप्रिय जनता को कुछ आश्वासन मिल सकता है। पंजाब में किसी दूसरे प्रजातांत्रिक मंत्रिमंडल या दो राजनैतिक दलों के संयुक्त मंत्रिमंडल की माँग का भी हम विरोध नहीं करते, परन्तु इस आन्दोलन में सहयोग देने वाले राजनैतिक दलों को हम यह चेतावनी देना आवश्यक समझते हैं कि पाकिस्तान की माँग साम्प्रदायिकता के आधार पर देश के बँटवारे की माँग है। ऐसी माँग का आधार साम्प्रदायिक असहिष्णुता है, अन्य सम्प्रदायों के प्रति घृणा और द्वेष है। ऐसी प्रवृत्ति से एकता और जनकल्याण की आशा नहीं की जा सकती···।

दयालसिंह कालेज में ज़ुबेदा और गुर्टू आयीं। उन्होंने सुरेन्द्र, स्नेह, कृष्णा और तारा को बुलाकर बताया—''भाई नरेन्द्र ने कहा है कि आज चार बजे लुहारी दरवाज़े से मुस्लिम महिलाओं का जुलूस निकलेगा। तुम सब भी उसमें रहो तो जुलूस साम्प्रदायिक रंग न ले सकेगा। हम लोग साम्प्रदायिक नारे नहीं लगाने देंगी! कुछ कामरेड भी साथ रहेंगे··· !''

सुरेन्द्र जुलूस में जाने के लिए तैयार हो गयी। उसने तारा से भी साथ चलने को कहा। तारा इस विषय में अपने भाई की राय जानती थी, बोली—''लुहारी तक तो साथ चल ही रही हूँ फिर देखा जायेगा।''

लुहारी दरवाज़े के सामने रेलवे रोड और अनारकली के चौराहे पर स्टूडेण्ट फेडरेशन के बहुत से साथी नरेन्द्रसिंह, असद, प्रद्युम्न, ज़ुबेर, धनपत आदि और कुछ कामरेड लोग भी मौजूद थे। एक ओर मुस्लिम लीग के स्वयंसेवकों के घेरे में बारह बुर्कापोश और पाँच बिना बुर्का पहने मुस्लिम स्त्रियाँ जुलूस आरम्भ करने के लिए खड़ी हुई थीं। सुरेन्द्र, ज़ुबेदा और गुर्टू भी उनमें आ मिलीं। स्नेह और तारा झिझकीं। नरेन्द्र ने उन्हें उत्साहित किया—''कामरेड, तुम भी चलो।''

तारा की नज़रें असद से मिल गयीं। असद ने कहा—''जितनी ज्यादा हिन्दू लड़कियाँ हों, उतना ही अच्छा।'' तारा भी जुलूस की ओर बढ़ी तो स्नेह भी साथ हो ली।

स्टूडेण्ट फेडरेशन की लड़कियाँ जुलूस के आगे हो गयीं। नारे लगने लगे—'शहरी आज़ादी ज़िन्दाबाद! हिन्दू-सिक्ख-मुस्लिम एक हों! जम्हूरी मिनिस्ट्री कायम हो! कांग्रेस-लीग एक हो! कायदे-आज़म ज़िन्दाबाद! महात्मा गांधी ज़िन्दाबाद!' जुलूस का नेतृत्व करती स्टूडेण्ट फेडरेशन की लड़कियों के कोमल, तीखे नारी कंठों से निकले नारों को स्टूडेण्ट फेडरेशन के साथी और कामरेड खूब ऊँची दहाड़ों में दोहरा रहे थे।

जुलूस सौ कदम, गणपत रोड के सिरे तक ही पहुँचा था कि एक स्त्री की ऊँची चीख सुनायी दी।

स्त्री की चीख के साथ ही सुनायी दिया—"पकड़ो, पकड़ो! पकड़ लो!" लीग के स्वयंसेवकों के साथ नरेन्द्रसिंह, प्रद्युम्न और जुबेर ने एक खद्दर की सफेद टोपी पहने आदमी को घेरकर पकड़ लिया और उस पर कई हाथ पड़ गये।

खद्दर की सफेद गांधी टोपी पहने आदमी ज़ोर से चिल्लाया—"मार दिया! बचाओ! मुसलमानों ने मार दिया!"

एक और पुकार उठी—"मुसलमानों ने मार दिया! दौड़ो! दौड़ो! मारो-मारो!"

दूसरी ओर से किसी ने पुकारा—"दौड़ो, मारो साले हिन्दुओं को!"

लोग दौड़ पड़े, कुछ लड़ने के लिए और बहुत से बचने के लिए। लाठियाँ निकल आयीं। अनारकली बाज़ार में हिन्दुओं और मुसलमानों की दुकानें मिली-जुली थीं। भागते-दौड़ते लोगों के जूतों की आहट से बाज़ार गूँज उठा।

जुबेर के गले में लाउडस्पीकर की शक्ति थी। वह चिल्लाकर बोला—"भाइयो, यह हिन्दू-मुसलमान का झगड़ा नहीं है। यह गुण्डों की शरारत है!"

'पैरोकार' का दफ्तर अनारकली और गणपत रोड के मोड़ पर था। बाज़ार में हल्ला सुनकर अख़बार के दफ्तर के लोग बाहर निकल आये थे। पुरी भी ज़ीने से उतर आया था। उसने देखा मुस्लिम लीग के स्वयंसेवक और स्टूडेण्ट फेडरेशन के विद्यार्थी एक आदमी को बाँहों और कोट के कालर से पकड़ कर एक ओर घसीट रहे थे। वह आदमी छूटने का यत्न करता हुआ धमका रहा था—"खबरदार, मुझे किसी ने छुआ तो। सब झूठ है। मैंने किसी को हाथ नहीं लगाया।"

पुरी चौंक उठा—"यह तो कांस्टेबिल वहीद है। मुझे जेल से अदालत ले जाता था।"

शोर मच गया—"पुलिस के कुत्ते हाय-हाय! खिजर की वजारत हाय-हाय!" बुर्कापोश महिलाएँ सीने पर हाथ मार-मार कर पुलिस और खिजर का स्यापा करने लगीं।

पुरी भीड़ में आगे बढ़ गया और तारा और गुर्टू को सम्बोधन कर बोला—"यह क्या तमाशा है? तुम लोग पाकिस्तान की माँग के लिए जुलूस निकाल रही हो?"

गुर्टू १९४२ के भारत छोड़ो आन्दोलन में भी भाग ले चुकी थी। इस नाते पुरी से परिचित थी।

"भ्रा जी (भाई जी) यह तो···" तारा उत्तर देना चाहती थी पर असद बीच में टोक बैठा, "यह जुलूस शहरी आज़ादी के लिए है। जम्हूरी वज़ारत (प्रजातांत्रिक सरकार) के लिए है। और कांग्रेस-लीग के इत्तहाद के लिए है।"

"गलत है!" पुरी ने अंग्रेज़ी में विरोध किया, "कल बेगमों के जुलूस में पाकिस्तान लेके रहेंगे! बिहार को मत भूलो! के नारे लगाये गये थे। मैं 'सियासत' और 'ज़मींदार' के पर्चे लाकर दिखाऊँ?"

"कल की बात के लिए वे लोग जिम्मेवार हैं।" असद बोला, "हम लोग फूट के नारे नहीं लगाने देंगे!"

''तुम कम्युनिस्ट लोग पाकिस्तान का समर्थन कर रहे हो। पाकिस्तान फूट नहीं तो क्या है? यह तो उसके लिए पर्दा है।'' पुरी ने बलपूर्वक कहा।

''हम मुल्क के बँटवारे का विरोध करते हैं,'' असद ने भी उतने ही बल से कहा। ''पाकिस्तान का मतलब क्या है, हिन्दुस्तान के एक सूबे में कांग्रेस की मिनिस्ट्री हो सकती है तो दूसरे में लीग मिनिस्ट्री हो सकती है। यही हके-खुदइख्तियारी है। अब कांग्रेस बँटवारा स्वीकार कर रही है पर हम बँटवारे के खिलाफ हैं।''

''यह कांग्रेस की मज़बूरी है।'' पुरी ने स्वीकार किया, ''वर्ना लीग कहीं भी आज़ाद सरकार नहीं बनने देगी।''

''हम तो लीग, कांग्रेस और सर्वसाधारण को समझाना चाहते हैं कि लीग-कांग्रेस की एकता हो।''

पुरी ने इनकार में सिर हिलाकर तारा की ओर देखा—''मुझे तो यह सब पसन्द नहीं है।''

असद पुरी के कन्धे पर हाथ रखकर बोला—''अगर इस जुलूस में 'बिहार को मत भूलो' और 'पाकिस्तान लेके रहेंगे' का नारा लगा तो हम लोग जुलूस से अलग हो जायेंगे।''

''खैर, तुम तारा का ध्यान रखना। इसे घर पहुँचा देना।'' पुरी ने असद से कहा और अपने दफ्तर की ओर लौट गया।

जब पुरी और असद में बहस हो रही थी, प्रद्युम्न ने समीप की दुकान के आगे बढ़े हुए तख्ते पर खड़े होकर लेक्चर दे डाला—

''हिन्दू, सिक्ख और मुसलमान भाइयो! आपने अपनी आँखों से देख लिया है कि अंग्रेस सरकार और उसके टोडी कुत्ते हमें आपस में लड़ा देने की कैसी साजिशें करते हैं। इस जुलूस में हमारी मुसलमान और हिन्दू बहिनें एक साथ हैं। यह लोग खिजर की तानाशाही और शहरी आज़ादी छीनने वाले काले कानूनों की मुखाल्फत कर रही हैं। दोस्तो, कांग्रेस, हिन्दू महासभा और अकाली पार्टी सभी लोग इस काले कानून के खिलाफ हैं। दोस्तो, अंग्रेजों के गुलाम खिजर की मिनिस्ट्री को ठोकर मारकर तोड़ दो और कांग्रेस, लीग, सभा और अकाली पार्टी का संयुक्त मंत्रिमण्डल कायम करो।''

अनारकली की घनी, कन्धे से कन्धा टकराती भीड़, स्त्रियों के जुलूस के लिए मार्ग देती जा रही थी। जुलूस अनारकली बाज़ार लाँघकर, माल रोड पर घूम गया और हाईकोर्ट और बड़े डाकखाने के सामने से होता हुआ लगभग घंटे भर में असेम्बली हाल के सामने पहुँच गया। बुर्का पहने स्त्रियों ने कुछ मिनट तक छाती पीट-पीट कर स्यापा किया—''खिजर टोडी हाय-हाय। काला कानून हाय-हाय। अंग्रेज सरकार हाय-हाय।''

ज़ुबेदा ने 'हिन्दू-मुस्लिम भाई-भाई! कांग्रेस-लीग एक हों!' के नारे भी लगाये। स्त्रियों ने उसका भी साथ दिया।

मुस्लिम लीग के स्वयंसेवक कुछ ताँगे ले आये। बुर्कापोश बेगमें उन ताँगों पर बैठकर लौट गयीं। ज़ुबेदा, सुरेन्द्र, स्नेह और तारा, सुरेन्द्रसिंह, असद और ज़ुबेर के साथ लोअर माल रोड की ओर पैदल चल दीं। प्रद्युम्न अपनी साइकिल थामे गुर्टू को पुरानी अनारकली में छोड़ने चला गया। निस्बत रोड पर पहुँच कर नरेन्द्र, ज़ुबेर, सुरेन्द्र और स्नेह शबदर

माली की गली से सीधे केले वाली सड़क के लिए चल दिये। असद के लिए ज़ुबेदा को नीले गुम्बद की राह पर छोड़ कर तारा को शहालमी तक पहुँचाने का काम रह गया।

असद, तारा और ज़ुबेदा मेडिकल कालेज के समीप, नीला गुम्बद जाने वाली गली लाँघकर हास्पिटल रोड पर पहुँच रहे थे। तारा ने ज़ुबेदा को चेतावनी दी—''बातों में घर का रास्ता भी भूल गयी।''

ज़ुबेदा ने मानो सुना नहीं। तारा ने चेतावनी दोहरायी।

असद बोला—''कोई बात नहीं। नज़दीक ही तो है।''

सामने से प्रद्युम्न साइकिल पर आता दिखायी दिया और इन्हें देखकर साइकिल से उतर गया। प्रद्युम्न और ज़ुबेदा फिर निस्बत रोड की ओर लौट गये। तारा समझ गयी। उसने सुरेन्द्र और गुर्टू से प्रद्युम्न और ज़ुबेदा के परस्पर आकर्षण की बात सुनी थी।

ज़ुबेदा के चले जाने पर असद ने कहा—''इन लोगों की बाबत किसी से कुछ कहने की जरूरत नहीं।''

तारा बोली—''सुना है, ज़ुबेदा के माता-पिता बहुत उदार विचार के हैं। वे आपत्ति नहीं करते।''

''हाँ, भले लोग हैं। आपत्ति तो कुछ करते ही हैं, परन्तु इतनी नहीं कि लड़की के प्राण ले लें।'' असद ने बताया, ''उसका भी एक कारण है। ज़ुबेदा की माँ पहले नर्स थी, तब क्रिश्चियन थी। उन्हें अपने जीवन का अनुभव है कि साम्प्रदायिक भेद होने पर भी मनुष्य मनुष्य ही रहता है परन्तु इस्लाम के दूसरे ठेकेदार भी तो हैं जिन्हें लड़की के दुख-सुख, संतोष से मतलब नहीं, सिर्फ इस बात से मतलब है कि एक मुसलमान लड़की हिन्दुओं की ओर चली जायेगी, यह हिन्दू सम्प्रदाय की जीत होगी। आजकल हिन्दू-मुसलमान का झगड़ा गरम है। यह वक्त निकल जाये तो इन लोगों की शादी धूम-धड़ाके से होनी चाहिए।''

''हूँ।'' तारा ने हामी भर ली।

असद ने और कहा—''अगर धर्म या सम्प्रदाय के विश्वासों की पृथकता के बावजूद हिन्दू-मुसलमानों के सामाजिक सम्बन्ध होते रहें तो आपसी झगड़ा कितना कम हो जाये। वास्तव में हिन्दू या मुसलमान साम्प्रदायिक विश्वास को ग्रहण करने का कुछ अर्थ भी तभी होगा। अब तो जो जिस घर या विश्वास में पैदा हो गया, वही बन गया। साम्प्रदायिक विश्वासों का भेद जातियों का भेद बना दिया गया है। मेरा दादा हिन्दू था। हम लोग गुरदासपुर के हैं। मेरी माँ अब भी वहाँ ही है। दादा रोमांटिक तबीयत का आदमी रहा होगा। मेरी दादी के लिए मुसलमान बन गया था। यह कैसी रहे कि मैं किसी हिन्दू लड़की के लिए हिन्दू बन जाऊँ?''

''ज़रूर! ज़रूर बन जाइये!'' तारा ने असद की ओर आह्लाद भरी आँखें उठाकर उत्तर दिया।

''तुम हिन्दू-मुसलमान में भेद मानती हो?'' असद ने पूछा।

''कुछ भी नहीं।''

''तो झगड़ा करने की जरूरत? बदलने या चुनने का अर्थ उस बात को महत्त्व देना है। महत्त्व नहीं है तो उपेक्षा ही उचित है।''

''हाँ, ठीक है।''

"अच्छा चलो, चारदीवारी के बाग के बीच से चलें।"

दोनों बाग में से होकर शहालमी की ओर बढ़ रहे थे।

असद ने पूछ लिया—"इतनी चुप क्यों हो?"

"आपकी बात सुन रही थी।"

"तुम्हारा क्या ख़याल है," असद ने पूछा, "तुम्हारा विवाह तुम्हारे अपने निर्णय से होगा या तुम्हारे माता-पिता के निर्णय से?"

प्रश्न ने तारा के मन और मस्तिष्क को मथ दिया। कुछ उत्तर न दे सकी।

असद ने उत्तर की अधिक प्रतीक्षा नहीं की और अनुमान प्रकट किया—"शायद तुम्हारे सामने अभी यह प्रश्न आया ही नहीं।"

तारा चुप रही—इन्हें मेरे संकट का क्या अनुमान? उसने मन ही मन सोचा और असद का ऐसा अनुमान उसे अन्याय लगा, परन्तु मुख से दूसरी ही बात निकल गयी—"आप क्यों पूछ रहे हैं?"

"सौरी, मेरा यह पूछ लेना बुरा लगा; आई एम सौरी।"

तारा के मन में गड़न अनुभव हुई। वह चुप रह गयी।

दोनों तंग बाजार में से चले जा रहे थे। भोला पाँधे की गली कुछ ही कदम रह गयी थी। असद मन में खेद लेकर न चला जाय इसलिए तारा ने कह दिया—"फिर बताऊँगी, नमस्ते।"

उत्तर की प्रतीक्षा न कर तारा अपनी गली की ओर घूम गयी।

असद को उत्तर देते समय आँखों के आगे बादल सा छा जाने के कारण तारा को गली में बच्चों के खेल से पड़ी रह गयी ईंट न दिखाई दी। वह ठोकर खा गयी और गिरते-गिरते बची। बजाज दीवानचन्द की भैंस अभी तक गली में ही बँधी हुई बैठी थी और पेशाब में भीगी पूँछ को छपछपा रही थी। बचकर निकलते-निकलते भी तारा के सलवार पर कुछ छींटे पड़ गये।

तारा ज़ीना चढ़कर कोठरी में पहुँची तो माँ ने मौन से स्वागत किया। जिस दिन माँ ने तारा के ससुराल वालों के असन्तोष की आशंका में तारा की पढ़ाई बन्द करा देने की दुहाई बड़े बेटे के सामने दी थी और पुरी ने सगाई टूट जाने की परवाह न करने के लिए कह दिया था, माँ ने तारा से नाराज़गी का मौन धारण कर लिया था। जरूरी बात करती भी थी तो बस दो टूक।

तारा ने हाथ में थमी कालेज की पुस्तकें दीवार के साथ लगे बक्सों पर रख दीं और छत का ज़ीना चढ़कर ऊपर चली गयी। शुरू दिसम्बर मास की ठंडी हवा में छत पर कौन होता? तारा कुछ मिनट तक खुल कर रो ली तो मन कुछ हल्का हुआ। असद के प्रश्न ने उसे अपने मन का दुख उड़ेल देने का निमंत्रण दिया था। तारा ने निश्चय कर लिया—असद को सब कुछ बता देगी।

लीग का आन्दोलन बहुत बढ़ता जाता देखकर खिजर मिनिस्ट्री ने पंजाब के अनेक नगरों में दफा १४४ लगा कर जुलूसों और सभाओं पर रोक लगा दी थी। लाहौर में मुस्लिम लीग ने दफा १४४ के विरोध में अहिंसात्मक सत्याग्रह आरम्भ कर दिया। आशा नहीं थी कि लीग भी कांग्रेस की भाँति अहिंसात्मक रहकर आन्दोलन जारी रख सकेगी।

आशंका थी कि लीग के स्वयंसेवक उत्तेजित होकर मार-पीट कर बैठेंगे और सरकार की सशस्त्र शक्ति के सामने दब जायेंगे। मुस्लिम लीग के बड़े-बड़े नेता, फिरोज खाँ नून, इफ्खारुद्दीन, गजनफर अली खाँ सत्याग्रह करके जेल चले गये थे, परन्तु प्रतिदिन लीग के स्वयंसेवकों के अहिंसात्मक जुलूस निकल रहे थे। पुलिस उन पर लाठी चलाती। स्वयंसेवक अहिंसात्मक रह कर 'अल्लाहो अकबर! मुस्लिम लीग ज़िन्दाबाद! ख़िजर मिनिस्ट्री मुरदाबाद! पाकिस्तान लेके रहेंगे! लीग मिनिस्ट्री कायम हो! हिन्दू-मुस्लिम एक हों!' के नारे लगाते रहते और गिरफ्तार हो जाते।

इन जुलूसों में रेलवे मज़दूर और स्टूडेण्ट फेडरेशन के लोग भाग नहीं ले रहे थे। यूनिवर्सिटी की परीक्षाएँ समीप आ रही थीं। तारा अधिक से अधिक समय पढ़ाई में लगाने लगी थी पर कभी स्टडी सर्कल की खबर पाती तो चली भी जाती। स्टडी सर्कल में असद प्रायः मिल जाता, परन्तु अकेले में देर तक बात कर सकने का अवसर न मिलता।

सुरेन्द्र सप्ताह भर से कालेज नहीं आ रही थी। तारा ने सुना कि सुरेन्द्र की तबीयत ठीक नहीं। कालेज में पिछले दो अन्तर (पीरियड) खाली थे। वह ग्वालमंडी में सुरेन्द्र को देख आने चली गयी।

तारा को सुरेन्द्र के घर का ज़ीना चढ़ते ही सुरेन्द्र की माँ मिली। उसने वत्सलता से ताना दिया—"धीए (बेटी), तुम सुरेन्द्र की अच्छी सहेली हो। ख़बर भी नहीं ली। बेचारी बुखार में पड़ी थी। तुम्हीं लोगों को याद करती थी। तीन दिन बुखार रहा। परसों से ठीक है।" उसने तारा को दूसरे कमरे में सुरेन्द्र के पलंग तक पहुँचा दिया।

सुरेन्द्र का स्वस्थ गुलाबी चेहरा ज्वर के कारण पीला पड़ गया था और साधारणतः बड़ी आँखें और भी बड़ी लग रही थीं। तारा को देखकर सुरेन्द्र की आँखों में हर्ष की चमक आ गयी पर उसने करवट लेकर चेहरा तकिये में छिपा लिया।

तारा सुरेन्द्र के पलंग पर बैठ गयी और उसकी कमर में बाँह डालकर उसे मनाने लगी। सुरेन्द्र ने मना किया—"हट, मैं तुझसे नहीं बोलूँगी, किसी से नहीं बोलूँगी। बड़े कामरेड बने फिरते हैं। मैं मर भी जाती तो किसी को पता न लगता।"

"हाय, मुझे तो कल ही पता लगा।" तारा ने क्षमा माँगी, "कालिज में स्नेह मिलती थी, उसने कुछ कहा नहीं। कई दिन बाद स्टडी-सर्कल में गयी थी, वहाँ पता चला। परीक्षा सिर पर है, कहीं जा ही नहीं पाती हूँ।"

"वहाँ कौन-कौन आये थे?" सुरेन्द्र ने पूछा।

"भाई जी (नरेन्द्रसिंह), प्रद्युम्न, असद भाई, गुर्टू भी थी। प्रद्युम्न भाई और जुबेर में बहस हो गयी।"

"मेरे लिए कुछ पूछा था?"

"किसने?"

सुरेन्द्र चुप रही।

"किसने?" तारा ने प्रश्न दोहराया।

सुरेन्द्र ने चेहरा तकिये में छिपा लिया। तारा ने उसे अपनी ओर खींचकर पूछा—"बता न मोइये मेरी कसम!"

सुरेन्द्र ने तारा का हाथ अपने हाथ में दबाकर कहा—''पहले मेरी कसम ले कि किसी से कहेगी नहीं।''

''अच्छा तेरी कसम।''

''मीटिंग के बाद असद भाई गुर्टू के साथ गये थे?''

''नहीं, भाई जी के साथ शायद पार्टी के दफ्तर चले गये थे।''

''असद भाई और गुर्टू में कुछ बात है न?''

तारा सहमी और सोचकर उत्तर दिया—''मुझे तो नहीं जान पड़ता, मैंने तो कुछ ऐसा देखा नहीं।''

''पूरा विश्वास है!''

''मैं क्या कह सकती हूँ? पर लगता तो नहीं।''

तारा को यह बात अच्छी नहीं लग रही थी।

सुरेन्द्र की गुर्टू के प्रति ईर्ष्या से तारा का मन स्वयं कट रहा था। वह किससे ईर्ष्या करती? दोनों से?

''अब मिलें तो कहना बीमार हूँ, एक बार देखने भी नहीं आ सकते?''

''हूँ।'' तारा ने हामी भर ली।

तारा के लिए सुरेन्द्र के यहाँ और बैठना सम्भव नहीं रहा। बहाना किया—''माँ ने जल्दी लौटने को कहा था। माँ की तबीयत ठीक नहीं है।''

रास्ते में तारा का सिर चकराता रहा, क्या जाने गुर्टू वाली बात भी ठीक हो। सुरेन्द्र से तो है ही, नहीं तो ऐसे क्यों कहती? तो फिर मुझसे क्यों ऐसे बातें कर रहे थे? ···लड़कों का क्या है, सभी से लगाये रखना चाहते हैं। देखने में ही इतने भले हैं। तारा का मन उदास हो गया।

तारा घर लौटकर पढ़ाई में मन न लगा सकी। खाट पर बहिन के साथ लेटकर सोयी तो नींद न आयी। दूसरे दिन भी सोचती रही कि जब ऐसी बात है तो मुझसे उन्होंने वैसी बात क्यों की! कभी निश्चय करती, अब कभी असद से बात न करेगी। कभी सोचती—एक बार तो पूछेगी, मुझसे ऐसी बातें क्यों की! मन को कुछ छिन जाने की वेदना का काँटा बेचैन कर रहा था।

असद दो बार कालेज में भी दिखायी दिया। स्टूडेण्ट फेडरेशन, कांग्रेस और लीग में समझौते के लिए फिर आन्दोलन उठाना चाहता था। नरेन्द्रसिंह, असद और प्रद्युम्न बार-बार दयालसिंह कालेज में आते-जाते थे। तारा की दृष्टि असद की ओर गयी, परन्तु जब असद से आँखें मिलीं तो तारा की आँखें झुक गयीं। उससे अगले सप्ताह तारा स्टडी-सर्कल में नहीं जाना चाहती थी पर चली ही गयी। असद सामने आया तो सबके सामने वैसे ही बात करनी पड़ी जैसे सदा करती थी। चलते समय वह असद से आँखें चुराकर चल दी।

''तारासिंह जी!'' असद ने पुकार लिया। सुरेन्द्र के भांजे के नामकरण के दिन से असद तारा को मजाक में कभी-कभी 'तारासिंह जी' कहकर पुकार लेता था। तारा ने घूमकर देखा तो सुरेन्द्र भी उसके साथ थी।

''अकेली क्यों जा रही हो? हम लोगों का रास्ते का साथ है।''

सुरेन्द्र बोल उठी—"बड़ी घोटू है। जाकर हिस्ट्री का घोटा लगायेगी।"

"ख्याल था, शायद आप लोग ठहरकर आयेंगे।" तारा ने कहा।

"आ तो रहे हैं!" असद और सुरेन्द्र तारा के साथ आ गये। रास्ते में कोई न कोई बात चलती रही। ज़ुबेर और हीरासिंह की लड़ाई की बात असद रस ले-लेकर सुनाता रहा।

मेडिकल कालेज के सामने ग्वालमंडी को जाने वाले चौक में असद ने तारा से कहा—"तुम्हें जल्दी न हो तो सुरेन्द्र को पहुँचा दें। फिर तुम्हें तुम्हारी गली तक पहुँचाकर मैं आगे निकल जाऊँगा।"

"नहीं, पहले तारा को शहालमी छोड़ आयें। आप केले वाली सड़क से ही जाइयेगा।" सुरेन्द्र बोली।

"मैं अकेली चली जाऊँगी, सामने ही तो है शहालमी।" तारा बोल उठी।

"नहीं-नहीं, पहले सुरेन्द्र को छोड़ आयें। मैं पुरी से भी मिलना चाहता हूँ।" असद ने अन्तिम बात कह दी।

वे लोग सुरेन्द्र के मकान के ज़ीने तक पहुँचे तो सुरेन्द्र ने कुछ देर के लिए ऊपर आने का आग्रह किया। असद ने क्षमा माँग ली—"इस समय नहीं। बहुत देर हो जायेगी।"

स्पष्ट ही था कि असद सुरेन्द्र से अवकाश पाकर तारा से अकेले में बात करना चाहता था। तारा के मन का क्रोध और झुँझलाहट आधे के लगभग स्वयं ही धुल गयी थी। असद ने शीघ्र ही पूछ लिया—"मैं तुमसे पूछना चाहता था, बात क्या है? क्या मुझसे कुछ अभद्रता हो गयी है?"

"किसने कहा?" तारा ने गर्दन झुकाये कुछ मान से उत्तर दिया।

"मुझे ऐसा लगा कि तुम मुझे अवायड (कतरा) कर रही थी। नहीं क्या?" असद ने फिर पूछा।

"आपने सुरेन्द्र को नाराज़ कर दिया।" तारा ने दाँत से होंठ काटकर कहा, "वह आपसे बात करना चाहती थी, आप नहीं जानते?"

"समझ लिया था, परन्तु मैं ऐसा अवसर नहीं आने देना चाहता।" असद बोला, "तुमने मेरे प्रश्न का उत्तर नहीं दिया।"

तारा फिर चुप रही।

असद ने अंग्रेजी में आग्रह किया—"मैं तुम्हारे उत्तर के लिए आतुर हूँ।"

असद के स्वर में अनुरोध की गहराई ने तारा को रोमांचित कर दिया। अब उत्तर देना आवश्यक न रहा था परन्तु मान करने के अवसर को कौन युवती छोड़ दे सकती है। तारा सिर झुकाये बोली—"मैं दूसरों के मार्ग में नहीं आना चाहती।"

तारा कह तो गयी पर सिहर भी उठी।

"किसके मार्ग, साफ-साफ कहो!"

"प्रतिज्ञा की है कि नहीं बताऊँगी।"

"किससे?"

"सुरेन्द्र से।"

असद ने सोचकर पूछा—"बात सुरेन्द्र की है या तुम्हारी अपनी?"

तारा उलझ गयी कि क्या कह गयी? वैसे तो कह ही दिया था। बात सम्भालने के लिए बोली—"एक ही बात है।" और समझा कि और भी उलझ गयी। लज्जा के मारे गड़ गयी।

असद कुछ देर चुपचाप चलता रहा और बोला—"तुम्हें आपत्ति न हो तो हम लोग कहीं बैठकर बात करें।"

"कहाँ?"

"किसी रेस्तोराँ में।"

इससे पूर्व तारा 'स्टैण्डर्ड' में दो बार गुर्टू के साथ और अमृता की पार्टी में गयी थी। कालेज के रेस्तोराँ में बेशक कई बार लड़के-लड़कियों के साथ मिल-जुलकर चाय पी लेती थी। एक युवक के साथ अकेले रेस्तोराँ में जाना उसे बहुत बड़ा कदम जान पड़ा। कोई भी देखकर कुछ कह सकता था, परन्तु भावों की उस तरलावस्था में मुख से निकल गया—"अच्छा।"

तारा को लेकर माल रोड की ओर चलते हुए असद बोला—"प्रतिज्ञा तोड़ने का अर्थ धोखा देना होता है। यदि भ्रम या धोखा दूर करने के लिए कोई बात कह देनी पड़े तो मेरे विचार में हर्ज नहीं समझना चाहिए।"

असद और तारा स्टैण्डर्ड रेस्तोराँ की ऊपर की गैलरी में एक कैबिन में बैठे थे। तारा ने धीरे-धीरे गुर्टू के सम्बन्ध में सुरेन्द्र का प्रश्न और सुरेन्द्र के सन्देश की बात कह दी और चुप रही।

प्यालों में तारा ने चाय बनायी तो असद चुपचाप देखता रहा। तारा अपना अनुमान मिथ्या प्रमाणित होने से ही पुलकित हो गयी थी और लज्जित भी थी। फिर भी असद ने कहा—"मेरे विषय में दूसरों से सुनी बातों पर विश्वास करने की अपेक्षा मेरी बात पर ही विश्वास करो तो ज्यादा अच्छा नहीं होगा।"

तारा ने समझकर भी प्याले की चाय में चम्मच से भँवर डालते हुए पूछा—"क्या अभिप्राय; किस बात पर?" और असद की ओर पल भर के लिए आँखें उठाकर देख लिया।

असद ने तश्तरी समेत प्याले को उठाकर उत्तर दिया—"तुम्हें नाराज देखकर मैं व्याकुल हो गया था।"

तारा ने एक गहरी साँस लेकर सिर झुका लिया और फिर साहस कर असद की आँखों में देखना चाहा पर आँखें झुक गयीं।

तारा कुछ देर आँखें झुकाये चाय के घूँट भरती रही। अपने चेहरे पर असद की दृष्टि अनुभव कर उसे बार-बार रोमांच हो रहा था।

असद के शब्द सुनाई दिये—"मेरा विचार था कि अपने मन की बात अपने तक ही रखूँगा पर तुमने वह निकाल ही ली।"

तारा ने फिर पलकें उठाकर असद की आँखों में देखा और कई पल तक आँखें मिलाये रही और फिर आँखें मूँद लीं; जैसे भर लिये घूँटों को धीरे-धीरे निगल रही हो।

"एक बात बताऊँ।" तारा ने काँपते हुए स्वर में पूछ लिया और लज्जा से गुलाबी हो गयी। दोनों अनेक पल चुप रह गये।

"जरूर।" असद ने खाली प्याला मेज पर रखकर उत्तर दिया।

"नहीं कह सकूँगी।" तारा का चेहरा लाल हो गया।

"बताओ न!" असद ने आग्रह किया।

तारा ने दूसरी बार चाय के प्याले भरते हुए सकुचाते-सकुचाते कहा—"जिस दिन आप डाक्टर साहब के यहाँ आये थे, आपके जाने के बाद डाक्टर साहब ने जानते हैं क्या कह डाला… !" तारा रुक गयी।

"क्या?" असद ने चिन्ता से पूछा और फिर आग्रह किया, "बताओ न!"

तारा ने चेहरा झुकाये, पलकें उठाकर कहा—"उन्होंने कह दिया था…।" तारा अटकी।

"हाँ, कहो!" असद ने सहायता दी।

तारा कह गयी—"दैट आई लाइक यू (कि मैं आपको चाहती हूँ)।"

असद की आँखें चमक उठीं। उसने पूछा—"तो तुमने क्या कहा?"

"हाय, मैं क्या कहती, शरम के मारे मर गयी।" तारा ने उत्तर दिया और फिर विस्मय प्रकट किया, "परन्तु उन्होंने ऐसा क्यों कहा?"

"तुम्हें बुरा लगा?"

"नहीं तो पर उन्हें ऐसा ख़याल क्यों हुआ?"

कुछ देर तक दोनों डाक्टर के विषय में बात करते रहे। असद ने बात बदली—"उस दिन मैंने पूछा था, तुम्हारे विवाह का निर्णय माता-पिता करेंगे या तुम स्वयं, तो तुमने कहा था बताऊँगी।"

उत्तर में तारा ने सोमराज के सम्बन्ध की बात कर कहा—"भाई चाहते हैं वह सम्बन्ध टूट जाये।"

"ठीक, पुरी जरूर यही चाहेगा; वह और क्या चाह सकता है!" कुछ पल चुप रहकर असद ने पूछा, "बताया नहीं निर्णय कौन करेगा?"

तारा चाय के खाली प्याले में देखती रही।

"नहीं बताना चाहती?" असद ने काँपते से स्वर में पूछा।

तारा ने होंठ काटकर उत्तर दिया—"उससे लाभ क्या; हमारे निर्णय से क्या होता है!"

"तो किसके निर्णय से होगा?" असद ने घबराहट से पूछा, "क्या माता-पिता के निर्णय से होगा?"

तारा मौन रह गयी।

"उत्तर तो दो!" असद ने पिघले हुए स्वर में प्रार्थना की।

तारा ने सहसा असद की आँखों में देखा और कह डाला—"आपके!" और फिर उसका सिर लज्जा से मेज़ पर झुक गया।

असद के श्वास की गति बढ़ गयी। वह कुछ देर चुप रहा और सोचकर बोला—"मेरा निर्णय बताने की ज़रूरत? लेकिन बीच में सम्प्रदाय, धर्म और बिरादरी की बहुत बड़ी खाई है।"

"है तो!"

"तो लाँघ सकोगी, विश्वास है?" असद का स्वर भारी हो गया।

तारा फिर कुछ देर मौन और गम्भीर रहकर अपने नाखूनों की ओर देखती हुई बोली—"आप हाथ पकड़ेंगे तो लाँघ जाऊँगी।"

असद पुरी की बात करने लगा—"पुरी और कनक का मामला काफी सीरियस चल रहा है।"

"कैसे?"

"उन्हें कई बार साथ देखा है। दोपहर को प्रायः इसी जगह आते हैं। वह मूड (भाव) भला छिपता है! पर कनक लड़की भली है।"

"हाँ, सिंसियर है।"

"गुर्टू तो कुछ और कह रही थी।" तारा ने रहस्य के स्वर में सन्देह प्रकट किया, "दोनों पुरानी सहेलियाँ हैं।"

"सैमुएल की बात कह रही होगी! सैमुएल बेईमान है। हम लोगों ने ही तो उसका भंडा फोड़ा था। कनक तो सिंसियर थी। बेचारी ने बहुत शाक (धक्का) फील किया था। वह पुरी के राइटिंग (लेखों) से प्रभावित है पर क्या तुम्हारा ख़याल नहीं कि तुलना में पुरी का कद जरा छोटा है? बराबर से ही लगते हैं।"

"हाँ, भाई का कद न जाने क्यों छोटा रह गया पर इससे क्या। कनक जिस बात से प्रभावित है, उसमें तो भाई जीनियस है।"

"नो डाउट (निस्सन्देह)!" असद ने स्वीकार किया और बोला, "पर पत्रकारिता के काम में उसे मौलिक लिख सकने का अवसर तो कम ही मिलता होगा।"

"जिन दिनों दोपहर बाद या रात की ड्यूटी होती है, लिखते तो रहते हैं।"

"मैं सोच रहा हूँ, मेरे लिए लॉ पास करके प्रैक्टिस का क्या अवसर होगा? गुरदासपुर में कोशिश करूँ तो कुछ हो सकता है पर मैं लाहौर नहीं छोड़ना चाहता।"

"आफ कोर्स नॉट (नहीं, लाहौर नहीं छोड़ना)।" तारा मुस्कराकर अधिकार से बोली।

"किसी कालेज में जगह मिल जाती तो अच्छा था। इस्लामिया कालेज में हो सकता है पर वहाँ मैं जाना नहीं चाहता। कभी सोचता हूँ जर्नलिज़्म में ही कोशिश करूँ।" असद ने उसी साँस में पूछ लिया, "तुम एम० ए० ज्वॉइन करोगी न?"

"मैं तो बहुत चाहती हूँ, परन्तु सम्भव नहीं होगा।" तारा ने बी० ए० में दाखिल होते समय सामने आयी कठिनाई और सोमराज के मामले में उसकी पढ़ाई समाप्त कर दी जाने की बात बताकर कहा, "भाई के बल पर इतना हो गया; आइन्दा क्या हो सकेगा?"

असद ने अँगूठा दाँत से दबाकर सोचा और बोला—"तुम्हें एम० ए० ज्वॉइन करना ही चहिए। उस मामले को समाप्त करने का वही सबसे अच्छा उपाय है। हाँ, तुम

स्कालरशिप के लिए कोशिश क्यों नहीं करती? तुमने इक्नामिक्स में आनर्स तो लिया ही हुआ है! मैंने भी तो स्कालरशिप के सहारे ही एम० ए० किया था।''

''इतना मैं कैसे कर सकूँगी! उसके लिए पुस्तकें, और फिर यूनिवर्सिटी में टॉप करना होता है, केवल अपने कालेज की ही बात तो नहीं है। वह तो बिना सहायता मिले नहीं हो सकता। वह सम्भव कैसे होगा!'' तारा ने विवशता प्रकट की।

''तुम्हारे लिए कठिन नहीं है। उसका एक गुर है। बी० ए० आनर्स का पेपर तो डाक्टर प्राण सेट करता है। मैंने यही किया था। प्रति सप्ताह स्टडी के लिए उससे परामर्श लेने चला जाता था। वह जो कुछ इम्पोर्टेण्ट समझता था, पढ़ने के लिए कह देता था और उसका गाइडेंस (सुझाव) तो तुम जानती हो कितना उपयोगी हो सकता है! तुम्हें वह कभी इनकार नहीं कर सकेगा। रविवार उसके यहाँ हो आया करो। मैं तो हूँ ही। इस समय भी बी० ए० के एक लड़के की ट्यूशन कर रहा हूँ।''

''वह भी अब सम्भव नहीं।'' तारा ने डाक्टर के यहाँ अपनी ट्यूशन समाप्त हो जाने का कारण बताकर कहा, ''वहाँ मैं कैसे जा सकती हूँ!''

''नेवर माइण्ड, मैं या पुरी तुम्हें सहायता देने के लिए प्रोफेसर से अनुरोध करें तो वह तुम्हारे लिए अपने डिपार्टमेंट में ही कुछ देर ठहरकर समय दे देगा। मैं तो हूँ ही, पुरी से तुम बात कर लो। प्रेपरेशन के लिए छुट्टियाँ तो हो ही जायेंगी। पुरी कहे तो मैं तुम्हारे यहाँ आ सकता हूँ।''

''हमारे यहाँ तो बैठने का भी स्थान नहीं है।''

''तो तुम अपने कालेज की लाइब्रेरी में आ जाया करना, कठिन नहीं होगा।''

''स्कालरशिप न ले सकी तो भाई क्या कहेंगे?''

''मिलने का उपाय ही रहेगा।'' असद मुस्करा दिया।

''उसके लिए जो कहो।'' तारा मान गयी, ''अच्छा, भाई से बात करूँगी।''

तारा घर लौटी तो माँ को परेशानी और झुंझलाहट में देखा। मुन्नी दाँत निकाल रही थी। तबीयत ठीक न होने के कारण वह माँ की गोद न छोड़ना चाहती। ऊषा न लड़की को गोद में लेने के लिए तैयार थी, न चौके का काम सँभालने के लिए। वह अपना स्कूल का काम कर रही थी। मास्टर जी ट्यूशन से लौटने वाले थे।

तारा ने माँ से कहा—''तुम मुन्नी को लिये रहो, चौका मैं देख लूँगी।'' वह कपड़े बदल कर भोजन बनाने में लग गयी। मन कल्पनाओं में इतना उलझा हुआ था कि तरकारी बनाने के लिए मटर छीलने लगी तो बार-बार दाने छिलकों में डाल देती और छिल्के थाली में।

तारा ने भोजन तैयार कर लिया। मास्टर जी ट्यूशन से थके और भूखे लौटते थे। कपड़े बदल, तहमत बाँध, हाथ-मुँह धोकर 'प्रभु तू ही तू है' कहते हुए चौके में आ गये। तारा ने गरम-गरम खाना उनके सामने थाली में परस दिया। मुन्नी की आँख लग गयी थी। तारा की माँ उसे कन्धे पर लिये मास्टर जी के समीप आ बैठी। पति को भोजन कराते समय ही पत्नी के लिए सुविधा से बात करने का समय रहता है। तारा की माँ ने कहा—''भरजाई (भाभी) आज दोपहर फिर आयी थी। टीकाराम की घर वाली भी अपनी भाभी की लड़की के बारे में जवाब के लिए पीछे पड़ी है। एक लड़की है, मकान जायदाद भी

है। तुम तो काके को (बेटे को) कुछ समझाते ही नहीं। मैं जब बात करती हूँ, मुझे तो कह देता है, तुझे इतनी जल्दी क्या पड़ी है।''

मास्टर जी ग्रास चबाते रहे और फिर बोले—''तुम्हारे सामने ही उस दिन बात की थी। लड़के के दिल में जाने क्या ख़याल है। कुछ दिन और ठहर जाओ।''

''ठहर क्या जाऊँ, भरजाई के सामने मैं क्या कह सकती हूँ! काके को सौ बातें कह गयी हैं, क्या किसी जज-बैरिस्टर की लड़की से ही शादी करेगा! गली की स्त्रियाँ चैन लेने दें तब न! सभी कहती हैं, पच्चीस का हो गया। उसका मन शादी के लिए क्यों नहीं है? क्या बात है? शायद उसकी मर्जी कहीं और है, अपने मन से करेगा। मैं किसे-किसे क्या-क्या जवाब दूँ!''

मास्टर जी फिर ग्रास चबाते हुए सुनते रहे और उत्तर दिया—''अगर उसके पसन्द की कोई अच्छी लड़की है तो क्या बुरा है। ऐसी कोई बात कही है उसने?''

''मुझसे क्या कहेगा! कम से कम तुम अपने भाई जी को तो समझा दो कि लड़का ठहरने को कह रहा तो जल्दी न करें।'' भागवंती ने कहा, ''वे लोग शगुन देने के लिए घर पर आ जायेंगे तो क्या होगा!''

तारा अब तक चुपचाप फुलके सेंकते जा रही थी और मास्टर जी की थाली में फुलका समाप्त होते ही दूसरा फुलका रख देती थी। अवसर देखकर बोली—''पिता जी, आप ताया जी से कह दीजिए कि वे भाई से ही बात कर रखें। भाई अपने आप जवाब दे लेंगे।''

''हाँ ठीक तो है।'' मास्टर जी ने पत्नी को उत्तर दिया, ''तुम भाभी से कह देना।''

मास्टर जी लम्बे डकार के साथ 'ओम्' शब्द का उच्चारण कर भोजन से उठ गये और 'प्रभु तू ही तू है' कहते हुए बरामदे में खाट पर जा लेटे।

तारा ने अवसर देखकर माँ को समझाया—''माँ, तुम इन लोगों के बताये सम्बन्ध स्वीकार न करना। भाई लड़की देखे-समझे बिना कहीं सगाई नहीं करेंगे।''

माँ ने रहस्य के स्वर में बताया—''लड़की दिखा देने के लिए तो वे लोग तैयार हैं। 'रानी बर्दवान' स्कूल में पढ़ने जाती है। रास्ते में देख सकते हैं। तू भी देख लेना कैसी है।''

''यह क्या देखना हुआ।'' तारा ने असन्तोष प्रकट किया, ''न बात, न चीत। एक आँख देखकर कोई किसी को क्या समझ सकता है! अब तो लोग सगाई से पहले कई बार मिलते रहते हैं, आपस में बातचीत होती रहती है।''

माँ ने फटकार के संकेत से उँगलियाँ छिटकाकर कहा—''फिटे मुँह, यह सगाई क्या हुई, यह तो आशनाई हुई! ऐसा अनारकली, ग्वालमंडी, माल रोड के घरों में हो सकता है। यहाँ गली-मुहल्ले के लोग सुनेंगे तो क्या कहेंगे!''

''वाह, इसमें क्या बुराई है? भाई तो वैसी ही लड़की से शादी करेंगे।'' तारा ने निश्चय के स्वर में कहा और परात में चिपका आटा खुरचने लगी।

''तू जानती है!'' माँ ने स्वर धीमा करने के लिए होंठों पर हाथ रखकर फुसफुसाहट के स्वर में पूछा, ''बता तो सही, कैसी लड़की है, कौन लोग हैं?''

"लो मैं क्या जानूँ!" तारा मुस्कराकर बोली, "लड़की सुन्दर है, एम० ए० में पढ़ रही है।"

"कौन लोग हैं?" माँ ने और भी धीमे स्वर में पूछा।

"तुझे मेरी कसम।" तारा ने माँ की आँखों में आँखें गड़ाकर कहा, "भाई से मत कहना कि मैंने कुछ कहा है।" और बता दिया, "बहुत भले और बड़े लोग हैं, दत्ता हैं।"

"दत्ता!" माँ की भौंहें चढ़कर माथे पर त्योरियाँ पड़ गयीं। गाल पर हाथ रखकर बोली, "हाय, दत्ता तो ब्राह्मण होते हैं। ब्राह्मण और खत्री का क्या जोड़? ऐसा कभी सुना है!"

"माँ, तू भी क्या बात करती है! उस लड़की की बड़ी बहिन की शादी अरोड़ों में हुई है।" तारा ने माँ के अज्ञान के प्रति करुणा प्रकट की, "आजकल हिन्दू-मुसलमानों के ब्याह हो रहे हैं। महात्मा गांधी के लड़के ने ब्राह्मण की लड़की से और पंडित जवाहर लाल की लड़की ने पारसी लड़के से शादी की है। हिन्दू, पारसी, मुसलमान में क्या फरक है; आदमी-आदमी सब एक।"

"ले, यह क्या मैं नहीं जानती!" माँ मुन्नी को कंधे पर सम्भालते हुए बोली, "पीपल बैंक वाले लाला हरकिशनलाल के लड़के ने मुसलमानी से ब्याह किया था, दीवान चमनलाल ने किया था पर बेटी उनकी दूसरी बात है, वे बड़े लोग हैं। हम लोग गली-मुहल्ले और बिरादरी से बाहर कैसे जा सकते हैं!"

"उन लोगों के क्या पर लगे हुए हैं?" तारा बोल उठी, "हमारा भाई किससे कम है!"

ज़ीने से चढ़ने की आहट आयी। भाई के कदम पहचान तारा चुप हो गयी।

"भाई जी आइये, गरम-गरम परोस दूँ।" तारा ने भाई के ऊपर आते ही पूछा।

"अच्छा आता हूँ।" पुरी पतलून उतारकर तहमत बाँधने लगा। पालथी मारकर जमीन पर बैठने से पतलून की क्रीज ख़राब न हो जाय, इस बात का उसे बहुत ध्यान रहता था। वही सूट पहनकर वह कनक से मिलने जाता था।

नीचे गली को गुँजाती टीकाराम की क्रोध भरी आवाज सुनाई दी—"इस बेशरमी का क्या मतलब है जी! हम सिर तोड़ देंगे! बेचारी को असहाय विधवा समझकर उसकी बेइज्जती करता है···।"

घसीटाराम लोहे वाले की घबराई हुई आवाज आयी—"देखो जी, खामुखाह तोहमत लगाता है, मैंने किसी को कुछ कहा है? मैं तो···।"

टीकाराम की बहू जीवां झींगुर की तरह तीखे स्वर में चिल्लायी—"तुम कौन हो उसकी लड़की को रबड़ी का दोना लाकर देने वाले! उसकी उम्र की तेरी अपनी धन्नो है। शरम नहीं आती!"

मेवाराम और डाक्टर प्रभुदयाल के भी बोलने का स्वर सुनाई दिया।

पुरी आसन पर न बैठ नीचे गली में उतर गया। मास्टर जी भी मामला देखने-समझने के लिए नीचे चले गये। ऊषा और हरदेव तमाशा देखने खिड़की में आ गये। माँ ने उन्हें टोका—"तुम्हें इन बातों से क्या मतलब! तारा, इन्हें खाना परोस दे।"

कई दूसरे लोगों के स्वरों के साथ खुशालसिंह की गरज भी सुनाई पड़ी—''लाला जी, ब्लैक का रुपया तुम्हें चैन नहीं लेने देता। दूसरों की इज़्ज़त तुम्हारी नज़रों में कुछ नहीं है। गली की बहिन-बेटी पर बदनज़र कर रहे हो! जान पड़ता है, हमें अब धरती से तुम्हारा बोझ हटाना पड़ेगा··· ।''

नीचे से पुरी का गम्भीर स्वर सुनाई दिया—''चाचा जी, बात क्या है?''

रतन का भी स्वर सुनाई दिया—''भाप्पा, कहो तो लाला की कुछ सेवा कर दी जाय। इसे अपनी उम्र का भी ख़याल नहीं।''

तारा की माँ मुन्नी को कन्धे से लगाये खिड़की में जाकर बोली—''पीतो की माँ, हुआ क्या? घसीटे भाई ने क्या किया?''

गली के दूसरी ओर कर्तारो अपनी खिड़की से स्वर दबाकर इतने धीमे बोली कि कोठरी के भीतर बैठी तारा भी सुन रही थी—''ये भैड़ा (ख़राब आदमी) चोरी-चोरी पूरणदेई की लड़की को रबड़ी के दोने लाकर देता है। पूरणदेई एक बार लड़की को पीट भी चुकी है। बेचारी विधवा क्या करे; करमों को रो रही है।''

पुष्पा भी बोलने लगी—''इस तरह गली की बेटी को बिगाड़ने का क्या मतलब है!''

''पर लड़की भी तो दूधपीती बच्ची नहीं है। सोलह से क्या कम होगी! वह क्यों ले लेती है? वह क्या समझती नहीं!'' बसंतकौर ने आपत्ति की।

''तू नहीं जानती, वह भी बड़ा हरामी है। बल्लो-बल्लो (बिटिया-बिटिया) कहकर सिर पर हाथ फेरते-फेरते गालों पर पुचकारने लगता है। लड़की इस उम्र के आदमी को कहे भी क्या?''

''···आखिर लड़की तो लड़की है। वह लालच में आ भी गयी है तो इस खूसट को तो शरम-हया होनी चाहिए। उसकी अपनी इस उम्र की लड़की है। उसके लिए जैसे धन्नो, वैसी सीता होनी चाहिए।''

तारा कौतूहल के कारण उसी ओर कान लगाये थी।

''···इसे धूल ही फाँकनी है तो मरा गली से बाहर जाकर जो जी चाहे करे।'' रामप्यारी बोली।

''···गली की बहिन-बेटी की इज़्ज़त का ख़याल सबको होना चाहिए।''

''घसीटा तो बुरा है ही पर···।'' बसंतकौर झिझकते हुए बोली, ''कहते हैं न, चूहे पकड़ने के लिए बिल्ली को बुलाओ तो वह दूध की हाँडी में भी मुँह डालेगी ही। यह तो मैं जानती हूँ कि पूरणदेई घसीटे से उधार लेती रहती है। छाछ भी इसे उसी के घर की भली लगती है। वह रुपया वापस माँगता है तो हँसकर कह देती है—तुम्हें कौन कमी पड़ रही है लाला जी!''

कर्तारो ने टिप्पणी की—''वह ब्लैक वाला आदमी है। माँ को मूल में और बेटी को सूद में समेटेगा।''

''राम, राम, राम!'' तारा की माँ ने कहा, ''ऐसे आदमी तो गली को डुबो देंगे। हम तो समझते थे बेचारी गरीबी की मारी है।''

तारा फुलके सेंक-सेंक कर ऊषा और हरदेव को देती हुई यह सुनकर साँझ की बात याद कर सोच रही थी—बाबा, किसी तरह पढ़ाई पूरी करूँ तो इस गली के नरक से छुटकारा मिले।

कर्तारो ने फिर राय दी—''बहिन, गरीबी की मारी तो है ही। यह बात न होती तो गली में पूरणदेई के लिए गीले गुड़ की बोरी जैसा घसीटा ही रह गया था। किसी दूसरे भले आदमी की तरफ नज़र उठाती।''

''चुप, फिटे मुँह, बेशर्म कहीं की!'' तारा की माँ कर्तारो को डाँटकर पीछे हट गयी।

यह साँझ ही झगड़ों की थी।

घसीटाराम गली के लोगों के क्रोध के सामने दुम दबाकर अपने घर में जा छिपा था। मास्टर जी, बाबू गोविन्दराम, पुरी भी ऊपर आ गये थे। रतन ने ज़ीना चढ़ते समय नीचे साँकल लगा दी थी। पुरी भोजन के लिए चौके में चटाई पर बैठ ही रहा था कि नीचे गली में किवाड़ों की साँकल खटकी और साथ ही पुकार सुनाई दी—''जग्गी! बेटा जयदेव! तारा!''

भागवंती मुन्नी को बरामदे में मास्टर जी की खाट पर सुला कर चौके की ओर आ रही थी। उसके मुख से और तारा के भी मुख से सहसा निकला—''भ्रा जी! ताया जी!''

भागवंती ने तुरन्त कहा—''हरिये (हरदेव), दौड़कर दरवाज़ा खोल दे।'' और स्वयं मास्टर जी की ओर जाकर सूचना दी, ''जी मैंने कहा, भ्रा जी आये हैं।''

ऊषा तुरन्त बरामदे से एक खाट कोठरी में ले आयी और उस पर दरी बिछाने लगी। पुरी चौके से कोठरी में आ गया।

बाबू रामज्वाया का छोटे भाई के यहाँ आना साधारण बात नहीं थी। जयदेव ने आधे झुककर पैरीपैणा (पाय लागन) किया। लड़कियों ने केवल हाथ जोड़कर मुख से नमस्ते की। भागवंती ने माथा आँचल से ढककर उनके चरण छुए। मास्टर जी ने उन्हें नमस्ते करके खाट पर बैठने का संकेत किया।

भागवंती ऊषा से बोली—''चूल्हे से अँगीठी में कोयले डालकर ताया जी के पास रख दे।''

बाबू रामज्वाया कीमती कश्मीरी धुस्सा ओढ़े हुए थे। धुस्से को शरीर पर कसते हुए बोले—''न बेटा, कोई जरूरत नहीं है। आज तो वैसी सर्दी नहीं है। मेरा धुस्सा खूब गरम है।'' उन्होंने बारी-बारी से सब बच्चों की सेहत का हाल पूछा। तारा रसोई में बैठी हुई थी। पुरी, ऊषा, हरदेव उनके समीप आकर खड़े हो गये थे।

''तुम सुनाओ एडीटर साहब!'' रामज्वाया ने पुरी को व्यंजना से सम्बोधन किया, ''इतनी बार कहला-कहला कर भेजा, आपको उच्ची गली तक पहुँचने की फुर्सत ही नहीं मिलती। हमने कहा, साहब नहीं आ सकता तो हम ही चलें।''

''ताया जी, पिछले सप्ताह मेरी तीसरे पहर दो बजे से रात के नौ बजे तक ड्यूटी थी। आज ही बदली है।'' पुरी ने क्षमा माँगते हुए कहा, ''मैं सोच रहा था, कल संध्या आपकी सेवा में··· ।''

"हाँ भाई, बड़े आदमी हो गये हो, तुम्हें छुट्टी कैसे मिलेगी!" रामज्वाया बोले, "हम तो कहते हैं, तुम और बड़े आदमी बनो। तुम्हारा नाम और इकबाल खूब बढ़े लेकिन घर-बार जमाने की बात भी ख़याल में रखनी चाहिए। क्यों मास्टर?" उन्होंने मास्टर जी को समर्थन करने का संकेत किया।

"हाँ, बिल्कुल ठीक कह रहे हैं भाई जी।" मास्टर जी ने समर्थन किया।

"बताओ भई, फिर उस मामले में खोसलों को क्या जवाब दें।" रामज्वाया ने पुरी को सुनाकर मास्टर जी से पूछा, "शीलो की माँ आज भी तुम्हारे यहाँ आयी थी। वह कहती है, तुम लोग कुछ जवाब नहीं देते। यह मामला क्या है?"

"यह आपके सामने खड़ा है। आप हैं तो हमें क्या कहना-पूछना है। लड़का आपके सामने है। यह तो कहता है, अभी साल भर तो काम पर लगे हुआ है। पाँव जम जायें और कुछ तरक्की हो जाये··· ।"

मास्टर जी पुरी की ओर घूम गये—"बोले भई, ताया जी क्या पूछ रहे हैं, जवाब दो।"

"सब कुछ करने वाला तो वो है।" रामज्वाया ने छत की ओर हाथ उठाकर संकेत किया और पुरी को समझाया, "अरे भले आदमी, सब बातों का समय और उम्र होती है। तरक्की तो होती ही रहेगी। क्यों मास्टर, हम लोगों के ब्याह हुए थे तो तीस रुपये तनख्वाह पाते थे। यह सौ रुपया पा रहा है पर भई तब के पच्चीस आज के सौ से अधिक थे। खैर परमेश्वर सब करेगा, तरक्की भी होगी। लक्ष्मी तो मर्द-औरत दोनों के भाग से आती है। लड़की का भाग होगा तो उसके पाँव घर में पड़ते ही सौ के दो सौ हो जायेंगे। तू क्या बात करता है, वह तो खुद लक्ष्मी साथ लेकर आयेगी!"

"ताया जी, जल्दी क्या है, अगले साल··· ।"

रामज्वाया ने पुरी को टोक दिया—"हैं! देखो पागल को, अगले साल की बातें करता है। वे लोग लड़की को लेकर बैठे रहेंगे?" उन्होंने मास्टर जी की ओर देखकर स्वर ऊँचा किया, "तुम्हें अपनी लड़की का ब्याह करना है। मुझे तो उसी का फिक्र है। यह ब्याह पहले कर लो तो इस ब्याह के सहारे लड़की का ब्याह हो सकेगा, नहीं तो तुम्हारे पास है क्या!"

"सच है जी।" मास्टर जी ने स्वीकार किया और भागवंती ने भी हामी भरी, "भाई जी ठीक ही तो कह रहे हैं।"

रामज्वाया समझाने के लिए दायें हाथ का पंजा दिखाकर बोले—"शीलो के ब्याह में गिन कर आठ हजार लगा है मेरा! तुम कुछ नहीं करोगे तो लड़की के हाथ पीले करने के लिए हाथों और गले के कुछ तो जेवर दोगे, ग्यारह-तेरह जोड़े कपड़ा भी दोगे, बरात को खिलाओ-पिलाओगे। इस जमाने में कम से कम चार हज़ार तो लग ही जायेगा। बिरादरी में नाक तो रखनी होगी। कहाँ से आयेगा चार हज़ार?" रामज्वाया ने हाथ फैलाकर पूछा और बोले, "तुम्हें इससे अच्छा मौका मिल नहीं सकता। यह तो इसका भाग्य है।" उन्होंने पुरी की ओर संकेत करके कहा, "माँ-बाप की अकेली लड़की है, न कोई भाई न बहिन। लड़की का अपना मकान है। उसकी माँ का क्या है, उसे सब कुछ लड़की को ही देना है। पाँच हज़ार तो नकद देने को कह रही है। इसीलिए परेशान फिर रहा हूँ कि यह ब्याह हो जाये। इसके सहारे लड़की का काम भी इज्जत से हो जायेगा।"

"ताया जी, मुझे ब्याह मकान-जायदाद से तो नहीं करना।" पुरी ने पीठ दीवार से टिका कर कहा।

"हूँ किसी भिखारी की लड़की से ब्याह करेगा? तेरी बहिन का ब्याह कैसे होगा?" रामज्वाया ने मास्टर जी की ओर देखकर कहा, "देखो, यह है इसकी अक्ल! एडीटर साहब हैं यह।" उन्होंने फिर पुरी को सम्बोधन किया—"तुझे पढ़ाने-लिखाने में, आदमी बनाने में हमारा मास्टर का कुछ खर्चा नहीं आया; तू ऐसे ही इतना बड़ा हो गया! उसका लड़की वालों को कोई फायदा नहीं होगा? लड़की के सुख के लिए उसके माँ-बाप अच्छा लड़का देखेंगे तो लड़के की तालीम के खर्च में, लड़की के सारी उम्र सुखी रह सकने के लिए कुछ मदद नहीं करेंगे? हमने शीलो के ब्याह में दिया है या नहीं! तेरा बाप तो सारी उम्र दुख सह-सह कर इस दिन की आस करता रहा और तू उसके किये-कराये पर पानी फेर दे रहा है। क्या तेरे हाथों में कारुँ का खजाना है? है तो निकाल चालीस-पचास हज़ार देखें! किशोरचंद ऐसी बात करता तो मैं उसका मुँह तोड़ देता।" रामज्वाया बहुत क्रोधित हो गये।

पुरी ने दृढ़ रहने के लिए दोनों बाँहें सीने पर बाँधकर उत्तर दिया—"ताया जी, आप ठीक कह रहे हैं, लेकिन पहली बात तो लड़की की है। मैं लड़की को जानता-बूझता नहीं, जाने कौन है, कैसी है?"

"क्या बक रहा है!" रामज्वाया और ऊँचे बोले, "कैसी होती है लड़की! उसमें जानने-बूझने की बात क्या है। तुझे भले घर की लड़की से शादी करनी है या अनारकली या माल रोड पर सैर करने वाली रण्डी से? शादी से पहले लड़की को कौन जानता-बूझता है? लड़की का खानदान देखा जाता है, खानदान की हैसियत देखी जाती है। वह हमने सब देख लिया है। तेरे देखने का समय आयेगा तो तू भी सब देख लेना।"

पुरी फिर बोला—"लड़की की उम्र ही क्या है; लड़की मेरी उम्र के ह़िसाब से होनी चाहिए।"

"फिर वही बात!" रामज्वाया बोले, "तू क्या बुढ़िया ब्याहेगा? लड़की की उम्र कम है तो और अच्छा है। ज्यादा उम्र की लड़की का एतबार क्या? लोग तो ढूँढ़कर कम उम्र की लेते हैं। तेरे लिए देर तक जवान रहेगी! आज सोलह की है तो कल सत्रह की, परसों अठारह की होगी। शीलो का ब्याह हमने सत्रह में ही तो किया था। तेरी तो अक्ल ही उलटी चलती है।"

पुरी इस पर भी नहीं दबा, बोला—"लड़की सोलह की है तो आखिर कब, क्या पढ़ी-लिखी होगी? मैं ऐसी लड़की से क्या शादी करूँगा! लड़की अपनी कुछ जिम्मेदारी तो समझ सके...।"

"तुझे बी० ए० पास लड़की चाहिए! बी० ए० पास लड़की क्या पढ़े-पढ़ाये बच्चे जनेगी?" रामज्वाया क्रोध में उछल पड़े।

मास्टर जी का सिर झुक गया। भागवंती ने उस ओर पीठ कर ली और ऊषा को संकेत किया कि वह वहाँ से चली जाये। रसोई में बैठी तारा का भी सिर झुक गया।

रामज्वाया मास्टर जी की ओर देखकर बोलते गये—"यह नहीं चाहता तो हमीं को क्या मुसीबत पड़ी है पर तुम देख लो। हम तो यह सब इसीलिए कर रहे हैं कि इसकी

बहिन का भी काम हो जाता और तुम लोगों की नींव बँध जाती। तुम्हारी उम्र भर की कमाई का कुछ फल मिल जाता। लाला सुखलाल तो जल्दी ही ब्याह माँगेगा। वह तो अब तक भी क्या ठहरता! उस मामले को आठ-नौ महीने हो गये। गवर्नमेन्ट को कुछ झगड़ा करना होता तो अब तक पता लग जाता। अच्छा, मैं अब चलता हूँ। अपनी किस्मत बनाना-बिगाड़ना अपने हाथ में होता है। हमारा वह हाल न हो कि होम करते हाथ जले।''

रामज्वाया उठकर चले तो मास्टर जी उन्हें उच्ची गली तक छोड़ आने के लिए तैयार हुए, परन्तु पुरी ने उन्हें रोक दिया—''आप सर्दी में कहाँ जायेंगे, ताया जी को मैं पहुँचा आता हूँ।''

ताऊ बाबू रामज्वाया के ऊँच-नीच बोलकर धमकाने से भी भाई को अपनी बात पर अडिग रहते देखकर तारा के मन में भाई के प्रति विश्वास दृढ़ हुआ और उसका अपना साहस भी बढ़ा। दूसरे दिन तारा ने माँ के सामने ही पुरी से अंग्रेजी में बात की—''असद भाई का ख़याल है कि मैं स्कालरशिप के लिए कोशिश करूँ। कह रहे थे, आप प्रोफेसर साहब से सप्ताह में एक दिन गाइडेंस दे देने के लिए कह दें तो मैं यूनिवर्सिटी में उनके डिपार्टमेंट चली जाया करूँ।''

पुरी भोजन कर रहा था, बोला—''विचार तो बहुत अच्छा है पर कुछ पहिले सोचना चाहिए था। पहिले सोचा होता तो तुम्हारे लिए क्या कठिन था। प्रोफेसर से मैं कहूँगा तो वे मेरी बात तो रखेंगे ही पर अब दो मास का भी समय नहीं रहा। इसके लिए तो छः-छः मास पहले से स्टडी जरूरी होती है। लोग ट्यूशन भी लगा लेते हैं। अब कैसे हो पायेगा?''

''भाई कह रहे थे, परीक्षा तक रोज कुछ समय दे दिया करेंगे।''

''कौन असद? वह तो ट्यूशन लेकर पढ़ाता है। सुना है, साठ लेता है।''

''मुझसे क्या लेंगे? स्वयं ही सहायता करने के लिए कह रहे हैं।''

''क्यों क्या पार्टी का मेम्बर बना लेना चाहता है? यह कम्युनिस्ट सभी तरह के जाल फेंक लेते हैं।''

''जबरदस्ती तो बना नहीं लेंगे। वह तो इच्छा और विश्वास की बात है।''

''आधा विश्वास तो तुम्हें हो चुका होगा। तुम्हारी गिनती फैलो ट्रेवलरों (सहयात्रियों) में तो करते ही होंगे।'' पुरी ने ताना दिया और पूछा, ''असद यहाँ आकर कहाँ पढ़ा सकेगा?''

''हमारे कालेज की लाइब्रेरी में ही ठीक रहेगा। दोपहर बाद पढ़ लिया करूँगी। आठ-दस दिन में प्रेपरेटरी लीव हो जायेगी तो फिर जिस समय सुविधा होगी, देख लेंगे।''

मुझे क्या आपत्ति हो सकती है पर समय बहुत कम है, कोशिश करके देखो। 'मार्शल' और 'गीद' की किताबें काली से मैं ला दूँगा। प्रोफेसर साहब से भी कहो तो आज ही बात कर लूँगा।'' पुरी ने स्वीकार कर लिया।

तारा ने पूरा ध्यान पढ़ाई में लगा दिया। असद लगभग एक घण्टे तक उसे लाइब्रेरी के बरामदे में अर्थशास्त्र पढ़ाने लगा। तारा की कक्षा के बालमुकुन्द ने देखा तो असद से

अनुरोध करके वह भी साथ बैठने लगा। बालमुकुन्द भी बहुत गरीब था। स्वयं ट्यूशन पढ़ाकर ही अपना खर्च चला रहा था। साधारणतः पढ़ने में अच्छा होने पर भी उसे विशेष मनोयोग से अध्ययन के लिए पर्याप्त समय ही न मिलता था। असद उसे इनकार न कर सका।

एक दिन बालमुकुन्द किसी अनिवार्य कारण से पढ़ने के लिए नहीं आ सका। असद और तारा अर्थशास्त्र की पढ़ाई आरम्भ न कर दूसरी बातों में ही उलझे रहे। बात कुछ भी नहीं थी पर बात समाप्त भी न हो रही थी। तारा ने कहा—''मेरे कारण बेचारे बालमुकुन्द का भी कुछ भला हो गया।''

''अपना भी भला है।'' असद बोला, ''वह साथ रहता है तो हम लोगों को पढ़ाई ही करनी होगी।''

''हाँ, उसकी उपस्थिति से पढ़ाई तो होती थी। आज कहाँ पढ़ी!'' तारा लजा कर हँस दी।

''रोज वह न होता तो पढ़ाई न होती? मैं पढ़ाये बिना न छोड़ता और तुम जैसी बड़ी अल्हड़ हो! एक दिन की बात और है। अच्छा अब शुरू करें।''

''आपकी बात दूसरी है। एक तो मर्द दूसरे कम्युनिस्ट; पत्थर की तरह कड़े।''

''क्या मतलब?''

''यही, सामने न रहूँ तो कभी याद भी न करें! हमें तो घर में पढ़ते-पढ़ते भी याद आ जाती है तो बस पढ़ाई में ध्यान लगाना कठिन हो जाता है।''

''जी हाँ, हम आदमी थोड़े ही हैं। तुम्हारे लिए याद करने और चाहने लायक यहाँ है ही क्या! मुझे तो लोग मजाक में 'मूर' कहते हैं, और तुम्हें 'डेस्डीमोना।''[१]

''सच!'' तारा लाज से गुलाबी हो गयी, ''कौन कहता है?''

''बड़े-बड़े घाघ लोग हैं, यही ज़ुबेदा, नरेन्द्रसिंह, महाजन।''

''हाय, हम तो भाई और कनक की तरह कभी घूमने भी नहीं गये।''

''लोगों को ईर्ष्या तो होती है!''

''सच! किसे ईर्ष्या होती है··· सुरेन्द्र को?''

''अरे उसकी बात जाने दो। वह समझाने से समझ जाती है। खन्ना है, हीरासिंह है। तुम उन लोगों को अवाएड न किया करो।''

''अवाएड कब करती हूँ, परन्तु थोड़ा रिज़र्व भी रहना चाहिए। नहीं तो जानते हो··· !''

''सुनो, तुम याद करने की बात कहती हो, मैं तो सोचने लगा हूँ कि अपनी परीक्षा के बाद गुरदासपुर जाकर अप्रैंटिसी शुरू कर दूँ। कुछ पैसा हाथ आ जाने लगे तो तुम्हारे लिए घोंसला बनाना शुरू कर दूँ। ब्याह के निश्चय से घोंसले की भी जरूरत हो जाती है। पंछी भी तो यही करते हैं। आई डू नाट वांट टू वेट वैरी लांग (मुझसे बहुत दिन तक प्रतीक्षा नहीं हो पायेगी)।''

---

१. शेक्सपियर के दो पात्र–डेस्डीमोना विशेष सुघड़ और सुन्दर थी। ओथेलो उर्फ मूर योग्य पुरुष परन्तु कुरूप था।

तारा ने असद की आँखों में देखकर सहानुभूति और अनुमति का गहरा साँस ले लिया।

"तुमने कभी इस बारे में पुरी का रुख टोहने का यत्न किया है?" असद ने पूछा।

"अभी कहाँ।" तारा सोचकर बोली, "वैसे तो भाई पक्के थिंकर हैं, साम्प्रदायिकता से चिढ़ते हैं। कनक वाला माला हो जाये तो स्वयं बात बन जाये।"

७

जयदेव पुरी की अंतिम नींद को गली पार से सुनाई देती खुशालसिंह की मधुर सुरीली 'आसा दी बार' थपथपा कर जगा रही थी। उसकी खाट के समीप ही मास्टर जी अपने बेसुरे स्वर में 'जय-जय पिता परम आनन्ददाता' गाना आरम्भ करके आसा दी बार का रस भंग करने लगे। पुरी मास्टर जी के भजन को अनसुना करके आसा दी बार में ध्यान केन्द्रित कर लेने का यत्न कर रहा था कि खुशालसिंह का गीत समाप्त हो तो वह उठ बैठे।

'सर खिजर का इस्तीफा मंजूर! गवर्नर ने हुकूमत सम्भाल ली!'

अख़बार वाले की तीखी-ऊँची पुकार सुनाई दे गयी। उस सप्ताह पुरी की ड्यूटी दिन में होने के कारण उसे रात के समाचारों का कुछ ज्ञान न था। वह खाट से उछल तुरन्त गली में उतर आया।

डाक्टर प्रभुदयाल नित्य 'पैरोकार' खरीदता था। गोबिन्दराम कभी 'छत्रपति दैनिक' और कभी 'प्रताप' खरीदते थे। अख़बारवाला डाक्टर के मकान के किवाड़ों में पत्र को फँसा गया था। पुरी ने पत्र लेकर देखा। समाचार ने लोगों को चौंका दिया।

समाचार था—'कल रात दस बजे पंजाब के मुख्यमंत्री और यूनियनिस्ट पार्टी के लीडर सर खिजर ने अपने पद से त्यागपत्र दे दिया। गवर्नर ने त्यागपत्र स्वीकार करके नये मंत्रिमंडल की स्थापना हो सकने तक पंजाब का शासन अपने हाथ में ले लिया है। यूनियनिस्ट मिनिस्ट्री द्वारा जारी किये सब आर्डिनेंस लागू रहेंगे।'

पुरी बाजार तक जाकर 'सियासत' (मुस्लिम दैनिक पत्र) की भी एक प्रति ले आया। 'सियासत' में यह समाचार दूसरे ढंग से था—'सर ख़िजर ने लीग का हक मंजूर किया। नवाब ममदोट की रहनुमाई में लीग की वज़ारत के मेम्बरों के बारे में कयासात। पाकिस्तान के दुश्मनों की शिकस्त। लीग की वज़ारत के लिए रास्ता साफ।'

डाक्टर गली में शोर सुनकर नींद का गुलाबी रंग आँखों में लिये ज़ीना उतर कर आ गया। समाचार अपनी आँखों से पढ़कर डाक्टर को विश्वास करना ही पड़ा। झुंझलाकर बोला—"आखिर खिजर लीग के आन्दोलन से दब गया। लीग का रास्ता साफ हो गया।

पुलिस वाले सब मुसलमान हैं। कांग्रेस के सत्याग्रहियों पर कैसे निर्दयता से लाठी बरसाते थे! लीगी वालंटियरों को ऐसे मारते थे जैसे पुचकार रहे हों।''

मास्टर जी गली में उतर आये थे, बोले—''मुसलमान यूनियनिस्ट हो या लीगी, सब मिले हुए हैं।''

गोबिन्दराम समाचार से परेशान थे, बोले ''अब तो मुल्लाओं का राज चलेगा। अब क्या इन्साफ होगा! मुसलमान वज़ीर तो यूनियनिस्ट मिनिस्ट्री के जमाने में भी मनमानी करते थे।''

पुरी ने सुझाया—''गवर्नर तो झगड़े को ही प्रोत्साहन देगा। पाकिस्तान की माँग को वह क्या स्वीकार करेगा! लीग के प्रदर्शनों के खिलाफ आर्डिनेंस तो कायम हैं। खिजर को कम से कम अपनी मिनिस्ट्री का तो ख़याल था··· ।''

गोबिन्दराम ने ऊँचे स्वर में विरोध किया—''यह लम्बी-चौड़ी अखबारी बातें रहने दो। हम तो आँख देखी कहते हैं। लड़ाई के जमाने में अच्छा भला इंसाफ था। पिछले बरस से गवर्नर ने महकमे वज़ीरों को सौंप दिये हैं तब से सरकारी नौकरियों में मुसलमान या जाट भरते चले आ रहे हैं।''

पुरी की ड्यूटी दफ्तर में सुबह की थी। शहालमी दरवाज़े के बाहर तक वह तारा के साथ जाता था। कालेज में बी० ए० की परीक्षा की तैयारी के लिए छुट्टी हो गयी थी परन्तु तारा नित्य लाइब्रेरी जाती थी। शहालमी दरवाज़े से पुरी चारदिवारी के बाग से अनारकली की ओर घूम जाता था और तारा निस्बत रोड की ओर चली जाती थी।

तारा और पुरी अभी शहालमी के भीतर ही थे कि बहुत ऊँचे स्वर में लगाये जाते नारों की अस्पष्ट सी गूँजें सुनाई दीं। वे शहालमी से बाहर निकले तो रेलवे रोड पर लुहारी दरवाज़े की ओर, मुस्लिम लीग के सैकड़ों हरे झंडे उठाये हुए बहुत बड़ा जुलूस जा रहा था। लाहौर में मार्च के आरम्भ में सुबह-सुबह वायु में सर्दी की कुछ सिहरन रहती है, परन्तु जुलूस के लोगों के चेहरे नारों की चिल्लाहट के श्रम और उत्तेजना से सुर्ख होकर पसीने से चमक रहे थे। बिलकुल नये नारे थे—'नई ख़बर आयी है, खिजर हमारा भाई है! अल्लाहो अकबर! मुस्लिम-लीग जिन्दाबाद! पाकिस्तान लेके रहेंगे! लीग की वज़ारत कायम हो। कायदे आज़म ज़िन्दाबाद! बिहार को भूलो मत।'

जुलूस के कारण रेलवे रोड को लाँघना सम्भव नहीं था। शहालमी के भीतर से ग्वालमंडी, मेडिकल कालेज, निस्बत रोड और माल रोड को जाने वाले टाँगे, बाइसिकिल और पैदल लोग प्रतीक्षा में खड़े थे। बहुत भारी जमाव हो गया था।

जुलूस में 'सल्तनतशाही मुरदाबाद! अंग्रेज सरकार मुरदाबाद! जम्हूरियत जिन्दाबाद! हिन्दू-मुस्लिम एक हों! खिजर मुरदाबाद! टोडी बच्चा हाय-हाय।' के स्थान पर 'खिजर जिन्दाबाद!' और 'खिजर हमारा भाई है' के नारे लग रहे थे। जुलूस के लोगों का व्यवहार और मुद्रा संकट और अत्याचार सहन करने की तत्परता में जमकर चलने की नहीं बल्कि बल प्रदर्शन से धमकी देने की थी। उसे देखकर सहानुभूति नहीं आतंक अनुभव होता था।

पुरी बाग के रास्ते लुहारी की ओर न जाकर तारा के समीप खड़ा रहा और बोला—''आज रंग अच्छा नहीं दीखता। लौट ही जाओ तो अच्छा है।''

तारा ने बेबसी में कहा—"कालेज के पुस्तकालय में जाकर 'स्मिथ' की पुस्तक से नोट लेना आवश्यक है। परीक्षा में अब दिन ही कितने रह गये हैं!"

जुलूस निकल गया तो जयदेव ने परामर्श दिया—"तुम ताँगे पर चली आओ। लौटते समय भी स्थिति देख लेना। किसी के साथ आ जाना या ताँगा कर लेना।" उसने कुछ दाम जेब से निकालकर तारा के हाथ में दे दिये।

पुरी जुलूस के पीछे-पीछे अनारकली से होकर गणपत रोड पर पहुँचा। सभी लोग विस्मित थे, क्या होगा? पुरी टेलीप्रिंटर पर से उतरे कागजों पर नये समाचार देखने लगा। त्यागपत्र के सम्बन्ध में खिजर का बयान आया था। पुरी बयान पढ़ना ही चाहता था कि दरवाज़े से नरेन्द्रसिंह की पुकार सुनाई दी—"क्यों भाई पुरी, यह क्या तमाशा करवा दिया।"

पुरी ने कागज आँखों के सामने से हटाकर उसे उत्तर दिया—"आओ!"

नरेन्द्रसिंह से पूछा—"कोई और ख़बर आयी है?"

"हाँ, खिजर का बयान इस्तीफे के बारे में आया है।" पुरी ने उत्तर दिया और पढ़कर बताया, "खिजर कहता है, क्योंकि एटली के १६ फरवरी के वक्तव्य में कहा गया है कि जून १९४८ में हिन्दुस्तान के जिस भाग में जो राजनैतिक दल अधिक सशक्त होगा, ब्रिटिश सरकार उसको स्थानीय शासन सौंप देगी, इसलिए नये सिरे से मन्त्रिमंडलों के निर्माण का अवसर दिया जाना चाहिये।"

"यह क्यों, खिजर अब अपनी यूनियनिस्ट हुकूमत नहीं चाहता?" नरेन्द्रसिंह ने संदेह प्रकट किया, "क्या वह यूनियनिस्ट पार्टी को खत्म कर रहा है?"

"यह बयान खिजर का नहीं, गवर्नर जैन्किन्स का है। मतलब है, सब पार्टियों को लड़ने के लिए मौका और प्रोवोकेशन (उत्तेजना)) दिया जाय।" पुरी ने कहा, "रात दस बजे तो खिजर ने इस्तीफा दिया। दो-तीन बजे अख़बार छपने चला जाता है। इतने ही वक्त में गवर्नर ने दिल्ली से भी राय ले ली। इस्तीफा मंजूर हो गया। ख़बर गज़ट भी कर दी गयी। जाहिर है, प्लैन पहले से तैयार था।"

"एक बात सुनो!" नरेन्द्र तर्जनी को दाँत से काटते हुए अंग्रेजी में बोला, "सुना है, खिजर हर बात में डाक्टर राधेबिहारी की राय लेता है। कम से कम उसने अपना इस्तीफा अपनी कैबिनेट में डिसकस (विचार) किया होगा। कांग्रेस के तो दो मिनिस्टर हैं। उन लोगों ने क्या कहा होगा? अब इन लोगों की क्या राय है? क्या कांग्रेस लीग की मिनिस्ट्री में साथ देगी?"

टेलीप्रिंटर पर खट-खट-खट-खट होने लगी। नया समाचार आ रहा था। पुरी नरेन्द्र के साथ टेलीप्रिंटर पर झुककर टाइप होता समाचार एक-एक शब्द करके पढ़ने लगा—गवर्नर ने पंजाब असेम्बली में बहुमत पार्टी मुस्लिम-लीग के नेता खान ममदोट को नया मंत्रिमंडल बनाने के लिए बुलाया है। आज तीन मार्च के लिए निश्चित पंजाब लेजिस्लेटिव असेम्बली के बजट अधिवेशन से पहले, नये मंत्रिमंडल का बन जाना आवश्यक है...।

"ठीक तो है।" नरेन्द्रसिंह बोला, "जब तक शासन के लिए जिम्मेवार मंत्रिमंडल मौजूद न हो, असेम्बली में क्या कार्रवाई होगी?"

टेलीप्रिंटर पर समाचार की एक और पंक्ति टाइप हो गयी—आशा है कि खान ममदोट असेम्बली के अधिवेशन में ही अपने मंत्रिमंडल के नामों की घोषणा करेंगे।

दफ्तर में अभी कशिश जी और बनारसीदास नहीं आये थे। पुरी ने दूसरे कमरे में जाकर डाक्टर राधेबिहारी के यहाँ से कुछ पता पाने के लिए फोन किया। लौटकर उसने नरेन्द्रसिंह को बताया—''खिजर ने इस्तीफा देने से पहले कैबिनेट के किसी भी मंत्री से कोई सलाह नहीं ली। डाक्टर साहब मास्टर तारासिंह से सलाह लेने के लिए 'सिक्ख मिशनरी कालेज' में गये हैं। वहाँ से असेम्बली चेम्बर चले जायेंगे।''

इन्द्रनाथ और भगतराम भी आ गये। सभी लोग उत्तेजित थे; जाने क्या होने वाला है! क्या लीग की मिनिस्ट्री में सब-के-सब मुसलमान ही होंगे? पुरी घड़ी देखकर नरेन्द्रसिंह से बोला—''ग्यारह तो बज रहे हैं। असेम्बली का अधिवेशन शुरू होने का समय तो हो गया। शायद कुछ देर बैठो या तुम फिकार के यहाँ से पता लो कि लीग के हलकों में क्या कयास (अनुमान) है? कुछ हिन्दू-सिक्ख मेम्बरों को कैबिनेट में लिया जायेगा या नहीं?''

नरेन्द्रसिंह चला गया तब भी इन्द्रनाथ, भगतराम और पुरी उत्तेजना के कारण काम आरम्भ न कर सके। अनुमानों पर बात चलती रही—क्या होगा?

साढ़े बारह बजे के लगभग फोन आया। इन्द्रनाथ ने फोन सुनकर बताया—''खान ममदोट अभी तक मंत्रिमंडल के नाम गवर्नर के सामने पेश नहीं कर सका, इसलिए गवर्नर मुस्लिम-लीग पार्टी के लीडर को शासन की जिम्मेवारी सौंपने के लिए तैयार नहीं हैं। असेम्बली का अधिवेशन आज के लिए स्थगित हो गया है। लीग के और विरोधी पार्टियों के मेम्बर अपनी-अपनी पार्टियों के कमरों में अलग-अलग मीटिंगें कर रहे हैं। इस बैठक में मास्टर तारासिंह और कुछ अन्य बड़े नेताओं को भी सम्मिलित किया गया है। संवाददाताओं को भीतर नहीं लिया गया लेकिन बाहर सुनाई देते शोर से अनुमान है कि दोनों ही दलों की मीटिंगों में बहुत गरमा-गरमी है। अनुमान है कि विरोधी दल खिजर के त्यागपत्र को अवैधानिक समझता है और उनका निश्चय है कि किसी भी हालत में लीग की मिनिस्ट्री कायम नहीं होने दी जायेगी। लीग पार्टी मंत्रिमंडल बनाने और शासन का अधिकार पाने के लिए तुली हुई है। असेम्बली चेम्बर के सामने लीग के समर्थकों की बहुत बड़ी भीड़ लीग की वज़ारत और पाकिस्तान के लिए नारे लगा रही है। बहुत बड़ी तादाद में मुसल्ला (सशस्त्र) पुलिस को बुलाकर असेम्बली चेम्बर को घेर लिया गया है…।''

भगतराम के सुझाव से पुरी ने तुरन्त स्टोरी (समाचार) तैयार की। शीर्षक दिया—'फिरकापरस्त वज़ारत (साम्प्रदायिक मंत्रिमंडल) की पहली नाकामयाबी।' समाचार का अभिप्राय था—क्या केवल एक साम्प्रदायिक दल का मंत्रिमंडल व्यावहारिक और जनता के विश्वास के योग्य होगा? उससे शांति सुव्यवस्था हो सकेगी?

भगतराम का विचार था, शायद कशिश जी इस समाचार और चेम्बर से मिलने वाले समाचारों को लेकर सप्लीमेन्ट्री (विशेषांक) निकालना चाहें। पुरी समाचार लेकर कशिश जी से राय लेने चला।

कशिश जी ने उँगलियों में थमा जलता सिगरेट मेज के काँच पर रखकर समाचार को ध्यान से पढ़ा। चश्मा उतारकर आँखें मलीं और अंग्रेजी में बोले—''ठीक ख़याल है। सप्लीमेन्ट्री का मौका है। ढाई-तीन बजे तक और सेंसेशनल ख़बरें मिलेंगी। कैबिनेट बन

जाना और न बन पाना भी सेंसेशनल होगा। इट्ज मैटर फार सप्लीमेन्ट्री। बाबू बनारसीदास से पूछ लो, सप्लीमेन्ट्री के लिए कुछ तो स्टेंडिंग एडवर्टाइजमेंट हैं न!''

''बनारसीदास जी का तो आज डे आफ़ (छुट्टी) है।'' पुरी ने याद दिलाया।

''ओह गुडनेस!'' कशिश जी ने मेज पर हाथ पटका, ''गुलाबसिंह तो है। तुम भी तो 'नेशनल पब्लिसिटी' की फाइल देख सकते हो या इन्हें फोन करके 'भल्ला शू', 'कर्नाल शू', 'कान्हचंद', 'खेमसिंह होजरी' के बारे में बात कर सकते हो! यह सब काम तुम लोगों को सीखना चाहिए। ढाई-तीन सौ का स्पेस न हुआ तो सप्लीमेन्ट्री क्या छापेंगे। गो, हरी अप!

बनारसीदास पुरी को विज्ञापनों के रहस्यों से दूर ही रखते थे। पुरी गुलाबसिंह और इन्द्रनाथ फाइलें देखकर फोन पर सप्लीमेन्ट्री के लिए विज्ञापनों का प्रबन्ध करने लगे।

दो बजे महेश ने फिर फोन पर स्टोरी दी—''असेम्बली चेम्बर की सीढ़ियों पर मास्टर तारासिंह ने मुस्लिम-लीग की ललकार के मुकाबले में तलवार खींच ली। जिस समय मास्टर तारासिंह कांग्रेसी, अकाली और हिन्दू महासभा के मेम्बरों के साथ असेम्बली चेम्बर से बाहर निकले, चेम्बर के सामने हज़ारों की तादाद में जमा मुस्लिम लीगी भीड़ के—'नाराए हैदरी! या अली! पाकिस्तान ज़िन्दाबाद! मुस्लिम लीग ज़िन्दाबाद! लेके रहेंगे पाकिस्तान! खून से लेंगे पाकिस्तान! लीगी वज़ारत बन के रहेगी!' नारों से आसमान काँप उठा।

''मास्टर तारासिंह और हिन्दू-सिक्ख मेम्बर भीड़ के सामने एक साथ खड़े हो गये। मास्टर तारासिंह ने गगनभेदी नारा लगाया—'पाकिस्तान मुरदाबाद! जो बोले सो निहाल, सतसिरी अकाल!'

''मुस्लिम भीड़ जवाब में और भी ऊँचे नारे लगाकर ललकारती हुई आगे बढ़ी। मास्टर तारासिंह ने कृपाण खींचकर भीड़ को चुनौती दी—जिसमें हौसला हो आ जाये। यहाँ ही फैसला हो जायेगा।

''सशस्त्र पुलिस ने तुरन्त बीच में आकर हालत को काबू किया और विरोधी दलों को दूर-दूर कर दिया।

''कांग्रेस, अकाली दल और हिन्दू महासभा का सर्व-सम्मति से संयुक्त निश्चय है कि गवर्नर द्वारा यूनियनिस्ट मिनिस्ट्री की बरखास्तगी अवैधानिक है इसलिए मुस्लिम लीग के मंत्रिमंडल की सरकार को किसी हालत में सहन नहीं किया जायेगा।''

भगतराम नया समाचार लेकर कशिश जी के सामने गया।

''गुड, वी मस्ट हैव ए सप्लीमेण्ट्री।'' कशिश जी ने आदेश दिया।

विज्ञापनों का प्रबन्ध केवल आधे पृष्ठ के लिए ही हो सका था। कशिश जी इस बात से असंतुष्ट थे। उन्होंने भगतराम, पुरी और इन्द्रनाथ को समझाया—''एडवर्टाइजमेंट्स आर दी स्टीम आफ दी शिप आफ जर्नलिज्म (पत्र-रूपी जहाज विज्ञापनों की भाप से ही चल सकते हैं)।'' 'पैरोकार' का सप्लीमेन्ट्री छत्रपति, सियासत, प्रताप, जमींदार आदि पत्रों से पीछे न रह जाय इसलिए मैटर तुरन्त प्रेस में भेज दिया जाय।

'पैरोकार' के विशेषांक में जिला कांग्रेस कमेटी के प्रधान की ओर से भी एक सूचना थी—सर खिजर हयात खाँ के इस्तीफा देकर शासन का उत्तरदायित्व त्याग देने से आशंकामय और गम्भीर स्थिति उत्पन्न हो गयी है। जनता से अनुरोध है कि संध्या छः

बजे 'भारत इंश्युरेंस बिल्डिंग' के मैदान में नियोजित सभा में आयें और उत्तेजना से दूर रहकर राष्ट्रीय हित के दृष्टिकोण से इस स्थिति पर विचार करें।

पुरी संध्या साढ़े छः के कुछ बाद 'भारत इंश्युरेंस बिल्डिंग' के मैदान में पहुँच सका। अच्छी-खासी भीड़ थी। मंच पर खड़े नगर कांग्रेस के प्रधान कामरेड कपूर बोल रहे थे—''हाजरीन जलसा (सभा में उपस्थित सज्जनो), आप से इल्तजा (प्रार्थना) है कि इस जल्से के मकसद (उद्देश्य) को ख़याल में रखकर यूनियनिस्ट मिनिस्ट्री के इस्तीफे से जो सिचुएशन पैदा हो गयी है, उसके बारे में और इस हालत में अमन (शांति) कायम रखने और मुल्क और कौम के मुफाद (हितों) के लिए हमारा क्या फर्ज है, इसी मजमून पर आप अपने ख़यालात का इजहार (प्रकट) फरमायें। इस वक्त हमें इश्तआल नहीं संजीदगी (उत्तेजना से नहीं गम्भीरता) से काम लेना है वरना इस जलसे का मकसद पूरा नहीं होगा। आपसे यह भी गुज़ारिश (विनय) है कि जो साहबान तकरीर फर्माना चाहें, चेयरमैन से इजाजत लेने की मेहरबानी करें।''

लोग सभापति की आज्ञा बिना, जो मन में आ रहा था, बोल रहे थे। बड़े-बड़े कांग्रेसी नेता मौजूद नहीं थे। न डाक्टर गोपीचन्द भार्गव, न भीमसेन सच्चर, न डाक्टर राधेबिहारी मौजूद थे। कांग्रेस के कुछ स्वयंसेवक और साधारण कार्यकर्ता मौजूद थे, परन्तु राष्ट्रीय स्वयंसेवक संघ के लोग अधिक संख्या में थे, रतन भी था।

एक सज्जन ने मंच पर आगे बढ़कर दायें हाथ की मुट्ठी हवा में चलाकर घोषणा की—''पंजाब हमारा है। हम पंजाब में पाकिस्तान हरगिज नहीं बनने देंगे। हम न लीग की परवाह करते हैं, न कांग्रेस की। जब तक हमारी नसों में खून है, हम लीग की वज़ारत कायम नहीं होने देंगे। जिसमें ताकत हो सामने आ जाये। छिप-छिप कर दगाबाज़ी करने से क्या होता है!...''

श्रोताओं ने जोर से ताली बजा दी। किसी ने नारा दिया—'नाराये बजरंगी!' उत्तर में हुंकार उठी, 'हर-हर महादेव! बजरंगबली की जय!'

सभापति ने मेज पर हाथ पटक कर वक्ता को चुप कराना चाहा लेकिन वह बोलते ही रहे।

एक दूसरे वक्ता बोले—''सृष्टि के आदि से इस देश को आर्यावर्त्त कहा गया है। यह भगवान राम और कृष्ण का देश है। इसे वेदों में 'पंचनद' कहा है। यहाँ पाकिस्तान कैसे बन सकता है। जो पाकिस्तान बनाना चाहते हैं, वे अरब जायें। गांधी और कांग्रेस की पॉलिसी हमेशा हिन्दुओं के खिलाफ रही है। कांग्रेस मुसलमानों को खुश करने के लिए हिन्दुओं के हकों को कुर्बान करती आयी है। आज मुसलमानों और लीग की इतनी हिम्मत है कि वे आधा मुल्क माँगते हैं। कांग्रेस के लीडर यह भी देने को तैयार हो गये हैं ताकि उन्हें वज़ारत की कुर्सियाँ मिल जायें, लेकिन मुस्लिम लीग और जिन्ना की अपनी माँग पूरे हिन्दुस्तान की हुकूमत की होगी। जो बात औरंगजेब नहीं कर सका, मुहम्मद अली जिन्ना करना चाहता है। हमारे कलेजों पर नारे लगाये जाते हैं—हँस के लेंगे पाकिस्तान! खून से लेंगे हिन्दुस्तान!''

'शेम! शेम!' के नारे लगने लगे।

वक्ता ने श्रोताओं से पूछा—''क्या आप सिर झुकाकर सब कुछ बर्दाश्त करते जायेंगे?''

"हर्गिज नहीं। हर्गिज नहीं!" सभा के चारों ओर खड़े लोगों ने उत्तर दिया। फिर नाराए बजरंगी गूँजने लगा—'बजरंगबली की जय! नहीं बनेगा पाकिस्तान! नहीं बँटेगा हिन्दुस्तान!'

सभापति कामरेड कपूर ने कई बार मेज पर हाथ पटक-पटक कर चेतावनी दी—"हजरत, आप आज के जलसे के मजमून पर बोलिये!" लेकिन वक्ता अखंड भारत की अखंडता पर भाषण देते रहे।

यह भाषण समाप्त होते ही सभापति ने उठकर सभा को सम्बोधन किया—"साहबान, मैं आपसे मुआफी की दरख्वास्त करके यह कहने के लिए मजबूर हूँ कि इस जलसे में निहायत बेतरतीबी से काम हो रहा है। यह जलसा शहर कांग्रेस की तरफ से मुनक्किद (आयोजित) किया गया है लेकिन यहाँ तकरीरें कांग्रेस की पॉलिसी के मुताबिक नहीं हो रही हैं। इसलिए मैं मजबूरन इस जलसे को बरखास्त करता हूँ।"

'पैरोकार' का नगर संवाददाता महेश जयदेव को देखकर उसके समीप गया और बोला—"इन तकरीरों की क्या रिपोर्ट लूँ?"

"जिक्र न करना ही बेहतर है। कामरेड कपूर की तकरीर की ही रिपोर्ट दे देना काफी है। कपूर ने अच्छा किया, जलसा बरखास्त कर दिया।"

कामरेड कपूर मंच से उतर आये थे। स्वयंसेवक मंच पर बिछी चादरें और दरियाँ समेटने लगे थे। सभा को घेर कर खड़ी दर्शकों की दीवार के पीछे से बहुत जोर से नारे सुनाई दिये—"जो बोले सो निहाल, सतसिरी अकाल! वन्देमातरम्। हर-हर महादेव!"

लोगों ने घूमकर देखा, सुरमई पगड़ी बाँधे और लम्बी तलवार कमर से लटकाये, ठिगने कद के मास्टर तारासिंह और उनके साथ-साथ धोती फटकारते डाक्टर गोपीचन्द भार्गव चले आ रहे थे। उन्हें देखकर कांग्रेस के स्वयंसेवकों ने दरियाँ और चादरें बिछी रहने दीं।

पुरी ने महेश की ओर घूमकर कहा—"अब शायद कोई काम की बात हो।"

मास्टर तारासिंह ने प्रधान की अनुमति की प्रतीक्षा न कर अपना भाषण आरम्भ कर दिया—"हम पंजाब में मुसलमानों की हुकूमत हर्गिज बरदाश्त नहीं करेंगे। आप लोग तवारीख को मत भूलिये। सिक्ख कौम मुसलमानों के खिलाफ लड़-लड़कर ही इतनी बड़ी हुई है। …अगर हमें मुसलमानों की हुकूमत बर्दाश्त करनी है तो श्री दशमेश (गुरु गोबिन्दसिंह) ने औतार किसलिए धारण किया था।"

पुरी के रोयें खड़े हो गये। मास्टर तारासिंह कहते गये—"लीग का ख़याल है कि यूनियनिस्ट मिनिस्ट्री तोड़कर वे लोग पंजाब में लीग की हुकूमत से पाकिस्तान की बुनियाद डाल लेंगे। उन्हें यह खामखयाली छोड़ देनी चाहिए। हम पंजाब में लीग की मिनिस्ट्री एक दिन भी नहीं चलने देंगे…।"

पुरी ने अपने कंधों पर किसी का हाथ अनुभव कर देखा, नरेन्द्रसिंह और असद हैं। पुरी के मुख से निकल गया—"यह आदमी तो आग बरसा रहा है।"

"यह असेम्बली हाल के सामने क्या कर आया है, मालूम नहीं?" नरेन्द्रसिंह बोला।

महेश असेम्बली चेम्बर के सामने की घटना सुनाने लगा—"…मास्टर तारासिंह ने तैश में तलवार खींच ली थी। इसका असर अच्छा नहीं होगा।"

मास्टर तारासिंह के बाद मंच पर डाक्टर गोपीचंद भार्गव आये। डाक्टर भार्गव ने कहा—"····आप लोग यकीन रखें, हम पाकिस्तान हर्गिज नहीं बनने देंगे। लीग ने शोरिश पैदा करके हमारी यूनियनिस्ट वज़ारत को खत्म किया है। हम भी लीग की वज़ारत नहीं बनने देंगे। हम असेम्बली के अन्दर कदम-कदम पर लीग से लड़ेंगे, आप लोग असेम्बली के बाहर उनका मुकाबला कीजिये··· !"

असद ने मुस्कराकर कहा—"बनिया चालाक आदमी है। यह असेम्बली की कुर्सी पर बैठकर लड़ेगा। हमारा काम ईंट-पत्थर से लड़ना रहेगा। इन्हें खिजर की गद्दारी से कोई नाराज़गी नहीं है, जिसने सब साजिश की। गवर्नर और टोडी खिजर की साजिश को एक्सपोज़ (भंडाफोड़) करने का ख़याल नहीं है। यह सिर्फ लीग से लड़ेंगे। असेम्बली में खिजर की मेजॉरिटी है। उसने इस्तीफा दिया क्यों? अगर खिजर से काम नहीं हो सकता था, उसे कैबिनेट में मामले पर गौर करना चाहिए था और यूनियनिस्ट पार्टी में इस मामले पर गौर किया जाना चाहिए था। उसका इस्तीफा पार्लियामेंटरी कार्यपद्धति के खिलाफ है। कांग्रेस के कैबिनेट-मेम्बरों को इसके खिलाफ प्रोटेस्ट करना चाहिए, लेकिन यह सिर्फ लीग को धमकी दे रहे हैं। लीग खिजर की मिनिस्ट्री को कैसे तोड़ सकती थी? मिनिस्ट्री तो खिजर और गवर्नर ने तोड़ी है।"

नरेन्द्रसिंह बोला—"सबसे होशियार खिजर निकला। कांग्रेसी और हिन्दू उसे अपना बता रहे हैं। लीग वाले नारे लगा रहे हैं, 'खिजर हमारा भाई है।' जैन्किन्स का तो वह हमेशा से अपना है।"

पुरी और असद दूसरे साथियों के साथ भारत इंश्युरेंस बिल्डिंग से अनारकली और माल रोड के चौराहे तक पहुँचे थे। असद ने 'लकी लाइन' की ओर से साइकिल पर आते एक आदमी को पुकार लिया—"ओय अब्दुल, कहाँ घूम रहे हो?"

"माल रोड पर कांग्रेसियों का जुलूस देखने आया था। आज सालों की कलई खुल गयी।" अब्दुल ने कहा। उसका गला बैठा हुआ था।

"गले को क्या हुआ है? क्या सुबह के जुलूस में शामिल था?"

"जरूर था।"

"सुना है, नयी खबर आयी है। खिजर टोडी बच्चा तुम्हारा भाई है। खिजर क्या लीग का मेम्बर बन गया?" असद ने पूछा।

"आखिर तो मुसलमान है, तुम्हारी तरह काफिर तो नहीं है।" अब्दुल बोला, "आज तुम्हारे कांग्रेसियों की कलई तो खुल गयी, किसी रोज तुम कम्युनिस्टों की भी खुलेगी।"

"क्या कलई खुल गयी?" असद ने पूछा।

"तुम्हें नहीं मालूम?" अब्दुल ने अविश्वास प्रकट किया, "शाम को यूनियनिस्ट कैबिनेट के कांग्रेस मिनिस्टर ने माल रोड पर जुलूस निकाला है। कांग्रेसियों ने अपने झंडों से हरा रंग फाड़ दिया है। हम तो खुश हैं। अब तो कांग्रेस ने मान लिया कि मुसलमान उनके साथ नहीं हैं। कायदे-आजम तो हमेशा से कहते हैं कि कांग्रेस मुसलमानों की नुमाइन्दगी नहीं कर सकती है वह हिन्दुओं की जमायत है।"

"सच कह रहे हो? तुमने झंडा खुद देखा है या सिर्फ सुना है?" असद ने चिन्ता से ञा।

मैंने देखा है और हजारों आदमियों की मौजूदगी में देखा है। मैं तो जुलूस के पीछे-पीछे असेम्बली हाल तक गया था। तारासिंह ने तलवार खींचकर धमकी दी है—आ जाय जिसके कलेजे में दम है! अभी सिखड़े ने इस्लाम की तेग नहीं देखी है, तभी छुरी दिखाकर धमकाता है। उसका ख़याल है, धमकियाँ देने से कांग्रेसियों और अकालियों का राज हो जायेगा। पंजाब में हुकूमत होगी मुसलमान की। तजल्लिये-दीन को कौन दबा सकता है?''

पुरी, असद और नरेन्द्रसिंह कुछ देर चुपचाप अनारकली में चलते गये। उनमें कोई बात न हो सकी। वे लोग आधी अनारकली लाँघ चुके थे तो असद बोला—''सुना है, लीग के प्रोग्रेसिव (प्रगतिवादी) लोगों ने कांग्रेस के साथ मिलकर मिनिस्ट्री बनाने की तजवीज (प्रस्ताव) जिन्ना साहब के यहाँ भेजी है। मगर कांग्रेस का यह रुख है तो क्या होगा! मिनिस्ट्री इस वक्त सिर्फ लीग बना सकती है, दूसरी कोई पार्टी नहीं। लीग-कांग्रेस का झगड़ा हिन्दू-मुसलमान का झगड़ा बन गया है। इस झगड़े का फैसला दुबारा चुनाव से तो हो नहीं सकता। यूनियनिस्ट या इंडिपेंडेंट सीटें भी हिन्दू-मुसलमानों में बँट जायेंगी। अंग्रेजों ने कम्यूनल बेसिस (साम्प्रदायिक आधार) पर चुनाव की नीति चलायी थी। उसका फल अब पका है। इस झगड़े का फैसला या तो आपसी समझौते से हो सकता है या तारासिंह और अल्लामा मशरिकी की तलवारों से होगा। इसका मतलब है, पंजाब से या तो हिन्दू खत्म हो जायें या मुसलमान या हमेशा के लिए अंग्रेजों की हुकूमत रहे⋯।'' पुरी और नरेन्द्रसिंह चुपचाप रहे।

नरेन्द्रसिंह, असद और पुरी अनारकली में शिवालय के समीप पहुँचे तो बीच बाजार में डेढ़-दो सौ आदमियों का मजमा लगा हुआ था। कांग्रेस की प्रसिद्ध लीडर शन्नोदेवी एक दुकान के सामने बढ़े हुए तख्तों पर खड़ी होकर अपने व्याख्यान के अन्तिम शब्द कह रही थीं—''मुसलमान भाइयो, कांग्रेस की पूरी हिस्ट्री आपके सामने है। कांग्रेस ने मुसलमानों के जायज़ हकों की कभी मुखालफत नहीं की। आप पाकिस्तान बनाना चाहते हैं, लीग की मिनिस्ट्री कायम करना चाहते हैं तो वह भी आपस के समझौते से ही मुमकिन है। जो लोग आपसी लड़ाई करते हैं वे कौमी खुदकुशी की राह पर चल रहे हैं⋯।''

वामपक्षी कांग्रेसी शर्मा जी, सोडी और कम्युनिस्ट हजारासिंह, प्रद्युम्न, इब्राहीम आदि मौजूद थे। इन लोगों ने नरेन्द्रसिंह और असद को रोक लिया। पुरी घर लौट गया।

४ मार्च प्रातः अखबार बेचने वालों की पुकारों में जोश था। पत्रों के शीर्षक उत्तेजक थे। 'छत्रपति' दैनिक का शीर्षक था—''लीगी हल्कों में मायूसी! पंजाब असेम्बली की लीग पार्टी के लीडर खान ममदोट को गवर्नर पंजाब ने हिन्दुओं-सिक्खों को शामिल किये बिना वज़ारत करने का मौका देने से इंकार कर दिया!''

दैनिक 'सियासत' का शीर्षक था—''कांग्रेस और हिन्दुओं को लीग के जम्हूरी हकूक नामंजूर। मास्टर तारासिंह की तलवार से फैसले की धमकी! पंजाब की किस्मत गवर्नर के हाथ में देने के लिए अकालियों और कांग्रेस की जिद्द।''

प्रायः सभी हिन्दू पत्रों में पंजाब के दूसरे नगरों में लीगी मंत्रिमंडल बनाये जाने के विरुद्ध प्रदर्शनों के समाचार थे और मुस्लिम पत्रों में सभी नगरों से यूनियनिस्ट मंत्रिमंडल

के टूट जाने पर संतोष और लीग का मंत्रिमंडल तुरन्त बनाये जाने की माँग के प्रदर्शनों के समाचार थे। लाहौर में लीग मंत्रिमंडल की स्थापना के विरुद्ध सभी हिन्दुओं और सिक्खों के संयुक्त प्रदर्शनों की घोषणाएँ थीं।

भोलापाँधे की गली के लोगों ने गवर्नर के इस व्यवहार के प्रति संतोष प्रकट किया। बाबू गोबिन्दराम ने कहा—"खिजर मिनिस्ट्री में मुसलमानों को क्या कमी थी! खिजर जरा कम तास्सुबी था। लीगी चाहते हैं, बिलकुल औरंगजेब का राज। अंग्रेज इतना जुल्म बर्दाश्त नहीं कर सकता···।"

मास्टर जी ने राय दी—"लीग की हुकूमत हो जायेगी तो लोग सब स्कूलों में सिर्फ उर्दू लाजमी कर देंगे और कुरान को टैक्स्ट-बुक मुकर्रर कर देंगे, देख लेना!"

पुरी ने तर्क दिया—"अगर कांग्रेस और लीग का संयुक्त मंत्रिमंडल होगा तो यह सब कैसे हो सकेगा? यूनियनिस्ट मिनिस्ट्री भी तो मुस्लिम, सिख और हिन्दुओं की मिली-जुली मिनिस्ट्री थी। लीग भी कुछ न कुछ हिन्दुओं को जरूर लेगी। फर्क इतना है कि यूनियनिस्ट प्रो-ब्रिटिश (अंग्रेजों के मित्र) हैं। लीग के मुसलमान ऐंटी-ब्रिटिश (अंग्रेज विरोधी) हैं। लीग के लीडर और जिन्ना मजहबी मुसलमान नहीं, पोलिटिकल मुसलमान हैं। उन्हें हुकूमत करने का मौका चाहिए। कानून हिन्दू और मुसलमानों के लिए दो नहीं हो सकते···!"

मास्टर जी ने टोक दिया—"क्या कहते हो, हिन्दू मुसलमानों के शादी-ब्याह और विरासत के कानून अलग-अलग हैं। उनकी छुट्टियाँ अलग-अलग हैं। लीग की हुकूमत में दीवाली की छुट्टी खत्म होगी और ईद, मुहर्रम की चार-चार छुट्टियाँ होंगी, जानते हो!"

डाक्टर प्रभुदयाल गत रात विलम्ब से लौटा था इसलिए कुछ विलम्ब से ही नीचे गली में उतरा। उसने रहस्य के स्वर में बताया—"भाई, गलती सब हमारे कांग्रेसी और हिन्दू लीडरों की ही है। रात डाक्टर साहब बता रहे थे कि खिजर दो मास से कह रहा था, लीग के इन प्रदर्शनों के विरुद्ध मामूली सा भी हिन्दू-मुस्लिम रॉयट करवा दो तो मैं चार दिन में इन सबको उधेड़ कर रख दूँ। तब तो कांग्रेसी लीग से समझौते की उम्मीद करते रहे। गवर्नर आखिर कब तक तमाशा देखता रहता? अब वह इन्हें खुद ठीक करेगा। तभी तो उसने खान ममदोट को टके सा जवाब दे दिया, कैबिनेट में हिन्दू-सिक्खों के नुमाइन्दे होने जरूरी हैं। बेटा बना ले मिनिस्ट्री!"

लगभग बारह बजे महेश गोलबाग से 'पैरोकार' के दफ्तर में आया। वहाँ हिन्दू-सिक्ख विद्यार्थियों की सभा में गोली चल गयी थी। उसने कहा—"पुलिस ने समूह को हट जाने के लिए चेतावनी दिये बिना गोली चला दी। गोलबाग के बाहर अपर माल रोड पर से जाते कुछ लोगों पर भी गोली चलायी गयी और सड़क के साथ गवर्नमेंट कालेज के बोर्डिंग के बरामदे में खड़े एक विद्यार्थी को भी गोली मार दी गयी। लोग गोलबाग से तो भाग गये हैं लेकिन मामला बढ़ेगा।" महेश ने मजंग और नीलागुम्बद पर भी झगड़े की खबरें सुनी थीं। कर्फ्यू हो जाने की सम्भावना थी, इसलिए वह उधर का एक चक्कर लगा आना चाहता था।

अचानक पुरी को ख़याल आया। उसने इन्द्रनाथ से बात की—"मेरी बहिन दयालसिंह कालेज की लाइब्रेरी में गयी थी। फसाद बढ़ गया या कर्फ्यू हो गया तो उसका

घर पहुँचना कठिन हो जायेगा। लाइब्रेरी जाकर देख आऊँ, अगर बहिन जा चुकी होगी तो तुरन्त लौटकर आऊँगा वर्ना उसे गली तक छोड़ कर अभी लौटता हूँ।'' उसने इन्द्रनाथ से साइकिल भी माँग ली।

तारा लाइब्रेरी में ही थी। आठ-दस और भी विद्यार्थी थे, असद भी था। सब लोग चिंतित थे। गोलबाग में दयालसिंह कालेज का विद्यार्थी निहालचन्द भी घायल हुआ था। यहाँ पुरी को दिल्ली दरवाजे और मोची दरवाजे पर छुरे चल जाने के भी समाचार मिले।

असद ने पुरी को बताया—तारा घर लौट रही थी, परन्तु झगड़े का समाचार मिलने पर उसे रोक लिया है। एम० ए० का विद्यार्थी भारद्वाज भी लाइब्रेरी में था। वह अपनी गाड़ी में आया था। भारद्वाज ने तारा को शहालमी के अन्दर भोलापाँधे की गली तक पहुँचा देना स्वीकार कर लिया था।

पुरी दफ्तर लौट आया। उसने दंगा बढ़ने के समाचार इन्द्रनाथ और भगतराम को बताये। भगतराम ने चिन्ता प्रकट की—''जाने क्या होगा?'' वह किला गुज्जरसिंह में मुस्लिम बस्ती में रहता था, बोला, ''मास्टर तारासिंह और डाक्टर भार्गव के प्रोग्राम आरम्भ हो गये, अब देखें क्या होता है!'' दफ्तर में पुरी, भगतराम और लेखराम के विचार प्रायः मिलते-जुलते थे।

पुरी घण्टे भर के लिए छुट्टी लेकर चला गया था इसलिए पाँच बजे से पहिले दफ्तर से न निकल सका। रेलवे रोड यथावत् चल रही थी। पुरी रास्ता काटने के लिए चौक मत्ती से पापड़मंडी होकर मच्छीहट्टा तक गया तो जगह-जगह उत्तेजित और आतंकित लोगों के गिरोह दिखाई दिये। उसने सुना परीमहल के पीछे मोची दरवाजे की तरफ कुछ दंगा हो गया।

पुरी ने गली में कदम रखा तो देखा, गली के पहले सिरे पर घसीटाराम के मकान के सामने स्त्रियों का जमाव सा लगा था। कराहट की आवाज सुनाई दे रही थी। कर्तारो और रामप्यारी रो रही थीं। आँसू सभी के गालों पर बहे हुए थे। पुरी को देखकर स्त्रियों ने राह दे दी। बीच में फर्श पर दौलू मामा खून में लथपथ पड़ा था। होली के आरम्भ में ही अनेक रंग पड़ चुका उसका मैला कुरता अब रक्त के रंग से लाल था। उसकी बगल में कमर से कुछ ऊपर खून से लथपथ कपड़ा था। खून रिस रहा था। समीप पानी के लोटे और गिलास पड़े थे।

रतन की माँ ने पुरी से कहा—''काका, मामा को जल्दी अस्पताल पहुँचाओ।''

पुष्पा का मूंडू (छोटी उमर का नौकर) चेतू ताँगा बुलाने गया हुआ था। पीतो दुकान से अपने पिता और भाई को बुला लायी थी। खुशालसिंह ताँगे लाने के लिए शहालमी की ओर दौड़ गया था। बीरसिंह डाक्टर प्रभुदयाल के लिए अस्पताल में, पुरी के दफ्तर में और गुड्स-क्लियरेंस एजेंसी में रतन के लिए फोन करने गया हुआ था। अवसरवश पुरी स्वयं ही सबसे पहले पहुँच गया था।

स्त्रियों ने बताया, आध घण्टे पहले दौलू मामा 'मारी दित्ता! मुसलमानां मारी दित्ता!' चिल्लाता हुआ मोची दरवाजे की ओर की गली से आया और गिर पड़ा था। यह देखकर पहले तो स्त्रियाँ भय से चीख-चीखकर अपने-अपने घरों में घुस गयीं। फिर हिम्मत करके बाहर निकलीं और दौलू मामा के जख्म पर सूखे, गीले कपड़े रख-रखकर उसका खून बन्द

करने का यत्न करने लगीं। खून बहता जा रहा था और मामा की 'हाय!' की पुकार क्षीण होती जा रही थी।

पुरी ने मामा के पसीने से तर गंजे कपाल पर हाथ रख पुकारा—"मामा, दौलू मामा!"

दौलू ने आँख खोली, "पाणी-पाणी!" वह पीड़ा से कराहते बोला।

बजाज दीवानचन्द की स्त्री रामप्यारी उसके समीप झुकी बैठी थी। उसने पानी का गिलास दौलू के होंठों से लगा दिया।

पुरी ने फिर पुकारा—"मामा! दौलू मामा!" पुरी की आँखें डबडबा गयी थीं।

"मुन्नू..." दौलू उत्तर में बोला और आँसू बहती आँखों से पुरी की ओर देखकर उसने कराहा—"मैं मरी जाणां।"

पुरी ने व्याकुल होकर रामप्यारी से पूछा—"क्यों, चेतू टाँगा नहीं लाया? मैं जाऊँ?"

"रतन आ गया।" स्त्रियों ने इधर-उधर हटकर जगह बनाते हुए कहा।

"मामा क्या हुआ?" रतन ने दौलू पर झुककर पुकारा।

"मुन्नू..." दौलू ने फिर आँखें खोलकर विलाप किया, "मैं मरी जाणां।" उसने रतन के गले में बाँहें डाल दीं।

रतन के आँसू बह गये।

ताँगा आ गया।

रतन और पुरी ने दौलू मामा को उठा लिया। खुशालसिंह ने सहायता दी। तीनों उसे अस्पताल ले गये। गली के बच्चे रो रहे थे। स्त्रियाँ सिसक रही थीं। अस्पताल के एमरजेंसी वार्ड (आपात चिकित्सा कक्ष) में बहुत से घायल विभिन्न मुद्राओं में पड़े या बैठे हुए कराह रहे थे। सभी ओर व्यस्तता और परेशानी दिखाई दे रही थी। डाक्टर पुलिस के अफसरों के साथ बातचीत में लगे हुए थे। कम्पाउंडर और मेल-नर्सेज़ (मर्द सेवक) झल्ला रहे थे—"सुबह से तिरसठ आ चुके हैं। जाने क्यों मुर्दों को उठा लाते हैं और तहकीकात की बला अस्पताल के गले पड़ जाती है।"

रतन और पुरी कभी अस्पताल के एक आदमी से बात करते और कभी दूसरे के सामने गिड़गिड़ाते। कोई सुन नहीं रहा था। मेंहदी से रंगी दाढ़ी वाला एक बूढ़ा मुसलमान सबको अपनी आँखों में आँसू और हाथों में थमे नोट दिखाकर अपने जवान बेटे की ओर ध्यान देने के लिए दुहाई दे रहा था। उसे नज़राना देने की तमीज़ नहीं थी। वह बार-बार फटकार ही पा रहा था।

लगभग एक घण्टे बाद डाक्टर प्रभुदयाल भी आ पहुँचा। उसकी सिफारिश से एमरजेंसी ड्यूटी के डाक्टर यूनिस ने सबसे पहले उनके केस की ओर ध्यान दिया। दौलू को तुरन्त आपरेशन थियेटर में पहुँचाया गया। दौलू का कराहना बन्द हो गया था। वह मूर्च्छित हो गया था। उसे मूर्च्छित रखने के लिए अधिक दवा नहीं देनी पड़ी। उसके घाव की जाँच-पड़ताल हुई। छुरे का घाव गहरा और लम्बा था। डाक्टर यूनिस टाँके लगा रहा था।

दौलू की नाड़ी थामे हुए नर्स बोली—''सिंक कर रहा है!''

दौलू को तुरन्त इंजेक्शन दिया गया। डाक्टर ने राय दी—''आठ औंस खून दिया जाना चाहिए।''

शरीर में खून दिये जाने के विषय में जानकारी न होने के कारण रतन और पुरी दोनों ही दौलू के लिए अपने शरीर का रक्त देने के लिए आगे बढ़ आये। समझाये जाने पर रतन ने अस्पताल में प्रस्तुत शोधे हुए रक्त का मूल्य चौबीस रुपये निकाल कर दे दिया।

डाक्टर प्रभुदयाल के लिहाज से डाक्टर यूनिस ने दौलू की मूर्च्छा टूटने तक पुरी और रतन को उसके समीप रहने की अनुमति दे दी थी। दौलू की मूर्च्छा महामूर्च्छा में परिणत हो गयी। रतन दौलू के शरीर का उचित आदर-संस्कार करने के लिए उसे गली में उठा ले जाना चाहता था।

डाक्टर यूनिस ने पुरी को इस विषय की कानूनी लाचारी समझायी। कानूनन अस्पताल छुरे के घाव से मरे आदमी के क़त्ल के मामले में पुलिस को सूचना देने के लिए बाध्य था। तहकीकात के लिए शव पुलिस के हवाले किया जाना लाजमी था। जब तक सिविल सर्जन या उसका प्रतिनिधि चीर-फाड़ द्वारा शव की परीक्षा न कर लेता, पुलिस शव के संस्कार की अनुमति नहीं दे सकती थी। उस समय तक ग्यारह शव इकट्ठे हो चुके थे। दौलू को लावारिस बता देना आवश्यक था, वरना गली के लोग तहकीकात में बँधे फिरते। दौलू मामा का शरीर अस्पताल के मुर्दाघर में छोड़ देना पड़ा।

पुरी और रतन अस्पताल से निकल रहे थे तो लाउडस्पीकर पर कर्फ्यू जारी हो जाने की घोषणा हो रही थी। उन्होंने अस्पताल के फाटक पर लोगों से सुना कि दिल्ली दरवाजे और चौक मत्ती में भयंकर दंगा हो जाने के बाद आगें लग गयी है।

शहालमी के बाज़ार में सब दुकानें बन्द हो चुकी थीं। पुरी और रतन गली में पहुँचे तो बहुत से लोग दौलू का समाचार जानने के लिए प्रतीक्षा में बैठे थे। रतन उन्हें देखकर रोना न रोक सका। गली में समाचार फैल गया। सभी मर्द अपने घरों के चबूतरों पर आ बैठे। स्त्रियाँ दरवाज़ों या खिड़कियों में आ गयीं। रामप्यारी, जीवां और कर्तार कौर सिसकने लगीं। आँचलों में आँसू तो सभी पोंछ रही थीं।

खूह वाली माई अपने दरवाजे की चौखट से पीठ सटाये बोलने लगी—''बेचारे को दीवानचन्द के पिता ने नौकर रखा था। तब खूब जवान था। बजाजे की गाँठें ढोया करता था और उनकी भैंस दुहता था। आदमी बड़ा देवता था, हाथ का सुच्चा और आँख का भी सुच्चा। कभी किसी से बुरा नहीं बोला। गली का कौन बेटा-बेटी है, जिसे उसने गोदी नहीं खिलाया…''

दीवानचन्द बोला—''मैं तो तब पाँधे के यहाँ पढ़ता था। दुकान पर बैठना भी शुरू नहीं किया था। भाइया जी (पिता जी) ने इसे कोठरी दे दी थी तो मैंने भी किराये की बात नहीं की। जम्मू रियासत में कहीं वैश्नोदेवी (वैष्णव देवी) के आस-पास का था बेचारा। सवा सौ रुपया है इसका। जैसा सब लोग कहें, चाहे मंदिर में दे दें या गोशाला को दे दें या जहाँ सब कहें… ।''

दौलू मामा ने गली के सभी जवानों, जवान लड़कियों और बच्चों को भी गोद खिलाया था। गली में खूह वाली माई, गोबिन्दराम और मास्टर जी ही उसे नाम से पुकारते थे, शेष

सब लोग उसे 'मामा' सम्बोधन करते थे। दौलू को गोद के बच्चों को कन्धे पर बैठाकर और होंठों से अनेक तरह के शब्द निकाल-निकालकर खिलाते रहने का शौक था। गली में किसी के घर लड़का-लड़की होता, बधाई मामा को भी मिलती। लोग कहते—''मामा तेरा एक और भांजा, भांजी हो गयी।''

दौलू अपने बिना दाँत के जबड़े दिखाकर बड़े अभिमान से कहता—''अरे मेरे सामने क्या बोलते हो, तुम सबने मुझ पर हगा-मूता है।''

पुरी ने जब से सुध सँभाली, दौलू को टीन की एक सन्दूकड़ी में अपना सौदा लिये आस-पास की गलियों में बेचते देखा था। उसकी सन्दूकड़ी में पतीसा, पिपरमिंट, लैमनचूस की गोलियाँ, ऋतु के अनुसार आमपापड़ या इमली और चूरन सब कुछ रहता था। गली की स्त्रियाँ, खासकर मेलादेई और बसंतकौर दौलू मामा से लड़ती रहती थीं कि बच्चों को रिझाने के लिए चोरी-चोरी इमली और आमपापड़ देता रहता है। वे नाराज़ होतीं—मामा तेरा अच्छा लाड़ है, बच्चों के गले खराब हो जाते हैं। हम 'चूँडी' (गले की दवाई) लगवाते परेशान हो जाती हैं।

मेलादेई का बड़ा लड़का रतन और छोटा विजय और लड़की दम्मो भी गले सुरीले होने के कारण मामा से बहुत हिले हुए थे। वह उन्हें ऊटपटांग पहाड़ी झिंझोटियाँ सिखाता रहता था। ऊषा और हरी भी कभी-कभी उनके साथ गाने लगते तो मास्टर जी ऐसे वाहियात गीतों पर नाराज़ होकर दौलू को डाँट देते थे।

मच्छीहट्टा, कंजरफला, वच्छोवाली, रंगमहल की गलियों और मोची दरवाजे के बाजार की गलियों के बच्चे भी जानते थे कि मामा 'केला' कहने से बहुत चिढ़ता था। बच्चे उसे देखकर 'केला! केला!' पुकारने लगते और मामा चबा-चबाकर गालियाँ देने लगता। गाली का पहला शब्द तो समझ में आता, परन्तु अन्तिम शब्द मामा क्रोध में बिना दाँतों के ही चबा जाता। आस-पास की गलियों के बच्चों का यह नित्य का मनोरंजन था कि मामा को देखकर अपनी माँ से पैसा-धेला माँग लाते। दूर से पैसा दिखाकर, गम्भीर मुख बनाकर पुकारते—''मामा सौदा लेंगे।''

मामा उत्तर देता—''आ जा बच्चा, आ जा मुन्नू।''

बच्चे समीप आकर पूछ लेते—''मामा केला है?''

मामा गाली बककर उन्हें डराने के लिए धरती पर छड़ी पीटने लगता।

बच्चे सिर पर पाँव रखकर किलकारी मारते हुए दूर-दूर भाग जाते। मामा बच्चों के पीछे दो-चार कदम भागता। दूसरा बच्चा पीठ पीछे से आकर चिल्ला देता—''मामा केला!'' दो-तीन बार यह खेल, खेलकर बच्चे पैसे-धेले का सौदा मामा से खरीद लेते।

तीन दिन पूर्व अष्टमी से होली का रंग शुरू होने पर हर गली में सबसे पहला लाल, नीला, पीला रंग दौलू मामा पर ही पड़ा था। सबसे पहले आलू काट कर बनायी गयी 'गधा' या 'उल्लू' की मोहर मामा की ही पीठ पर लगायी गयी थी। आस-पास के मुहल्ले में खून की होली में मामा ही सबसे पहले डूब गया।

मास्टर जी ने भी दौलू की स्मृति में कहा—''इस आदमी को लोभ नहीं था, किसी से ईर्ष्या नहीं थी, सभी को अपना समझता था। यही तो सच्ची ईश्वर-भक्ति है।''

गली में सर्वसम्मति से निश्चय हो गया कि कल तीसरे पहर अस्पताल से मामा का शव लेकर उसका उचित रूप से संस्कार किया जाये।

पुरी जीना चढ़कर ऊपर चला गया। तारा और ऊषा दोनों बिजली के प्रकाश के समीप बैठी परीक्षा की तैयारी के लिए पढ़ रही थीं। हरि भी चटाई पर बैठा सामने चौकी पर रखी कापी में कुछ लिख रहा था। माँ मुन्नी को गोद में लिटाये मुन्नी के फ्राक का उधड़ा हुआ बखिया ठीक कर रही थी।

पुरी को आया देखकर माँ ने आँसुओं से भारी स्वर में लड़कियों को सम्बोधन किया—"ऊषा, भाई को खाना परोस दे। मैं उठूँगी तो मुन्नी रो पड़ेगी।"

ऊषा एक बार कहने से कभी कोई काम नहीं करती थी पर मामा के शोक ने उसकी ऐंठ को भी नम कर दिया था। उसने खुली पुस्तक को चटाई पर औंधा रख दिया और बिना कुछ बोले थाली परोसने लगी। सभी के चेहरे उदास थे। घर में और पूरी गली में उदासी छायी हुई थी।

पुरी कपड़े बदलता हुआ सोच रहा था—मरने वाला तो चला जाता है। संवेदना और शोक, मर जाने वाले के सम्बन्धियों के प्रति प्रकट किया जाता है, परन्तु दौलू मामा की मृत्यु पर शोक किसी दूसरे के प्रति शिष्टाचार या सहानुभूति में नहीं प्रकट किया जा रहा था। यह सभी का अपना शोक था। मामा किसी का न होकर भी सभी का अपना था।

५ मार्च प्रातः पाँच बजे कर्फ्यू समाप्त हुआ था इसलिए पत्र कुछ विलम्ब से आये। पत्रों में पहले पृष्ठ पर ४ मार्च की संध्या तक लीग की मिनिस्ट्री न बन सकने का समाचार था। यह भी समाचार था कि हिन्दू-सिक्ख और कांग्रेसी लोगों ने लीग मिनिस्ट्री और पाकिस्तान की स्थापना का विरोध करने के लिए 'ऐंटी पाकिस्तान लीग' की स्थापना की थी। सर्वसम्मति से इस लीग का डिक्टेटर मास्टर तारासिंह को स्वीकार किया गया था। रावलपिण्डी में भयानक दंगा हो जाने और पुलिस द्वारा स्थिति सँभाल लेने, लाहौर में हिन्दू-सिख विद्यार्थियों के जुलूस पर गोली चलाये जाने और चौक मत्ती में हिन्दू-मुस्लिम दंगा हो जाने और आग लगने तथा मजंग और दिल्ली दरवाजे के समीप छुरे चलने के समाचार थे।

चौक मत्ती के बारे में हिन्दू अखबारों का कहना था कि हिन्दुओं के शान्त जुलूस पर मुस्लिम मुहल्ले में 'किश्त बारी' (ईंट-पत्थर की वर्षा) हुई। मुस्लिम पत्रों का कहना था कि पुरअमन मुस्लिम आबादी पर हिन्दुओं की भीड़ ने हमला किया। लाहौर में एक दिन में अठारह कत्ल और सौ से अधिक घायल हो चुके थे।

लीग का मंत्रिमंडल न बन सकने से गली के लोगों को सन्तोष था। पाकिस्तान के विरोध के लिए उत्साह था। पिछले दिन की घटनाओं के लिए मुसलमानों और लीग के प्रति क्रोध था। एक साथ बैठकर और अखबार पढ़ा जाकर सुनने से जैसे विचार-विनिमय और बहस होती है, थोड़ी बहुत हुई ही परन्तु पुरी कुछ न बोला।

कशिश जी 'पैरोकार' के डाइरेक्टर-एडीटर थे और बनारसीदास सोंधी मैनेजिंग एडीटर थे। दोनों ही पत्र के लिए लिखने की अपेक्षा अधिक महत्त्वपूर्ण कामों में व्यस्त रहते थे। सम्पादकीय तथा टिप्पणियाँ लिखने का काम सहायक-सम्पादक भगतराम, इन्द्रनाथ और के० के० चड्ढा बारी-बारी से करते थे। पुरी का पद उप-सम्पादक का था, परन्तु उसे भी सम्पादकीय लिखने का अवसर या काम दे दिया जाता था। शेष लोग दूसरे पत्रों से समाचारों का संकलन, अनुवाद और प्रूफ आदि देखने का काम करते थे।

बनारसीदास और कशिश जी, किताबत के लिए लिपि कातिबों को दी जाने से पूर्व टिप्पणियों, लेखों और सम्पादकीय पर एक सरसरी नज़र दौड़ा लेते थे, समय न होता तो वैसे ही चलता था।

भगतराम को बहुत जोर से जुकाम था, आँखें चढ़ी हुई थीं। वह सेवाराम से गरम-गरम ताजे भुने चने मँगाकर रूमाल में लिये सूँघ रहा था और चनों से माथे पर सेंक ले रहा था कि किसी तरह कलम चलाने योग्य हो सके। पिछले मास प्रसव के समय स्त्री की बीमारी और नवजात शिशु की बीमारी में वह कई छुट्टियाँ ले चुका था। शेष काम तो सहायक सम्पादक और उप-सम्पादक आपस में निबाह ही लेते थे, परन्तु ५ मार्च को भगतराम की सम्पादकीय लिखने की बारी थी, इसलिए सोंधी जी से छुट्टी के लिए कहने का साहस नहीं हो रहा था। उसने पुरी की ओर देखकर विवशता प्रकट की—"यार पुरी, मेरी हालत देख रहे हो, आज का एडीटोरियल तुम ही लिख डालो। तुम्हारी बारी पर मैं लिख दूँगा। अमन के लिए कामरेड कपूर की अपील की बिना पर ही ठीक रहेगा, क्या ख़याल है?"

पुरी ने कुछ पल सोचा, दौलू की अर्थी में नहीं जा सकेगा तो क्या, दौलू की स्मृति में अपनी श्रद्धा प्रस्तुत करने का उसे अधिक अच्छा अवसर मिल रहा है।

पुरी पाँच बजे के लगभग 'पैरोकार' के दफ्तर से चला तो विश्वास था कि रतन, बीरसिंह, मेवाराम दौलू मामा की अर्थी राम के बाग में ले जा चुके होंगे; सम्भव है लौट भी आये हों। दफ्तर से छुट्टी पाते समय वह थकान अनुभव करता था। पुरी का विश्वास था कि लिखने की रुचि होने के कारण पत्र का काम उसके स्वभाव के अनुकूल होगा, इस काम को वह कभी बोझ नहीं समझेगा, परन्तु एक वर्ष के अनुभव से उसने कुछ और ही पाया। अपनी कल्पना, उमंग और रुचि से लिखना एक बात थी। निर्दिष्ट विषयों पर निर्देशित दृष्टिकोण से, नियमित मात्रा में लिखने की विवशता से स्फूर्ति नहीं थकान ही अनुभव होती थी परन्तु उस दिन जयदेव ने अपने मन की संवेदना से अपने सन्तोष के लिए लिखा था और वह सन्तुष्ट था।

दो दिन पूर्व रविवार संध्या समय पुरी कनक के यहाँ गया था परन्तु नैयर बैठक में मौजूद था और बैठा ही रहा था। नैयर पंडित जी से मकान के लिए जमीन के सम्बन्ध में बात कर रहा था। इस बातचीत में पुरी क्या सहयोग दे सकता था। उसने कनक को संकेत किया, बाहर चलना सम्भव होगा? कनक ने संकेत ग्रहण नहीं किया। नैयर की उपस्थिति पुरी को सुहाती न थी। नैयर उसकी ओर ऐसे देखता था कि परिचय तो है परन्तु प्रयोजन नहीं है। पुरी नैयर की उपस्थिति में बैठने का कोई लाभ न देखकर 'फिर आऊँगा' कहकर उठ आया था।

आज फिर पुरी की इच्छा थी कि घर लौट, हाथ-मुँह धो, कपड़े बदल कर ग्वालमंडी हो आये। वह दफ्तर से लौटा तो मास्टर जी स्कूल की परीक्षा की तैयारी के लिए छुट्टियाँ हो जाने के कारण घर के चबूतरे पर ही बैठे थे।

मास्टर जी का चेहरा उदास था। गली दौलू मामा के शोक में थी। पुरी को वह स्वाभाविक ही लगा।

"काका बहुत बुरी खबर है।" मास्टर जी पुरी के समीप आते ही बोले, "बधावामल जी का जवाई कल रात कत्ल हो गया है।"

"कौन कहता है?" पुरी ने आघात को अविश्वास और विस्मय से लिया।

मास्टर जी को जिस सूत्र से समाचार मिला था, पुरी को बता दिया और बोले—"काका जी बधाई के अवसर पर एक बार आदमी चूक भी जाये तो सहा जाता है, लेकिन गमी के अवसर पर न जाना बहुत अनुचित होगा। तुम कुछ पानी-वानी पी लो तो खड़े पैरों उधर हो आवें।"

उर्मिला का ब्याह स्टेशनरी के थोक व्यापारी, भाटी दरवाजे के दौलतराम चड्ढा के लड़के केवलकृष्ण से हुआ था। मास्टर जी बधावामल नारंग के लड़के जगदीश और बेटी उर्मिला दोनों को पढ़ा चुके थे इसलिए उनके घर भी विवाह के समय निमंत्रण की मिठाई आयी थी। मास्टर जी बधाई देने गये थे तब पुरी टाल गया था, परन्तु इस समय टाल देना सम्भव न था। उसे मास्टर जी के साथ मंसो गली जाना पड़ा। कनक के यहाँ जाने का अवसर नहीं रहा।

पुरी की कल्पना में मरी में बिताया एक मास पुनः प्रत्यक्ष हो उठा। रस की उमंग से चपल, दुस्साहसी उर्मिला! कल विवाह, आज विधवा यह हिन्दू-मुस्लिम द्वेष क्या करेगा! प्रेम के नशे में गुलाबी, प्रेम के आँसुओं की बूँदों से प्यारी लगने वाली उन आँखों से आँसुओं के झरने बरस रहे होंगे। प्रणय के उन्माद में चहकती बुलबुल को आँसुओं में डुबो दिया गया!

नारंग जी आँखें मूँदे माथा पकड़े बैठे थे। कई लोग शोक के लिए आये हुए थे। बार-बार एक ही बात कही जा रही थी—ब्याह के दो मास ही तो हुए हैं। दो मास और ठहर जाते! इसे ही तो बिधना का लिखा कहते हैं। अभी ससुराल में रही भी कहाँ है। एक बार दो दिन के लिए, फिर चार दिन के लिए गयी थी। मायके में ही थी बेचारी। खबर आयी तो मायके के लोग रोते-पीटते वहाँ पहुँचाकर आये। पातक पूरा हो जाय तो ले आयेंगे। और क्या। अब उसके लिए वहाँ क्या है?

पुरी रात भर उर्मिला के जीवन की उमंगों और उसके अपार दुख भरे भविष्य की बाबत सोचता रहा। कल्पना पूछती, उर्मिला ने विवाह के बाद अपने पति से कैसे व्यवहार किया होगा? सम्भव है, विवाह से पूर्व उसने कई लोगों से प्रेम करना चाहा हो! क्या मालूम! प्रेम की कितनी प्रबल भूख थी उसमें! अब वह उम्र भर के लिए प्रेम की अनधिकारी हो गयी···।

६ मार्च प्रातः भोलापाँधे की गली और आस-पास की गलियों के लोग 'पैरोकार' में सम्पादकीय लेख के साथ एक कालम पर 'दौलू मामा' शीर्षक देखकर चौंके। डाक्टर प्रभुदयाल लेख पढ़कर सुनाने लगा—

"दौलू मामा, तुम लाहौर की कितनी गलियों के कितने बच्चों के मामा थे। तुम उम्र भर रोजाना सैकड़ों बच्चों को हँसा-हँसाकर आज उन्हें फूट-फूट कर रोते छोड़ गये हो। इन भोले बच्चों का खिलौना किस जालिम ने छीन लिया? मामा किसका दुश्मन था? मामा न यूनियनिस्ट मंत्रिमंडल से मतलब रखता था, न लीग की वज़ारत से। वह तो मानव था, केवल निरीह मानव। उसका खून मानवता का खून है। बेबस मानव का खून है। मानवता के खून की इस प्यास को कौन भड़का रहा है? दौलू मामा ने एक खाट की जगह के लिए भी, एक रोटी के लिए भी कभी किसी से झगड़ा नहीं किया। वह किसकी वज़ारत और सियासत की राह में रुकावट बन रहा था?

"मामा, जब तुमसे खुदा तुम्हारे कातिल का नाम पूछेगा तो तुम्हारी उँगली किसकी तरफ उठेगी? क्या खुदा नहीं जानता कि तुम्हारे कत्ल के लिए उत्तेजना दिलाने की जिम्मेदारी उन नेताओं पर है जो तुम्हारे जैसे इंसानों को शासन के सिंहासन पर पहुँच सकने का जीना बनाने के लिए जनता का ईंट-गारे की तरह प्रयोग करना चाहते हैं। क्या हमारे सर्वसाधारण अपने नेताओं को मानवता की कसौटी पर जाँच कर नहीं परखेंगे? क्या अपने स्वार्थों के लिए सर्वसाधारण को अंधा बना देना ही धर्म की रक्षा, प्रजातन्त्र और जनवाद है··· ?"

रतन ने पुरी के समीप हो, उसकी बाँह थाम कर धीमे तथा दृढ़ स्वर में कहा—"भाप्पा (भाई), मैं कसम खाता हूँ कि दौलू मामा का बदला लूँगा।"

पुरी कुछ न बोल सका। एक ही घटना का प्रभाव रतन पर और स्वयं उस पर कितना भिन्न हुआ था।

फिर डाक्टर ने 'पैरोकार' का सम्पादकीय पढ़कर सुनाया—"कांग्रेस और लीग के रहनुमाओं के नाम! ···कांग्रेस और लीग दोनों ही संस्थाओं ने देश को गुलामी से मुक्त करने के लिए जन्म लिया था। ···आज इन दोनों संस्थाओं के नेता पंजाब प्रांत का शासन गवर्नर के हाथों सौंप देने के लिए जिम्मेदार हैं! ···आज ये दोनों राजनैतिक दल विदेशी शासन के कठपुतले और उन्हें सदा धोखा देने वाले को मित्र और साम्राज्यविरोधी सहायक शक्तियों को अपना शत्रु घोषित कर रहे हैं। जिस टोडी ने लीग के अहिंसात्मक आन्दोलन पर लाठियाँ बरसायीं वह आज 'लीग का भाई' है। दो मास तक हिन्दू-मुस्लिम इत्तहाद के नारे लगाकर साम्राज्यशाही और उसके काले कानूनों को समाप्त करने की लीग की प्रतिज्ञाओं का क्या हुआ? जिस खिजर ने युद्धकाल में कांग्रेस के नेताओं को जेल में बन्द करके पंजाब को अंग्रेजी साम्राज्यशाही के कदमों पर कुर्बान कर दिया था, वह आज इन कांग्रेसी नेताओं का 'अपना' बन गया है।

"याद रखिये, कांग्रेस अपने जन्म-काल से मुसलमानों की उतनी ही प्रतिनिधि है जितनी की हिन्दुओं की। कांग्रेस के झंडे से हरा रंग फाड़कर आपने अपना एक हाथ काट दिया। महात्मा गांधी और पंडित नेहरू विदेशी शत्रु के सम्मुख संयुक्त मोर्चा बनाने के लिए, लीग के साथ केन्द्रीय सरकार बनाने के लिए तैयार हैं और पंजाब के कांग्रेसी लीग का बहुमत होने पर भी उनके साथ सूबे के मंत्रिमंडल में सम्मिलित होने के लिए तैयार नहीं हैं। आठ प्रान्तों में मुसलमान कांग्रेसी सरकारों पर विश्वास कर सकते हैं तो दो प्रान्तों में हिन्दू लीग के मंत्रिमंडलों को क्यों सहन नहीं करेंगे? ···यूनियनिस्ट मंत्रिमंडल की पराजय साम्राज्यशाही के समर्थकों की पराजय है। यह पराजय कांग्रेस की प्रजातंत्र और नागरिक स्वतंत्रता की माँग की विजय है। ···दूसरों के मंत्रिमंडलों को तोड़ने की धमकियाँ, परम्परागत शत्रुता के दावे समस्या को हल नहीं कर सकेंगे। ···.साम्राज्यशाही के सामने लाठी सहकर सत्याग्रह और लीग के सामने तलवार की धौंस, यही क्या आपकी नीतिज्ञता और वीरता है? ···एक दिन में इतने खून क्या आपको सन्तुष्ट करने के लिए काफी नहीं? दुश्मन के जश्न के लिए अपने जिस्मों की मशालें बनाकर मत जलाइये··· ।"

लोगों ने सुना। उन्होंने बीते कल की तरह लीग को गालियाँ नहीं दीं। पुरी ने नहीं बताया कि लेख उसका ही लिखा हुआ था। तारा भाँप गयी थी। भाई की सराहना करने

के लिए तारा ने कहा—"कालेज में सब लोगों को यह सम्पादकीय पढ़ने के लिए कहूँगी।"

पत्रों के पढ़ने वाले जितने भी परिचित पुरी से मिले, सबने इस लेख की चर्चा की। कुछ ने लेख के साहस की और कुछ ने एकता की माँग की प्रशंसा की। कुछ ने लेख की शैली की। कामरेडों ने आकर पुरी की पीठ ठोंकी और उसे जन-एकता द्वारा बुर्जुआ डैमोक्रेटिक रेवोल्यूशन की स्ट्रेटजी समझाने लगे। इस लेख से 'पैरोकार' के दफ्तर में सब लोग प्रसन्न नहीं थे। भगतराम चिंतित था। उसे मालूम हो गया था कि लेख सोंधी जी को पसन्द नहीं आया। पुरी ने परवाह नहीं की। अकेले सोंधी की राय से क्या होगा?

पुरी अपनी कलम अर्थात् अपनी शक्ति की सार्थकता और सफलता के उत्साह में था। उसने दफ्तर से लौट मुँह-हाथ धोकर कपड़े बदले और गत संध्या के निश्चय अनुसार ग्वालमंडी चला गया।

पुरी पंडित जी के मकान पर छः बजे पहुँचा। भाग्य की बात नैयर और कनक की बड़ी बहिन कान्ता दोनों ही मौजूद थे। कनक ने कुर्सी से उठकर 'आइये' कहकर पुरी का स्वागत किया।

कान्ता ने पुरी को तीन बार ही देखा था, उसने विशेष ध्यान न किया। नैयर करवट से शिथिल बैठा था; वैसे ही बिना हिले उसने सिर के इशारे से पुरी की नमस्ते स्वीकार कर ली।

पुरी के कुर्सी पर बैठते ही कनक ने उत्साह से सराहना की—"आज तो आपने बहुत ही जोरदार लिखा है।" वह नैयर की ओर घूम गयी, "आपने पुरी जी का लेख देखा है?"

"कहाँ?" नैयर ने बिना कौतूहल के पूछ लिया।

"'पैरोकार में।"

"मैं ट्रिब्यून पढ़ता हूँ।"

"सुनाऊँ!" कनक ने आग्रह किया पर बैठी रह गयी।

पुरी को अपने लेख के चर्चा की अवहेलना अच्छी न लगी। कनक कुछ पूर्व की एक बात याद आ जाने से चुप रह गयी थी। पुरी को नैयर का उपेक्षा दिखाना बुरा लगा था। जब पुरी ने इस विषय में संकेत किया था तो कनक ने कह दिया था—"आप उनकी परवाह क्यों करें? साहित्य-कला की बात के लिए उन्हें फुर्सत कहाँ? कानून और अदालत के आदमी; उन्हें रुपये और ज़ायदाद से मतलब है।"

कनक ने पुरी को तो बहला दिया था परन्तु जीजा के व्यवहार के प्रति अपना असन्तोष प्रकट किये बिना न रह सकी थी। दोनों में आधुनिक जीजा-साली की चुहल, छेड़छाड़, बोली-ठोली खूब चलती थी। कांता का कोई भाई न था। इसलिए नैयर सालियों का और भी अधिक समीपी हो गया था। कनक घर में अपने रहस्य की बात जीजा से ही कर सकती थी। बड़ी बहिन कांता से केवल तीन बरस छोटी होने के कारण जीजा से उसका सबसे अधिक सामीप्य और आत्मीयता भी थी। कौन युवती कुमारी साली जीजा के साथ अपने को सुरक्षित समझकर प्रणय और आकर्षण के अखाड़े के पैंतरों का परिचय पाने का यत्न नहीं करती? ऐसा भी सम्भव था कि कोई बात नैयर कांता को न कहकर कनक से ही कर लेता था।

कनक ने नैयर से शिकायत की थी—''जिजाई (जीजा जी), पुरी के प्रति आप इस तरह इण्डिफरेंस (उपेक्षा) क्यों दिखाते हैं? वे गेस्ट हैं, हम पर उनका इतना एहसान है।''

नैयर ने इस आरोप के प्रति विस्मय प्रकट किया और फिर बोला—''उस आदमी से और क्या बातचीत की जा सकती है? यहाँ वह स्वयं ही अपने को आउट ऑफ प्लेस (स्थानच्युत) समझ कर सदा कुछ सहमा-सा रहता है। उसे कल्चर्ड (संस्कृत) लोगों में बैठने का अभ्यास नहीं है···।''

कनक ने इस अन्याय के विरोध के लिए पुरी के विषय में जो कुछ कहा उससे नैयर को मन की गाँठ खोलने का अवसर मिल गया। कुछ समय से वह पुरी की तुलना में अपने प्रति कनक का अलगाव अनुभव कर रहा था। उसने कनक को घूरकर कड़ी जिरह की—''यह ट्यूटर के सम्मान का तकाज़ा है या कोई दूसरी भावना बोल रही है?''

'हाँ, है क्यों नहीं।' कनक निस्संकोच कह देने को थी, परन्तु उचित न लगा। 'पुरी जी' से परामर्श किये बिना ऐसा कदम उठा लेना उचित न था। परिवार के सामने प्रश्न रख देने के विषय में अभी तक वह पुरी से बात नहीं कर सकी थी। अपने आपको रोका और कह दिया, ''आपको जाने क्या-क्या दिखाई देने लगता है।''

''मुझे क्या दिखाई दिया है?''

''तो फिर ईर्ष्या क्यों हो रही है?''

''ईर्ष्या?'' नैयर ने अपने विस्मय को जिज्ञासा में बदल दिया, ''ईर्ष्या का कोई कारण है?''

''मैं नहीं बात करती आपसे। यह क्या तरीका है!'' कनक क्रोध में जीजा से दो दिन नहीं बोली थी। निश्चय किया था, जब तक पुरी से अपने घर में बात करने के विषय में परामर्श नहीं लेगी तब तक दूसरों के सामने, खासकर 'बेईमान जीजा' के सामने संयम रखेगी।

पुरी, नैयर और कान्ता की उपस्थिति में उपेक्षित-सा चुप बैठा था। यों ही इधर-उधर की बातें चल रही थीं। कनक विशेष संयम से एक बात पुरी से करती तो नैयर और कान्ता से भी कुछ कह लेती। बातें दंगों के सम्बन्ध में और नैयर के पड़ोसी मिर्ज़ा के बारे में चल रही थीं। पंडित जी दफ्तर में कोई खास काम समाप्त कर रहे थे। नैयर सबको अपनी गाड़ी में मॉडल टाउन ले जाने के लिए बैठा था।

पुरी इस संगति में असुविधा और उपेक्षा अनुभव कर रहा था। उसने चले जाने की आज्ञा चाही। नैयर और कान्ता ने विशेष ध्यान नहीं दिया। कनक ने स्थिति का ध्यान कर पुरी से ठहरने के लिए अनुरोध न कर विदाई दे दी।

बैठक से बाहर आकर पुरी को बहुत बुरा लगा। सोचा—···मामला क्या है? स्पष्ट उपेक्षा और अपमान है। पिछली बार और इस बार भी कनक का यह कैसा व्यवहार है? मन में आया, अब यहाँ न आये। फिर सोचा, बाहर मिलकर पूछूँगा तो सही···।

रात में नींद आने तक पुरी के मन में कनक के व्यवहार के कारण खिन्नता बनी रही।

७ मार्च, जयदेव ने दफ्तर के कमरे में कदम रखा ही था कि उसकी और भगतराम की आँखें मिलीं। पुरी इशारा पाकर भगतराम के पीछे बाजार की ओर खुलते छज्जे में पहुँचा। भगतराम के चेहरे पर परेशानी स्पष्ट थी।

"गजब हो गया!" भगतराम ने कशिश जी के कमरे की ओर संकेत करके बताया, "कहता है, हम लोग कांग्रेस और हिन्दुओं के साथ दगा कर रहे हैं। पैरोकार में 'फिफ्थ कालमिस्ट' (शत्रु के भेदिये) घुस आये हैं। कहता है, तुम पर पहले ही शक था। तुमने पिछले साल नाविक-विद्रोह के अवसर पर भी कांग्रेस की पीठ में छुरी मारी थी। मुझसे नाराज है कि मैंने ऐसे अवसर पर तुम्हें एडीटोरियल लिखने दिया। तुम जानते हो, मेरी तबीयत ख़राब थी। मैंने तुम्हारा लिखा पढ़ा भी नहीं था। तुम उस दिन न लिखते तो एक दिन बाद लिखते··· ।"

"मैंने लिखा है और उसके लिए मैं जिम्मेवार हूँ।" पुरी ने भगतराम की चिन्ता की परवाह न कर कह दिया।

पुरी कशिश जी के यहाँ से सन्देश पाकर उनके कमरे में पहुँचा। कशिश जी गम्भीर और तत्पर मुद्रा में बैठे थे। सिर पर नोकदार तीखी टोपी मौजूद थी। दोनों हाथों की उँगलियों को परस्पर जकड़े कुर्सी की पीठ से पीठ सटाये हुए थे। सामने मेज पर पैरोकार में पुरी का लिखा सम्पादकीय का पृष्ठ रखा था। लेख में स्थान-स्थान पर हरी पेंसिल से निशान बने हुए थे।

पुरी की नमस्ते के उत्तर में कशिश जी ने सामने रखे पृष्ठ की ओर संकेत कर प्रश्न किया—"यह क्या तमाशा किया है आपने?"

पुरी ने संयम से काम लेने के लिए उत्तर दिया—"पंडित जी, मैंने अपने विचार से तमाशा नहीं किया है। कम्यूनल डिस्टर्बेन्स (साम्प्रदायिक दंगे) की आग को शान्त करने के लिए अपील की है। मुझे कांग्रेस की पॉलिसी के मुताबिक यही मुनासिब मालूम हुआ।"

"ओह, वैरी क्लेवर! आपका ख़याल है, सेण्टीमेंट की आड़ लेकर आपने जिस तरह कांग्रेस और हिन्दुओं की बैक में स्टैब किया (पीठ में छुरी भोंकी) है उसे हम समझ नहीं सकते?"

पुरी ने तिरस्कार के व्यवहार को निगल कर उत्तर दिया—"मैंने अपने यकीन में कांग्रेस की पॉलिसी और इंट्रेस्ट के खिलाफ एक भी लफ्ज़ नहीं लिखा है।"

"कांग्रेस के लीडरों पर खूंरेज़ी (रक्तपात) और इश्तआल (उत्तेजना) की तोहमत लगाना, उन्हें बेईमान, बदनीयत कहना कांग्रेस का इंट्रेस्ट है?" कशिश जी ने तीखे स्वर में कटाक्ष किया, "लीग के सामने घुटने टेकने की नसीहत कांग्रेस की पालिसी है?"

"मैंने फैक्ट्स की बिना (तथ्य के आधार) पर लिखा है। तकरीरें मैंने सुनी थीं और उनकी रिपोर्ट अखबारों में मौजूद है। मैंने घुटने टेक देने के लिए हरगिज़ नहीं लिखा। मैंने लीग की भी गलती बतायी है।" पुरी ने सफाई दी।

"ओह वैरी क्लेवर, आप लीग और कांग्रेस दोनों के ही रहनुमा हैं। आप यहाँ अपने बॉसेज (मालिकों) को तालीम देने आये हैं। हमें अपनी इन कमीनी हरकतों से बख़्शिये। अपने उस्तादों के अखाड़े में ही अपने जौहर आज़माइये।" कशिश जी धमकी से चिल्लाये।

पुरी उत्तेजित हो गया—"बेशक मैं ऐसी जगह काम नहीं करना चाहता जहाँ सच्चाई का गला घोंटना पड़े।"

"हूँ!" कशिश जी ने गहरा ताना दिया, "लीग से पहले बात हो चुकी है? खैर, जाइये! हमारे यहाँ ट्रेटरों (विश्वासघातकों) की जरूरत नहीं है।"

पुरी कुर्सी से उठ खड़ा हुआ और क्रोध में गरज उठा—"ट्रेटर तुम हो।"

कशिश जी की आँखें सुर्ख हो गयीं। उन्होंने मेज़ पर रखी घण्टी का बटन दबा दिया। कमरे के दरवाजे की घण्टी जोर से बोल उठी, परन्तु पुरी कहता गया—"तुम कांग्रेस को धोखा दे रहे हो, मुल्क को धोखा दे रहे हो, अवाम को धोखा दे रहे हो। लानत है तुम्हारी नौकरी पर।"

साथ के कमरे में लोग कशिश जी के चपरासी को बुलाकर पूछ रहे थे, भीतर क्या बात हो रही है? चपरासी घण्टी सुनकर झपटता हुआ आया।

पुरी दरवाज़ा खोल चुका था, चपरासी के भीतर आ सकने के पहले ही वह बाहर हो गया था। उसे कशिश जी की चिल्लाहट सुनाई दी—"इस आदमी को बाहर निकाल दो। दफ्तर में नहीं आयेगा।"

८

जयदेव पुरी के 'पैरोकार' की नौकरी छोड़ देने या उसके 'पैरोकार' से निकाल दिये जाने की घटना सभी पत्रों के पत्रकारों को मालूम हो गयी थी, परन्तु इस घटना का उल्लेख किसी पत्र में न हुआ। सभी पत्रों की अपनी-अपनी राजनीति और साम्प्रदायिक नीति थी परन्तु पत्रकारों को अनुशासन में रखने की नीति के विषय में उनमें कोई भेद नहीं था।

मंजूर, हीरासिंह, नरेन्द्रसिंह, असद और महाजन ने बहुत यत्न किया कि लाहौर के पत्रकार मिलकर 'पैरोकार' द्वारा पुरी के साथ किये गये व्यवहार का विरोध करें। बहुत से सहायक सम्पादकों और उप-सम्पादकों को पुरी के प्रति सहानुभूति थी। वे 'पैरोकार' के व्यवहार का विरोध इस शर्त पर करने को तैयार थे कि इस विरोध में सभी पत्रों के सभी पत्रकार साथ हों, परन्तु उन्हें स्वयं ही सब पत्रकारों से ऐसे साहस और एकता की आशा नहीं थी। कुछ पत्रकारों का विचार था कि पुरी ने जो लिखा था, वह नैतिक दृष्टि से उचित होने पर भी व्यावसायिक दृष्टि से उचित न था। 'पैरोकार' की नौकरी करते समय उस पत्र की नीति का प्रतिपादन ही पुरी का कर्तव्य था। कुछ ऐसे भी थे जिनके विचार में पुरी का लेख राजनैतिक दृष्टि से भूल थी। कामरेड लोग पुरी के समर्थन में पत्रकारों की सभा करा सकने में असफल रहे।

८ मार्च को संध्या भाटी दरवाजे, दिल्ली दरवाजे, सैदमिट्ठा और मजंग मुहल्लों में और भी अधिक फसाद हो जाने के कारण कर्फ्यू लग गया था। दो दिन बाद कामरेडों ने लाहौर में छापाखाना कर्मचारी संघ की एक सभा करवा कर पुरी के हिन्दू-मुस्लिम एकता के लिए किये प्रयत्न की सराहना की और 'पैरोकार' के अन्याय के सम्बन्ध में विरोध का प्रस्ताव पास करा दिया।

छापाखाना कर्मचारी संघ की सभा, संध्या, मोरी दरवाजे के समीप चारदीवारी के बाहर बाग में हुई थी। सभा में बहुत से भाषण हुए। असद ने जयदेव पुरी की साहित्यिक प्रतिभा की चर्चा करके बताया कि आदर्श साहित्यिक और पत्रकार वही है जो समाज की पीड़ा और सुख का अनुभव कर समाज के लिए रोता और हँसता है। असद ने पुरी का 'पैरोकार' में प्रकाशित लेख सभा में पढ़कर सुनाया और चुनाती दी—"हम पूछते हैं, यह अपील एकता की अपील है या किसी के प्रति विरोध और लांछन है?"

असद ने घोषणा की—"हम यह लेख महात्मा गाँधी की सेवा में भेजकर उनका निर्णय माँगेंगे कि क्या लेख लिखने वाला अपराधी है? हम आशा करेंगे कि 'पैरोकार' के मालिक महात्मा जी के निर्णय को स्वीकार करेंगे। हमारे पत्र सरकार से प्रेस की स्वतंत्रता की माँग करते हैं, परन्तु हम पूछते हैं, पत्रों के मालिक पत्रकारों को क्या-क्या और कैसी स्वतंत्रता देते हैं। स्वतंत्रता की यह माँग केवल पत्रों के मालिकों के लिए ही है? जिनके पास अपने पत्र या प्रेस नहीं हैं, वे लोग पत्र और प्रेस की स्वतंत्रता कैसे पा सकते हैं? प्रेस की ऐसी स्वतंत्रता सर्वसाधारण के हित की रक्षा नहीं बल्कि पत्रों और प्रेसों के मालिकों का स्वार्थ पूरा करेगी··· ।"

असद ने जनता से अनुरोध किया—"हिन्दू-मुस्लिम एकता के लिए साथी पुरी की यह चेतावनी और उसका त्याग व्यर्थ नहीं जाना चाहिए। लाहौर के मजदूरों को आवाज उठानी चाहिए कि कांग्रेस, लीग और अकाली पार्टी मंत्रिमंडल के सिंहासनों के लिए अंग्रेज साम्राज्यशाही की खुशामद छोड़कर आपसी समझौते से संयुक्त मंत्रिमंडल कायम करें और शासन की शक्ति गवर्नर के हाथों से वापस ले··· ।"

साथी हीरासिंह और प्रद्युम्न ने भी भाषण दिये—"हिन्दुस्तान की आज़ादी का दुश्मन ब्रिटिश साम्राज्यवाद तो है ही जो हिन्दुस्तानी कौम के हिन्दू और मुस्लिम भागों को आपस में लड़ाकर अपने वश में किये हुए है, परन्तु मुल्क की आज़ादी के सबसे बड़े दुश्मन वे लोग हैं जो हिन्दुस्तान की राजनीति को साम्प्रदायिक संघर्ष का दृष्टिकोण दे रहे हैं। हिन्दुस्तान की आज़ादी और एकता आज हिन्दू-मुस्लिम एकता के आधार पर ही सम्भव है। साम्प्रदायिक उत्तेजना के बल से, ब्रिटिश नौकरशाही की छत्रछाया में, मंत्रिमंडल बनाने की अपनी भूख पूरी करने के प्रयत्न का परिणाम आपके सामने है।

"दोस्तो, हमें एक बहुत बुरी खबर मिली है कि आज फिर अमृतसर में भारी फसाद हो गया है। पंजाब के व्यापार के केन्द्र अमृतसर में आग लगा दी गयी है। इस आग को भड़काने वाले अपनी कोठियों में आराम से बैठे हुक्म दे रहे हैं और हम और आप इस आग में जल रहे हैं। भाई जयदेव पुरी ने सर्वसाधारण की रक्षा के पुण्य कार्य के लिए निर्भय होकर निःस्वार्थ भाव से यत्न किया है। हम देश के पत्रकारों से अनुरोध करते हैं कि वे लोग साथी जयदेव पुरी का आदर्श निबाहें। देश की स्वतंत्रता और सर्वसाधारण का कल्याण उन लोगों के हाथ में कभी सुरक्षित नहीं रह सकता जो साम्प्रदायिक उत्तेजना

फैलाकर अपने स्वार्थ पूरा करना चाहते हैं। मजदूर वर्ग सदा सम्पूर्ण एकता के लिए यत्न करता रहेगा। देश के मजदूर साथी जयदेव पुरी के निःस्वार्थ कर्तव्यपालन की सराहना करते हैं। साथी जयदेव पुरी जिन्दाबाद।''

पुरी इन भाषणों से बहुत द्रवित हो गया था। वह धन्यवाद देने के लिए मंच पर खड़ा हुआ तो उसने बड़े यत्न से भावोद्रेक को वश किया और कंठ के अवरोध को साफ कर कहा—''आप लोगों ने जिस प्रकार मेरी भावना का आदर किया है, उसके लिए मैं अनुग्रहीत हूँ। कर्तव्य के लिए मैं ऐसी सैकड़ों नौकरियों को ठोकर मार सकता हूँ। विदेशी गुलामी से मुक्ति के लिए हिन्दू-सिक्ख-मुस्लिम एकता पहली शर्त है। कांग्रेस इसके लिए सदा यत्न करती रही है और करती रहेगी। नेताजी सुभाष बोस ने आजाद हिन्द सेना बनाकर हमारी एकता की शक्ति का प्रत्यक्ष प्रमाण दिया था। मैं प्रतिज्ञा करता हूँ, इस लक्ष्य के लिए जीवन अर्पण करने में भी नहीं झिझकूँगा।'' सभा तालियों से गूँज उठी।

अमृतसर में भयंकर दंगे और वहाँ आगें लगा दी जाने के समाचार पाकर कामरेडों का एक दल शांति का प्रचार करने के लिए अमृतसर पहुँचा। वे लोग पुरी को भी साथ ले गये। पुरी अमृतसर में जले हुए बाज़ार की अवस्था देखकर द्रवित हो गया। शान्ति का प्रचार करने वाले लोगों के प्रभाव से नगर में शीघ्र ही शांति भी स्थापित हो गयी। एक दिन पहले लड़ने वाले लोग गले मिल-मिलकर अपनी भूल पर पछताने लगे। यह देखकर पुरी और भी उत्साहित हुआ।

लाहौर में भी कम्युनिस्टों, एकता में विश्वास रखने वाले काँग्रेसियों, समाजवादियों और उदार विचार के लोगों ने एकता द्वारा नागरिक शांति के लिए आन्दोलन आरम्भ कर दिया था। नगर के अनेक भागों में सभाएँ की जाने लगीं और रेलवे मजदूरों में शांति-रक्षा दलों का संगठन आरम्भ किया गया। ऐसी सभाओं में पुरी को अवश्य बुलाया जाता था। इससे पुरी को भी संतोष होता था। बिना काम के घर बैठे रहना उसके लिए असह्य था। इन सभाओं में वह नेता और वीर का सम्मान पाता था। अपने त्याग के आदर से वह संतोष पाता था, परन्तु यह आदर जीवन की आवश्यकताओं को पूरा नहीं कर सकता था। उसकी नौकरी छूट जाने के दिन से माँ और मास्टर जी के चेहरे लटक गये थे। वे गली के लोगों की सहानुभूति और दया के पात्र बन गये थे। पुरी अपनी अवस्था पेड़ से कटकर गिर पड़ी डाली के समान अनुभव कर रहा था, जिसके पत्ते और टहनियाँ कुम्हला रही हों।

प्रद्युम्न और असद के प्रोत्साहित करने पर पुरी ने 'पैरोकार' में प्रकाशित अपना लेख और अपने प्रति किये गये व्यवहार का वर्णन रजिस्ट्री से महात्मा गांधी के पास भेज दिया था। उसे आशा थी, गांधी जी द्वारा नैतिक समर्थन पाकर वह राजनैतिक क्षेत्र में सहसा चमक जायेगा, परन्तु गांधी जी के यहाँ से तीन सप्ताह तक भी कोई उत्तर नहीं आया। कामरेडों ने दूसरे सभी पत्रों के दफ्तरों में दल से सहानुभूति रखने वालों से पुरी को नौकरी दिलाने का यत्न करने के लिए कहा, परन्तु उसे कहीं स्थान न मिला।

पुरी पिछले सवा बरस से जिस ढंग से पहनने-ओढ़ने और खर्चने लगा था, अब रुपये के अभाव में वैसा न कर सकना उसे बहुत अपमानजनक जान पड़ रहा था। प्रति मास एक सौ रुपया पाने की आशा में वह कई वस्तुएँ उधार भी लिये हुए था। उस उधार को न चुका सकने की चिन्ता ऐसी थी जैसे कोई कीड़ा खोपड़ी में छेद किये दे रहा हो।

'पैरोकार' के दफ्तर में पुरी की फरवरी मास की तनख्वाह शेष थी। तनख्वाह के लिए दफ्तर में जाकर तकाज़ा करना उसके लिए सह्य नहीं था। भगतराम और लेखराम ने उसे समझाया कि उसकी तनख्वाह स्वयं उसके घर पहुँच जाने की आशा व्यर्थ है। कशिश जी पुरी का नाम भी सुनने के लिए तैयार नहीं थे। पुरी कहीं आने-जाने के लिए टाँगे के किराये और लाण्ड्री से कमीज़े धुलवा सकने और नाई के यहाँ जा सकने के लिए भी पैसों का मोहताज हो गया। पुरी को यह विवशता बहुत अपमानजनक लग रही थी। वह अपनी तनख्वाह का अधिकांश भाग माँ के हाथों में देता था। उस अवस्था में भी पिता-पुत्र की कमाई मिलाकर घर का निर्वाह बहुत सुविधा से नहीं चल रहा था। अब कुछ न देकर माँ के सामने कैसे हाथ फैलाता! गर्मी आरंभ हो गयी थी। इस समय लाहौर की सफेदपोश श्रेणी में सफेद कमीज-पतलून या सफेद सूट पहनना ही उचित था। पुरी के लिए यह और भी कठिन था।

अपनी इस कठिनाई और मानसिक व्यथा में पुरी को बार-बार कनक की याद आ जाती थी। २ मार्च और ६ मार्च की संध्या भी नैयर की उपस्थिति में कनक द्वारा दिखायी उपेक्षा की स्मृति उसे बेध देती थी। पुरी इस बारे में कनक से बात करने के लिए आतुर था परन्तु उससे मिलने जाने पर बताना पड़ता कि वह बेरोज़गार हो गया है, उसको सौ रुपये मासिक की नौकरी भी अन्याय से छीन ली गयी है। अब वह आँधी में सड़क पर उड़ते जाते पत्ते की भाँति अनिकेतन है। कनक के घर इस दीन स्थिति में जाकर आत्म-सम्मान खोने से, वहाँ न जाना ही भला था।

पुरी में काम करने की शक्ति थी और काम करने का उत्साह था। काम करने के लिए उसका मन और मस्तिष्क छटपटा रहे थे, परन्तु काम करने का अवसर उससे छीन लिया गया था। काम करने का अवसर छीन लिया जाने का अर्थ, उसे आधा पेट भोजन, अपर्याप्त वस्त्र की कृच्छता और बेरोज़गारी के अपमान की यंत्रणा में सताना था। लाहौर के पत्रों में उसके लिए स्थान न रहा था। उसे लाहौर से बाहर जाकर काम करने का ध्यान आता परन्तु बिना किसी आश्वासन के कहीं चल देने का भी साहस न होता था। पुरी ने अपने आपको सँभाला। 'पैरोकार' में नौकरी आरम्भ करने के समय की अपेक्षा अब साहित्य, पत्रकारिता और प्रकाशन के क्षेत्र में उसका नाम अधिक था। उसने स्वतंत्र रूप से पत्रकारिता का काम करने का निश्चय किया।

पुरी ने कशिश जी पर विद्रूप भरे दो लेख 'कलाबाज कलाकार' और 'बड़े संपादक जी' शीर्षक से लिखे। 'सितारा' और 'भानमती' में दोनों लेख छपे। इन लेखों के लिए पुरी की प्रशंसा बहुत हुई, परन्तु रुपये प्रति लेख केवल दस-दस ही मिल सके।

पुरी सोचता—क्या साहित्य और कला का उचित मूल्य इतना ही है! ···कम से कम चार-पाँच हज़ार आदमियों ने मेरे लेखों को पढ़ा होगा। उसके तर्क ने कहा—इससे अधिक क्या आशा करोगे? मेरे लेख केवल पाठकों का विनोद ही तो करते हैं। विनोद का मूल्य और कितना होगा? सम्भव है यदि मैं भी सर्वसाधारण का विनोद करने वाले मदारियों की तरह, चारदिवारी बाहर के बाग में अपने लेख और कहानियाँ सुनाऊँ तो लोग पैसा-पैसा, दो-दो पैसा मेरी झोली में फेंक दें। उस अवस्था में शायद मुझे प्रति लेख या कहानी के लिए पचास रुपया मिल सकें परन्तु सफेदपोश होकर ऐसा काम कैसे कर सकता हूँ। ···वह मन ही मन मुस्कराया साधनहीन होकर भी सम्मान चाहता हूँ। इसी का

फल भोग रहा हूँ। साधन होने पर तो सम्मान खिंचा चला आता है। मुझे अपनी रचनाएँ पत्रों को बेचनी पड़ती हैं और पत्र उसे ग्राहकों को बेचते हैं।

पुरी निराशा में सोचता—क्या भूखा व्यवसाय मैंने चुन लिया है। कलाकार और लेखक का यश पोला ढोल होता है, जिसकी गूँज दूर तक जाती है, परन्तु भीतर पोल रहती है। उसके सामने दूसरा मार्ग ही क्या था··· किसी स्कूल में या रेलवे में चालीस-पचास की नौकरी तलाश करता। ऐसा विचार और भी अपमानजनक जान पड़ता था।

लेखक के श्रम या उसकी कृति के ग्राहक पत्र हो सकते हैं या प्रकाशक। पंडित गिरधारीलाल पुरी का बहुत आदर करते थे। कनक के घर में अपना आर्थिक दैन्य प्रकट न करने के लिए उसने ट्यूशन के पारिश्रमिक की आवश्यकता से इन्कार कर दिया था। अब वहीं जाकर अपनी दीनता स्वीकार करके सहायता की भीख माँगने से तो आत्महत्या कर लेना बेहतर था।

सात-आठ मास पूर्व गिरधारीलाल जी ने स्वयं ही पुरी की कहानियों का एक संग्रह देखने के लिए माँगा था। पुरी ने आत्म-सम्मान के कारण कभी उन्हें उसकी याद भी न दिलायी थी। अपनी कहानियों के प्रकाशन के लिए उतावली प्रकट करना वह छिछोरापन समझता था। अब वह सोचता—अन्य सब सम्मान शिष्टाचार-मात्र हैं, पैसे का बल ही वास्तविक सम्मान है।

'अदायरा मुनव्वर' (मुनव्वर प्रकाशन) से भी पुरी का परिचय हो चुका था। पुरी मुनव्वर प्रकाशन से अनुवाद के लिए एक अंग्रेजी उपन्यास, आठ आने प्रति पृष्ठ की दर पर ले आया। शांति के प्रयत्नों के बावजूद छुरेबाजी, कभी-कभी आग और छुट-पुट दंगे हो जाते थे। जिस दिन कर्फ्यू या दंगे के कारण पुरी कहीं न जा पाता, खूब लगकर उपन्यास के बीस-बाईस पृष्ठों का अनुवाद कर लेता। संध्या समय संतोष अनुभव करता, दस रुपये प्रतिदिन—तीन सौ रुपये मासिक का श्रम कर सकता है।

पुरी सप्ताह भर में आधे उपन्यास का अनुवाद करके पचहत्तर रुपये पाने की आशा लिये 'अदायरा मुनव्वर' में गया था। प्रकाशन-गृह का मालिक गौस मुहम्मद अनुवाद से सन्तुष्ट था परन्तु उसे वह उपन्यास बहुत शीघ्र प्रकाशित कर देने की आवश्यकता नहीं थी। अनुवाद उसने पुरी जैसे अदीब (साहित्यिक) की सहायता के लिए कराना स्वीकार किया था। पुरी ऐसी बात सह गया क्योंकि गौस मुहम्मद से केवल व्यावसायिक सम्बन्ध था। गौस ने तीन-चार दिन बाद कुछ रुपया देने का आश्वासन दिया। पुरी को उपन्यास शीघ्र समाप्त कर देना व्यर्थ ही जान पड़ा। सोचने लगा, उस कला का क्या मूल्य जिसका कोई ग्राहक नहीं।

महीने भर से ऊपर बीत गया। पंजाब में कोई भी मंत्रिमंडल स्थापित न हो सका था। शासन गवर्नर और उसकी नौकरशाही के ही हाथ में था।

लीग का पाकिस्तान की माँग का आन्दोलन बढ़ता ही जा रहा था। मास्टर तारासिंह के अधिनायकत्व में ऐंटी-पाकिस्तान लीग की हुंकार भी कम नहीं थी। पूर्वी पंजाब से त्रस्त मुसलमानों के पश्चिम की ओर भागने के और पश्चिम पंजाब से भयभीत हिन्दुओं के पूर्व की ओर भागने के समाचार आ रहे थे। लोग भयंकर विस्फोट की आशंका कर रहे थे। सन् १९४२ के स्वतंत्रता आन्दोलन के समय तलवार, बन्दूक, पिस्तौल का नाम सुनकर लोगों का पसीना आ जाता था। अब पुरी सुनता कि लोग निधड़क तलवारें, बर्छे, बंदूकें

जमा कर रहे थे। कुछ लोग पानी के नल कटवा कर कड़ाबीनें (तोड़ेदार बंदूकें) भी बनवा रहे थे। अफवाह गरम थी कि लाला माधोशाह और सुखलाल के यहाँ से हिन्दुओं की रक्षा और पाकिस्तान के विरोध के लिए, दो-सवा दो सौ में चाहे जितने बंदूक, पिस्तौल मिल सकते हैं।

कामरेडों और शांति-रक्षा कमेटियों के प्रयत्नों के बावजूद नगर के किसी न किसी भाग में दंगा हो ही जाता और कर्फ्यू लग जाता था। यूनिवर्सिटी परीक्षा की तैयारी की छुट्टियाँ थीं। दंगे के वातावरण के कारण मास्टर जी और भाई ने भी तारा को अकेले बाहर जाने से मनाकर दिया था। वह कभी व्याकुल होकर सोचती, हज़ारों लोगों की मूर्खता, धर्मान्धिता और स्पर्धाओं का फल मुझे भोगना पड़ रहा है। तारा विवश थी। ऐसी अवस्था में पुरी भी घर बैठकर कुछ लिखने या अनुवाद करने के लिए विवश हो जाता था। कर्फ्यू हटने पर कामरेड फिर नागरिक एकता के लिए सभा कर डालते या जुलूस निकालने लगते। पुरी उसमें अवश्य सम्मिलित होता।

तारा भाई का व्याख्यान सुनने की इच्छा प्रकट करके उसकी छत्र-छाया में ऐसे अवसर पर जाने का उपाय बना लेती थी। असद भी स्थिति को समझ रहा था। ऐसे अवसर पर अवश्य उपस्थित रहता। पुरी के व्याख्यान देते समय दोनों को कुछ मिनट आपस में बातचीत के लिए मिल जाते। सभा समाप्ति पर असद उन दोनों के साथ-साथ शहालमी के रास्ते भोलापांधे की गली के सामने से, रंगमहल से होता हुआ दिल्ली दरवाजे चला जाता।

तारा एक बार सहमी। जानती थी, भाई असद का आदर करता है परन्तु लगा, जैसे असद का तारा के बहुत समीप होते जाना भाई को सुहाता न हो। कुछ दिन से तारा को भाई की चिड़चिड़ाहट और क्रोध बढ़ गया जान पड़ रहा था। कारण जानती थी इसलिए भाई को दोष भी न दे सकती थी। अलबत्ता जरा सतर्क हो गयी।

तारा की शंका सर्वथा निराधार भी नहीं थी। पुरी एक मास से कनक के यहाँ नहीं गया था। कनक के आकर्षण और बेरोजगारी के अपमान की अवस्था में कनक के यहाँ जाने न जाने के विचार में संघर्ष चल रहा था। पुरी कनक के आकर्षण को, अंतिम दो अवसरों पर कनक से पाये रूखे व्यवहार और उपेक्षा के प्रति क्रोध से दबाये था। इस क्रोध में उसे कनक के 'फ्री' होने की अफवाहों की बदनामी भी याद आने लगी थी। क्रोध में पुरी सोचता, आजीवन प्रणय बन्धन की प्रतिज्ञाएँ और सहसा उपेक्षा! कनक के 'फ्री' होने का प्रमाण उसने स्वयं पा लिया था। अनुमान किया, सम्भव है अब जीजा से मामला शुरू हो गया हो! ऐसी लड़कियों का क्या विश्वास!

पुरी को लड़कियों के फ्री होने की प्रवृत्ति के प्रति घृणा होने लगी थी। कनक के फ्री होने को तो वह राह चलते का अनुभव या अपने व्यक्तित्व के आकर्षण की विजय कहकर टाल दे सकता था। अपनी बहिन के फ्री होने में तो उसका और उसके परिवार का भी अपमान था। ऐसी सम्भावना से भी वह सतर्क रहना चाहता था। तारा कोई मामूली सी चूक न करने के लिए सतर्क हो गयी थी।

पुरी की नौकरी छूट जाने की बात जानकर गली के लोगों ने उसके प्रति सहानुभूति में पत्र मालिकों के अन्याय पर खेद प्रकट किया था और उसकी संवेदना में उसके सामने चुपचाप रहते थे। रतन के छोटे भाई विजय को टप्पे (पंजाबी के पद) गाने का बहुत

शौक था। एक बार सुनकर ही ताल-सुर को पकड़ लेता था और समय-असमय गाता रहता था। लोग इसे गली का फोनूगराफ (ग्रामोफोन) कहते थे। पुरी सुबह-सुबह अपनी कोठरी में बैठा कुछ काम कर रहा था। विजय ऊँचे स्वर में गा उठा, 'गड्डी चढ़दी नूँ गार्ड सीटियाँ मारे' (तू गाड़ी पर पाँव रखती है तो तुझे गार्ड सीटी बजाकर संकेत करता है)।

विजय टप्पे की पंक्ति को दोहरा रहा था—'गार्ड सीटियाँ···' सहसा उसका स्वर रुक गया। पुरी ने सुना, लड़के की माँ उसे धमका रही थी—''चुप भैड़या (बुरा लड़का), इतना बड़ा हो गया है, जरा समझ नहीं आयी। पड़ोस में भाई की नौकरी छूट गयी है और तू इतने जोर से गला फाड़-फाड़कर गा रहा है।'' माँ के आदेश से लड़का आवाज़ दबाकर धीमे-धीमे गुनगुनाने लगा।

पुरी के संकट के प्रति सहानुभूति की चुप्पी तो दो-चार दिन में समाप्त हो गयी परन्तु रतन, बीरसिंह, टीकाराम आदि अब उससे कुछ खिंचे-खिंचे जान पड़ते थे। यह लोग सुबह-शाम गली में चबूतरों पर बैठे रहस्य के स्वरों में मंत्रणा करते रहते और पुरी के आने पर चुप हो जाते। पुरी को यह भला न लगता परन्तु भेद वह जानता था। यह लोग एंटी-पाकिस्तान लीग के अनुयायी हो गये थे। पंजाब को पाकिस्तान बन जाने से बचाने के लिए प्रतिरोध की तैयारियाँ कर रहे थे। एटली की १६ फरवरी की घोषणा और खिजर के त्याग-पत्र के बाद पाकिस्तान का बनना न बनना केवल प्रचार, विचारों और बहुमत का प्रश्न नहीं रहकर हिन्दुओं और मुसलमानों की शक्ति का प्रश्न बन गया था। पुरी हिन्दू-मुस्लिम एकता का प्रचार करता था। दोनों में सामीप्य कैसे होता!

जयदेव पुरी 'अदायरा मुनव्वर' के मालिक गौस मुहम्मद के यहाँ अनुवाद के शेष रुपयों के लिए गया था। गौस ने रुपया पास न होने के कारण तीन दिन बाद रुपया देने का पक्का आश्वासन देते हुए पुरी से एक नये काम का प्रस्ताव किया था। वह इतिहास की एक पाठ्य-पुस्तक के संकलन के लिए पुरी को पाँच सौ रुपये देने के लिए तैयार था। यूनिवर्सिटी के प्रोफेसर शाह ने इतिहास की तीन पुस्तकों के नाम बता दिये थे। अंग्रेजी की इन पुस्तकों से सामग्री लेकर उर्दू में लगभग तीन सौ पृष्ठों में लिख देना था। पुस्तक पर लेखक के रूप में नाम वास्तविक संकलनकर्ता या लेखक का नहीं बल्कि प्रोफेसर शाह का जाना आवश्यक था। इस कारण दूसरे नामवर लेखकों ने इस काम को ठुकरा दिया था। गौस इस पुस्तक के लिए प्रोफेसर शाह को आठ हज़ार रुपये और वास्तविक लेखक को पाँच सौ देने को तैयार था।

पुरी ने इस विद्रूप पर मुस्कराकर पूछा—''मियाँ जी, तालीम के बाजार में भी ऐसा ब्लैक?''

गौस मुहम्मद ने बिना झेंपे उत्तर दिया—''सोहणयो (हे प्रियदर्शन), हमारा तो यह धन्धा है। ब्लैक मैं नहीं, यूनिवर्सिटी का प्रोफेसर मुझसे कर रहा है। आठ हज़ार रुपये और किताब पर उसका नाम, किताब को टेक्स्ट बुक बनाने का दाम है! मोतियांवालयो (मोती जड़े), मैं क्या नहीं जानता कि तुम्हारे जैसे नौजवान उससे कहीं बेहतर किताब लिख देंगे लेकिन यार मेरे, किताब टेक्स्ट बुक न बनी तो मेरे किस काम की? मैं इल्म नहीं बेचता, टेक्स्ट बुक बेचता हूँ। मैं नहीं दूँगा तो पंडित गिरधारीलाल शाह को दस हज़ार भी देगा। मुझे भी जिन्दा रहना है। भाई मेरे, कोयले की खान में रहता हूँ तो कालिख से कैसे बचूँगा?''

पुरी के लिए दो मास में पाँच सौ रुपये कमा लेने का प्रलोभन मामूली नहीं था परन्तु अपने नाम के बिना काम करना उसे अपने भविष्य पर पर्दा डाल देना जान पड़ता था। गौस ने कहा—"खैर, तुम सोच लो। साफ-साफ बात है, मसऊद ने मंजूर कर लिया है लेकिन मुझे तुम्हारी तरज़ और सलामत (शैली का माधुर्य) ज्यादा पसन्द है। जुम्मे तक तुम्हारा इन्तजार करूँगा। अपना रुपया लेने आओगे तो चाहो तो मदद के लिए यह तीन किताबें भी ले जाना। इस काम की उज़रत में एक दिन की देर नहीं करूँगा।"

पुरी गौस के वचन के अनुसार, शुक्रवार के दिन, सूर्यास्त के समय अपना रुपया लेने गया। गौस 'अदायरा मुनव्वर' का काम मोरी दरवाजे के भीतर, नूरा भिश्ती की गली में, अपने मकान पर ही करता था। मोरी दरवाजे के भीतर अधिकांश बस्ती मुसलमानों की थी। बजाज और हलवाई भी मुसलमान थे। सूर्यास्त का समय अधिक बिक्री का होता है पर पुरी को बाजार सूना सा और दूकानें प्रायः बन्द देखकर विस्मय हुआ।

पुरी को गौस का बोल उसके मकान के सामने गली में ही सुनाई दे गया और खुली खिड़की में से आँखें भी मिल गयीं। पुरी का हाथ सलाम के लिए माथे की ओर उठ गया। वैसे ही उत्तर में गौस का हाथ भी।

बैठक के किवाड़ खुले थे। पुरी ने पुकारा—"आ सकता हूँ?" और बैठक में हो गया। गौस ने मुख से कुछ न कहकर पुरी को एक मोढ़े की ओर संकेत कर दिया।

गौस अपने तख्त पर बैठा समीप मोढ़े पर बैठे आदमी से कुछ नाराज़गी में बातें कर रहा था। पुरी के आते ही वह आदमी उठ खड़ा हुआ। गौस ने रूखे स्वर में 'खुदा हाफिज़' कहकर उसे चले जाने दिया।

पुरी को गौस के व्यवहार में असाधारण नाराज़गी और रूखापन लगा। गौस पारिश्रमिक का रुपया देने में चाहे तीन चक्कर लगवा लेता, परन्तु बातों का बहुत मीठा था। अभ्यागत का स्वागत सदा 'आओ सोहणयो! आओ मोतियांवालयो! आओ बादशाहो!' पुकार-पुकारकर करता था। खिचड़ी हो चुकी दाढ़ी की झालर से सजे उसके गोरे चेहरे पर बड़ी-बड़ी सुरमा लगी आँखें स्वागत में चमक उठती थीं। लेखकों का मिठाई, लस्सी और चाय आदि से भी स्वागत करता था। विशेष तौर पर उसे अपने मुहल्ले के फजलदीन की दुकान की पेड़ों की लस्सी और फालूदा पर बहुत गर्व था। विदाई देने के लिए गली के अन्त तक जाता और दोनों हाथ बहुत देर तक पकड़े रहकर, हाथों को कई-बार झटक-झटककर, खुदा हाफिज़ कहकर विदा देता।

पुरी ने गौस के व्यवहार से समझ लिया कि उस समय आना गौस को भला नहीं लगा परन्तु उसे रुपया चाहिए था। वह रुपये लेकर ही जाने के दृढ़ निश्चय से मोढ़े पर बैठ गया।

बहस करने वाले आदमी के बैठक से निकलकर कुछ कदम चले जाने पर गौस ने पुरी को अपने समीप के मोढ़े पर आ जाने का संकेत किया और अपनी दाढ़ी खुजाते हुए दबे स्वर में पूछा—"तुम यहाँ कैसे आ गये, बाजार का हाल नहीं देखा?"

गौस ने मुँहचढ़ी गाली देकर पुरी की पतलून की ओर संकेत किया—"यह पोशाक सबसे अच्छी। न हिन्दू का पता चले न मुसलमान का। तभी तुम्हें किसी ने कुछ नहीं कहा। हम तो यह···" उसने फिर मुँहचढ़ी गाली दी और अपनी दाढ़ी को मुट्ठी में लेकर बोला, "खुदा का नूर, मुसलमान का साइनबोर्ड चेहरे पर बाँधे बैठे हैं।"

"क्या कुछ गड़बड़ है।" पुरी ने पूछा, "दूकानें तो बहुत-सी बन्द हैं।"

गौस ने अपनी कतरी हुई दाढ़ी को मुट्ठी में लेकर कहा—"खुदा बख्शे इनके गुनाहों को। कमबख्तों ने एक गरीब का खून कर दिया। उधर (मोरी दरवाजे की ओर संकेत कर) गली के सिरे पर मुद्दत से पूर्बिया (उत्तर प्रदेश का) हिन्दू मोची जूतियाँ गाँठता था, उसका कत्ल कर डाला। मैं तीन बजे उधर से लौटा तो उसे लहू में सराबोर देखा। सिसक रहा था। तब से तबीयत परेशान है। चार घंटे लाश पड़ी रही। पुलिस अभी उठाकर ले गयी है।"

"उसे अस्पताल नहीं पहुँचाया?" जयदेव ने पूछा।

"ऐसी नेकी का सिला (फल) भी पा चुका हूँ। तुम्हारे लिए कहानी का अच्छा प्लाट है, लिख डालना कभी। उस रोज तुम पीर (सोमवार) को आये थे। मैं उसके बाद जरा मियाँ मोहसिन के काम से उसके साथ भाटी दरवाजे चला गया था। हम लोगों के देखते-देखते एक आदमी ने, शहर की हालत में नावाकिफ एक देहाती सिक्ख की बगल में छुरी भोंक दी और भीड़ में सरक गया। हम दोनों उस सिक्ख को एक ताँगे पर भाटी दरवाजे की पुलिस चौकी पर ले गये कि वे लोग अस्पताल पहुँचा देंगे।

"हेड कांस्टेबल ने हमें ही रोक लिया। बोला—यह बताओ कि इसकी जेब का रुपया और इसका माल कहाँ गया।"

"हम हैरान! हमने कहा, भाई हम तो इसकी मदद के लिए यहाँ तक ले आये हैं। उलटे हम पर भी तोहमत लगा रहे हो?"

"हेड कांस्टेबल ने कहा—जनाब, पक्के उस्ताद लोगों का यही तरीका होता है शुबहे से बचने का। आप यहाँ ही तशरीफ रखिये। हम तहकीकात कर लें, तब जाइयेगा।"

"जानते हो, घबराने की तो बात थी। खैर मैंने हेड कांस्टेबल से कहा—बहुत खूब शरीफजादे! जरा टेलिफोन कर लेने की इजाजत दीजिये। अपनी जमानत के लिए मैं एडीशनल मैजिस्ट्रेट बाकर हुसैन को बुला लूँ।"

गौस हँस पड़ा—"तो फिर मियाँ कांस्टेबल चौकी से उठकर खड़ा हो गया। सलाम किया, बेअदबी के लिए मुआफी माँगी। कहने लगा—शेख जी, किस-किस को अस्पताल पहुँचायें? आई० जी० साहब बोलता है, तुम अपना ड्यूटी करो, इस झगड़े में मत पड़ो। जिसे जरूरत होगी, खुद अस्पताल चला जायेगा। पुलिस का काम लाशें ढोना नहीं है। सरकारी इन्तजाम दुरुस्त रहना चाहिए।"

"मियाँ जी ज़ाहिर है अंग्रेज लड़ा रहे हैं।" पुरी ने समर्थन किया।

"यह गरीब पूर्बिया भी इश्तआल का शिकार हो गया। आज दोपहर की नमाज़ के वक्त किसी गुण्डे ने 'भिश्ती की मसीत' (मसजिद) में एक पटाखा फेंक दिया। किसी का कुछ नहीं बिगड़ा। जानते हो, 'भिश्ती की गली' में सब घर मुसलमानों के हैं और मसीत के चारों तरफ दस-बारह घर मुसलमानों के ही हैं।" ...गौस ने फिर गाली दी, "खबर फैल गयी कि हिन्दुओं ने हवाई जहाज से बम फेंक दिया! कोई...जिन्न आकर बम फेंक गया। ज़ाहिलों ने कत्ल कर दिया गरीब पूर्बिये मोची का। चार बरस से गली में मुहाने पर बैठता था। वह साला तुम्हारा पाकिस्तान छीन रहा था। क्या जहालत है, तौबा!"

पुरी कुछ क्षण चुप सोचता रहा। परिस्थिति जानकर वह भयभीत अवश्य हुआ पर फिर भी बोला—"मियाँ, मैं जरूरत से परेशान था, रुपये के लिए आया हूँ।"

"हूँ!" गौस ने दाढ़ी थामकर कहा, "माहौल (वातावरण) बहुत खराब है। बेहतर यही है कि मैं तुम्हें एसपीके (एस० पी० एस० के०) हाल तक पहुँचा आऊँ।"

पुरी कुछ क्षण रुपया पाने की प्रतीक्षा में चुप रहा और फिर बोला—"मियाँ जी, तो फिर इजाजत लूँ।"

"हाँ! चलो छोड़ आऊँ। लिल्लाह!" गौस उठकर खड़ा हो गया।

"यार, रुपया मेरी जेब में है।" गौस ने अपने गले के कोट के भीतर की जेब को थपथपाया, "महफूज (सुरक्षित) जगह पहुँचकर ले लेना। रास्ते में तुम्हें किसी ने गिरा दिया तो रुपये न तुम्हारे, न मेरे। तब क्या रुपया तुम्हारी जेब से निकालने बैठूँगा?"

पुरी को रोमांच हो आया पर भय प्रकट न कर गौस के साथ-साथ चल दिया।

मोरी दरवाजे से बाहर, एस० पी० एस० के० हाल के समीप के पुल पर आकर गौस ने रुपये थमाकर कहा—"भाई मेरे, इसके आगे मैं नहीं जाऊँगा। खुदा हाफिज।" पुरी के दोनों हाथ अपने हाथ में थामकर बोला, "यार पुरी तवारीख (इतिहास) की किताब का काम कर डालो न! तुम्हारी खातिर पचास और दे दूँगा।"

"मियाँ जी, यह हम नये राइटरों की गरीबी का नाजायज़ फायदा उठाना है, तुम्हीं सोचो!" पुरी ने विवशता दिखायी, "हम हमेशा बेनाम ही बने रहें?"

"यार, तुम्हारी खातिर पचास बढ़ा रहा हूँ। आइन्दा ताल्लुकात का भी ख़याल करो। तुम्हारी खातिर दो दिन और इन्तज़ार करूँगा। जरा अमन हो जाय तो आकर किताबें ले जाना।"

"मियाँ जी, नाराज़ न होना, यह मैं नहीं कर सकूँगा।" पुरी ने उत्तर दिया और रुपये पतलून की जेब में रख लिये। वह चारदिवारी के बाग का रास्ता छोड़कर एस० पी० एस० के० हाल के साथ-साथ, रेलवे रोड से शहालमी की ओर चल पड़ा। इस सड़क पर मोटर, ताँगे, साइकिलें और पैदलों की बाढ़ यथावत थी। मोरी दरवाजे के भीतर की घटना का यहाँ कोई प्रभाव न था। गौस ने इतिहास की पाठ्य-पुस्तक का पारिश्रमिक पचास रुपये बढ़ाकर पुरी को उस विषय पर सोचने के लिए बाध्य कर दिया। बेरोजगारी और घर की गरीबी की अवस्था में अपने आत्म-सम्मान और भविष्य के विचार के सामने, साढ़े पाँच सौ रुपये का प्रलोभन विकट यन्त्रणा बन रहा था। वह सोच रहा था—मेरी विवशता, मसऊद खाँ या हमारे जैसों की अवस्था का लाभ उठाकर हमें अपना ही अनिष्ट करने पर मजबूर किया जाता है। हम भविष्य की भी चिन्ता नहीं कर सकते। जब हमें अपना नितांत व्यक्तिगत अनिष्ट करने के लिए मजबूर किया जा सकता है तो समाज या देश का हित बेच देने के लिए तो किसी को बहुत सुविधा से तैयार किया जा सकता है। सहसा याद आया, उस दिन अनारकली में कांस्टेबल वहीद क्या कर रहा था! कशिश ही क्या करता है! आज भिश्ती की मसजिद में बम फेंक जाने वाला भी ऐसा ही कोई रहा होगा! अंग्रेजी राज की पुलिस यह सब क्यों कर रही है, अपनी तनख्वाह के लिए ही···। गौस इन्तजार करता रहे, मैं बेनाम लिखकर अपनी जड़ें क्यों सुखाऊँ···?

भीड़ छँट चुकी थी। बाजार में पुरी ने अपनी गली में कदम रखा ही था कि उसे सामने से बहुत तेजी से दौड़ते आते तीन आदमी दिखाई दिये। गली में लगी बिज़ली के प्रकाश में दिखाई दे रहा था कि तीनों आदमियों के सिरों पर पगड़ियाँ ऐसे लपेटे हुई थीं कि चेहरे दिखाई न दें। पुरी पहचान गया। मेवाराम, बीरसिंह और रतन अपने-अपने घरों

में घुस गये। उन लोगों ने भी पुरी को देख लिया था। पुरी को कौतूहल और आशंका अनुभव हुई पर उसने कुछ पूछना उचित न समझा। उसे रतन के हाथ में पिस्तौल दिखाई दी थी। मेवाराम और बीरसिंह के हाथ में खुले हुए बड़े-बड़े चाकू थे।

पुरी के ऊपर पहुँचते ही माँ ने पूछा—"बाजार में क्या हुआ? बहुत जोर के धमाके हुए थे।"

"मच्छीहट्टा के बाज़ार में तो कुछ नहीं था?" पुरी ने सोचते हुए उत्तर दिया।

"माँ, आवाज उधर से आयी थी, मोची दरवाजे वाली गली से। चीखें भी थीं।" ऊषा बोली।

पुरी ने खिड़की के समीप जाकर सुना; उसे बहुत दूर, घसीटाराम के मकान के पीछे कहीं दूर चिल्लाहटें जान पड़ीं। वह कमीज-पतलून उतार कर और बनियान-तहमत पहनकर चौके में बैठने को ही था कि रतन की आवाज सुनाई दी—"पुरी भाई जी।"

पुरी ने जीने में जाकर पूछा—"कहो भाई?"

"भाई जी, मैंने वचन पूरा कर दिया। दौलू मामा का बदला ले लिया।" रतन बहुत उत्तेजित था।

पुरी का अनुमान ठीक था। वह बोला—"कई दूसरे दौलू मामा मार डाले होंगे, यह तो नहीं मालूम था कि दौलू मामा को किसने मारा था? अब वे लोग बदला लेने आयेंगे!" पुरी ने गहरी साँस लेकर बात बदली, "दौलू मामा जैसे मामे-भांजे, फज्जे तो पाकिस्तान नहीं बना रहे हैं।"

"भाई, तो हम चुपचाप अपने गले कटाते रहें?"

"जग्गी! तारा!" जीने के नीचे गली में से बाबू रामज्वाया की पुकार सुनाई दे गयी।

"पैरी पैणा ताया जी!" पुरी ने रतन की बात बीच में छोड़कर जीने में खड़े बाबू रामज्वाया को उत्तर दिया और घर के भीतर सूचना दे दी, "ताया जी आये हैं।"

रतन ने भी अपनी बात छोड़कर बाबू रामज्वाया को सम्बोधन किया—"ताया जी पैरी पैणा।"

हरी ने छत पर जाकर खुली हवा में लेटे हुए मास्टर जी को खबर दी।

अप्रैल का दूसरा सप्ताह था। इन दिनों परीक्षाएँ हो चुकने के कारण मास्टर जी के हाथ में ट्यूशनें कम रहती थीं। उस वर्ष उत्पातों के कारण परीक्षाएँ भी ठीक से नहीं हो पायी थीं। मास्टर जी गोपाल शाह की हवेली में अपनी बारहमासी ट्यूशन पढ़ाकर लौटे थे तो छत पर खुली हवा में लेट गये थे। ऊषा बरामदे से एक खाट कोठरी में ले आयी। तारा इस गरमी में चटाई पर टेबल लैम्प रखे पढ़ रही थी। उसने अपनी पुस्तक बन्द कर दी।

बाबू रामज्वाया को मास्टर जी से कुछ बात करनी होती तो उन्हें अपने घर उच्ची गली में ही बुलवा लेते। कभी विशेष परिस्थिति में ही वे स्वयं मास्टर जी के यहाँ आते थे। उनके आने पर मास्टर जी के यहाँ खलबली मच जाती थी। दो मास पूर्व वे खोसलों की लड़की की सगाई के सम्बन्ध में पुरी को समझाने आये थे।

"रतन बेटा, तुमसे जरूरी काम है।" रामज्वाया ने जीना चढ़कर पहले रतन से ही बात की, "लाला सुखलाल ने सन्देश भेजा है।"

रामज्वाया ने एकांत के लिए इधर-उधर देखा और रतन से बोले—''आओ, कोठे पर आ जाओ।''

रामज्वाया रतन को लेकर छत पर चले गये। मास्टर जी, भागवंती, जयदेव, तारा कोठरी में उनकी प्रतीक्षा करने लगे।

पुरी ने अपने ताया और रतन के बीच की बात का कुछ अनुमान कर लिया था। इससे पहले भी रतन को बुलाने के लिए ताया जी के यहाँ से दो बार संदेश आ चुके थे। कुछ दिन पूर्व पुरी ने रतन को दोपहर में भोजन के लिए घर आते समय हाथ में एक सूटकेस लिये देखा तो विस्मय हुआ था। एक दिन पुरी दोपहर में कुछ लिख रहा था। कलम में स्याही समाप्त हो गयी। घर में स्याही नहीं थी। पुरी हाथ में कलम लिये स्याही माँगने रतन के हिस्से की ओर चला गया था। रतन के हाथों में एक रायफल थी। रतन पास बैठे बीरसिंह को रायफल चलाना सिखा रहा था। रतन ने भी यूनिवर्सिटी कोर में रायफल का उपयोग सीखा था। ऐसे मामलों में सहयोग न देना हो तो प्रश्न नहीं पूछे जाते।

पुरी ने समझ लिया। रतन अपने मामा के साथ माल-गोदाम और पार्सल दफ्तरों से व्यापारियों का माल छुड़ाने और भेजने का काम बड़े परिमाण में कर रहा था। बाबू रामज्वाया पार्सल आफिस में बाबू थे। यह शस्त्रास्त्र उसी राह से आ रहे थे। पुरी ठीक-ठीक नहीं जानता था, परन्तु कुछ भनक उसके भी कान में पड़ी थी कि लाला और रामज्वाया के बीच पार्सलों के सम्बन्ध में कुछ मामला है। कभी लाहौर में जाने वाले पार्सल और कभी आने वाले पार्सल गुम हो जाते थे। लाला सुखलाल पार्सलों के हरजाने की वसूली कमीशन पर करा देते थे।

सुखलाल ऐसा माल भी मँगवाते थे जो चुंगी की राह नहीं आ सकता था। ऐसे पार्सल, पार्सल ऑफिस में समाप्त हो जाते थे। इन पार्सलों में पूर्वी पंजाब से शस्त्र आ रहे थे। रतन इस काम में हिन्दू-रक्षा और पाकिस्तान के विरोध का धर्म-कार्य मान कर बिना किसी आर्थिक लाभ के जोखिम झेल रहा था।

बाबू रामज्वाया रतन से एकान्त में बात कर रहे थे तो मास्टर जी की कोठरी में उनके लिए खाट पर दरी और खेस बिछा दिया गया था। मास्टर जी बड़े भाई के लिए सिरहाने स्थान छोड़कर पैताने बैठ गये थे। भागवंती चौके में थी। उसने घर में जेठ की उपस्थिति के कारण धोती के आँचल से माथा ढँक लिया था। हरिदेव ताया जी को ठंडा पानी पिला सकने के लिए दौड़कर एक पैसे की बरफ ले आया था।

रामज्वाया रतन से बात समाप्त करके नीचे आये तो मास्टर जी ने खाट से उठकर नमस्ते की। भागवंती ने रसोई से आकर नियमानुसार चरणस्पर्श किया। पुरी और हरिदेव ने पाँव हुए। ऊषा और तारा ने नमस्ते की।

पुरी दीवार से पीठ लगाकर खड़ा रहा।

रामज्वाया सबको ''खुश रहो! बड़ी-बड़ी उम्र हो!'' आशीर्वाद देते हुए खाट पर बैठ गये और पूछा—''सब ठीक-ठाक है न! मुन्नी क्या सो गयी; उसने कोई और दाँत निकाला?''

भागवंती ने ऊषा को पुकारा—''पंखा तो पकड़ ले, बाहर से चल कर आये हैं।''

रामज्वाया खाट पर बैठकर बोले—"नहीं-नहीं क्या जरूरत है। अभी इतनी गरमी कहाँ है?"

ऊषा हाथ का पंखा लाकर हवा करने लगी।

रामज्वाया ने उसकी ओर हाथ बढ़ाकर कहा—"न-न, लड़कियों से पंखा नहीं कराते। लड़कियाँ देवियाँ होती हैं। रहने दे बेटा!" और हरिदेव को प्यार से डाँटा, "तू बदमाश क्या कर रहा है? पंखा पकड़!"

हरिदेव ने ऊषा के हाथ से पंखा ले लिया और जोर-जोर से हवा करने लगा। मानो ताया जी को धूल की तरह उड़ा देगा।

रामज्वाया कुछ चिन्तित जान पड़ रहे थे और जल्दी में भी थे। भागवंती ने धीमे से कहा—"पहले फुल्का खा लीजिये, गरम-गरम उतारे देती हूँ।"

"न-न!" रामज्वाया ने अस्वीकार कर दिया, "अभी इतनी जल्दी भूख कहाँ! दफ्तर से आकर दूध पिया था और जरा लाला सुखलाल के यहाँ से होकर चला आ रहा हूँ। उन्होंने संदेश देकर बुलाया था।"

सुखलाल का नाम सुनकर तारा की गर्दन झुक गयी। पुरी का भी माथा ठनका। रामज्वाया कहते गये—"घर पर कहकर भी नहीं आया हूँ। वहाँ भी तुम्हारा ही है। यहाँ भी अपना ही है। हाँ, तुम लोग तो कुछ बताते ही नहीं क्या कर रहे हो, क्या तैयारी कर ली है। क्या बरात द्वार पर आयेगी तो कुआँ खोदोगे?"

"जैसे आप कहेंगे, करेंगे।" मास्टर जी ने सहमते हुए, क्षमा माँगने के स्वर में कहा।

"कब करेंगे?" रामज्वाया ने विस्मय प्रकट किया, "लड़की की सगाई किये दो बरस हो चुके, लड़की बीस बरस की हो रही है, तुम कह रहे हो आप कहेंगे! तुमने कभी बात भी की?"

मास्टर जी चुप रह गये। तारा ने मुख दीवार की ओर कर लिया। पुरी ने आघात का उत्तर देने की तैयारी में दोनों बाँहें सीने पर बाँध लीं।

रामज्वाया कहते गये—"ब्याह तो कभी का हो जाता। लाला सुखलाल ने लड़के को इम्तहान वाले झगड़े के कारण हिन्दुस्तान में—क्या नाम लेते हैं—लखनऊ-कानपुर भेज दिया था। अब आ गया है। लाला तो जेठ में ब्याह माँग रहा था। मैंने हाथ-पाँव जोड़कर कहा, हम लोग गरीब आदमी हैं। हमारे यहाँ तो कुछ भी नहीं, सब कुछ करने से ही होगा। कुछ समय दीजिये। सावन के अन्तिम लग्नों के लिए मान गये हैं।"

तारा को सिर पर भारी चोट सी अनुभव हुई। मास्टर जी ने डरते-डरते कहा—"हम लोगों को तो इतनी जल्दी का ख़याल नहीं था।"

"यह जल्दी है? अरे भलेमानसो, लड़की बीस साल की हो गयी। उन्नीस तो पूरे हो गये। शीलो से दो महीने बड़ी नहीं है क्या, तुम जल्दी कह रहे हो। यह लड़कियों के मायके में रहने की उम्र है? शीलो की गोद में तो भगवान का दिया बाल (बालक) भी आ गया। तुम्हें कुछ अपने धर्म-बिरादरी का भी ख़याल है! क्या हो गया है तुम लोगों को! क्या बिलकुल अंग्रेज-किरिस्तान बन गये हो?"

"अभी तो उसका इम्तहान है। कल ही अखबार में नोटिस था। फिसादों के कारण इम्तहान मई के आखिरी हफ्ते में होंगे।" पुरी बोला।

''इम्तहान का क्या मतलब? लड़की को इम्तहान देना है कि उसका ब्याह करना है?'' रामज्वाया ऊँचे स्वर में बोले, ''हमारा तो ख़याल था कि कालिज नहीं जा रही है। हमने तो मना कर दिया था। लड़का बी० ए० नहीं, लड़की बी० ए० बनेगी! क्या तमाशा है? इम्तहान-शिम्तहान कुछ नहीं होगा, कह दिया हमने!''

तारा का सिर झुक गया।

''ताया जी इस समय हम लोग ब्याह कैसे कर सकेंगे?'' पुरी विनीत स्वर में बोला, ''मेरा काम छूटा हुआ है। यों भी हम लोगों की हालत अच्छी नहीं है। मैं दूसरी नौकरी की कोशिश कर रहा हूँ। इसने इम्तहान की तैयारी की है, अब दिन ही कितने हैं। इम्तहान दे लेने दीजिये, ब्याह ठहर कर हो जायेगा।''

''हम कह रहे हैं, उसके ससुराल वाले बी० ए० नहीं कराना चाहते। तुम्हारी समझ में कुछ आता है या नहीं?'' रामज्वाया का स्वर क्रुद्ध हो गया, ''उन्होंने लड़की लेने से ही इन्कार कर दिया तो?''

''अपनी मर्ज़ी के वे मालिक हैं।'' पुरी ने अपने विचार में बहुत ढंग की बात कही।

''मुझे ब्याह नहीं करना है।'' तारा ने साहस कर धीमे से भाई के समर्थन में कह दिया।

''ब्याह नहीं करना है।'' रामज्वाया के मुख से अत्यन्त विस्मय से निकला, ''तो क्या करना है, गलियों में डंडे बजाने हैं?''

''इम्तहान देना है।'' तारा सिर झुकाये बोली।

''बीच में नहीं बोलते हैं।'' माँ ने तारा को डाँट दिया, ''जा उधर बैठ! ऊषा, तू जा, चौके में फुल्के सेंक।''

तारा आँचल से आँखें पोंछती हुई ऊषा के साथ कोठरी के दरवाजे से बरामदे में चली गयी और घुटनों में सिर छुपाकर दीवार के सहारे फर्श पर बैठ गयी। कोठरी से ताया जी का क्रुद्ध स्वर सुनाई दे रहा था—''तुम लोगों के दिमाग चढ़ गये हैं। अंग्रेज-किरस्तान बन गये हो। ग्वालमंडी, माडल टाउन के लोगों की नकल कर रहे हो। अपनी औकात नहीं देखते। कहावत है—घोड़ों के नाल बाँध रहे थे तो मेंढकी ने भी टाँग बढ़ा दी, हमारे भी नाल लगा दो।''

पुरी ने फिर विनीत स्वर में साहस किया—''मैं तो यही कह रहा हूँ कि मेरा काम लग जाये तो हम लोग शादी-ब्याह का खर्च...।''

रामज्वाया ने उसे तिरस्कार से डाँट दिया—''तेरे काम का क्या है। तुझे रोजगार की, घर की फिक्र होती तो अपने आला अफसर को मुँह पर गाली देता! तू हमारा कहना न मानता! हमने कहा था नौकरी दिला दें। किशोर काम कर ही रहा है। तनखाह भत्ता मिलाकर पैंसठ लेता है तो पचास-साठ और भी ले ही आता है। तुझे तो लीडरी करनी है, लेक्चर देना है। भलेमानस तुझे घर-बार का ख़याल होता तो हमारी बात न मानता! तेरी किस्मत में तो जाने क्या बदा है। हीरागली वाली खोसला की भाभी सब मिलाकर दस-बारह हजार का दहेज दे रही थी। मकान दोहते-दोहती के नाम करने को कह रही थी। वह भी तेरा ही होता। पैंतालीस-पचास हज़ार की जायदाद है। उसकी एक ही लड़की है। चाहती है, घर में ही रहे। बताओ, उससे अच्छा क्या था? वे लोग शगुन देने को तैयार

थे। उस समय बात बन रही थी। अब तेरी नौकरी ही छूट गयी है तो मैं क्या करूँ। हमारा कहना माना होता तो गरीब मास्टर की जनम भर की मेहनत घर में आ जाती। अपना बेड़ा गरक किया, अब बहिन को भी डुबायेगा। तेरा अपना ठिकाना नहीं, तू दूसरों की क्या जिम्मेदारी लेगा?''

पुरी ने सिर झुकाये उत्तर दिया—''बेकार तो बैठा नहीं हूँ। कुछ कर ही रहा हूँ। मुझसे जो काम हो सकता है, वही कर सकता हूँ। मैं तो कह रहा था कि लड़की बच्चा तो है नहीं, उसकी बात भी तो सुननी चाहिए।''

''बच्चा नहीं है। चार बरस और बैठा रखो, बूढ़ी हो जायेगी।''

रामज्वाया मास्टर जी को सम्बोधन कर बोले, ''आखिर इन लड़कियों को रखोगे कहाँ? तुम उम्र भर उन्हें सिर पर लादे रहोगे?''

''नहीं भाई जी, लड़कियाँ आपकी हैं। मुझे तो जो आप हुक्म देंगे वही करूँगा। यही चाहता हूँ, परमेश्वर का दिया यह बोझ किसी तरह निभ जाये।'' मास्टर जी ने अपराधी की तरह कहा।

रामज्वाया का स्वर कुछ धीमा हुआ—''मैं तो सुनकर हैरान रह गया। किसी ने उड़ा दिया कि तुम लोगों को लड़का पसन्द नहीं है। तुमने कहा कि बेशक सगाई टूट जाये। तुम लोग सुखलाल को नहीं जानते। वह नाराज़ हो गया तो सरे बाजार जूते लगवा देगा। हम लोगों के कुनबे के एक-एक आदमी का पता नहीं चलेगा। मैं उससे पाँव छूकर, कसम खाकर कह आया हूँ कि यह बातें हमारे दुश्मनों ने उड़ायी है।''

''लड़के की बाबत कौन नहीं जानता···।'' पुरी के मुख से निकल गया।

रामज्वाया गरज उठे—''चुप बदजात, शरम नहीं आती!''

मास्टर जी ने भी पुरी को डाँट दिया—''तू चुप क्यों नहीं रहता। तुझसे कौन पूछ रहा है। क्यों हमारा मुँह काला कराना चाहता है!''

रामज्वाया तब भी बोलते गये—''तू ने यही पढ़ा-लिखा है? लड़की के दो ब्याह करायेगा? सगाई और ब्याह में फरक क्या होता है? जब तेरे करने के दिन आयेगा तो जो चाहे करना। यह सगाई हमने करायी है। ब्याह हमें करना है। ख़बरदार जबानदराजी की तो!''

तारा बरामदे में सुन्न बैठी थी। किवाड़ का पल्ला खटका और छत के ज़ीने पर कदमों की आहट मिली। समझ गयी कि भाई हारकर छत पर चला गया है। वह मुँह में आँचल भर फूट-फूट कर रोने लगी। रामज्वाया और मास्टर जी में धीरे-धीरे बात ब्याह के खर्चे और नारोवाल गाँव में उनकी छोटी-सी पैतृक सम्पत्ति बेचने के सम्बन्ध में हो रही थी। नौ बजे रामज्वाया घर लौटे तो मास्टर जी उन्हें उच्ची गली तक छोड़ने गये।

ऊषा माँ के समीप आकर बोली—''फुलके सब सेंक दिये हैं।''

मुन्नी चटाई पर सो गयी थी। माँ ने उसे खाट पर लिटाते हुए कहा—''जब तक तेरे पिता जी आते हैं, तू भाइयों और बहिनों को परोस दे।''

ऊषा ने हरि से कहा—''भाई जी को बुला ले।''

पुरी आवाज सुनकर छत से उतरा। उसने भोजन से अनिच्छा प्रकट कर दी।

ऊषा ने तारा को पुकारा। तारा ने भी सिसकते-सिसकते कह दिया—''मुझे भूख नहीं है। नहीं खाऊँगी।''

माँ ने क्रोध का उत्तर क्रोध से दिया—"नहीं भूख है तो न खाये। हरिये को दे तू भी ले ले।"

पुरी बरामदे में रोती हुई तारा की ओर चला गया। वह तारा के रोने का उत्तरदायित्व अपने ऊपर ही अनुभव कर रहा था। यदि वह बेरोजगार न होता तो बहिन की ओर से बोलने के उसके अधिकार की अवहेलना नहीं की जा सकती थी। तारा का विवश होकर रोना उसका अपमान था। पुरी को अपने प्रति ग्लानि से क्रोध आ रहा था। तारा के समीप जाकर अंग्रेजी में बोला—"रोने से क्या होगा। परीक्षा मई के अन्तिम सप्ताह में है। सावन तो जुलाई के अन्त या अगस्त में आयेगा। तब तक ऐसी ही अवस्था थोड़े ही रहेगी। मुझे एक अच्छा काम मिल रहा है, देखा जायेगा।"

तारा ने अनुभव किया, भाई उतने निश्चय से नहीं बोल सका था जितने निश्चय से उसने माँ के सामने सगाई तोड़ देने की बात कही थी।

माँ ने बड़े लड़के-लड़की को भोजन से इंकार द्वारा अपनी असन्तोष दिखाकर आपस में अंग्रेजी में बात करते देखा तो समझ गयी कि वे घर के बड़े-बुजुर्गों के विरोध की अभिसंधि कर रहे हैं। सोचा, इनके पिता अभी लौटकर यह देखेंगे तो कितने दुखी होंगे! जी-जान से सब कुछ करके भी उनके लिए दुख और सन्ताप ही है। वह जवान और बहुत पढ़े-लिखे लड़के-लड़की का आदर करती थी, परन्तु इस अनौचित्य के विरुद्ध उसे बोलना ही पड़ा—"तुम लोग गुस्सा दिखा रहे हो, यह तो नहीं सोचते कि तुम्हें ऐसे नहीं बोलना चाहिए था। बड़े-बुज़ुर्गों की इज्जत का भी कोई ख़याल नहीं। ऐसे पढ़ने-लिखने से क्या फायदा?"

"उनको मेरी इज्जत का ख़याल नहीं कि वे मुझे बेकार, नाकारा कह गये हैं। मैं क्या किसी से माँगने जाता हूँ।" पुरी ने क्रोध से आपत्ति की।

"वह बड़े हैं, उन्हें हक़ है। उन्होंने जो कुछ कहा, ठीक कहा, तुम्हारा भला चाहकर कहा," माँ दृढ़ता से बोली, "तुम्हें उनकी बात में बोलना ही नहीं चाहिए था। भाई जी मुनासिब बात कर रहे थे।"

"गजब कर देती हो तुम! उसे इम्तहान के लिए रोक देना मुनासिब है?" पुरी ने माँ को चुप करा देने के लिए पूछा।

"मुझे ब्याह नहीं करना, मैं इम्तहान दूँगी।" तारा अपने लिए लड़ते भाई की सहायता में बोली।

"फिटे मूँ! चुप्प! कैसे बेहयाओं की तरह बोलती है। इसी बात के लिए लोग तेरी तारीफ करते हैं! अपनी कोख को कलंक लगाने के लिए जना है तुझे मैंने!" माँ के आँसू बह आये। माँ बहुत क्रोध में भी स्वर को दबाकर बोल रही थी कि ज़ीने के उस पार मेलादेई के यहाँ आवाज़ न जाये।

माँ ने पुरी की ओर देखा। स्वर में तनिक परिवर्तन आया—"हमें नहीं ज़रूरत इम्तहान की। हमें इम्तहान से क्या लेना है! हमें लड़की का ब्याह करना है या उसे इम्तहान दिलाने हैं।" माँ ने लड़कियों की ओर हाथ फैला संकेत किया, "तुम्हें नहीं दिखाई देता, चक्की के तीन-तीन पाट हमारे कर्मों से गले में पड़े हैं। तेरे पिता जी सोच-सोचकर मरे जा रहे हैं, कैसे इज़्ज़त और धर्म निभेगा। तुम घर के सबसे समझदार हो, जो

बनते काज को बिगाड़ रहे हो। तुम तो जेल में पड़े थे। मैंने साल भर जेठानी के तलुए सहला-सहला कर, उसकी चाकरी करके यह रिश्ता करवाया, तुम उसे तुड़वा दोगे।'' माँ की आँखों से फिर आँसू बह गये।

''माँ तुम भी क्या बातें करती हो!'' पुरी बोला। उसके स्वर की कड़ाई पिघल गयी थी, ''रिश्तों की ऐसी क्या बात है। समय पर सब हो जायेगा।''

''क्या हो जायेगा?'' माँ ने हाथ फैलाकर पूछा। वह बड़े लड़के-लड़की से बोली थी तो एक बार फैसला कर लेना चाहती थी, ''तुम क्या कर लोगे? मैं कहती हूँ, तुम्हारी नौकरी लग जायेगी, दो सौ-तीन सौ की भी लग जाय तो साल दो साल में तुम क्या कर लोगे? छोटी भी सोलह की हो गयी है। क्या कर लिया तुमने? तुमने अपने रिश्ते से इन्कार कर दिया; तुम्हारा मन, तुम जानो! लड़कों की बात फिर भी चल जाती है। उन्नीस साल की कुआँरी लड़की साँडनी जैसी फिर रही है। हम लोगों के सामने आँखें नहीं उठा सकते।''

पुरी दीवार से पीठ लगाये चुप रह गया। माँ चेहरे पर आँचल रखकर धीमे-धीमे सिसकने लगी। तारा घुटने पर ठोढ़ी रखे लम्बे-लम्बे साँस लेती अपने वध के लिए दुहाई सुन रही थी। उसकी रक्षा के लिए बोलता भाई चुप हो गया था।

ज़ीने पर मास्टर जी के कदमों की आहट सुनकर सब लोग सतर्क हो गये। माँ ने आँचल से चेहरा पोंछ लिया, स्वर भी बदल गया—''ऊषी झटपट परोस दे!''

पुरी बरामदे में चला गया और चटाई पर बैठकर टेबल लैम्प के समीप पड़ी तारा की पुस्तक पर झुक गया। तारा कोठरी से हटकर बरामदे में दूसरी ओर हो गयी।

भागवंती ने मास्टर जी से साधारण स्वर में कहा—''ऊषी परोस रही है, खा लो। बहुत देर हो गयी।''

मास्टर जी ज़ीना चढ़ने से जरा हाँफ गये थे। उन्होंने 'हरी ओम् तत्सत्! प्रभु तू ही तू है!' कहते हुए लम्बे-लम्बे श्वास लिये और पूछा—''क्यों, जग्गी ने, तारा ने खा लिया?''

''खा लिया सबने, तुम खाओ।'' भागवंती ने कह दिया।

मास्टर जी ने चेहरे पर ठण्डे जल के छींटे मारकर मुँह धोया और 'हरी ओम् तत्सत्! प्रभु तू ही तू है!'' कहते हुए रसोई में परोसी थाली के सामने आसन पर बैठ गये। बरामदे में प्रकाश से स्पष्ट था कि वहाँ पुरी और तारा पढ़ रहे होंगे। मास्टर जी ने मुख में ग्रास लेकर पूछा—''काका जी और तारा कहाँ हैं?''

''बरामदे में पढ़ रहे हैं।'' भागवंती ने उत्तर दिया।

मास्टर जी किसी को सम्बोधन किये बिना, बड़े लड़के और लड़की को सुनाकर उपदेश देने लगे—''शांति से काम लेना चाहिए। ईश्वर की इच्छा को भी कुछ समझना चाहिए। वही सब कुछ करने वाला है। अहंकार अच्छा नहीं होता⋯।''

तारा के मन में आया, गले में चुन्नी का ही फंदा लगाकर ईश्वर की इच्छा पूरी कर दे।

''अल्लाओ ऽ अकबर! या अली! या अली!'' बहुत ज़ोर से नारे और ललकारें मोची दरवाज़े वाली गली की ओर से सुनाई दिये। साथ ही गली में किवाड़ों पर बहुत

जोर-जोर की चोटें और स्त्रियों के भयार्त चीत्कार सुनाई दिये। घसीटाराम की घिघियाई हुई आवाज़ आयी—"मुसलमान आ गये!"

मास्टर जी के हाथ से ग्रास थाली में गिर पड़ा।

पुरी ने एक ही छलांग में खिड़की पर पहुँचकर देखा—छोटी-मोटी भीड़ मशालें, बल्लम-लाठियाँ और छुरे लिये गली में घुस आयी थी। पन्नालाल और दूसरी ओर मकुन्दलाल और हरबंस के मकानों के दरवाजे तोड़ने और उनमें आग लगाने का यत्न हो रहा था। भीड़ गली की खिड़कियों की ओर ईंटों के टुकड़े फेंककर माँ-बहिन की गालियाँ देकर ललकार रही थी—"या अली!···निकालो! छिप-छिपकर बम मारने वालों को निकालो! तुम्हारी माँ···तुम्हारी बहिन···!"

पल भर में कोहराम मच गया। पुरी को सामने की खिड़कियों से हरबंस, खयाली, डाक्टर प्रभुदयाल, मेवाराम, मकुन्दलाल, मनोहर भी झाँकते दिखाई दिये। पुरी के दाहिनी ओर रतन की खिड़की से रतन की ललकार सुनाई दी—"लाठियाँ लेकर नीचे उतरो।"

पुरी ने कहा—"छतों पर से ईंटें फेंको।"

प्रभुदयाल, मेवाराम, बीरसिंह और मकुन्दलाल ने भी पुरी की बात दोहरायी—"संडासें गिरा लो! ईंटें फेंको!"

पुरी ने बहुत ज़ोर से तारा, ऊषा और माँ को धमकाया—"ऊपर जाकर संडास गिराकर ईंटें फेंको।" भाटी दरवाज़े और सैद मिट्ठा की गलियों में दंगे के समाचार मिले थे तो चर्चा में रक्षा का उपाय सब स्त्रियों को बताया जा चुका था।

पुरी ने रतन के दरवाज़े पर जाकर पुकारा—"मुझे भी कुछ दे!"

रतन आलमारी में से एक छोटा-सा बक्सा उठा रहा था। उसे आहिस्ता से फर्श पर रखकर उसने किवाड़ के पीछे एक लम्बी लाठी पुरी को थमा दी। पुरी कूदता हुआ ज़ीना उतर गया।

मेवाराम और बीरसिंह सबसे पहले छबियें (फर्से) लेकर गली में पहुँच गये थे। बीरसिंह ने भी भीड़ को माँ-बहिन की गालियाँ देकर ललकारा—"आओ!"

टीकाराम, पुरी, मनोहर लाठियाँ लेकर नीचे पहुँचे। तब तक प्रभुदयाल, मकुन्दलाल और दूसरे लोग भी गली में उतर गये थे। स्त्रियों की भयार्त चीखें सुनायी दे रही थीं। मेवाराम ने नारा लगाया—"नाराए बजरंगी!"

"हर हर महादेव!" पुरी ने अन्य लोगों के साथ हुंकारा।

स्त्रियाँ भय से चीख और रो रही थीं और छतों पर से भीड़ पर ईंटें भी मारती जा रही थीं। ईंटें इतनी अधिक पड़ने लगीं कि न आक्रमण करने वाले और न सामना करने वाले आगे बढ़ सकते थे। 'या अली!' और 'हर-हर महादेव!' के नारे और गालियों की ललकारें दोनों ओर से दी जा रही थीं।

दीवानचन्द ने घर की खिड़की से रामप्यारी की पुकार सुनाई दी—"वे शामू खबरदार, ऊपर लौट!"

पन्नालाल के मकान की छत से पुकार सुनाई दी—"मेवा, बीरू, पुरी! पीछे हटो!"

आक्रमण करने वाली भीड़ के बीच बहुत ऊँची सी लपट और भयंकर धमाका हो गया।

हा! ओ! ऊ! ई! कई चीखें सुनाई दीं। भीड़ उलटे पाँव गिरती पड़ती भागी। गली धुएँ से भर गयी। कई लोग छींक उठे।

प्रभुदयाल, पुरी और मेवाराम ने छतों की ओर मुख करके पुकारा—"बस! बस! ईंटें मत फेंको।"

घसीटाराम के घर में स्त्रियाँ अब भी रो-रोकर चिल्ला रही थीं। घसीटाराम भी चिल्ला रहा था—"आग! आग! हाय जल गया! लोगों, दौड़ो।"

घसीटाराम के किवाड़ों में आग लग गयी थी। उसके मकान में ज़ीने के साथ पड़छत्ती पर ईंधन जमा था। ईंधन ने भी आग पकड़ ली थी। दरवाजे से आना-जाना सम्भव न था।

घसीटाराम और पन्नालाल के मकान की दीवार साँझी थी। लोग पन्नालाल के मकान से घसीटाराम के मकान पर चढ़ गये। स्त्रियों-बच्चों को पन्नालाल के मकान में उतार लिया गया। गली के सभी घरों की स्त्रियाँ अपने-अपने घरों से पानी भरी बाल्टियाँ और गागरें मर्दों को पकड़ाने लगीं और मर्द पानी ले जाकर आग बुझाने लगे। सभी लोग दौड़-दौड़कर पानी ला रहे थे। सामने के मकानों की खिड़कियों से खूब पानी फेंका जा रहा था।

पुरी आग बुझाने के इंजन को बुला लाने के लिए रंगमहल की ओर दौड़ गया था।

मोची दरवाज़े के बाज़ार की गली में लौट गयी भीड़ में से एक आदमी गली के फर्श पर, निश्चल पड़ा रह गया था। ऐसे लग रहा था—कोई गठरी गिर पड़ी हो और घिस कर खुल गयी हो। छत से फेंकी गयी ईंट सिर पर पड़ जाने से उसका सिर फर्श पर पटक दिये खरबूजे की तरह छितरा गया था। चारों ओर बहुत-सा खून फैल गया था।

डाक्टर प्रभुदयाल ने लाश की ओर संकेत कर मेवाराम को सम्बोधन किया—"भाई मेवा, इस मुसीबत को तुरन्त हटाओ। यहाँ रह गया तो पुलिस गली भर को परेशान करेगी। इसे इसकी गली में ही पहुँचा दो!"

मेवाराम ने हाथ की बाल्टी छोड़कर पुकारा—"रतन भाप्पा, बाजा लेकर जल्दी आना।" और डाक्टर को आश्वासन दिया, "अभी लो बादशाहो, इसी के घर पहुँचा आते हैं।"

रतन ने हाथ की गागर गली में रख दी और कमर से पिस्तौल निकाल ली। लाश की एक टाँग रतन ने पकड़ी और दूसरी मेवाराम ने। दोनों उसे मरे कुत्ते की तरह घसीटते हुए घसीटाराम के मकान से कुछ आगे मोची दरवाज़े जाने वाली गली में घसीट ले गये।

पन्द्रह-बीस मिनट में आग बुझाने वाला इंजन गली के सिरे पर आ पहुँचा। लोगों ने आग को फैलने नहीं दिया था। आग बुझाने वालों ने बीस-तीस गज दूर तक मार करती पानी की फुहारों से कुछ मिनटों में घसीटाराम के और साथ लगते मकानों को नहला दिया और लौट गये।

इस सब बवण्डर में एक घंटे का समय भी नहीं लगा। इतने में गली का रूप-रंग ही बदल गया था। बहुत कीचड़ हो गया था और गली में ईंटें पड़ी थीं। हरवंश के मकान के सामने कीचड़ में खून भी दिखाई दे रहा था।

गली के सब मर्द अपने मकानों के चबूतरों पर खड़े या बैठे घसीटाराम के नुकसान के लिए दुःख प्रकट करते हुए घटना पर विचार कर रहे थे।

घसीटाराम और पन्ना विस्फोट से अपनी दीवारों पर से गिर गये पलस्तर को देख रहे थे। बीरूमल, कर्तारो और दूसरी स्त्रियाँ विस्फोट के स्वर से हृदय पर लगे आघात की चर्चा कर रहे थे।

खुशालसिंह ने रतन की पीठ ठोंकी—"शाबाश बहादुर!"

बाबू गोबिन्दराम का सीना गर्व से फूल उठा। वे बोले—"नहीं भाई, सभी लड़कों ने बहादुरी दिखायी है।"

डाक्टर ने संशोधन किया—"मेवा, हरबंस, मनोहर, टीकाराम और पुरी ने क्या कम किया? सीना तानकर तो यही आगे बढ़े थे।"

ऊपर आमने-सामने खिड़कियों में से बात करती स्त्रियों में भी चर्चा बदल गयी थी। पुष्पा अपने हाथ दिखाकर कह रही थी—"देखो तो, खसमखाणी ईंटें फेंक-फेंक कर छाले पड़ गये।"

"मरें बच्चे पिट्टे!" कौलां ने गाली दी, "ईंटों से मेरी चूड़ियाँ टूट गयीं।"

मेलादेई अपनी खिड़की से बोली—"तुमने रामप्यारी की बात सुनी? अपने लड़के को कह रही थी—तू न जा, घर बैठ। भली लोक, जैसा लड़का तेरा, वैसे दूसरों के। तेरा बेटा घर में छिपा रहे, दूसरों के आग में कूदें! क्या दूसरों की आँतें नहीं दुखतीं?"

मेलादेई के समर्थन में कर्तारो क्रुद्ध स्वर में बोल पड़ी—"हाँ, हाँ, इसी ने दर्दें सहकर बेटा जना है, दूसरियों ने तो जैसे यूँ ही मूत दिये हैं।"

रामप्यारी ने अपनी खिड़की से उत्तर दिया—"हमें क्या, हमने तो किसी से लड़ने को कहा नहीं। जिनके बेटे मुच्छड़ जवान हैं, लड़ाइयाँ लड़ें। हमारा ले-देकर एक ही तो लड़का है।"

रामप्यारी की बात पर भागवंती को भी क्रोध आ गया। खिड़की से सिर निकालकर ऊँचे स्वर में चिल्ला उठी—"खबरदार रंडी कहीं की! दूसरों के जातकों (बच्चों) को गिनती है...।"

सभी खिड़कियों से स्त्रियाँ रामप्यारी को गालियाँ देने लगीं।

नीचे गली में खड़े मर्दों ने अपनी-अपनी खिड़की की ओर सम्बोधन कर डाँटा—"ऐ चुप रहो! यह क्या बेहूदगी है!"

दीवानचंद ने ऊँचे स्वर में प्रस्ताव किया—"अब तो घसीटाराम के मकान के साथ गली में लोहे का फाटक लग जाना चाहिए।"

पुरी ने आपत्ति की—"म्युनिसिपैलिटी एतराज़ करेगी। यह तो नक्शों में मच्छीहट्टा से मोची दरवाजे के बाज़ार का पुराना रास्ता है।"

टीकाराम बोला—"रास्ता अब क्या है? अब न कोई उधर से आता है, न कोई इधर से जाता है। वह पूरी गली मुसलमानों की है।"

खूहवाली माई इस भयंकर विभ्राट से सन्नाटे में आ गयी थी। लोगों को भी उसकी याद नहीं आयी थी। उसे नींद यों भी कम आती थी। इस चीख-पुकार में कैसे सो जाती।

बुढ़िया अपने किवाड़ खोलकर दहलीज पर आ बैठी और बोलने लगी—"राम जी अब हमें उठा लो। अस्सी और सात बरस की हो गयी हूँ, गली में ऐसी लड़ाई मैंने पहली बार देखी है।...तुम्हीं लोग यह सब करते हो। जब आपस का लेन-देन और सम्बन्ध टूट गया, आपस का लिहाज़ शरम नहीं रही, लड़ाई नहीं होगी तो क्या होगा! हम तो अब चार दिन के मेहमान हैं। रामजी हमें उठा लें पर देखना क्या होता है। हे मेरे रामजी..."

खूहवाली माई को किसी ने उत्तर नहीं दिया। गली के पश्चिम में लोहे का फाटक जल्दी से जल्दी लगा लेने के सम्बन्ध में बात होती रही।

खुशालसिंह के प्रस्ताव पर निश्चय हो गया कि बाकी रात दो-दो आदमी, एक गली के बायें ओर के मकानों से और एक दायें ओर के मकानों से पहरा दें।

अप्रैल के दूसरे सप्ताह तक भी लाहौर में रातें विशेष गरम नहीं होतीं, परन्तु पुरी छत पर सोने लगा था। रतन पुरी के साथ ही छत पर चला गया। कई दिन से रतन उसे 'पुरी भ्रा जी' (भाई जी) बुलाने लगा था। आज ज़ीना चढ़ते समय उसने फिर भाप्पा (भैया) कहकर बुलाया।

रतन ने कहा—"मुसलों ने बड़ी हिम्मत से चढ़ाई की थी। जाकर अपनी माँ के ख़समों को रायेंगे। अभी तो क्या है? ताया जी कह गये हैं, दो-तीन दिन में और हथियार आ रहे हैं। गली में दो-तीन 'चीजें' ज़रूर होनी चाहिए। अब तो लोग अपनी जरूरत से हथियार खरीदेंगे... ।"

पुरी ने टोककर कहा—"मेरे भाप्पा, इस तरह बढ़ाने से तो कभी अन्त नहीं होगा। हथियार वे लोग भी खरीद सकते हैं। रहना तो अगल-बगल पड़ोस में ही है।"

"भाप्पा, जब तक यह पाकिस्तान माँगते हैं, पड़ोस की क्या बात है?" रतन ने प्रश्न किया।

"जहर फैलाने वालों ने तो ज़हर फैला दिया। आदमी ज़हर खा ले तो इलाज कराना चाहिए या उसे गोली मार देना ठीक होगा?" पुरी ने समझाना चाहा, परन्तु अनुभव किया कि रतन उसके दृष्टिकोण से देखने के लिए तैयार नहीं था।

दूसरे दिन सुबह ही गली के सब घरों के बच्चे अपने-अपने घर से फेंकी गयी ईंटें उठा-उठा कर छतों पर ले गये। ईंटें संडासों की इकहरी ईंट की दीवार गिराकर फेंकी गयी थीं और प्रातः ही फिर उनकी आवश्यकता भी हुई।

हरबंस के मकान के सामने गली में फैले हुए खून पर कई बाल्टियाँ पानी डालकर उसे बहा दिया गया। गली से ईंटें उठाने के बारे में कुछ कहा-सुनी भी हो गयी। बीरूमल और टीकाराम के घर की संडास में तीन-चार ईंटों की कमी रह गयी थी। उन्हें सन्देह था, कर्तारो की पीतो ज्यादा ईंटें ले गयी है।

जीवां ने ईंट-चोरों को व्यंजना से गालियाँ दीं—"परमेश्वर भला करे ऐसे लोगों का, ईंटा-पत्थर पर भी नीयत बिगड़ जाती है!"

कर्तारो ने मुँह फिराकर उत्तर दिया—"जिसने तुम्हारी ईंटों को हाथ लगाया हो उनसे कहो। झूठी तोहमत लगाने वालों से गुरु महराज खुद समझेंगे।"

तारा ने सुना तो छत की ओर देखकर बोली—"न जाने परमेश्वर किस-किस से समझेगा! जो लोग दूसरों का घर जलाने और लूटने जाते हैं उनसे समझेगा या जो लोगों के हाथ-पाँव बाँधकर कुएँ में डाल देना चाहते हैं, उनसे समझेगा।" ताऊ जी के चले जाने के बाद तुरन्त ही गली में आक्रमण हो गया था। तारा अपने दुख पर मन भरकर रो भी न पायी थी।

कर्फ्यू नहीं लगा था। नौ-दस बजे लोग अपने-अपने काम-काज पर चले गये थे। गली में पुरी, डाक्टर प्रभुदयाल और बाबू गोबिन्दराम ही पुलिस और अदालत के तौर-तरीकों से थोड़े बहुत परिचित थे। सब लोगों ने निश्चय कर लिया था कि यदि गली में मर्दों के न रहते पुलिस आये तो स्त्रियाँ उनसे कह दें—हमें कुछ मालूम नहीं। दूसरे सब लोग भी यही उत्तर दें।

पुरी ने गत रात रामज्वाया से बेरोज़गारी की लांछन सुनकर निश्चय कर लिया था कि सुबह ही गौस के यहाँ जाकर इतिहास की पाठ्य-पुस्तक का काम स्वीकार कर लेगा। रात नाराज़गी में उसने कुछ न खाया था। दौड़-भाग से क्लांत हो गया था। बहुत भूख मालूम हो रही थी। मास्टर जी और हरिदेव भोजन कर चुके थे। ऊषा सामने पुष्पा के यहाँ गयी हुई थी। पुरी भोजन के लिए माँ को पुकारना ही चाहता था कि उसका ध्यान बरामदे में खाट पर मुँह ढके लेटी तारा की ओर चला गया। तारा ने भी रात भोजन नहीं किया था।

पुरी ने तारा के समीप जाकर अंग्रेजी में कहा—"यों रोने से क्या लाभ? तुम तैयारी करती रहो। परीक्षा मई के अंतिम सप्ताह तक स्थगित हुई है। सावन कहीं जुलाई के अन्त या अगस्त में आयेगा। पिता जी से बात कर लेंगे। माँ की समझ ही कितनी है। ताया जी तो हमेशा बका करते हैं। उस दिन मुझे क्या-क्या नहीं कह गये, देखा जायेगा। मुझे बेराज़गारी के ताने देते हैं। अभी एक काम मंजूर करने जा रहा हूँ। 'पैरोकार' में तो सौ मासिक ही था, गौस मुझे दो-अढ़ाई मास के काम के लिए साढ़े पाँच सौ दे रहा है। क्या बुरा है?"

पुरी तारा का ध्यान बँटाने के लिए बोला—"कुछ समझ नहीं आ रहा, यह हो क्या रहा है।" पुरी ने नूरा भिश्ती की गली की मसजिद में बम फेंके जाने और एक पूर्बिया मोची के क़त्ल की बात तारा को बतायी। अपनी गली में लौटते समय रतन, मेवाराम और बीरसिंह के मोची दरवाज़े के बाज़ार की गली से भागते हुए आने और भीड़ द्वारा बम फेंकने वालों को गाली देने की बात याद दिलायी और कहा, "देख लो, रात कितना फिसाद हो गया। आग लगा दी गयी। फायर ब्रिगेड आया, परन्तु पुलिस और सरकार के कान पर जूँ नहीं रेंगी। शान्ति सभाओं के एकता के प्रयत्नों से कुछ बनता नहीं दिखाई दे रहा। या तो कामरेड पूरी शक्ति से काम करें, उनके पास पैंतालीस हजार आदमियों की रेलवे यूनियन है या फिर छोड़ दें लोगों को उनकी किस्मत पर। मैं अपना समय क्यों बरबाद करूँ। आज पार्टी आफिस जाकर उन लोगों से भी बात करूँगा।" गली में एक तारा ही थी जिससे पुरी ऐसी बात कर सकता था।

भाई से सान्त्वना पाकर तारा के हृदय में जमा हुआ दुःख द्रवित होकर आँखों से बह आया। बोली—"चलो मैं आती हूँ।" और मन हल्का कर लेने के लिए आँसू बहाने

लगी। मन चाहा कि वह भी भाई के साथ कुछ देर के लिए घर से बाहर चली जाये। सम्भव है, पार्टी आफिस में असद मिल जाये। आँसुओं का एक और पूर बह आया! 'उन्हें' क्या मालूम मुझ पर क्या बीत रही है पर अवसर ऐसा न था और उसके शरीर और मन की अवस्था भी बाहर जाने लायक नहीं थी।

पुरी चौथे पहर घर लौटा तो सुना कि कुछ समय पहले गली में पुलिस आयी थी। किसी ने उन्हें कुछ नहीं बताया, परन्तु पुलिस घसीटाराम के घर पर आग के चिह्न और पन्नालाल के मकान की दीवार का बम से गिरा हुआ पलस्तर देखकर उन दोनों को पकड़ ले गयी थी। बीरसिंह दुकान से घर आया हुआ था, पुलिस उसे भी ले गयी थी। पुलिस ने सब लोगों के नाम-पते ले लिये। शनिवार था इसलिए बाबू गोबिन्दराम, टीकाराम और बीरूमल भी दोपहर बाद घर आ गये थे। वे लोग गिरफ्तार किये गये लोगों की जमानतें और मुचलकों का प्रबन्ध करने चले गये थे। तीन आदमियों के गिरफ्तार हो जाने से गली में चिन्ता का सन्नाटा छा गया था। बच्चे खेल छोड़कर उदास से घूम रहे थे।

९

लाहौर में चारदिवारी के भीतर पुराने शहर में दंगे, छुरेबाजी और आग का जैसा आतंक था वैसा अनारकली, ग्वालमंडी, निस्बत रोड और माल रोड पर नहीं था। वहाँ ताँगे, मोटरें, साइकिलें और पैदल पूर्ववत् चलते दिखाई देते थे। वहाँ शरबत, फल, गंडेरी, सब्जी और मिठाई बेचने वाले हिन्दू और मुसलमान फेरीवालों की पुकारें भी पूर्ववत् सुनाई दे रही थीं। हाँ, पुराने शहर के भीतर की घटनाओं का आतंक वहाँ भी लोगों पर था। किसी समय कुछ भी हो सकने की आशंका लोगों के मन में बनी रहती थी।

कनक सवा महीने के विरह से व्यथित थी। उसके मन में केवल पुरी का और उसकी निर्दय रुखाई का ही ध्यान था। अपने मन के दुःख की तुलना में कनक को छुरे और आग से आतंकित लोगों का दुःख भी तुच्छ जान पड़ता था। सोचती थी, मरने से क्या डरना! कुछ दिन उसने मान से प्रतीक्षा की कि पुरी के आने पर बोलेगी नहीं, केवल आँसू बहा-बहाकर पुरी की ओर देखकर उसकी निर्दयता का दण्ड उसे देगी पर पुरी न आया तो कनक का मान परास्त हो गया। वह पुरी को खोजने के लिए बावली हो उठी। उसकी अवस्था किसी मेले में मालिक से बिछुड़ गये कुत्ते जैसी हो रही थी जो मालिक को ढूँढ़ने के लिए सब ओर सूँघता और भटकता फिरता है।

कनक को पुरी के सिद्धान्त के लिए नौकरी पर लात मार देने और उसकी प्रशंसा में मजदूरों की सभा द्वारा प्रस्ताव पास करने का समाचार मिल चुके थे, परन्तु स्वयं पुरी से नहीं, सुरेन्द्र और ज़ुबेदा से। उसे यह भी मालूम हो गया था कि पुरी सब कुछ छोड़कर हिन्दू-मुस्लिम एकता के लिए मंजूर, नरेन्द्रसिंह और दूसरे कामरेडों के साथ काम कर रहा

है। यह सब बातें सुरेन्द्र ने ऐसी ध्वनि से कहीं मानो कामरेडों की विजय की घोषणा कर रही हो और वह पुरी को कनक की अपेक्षा अधिक जानती हो।

१९४२ के मतभेदों के कारण कनक के मन में कम्युनिस्टों के प्रति तब भी कुछ विरक्ति थी। कनक के लिए यह कितना दारुण दुःख था कि पुरी से मिल पाने के लिए, उसका समाचार जानने के लिए सुरेन्द्र और ज़ुबेदा से पूछना पड़े। तारा से वह कुछ पता ले सकती थी, परन्तु दंगे के कारण पुराने शहर के भीतर से लड़कियाँ प्रायः कालेज नहीं जा पाती थीं। तारा को परीक्षा की तैयारी के कारण भी कालेज से अवकाश था। कनक अपनी बेबसी पर गहरे निश्वास भर कर रह जाती। आँसू बहाना उसकी प्रकृति में न था, इसलिए उसका दुःख हलका भी न हो पाता। पुरी के त्याग और साहस के कारण उसके प्रति कनक की श्रद्धा पूर्वापेक्षा बढ़ गयी थी और पुरी उसकी उपेक्षा कर रहा था।

कनक को सुरेन्द्र की बहुत चिपटने और चबल-चबल करते रहने की आदत पसन्द नहीं थी। ज़ुबेदा फिर भी भली थी, स्वभाव से गम्भीर और केवल काम की बात करने वाली। उन दोनों ने अपने काम के प्रति कनक की सहानुभूति देखी तो उसके यहाँ आने-जाने लगीं। सुरेन्द्र तो कनक का मकान अपने घर के मार्ग में होने के कारण दूसरे-तीसरे आकर कुछ समाचार दे जाती। वह बात-बात में कह गयी थी—"पुरी भाई यूनिटी पर बोलते हैं तो कमाल कर देते हैं। हमारे यहाँ बहुत देर तक बातें करते रहे।" यह आघात कनक के लिए और असह्य हो गया कि पुरी उसके मकान के समीप से निकल गया और उसके यहाँ नहीं झाँका। सोचती—आखिर मुझसे कौन अपराध हो गया है? वह भी हिन्दू-मुस्लिम एकता और नागरिक शान्ति के लिए प्रयत्नों में भाग लेने के लिए तैयार थी पर पुरी उससे कहता तो!

३० मार्च को कनक ने सुरेन्द्र से पुरी के स्टूडेण्ट फेडरेशन की ओर से जुलूस में शामिल होने और ब्रैडला हाल में व्याख्यान देने जाने की बात प्रातः ही सुन ली थी। वह ताँगा लेकर दो बार कामरेडों से घिरे हुए पुरी के समीप से गुज़री पर आँखें तक न मिल सकीं। धैर्य सम्भव न रहा तो सोचा पत्र ही लिख दे। भोलापाँधे की गली का पता मालूम था, परन्तु साहस न हुआ। पत्र जाने किसके हाथ में पड़े। पुरी से सुन चुकी थी, उसके माता-पिता आधुनिक विचारों के नहीं हैं।

कनक के मन में संदेह हुआ, अवश्य किसी ने उसके विरुद्ध पुरी के कान भर दिये हैं। यह सन्देह उसे सुरेन्द्र से पुरी की इतनी अधिक प्रशंसा सुनकर, सुरेन्द्र के प्रति ही हुआ। सुरेन्द्र ने ही उसे दो बार ग्वालमंडी चौक में बहिन कांता के देवर के साथ देखा था और देखकर मुस्करा दी थी। यों तो राजेन्द्र नैयर के साथ कार में जाते हुए कनक ने एक बार ट्रिब्यून के दफ़्तर के पास पुरी को भी देखा था पर उससे आँखें न मिल पायी थीं। राजेन्द्र कभी-कभी आकर कनक को बहिन के यहाँ माडल टाउन ले जाता था। कनक को राजेन्द्र जरा भी अच्छा न लगता था। वह होज़ियरी के व्यापार और ब्रिज के अतिरिक्त कोई बात जानता न था।

कनक को दैनिक पत्रों पर सरसरी निगाह डाल लेने की आदत थी। 'पैरोकार' में नागरिक समाचारों के स्तम्भ में उसने देखा—"भोलापाँधे की गली में आग और बमबारी!' समाचार था, आक्रमणकारियों ने गली में बम फेंक कर आग लगा दी थी।

जाँच-पड़ताल करने वाली पुलिस ने भोलापाँधे की गली के ही कुछ लोगों को गिरफ्तार भी कर लिया था।

कनक समाचार पढ़कर रह न सकी। पंडित जी प्रातः ही दफ्तर में कुछ जरूरी काम कर रहे थे। कनक ने जाकर पिता को समाचार सुनाया और याद दिलाया कि पुरी जी भोलापाँधे की गली में ही रहते हैं।

"ओह अच्छा!" गिरधारीलाल जी ने आँखों पर से चश्मा उतार कर मेज पर रख दिया और ठोढ़ी पकड़ कर अप्रत्याशित समाचार के प्रति चिन्ता से बोले, "बहुत दिन हो गये, पुरी का तो कुछ समाचार ही नहीं मिला।" स्वयं ही उत्तर भी दे दिया, "अपने काम में उलझा होगा। ही इज़ वेरी हार्ड वर्किंग गुड ब्वाय।"

पिता की उपेक्षा से आहत होकर कनक ने कहा—" हम लोगों को उनका कुछ पता तो ज़रूर लेना चाहिए।"

"पता?" पंडित जी ने खोपड़ी खुजाते हुए कहा, "हाँ, पता तो ज़रूर लेना चाहिए मगर गलियों में ढूँढ़ना जरा मुश्किल होता है। खैर, विधिचंद किसी काम से लुहारी दरवाज़े जायेगा तो उसे कहेंगे कि भोलापाँधे की गली से पता लेता आये।" पंडित जी ने फिर पढ़ने वाला चश्मा आँखों पर रख लिया और कागजों पर झुक गये।

कनक ने मन ही मन अपना माथा पीट लिया। अपने कमरे में लौटकर सोचने लगी क्या करे? कुछ मिनट बाद फिर आकर पिता से कहा—"पिता जी, मुझे शान्ति भसीन के यहाँ जरूरी काम है। खाने के समय तक लौट आऊँगी।"

"क्या कहा बेटा, इस हालत में अकेली जाओगी?" पिता जी ने फिर मेज़ पर से आँखें उठायीं।

"पिता जी, यहाँ समीप निस्बत रोड पर क्या डर है। अभी लौट आऊँगी।"

कनक ने कपड़े बदले। घर से निकलकर ग्वालमंडी के बाज़ार से ताँगा लिया और शहालमी के भीतर भोलापाँधे की गली के लिए चल दी।

मच्छीहट्टा के तंग बाज़ार में ताँगा भोलापाँधे की गली के सामने प्रतीक्षा में खड़ा नहीं रह सकता था। कनक ने ताँगे का नम्बर देख लिया और उसे जरा आगे रंगमहल के चौक में जाकर प्रतीक्षा करने के लिए कह दिया।

भोलापाँधे की गली में एक टाँग पर ठीकरी का खेल खेलते बच्चों ने दौड़कर कनक को जयदेव पुरी और तारा के मकान का ज़ीना दिखा दिया।

दो दिन पूर्व संध्या समय बाबू रामज्वाया और पुरी में तारा के विवाह के सम्बन्ध में बातचीत के समय गरमा-गरमी हो जाने के बाद घर में सभी के चेहरे लटक गये थे। उसके तुरन्त बाद गली पर आक्रमण की घटना ने अपनी विभीषिका से रामज्वाया और पुरी की बातचीत के प्रभाव को घर के लोगों के मन पर कुछ फीका कर दिया था, परन्तु उस बात की लक्ष्य, तारा के लिए यह न हो सका। तारा के लिए ताऊ की बातें अब भी मृत्यु की खाई के समान, उसे निगल जाने के लिए सामने फैली हुई थी। तारा को भाई का ही भरोसा था, परन्तु उस दिन भाई के पाँव लड़खड़ा गये थे।

पुरी ने बाद में भी तारा से कहा था कि वह परीक्षा की तैयारी न छोड़े। तारा का मन चिन्ता में डूब रहा था, परन्तु पुस्तक हाथ में लिये कोठरी में दीवार के साथ चटाई

बिछाकर लेटी हुई पढ़ने का यत्न कर रही थी। प्रायः सभी लड़कियाँ अपने घर में साधारण कपड़े ही पहने रहती हैं। तारा कपड़ों की कमी के कारण घर में ऐसे ही कपड़ों से निर्वाह कर लेती थी जो बाहर जाते समय पहनने योग्य न होते थे। मन खिन्न, सिर और शरीर में हलका-हलका दर्द भी होने के कारण उस समय उसकी अवस्था और भी फूहड़-सी लग रही थी। कंघी भी ठीक से नहीं की हुई थी। घरों में कोई मर्द नहीं था इसलिए कन्धों पर दुपट्टा भी न था। पुस्तक सामने जरूर थी, परन्तु मन जाने कहाँ भटक रहा था। बार-बार सोमराज के परीक्षा से निकाले जाने और उसके चारदिवारी बाहर के बाग़ में घूम-घूमकर देखने की घटना याद आ रही थी। तारा को उसकी तुलना में असद की बातें याद आ रही थीं—क्या विश्वास, बिरादरी और सम्प्रदाय के भेद की खाई को लाँघ सकोगी? उसने उत्तर दिया था—आप हाथ पकड़ेंगे तो लाँघ जाऊँगी। उस संकट में उसका मन असद से मिलकर, परामर्श करके मार्ग निश्चय करने के लिए व्याकुल था।

तारा को ज़ीने में कदमों की आहट सुनाई दी। सोचा, पुष्पा या सीता रतन की माँ के यहाँ जा रही होंगी। ज़ीने की ओर से सुनाई दिया—"तारा बहिन!"

तारा ने लेटे ही लेटे गर्दन मोड़कर ज़ीने की ओर देखा, कनक का चेहरा झाँक रहा था।

कालेज की परिचित लड़की, वह भी दूसरे कालेज की और भाई की मित्र लड़की द्वारा वैसी अवस्था में देखे जाने की लज्जा से तारा पृथ्वी में गड़ गयी। झट-पट उठ बैठी, जैसे कोई दबा हुआ स्प्रिंग छूट गया हो। कहना ही पड़ा—"आओ! आओ!"

कनक ने भीतर आ आत्मीयता से मुस्करा दिया।

"पीढ़ी लाती हूँ। ठहरो, एक पल।" तारा ने अपने साथ चटाई पर बैठने से कनक के कपड़े मैले हो जाने और मसले जाने की आशंका से कहा। कनक के बाहर जाने के लिए पहने कपड़ों से अभी तक ताजगी की आब और आलमारी की सुगन्ध नहीं मिटी थी।

"नहीं, नहीं, ठीक तो है।" कनक ने तारा को कोहनी से पकड़कर चटाई पर खींच लिया और धम से चटाई पर बैठकर पीठ दीवार से लगा ली। तारा अपनी गरीबी के उघड़ जाने से वैसे ही संकोच अनुभव कर रही थी जैसे व्यक्ति अपने किसी दोष के प्रकट हो जाने से गर्दन झुका लेता है। उसी समय उसकी माँ बरामदे के साथ के आँगन में बँधी रस्सी पर ताजे धोये कपड़े सूखने के लिए डालकर रसोई की ओर आ गयी। माँ केवल ब्लाउज और पेटीकोट ही पहने थी। तारा और भी लजा गयी। उसने माँ की ओर देखकर कह दिया, "बहुत धो लिया, अब रहने भी दो।"

कनक ने तारा की माँ को नमस्ते करके कहा—"हमारी माँ भी दिन भर घर सम्भालती है। घर का तो काम ही ऐसा होता है।" फिर तारा से बोली, "आज अख़बार में तुम्हारी गली में दंगा हो जाने का समाचार था। हम सब लोग पढ़कर बहुत घबराये। सुरेन्द्र और ज़ुबेदा भी आने के लिए कह रही थीं। मैं शहालमी के बाहर चड्ढा जी के यहाँ आयी थी, सोचा—तुम्हें देखती चलूँ। अख़बार में तो था, गली में बम फेंका गया और आग लगा दी गयी। किसी को चोट तो नहीं आयी? बम का नाम सुनकर तो…।"

कनक ने बताया—"मोची दरवाज़े के बाज़ार की गली में भी बम फटने से एक की मृत्यु और नौ आदमियों को चोट लगने की ख़बर थी।"

तारा बताये बिना न रह सकी—"पहले इसी गली के लड़कों ने वहाँ जाकर बम फेंके थे। भाई तो उन्हें बहुत समझाते हैं पर क्या किया जाय।"

तारा ने गली में हुए काण्ड की बात संक्षेप में सुना दी :

"....भाई जी और मेवाराम लाठियाँ लेकर आगे बढ़े। स्त्रियाँ फौरन संडासें गिरा-गिराकर गली में ईंटें बरसाने लगीं। ईंटों से सिर कुचल गये... ।" आदमी को खींचकर दूसरी गली में छोड़ आने, खून धो देने इत्यादि की बातें। अपनी उलझन भी प्रकट की, "क्या किया जाये; भाई एकता के लिए इतना कर रहे हैं, परन्तु आदमी आत्मरक्षा के लिए तो विवश हो जाता है। पुलिस हमारी गली से तीन आदमियों को गिरफ्तार करके ले गयी है। सुबह से भाई और दूसरे लोग उन्हें जमानतों पर छुड़ाने के लिए गये हुए हैं... ।"

"इन्हें... !" कनक के मुख से निकल गया।

तारा ने उसकी ओर देखा।

कनक ने सँभलकर बात बदल दी—"हाँ, तुम्हारी परीक्षा की तैयारी का क्या हाल है?"

"हाल क्या है!" तारा ने अँगूठे का नाखून दाँत से खोंटते हुए निरुत्साह से उत्तर दिया, "एक बार तो स्थगित हो चुकी है। नहीं मालूम परीक्षा इस वर्ष होगी भी या नहीं। हुई भी तो मैं दे पाऊँगी या नहीं?"

"हाय, यह क्या कह रही हो? सब कहते हैं, तुम तो बेस्ट स्टूडेंट हो।" कनक बोली और पूछा, "इसके बाद एम० ए० का विचार भी है न!"

तारा की गर्दन लटक गयी—"यह सब किस्मत में कहाँ है!"

"वह क्यों", कनक ने कहा, "हमारे जैसे थर्ड डिवीजनर भी पढ़े जा रहे हैं।"

अपने दुर्भाग्य की लज्जा छिपाने के लिए तारा ने सिर झुका कर कहा—"चांस ही कहाँ है। माता-पिता नहीं मानेंगे... ।"

"पर तुम्हारे भाई तो जरूर पढ़ने के लिए कहेंगे।" कनक ने विश्वास प्रकट किया। वह तारा के भाई के विषय में सुनना चाहती थी।

"कैसे कहेंगे?" तारा ने गहरा श्वास लिया, "भाई स्वयं परेशान हैं। नौकरी छूट गयी है। तुम्हें तो मालूम ही होगा। घर की हालत पहले ही कौन अच्छी थी। भाई किसी पब्लिशर से अनुवाद का काम ले आते हैं, परन्तु अनुवाद करें या शांतिरक्षा का काम करें? यों तो भाई किसी न किसी समय काम कर ही डालते हैं। मुनव्वर के यहाँ से अनुवाद का काम लाये थे। डेढ़ सौ का काम करके ले गये। तीन चक्कर लगाये हैं तो आधा उसने रुपया दिया है। ऐसी हालत में काम करने का उत्साह भी क्या हो?"

तारा कनक के सामने भाई की योग्यता की सराहना आवश्यक समझती थी। कहती गयी—"यों भी जब से नौकरी छूटी है, भाई का मन बहुत खिन्न रहता है। 'पैरोकार' के एडीटर ने एक मास की तनख्वाह दबा ली है। भाई माँगने भी नहीं गये। भाई की आदत है, कष्ट चाहे सह लें, अपमान नहीं सह सकते। जानती हो, घरों में बीसियों झगड़े चलते

ही रहते हैं। उन्हें कोई कुछ कह देता है तो और भी परेशान हो जाते हैं। तुम उनकी योग्यता तो जानती हो, परन्तु अवसर न मिले तो क्या करें··· ।''

कनक पुरी द्वारा न्याय और आदर्श के लिए नौकरी पर लात मार देने के लिए उसके प्रति श्रद्धा करती थी। उसने पुरी के नौकरी छोड़ देने के समाचार का मन ही मन स्वागत किया था। नौकरी छोड़ देने के दूसरे पक्ष का उसे अनुमान ही न था, मानो पुरी 'पैरोकार' की नौकरी केवल साहित्यिक शौक के लिए कर रहा था। तारा से स्थिति का आभास पाकर कनक ने गहरी वेदना अनुभव की कि उसे इस पक्ष का ज्ञान क्यों नहीं था और ऐसी अवस्था में वह क्यों पुरी से इतनी दूर रही।

तारा को सहसा याद आया—''तुम्हारे लिए लस्सी मँगाऊँ? पर तुम्हें तो शायद चाय की आदत···।''

''नहीं-नहीं, कुछ नहीं।'' कनक ने तारा को रोकने के लिए उसके कंधे पर हाथ रख दिया, ''आज नाश्ता बहुत देर से किया है। हाँ, पानी एक गिलास जरूर लूँगी।''

तारा ने ऊषा को पुकारा—''हरी कहाँ गया है, बरफ मँगा ले।''

ऊषा भी घर से बाहर जाने योग्य कपड़ों में नहीं थी। तारा ने सुझाया, ''विजय को कह दे या पीतो को आवाज दे ले।''

कनक कहती रही—''बरफ नहीं, घड़े का पानी दो। मेरा गला ठीक नहीं है··· ।''

ऊषा ने रसोई में जाकर कपड़े धोने में व्यस्त माँ से बरफ के लिए एक पैसा माँगा। माँ ने बरफ की आवश्यकता का कारण पूछकर कहा—''आलमारी के ऊपर के खाने में रूमाल में बँधे रखे हैं। एक पैसा ले ले।''

कनक यह सब देखकर पुरी की कठिनाई के अनुमान से सिहर उठी।

कनक ने फिर बात शुरू की—''पिता जी इन्हें—पुरी जी को बहुत याद करते हैं··· ।''

तारा के कानों ने तुरन्त पकड़ा—'इन्हें!' उसे अच्छा लगा। वह सुनती गयी—''पिता जी पुरी जी के लिखने की तो बहुत ही प्रशंसा करते हैं। कई बार याद करते हैं; कई दिन से नहीं आये··· ।''

तारा बोल पड़ी—''बहिन, भाई को फुसर्त ही कहाँ मिलती है? अदायरा मुनव्वर ने एक बहुत जरूरी काम के लिए कहा है परन्तु··· ।''

''वाह!'' कनक ने तुरन्त उलाहना दिया, ''सुरेन्द्र के यहाँ तो जाते हैं। ज़ुबेदा और सुरेन्द्र कह रही थीं। तुम भाई-बहिन को हमारे यहाँ आने की ही फुर्सत नहीं मिलती। भई माना, हम लीडर नहीं हैं, छोटे आदमी हैं पर हमारा मकान भी तो रास्ते में है। सच बताओ कब आओगे तुम दोनों?''

''हाय, क्या कह रही हो।'' तारा कनक की वेदना समझकर बोली, ''भाई का जितना आप लोगों से परिचय है, उतना किसी दूसरे से कहाँ है। शान्ति आन्दोलन के लिए जाना पड़े तो दूसरी बात है। शहर में जो हालत है, तुम जानती हो। मैं तो कहीं आती-जाती नहीं। भाई को कल तो उधर जरूर ही जाना होगा। रेलवे यूनियन के कामरेड इब्राहीम का आदमी अभी कुछ देर पहले आया था। कल तीन बजे के लिए भाई को पार्टी आफिस में बुलाया गया है।''

कनक ने कलाई पर घड़ी देखी और चलने के लिए उठ गयी—"चलूँ, मरा ताँगे वाला परेशान हो रहा होगा। बहिन, परीक्षा तुम्हें देनी होगी। पुरी जी से नमस्ते जरूर कहना और पिता जी का संदेश कि याद करते हैं।"

कनक को जेब खर्च के लिए बीस और कंचन को पन्द्रह रुपये मासिक मिलते थे। कंचन की दृष्टि में यह अन्याय था, परन्तु पंडित जी दुलार में उत्तर देते—"बेटा, तुम कन्नी से तीन बरस छोटी भी तो हो।" इस पर भी कनक कंचन से दो-चार रुपये जब-तब उधार माँग लेती थी। कंचन की वह क्षति भी पंडित जी को ही पूरी करनी पड़ती थी। कंचन अपने रुपये जमा करती रहती थी। कपड़ों के लिए लड़कियों को कभी पंडित जी रुपये देने से इन्कार नहीं करते थे फिर भी कंचन अपनी जमा में से आवश्यक वस्तुएँ ख़रीद कर प्रसन्न होती थी।

कनक और कंचन को अप्रैल का जेब खर्च मिले दस दिन बीत गये थे। दंगों के कारण कनक न कालेज जा पाती थी और न दूसरी जगह, इसलिए अभी सत्रह रुपये उसके बटुए में थे। पिछली साँझ कांता आयी थी तो कनक को पन्द्रह रुपये दे गयी थी कि सफेद वायल की साड़ियों के लिए अच्छी-सी लेस खरीद रखे पर तीस-बत्तीस रुपये से होता क्या है? आधा दिन और आधी रात सोच-सोचकर कनक सकुचाते हुए दोपहर बाद दफ्तर में पंडित जी के पास पहुँची। दफ्तर में विधिचंद भी बैठा हुआ था। कनक ने बहुत धीमे स्वर में पंडित जी से बैठक में आकर बात सुन लेने के लिए अनुरोध किया।

पंडित जी बैठक में आये तो कनक ने लज्जा और खेद से चेहरा लटका कर कहा—"ज़ुबेदा ने मुझे शान्ति-रक्षा कमेटी के सत्तर रुपये रखने के लिए दिये थे। मुझसे कहीं गिर गये हैं।"

"ओ हो हो! यह तुमने क्या किया बेटा! किसी की अमानत कभी नहीं रखनी चाहिए। रुपये रखने के लिए ले लिये थे तो सावधान रहना चाहिए था। यू मस्ट रियलाइज योर रिस्पोंसिबिलिटी। हूँ, कब की बात है?"

"उस दिन जब मैं उसके साथ गयी थी।"

पंडित जी ने याद करके पूछा—"सात-आठ दिन की बात है तो अब तक क्यों नहीं कहा? कहीं घर में रखकर तो नहीं भूल गयी? कैसे मालूम है रास्ते में गिरे हैं? आर यू श्योर?"

"उस दिन पर्स नहीं ले गयी थी।" कनक ने उत्तर दिया और संकेत से बताया, "ऐसे ही रख लिये थे। पहले तो कभी गिरे नहीं।"

यह बहुत बुरी बात है, इट इज़ बैड।" पंडित जी ने खेद से कहा, "ज़ुबेदा यहाँ आयेगी तो मुझसे लेकर दे देना और आइन्दा ख़याल रखना। यू शुड लर्न टु कीप मनी।"

कनक ने सिर झुकाये कहा—"कल मैं शान्ति भसीन के यहाँ गयी थी तो ज़ुबेदा मुझे चौक में मिल गयी थी। मैंने आज के लिए कह दिया था कि स्वयं उसके यहाँ पहुँचा दूँगी। उसने आज बुलाया भी है।"

"अच्छा मैं दे देता हूँ।" पंडित जी ने दफ्तर से लौटकर मेज़ की दराज से चाबी निकाल कर विधिचन्द को दी और तिजोरी में से सत्तर रुपये निकलवा कर कनक को

थमाते हुए एक बार फिर सावधान रहने का उपदेश दोहरा कर कहा—"ज़ुबेदा को रुपया देकर मुझे इन्फार्म कर देना कि दे दिये हैं। समझा बेटा!"

तारा ने कहा था कि पुरी को मंगलवार तीन बजे कम्युनिस्ट पार्टी के आफिस में जरूरी काम से बुलाया गया है। वह पार्टी दफ्तर से लौटेगा किस समय, यह कैसे कहा जा सकता था। कनक ज़ुबेदा के यहाँ जाने के लिए कहकर अढ़ाई बजे की चौंधियाती धूप में घर से निकल पड़ी थी। बाज़ार में त्वचा जलाती दुपहर की धूप का सन्नाटा था। दुकानदार दुकानों के किवाड़ उढ़का कर औंघा रहे थे। धूप के आतंक से छाया दुकानों के सामने लगे सायबानों के नीचे और मकानों की दीवारों के साथ हाथ-हाथ भर जगह में सिमिट आयी थी। खोमचे वाले भी सूर्य की किरणों से आतंकित होकर बैठ गये थे। उनकी गंडेरी, तरबूज और बर्फ के शरबत की पुकारें चुप हो गयी थीं। सड़क पर बिछा तारकोल धूप से नरम हो गया था। कनक उस नरम तारकोल पर अपनी सैंडिल के चिह्न बनाती हुई पुरी से राह में मिल पाने के लिए सड़क से चौक की ओर बढ़ती जा रही थी।

पार्टी आफिस मैक्लोड रोड और निस्बत रोड के चौराहे के समीप था। शहालमी से वहाँ पहुँचने के लिए निस्बत रोड का ही रास्ता था। कनक ने मन में दृढ़ निश्चय कर लिया था, जैसे भी होगा पुरी से मिलेगी। पुरी से कहने के लिए उसके मन में कितनी ही बातें उबल रही थीं।

कनक घर से निकलकर ग्वालमंडी के सामने मेडिकल कालेज के फाटक के चौक तक आयी। तीन बजने में अभी पच्चीस मिनट थे। वह दुविधा में थी, किस ओर जाये। उसने निश्चय किया, पहले ताँगा लेकर निस्बत रोड से मैक्लोड रोड तक चली जाये। यदि पुरी उस ओर जाता हुआ न मिले तो फिर ताँगे पर शहालमी की ओर लौटे। वह एक ताँगे की ओर बढ़ ही रही थी कि हास्पिटल रोड पर पुरी उसी ओर आता दिखाई दे गया। कनक उसके समीप पहुँचने की प्रतीक्षा में, साँस रोके ताँगे के समीप खड़ी रही।

पुरी सामने दूर नज़र लगाये कुछ सोचता जा रहा था। समीप आने पर कनक ने पुकार लिया—"नमस्ते, कहाँ चले जा रहे हैं, देखना भी नहीं चाहते!"

पुरी पुकार सुनकर सहमा—"नमस्ते, आप हैं? देखना क्यों नहीं चाहता? मैं पार्टी आफिस में जा रहा था।"

पुरी कनक के अपने यहाँ आने की बात सुन चुका था। वह तारा से कनक के आने, बैठने, उसने क्या देखा और उससे जो बात हुई थी, सब खोद-खोदकर पूछ चुका था। कनक उसकी गरीबी देख आयी थी, इस बात से वह और भी संकुचित हो गया था।

पुरी ने अपनी बात दोहरायी—"एक जरूरी मीटिंग है।"

"पहले मेरे साथ चलिये!" कनक ने आग्रह किया।

"कहाँ?"

"आपसे बात करनी है।"

"आओ, कुछ दूर तक चलते-चलते बात कर लेंगे।" पुरी ने मान लिया।

"नहीं, ऐसे बात नहीं हो सकेगी। देखिये न धूप। ताँगा ले लीजिये।"

"धूप तो है।" पुरी झिझककर अपनी मुसी हुई पतलून की जेब में हाथ धँसाते हुए बोला, "परन्तु इस समय यों ही उठकर चला आया। बटुआ लेने का ख़याल नहीं आया और ···और···"

"कैसी बातें करते हैं!" कनक ने एक कदम आगे बढ़कर प्यार से उलाहना दिया, "यह बटुआ नहीं है?" कनक ने हाथ का बटुआ दिखाया।

"है तो," पुरी ने संकोच से स्वीकार किया, "परन्तु मैं मीटिंग में जा रहा हूँ। मैंने ही उन लोगों से मीटिंग करने का अनुरोध किया था।"

"कुछ भी हो, थोड़ी देर के लिए चलिये। मैं तो आपकी प्रतीक्षा में ही खड़ी थी।"

पुरी निरुत्तर हो गया। पूछा—"कहाँ चलें?"

"जहाँ आप चाहें या 'स्टैण्डर्ड' में।"

दुविधा में इधर-उधर झाँककर पुरी बोला—"मैंने कहा, न मैं जेब में···"

"आपको हो क्या गया है? यह सब किसका है?" कनक का स्वर भीग गया।

पुरी परास्त हो गया। उसने ताँगे वाले से बात की। कनक और वह ताँगे पर बैठ गये। ताँगा माल रोड की ओर चल पड़ा।

पुरी ने ताँगे वाले की ओर घूमकर कहा—"माल रोड नहीं, मैक्लोड रोड चलो।" और कनक की ओर देखकर बोला, "मैक्लोड रोड पर 'वीनस' में बैठ लेंगे। वहाँ से मुझे पार्टी आफिस नज़दीक रहेगा।"

कनक ने गर्दन झुका कर स्वीकार कर लिया और पुरी की ओर देखकर पूछा—"आपको हो क्या गया है?"

"क्यों, मुझे क्या हुआ है?"

"यह मैं 'आप' कब से हो गयी? चलिये बैठकर ही बताऊँगी।" कनक ने आवेश वश में करने के लिए अपने बायें हाथ से ताँगे की छत का चौखटा पकड़ लिया। पुरी दायें हाथ से चौखटा पकड़े स्थिति को सँभालने के बारे में सोचने लगा।

'वीनस' में दोनों एक छोटे केबिन में बैठे। कनक ने भीतर आते ही कह दिया—"चाय मँगवा लीजिये।" पुरी ने बैरे के भीतर झाँकते ही कह दिया, "चाय।"

"आपको हो क्या गया?" कनक ने आर्द्र स्वर में अपना प्रश्न दोहराया।

"क्यों?"

"आप क्या समझते थे, मैं मर गयी हूँ? हाथ कभी न छोड़ने की प्रतिज्ञा ऐसी ही निभायी जाती है? डेढ़ मास तक मुझसे भागते रहे, क्यों?" कनक की आँखों से मेज़ पर टप-टप आँसू गिरने लगे।

पुरी असहाय हो गया। बैरे के किसी भी क्षण लौट आने की आशंका थी। स्वयं उसका गला भर आया—"कन्नी क्या कर रही हो, बैरा आता होगा।"

कनक बटुए से रूमाल निकाल कर आँसू पोंछने लगी।

"कन्नी, मेरी स्थिति और मेरे दृष्टिकोण से भी तो देखो।" पुरी ने समझाया।

"क्या देखूँ? मुझे क्यों बेख़बर रखा। मुझे किसी विश्वास के योग्य नहीं समझा। मुझे किसी योग्य न समझा।"

"प्लीज, पहले आँसू पोंछो।" पुरी ने अनुरोध किया। कनक ने पुरी को कोई शिकायत करने का अवसर ही न रहने दिया।

बाहर से केबिन् के किवाड़ पर बैरे का हाथ पड़ने और ट्रे में चाय के बर्तन खनकने की आहट आयी। कनक ने बटुआ खोल लिया और बैरे की ओर पीठ कर उसमें कुछ ढूँढ़ने लगी।

बैरा चाय और पेस्ट्री का स्टैण्ड मेज़ पर रखकर चला गया।

कनक के आँसू बराबर उमड़े आ रहे थे। पुरी ने भर आये गले को सँभाल कर कहा—"तुम समझती हो मैंने उपेक्षा की है? तुम नहीं जानती, मैंने कितना सहा है, तुमसे दूर रहना मेरे लिए कितनी यातना थी। तुम मेरी स्थिति को भी देखो। तुम तक पहुँचने के लिए मैंने जो जीना बनाना शुरू किया था वह गिरा दिया गया। मैं इस समय लोगों की दृष्टि में बेरोज़गारी की और नित्य पेट के लिए टुकड़ा जुटाने की चिन्ता की तिरस्कृत अवस्था में हूँ।"

कनक ने टोक दिया—"क्या कह रहे हैं? कौन नहीं जानता? नौकरी पर तो आपने स्वयं न्याय और सत्य के लिए लात मार दी है, सभी यह जानते हैं और आपका आदर करते हैं।"

पुरी चम्मच से चाय हिलाता हुआ बोला—"नौकरी पर लात मार दी है या मैं उसके लिए विवश हो गया था; कुछ भी हो। यदि कोई स्त्री बलात्कार से बचने के लिए कुएँ में कूद पड़े तो यह क्या उसका सुख समझा जायेगा? नौकरी छूट जाने का परिणाम मेरे आदर्शों के कारण बदल तो नहीं गया। यह भी सत्य है कि आज पहले से अधिक कमा सकता हूँ, परन्तु बेनाम होकर। यह क्या कम विवशता है?"

"आदर्श के लिए त्याग क्या साधारण बात है?"

"आदर्श भी क्या पूरा हो रहा है। एकता की अपील के लिए यह सब कुछ हुआ और पिछले सप्ताह एक रात मुझे आत्मरक्षा के लिए या गली के लोगों का साथ देने के लिए लाठी लेकर लड़ने के लिए जाना पड़ा। याद कर रोंगटे खड़े हो जाते हैं। यह भी जानता था कि दोष अपनी गली के ही लोगों का था।"

"आपने स्वार्थ के लिए तो कुछ नहीं किया।"

"यही तो मेरी कमजोरी और अयोग्यता है। समाज में स्थान और आदर पाने के लिए स्वार्थ पूरा कर सकना चाहिए।"

"आप कैसी बातें कर रहे हैं? लोग तो आपके इस त्याग के लिए आपका और भी आदर कर रहे हैं। मैं तो आपके चरणों की धूल को भी पवित्र समझती हूँ।"

"यह तुम्हारे अपने हृदय की विशालता है। मैं उसके योग्य होने का सामर्थ्य पाना चाहता हूँ।"

"ताने न मारो, तुम्हारे पाँव पड़ती हूँ। मुझे जो स्थान दे चुके हो वह वापस नहीं ले सकते, प्राण चाहे ले लो; मुझे दूर नहीं कर सकोगे।"

"मैं समीप आ सकने के योग्य नहीं रहा इसलिए समीप आने का साहस न कर सका। इसी यत्न में हूँ कि फिर तुम्हारे समीप आ जाऊँ। मैं यह नहीं चाहता कि मेरा तुम्हारे समीप आना तुम्हारे अपमान का कारण बने।"

"आप कैसी बातें करते हैं?" कनक ने खिन्नता से कहा, "यदि हमारे विवाह के बाद आपकी नौकरी छूट जाती तो मुझे छोड़कर चले जाते?"

पुरी को कनक की बात अच्छी लगी पर बोला—"पहले विवाह के योग्य तो हो जाऊँ?"

"क्या कह रहे हैं?" अन्याय की दुहाई दे के कनक ने जयदेव की आँखों में देखा, "यह क्या अभी सोचना है? क्या इरादे हैं?" उसके आँसू फिर बह गये।

"आँसू तो पोंछो।" पुरी ने द्रवित स्वर में अनुरोध किया।

"नहीं पोंछूँगी, नहीं पोंछूँगी, आपको क्या परवाह है?" कनक ने होंठ काटते हुए उत्तर दिया। आँसुओं की धाराएँ उसके गालों पर बहती रहीं।

पुरी को कनक के सामने की कुर्सी पर से उठकर उसकी ओर आना पड़ा। कनक का सिर हाथों में लेकर उसने आस्तीनों से उसके आँसू पोंछ दिये। कनक ने कोई विरोध नहीं किया। पुरी का रोम-रोम कंटकित हो रहा था। झुककर उसने कनक की आँखें चूम लीं। कनक सिहर उठी और उसने अपना सिर पुरी के कन्धे से टिका दिया। पुरी रह न सका। उसने कनक के होंठ भी चूम लिये।

कनक अपनी बाँह पुरी की कमर पर रखकर मान से बोली—"क्यों ऐसी बात कही थी? फिर कहोगे तो रो-रोकर मर जाऊँगी। हाथ नहीं पकड़ चुके हो; पाणिग्रहण और क्या होता है? मैं तुम्हारे योग्य हूँ या नहीं, यह पाणिग्रहण करने से पहले सोच लेना था। अब जो होना था, हो चुका।" उसके आँसू-भीगे चेहरे पर मुस्कान आ गयी, जैसे ओस से लदे फूलों पर प्रभात की किरणें पड़ जायें।

"मैं तो हाथ पकड़ चुका हूँ, परन्तु अपने पिता जी से पूछा है?" पुरी ने प्रश्न किया।

"पिता जी से पूछना क्या है? आपने उनसे बात की होती तो आप देखते कि मैं क्या करती। पिता जी ने भी कोई बात नहीं चलायी। मैं तो चाहती हूँ कि बात चले। पिता जी तो सोचते हैं पहले एम० ए० कर लूँ।"

"एम० ए० कर ही लो। मेरे लिए तो अभी विवाह की बात सोचने का समय दूर हट गया है।"

"फिर कैसी बात करते हैं।" कनक मान से झुँझलायी, "अब घर में बात साफ हो जाना ठीक है। हमसे ऐसे नहीं निबहता। चोर क्यों बनें।"

"क्यों, क्या बात है?"

"यही कि लोगों के सामने छिपते रहना। घर में लोग भाँपने लगे हैं; भाँपेंगे नहीं?"

"कौन क्या कहते हैं?"

"कहते हैं, यह गुरु का आदर नहीं कुछ और भावना है।" कनक पुरी की आँखों से आँखें मिला मुस्कराकर बोली।

"कौन कहता है, तुम्हारा जीजा!"

"जीजा जी कहते हैं, दूसरे सब भी कहेंगे। क्यों नहीं कहेंगे!"

"तुमने क्या कहा?"

"मैं तो कहने लगी थी हाँ है परन्तु आपसे पूछ नहीं लिया था इसलिए अपने आपको दबा लेना पड़ा। कह दिया, फिजूल बातें करते हैं पर यह कैसे चलेगा! मुझे उन लोगों के

सामने ऐसे दिखाना पड़ता है कि कुछ खास बात नहीं। उस दिन आपसे यह भी नहीं कह सकी कि इतनी जल्दी क्यों चले जा रहे हैं, कब आयेंगे? बात हो जाये जैसे बहिन की हो गयी थी। फिर प्रतीक्षा भी करनी पड़े तो करेंगे।''

पुरी कुछ पल सोचकर बोला—''नाट जस्ट ऐट दिस मोमेंट। कुछ समय और ठहर जाओ। मैं जल्दी स्थिति सँभाल लूँगा।''

''पर अब मिलोगे तो? हमारे यहाँ आयेंगे आप? पिता जी से क्यों बात नहीं करते। आपकी कहानियों का एक संग्रह उनके पास है।''

''पिता जी से क्या बात करूँ? उनके सामने मैं यह कहूँ कि मैं अपदार्थ हूँ, अपने पैरों पर खड़ा होने योग्य भी नहीं? आप अपनी लड़की ऐसे आदमी को सौंप दीजिये।''

''अपदार्थ होने का क्या मतलब?'' कनक ने इस शब्द के प्रति विरोध प्रकट किया और बोली, ''जैसे आते-जाते थे, उसमें क्या हर्ज है? जरूर आना!''

''ऐसी अवस्था में मेरा मन झिझकता है।''

''आप कहें तो मैं भी शान्ति आन्दोलन में काम करूँ। सप्ताह में एक-दो बार तो मिलना ही चाहिए।''

''आ जाया करो, परन्तु क्या बनेगा? मुझे आशा नहीं। लोग कांग्रेस, लीग और सभी की बात मानेंगे या हमारी?''···मैं यह भी सोच रहा हूँ कि यहाँ काम न मिले तो दिल्ली चला जाऊँ।''

''दिल्ली जायेंगे; इतनी दूर! पत्र तो लिखते रहेंगे न?''

''पत्र में लिख क्या पाऊँगा?''

''अपने स्वास्थ्य समाचार, मेरे लिए सान्त्वना के दो शब्द। मैं तो इन दिनों भी पत्र की प्रतीक्षा करती रही। आ न सको तो पत्र जरूर लिखना।''

''अच्छा,'' पुरी की नज़र कैबिन के पार्टीशन के ऊपर से दीवार पर लगी घड़ी की ओर चली गयी। उसने अपने कलाई की घड़ी की ओर देखा और बोला, ''चार बज रहे हैं। मीटिंग में लोग क्या कह रहे होंगे? मैंने ही तो मीटिंग के लिए कहा था।'' पुरी ने बैरे को बुलाने की घण्टी का बटन दबा दिया।

''यह मीटिंग मेरे लिए अच्छी सौत बन गयी।'' मुस्कराकर कनक ने कहा और अपनी बात पलटी, ''महाराज, हमें सौत भी मंजूर है, चरणों में स्थान तो रहे।'' बटुए में से उसने कुछ दस-दस के और दो पाँच-पाँच के नोट निकाल पुरी की ओर बढ़ा दिये।

''यह क्या? दो रुपये दे दो? पुरी ने कहा, ''रुपये-सवा रुपये का बिल होगा।''

''रख लो न, काम आयेंगे।''

पुरी का चेहरा गम्भीर हो गया। बैरा बिल लेकर आ गया था। पुरी ने दो का एक नोट बिल की तश्तरी पर रखकर कहा—''चेंज लाओ।'' और बैरे के फिरती लेने जाने पर कनक से बोला, ''नहीं मुझे नहीं चाहिए।''

''ऐसी क्या बात है?'' कनक ने अनुरोध किया, ''रख लीजिये। मेरे कहने से रख लीजिये।''

पुरी गम्भीर हो गया—''यह ठीक है कि तुम्हें मेरी कठिनाई मालूम है। मुझे आवश्यकता है, परन्तु लेने से मुझे और भी अधिक कष्ट होगा। इसका अर्थ होगा मैं अपना असामर्थ्य स्वीकार कर लूँ। वास्तव में पैसे का संकट अब उतना नहीं है जितना बेरोज़गार समझे जाने का।''

''मेरे पास यों ही पड़े हैं।''

''तुम आवश्यकता से अधिक चीज़ को फेंक रही हो। मैं दीन हूँ इसलिए उठा लूँ।''

कनक ने आहत स्वर में कहा—''कैसी बात कह देते हैं।''

''मेरे आत्म-सम्मान को ठेस मत पहुँचाओ।'' पुरी ने अंग्रेजी में कहा।

बैरा चेंज ले आया। पुरी ने तश्तरी में चार आने बकशीश के छोड़कर शेष सब कनक के सामने रख दिये।

कनक को बहुत दुखी मन से सब रुपये अपने बटुए में डाल लेने पड़े।

रेस्तोराँ से निकल कर पुरी ने कनक के लिए ग्वालमंडी लौटने के लिए ताँगा बुला दिया और स्वयं कम्युनिस्ट पार्टी के आफिस की ओर चला गया।

कनक ताँगे में ग्वालमंडी लौट रही थी तो इतने दिन बाद पुरी से अच्छी तरह समीप होकर मिल लेने का सन्तोष था परन्तु साथ ही एक नयी टीस मन में उठ आयी थी—इन्होंने मेरे रुपये लेने से इन्कार क्यों किया?...मैं इनकी हूँ तो मेरे रुपये इनके नहीं हैं? क्या केवल इसलिए कि मैं नारी हूँ? ...मुझे उनके लिए कुछ करने का, उनके संकट बँटाने का कोई अधिकार नहीं है?...रुपये इन्हें लेने होंगे? नहीं लेंगे तो उनके सामने फर्श पर माथा पटक कर सिर तोड़ लूँगी।...विवाह के बाद क्या हम दोनों नहीं कमायेंगे? तब भी क्या मेरे रुपये और अपने रुपयों का भेद करेंगे?

कनक घर पहुँची तो बैठक में मुट्टु बाबा कंचन को सितार सिखा रहे थे। बाबा सप्ताह में दो बार आते थे। सितार के शोर से दफ्तर में विघ्न न पड़े इसलिए पंडित जी बैठक और दफ्तर के बीच का दरवाज़ा बन्द करवा लेते थे। कनक सीधी ज़ीना चढ़कर अपने कमरे में चली गयी। कपड़े बिना बदले ही पलंग पर बिछे पलंगपोश पर लेट गयी। दायीं बाँह का तकिया बनाकर बायीं बाँह माथे पर रखकर आँखें मूँद लीं। वह पुरी द्वारा रुपया अस्वीकार कर देने की निष्ठुरता के विषय में ही सोच रही थी। नीचे बैठक में बाबा गत को द्रुत में पूरा करके झाला फेंक रहे थे। झाले की गूँज से पूरा घर भर गया था। उस गूँज से कनक का मस्तिष्क तन्द्रिल हो गया। मालूम भी न पड़ा कि झाला कब समाप्त हो गया।

''कन्नी!'' कंचन ने कनक के पलंग पर बैठकर पुकारा। कंचन तीन बरस छोटी थी, परन्तु बचपन से बड़ी बहिन को कन्नी ही पुकारती आयी थी।

''हाँ!'' तन्द्रा से चौंक कर कनक ने कंचन की ओर देखा।

''तुमने क्या ज़ुबेदा से रुपये उधार लिये हैं?'' कंचन ने पूछा।

कनक ने पल भर सोचकर पूछा—''क्यों क्या बात है?''

''तुम दोपहर में बाहर गयी थी तो कुछ देर बाद ही ज़ुबेदा और स्नेह यहाँ आयी थीं। मैंने कहा, तुम बाहर गयी हो तो उन्होंने पूछा, क्या कम्युनिस्ट पार्टी के आफिस में

मीटिंग के लिए गयी है? वे तुमसे पूछने आयी थीं कि चलना हो तो साथ लेती जायें। वे लौट रही थीं तो पिता जी ने विधिचन्द को भेजकर उन्हें बुलवा लिया! पिता जी ने उससे बात की—कनक तो तुम्हारे यहाँ गयी है। तुम्हें रास्ते में नहीं मिली?

''ज़ुबेदा ने बताया कि वह सुरेन्द्र के यहाँ से आ रही थी।

''पिता जी ने कहा—कनक तो तुम्हारे रुपये लौटाने गयी है। शायद तुमसे मुलाकात न हुई हो। तुम सत्तर रुपये यहाँ से ही ले लो। तुम्हें ज़रूरत होगी।''

''ज़ुबेदा ने विस्मय से कहा—मुझे तो कनक से कुछ नहीं लेना है।''

''पिता जी रुपये दे रहे थे पर ज़ुबेदा ने नहीं लिये।''

कनक ने गहरा साँस लेकर मन ही मन सोचा, कमबख्त ज़ुबेदा को भी आज ही यहाँ मरना था। अब वह क्या करेगी? पंडित जी के सामने सब कुछ क्षम्य था पर झूठ नहीं। क्या जवाब देगी?

''तुमने उसे पिता जी से बताने के लिए मना कर दिया था?'' कंचन ने पूछा।

कनक ने कुछ उत्तर न दिया तो कंचन उठकर चली गयी। प्रायः आध घण्टे बाद छोटे नौकर जग्गी ने आकर सूचना दी—''नीचे चाय रख दी है। पिता जी बुला रहे हैं।''

कनक समझ गयी, उत्तर देने का समय आ गया है। संकट को टाल देने के लिए उसने सिरहाने लगी मेज से एक पुस्तक उठाकर खोल ली और कहा—''कंची से कह दे, पिता जी के लिए चाय बना देगी। मैं पढ़ रही हूँ।''

आठ बजे भोजन की मेज़ पर फिर पिता जी से सामना होना था। कनक घड़ी में समय देखकर पौने आठ बजे ही नीचे उतर गयी और बोली—''माँ, मैंने चाय नहीं पी थी। मुझे भूख लगी है, खाना दे दो।''

पिता जी के सामने झूठ बोलने की जवाबदेही करने की कल्पना से कनक का मन बैठा जा रहा था। वह यत्न कर रही थी, जितने क्षण टल जायें पर कब तक टाल सकती थी। नौ बजे कनक के लिए फिर पंडित जी की पुकार आयी। जाना ही पड़ा। पंडित जी एकान्त में बात करने के लिए गर्मी के बावजूद दफ्तर में ही बैठे हुए थे। उन्होंने कनक को समीप दायें हाथ की कुर्सी खींचकर बैठने के लिए कहा और बोले—''कंची ने बताया होगा, ज़ुबेदा आयी थी। मैं रुपये दे रहा था उसने लिये नहीं।''

कनक रुपये साथ लेती आयी थी। उसने नोट मेज पर रख दिये और गर्दन झुका ली।

''बेटा रुपयों की कोई बात नहीं, तुम रखो। पूछ रहा हूँ, ज़रूरत किस बात के लिए थी?''

कनक मौन रही।

बिना किसी क्षोभ और क्रोध के पंडित जी ने कहा—''बेटा, तुम्हें रुपयों की जरूरत थी तो वैसे कह देती। यू हैव नैवर डन सच ए थिंग बिफोर।''

कनक गर्दन झुकाये रही।

पिता जी वैसे ही शान्त और अनुरोधपूर्ण स्वर में बोले—''बेटा, इन रुपयों के लिए तुम कह देती—मुझे चाहिए, कारण नहीं बताना चाहती; तब भी एक बात थी। मुझे

उतना दुख न होता, परन्तु गलत बात से ज़रूर दुख हुआ। सब कुछ तुम्हारा ही है। तुम्हें मुझसे भेद की ज़रूरत पड़े, दिस इज़ रियली सैड।''

कनक ने अपना चेहरा आँचल में छिपा लिया परन्तु उसके हिलते हुए कन्धों से स्पष्ट था कि वह फफक-फफक कर रो रही थी।

पंडित जी फिर उदास स्वर में बोले—''बेटा, इस समय तुम्हारा मन ठीक नहीं है। अभी तुम आराम करो। कल या जब तुम्हारा मन ठीक हो, आकर बात करना। बेटा, मुझे कोई गुस्सा नहीं है। आई एम ओनली सैड।''

कनक अपने कमरे में जाकर फिर पलंग पर गिर पड़ी और खूब रोयी। उसे आशंका नहीं थी कि पिता जी के सामने बात इतनी जल्दी खुल जायेगी।

कनक प्रायः घण्टे भर में अपने आपको स्थिर कर पायी। वह ज़ीना उतर कर नीचे गयी। पंडित जी दफ्तर के साथ के छोटे कमरे में अकेले ही सोते थे। वे अभी तक सिरहाने बिजली जलाये पढ़ रहे थे और कोने में रखा टेबिल फैन धीमी गूँज ले चल रहा था। उन्होंने कनक के भीतर आने की आहट नहीं सुनी। कनक ने पलंग के समीप पड़ी कुर्सी हिलाकर आहट की।

कनक को देखकर पंडित जी ने कहा—''आओ बेटा।'' और पलंग पर सरक कर उसके बैठने के लिए जगह कर दी।

कनक साड़ी के छोर से धागे चुनते हुए आँसुओं से भारी स्वर में धीमे-धीमे बोली—''मैं पुरी जी की बहिन तारा से मिली थी। वह इस साल डिग्री की परीक्षा दे रही है। उन लोगों के घर की अवस्था बहुत ही ख़राब हो गयी है। उनकी नौकरी 'पैरोकार' से छूट गयी है...।''

''हाँ-हाँ, यह मैंने भी किसी से सुना था।'' पंडित जी ने स्वीकार किया, ''कशिश बहुत कमीना आदमी है, डाक्टर भी ऐसा ही है; वैरी अनस्क्रुपलस। ओ हो-हो! पुरी की बहिन को ज़रूरत थी। तो फिर देने चाहिए थे। आई वुड बी हैपी।''

''उन्होंने लिये नहीं।'' कनक ने साड़ी के छोर पर आँखें गड़ाये कहा।

''किसने, बहिन ने?'' पंडित जी ने पल भर सोचकर पूछा।

''नहीं, पुरी जी ने।''

''तुम जयदेव को देना चाहती थी?''

कनक ने मौन में हामी भरी।

पंडित जी ने कुछ सोचा और अपनी ठोढ़ी पकड़कर चिन्ता से बोले—''जयदेव की मदद के लिए तुमने मुझसे कोई जिक्र नहीं किया। बहुत भला और लायक लड़का है। तुम्हें इतने दिन तक पढ़ाता रहा है। उसका हम पर एहसान है। एक तरह हम उसके कर्जदार हैं। उसने मुझसे जिक्र नहीं किया।''

कनक का साहस बढ़ा, बोली—''उसमें बहुत सेल्फ-रिस्पेक्ट है। वे सहायता के लिए किसी से नहीं कहेंगे।''

''हूँ!'' पंडित जी सोच में चुप रह गये।

पल भर बाद साड़ी के छोर से धागे चुनते हुए कनक ने कहा—''पिता जी, आप उन्हें बुलाकर बात कीजिये।''

पंडित जी ने सोचकर 'हूँ' से उत्तर दिया और बोला—"अच्छा बेटा जाओ, अब सो जाओ।"

कनक ज़ीना चढ़कर अपने कमरे की ओर आ रही थी तो सन्तोष से उसके कदम तेजी से उठ रहे थे। उसने परिस्थिति को चतुरता से सँभाल लिया था। बिस्तर में लेटते ही उसे नींद आ गयी। उसका मस्तिष्क दिन भर की उलझनों से थक गया था।

गिरधारीलाल जी का अनुमान अल्हड़ नवयुवा बेटी की चतुरता के आच्छादन को सहज ही बेध गया। उन्होंने सोचा, मुझसे छिपाकर यह सब करने की आवश्यकता क्या थी? कनक जयदेव को पहले की तरह पुरी भाई जी नहीं कह रही थी। पंडित जी अपनी इस 'तेज' बेटी की ओर कुछ अधिक ध्यान रखना ही उचित समझते थे। उसके कुछ बन सकने की सम्भावना थी तो धक्का और चोट खा जाने की आशंका भी थी। तीन वर्ष पहले ही वह क्रिश्चियन कालेज के एक लेक्चरार को अपना सब कुछ समझ लेना चाहती थी। गनीमत यह हुई कि लेक्चरार विवाहित था। कनक जान गयी कि वह उसे धोखा दे रहा था…

पुरी मंगलवार के दिन कम्युनिस्ट पार्टी के दफ्तर में हुई मीटिंग के परिणाम से सन्तुष्ट था। अगले ही दिन से रेलवे मज़दूर यूनियन और स्टूडेण्ट फेडरेशन ने शान्ति स्थापना के लिए कामरेड इब्राहीम के नेतृत्व में शान्ति के लिए 'जंगी आन्दोलन' (मिलिटेंट पीस मूवमेंट) आरम्भ कर दिया। इतने बड़े जुलूस न लीग के निकले थे और न ऐंटी-पाकिस्तान लीग के ही। जुलूस के पैरों से इतनी धूल उड़ती थी कि धूल का एक बादल सा जुलूस के ऊपर-ऊपर चलता रहता। 'कांग्रेस-लीग-अकाली एक हों!' 'जम्हूरी वज़ारत कायम हो!' 'हिन्दू-सिक्ख-मुस्लिम भाई-भाई!' 'फिरकापरस्ती (साम्प्रदायिकता) मुरदाबाद!' 'सल्तनतशाही मुरदाबाद!' के नारे इतनी धमकी से लगाये जाते थे कि सुनने वाले शान्ति के उपदेश के साथ फिसाद न करने की चेतावनी और धमकी भी अनुभव करते थे। हिन्दू और मुस्लिम मुहल्लों की सीमाओं पर रेलवे मजदूरों ने दोनों ओर के लोगों के सहयोग से शान्ति-रक्षा के लिए पहरे भी बैठा दिये। एक बार फिर शान्ति स्थापित हो गयी दिखाई देती थी।

पुरी 'अदायरा मुनव्वर' के यहाँ से लाये हुए, इतिहास की पाठ्य-पुस्तक के संकलन के काम में तन-मन से लग गया था। गरमी के कारण वह रात में खुली छत पर सोता था। ज्यों ही पढ़ने-लिखने लायक प्रकाश होता, वह काम पर लग जाता। प्रोफेसर शाह द्वारा बतायी तीन पुस्तकों को मिलाकर नयी पुस्तक लिखने का काम सरल न था। प्रातः छः से ग्यारह तक की बैठक में पहले पढ़कर बाद में लिखना होता था। वह कठिनाई से पाँच या छः पृष्ठ का मसविदा लिख पाता।

इतिहास की इस पुस्तक के संकलन में तारा सहयोग दे सकती थी। इतिहास उसका भी विषय था, परन्तु तारा उर्दू लिखना न जानती थी। शान्ति-रक्षा का आन्दोलन चल ही रहा था। पुरी जुलूसों और सभाओं में अब कम जाता था। दोपहर बाद भी तीन-चार पृष्ठ का काम कर लेता। मन में इच्छा थी—जल्दी ही 'अदायरा मुनव्वर' से साढ़े पाँच सौ रुपये लाकर दिखा दे तो पिता और ताऊ के सामने कुछ कह सकने का उसका अधिकार प्रमाणित हो जायेगा।

पुरी सोचता, यदि ऐसा काम लगातार मिलता रहे तो वह नौकरी की परवाह भी क्यों करे? प्रकाशक चाहे बीस हजार कमा ले और पाठ्य-पुस्तक पर अपना नाम देने वाले को दस हजार दे दे, मुझे पाँच सौ ही दे, पर दे। जीवित रह सकने के लिए उसने अपना शोषण भी मंजूर कर लिया या शोषण के तंग द्वार से निकल पाने के लिए कुछ समय के लिए झुकना आवश्यक था तो वह झुक जाने के लिए तैयार हो गया था।

नगर में शान्ति जान पड़ती थी। पुरी तन्मयता से अपना मार्ग बनाने का यत्न कर रहा था परन्तु तारा की मानसिक वेदना और बेचैनी बढ़ती जा रही थी। मास्टर जी और माँ में जब बात होती, विवाह के खर्च के लिए नारोवाल के मकान का भाग बाबू रामज्वाया को बेच देने की चर्चा चलती थी। विवाह के लिए कपड़ा और ज़ेवर खरीदने के सम्बन्ध में विचार होता था। माँ जेठानी से भी राय लेने उच्ची गली जाती थी। शीलो की माँ स्वयं भी राय देने आती थी।

विवाह की तैयारी का काम आरम्भ कर देने के लिए सलवार-कमीज के दो सूटों के लिए रेशमी कपड़ा, गोटा-किनारी आदि ख़रीद लिया गया था। मेलादेई, पुष्पा, रामप्यारी, जीवां, भागवंती के साथ बैठी फैशन और डिजाइन तय करने लगीं। उन्होंने तारा को सुनाकर कहा—"इससे अच्छा काटना-सीना कौन जानता है? अपनी चीज़ खुद शौक से सिये; इससे अच्छी बात और क्या हो सकती है? आजकल तो जवान लड़कियाँ स्वयं ही अपना दहेज तैयार करती हैं, इसमें शरम क्या है?"

तारा को लग रहा था, उसका कफ़न तैयार किया जा रहा है। सब तैयारियाँ करके एक दिन उसका गला घोंट कर उसका शरीर उस कफ़न में लपेटकर एक गुंडे के हवाले कर दिया जायेगा। भाई देख रहा है और चुप है। वह दाँत पीस लेती ···नहीं-नहीं, ऐसा नहीं होने दूँगी। यह घर ही छोड़ दूँगी।···यही लोग मुझे निकाल रहे हैं, तो मैं क्या करूँ? उन्होंने कहा था—परिवार, बिरादरी, विश्वास और सम्प्रदाय की खाइयों को लाँघ सकोगी? मैंने तो कहा था—आप हाथ पकड़ेंगे तो लाँघ जाऊँगी। उनसे कहूँगी, समय आ गया है, हाथ पकड़िये। चाहे जहाँ जायें, कहीं भी चले जायेंगे!

पुरी काम में ऐसा जुटा था कि कहीं जाता ही न था। तारा मन ही मन छटपटाती प्रतीक्षा कर रही थी, भाई आन्दोलन में जायें तो वह भी साथ जाये और उनसे बात करके निश्चय करे···।

ग्यारह बज गये थे। पुरी अभी तक छत पर बनी बरसाती में बैठा इतिहास की पुस्तक के काम में तन्मय था। ऊषा ने ऊपर जाकर 'नया हिन्द पब्लिकेशन' से विधिचंद के आने की सूचना दी। पुरी ने नीचे कोठरी में जाकर अलगनी पर पड़ी कमीज़ पहनी और व्यस्तता का प्रमाण, फाउन्टेनपेन हाथ में लिये गली में उतर कर विधिचंद से मिला।

विधिचंद ने पंडित गिरधारीलाल जी का सन्देश दिया कि आपकी कहानियों के संग्रह के सम्बन्ध में बात करने के लिए पंडित जी ने याद किया है, जरूर आयें। पुराने परिचय के आधार पर यह भी कह दिया—"पंडित जी ने तो परसों ही सन्देश देने के लिए कहा था; मैं आ नहीं सका। हो सके तो आज ही आ जाइये।"

"भई काम में बेहद फँसा हूँ, आज तो मुश्किल है।" पुरी कलम से सिर खुजाते हुए बोला, "अदायरा मुनव्वर की किताब जल्दी देने का वायदा है। अगर आज शाम उस तरफ आना हुआ तो आज ही आ जाऊँगा।"

ऊपर लौटकर पुरी ने ऊषा से कहा—''ऊषी, मेरी एक कमीज और पैंट धो दे।'' और तारा से अनुरोध किया, ''यह धो देगी तो तुम मासी या पुष्पा के यहाँ जाकर प्रेस कर लेना।''

''ऊषी, जल्दी धो दे!'' तारा तुरन्त बोली, ''मैं अच्छी तरह प्रेस कर दूँगी। भाई, मैं भी साथ चलूँगी। कनक यहाँ आयी थी। मुझे भी उसके यहाँ हो आना चाहिए। मुझे सुरेन्द्र से मिले भी कितने दिन हो गये, क्या कहती होगी?'' तारा को सुरेन्द्र के यहाँ असद के मिल सकने की सम्भावना थी। ''सब लोग इधर-उधर घूम आते हैं। मैं महीने भर से कहीं नहीं गयी। बहुत हुआ, तो बस पुष्पा के यहाँ। ऐसा जान पड़ता है, घुटने जुड़ गये हैं।''

''अच्छी बात।'' पुरी के मुख से निकल गया, परन्तु ख़याल आया, तारा का कनक के यहाँ आना-जाना ठीक न होगा। इस आने-जाने से अपना दारिद्र्य और हीनता ही अधिक प्रकट होगी। तारा यदि अपने अनिच्छित विवाह के सम्बन्ध में कनक से बात कर बैठी तो वे लोग हमारे विषय में क्या सोचेंगे। सोचकर बोला, ''पंडित गिरधारीलाल के यहाँ मैं पाँच मिनट से अधिक नहीं ठहरूँगा। एक बार पार्टी आफिस भी जाना चाहता हूँ। कल-परसों फिर सही, तुम सुरेन्द्र के यहाँ हो आना।''

पार्टी आफिस का नाम सुनकर तारा की इच्छा और भी उत्कट हो गयी, बोली—''भाई जी, तो क्या हर्ज है? पार्टी आफिस मैं भी चलूँगी। वहाँ ज़ुबेदा ज़रूर होगी।''

''नहीं, उस भीड़ में तुम क्या करोगी?'' पुरी ने टाल दिया।

तारा के मन पर चट्टान सी आ पड़ी। कुछ न बोल सकी; लड़की जो थी। गहरा साँस लेकर सोचा, कल-परसों ही सही। सुरेन्द्र के साथ पार्टी आफिस तक जाकर ही देख लूँगी।

पुरी को गिरधारीलाल जी का संदेश मिला था इसलिए उसने उनके यहाँ दफ़्तर के दरवाज़े से ही प्रवेश किया। पंडित जी ने—''बरखुरदार, तुम तो ईद के चाँद हो गये!'' कहकर स्वागत किया। सेहत का हाल पूछा और बोले, ''कशिश और डाक्टर राधेबिहारी बहुत खुदगर्ज और मौकापरस्त लोग हैं। ईमानदार नौजवानों का उनके साथ काम कर सकना मुमकिन ही नहीं।'' फिर चश्मा आँखों से उतार सावधानी से एक ओर रखकर ठोढ़ी रगड़ते हुए बोले, ''तुम्हारे उस कलेक्शन के बारे में—हाँ भाई विधिचंद,'' उन्होंने विधिचंद की ओर देखा, ''भाई, वह पुरी जी का कलेक्शन तो निकाल देना।''

पंडित जी फिर पुरी की ओर घूमे—''कहानियाँ तो बहुत अच्छी हैं, बहुत ऊँचे पाये की हैं। दरअसल फनकार के टैलेंट का टेस्ट छोटी कहानी से होता है। शार्टर दी बेटर लेकिन बरखुरदार, कहानियों के लिए मार्केट नहीं है। चीज़ कितनी बेश-कीमत हो, मार्केट नहीं है तो दाम क्या मिल सकते हैं?''

''जी।'' जयदेव ने निराशा की गम्भीरता से स्वीकार किया।

''कहानियों का मार्केट तो,'' पंडित जी ठोढ़ी रगड़ते हुए बोले, ''स्टोरी मैगज़ीनों ने खत्म कर दिया। मेरा मतलब है, वे लोग दस या बारह कहानियों का मजमुआ पाँच-छः आने में दे देते हैं। उनका खर्चा और मुनाफा तो इश्तहारों से निकल आता है। हम अगर कहानियों का मजमुआ शाया करें तो डेढ़-दो रुपया कीमत तो रखेंगे; कौन खरीदेगा। इट इज़ बैड, वैरी बैड।''

दो पल रुक कर फिर बोले—"अच्छे लिखने वालों की मुसीबत है। स्टोरी मैगज़ीन में नये लिखने वाले मुफ़्त ही अपनी कहानी छपवाकर खुश हो जाते हैं। स्टाफ में दो आदमी अंग्रेजी से तरजुमा करने के लिए रखे। एक-दो स्टोरियाँ तुम्हारे जैसे अच्छे फसानानवीसों से ले लीं, बीस-पच्चीस दे दिये। उनका दो सौ-ढाई सौ माहवार में अच्छा-खासा स्टोरी कलेक्शन तैयार हो गया। इट इज़ ग्रेट इंजस्टिस टू राइटर्स। हमने तो यह सब करके देख लिया है न! इट इज़ वैरी सैड!"

पुरी सोच रहा था, पंडित जी ने उसे व्यर्थ ही बुलाया। बैठक में कनक के पहुँच जाने का आभास मिल गया था। सोच रहा था, यह समाप्त करें तो कनक से दो बात कर सके।

बात समाप्त कर देने के लिए पुरी ने पंडित जी का समर्थन किया—"बजा फर्माते हैं आप।"

कनक रह न सकी। बैठक की ओर के दरवाजे में आकर उसने पुरी को 'नमस्ते' से पुकार लिया और कह दिया—"बैठक में भी आइयेगा, बैठी हूँ।"

"कौन! कन्नी है!" पंडित जी ने पूछा और अपना हाथ अपनी महीन, हमवार बाल कटी खोपड़ी पर फेरते हुए बोले, "दरअसल तो अब मार्केट है सिर्फ टेक्स्ट बुक्स के लिए। लोगों में अदब का शौक रह ही नहीं गया। शौक कहाँ से हो, निहायत ज़रूरियात ही पूरी नहीं होतीं, किताबें क्या खरीदें? अलबत्ता नावल के लिए कुछ मार्केट है। मिस्टर पुरी, कोई अच्छा नावल सजेस्ट करो। अंग्रेजी का नहीं, उसका माहौल (वातावरण) विदेशी रहता है। हमारी पब्लिक उसमें रम नहीं सकती। हिन्दी का या बंगला का हिन्दी तर्जुमा, लेकिन हो अच्छा। लेट मि टैल यू, क्या नाम था उसका; तुम्हारी राय से ही तो कंची ने मँगवाया था। मुझे कुछ हिस्से सुनाये थे। दैट वाज़ वैरी गुड।"

"रेत की नींव।" पुरी ने याद दिलाया।

"हाँ, हाँ रेत की नींव, रेत की नींव।" पंडित जी ने मुस्करा कर कहा, "टाइटिल भी पुरमाइने है न! मुझे तो कंची ने कुछ पोर्शन सुनाये थे लेकिन टैल मी, बाकी भी दिलचस्प है?"

"बहुत दिलचस्प है।" पुरी ने विश्वास दिलाया, "और पर्पज़फुल (सार्थक) भी है। शोखन आस्ट्रिया का सबसे अच्छा लेखक माना जाता है। हिन्दी में अनुवाद भी बहुत अच्छा हुआ है।"

"अच्छा यह बात है। इट्ज ए ट्रांसलेशन। भई विधिचन्द, कहना कंची से कि वह नावल 'रेत की नींव—" उन्होंने पुरी से पूछ लिया, "ठीक है न!…हाँ, जरा दे दे। बरखुरदार, इस समय तुम उसका तर्जुमा करने के लिए तो फुर्सत निकाल ही लोगे?"

पुरी सोच रहा था।

पंडित जी ने फिर पूछा—"टाइम तो होगा!"

"मैं आजकल अदायरा मुनव्वर का कुछ काम कर रहा हूँ।" पुरी ने उत्तर दिया, "एक टेक्स्ट बुक…।"

"दैट इज़ गुड, दैट्ज फाइन!" पंडित जी ने पूछा, "किस मजमून की?"

"हिस्ट्री की।" पुरी ने बताया, "काम बहुत मुश्किल है। यूनिवर्सिटी का प्रोफेसर शाह, टेक्स्ट बुक कमेटी का मेम्बर है, वही लिखवा रहा है। आथर की जगह नाम उसी का जायेगा।"

''दैट्ज़ बैड।'' पंडित जी ने दुःख प्रकट किया, ''वह पब्लिशर से पाँच-छः हजार लेगा, तुम्हें चार-पाँच सौ देगा। यही होता है, सब यही करते हैं।''

''जी,'' पुरी ने लज्जा से स्वीकार किया, ''मजबूरी है।''

''और ऐसे काम में तो बहुत वक्त लगता है। ढंग से किया जाये तो तीन-चार महीने भी कम हैं। दिस इज़ क्रुएल, लेकिन पब्लिशर भी क्या करें, वर्ना किताब टेक्स्ट नहीं बन सकती। तुम यह काम कर सकते हो तो मैं ख़याल रखूँगा। दैट इज़ गुड।'' पंडित जी विधिचंद की ओर घूमकर उसके हाथ से पुस्तक लेकर बोले, ''हाँ, इसमें कितने सफे हैं?'' किताब उन्होंने फिर विधिचंद को लौटा दी।

''तीन सौ अड़सठ।'' विधिचंद ने देखकर बताया।

''तीन सौ अड़सठ, थिरी हंड्रेड सिक्सटी एट।'' पंडित जी ने कुछ सोचते हुए कहा और पुरी से पूछा, ''अच्छा मिस्टर पुरी, यह बताओ कि हिन्दी से उर्दू में बहुत बढ़िया, सलीस तर्जुमे का क्या रेट है आजकल?''

पुरी को याद आया, मुनव्वर के यहाँ से उसने अंग्रेजी के उपन्यास का उर्दू अनुवाद आठ आना प्रति पृष्ठ लिया था।

पुरी ने पल भर सोच, जैसे ठीक-ठीक याद कर रहा हो और लेखकों तथा अनुवादकों की प्रतिष्ठा और उनके प्रति न्याय के विचार से कह दिया—''एक रुपया पेज समझिये।''

पंडित जी ने सुनकर विस्मय प्रकट किया—''यह कुछ ज्यादा नहीं है! हिन्दी के पेज में तो पच्चीस-छब्बीस सतरें होती हैं। इस रेट में तो अंग्रेजी से तर्जुमा हो सकता है। इज़ इट नाट।''

''आप सही फर्मा रहे हैं।'' पुरी ने स्वीकार किया, ''अक्सर इससे कम में भी हो जाता है, लेकिन आपने बहुत अच्छे तर्जुमे के बारे में दरियाफ़्त फर्माया था। कोई नामवर मुतरज्जुम (अनुवादक) ज्यादा भी उम्मीद कर सकता है।''

''बारह आना पेज ठीक नहीं होगा?''

''बारह आना भी बुरा नहीं है। मैं समझता हूँ; मुनासिब है। तर्जुमा करने वाले पर मुनहस्सर है।''

''नो-नो! यह काम तो बरखुरदार तुम्हें ही करना होगा, किसी दूसरे से हम नहीं करायेंगे, इसीलिए तो तुम्हारी पसन्द का नावल हमने चुना है कि तुम काम में दिलचस्पी ले सको।''

''मैं आपका हुक्म पूरा कर दूँगा, लेकिन मेरे लिए उजरत का क्या सवाल है?''

''नो-नो! दैट्ज़ नाट प्रापर। काम की उजरत तो होनी ही चाहिये। हाँ, विधिचंद भाई, बारह आने पेज के हिसाब से तीन सौ अड़सठ पेज का क्या बनेगा?''

विधिचन्द ने पेंसिल से कागज पर हिसाब लगाकर उत्तर दिया—''जी, दो सौ छिहत्तर रुपये बनते हैं।''

पुरी को भी सोचने के लिए समय मिल गया था। बोला—''पंडित जी, मेरा विचार है, यह काम मुनव्वर की पुस्तक से पहले कर डालूँ। बाद में उसमें पूरी तरह लग जाऊँगा।''

"बरखुरदार, जिस तरह तुम्हें मुआफिक बैठे, जैसे तुम्हारा दिल करे; एज यू लाइक इट।" पंडित जी ने उत्तर दिया और विधिचंद से पुस्तक लेकर पुरी के सामने रख दी और बोले, "चेक दे दूँ पर तुम्हें बैंक जाने की परेशानी होगी। विधिचंद भाई, एक सौ रुपया तो पुरी जी को दे दो और एक छोटी-सी रसीद बनवा लो, एडवांस के तौर पर।"

पंडित जी ने हँसी आ जाने के कारण उठ गये गालों से भिच गयी आँखों से पुरी की ओर देखकर कहा—"यू डोंट माइंड इट, यह सब तो बिजनेस के कायदे होते हैं। इन्कम-टैक्स वाले ऐसा परेशान कर देते हैं, क्या बतायें तुम्हें!"

हृदय में भर आये उल्लास के कारण पुरी के लिए स्वाभाविक ढंग से बोल गना कठिन हो रहा था। कुछ रुँधे गले से उसने कहा—"पंडित जी, रुपयों की इतनी जल्दी ज़रूरत क्या है? हो जायेगा, अभी रहने दीजिये।"

"अरे बरखुरदार, मैं क्या नहीं जानता?" हँसी से रेंकते स्वर में पंडित जी ने कहा, "खूब जानता हूँ। तुम्हें रुपये की कोई परवाह नहीं है। तुम तो मोती आदमी हो। खैर, हिसाब तो हिसाब है।"

पुरी ने रसीद को बिना पढ़े, बेपरवाही से उस पर हस्ताक्षर कर दिये और दस-दस के दस नोट, पंडित जी के हाथ से लेकर बिना गिने लजाते हुए पतलून की जेब में रख लिये।

"गिन तो लो भाई!" पंडित जी ने आग्रह किया।

"इट्ज़ आल राइट।" पुरी मुस्करा दिया, "आपका हुक्म बजा ला रहा हूँ।"

"आह, यू आर ए फाइन मैन! यू आर ए ज्युएल!" हँसी से रेंकते हुए स्वर में पंडित जी कहते रहे।

पुरी अवसर देख बोला—"कनक जी की भी बात सुन लूँ। जरा उनसे…"

"हाँ हाँ, क्यों नहीं, बहिनें इंतजार में होंगी। इतने दिन बाद आये हो।…" पंडित जी ने बैठक की ओर संकेत कर दिया।

पुरी बैठक में आया तो कनक की आँखों और चेहरे पर उल्लास का गुलाबीपन फूटा पड़ रहा था। उसे देखकर पुरी खिल उठा। कनक सोफा के किनारे बैठी थी। पुरी उसके समीप की कुर्सी पर बैठ गया।

कनक ने मान दिखाकर कहा—"हम नहीं बोलते। हमारे कहने से तो नहीं आये न; पिता जी ने बुलाया तभी आये। हमारी परवाह किसे है? चाहे हम मर भी जायें।"

कंचन भी आ गयी—"ओ हो, पुरी भाई जी कितने दिन बाद आये।"

कनक ने उसे चाय बनवाकर ले आने के लिए कह दिया।

पुरी को जेब में सौ रुपये से उत्साह अनुभव हो रहा था परन्तु शंका थी कि पंडित जी ने कनक की सिफारिश से उस पर कृपा करने के लिए या कनक को मुफ़्त पढ़ाने का ऋण उतारने के लिए तो रुपया नहीं दिया। पुरी ने कनक से पूछा—"तुमने पिता जी से अनुवाद के सम्बन्ध में कोई बात की थी?"

"इस बारे में मुझसे कोई बात नहीं हुई।" कनक ने गम्भीर होकर विश्वास दिलाया।

पुरी को संतोष हो गया कि पंडित जी ने अनुवाद का काम उस पर दया करके नहीं, उसकी योग्यता के कारण ही दिया है।

“इतनी देर तक क्या-क्या बातें होती रहीं? हम तो यहाँ आँख फैलाये बैठे थे।” कनक ने उलाहना दिया।

पुरी के उत्तर देने से पहले ही पंडित जी बैठक में आ गये और बोले—“पुरी के लिए चाय नहीं मँगायी?”

कनक ने उत्तर दिया—“कंची लेने गयी है।”

पंडित जी कनक के समीप सोफा पर बैठ गये और पंजाब और लाहौर की स्थिति पर बात करने लगे। सप्ताह भर से शांति थी, परन्तु उन्हें भविष्य अच्छा नहीं दिखाई दे रहा था। पंजाब में लीग, कांग्रेस और अकाली दल के संयुक्त मंत्रिमंडल बन सकने की सम्भावना, जिन्ना साहब के निर्णय से समाप्त हो गयी थी। जिन्ना साहब का निर्णय था—यदि कांग्रेस केन्द्रीय मंत्रिमंडल के आधे स्थान मुस्लिम लीग को देकर शेष आधे में कांग्रेस और गैर मुस्लिमों को भी स्थान देने के लिए तैयार नहीं तो पंजाब में मुस्लिम लीग अकाली दल से चाहे समझौता कर ले, कांग्रेस के साथ सहयोग नहीं करेगी।

पंडित जी ने मत प्रकट किया—“भई, लीग तो एबसर्ड डिमांड करेगी ही। एटली ने उन्हें बढ़ावा दे दिया है कि जिस तजवीज़ में लीग शामिल नहीं होगी, उसे ब्रिटिश सरकार मंजूर नहीं करेगी। जब आप डेमोक्रेसी की बात करते हैं तो लीग और कांग्रेस का क्या सवाल! जो मैजोरिटी में हो उसकी बात मानिये।”

पुरी ने पंडित जी का समर्थन किया। पंडित जी के बीच में बैठे रहने के कारण कनक और पुरी अपनी बातें नहीं कर सकते थे। पुरी कब तक बैठा रहता। उसने चलने की आज्ञा चाही।

कनक बोल उठी—“जरा ठहरिये!” पंडित जी की ओर घूमकर उसने कहा, “पिता जी, मैं शहालमी तक पुरी जी के साथ चली जाऊँ! सरला शर्मा से कुछ काम है।”

“अच्छा बेटा,” पिता जी को कहना पड़ा, “जल्दी लौट आना।”

कनक तुरन्त कमीज़-सलवार, दुपट्टा बदल कर आ गयी। पुरी के साथ बाजार में आते ही उसने फिर पूछा, “पिता जी से क्या-क्या बातें हुईं; बताइये तो!”

“कुछ खास नहीं। बस अनुवाद के बारे में!”

“अहा जी, जैसे हमने सुना नहीं!” कनक ने पुरी की ओर कटाक्ष किया।

“क्या सुना!”

“यू आर ए फाइन मैन! यू आर ए ज्युएल!” कनक ने तिरछी निगाहों से पुरी की ओर देखा।

“वो तो वैसे ही कह रहे थे।” पुरी ने संकोच और पुलक से कहा।

“वैसे ही क्या, वे ठीक कह रहे थे। आपके पीछे भी तो आपकी प्रशंसा करते हैं।”

“किस बात के लिए? क्या बात थी!” पुरी ने आग्रह से पूछा।

कनक के लिए बात छिपाना कठिन हो गया। ग्वालमंडी से चौक तक आकर उसने कहा—“बताती हूँ। पैदल-पैदल ही बातें करते हुए चलें। जरा घूम भी आयेंगे।”

संध्या का सूर्य मीलों दूर तक फैले हुए ऊँचे मकानों की ओट में रावी की ओर क्षितिज पर पहुँच चुका था। सूर्यास्त की किरणें केवल ऊँचे मकानों के शिखरों और वृक्षों

की चोटियों पर ही शेष थीं। सुहावनी हवा चल रही थी। निस्बत रोड पर बहुत से लोग लोअर माल रोड और लारेंस गार्डन की ओर भ्रमण के लिए जा रहे थे। पुरी और कनक भी निस्बत रोड पर घूम गये।

कनक ने बहुत सँभाल कर पिता जी से ज़ुबेदा को देने के लिए रुपये माँगने और अपनी अनुपस्थिति में ज़ुबेदा के आ पहुँचने की घटना सुनाकर कहा—"मैं विचित्र स्थिति में फँस गयी थी। बताये बिना कोई चारा ही नहीं था, परन्तु पिता जी ने आपके बारे में बहुत आदर से बात की और आपकी प्रशंसा भी की।"

पुरी की गर्दन लटक गयी। बोला—"परन्तु मैं किसी से सहायता नहीं चाहता। दया एक बात है और आदर दूसरी बात। दया की जाती है तो आदर नहीं हो सकता। मुझे अनुवाद का काम काफ़ी मिल गया है। मैं तो चाहता था कि पिता जी को बताये बिना ही अपनी कठिनाई सुलझाकर उनकी दृष्टि में तुम्हारे योग्य बन जाता।"

कनक ने गम्भीरता से विश्वास दिलाया—"आप पिता जी को नहीं जानते। पिता जी आदमी का आदर करते हैं, धन का नहीं। वे बार-बार कहा करते हैं, अपनी योग्यता का भरोसा करो, जायदाद और पैसे का नहीं। अगर योग्यता नहीं है तो लाखों की जायदाद ख़ाक हो जायेगी। योग्यता है तो ख़ाक से भी सोने का महल खड़ा हो जायेगा।" कनक ने मुस्कराकर कहा, "पिता जी को तो अपना सब कुछ लड़कियों को ही देना है। आपको योग्य समझते ही हैं, ज्युएल बताते हैं, उन्हें और क्या चाहिए!"

कनक के लिए पुरी की दृष्टि में अपनी भूल का मार्जन किये बिना और पुरी के मन से अपनी भूल के कारण अपमानित समझने का भाव दूर किये बिना उसे छोड़ देना सम्भव न था। दोनों बात करते-करते चले गये। बात समाप्त ही नहीं हो रही थी। वे निस्बत रोड से लोअर माल पर पहुँच गये और फिर लारेंस गार्डन में कश्मीर वैली में जा पहुँचे। कनक पुरी के मन से दैन्य के अपमान की अनुभूति को धो देने के लिए उसे समझाती जा रही थी।

पुरी का मन शनैः-शनैः सान्त्वना पा रहा था। मन में एक कल्पना बनती जा रही थी। कनक की बात असंगत नहीं लग रही थी।...किसी दिन मुझे पंडित जी का नया हिन्द प्रकाशन और प्रेस सँभालना पड़ सकता है। मेरी मौलिक पुस्तकों से इस प्रकाशन का महत्त्व बढ़ेगा। एक अपना पत्र भी प्रकाशित किया जा सकेगा। एक पत्र का साधन हाथ में होने पर कितनी शक्ति हो सकेगी! उस समय कर्मचन्द कशिश और डाक्टर राधेबिहारी को पूछ सकूँगा, क्यों? ...इतने बड़े काम से पूर्व पंडित जी आदमी की परख और पहचान करना चाहते हैं तो उनका उचित अधिकार है... ।

दोनों गहरी बातों में डूबे थे। कनक को समय का ख़याल आया। पुरी ने घड़ी देखकर बताया, आठ बजा चाहते हैं। कनक सिहर उठी, बहुत देर हो गयी थी। याद आया, बहिन और जीजा प्रतीक्षा कर रहे होंगे, परन्तु कश्मीर वैली की, अंगूरों के घने वितान से छायी वीथी समीप थी। कनक के कदम उस ओर बढ़ गये। प्रकाश से बचकर उसने पुरी के दोनों हाथ अपने हाथों में लेकर पूछा—"अब तो नाराज़गी नहीं है न?"

"नहीं, नाराज़गी क्या; तुम स्थिति को अधिक समझती हो।"

कनक पुरी की ओर बढ़ गयी और उसके सीने से सटकर पूछा—"सच कहो?"

पुरी ने उसे बाँहों में ले लिया और उसके आगे बढ़े ओठों को अपने ओठों से मौन उत्तर दे दिया।

दोनों एक दूसरे का हाथ थामे तेज़ कदमों से बाग के बाहर निकलकर ताँगे के अड्डे की ओर बढ़ चले। पुरी ने पूछा—"हमें इस प्रकार देखकर आने-जाने वाले क्या समझते होंगे?"

"ठीक ही समझते होंगे। हैं ही?" कनक ने उत्तर दिया।

१०

जयदेव पुरी जानता था कि इतिहास की पुस्तक के संकलन की अपेक्षा "रेत की नींव' का हिन्दी से उर्दू में अनुवाद बहुत सरल काम होगा। उसने पहले दिन प्रातः ताजे मस्तिष्क से इतिहास की पुस्तक का ही काम किया। दोपहर बाद दो बजे से 'रेत की नींव' के कुछ पृष्ठ पढ़े। वह स्वयं कहानी लेखक था। इस अनुवाद का अर्थ अच्छी लिखी कहानी के शब्द और मुहावरे बदलकर पुनः लिख डालना था। इस श्रम से उसे रस भी मिल रहा था। दो घण्टे में चार पृष्ठ अनुवाद कर लेने पर अनुभव किया कि एक पैरा हिन्दी में पढ़कर उर्दू में लिखने के बाद फिर हिन्दी की पुस्तक उठाकर पढ़ने से समय बरबाद होता था। यदि वह हिन्दी में सुनकर उर्दू में लिखता जाये तो अधिक सुविधा होगी। उसके कान 'सूर्योदय' या 'आँचल का पसार' सुनें तो हाथों को 'तुलुए आफताब' या 'दामन का फैलाव' लिख देने में क्या कठिनाई होगी।

पुरी गरमी के कारण बरामदे के कोने में चटाई पर बैठा लिख रहा था। बरामदे के दूसरे कोने में तारा दूसरी चटाई पर लेटी पढ़ रही थी।

"तारा!" पुरी ने पुकारा, "भई प्यास लगी है, एक गिलास जल दो।"

हामी भरकर तारा गिलास में जल ले आयी।

तारा गिलास देकर लौट रही थी। उसके चेहरे पर सतत बनी रहने वाली चिन्ता और उदासी मौजूद थी। पुरी ने पूछा—"पढ़ाई में खूब मन लग रहा है?"

"पढ़ ही रही हूँ।" जल से भीगे हाथ कन्धे पर पड़े दुपट्टे से पोंछते हुए तारा ने उत्तर दिया।

जल पीकर पुरी फिर बोला—"एक बात है, यदि अपनी पुस्तक से थक गयी हो, खास मन न लग रहा हो तो तुम यह हिन्दी नावल पढ़कर बोलती जाओ। मैं उर्दू में लिखता जाऊँ। जल्दी समाप्त हो जाये तो जल्दी कुछ पैसे बन जायें।"

तारा मान गयी।

तारा ने पहले चार पृष्ठ पढ़ डाले। उपन्यास रोचक था। तारा स्वयं रुचि से पढ़कर लिखाने लगी। कठिनाई थी तो यही कि वह पुरी की लिख लेने की गति की अपेक्षा जल्दी पढ़ जाना चाहती थी। वह उपन्यास उसने पहले नहीं पढ़ा था। उपन्यासों की ओर उसकी उतनी अधिक प्रवृत्ति थी भी नहीं।

तारा संध्या के सात बजे तक लिखाती रही और पुरी लिखता रहा। तीन घंटे में पुरी ने नौ पृष्ठ और कर डाले। मन में इतना उत्साह था कि वह तारा को बताये बिना न रह सका। घर के दूसरे लोगों से रहस्य की बात थी, इसलिए धीमे-धीमे अंग्रेजी में बोला, ''तुम्हारा कुछ समय तो लगा, परन्तु इतने समय में मैंने सात रुपये का काम कर लिया है। इस काम के सौ रुपये तो पेशगी ले चुका हूँ। प्रातः भी पाँच घंटे में मैंने इतिहास की पुस्तक के चार पृष्ठ के लगभग यानी छः-सात रुपये का काम ही कर डाला था। जुलाई के पहले सप्ताह में मुझे यह किताब देनी है। सात सौ-आठ सौ का काम है। एक बार कनेक्शन जम जाये, काम मिलने लगे तो काम करने से तो मैं पीछे नहीं हटता। तब देखूँगा, ताया जी कैसी बात करते हैं। अभी मैं बोलूँ भी तो क्या? मैं समझता हूँ। तुम्हारी इच्छा के विरुद्ध, खासकर वैसा लड़का! सरासर अन्याय है। देख रहा हूँ, यह लोग तैयारियाँ कर रहे हैं परन्तु अभी क्या बोलूँ··· ।''

तारा ने भाई की बात सुनकर गर्दन झुका ली। मन में कहा, जब सब कुछ हो जायेगा, तब यह क्या कहेंगे, और कोई क्या सुनेगा? कहना है तो अभी कहें। मन ने दूसरी दिशा में कल्पना की—अन्याय तो मानते ही हैं। यहाँ इनका बस नहीं चलता तो मेरी रक्षा के लिए दूसरी तरह सहायता करें। वह कल्पना में डूब गयी—भाई चाहें तो सब कुछ हो सकता है। अपने लिए भी करेंगे ही; पर कनक का परिवार तो उदार और आधुनिक है।

तीन दिन तक पुरी प्रातः इतिहास की पुस्तक के संकलन का काम और दोपहर बाद 'रेत की नींव' के अनुवाद का काम करता रहा। तीस अप्रैल को संध्या कम्युनिस्ट पार्टी के दफ्तर से एक आदमी कामरेड मंजूर का पत्र लेकर आया था। पत्र में अनुरोध था कि एक मई को संध्या समय, मई दिवस की सभा में पुरी को अवश्य ही नागरिक एकता पर भाषण देना होगा।

पुरी संध्या पाँच बजे सभा में था। लगभग एक मास के बाद असद से आँखें चार हुईं थीं परन्तु इतने आदमियों के समीप रहते, खास तौर पर भाई के सामने तारा क्या बात कर सकती थी। वह अवसर की प्रतीक्षा में थी। केवल पाँच ही लड़कियाँ सभा में आयी थीं। तारा भी उनके साथ मंच के तख्तों पर सभापति की कुर्सी के पीछे बैठी थी। सुरेन्द्र नहीं आयी थी।

पुरी भाषण देने के लिए खड़ा हुआ तो अवसर देखकर असद तारा के समीप आ गया। उसकी आँखों में प्रश्न भरा था।

''यहाँ क्या कह सकती हूँ?'' तारा ने बहुत धीमे और जल्दी में कहा।

''क्या बात है?''

''मरने-जीने का ही सवाल है।''

''कहाँ मिल सकोगी?'' असद ने पूछा।

"सुरेन्द्र के यहाँ ही आ सकती हूँ।"

"कब?"

"जल्दी कोशिश करूँगी, पाँच-छः दिन या सप्ताह के भीतर ही।"

पुरी यों भी अच्छा बोलता था, विशेषकर एकता के प्रश्न पर। सभी ने उसके बोलने की प्रशंसा की। असद ने, मंजूर ने और नरेन्द्रसिंह ने भी।

तारा ने नरेन्द्रसिंह को सम्बोधन किया—"भाई जी, सुरेन्द्र नहीं आयी?"

"आज फिर बुखार आ गया है।" नरेन्द्रसिंह ने बताया, "मलेरिया है। कुनीन नहीं खाती, क्या किया जाये!"

तारा ने पुरी को सुनाकर जरा ऊँचे स्वर में कहा—"भाई जी, सुरेन्द्र से कहियेगा मैं तीन-चार दिन तक ज़रूर आऊँगी। एक तो समय ऐसा है, वैसे भी परीक्षा के कारण कहीं निकल ही नहीं रही हूँ।"

पाँच मई को तारा पुरी को 'रेत की नींव' लिखाने लगी तो बोली—"भाई जी, मैंने नरेन्द्र भाई को सुरेन्द्र को देखने जाने का वचन दिया था। आज पाँच बजे उधर ले चलोगे, या मैं हो आऊँ?"

पुरी ने उत्तर दिया—"पाँच बजे तक मुझे बारह पृष्ठ बोल दे, मेरे एक सौ पृष्ठ पूरे हो जायें तब या तो मैं छोड़ आऊँगा, नहीं तो तुम चली जाना।"

तारा ने पाँच बजे तक काम पूरा करा दिया। पुरी ने पाँच बजे कहा—"उस ओर तो सब शांत है। मैं इतिहास की पुस्तक के कुछ पृष्ठ गौस मुहम्मद के यहाँ दिखा आऊँ। तुम ग्वालमंडी हो आओ। गौस कुछ भाग देख ले या किसी को दिखाकर अपना संतोष कर ले तो अच्छा है।"

तारा को मन माँगी मुराद मिली। उसने माँ से कह दिया कि भाई से उसने बात कर ली है। वह एक घंटे के लिए ग्वालमंडी सुरेन्द्र के यहाँ जा रही है।

तारा कपड़े बदलने के लिए धुली हुई सलवार में नाड़ा डालने लगी। पुरी चला गया था। ऊषा की उत्साह भरी किलकारी सुनाई दी—"माँ! माँ! तारा! तारा! शीलो बहिन आयी है। मुन्ने को भी लायी है। हाय, बड़ा ही प्यारा है। बावे (खिलौने) जैसा सफेद गुलाबी! बिलकुल गोल-गोल-नीली-नीली, प्यारी आँखें!"

ऊषा तारा से चार बरस छोटी होने पर भी बहिन को और सब लोगों की तरह तारा ही पुकारती थी। शीलो तारा से भी ढाई मास छोटी थी, परन्तु विवाह हो जाने के कारण ऊषा उसे आदर से बहिन जी, शीलो बहिन पुकारने लगी थी।

तारा के हाथ से सलवार छूट गयी। उसे उठकर प्रसन्नता से किलक कर, शीलो के बच्चे को गोद में लेकर बार-बार चूम लेना पड़ा। मन भीतर ही भीतर घुटकर रह गया। शीलो अपने पहले बच्चे को पहली बार लेकर यहाँ आयी थी। वह उसे छोड़कर कैसे चली जा सकती थी?

मार्च महीने के ठीक बीचोंबीच जब दंगे खूब जोरों पर थे, तभी शीलो के लड़का हुआ था। मास्टर जी, भागवंती और तारा को बधाई देने जाना आवश्यक था। बाज़ारों के रास्ते जाना सम्भव न था इसलिए हिन्दू-गलियों के रास्ते शीलो के ससुराल, 'शीशामोती' में बधाई देने गये थे। बच्चा चालीस दिन का हो जाने पर बाबू रामज्वाया ने लड़की को

नाती सहित अपने यहाँ बुलवा लिया था। वहाँ भी तारा के घर के सब लोगों को जाना पड़ा था। तब भी बच्चे को खूब प्यार कर तारा ने कहा था—"हाय री सच, तुझसे भी ज्यादा सुन्दर है।"

एकान्त अवसर देखकर शीलो ने कह दिया था—"सुन्दर नहीं होगा तो क्या? फल बीज पर ही तो होगा। तुम्हारे यहाँ लाकर उसे दिखाऊँगी। देखूँगी, फिर मुझसे कैसे नहीं बोलेगा?"

शीलो के बच्चे सहित आने की बात सुनकर गली भर की स्त्रियाँ भागवंती के यहाँ आ जुड़ीं। शीलो पहले से कहीं अधिक भर और निखर आयी थी। सभी की आँखें उस पर जमकर रह जातीं। चेहरे की लुनाई और आँखों में जोत बढ़ गयी थी। पहले के नाप पर सिली कमीज़ और ज्यादा चुस्त हो गयी थी। कमर पर कुछ भी अन्तर नहीं आया था। कर्तारो ने कटाक्ष किया—"अभी पहला जो है। पहले में तो बदन भरता है। और होंगे तब देखना बेटी!"

तारा ने शरमा कर मुँह दूसरी ओर कर लिया।

भागवंती ने कर्तारो को डाँट दिया—"बेटियों वाली है तू, शरम कर! देख के तो बोला कर!"

कर्तारो चुप नहीं हुई। तारा की ओर संकेत कर बोली—"इसका भी समय आ गया समझो। अब क्या देर है, दो नहीं, तीन महीने और हैं।"

भागवंती को क्रोध आ गया—"फिटे मुँह तेरा।"

कर्तारो और भी जोर से हँस दी।

गली की औरतें चली गयीं तो शीलो गम्भीर होकर भागवंती से बोली—"चाची, मैं तो एक और बात के लिए भी आयी थी। सुनो, कल शीशेमोती से 'यह' (मोहन) उच्ची गली आये थे। बहुत घबराये हुए थे। उन्हें सोमराज बाज़ार में मिल गया था। स्कूल-कालेज में इनके साथ पढ़ता रहा है न। इनसे कह रहा था—सुना है तेरी साली मेरे लिए कहती है कि मैं उसे पसन्द नहीं हूँ जरा पता लेकर बताना। अगर ऐसा है तो घर बैठे। घर में तो बाद में बैठेगी, पहले मैं बाज़ार में उसकी चुटिया पकड़ कर उसका मिजाज ठीक करूँगा। ऐसी कालेज में पढ़ने वालियों को हम खूब नचाना जानते हैं।" शीलो ने चिन्ता से तारा की ओर देखा, "तू क्या मोरी दरवाज़े किसी जलसे में गयी थी? कह रहा था, उसने तुझे उधर कहीं देखा था।"

भागवंती ने सुना तो काँप गयी और फिर गालियाँ देने लगी—"ये झूठे चुगली लगाने वाले, बच्चे-पिट्टे, रण्डी छड्णे मरें; इनकी सात पीढ़ियाँ औत्तर (निर्बंस) रहें। लड़की ने कभी कुछ भी नहीं कहा। उसके मुँह में तो जबान ही नहीं है।"

भागवंती ने शीलो को समझाया—"बेटे, तू मोहनलाल को अच्छी तरह समझा देना—लड़के का भ्रम दूर कर दे। हमारी इस गली के बेईमान तो किसी का भला नहीं देख सकते। ऐसा पड़ोस परमेश्वर किसी को न दे। इन्हें सात नरकों में भी जगह न मिले। मोहनलाल आयेगा तो मुझे बुला लेना या तो मैं तेरे ही साथ शीशामोती चली चलूँगी।"

तारा साँस रोके चुप बैठी रही जैसे कुछ सुन नहीं रही थी। उसे इन बातों में बोलना भी चाहिए था। भागवंती ने तारा की ओर घूमकर कह दिया कि कोई जरूरत नहीं है तुझे गली से कहीं बाहर कदम रखने की।

कुछ देर बाद पुष्पा ने अपनी खिड़की से तारा को पुकार कर कहा—"अपनी बहिन को यहाँ ले आ। हम दोनों एक जैसी हैं। जरा बैठ कर बातें करेंगी। तू भी आ जा।" पुष्पा के भी फरवरी के अन्त में, शीलो से कुछ पहले ही लड़की हो चुकी थी।

पुष्पा और शीलो में सहेलापा हो गया था। पुष्पा ने उसकी खातिर के लिए नौकर को भेजकर मिठाई मँगवा ली थी।

तारा को बिलकुल चुप देखकर शीलो बोली—"क्या मुँह लटका लिया है।" शीलो ने पुष्पा को भी सोमराज की बात बताकर उसके सामने ही तारा को समझाना शुरू किया, "उसे गुस्सा और किस बात का है? अड़िये (अरी), तुझ पर मरता है तभी तो ऐसी बातें करता है। मर्द जरा कड़वा-तीखा न हुआ तो मर्द क्या हुआ; जिसका जरा भी डर न हो!…जो कभी घुड़केगा नहीं वह प्यार भी क्या करेगा? मर्द तो जरा शोख, अनखवाला ही जँचता है।

"हमारे तो माधवदास ही हैं। हमेशा कब्ज-जुकाम, सर्द-गरम का ही डर लगा रहता है। मेरा जी तरस जाता है—कभी वह बिगड़े या मैं रूठूँ, कुछ मान-मनव्वल हो!…रूठकर दिन भर पड़ी रहूँ, उसे तो पता ही नहीं लगता। समझे तो कह दिया—कुछ न खाने से मेदे में गर्मी-खुश्की बैठ जायेगी।"

"अड़ये, डाक्टर का क्या बताऊँ?" पुष्पा ने गर्व की मुस्कान से कहा, "पहले रुला लेंगे फिर मनाने के लिए ऐसा तंग करते हैं। बस तू रहने ही दे…।"

पुष्पा अपनी बातें सुनाती रही और शीलो अपने रंगीले जेठ-जिठानी की। दोनों कहकहे लगाकर हँस रही थीं। समीप कोई बड़ी-बूढ़ी नहीं थी इसलिए तारा के लिए संकोच प्रकट करना आवश्यक न था। वह सुन भी नहीं रही थी, हँसती क्या। शीलो और पुष्पा का मन रखने को एक-दो बार यों ही होंठ फैलाकर दाँत दिखा दिये।

शीलो ने खिड़की में से आकाश की ओर देखकर कहा—"अच्छा, अब उधर चलें।"

तारा समझ गयी। उसने साथ दिया—"हाँ चलो, मैं चौके में माँ की कुछ मदद करूँ।"

भागवंती ने शीलो को दुलार से रोक लिया था—"अभी नहीं जाना। रात की रोटी (भोजन) खिलाकर तब उच्ची गली पहुँचा आऊँगी।"

लाहौर पश्चिम होने के कारण मई मास में संध्या के साढ़े सात-आठ बजे तक भी छतों पर उजाला रहता है। शीलो ने तारा के घर लौटकर कहा—"चाची, यहाँ कोठरी में काके को गरमी लगेगी! मैं इसे लेकर ऊपर छत पर बैठती हूँ।"

"हाँ-हाँ," भागवंती ने अनुमोदन करके ऊषा को पुकारा, "कुड़िये, जा ऊपर एक खाट पर दरी-खेस बिछाकर काके के लिए बिस्तर बना दे।"

ऊषा ने नवजात भांजे के चाव में तुरन्त सब कुछ कर दिया। शीलो का पैंतालीस दिन का बेटा, करवट लेने में असमर्थ, नीले आकाश की ओर आँखें लगाये आकाश में न जाने क्या देख रहा था कि किलक कर उसका बिना दाँत का छोटा-सा मुँह खुलकर गाल

चढ़ आते थे। कभी वह अपनी मुट्ठियाँ और पाँव ऊपर उठा देता। शीलो यह देख-देखकर गद्गद हो रही थी, तारा भी मुस्करा रही थी।

शीलो ने फिर पूछा—"अच्छा बता, क्या खूबसूरत नहीं है? वो इसे कैसे गोद में नहीं लेगा? मुझसे कैसे नहीं बोलेगा?"

नीचे से विजय की ऊँची पुकार सुनाई दी—"भाप्पा जी, शीलो भैण आयी है अपने काके को लेकर।"

तारा सहसा उठी और शीलो को छत पर अकेली छोड़कर ज़ीना उतर गयी। ज़ीने के उस ओर से रतन की पुकार सुनाई दी—"झायी, फुल्के बन गये हों तो दे दे, खा लूँ।"

मेलादेई का उत्तर सुनाई दिया—"हो जाता है, अभी हो जाता है। तू पहले शीलो के काके को तो देख ले! बहिन पहली बार बच्चे को लेकर आयी है।"

रतन ने दरवाज़े पर आकर पुकारा—"मासी जी।"

तारा सामने पड़ गयी थी। उसने उत्तर दिया—"शीलो और काका ऊपर छत पर हवा में हैं।"

रतन के ज़ीने पर तौल-तौल कर कदम रखने की आहट आ रही थी जैसे उसे कोई जल्दी न हो।

तारा बरामदे में खाट पर जा लेटी थी। सोचने लगी—एक समय यह शीलो की आहट और गंध पाकर उसके लिए उड़कर जाता था। अब दूसरी बात है…पर इसने तो शीलो को कहा था, चली चल।…प्यार है तो शीलो गयी क्यों नहीं! प्यार है तो हिम्मत करे! जिसके साथ मन का मेल नहीं, उसके साथ क्यों रहे!…इसे भी धोखा उसे भी धोखा…छी… ।

रतन के जल्दी ही छत पर से उतर जाने की आहट मिली। तारा को शीलो के व्यवहार से घृणा थी, परन्तु रतन से क्या कहा, यह जानने का कौतूहल भी था। तारा ऊपर गयी तो शीलो आँचल से आँखें पोंछ रही थी।

"क्या हुआ?" तारा ने धीमे से पूछा।

शीलो की रुलाई फूट गयी।

"बता तो?" तारा ने आग्रह किया।

"नहीं मानता," शीलो ने सिसक कर कहा, "हाथ भी नहीं लगाया।"

"क्या कहा?"

"कहता है, अब भी चली चल। मैं सब बात के लिए जिम्मेवार हूँ। चाहे कुछ बनकर तुझे पालना पड़े। तूने मेरा बच्चा दूसरे के हाथ में दे दिया, तूने मुझसे दगा किया है। कहता है, यह मुहब्बत की चाल नहीं। मुहब्बत की थी निबाहनी चाहिए।"

"ठीक तो कहता है।" तारा के मुँह से निकल गया।

"तुझे ठीक लगता है। अपने पर नहीं बीती है, इसीलिए।"

"बीतनी क्या है; जो नहीं अच्छा लगता उसके साथ क्यों रहें।" तारा बोली, "ठीक तो कहता है, मुहब्बत करे तो हिम्मत भी करे; निबाहे।"

"मैं नहीं निबाह रही हूँ?" शीलो ने क्रोध दिखाया, "मैं ही तो दौड़-दौड़कर आती हूँ। भाग तो वही रहा है।"

"डर तो तू रही है।" तारा निस्संकोच बोली, "तुझे उससे मुहब्बत है, उससे बच्चा है तो उसके साथ जाना चाहिए। तू ही मुहब्बत को पाप बना रही है।"

"क्या बेढंगी बातें करती है तू!" शीलो खीझकर बोली, "मुहब्बत का धर्म अपनी जगह है, घर-बार का धर्म, ब्याह अपनी जगह। मुहब्बत की तो रीत ही ऐसी चली आयी है। बड़ों ने भी वही किया है। कृष्ण महाराज जी का गोपियों से, राधा जी से प्रेम था तो क्या उनके लिए रुक्मिणी जी को छोड़ दिया था? कुब्जा के साथ रहे थे तो भी तो अपना घर नहीं छोड़ा था। हीर-रांझा सभी की यह रीत रही है। बेसब्र होकर भाग चलना, इधर भी कलंक लगाया, उधर भी; यह कोई भलेमानसों का ढंग है! परमेश्वर ने जहाँ जो कुछ दिया है, संतोष से अपना भाग मानना चाहिए।" शीलो ने गहरी साँसें भर-भरकर तारा को उपदेश दे डाला। तारा ने शीलो को ऐसे गम्भीरता से बात करते कभी नहीं सुना था।

शीलो की बात से तारा का समाधान क्या होता। वह उसकी अनपढ़ समझ का ख़याल कर उससे बहस भी क्या करती। उसी के स्तर से बात करने के लिए बहुत साहस कर पूछ लिया—"तुझे अच्छा नहीं लगता तो मोहन से कैसे प्यार कर लेती है?"

"अच्छा क्या नहीं लगता, उसका हक़ है।"

"बाज आयी ऐसे हक़ से।" तारा ने दोनों कान पकड़कर कहा, "उसके हक़ का ख़याल है तो रतन से क्यों लगायी हुई है? छोड़ इसे!"

"तू भी क्या बातें करती है? आग और प्यार कोई जान-बूझकर गले लगाता है। अड़िये, प्यार तो ऐसी चीज़ है कि भगवान भी बस में हो जाते हैं, हम तो मनुख हैं। अड़िये, तू मेरा मुँह न खुला, तेरा मैं नहीं जानती, बाकी कौन नहीं करता। मैं बाबू जी, माँ सबकी बातें जानती हूँ। लोग खेल-खिलाकर छोड़ देते हैं। जो छोड़ दे, दिल्लगी और पाप है। मैं तो जिन्दगी के साथ धर्म निभा दूँगी। तू मुझे क्या समझती है...!"

तारा, ऊषा और हरिदेव को लेकर शीलो उसके घर छोड़कर लौट रही थी। उसका मन भारी था। सोच रही थी—यह ऐसी चोरी और धोखे को ही धर्म मानती है। मैं तो ऐसा नहीं सह सकती। आज ही कुछ फैसला कर आती, परन्तु यह असमय आ मरी... ।

पुरी आठ बजे के लगभग घर लौटा था। तारा और ऊषा, शीलो को उच्ची गली पहुँचाकर अभी नहीं लौटी थीं। भागवंती लड़के को बताने लगी—"तुम्हारे जाने के बाद शीलो अपने काके को लेकर आयी थी। बच्चे को लेकर पहली बार आयी थी, मैंने दो रुपये शगुन के उसके हाथ दे दिये। ठीक किया न?" भागवंती पुरी को बड़ा हो गया समझकर ऐसी बातों की सूचना उसे दे देती थी।

"तुम जानो, यह सब जनाना अदालत की बातें हैं।" पुरी ने अनुमोदन कर दिया।

बात ही बात में भागवंती ने मोहनलाल और शीलो से सुनी सोमराज की बातें भी कह दी और बोली—"शीलो के कहने से तारा को मैंने उच्ची गली तक छोड़ आने भेज तो दिया है, परन्तु ऐसी बातों से मेरा कलेजा काँप जाता है।"

भागवंती बात कर रही थी तो ज़ीने में कई कदमों के ऊपर चढ़ने की आहट हुई। सबसे आगे तारा ही आ गयी।

भागवंती बड़े लड़के के सामने ही तारा को सुना देने के लिए कहती गयी—"मैंने तो इससे कह दिया है कि इसे गली से निकलने की जरूरत नहीं है। अब कोई बच्चा थोड़े ही है।"

"इसका क्या मतलब?" पुरी ने माँ को टोक दिया, "हमारी लड़की हमारे घर में है। उसके आने-जाने पर एतराज करने वाला वो कौन है। तारा को जाना होगा तो मैं उसके साथ जाऊँगा। देखूँगा, कौन रोकता है!"

"उन लोगों को मेरी चाल-ढाल अच्छी नहीं लगती तो क्यों मेरे पीछे पड़े हैं; उनके लिए दुनियाँ में क्या और लड़कियाँ मर गयी हैं?" तारा ने फर्श की ओर देखकर इतना कह डाला और क्रोध में दीवार की ओर मुँह किये बैठ गयी।

भागवंती का मुख आतंक से खुल गया। उसने होंठों पर हाथ रखकर तारा को डाँट दिया—"कुड़िये, तेरी मत्त मारी गयी है, देखो तो इसे!"

पुरी ने तारा की बात के विरोध या समर्थन में कुछ न बोलकर माँ को भोजन देने के लिए कह दिया।

पुरी के मस्तिष्क में सोमराज की अनधिकार चेष्टा के प्रति आपत्ति के लिए अन्य कारण भी था। उस दिन 'रेत की नींव' के अनुवाद का काम लेकर जब पुरी कनक के साथ लारेंस गार्डेन में देर तक रह गया था। लौटते समय कनक ने अनुरोध किया था—"तुम्हें मेरी कसम है, अब यों न तरसाना। अगर घर पर नहीं आना चाहते तो सप्ताह में कम से कम दो बार निस्बत रोड पर या कहीं मिल लिया करेंगे। कोई दूसरा समय और स्थान होगा तो डाक से लिख दूँगी। तुम लिफाफे में पत्र लिख देना, मैं आऊँगी।"

उस संध्या 'अदायरा मुनव्वर' में साढ़े छः बजे बात समाप्त करके वह जल्दी-जल्दी निस्बत रोड पहुँचा था। उसने पूरी सड़क के दो चक्कर लगाये थे, परन्तु कनक मिली नहीं थी।

पुरी के लिए यह ऐसा दूसरा अवसर था। पहली बार उसने मंगल के दिन माल रोड पर सुबह ग्यारह बजे मिलने के लिए लिखा था। कनक नहीं आयी थी। दूसरी बार शुक्रवार साढ़े छः और सात के बीच निस्बत रोड पर मिलने के लिए लिखा था। इस बार भी उसे असफलता हुई थी। कनक का पत्र भी नहीं आया था। उसे शंका हो रही थी, क्या कनक पर प्रतिबंध लगाये जा रहे हैं? कनक के स्नेह का विश्वास पाकर पुरी के विचार बदल गये थे। उसे कुंठा अनुभव हो रही थी—लड़कियों पर ऐसे प्रतिबन्ध यौवन की आवश्यक स्वतन्त्रता के लिए कितना असह्य है?

पुरी के उत्तर से माँ चुप रह गयी, परन्तु तारा का भी माथा ठनका। उसने भाई के इस सहानुभूतिपूर्ण उत्तर को बदलती स्थिति का संकेत समझा—लड़की हमारे घर में है! तो सगाई टूट जाने की परवाह न करने की बात कहाँ गयी?

तारा बहुत देर तक सोचती रही—इस घर से उसे निकाल देने की तैयारियाँ तेजी से हो रही हैं। मास्टर जी गाँव के घर के मकान का अपना हिस्सा बेच देने और प्राविडेंट फंड से उधार लेने की बातें बार-बार दोहराते थे। मुझे कुएँ में धक्का दे सकने के लिए अपना सर्वस्व भी स्वाहा करेंगे। मैं इन्हें ऐसी ही भारी हो गयी हूँ। अब भाई को उस विषय में कहने का साहस नहीं है। मुझे जो कुछ करना है, अभी ही करना होगा।

दूसर दिन प्रातः तारा की नींद खुली तो वही विचार मन में था; मानो नींद में भी वही सोचती रही थी।

पुरी कनक से मिलने में दो बार असफल होकर बहुत परेशान था। वह उसके घर जाकर स्थिति जानना चाहता था, परन्तु बिना कारण गिरधारीलाल जी के यहाँ चले जाना भी सम्मानजनक न था। जाने के लिए उचित कारण का पर्दा आवश्यक था। उचित कारण यही सूझा था कि आधा उपन्यास समाप्त करके पंडित जी को दिखाने के लिए जाये। यह ख़याल भी आया कि आरम्भ करने से पहले वे सौ रुपया अग्रिम दे सकते हैं तो आधा काम समाप्त कर देने पर कम से कम आधे का पारिश्रमिक, अड़तीस-चालीस और दे ही सकेंगे; वर्ना सौ रुपया का उधार ही उतर जायेगा।

पुरी इतिहास की पुस्तक का काम तीन दिन के लिए स्थगित कर आधा उपन्यास समाप्त कर देने के विषय में तारा से सहायता के लिए बात करना चाहता था। तारा ने स्वयं ही आकर संकोच से गुनगुनाते हुए कहा—"भाई जी, कल तो मैं ग्वालमंडी नहीं जा सकी। नरेन्द्र भाई से कहा न होता तो कोई बात न थी। अब बहुत शर्म आ रही है। आज किसी समय हो आऊँ।"

"सुनो," पुरी बोला, "आज रहने दो। सुबह-शाम लगकर 'रेत की नींव' कर डालें तो परसों तक आधा समाप्त कर सकते हैं। फिर मैं तुम्हें साथ ले चलूँगा। मैं आधी पुस्तक गिरधारीलाल के यहाँ दे आऊँगा।"

अपने निश्चय को कार्य-रूप में परिणत करने की कल्पना से तारा के मस्तिष्क में चक्कर सा आ जाता और शरीर सिहर उठता था। पुरी को पुस्तक से लिखाते समय बार-बार पंक्ति से उखड़ जाती। कल्पना करने लगती—भाई जब उसे लौटाने के लिए सुरेन्द्र के मकान पर जाकर उसे न पायेगा तो क्या होगा? माँ और मास्टर जी की क्या अवस्था होगी? पर इन्हीं लोगों ने विवश कर दिया है। मेरे इतनी बार कह देने पर भी यह लोग मेरा बलिदान कर देने पर ही तुले हुए हैं तो मैं क्या करूँ? मेरे गले में फंदा कसा जा रहा है तो मैं आत्मरक्षा के लिए क्यों न भागूँ। इससे इन लोगों का भी भला ही होगा। मुझे घर से निकालने के प्रयत्न में अपना मकान बेचने और कर्जा लेने से तो बच जायेंगे, वर्ना भाई-बहिनों का क्या होगा? यह भी सोचती कि सम्भव है, परसों लौट आना पड़े और फिर असद किसी दूसरे दिन बुलाये तो एक बार फिर घर से बाहर जाने का उपाय सोचना होगा।

'रेत की नींव' का आधा भाग पाँच तारीख संध्या छः के लगभग समाप्त हो गया था। पुरी एक आवश्यक काम के लिए प्रायः घण्टे भर के लिए गया और लौटकर अनुवाद को दोहराने बैठ गया। अनुवाद में वह कोई भी त्रुटि नहीं रहने देना चाहता था। दूसरे दिन भी सुबह पुरी ने इतिहास की पुस्तक का काम न कर अनुवाद को दोहरा डाला। दोपहर बाद चार बजे का समय ठीक समझकर वह तारा के साथ ग्वालमंडी गया। साधूराम की गली से आगे तारा सुरेन्द्र के यहाँ अकेली गयी। ऐसा ही वह चाहती भी थी।

पंडित गिरधारीलाल के यहाँ पुरी के आने का प्रकट प्रयोजन अनुवाद के सम्बन्ध में बात करना था इसलिए उसने दफ्तर के दरवाज़े से प्रवेश किया। पंडित जी टेलीफोन पर बात कर रहे थे। बात कागज़ के व्यापारी से हो रही थी। पंडित जी ने पुरी को सामने की

कुर्सी पर बैठने का संकेत कर दिया। वह बात समाप्त हो जाने की प्रतीक्षा में बैठा रहा। उसके कान बैठक की ओर से आहट के लिए सतर्क थे। आहट मिलने पर उसने एक बार घूमकर बैठक में नज़र भी डाल ली। कदम आगे बढ़ चुके थे; कनक थी या कंचन, निश्चय न हो सका।

टेलीफोन पर व्यस्त होने के कारण पंडित जी पुरी का उचित स्वागत न कर सके, इसीलिए टेलीफोन रखकर उन्होंने मुस्कान से उसे सम्बोधन किया—"कहो बरखुरदार!" और उसकी सेहत के बारे में अनेक प्रश्न किये।

पुरी ने मेज़ पर रखे हुए अनुवाद की लिपि का बस्ता अपनी ओर खींचकर कहा—"पंडित जी, मैंने आधी पुस्तक का अनुवाद कर डाला है। आप चाहें तो देख सकते हैं कैसा हुआ है।"

"तर्जुमा लाये हो; इतनी जल्दी···देखें?" पंडित जी ने हाथ बढ़ा दिया।

पंडित जी ने पुरी से फाइल लेकर पहला पृष्ठ उलटकर आधा पढ़ा, पन्द्रह-बीस पृष्ठ पलटकर आधा पृष्ठ पढ़ा, बीस-पच्चीस पृष्ठ पलटकर फिर एक पैरा देखा। अन्त का भी पैरा पढ़कर फाइल को मेज़ पर रखकर पंडित जी ने सन्तोष प्रकट किया—"खूब! बहुत खूब! बहुत अच्छा है, जुबान सलीस है। बरखुरदार, माहिरे कलम हो, क्या कहना! वैरी गुड!"

पंडित जी ने चश्मा उतारकर सामने मेज़ पर रख दिया और छत की ओर देखते हुए पल भर अपने सिर के महीन कतरे केशों को सहलाते रहे और सहसा पुकार लिया—"विधिचंद भाई, उस टाइटल का क्या हुआ? सुबह से एक टाइटल ही छप रहा है। अब तक रंग नहीं मिल पाया? यह लोग कर क्या रहे हैं? बाइसिकल पर जाकर खुद क्यों नहीं देखते! जाओ न, एक बार जाकर देखो। सावनमल से मालूम करो, आखिर परेशानी क्या है? ब्लाक में खराबी है तो मशीन को क्यों रोका है सुबह से? दिस इज़ नाट प्रापर!"

"जाकर पता लेता हूँ जी।" विधिचंद उठकर चला गया।

पंडित जी फिर पल भर अपने केशों पर हाथ फेरकर पुरी की ओर देखकर बोले—"ट्रांसलेशन इज़ वैरी गुड। बरखुरदार, तुम तो ओरिजनल लिखने वाले हो। तुम्हारे लिए ट्रांसलेशन क्या माइने रखता है? फार यू इट इज़ वेस्ट आफ टाइम। अपने को स्टैब्लिश करने के लिए अपनी स्टोरीज़ मैगजीनों में दो। देन कम आउट विद ए नावल। एक अच्छा मदद करने वाला पब्लिशर होना चाहिए।" पंडित जी विचार में मौन रहकर अपनी ठोढ़ी रगड़ने लगे।

पुरी को अपने भविष्य के प्रति पंडित जी की सहानुभूति, चिन्ता और सुझाव अच्छे लग रहे थे।

"अनुवाद तुमने बहुत जल्दी कर डाला।" पंडित जी ने फिर सराहना की।

"आप चाहें तो मैं एक सप्ताह में रात-दिन लगकर पूरा कर दूँ। पुरी ने उत्साह से उत्तर दिया।

"नो, नो, नो! ईस तरह परेशान होने की ज़रूरत नहीं है। आराम से, जब फुर्सत मिले या जब दिल चाहे, कर डालना। अपने शौक के तौर पर करो। यह तो टेक्स्ट बुक्स

का सीज़न है। हम अगर उसे शाया करें तो अक्टूबर-नवम्बर से पहले तो किसी हालत में सोच ही नहीं सकते हैं।''

पुरी को पंडित जी की ध्वनि अच्छी नहीं लगी। पंडित जी कहते गये—''हाँ यदि रुपये की ज़रूरत हो तो अनुवाद की ऐसी कोई फिक्र नहीं है। बिना हिचक के, यू कैन कम टु मी।''

स्पष्ट हो गया था कि अनुवाद देने का प्रयोजन केवल पुरी की सहायता करना था, परन्तु पंडित जी का ढंग अपमानजनक नहीं अपनेपन का था। पुरी इस अपनेपन का क्या विरोध करता? पंडित जी ने एकाग्रता के लिए सामने पड़े काँच के एक पेपरवेट को हाथ में दबा लिया और उस पर दृष्टि गड़ाते हुए बोले—''तुम अपने ही आदमी हो इसलिए तुमसे बात करना चाहता था। इट इज़ गुड यू केम।''

पुरी सतर्क हुआ।

''कनक के बारे···।'' पंडित जी ने बहुत धीमे स्वर में कहा। पुरी का साँस रुका, मानो उसका और कनक का सम्बन्ध और भाग्य तुला में काँटे पर तुल गया हो। पंडित जी का एक शब्द उसके भाग्य के पलड़े को गिरा या उठा दे सकता था।

पंडित जी पेपरवेट को हाथ में और जोर से दबाकर मौन हो गये और निश्चय के स्वर में अंग्रेजी में बोले—''तुमने शुरू से कनक को अपनी छोटी बहिन की तरह माना है। उस सम्बन्ध को निबाहने का उत्तरदायित्व भी तुम पर है।''

पंडित जी ने एक ही वाक्य में पुरी के सम्पूर्ण उत्साह और विरोध-शक्ति को सोखकर उसे निस्सार कर दिया। वे अंग्रेजी में ही बोले—''उसकी आयु केवल बीस वर्ष है। बीस-इक्कीस की आयु क्या होती है। मेरा मतलब है, जिस प्रकार की समस्याएँ आज हमारे लड़के-लड़कियों के सामने आ रही हैं, उन्हें सुलझाकर चल सकने के लिए अनुभव चाहिए। उसने बी० ए० पास कर लिया है, वह कोई बड़ी बात नहीं है। दिमाग़ अच्छा है, कुछ लिख भी लेती है। उसके लिए तुम्हें भी क्रेडिट है लेकिन यह सब किताबी ज्ञान है। जानते हो, इस आयु में भावुकता की प्रधानता रहती है और बाद में पछतावा होता है। तुम खूब समझते हो।''

पंडित जी पुरी के मौन को समर्थन का अर्थ देने के लिए हँस पड़े—''हें हें हें···तुम तो लेखक हो, तुम्हारी कल्पना व्यापक है, खूब समझते हो।''

पुरी सब समझ गया। उसका दम घुट रहा था। पंडित जी के शिष्टता और अपनेपन में लिपटे शब्द उसके कपाल पर नमदे में लिपटे हुए हथौड़ी की तरह पड़ रहे थे।

पुरी को कुछ कहने का अवसर न देकर पंडित जी कहते गये—''यह सब स्वाभाविक मानवी निर्बलताएँ होती हैं। एक समय लड़के-लड़कियाँ रोमांस को आवेग न समझकर उसे ही जीवन समझ लेते हैं और रोमांस में बहने लगते हैं। रोमांस की इच्छा तो स्वप्न होती है। इट इज़ जस्ट ए ड्रीम! ऐसी भोलेपन की बातों को महत्त्व देकर उन पर भरोसा कर लेने से जीवन में कटुता आ जाती है। तुम तो समझते ही हो। और समय से पूर्व कही गयी बातों का कुछ अर्थ भी नहीं होता है।''

पुरी के आत्मसम्मान ने विरोध करना चाहा—क्या कहना, केवल इक्कीस वर्ष की आयु की तोतली जिह्वा से कही गयी भोलेपन की बातें! और मैं भोली चिड़िया को फँसाने वाला व्याध हूँ!

पंडित जी अपनी बात के विरोध का कोई अवसर न मानकर बोले—"माना कि यह आयु विवाह के लिए कम नहीं कही जा सकती। आस-पास, हमारे ही रिश्तेदार सोलह-सत्रह में लड़कियों के विवाह करते ही हैं, परन्तु वह विवाह होता है माता-पिता के निर्णय से। स्वयं चुनाव और निश्चय कर सकना दूसरी बात है; इज़िंट इट? और फिर विवाह तो एक सामाजिक और आर्थिक समस्या भी है। वह सामाजिक और आर्थिक चौखटे के बाहर जाकर बिखर जायेगी। जीवन के अभ्यासों का भी बहुत महत्त्व होता है, समझते ही हो। यू नो वैरी वैल, यू आर वैरी वाइज़।"

पंडित जी पुरी को बोलने का अवसर न देकर बोले—"मैं सामाजिक व्यवहार में अस्वाभाविक प्रतिबन्ध लगाने के पक्ष में नहीं हूँ; तुम जानते ही हो, तुमने स्वयं देखा है। मैं व्यर्थ में संकोच का वातावरण उत्पन्न करना उचित नहीं समझता, परन्तु यदि कोई भ्रम हो जाने या भ्रम बढ़ने की सम्भावना हो तो समझदारी से काम लेना चाहिए और फिर ऊटपटांग बातों के फैलाने से क्या लाभ! तुम्हें लोग जानते हैं। तुम्हारी प्रतिष्ठा है। ऐसे ही कनक को काफी लोग जानते-पहचानते हैं। लोग उँगलियाँ उठायें तो अच्छा नहीं।"

"मुझे अपनी रेपुटेशन और रिस्पेक्ट (अपने मान-सम्मान) का स्वयं ख़याल है।" पुरी क्रोध से रुँधे कण्ठ से कहे बिना न रह सका।

"आफ कोर्स, सर्टेनली (निश्चय, निश्चय)! मैं जानता हूँ, तुम बहुत जिम्मेदार नौजवान हो।" पंडित जी ने विश्वास प्रकट किया, "तभी तो मैं तुमसे कह रहा हूँ। इस मामले में कुछ बात बढ़ाने की ज़रूरत भी नहीं है। अपने और बहिन के इन्टरेस्ट में कुछ समय के लिए तुम कनक से मिलना बिलकुल छोड़ दो। मुझे तुम पर पूरा भरोसा है।"

पुरी की गर्दन लटक गयी। कुछ क्षण सोचकर अपना पूरा साहस एकत्र कर उसने कहा—"क्षमा चाहूँगा, यद्यपि अपने आत्म-सम्मान को ध्यान में रखकर इस विषय में मैंने कोई पहल नहीं की थी, परन्तु मैं एक तरह से वचन दे चुका हूँ।..."

"ओ हो-हो! न-न-न!" पंडित जी ने टोक दिया, "तुम पर मैं कोई आरोप नहीं लगा रहा हूँ। इस तरह के वचन या बातें बचपन के उमंग में हो जाना कोई बड़ी बात नहीं है। फारगेट इट, मैं तो फ्यूचर इंटरेस्ट (भविष्य के हित) की बात कर रहा हूँ। मेरा मतलब है, जो सूटेबल (उपयुक्त) नहीं, उससे बचा जाये। ह्वाई गेट इंटू ट्रबल (संकट क्यों सहेड़ो)!"

पंडित जी ने पुरी को बहुत शिष्ट भाषा में 'अनुपयुक्त' बताकर उसका अपमान कर दिया था। वह तिलमिला उठा, बोले बिना न रह सका—"आप अपने विचारों के अनुसार जो चाहें सूटेबल या अनसूटेबल समझ सकते हैं, परन्तु क्या मैं पूछ सकता हूँ, आपके विचार में सूटेबल-अनसूटेबल की कसौटी क्या है? आप किस प्रकार व्यक्ति को जाँचते हैं?"

"ओ, हो-हो! न-न-न!" पंडित जी ने दोनों हाथ हिलाकर इन्कार किया, "बरखुरदार, मैंने तो पहले ही अर्ज़ किया तुम प्रतिभावान, मेहनती और जिम्मेदार आदमी हो। मेरा मतलब तो आलराउंड सिचुएशन...ऐं...स्टेटस...ऐं...क्लास कनेक्शंस (पूरी परिस्थितियों, स्तर, श्रेणी, सम्बन्ध) सब कुछ से है। यू अंडरस्टैण्ड! आई मीन, जो सूटेबल नहीं उससे बचा जाये।"

''आपका मतलब केवल धन से है।'' पुरी गरम हो उठा, ''आप शायद बहुत धनी होंगे, लेकिन मैं कभी बिना बुलाये आपके मकान पर नहीं आया। आपके घर में पढ़ाता रहा हूँ, परन्तु उसके लिए फीस मंजूर नहीं की। आपको अनुवाद नहीं चाहिए, मैं एक सौ वापस कर दूँगा। आपको मेरा अपमान करने का कोई अधिकर नहीं है। कनक को भी मैंने नहीं बल्कि उसने⋯''

पंडित जी का चेहरा देखकर पुरी अपने आपको वश कर मौन हो गया।

पंडित जी बहुत संयत स्वर में उर्दू में बोले—''बरखुरदार, मुझे अज़हद अफसोस है कि तुमने मुझे गलत समझा। मैं तहेदिल से तुम्हारी इज़्ज़त करता हूँ। मैं तुम्हें अपना अज़ीज और दोस्त ख़याल करके तुमसे बात कर रहा हूँ। मैं तुम्हारा एहसान कबूल कर रहा हूँ और तुमसे मदद की दरखास्त कर रहा हूँ। तुम्हारे जैसे नौजवान के लिए सौ रुपये की क्या बात है, वह तुम्हारी एक दिन की उज़रत होनी चाहिए। तुम जब कहो, हाजिर कर सकता हूँ।''

''नो सर, थैंक यू वेरी मच।'' पुरी ने दृढ़ता से कहा, ''लेकिन अगर आप इजाज़त दें तो मैं कनक जी से एक बार कुछ मिनट के लिए बात कर सकता हूँ कि आपके आइडियाज (ख़याल)⋯''

''ओ, हो-हो बरखुरदार!'' पंडित जी ने टोककर उत्तर दिया, ''एक बार क्या, तुम सौ बार बात कर सकते हो। वह तुम्हारी बहिन है, क्यों नहीं; लेकिन इस वक्त मेरा मतलब है इस वक्त ठीक नहीं क्योंकि वह अपनी गलती के लिए केवल शर्म और परेशानी महसूस करेगी। और⋯और⋯और मैंने कहा न, ऐसी बातें भूल जाना ही ठीक है।''

''नमस्ते!'' पुरी ने बहुत कड़ुवे स्वर में कहा और अनुवाद को मेज़ पर छोड़ कर उठ कर चल दिया।

''नमस्ते, नमस्ते, नमस्ते, बरखुरदार!'' उसके दरवाज़े से निकल जाने तक पंडित जी कहते गये। अपने विचार में पंडित जी ने पुरी का दिल नहीं दुखने दिया था।

पुरी 'नया हिन्द पब्लिकेशन्स' के दफ़्तर से निकला तो उसका सिर घूम रहा था। बहुत तेज़ चाल से वह बिना सोचे-समझे अमृतधारा रोड पर, नरेन्द्रसिंह के मकान की गली के सामने पहुँच गया। उसे अपनी ऐसी मानसिक उत्तेजना में किसी के यहाँ जाना अच्छा नहीं लगा। वह कुछ दूर आगे केले वाली सड़क पर निकल गया। उसका मस्तिष्क उबल रहा था—मैं तो जानता ही था, यही होना था, इसलिए मैं उधर नहीं गया था। अब गलती के लिए शर्म और परेशानी हो रही है। व्यर्थ मुझे विश्वास दिलाकर मेरा अपमान कराया। अपने साहस की इतनी डींग मारती थी तो इस समय सामने क्यों नहीं आयी! मैं तो समझ गया था, उसे खेल चाहिए था⋯पहले क्या नहीं करती रही है? मैं ही विश्वास करके मूर्ख बना।

पुरी ने सोचा—क्या उस संध्या लारेंस गार्डन में भी उसका व्यवहार छल मात्र था? सम्भव नहीं जान पड़ता, तो क्या पिता से इतनी जल्दी डर गयी; सुबुद्धि आ गयी! वह किस आशा और बल पर आगे बढ़ी थी? पुरी इस प्रकार सोचता अपना क्रोध मन में चबाता स्टेशन तक पहुँच गया और फिर लौट पड़ा।

तारा आयी तो सुरेन्द्र ने लड़ाई से उसका स्वागत किया—''चल भैड़ी! (बुरी लड़की) मैं नहीं बोलूँगी तुझसे। भाई ने तो 'मे डे' की शाम को कहा था तू दो-तीन दिन में आयगी। यह तेरे दो-तीन दिन हुए? दफा हो जा!''

तारा उत्तर देना चाहती थी, परन्तु अविराम बोलती सुरेन्द्र ने उसे बोलने का अवसर ही नहीं दिया—''न आप किसी के जाये न किसी को बुलाये।'' अपनी माँ को सुनाते हुए सुरेन्द्र बोली, ''ऐसी घोटू है माँ कि इसकी किताबों के पन्ने ही घिस गये हैं। हमेशा फर्स्ट डिवीजन में पास होती है। अपना घर-गली किसी को नहीं बताती कि लोग आकर पढ़ने नहीं देंगे। उन्हें चाय-लस्सी पिलानी पड़ेगी। माँ, तुम भी आज इससे कुछ न पूछना।''

''चुप रह भैड़ी! क्यों नहीं पूछूँगी?'' सुरेन्द्र की माँ ने उत्तर दिया, ''यह क्या मेरी बेटी नहीं है? लायक लड़कियों का यही तरीका होता है। यह तेरे भाई और तेरी तरह तो नहीं। वह शहर भर का जत्थेदार बना फिरता है और तू नगर-नाऊन, उससे भी बढ़कर लीडरी करती है।''

''माँ, तू भी इसकी तारीफ़ करने लगी।'' सुरेन्द्र ने आपत्ति की, ''यह बड़ी गहरी है। बसीकरण जानती है। सभी के दिल चुरा लेती है। इससे बचकर रहना।'' सुरेन्द्र ने तारा की ओर कटाक्ष किया।

माँ उठकर चल दी—''तुम बहिने-बहिने लड़ो, मुझे क्या? बेटी, तू भी इस गरमी में लाल गरम पानी (चाय) ही पियेगी या शरबत बना दूँ? फालसे रखे हैं।''

''इसे क्या जल्दी है माँ।'' सुरेन्द्र ने कहा, ''यह क्या मेहमान है? इसे जरूरत होगी अपने आप कहेगी।''

तारा ने बताया कि वह तो परसों ही आ रही थी, परन्तु उसकी बहिन हलोठी का लड़का लेकर आ गयी थी तो कैसे आ जाती।

''सब मालूम है हमें।'' सुरेन्द्र ने तीखे कटाक्ष और धीमे स्वर में कहा।

''क्या?''

''जिस मतलब से आयी है।''

''क्या?'' तारा ने विस्मय प्रकट किया।

''बनती क्यों है?'' सुरेन्द्र ने स्वर दबाकर कहा, ''रोज यहाँ आकर इन्तजार करते हैं तेरी। आज भी सुबह आये थे। आज कह रहे थे; एक दिन और देख लें, न आयी तो मुझे साथ ले जाकर तेरे घर से पता लेना चाहते थे। उन्हें तेरी गली और मकान तो मालूम है ही।''

''कौन?'' तारा ने माथे पर विस्मय की त्योरियाँ डालकर कुछ ऊँचे स्वर में उलझन प्रकट की।

''हाय मैं सदके (बलिहारी) जाऊँ, कैसी बनती है। इतनी गहरी डुबकी लगाती है। चोट्टी कहीं की। मोतियों से झोली भर ली, अब रखेगी भी छिपाकर!''

''बता न, पहेलियाँ बुझा रही है।'' तारा ने झुँझलाहट दिखायी, ''कौन पूछ रही थी मुझे; स्नेह? गुर्टू?''

''अच्छा मेरा इतना भी विश्वास नहीं?'' सुरेन्द्र ने आँखें दिखायीं।

''तेरे पाँव पड़ती हूँ अड़िये (गुइयाँ), बता न; तंग न कर।'' तारा ने हार मानकर विनय से कहा।

''मे डे के दिन किसने कहा था, सुरेन्द्र के यहाँ आऊँगी?''

तारा ने झेंप दबाकर फिर भी पूछा—''किससे?''

''तो फिर बैठी रह, मैं भी नहीं कहूँगी।'' सुरेन्द्र ने अँगूठा दिखा दिया।

तारा का चेहरा लाल हो गया। दरी पर अपने साथ सटकर बैठी सुरेन्द्र के पाँव छूकर बोली—''बता न अड़िये, तेरा पाँव छूती हूँ।''

''हाँ, पाँव छू, ननद कह।'' सुरेन्द्र गम्भीर बन गयी, ''मेरा हक़ है।''

''हाय बेशरम, क्या बक रही है?'' तारा ने आँखें दिखायीं।

''क्यों! असद भाई ने मुझे सगी बहिन बना लिया है। इस बार रखड़ी (राखी) पर मुझसे राखी बँधवाने आये थे। कह रहे थे, बहिनें बाँधती हैं तो देखकर बहुत अच्छा लगता है।''

तारा हाथ की मुट्ठी पर ठोढ़ी रखकर चुप रह गयी।

''बता न क्या परेशानी है!'' सुरेन्द्र ने पूछा, ''असद भाई सोच-सोचकर आधे हुए जा रहे हैं।''

''क्या बताऊँ?'' तारा ने कहा, ''कोई उपाय हो तो बात भी करूँ।''

''ऐसी क्या बात है? कुछ आइडिया (सूत्र) दे तो सोचा जाये।''

''एक बार उनसे बात कर लूँ, फिर सब बता दूँगी।''

''हमारा कुछ विश्वास नहीं?'' सुरेन्द्र ने ताना दिया।

''है क्यों नहीं पर इस समय ऐसी ही बात है। बुरा न मानना मेरी बहिन!''

''जैसे तू चाहे।''

''इस समय क्या कहीं नहीं मिलेंगे?'' तारा ने गहरी चिन्ता से पूछा।

''भाई, असद और प्रद्युम्न दूसरे लोगों के साथ रेलवे वर्कशाप गये हैं। रोज वर्कशाप में गेट मीटिंग करते हैं न। रात आठ बजे लौटते हैं।''

''भाग्य मेरा।''

''तू कल आना। किस समय आयेगी?''

''नहीं आ सकूँगी।''

''क्यों?''

''यह सब लम्बे झगड़े हैं। आज भी भाई लाकर छोड़ गये हैं। वे लायें तभी आ सकूँगी।''

''ऐसी भी क्या बात है?''

तारा ने सोचा 'रेत की नींव' के शेष पृष्ठ, तीन पृष्ठ नित्य के हिसाब से ग्यारह तारीख तक समाप्त हो सकेंगे। उस दिन फिर शायद भाई अनुवाद देने आ जायें। बोली—''शायद बारह तारीख, इसी समय आ सकूँगी।''

कुछ देर दोनों दूसरी बातें करती रहीं। सुरेन्द्र ने बताया, लुधियाने से उसकी सगाई की बात आयी थी। कोई एक कैप्टन है। उसने माँ से इन्कार कर दिया था। माँ ने

कहा—आखिर तुझे शादी करनी है या नहीं। भाई ने कहा—माँ, तुम अभी रहने दो। जब यह खुद दस बार कहे; तभी सही। अपने आप ही कहेगी। हाय मुझे बड़ी शरम आयी। प्रद्युम्न और ज़ुबेदा के सम्बन्ध में बात होने लगी।

"नरिन्दर सीं!" गली में से पुकार सुनाई दी।

"भाई आये हैं।" तारा ने कहा और गली में खुलती खिड़की की ओर बढ़ गयी। सुरेन्द्र भी उसके साथ गयी।

"आ जाइये न!" सुरेन्द्र ने नीचे देखकर उत्तर दिया।

सुरेन्द्र और तारा पुरी के लिए जीने की ओर बढ़ीं तो तारा ने सुरेन्द्र की बाँह थामकर कह दिया—"तू भाई के सामने कह देना, ज़रूर आने के लिए।"

पुरी के कदमों की आहट ऊपर पहुँच गयी थी। तारा चुप हो गयी।

तारा ने भाई से पूछा—"बहुत लम्बी-चौड़ी बात हुई क्या? पंडित जी ने बहुत सा पढ़कर देखा? कैसा लगा उन्हें?"

सुरेन्द्र पुरी को सोफा-कुर्सी लगे कमरे में ले गयी।

"लगा तो अच्छा ही।" पुरी ने कुर्सी पर बैठते हुए कह दिया।

"अच्छा ही क्या?" तारा ने पूछा।

"नहीं, कुछ नहीं, अच्छा लगा।" पुरी ने बात समाप्त करने के लिए पूछा, "नरेन्द्र नहीं है?"

"वो तो इस समय रोज गेट मीटिंग के लिए वर्कशाप चले जाते हैं।" सुरेन्द्र ने उत्तर दिया।

"बहुत कड़ा काम किया है उन लोगों ने।" पुरी रूमाल से माथे का पसीना पोंछते हुए बोला।

"भाई जी, चाय पियेंगे या कुछ और?" सुरेन्द्र ने पूछा।

"नहीं-नहीं। पीकर आया हूँ।" पुरी ने कहा।

"वाह हम दोनों तो इसी प्रतीक्षा में थीं कि आप आयेंगे तो एक साथ पियेंगे। यह सोचा ही नहीं कि कनक के पिता जी बिना पिलाये कैसे छोड़ेंगे। उन्होंने पीठ पर हाथ फेरकर कहा होगा—बरखुरदार, बेटा जी, वाह-वाह यह कैसे हो सकता है, तुम्हारी बहिनें क्या कहेंगी? तुम्हारी बदौलत कन्नी और कंची एक प्याला हमें भी देंगी। कनक के फादर हैं बहुत अफेक्शनेट।"

पुरी मुस्कराकर चुप रह गया।

सुरेन्द्र कहती गयी—"पी भी आये हैं तो क्या हुआ! दो प्याले से अधिक तो पसीना बह गया होगा।"

पुरी और तारा लौटने लगे तो सुरेन्द्र ने तारा से पूछा—"अब बता कब आयेगी?" और पुरी की ओर देखकर कटाक्ष किया, "भई साहित्यिक लोग तो साहित्यिकों से ही बात करना पसंद करते हैं, हम ठहरे जाहिल। भाई जी, ग्वालमंडी के बाज़ार की सड़क साधूराम की गली तक ही तो नहीं है। उसके आगे यहाँ जीवां की गली भी है। तारा, भाई जी को ज़रूर साथ लाना।"

"तुमने कब कहा और मैं नहीं आया?" पुरी बोला, "रोज़ ही आता था। हाँ, इन दिनों काम का बोझ जरा ज्यादा था।"

"काम का बोझ साधूराम की गली के लिए हल्का हो जाता है?" सुरेन्द्र ने फिर कटाक्ष किया।

तारा ने होंठ काटकर मुस्कान दबा ली।

"पंडित गिरधारीलाल के काम का भी तो बोझ था। आज हल्का कर आया हूँ।" पुरी ने सुरेन्द्र के परिहास को तथ्य में बदल दिया।

ज़ीने से नीचे आकर सुरेन्द्र ने तारा को सम्बोधन किया—"अच्छा बारह तारीख को न आयी तो ठीक नहीं होगा, याद रखना!"

तारा ने मन ही मन सोचा—आखिर तो जट्टी (जाटनी) ही है। कहा तो था, परसों-चौथ के लिए, कुछ पहले के लिए ही कहती। मैंने बारह कह दिया तो इसने भी वही कह दिया।

रास्ते में पुरी चुप था। तारा ने पूछ लिया—"कनक का क्या हाल है? अबकी बार उससे जरूर मिलूँगी।"

"मालूम नहीं। मुलाकात नहीं हुई।" पुरी ने संक्षिप्त उत्तर दे दिया।

तारा कुछ समझ नहीं पायी। बोली—"शायद कहीं बाहर गयी होगी। अनुवाद के बारे में क्या कहा कनक के पिता जी ने?"

"तारीफ़ की।"

"तो शेष भी मैं समाप्त करवा दूँगी। चार-पाँच दिन में हो जायेगा। फिर तुम इतिहास की पुस्तक में पूरा समय दे सकोगे।" तारा बारह तारीख के दिन सुरेन्द्र के यहाँ आ सकने की भूमिका बाँधने लगी।

"उस अनुवाद की अब कोई आवश्यकता नहीं है।"

"क्यों, इतना रोचक उपन्यास है?" तारा ने विस्मय प्रकट किया।

"गिरधारीलाल तो ऐसे बात कर रहा था जैसे उपन्यास का अनुवाद केवल मेरी सहायता के लिए करवा रहा हो। ऐसी मेहरबानी मुझे नहीं चाहिए।" पुरी के स्वर में तीखापन आ गया था।

"मेहरबानी के लिए उनसे प्रार्थना किसने की थी?" तारा ने भाई के क्रोध में सहयोग दिया, परन्तु चिन्ता में डूब गयी कि ग्वालमंडी की ओर जाने का क्या उपाय बन सकेगा?

तारा के घर में बाबू रामज्वाया के संचालन में दहेज जुटाने का काम बहुत चिन्ता और तत्परता से हो रहा था। इस काम में योग देने के लिए शीलो भी आ जाती थी। इतने छोटे बच्चे को पीछे छोड़ आने से उसे जल्दी लौटने की व्यग्रता रहती थी इसलिए साथ ले आती थी। अपने दहेज की तैयारी के प्रति तारा की उपेक्षा शीलो को खल रही थी। वह बार-बार इसी प्रसंग पर बात करने लगती—"अच्छा-भला घर है··· !"

माँ भी तारा के असहयोग से खिन्न होकर जली-कटी कह देती। बात बढ़कर बवंडर खड़ा न हो जाये, और भाई के साथ कभी-कभी निकलने का अवसर भी हाथ से न जाये

इसलिए तारा बार-बार कहे जाने पर छोटे-मोटे कामों में हाथ बँटाने लगती थी। मन ही मन सोचती—बाद में यह लोग जाने क्या-क्या कहेंगे? अपना समाधान कर लेती—यही लोग तो मजबूर कर रहे हैं, मेरे पीछे चाहे जो कुछ कहें।

पुरी ने तारा में यह परिवर्तन देखा तो उसे कुछ आश्चर्य हुआ। वह कुछ बोला नहीं, परन्तु उसके मन से हल्का-सा बोझ हटता जान पड़ा। तारा के प्रति जिस अन्याय का प्रतिकार करने की सामर्थ्य उसमें न थी, उस अन्याय का प्रतिकार करने के दायित्व से तारा उसे स्वयं मुक्त कर रही थी। पुरी ने भी एक-दो बार माँ और मास्टर जी से पूछ लिया—''मेरे लायक कुछ हो तो कह देना।''

माँ ने संतोष से कहा—''सब कुछ तुम्हें ही करना है, और कौन करेगा।''

तारा ने भाई की बात सुनी—यह भाई ने क्या कहा?···एकदम बदल गये? उसे लगा, पाँव तले की धरती फट गयी और वह अन्धकूप में गिरी जा रही थी। उसने निराशा के उठते गहरे श्वास को दाँत भींचकर दबा लिया और मन ही मन निश्चय कर लिया—मेरा कोई नहीं, स्वयं ही रास्ता देखूँगी; करने दो इन सबको···।

तारा ने मानसिक यन्त्रणा से बचने के लिए मन को समझाना चाहा—इन सब चिन्ताओं से लाभ क्या? यह सब सोच-सोचकर दुखी क्यों होऊँ? परन्तु भुला देने का यत्न करने पर वह चिन्ता मन में और भी आग्रह से उठती···भाई ने यह क्या कहा? अभी दो दिन पूर्व आश्वासन दे रहे थे। उसके मन ने तर्क किया—झगड़े से बचने के लिए मैं भी तो चुप रह कुछ सहयोग देने का दिखावा कर रही हूँ। भाई भी शायद यही कर रहे हैं। भाई क्या असली बात नहीं जानते? तारा ने इस तर्क से संतोष पा लिया।

पुरी अपने आत्म-सम्मान पर पंडित गिरधारीलाल की धूर्तता से आघात पाकर उनका मुख नहीं देखना चाहता था, परन्तु कनक के आत्म-समर्पण और प्रतिज्ञाओं की उपेक्षा करके उन्हें भुला देना भी सहज नहीं था। उसका अनुमान था कि कंचन या कनक उसे दफ़्तर में बैठा देख गयी थी। यह विश्वास कर लेना कठिन था कि उससे दफ़्तर में आने की सूचना कनक को न मिली होगी। कनक ने आगे बढ़कर उसे बैठक में आने के लिए क्यों नहीं कहा? क्या कनक इतने ही दिन में पिता के उपदेशों से इतनी बदल गयी? क्या लोग ठीक ही नहीं कहते कि स्त्री का भरोसा करना मूर्खता है।

पुरी का मस्तिष्क खौलते हुए तेल की तरह उबल रहा था···क्या मेरा अपमान कराने के लिए ही उसने मुझे अनुवाद का काम दिलाने की योजना बनायी थी? पुरी को विश्वास नहीं होता था, परन्तु सोचता—यदि उसने यह सब किया है तो मैं उसे ठुकराऊँगा।···उसे एक बार जवाब तो देना ही पड़ेगा। अब मुझसे मिलने में लज्जा और परेशानी अनुभव होने लगी है; ओफ नारी!

पुरी के लिए एक बार कनक से जवाब-तलब किये बिना रह सकना असम्भव था। वह कनक से भेंट, उसके घर के बाहर ही करना चाहता था। अपने सम्मान के विचार से वह चाहता था कि कनक ही आगे बढ़कर उससे मिले। कनक को ऐसा अवसर देने के लिए पुरी एक दिन प्रातः नौ बजे ही इतिहास की पुस्तक का आवश्यक काम छोड़कर साधूराम की गली में कनक के मकान के सामने से गुज़र कर चोपड़ा से मिलने गया। मन की गहराई में बैठा कोई विश्वास या अहंकार कह रहा था कि कनक उसे देखकर मिलने आये बिना नहीं रह सकेगी।

ट्रिब्यून का उप-संपादक चोपड़ा पुरी का पुराना परिचित था। पुरी ने उससे ट्रिब्यून के पुस्तकालय से एक रिपोर्ट ला देने का अनुरोध किया। उस संध्या भी वह इस काम से उस गली में गया था और अगले दिन संध्या रिपोर्ट लौटा आने के लिए गया। उस संध्या गली में पाँव रखते ही कंचन बाहर जाते हुए दिखाई दे गयी। कंचन ने उसे साधारण परिचय की मुस्कुराहट से नमस्ते कर दी और आगे बढ़ गयी। कंचन ने उसे अपने दरवाज़े के सामने से गुजरते देखकर भी भीतर आने का निमंत्रण न दिया; इससे बढ़कर पुरी का और क्या अपमान किया जा सकता था?

पुरी ने समझ लिया, उसका अपमान करने की अभिसन्धि में पूरा परिवार सम्मिलित था। कंचन की उपेक्षा की धृष्टता से वह खून का घूँट निगल कर रह गया। उसने अपने अपमान का प्रतिकार करने के लिए, कनक से जवाब-तलब करने और उसे अपने सामने सिसक-सिसक कर रोते हुए देख लेने की प्रतिज्ञा कर ली।

पुरी दूसरे दिन लगभग दस बजे ऊपर बरसाती में बैठा इतिहास की पुस्तक का काम कर रहा था। भागवंती सिलाई का काम आरम्भ कर सकने के लिए चौका समेट रही थी। तारा बरामदे में चटाई पर बैठी अपनी पुस्तक खोले चिन्ताओं में डूबी हुई थी। परीक्षा के लिए पढ़ने का प्रयोजन कुछ भी न रहा था। स्थगित हुई परीक्षा में अब दो सप्ताह का ही समय शेष रह गया था परन्तु तारा जानती थी, वह परीक्षा न दे सकेगी। उसके घर के लोग तो बाधा डालेंगे ही और फिर बारह मई के बाद वह जाने कहाँ होगी, परीक्षा देने की अवस्था में नहीं होगी। उसके जीवन को किस प्रकार बरबाद किया जा रहा था?

"तारा!" भाई की पुकार सुनाई दी, "एक गिलास जल पिला दे!" भाई के हाथ में खुला हुआ कलम था, जैसे लिखते-लिखते प्यास के कारण या अकस्मात् कोई बात याद आ जाने के कारण उठकर नीचे आ गया था। पंडित गिरधारीलाल से मिलकर लौटने के बाद से तारा भाई के व्यवहार में कुछ बेचैनी देख रही थी।

तारा ने पुस्तक से दृष्टि उठाकर भाई की ओर देखा।

"तुम सुरेन्द्र के यहाँ जाना चाहती थीं?" पुरी ने पूछा।

तारा ने हामी भरी।

"अच्छा तो संध्या चार-पाँच बजे चली चलना। तुम कनक से भी मिलना चाहती थी।" पुरी तारा के लाये गिलास से जल पीने लगा।

तारा भाई का अभिप्राय समझ गयी। कनक का समाचार जानना चाहते हैं पर सुरेन्द्र ने तो बारह तारीख कहा था। 'उन' से भी उसने बारह कह दिया होगा; आज कौन मिलेगा। तारा झिझकते हुए बोली, "भाई, सुरेन्द्र ने आज के लिए नहीं, परसों बारह तारीख के लिए कहा था।"

पुरी ने आधा पिया गिलास हटाकर उदारता से कहा—"मुझे आज उस ओर से जाना है। कनक से आज मिल लेना। बारह को सुरेन्द्र के यहाँ हो आयेंगे। एक दिन में दो जगह जाने से लौटने में देर भी तो हो जाती है।"

निश्चित दिन तारा बारह मई को सुरेन्द्र के यहाँ पहुँच सकने के लिए भाई की सब तरह की सेवा और सहायता के लिए तैयार थी। जानती थी, दोनों का प्रयोजन एक ही सा होने पर भी उनकी स्थिति में अन्तर था। भाई निधड़क उससे सहायता ले सकता था।

उसे अपनी इच्छा को भाई की इच्छा बनाकर ही काम निकालने की मजबूरी थी। सोचती–साधारण स्वतंत्रता के अभाव में चतुरता की ऐसी मजबूरी ही नारी का 'चलित्तर' कहलाती है।

तारा कहने को तो अब भी ज़िद्द बाँधे बैठी थी कि ज़रूर परीक्षा देगी पर मन ही मन जानती थी कि पूरे परिवार के विरोध में परीक्षा देना सम्भव न होगा। अपने मन में भी परीक्षा देने के बजाय उसने दूसरा निश्चय कर लिया था। अब पुस्तक पर आँखें गड़ाये बैठे रहते नहीं बनता था। चिन्ताओं से मन बहुत उद्विग्न हो जाता था इसलिए वह कोठरी में माँ, पुष्पा और मेलादेई के साथ बैठकर उनकी बातचीत सुनती अपने दहेज के किसी कपड़े पर बखिया करती जा रही थी।

पुरी बरामदे में चटाई पर बैठा अपना लिखाई का काम कर रहा था। उसकी पीठ के पीछे बैठी चटाई पर झुकी ऊषा अपना स्कूल का काम कर रही थी। पुरी ने तारा को पुकार लिया—"तारा, चलना है तो उठ, साढ़े चार बज रहे हैं। मेरा प्रेस किया कमीज़ और पतलून भी दे दे।"

तारा ने हाथ का काम छोड़ दिया। मेलादेई के यहाँ से प्रेस करके रखे हुए भाई के कपड़े दे दिये। भाई ने माँ के सामने ही उसे तैयार होने के लिए कहा था। उसे स्वयं कुछ कहने की आवश्यकता नहीं थी। उसने रसोई में जाकर मोरी पर मुँह धोया और कपड़े बदलने से पहले कंघी करने लगी।

कोठरी में दूसरी स्त्रियों के बैठे होने के कारण पुरी ने बरामदे में ही कपड़े बदल लिये। वह जूतों के फीते बाँध रहा था कि चौंककर उसके मुख से निकला—"हैं! ये क्या है?"

"अग्ग दा बम्बा (आग बुझाने का इंजन)।" ऊषा ने चटाई से गर्दन उठाकर उत्तर दिया। दूर से क्षीण सी टन-टन सुनाई दे गयी थी और सहसा दूरी में विलीन हो गयी।

"कहीं बहुत दूर है।" कोठरी में से मेलादेई ने अनुमान से कहा, "तुम्हें जहाँ जाना है, हो आओ!"

ऊषा कौतूहल दमन न कर सकी। छत के ज़ीने पर उसके तेज़ कदमों की धम-धम सुनाई दी और तुरन्त ही उसकी पुकार आयी—"तारा! माँ! मासी देखो! देखो!"

सब लोग हाथ का काम छोड़कर छत की ओर भागीं। तारा हाथ में कंघी लिये ही ऊपर चली गयी। पुरी भी उनके पीछे-पीछे देखने गया।

पूर्व की ओर आकाश में ऊपर तक घना धुआँ छा गया था। पुरी का मकान बहुत ऊँचा नहीं था। सामने कई तिमंज़िले मकान खड़े थे। सामने के ऊँचे मकान के पीछे बहुत दूर काले-भूरे धुएँ के बादल बल खा-खाकर उमड़ते-घुमड़ते आकाश की ओर उठ-उठकर फैलते जा रहे थे। नीचे से और भी अधिक धुआँ उमड़ता चला आ रहा था।

उषा ने अपनी छत से चिल्ला-चिल्लाकर कर्तारो और रामप्यारी को आग का तमाशा देखने के लिए पुकारा।

स्त्रियाँ आग के स्थान का अनुमान करने लगीं। किसी ने कहा—शायद स्टेशन है! दूसरी ने कहा, न-न 'दिल्ली दरवाज़ा' है। किसी ने 'कश्मीरी मुहल्ला' या 'अकबरी मंडी' बताया।

पुरी ने अकबरी मंडी के अनुमान का समर्थन किया और बोला—"आग तो बहुत बढ़ चुकी है। देर से लगी हुई होगी।"

ऊषा ने पुष्पा को सुझाया—"चलो बहिन जी, धन्नो की छत से देखें। वहाँ से साफ दिखाई देगा।" उन दोनों के पीछे-पीछे सब लोग नीचे उतर आये।

कोठरी में आकर पुरी ने चिन्ता से तारा से बात की—"चलें या न चलें। आग अपने आप लगी है तो एक बात है वर्ना··· ।"

नीचे गली से दीवानचंद की ऊँची पुकार सुनाई दी—"शाम! ओ शाम!" उसी साँस में उसने गली में खेलते हरी, पीतो, देव को ललकार दिया, "खबरदार, कोई गली से बाहर नहीं जाये, कर्फ्यू हो गया है।"

शाम की माँ ने अपनी खिड़की से पति को उत्तर दिया—"तुम जल्दी से बाज़ार में देखो, शाम जरा मिठाई लेने मुकुन्दलाल की दुकान तक गया है।"

भागवंती और मेलादेई अपनी खिड़कियों से बोल उठीं—"भाई, क्या हुआ, क्या हुआ?"

"दिल्ली दरवाज़े बहुत दंगा हो गया है और अकबरी मंडी में भारी आग लगी है। बाज़ार में पुलिस आ गयी है। कर्फ्यू हो गया है।" दीवानचन्द ने उतावली में बताया और लड़के को ढूँढ़ने बाज़ार की ओर लपक गया।

मास्टर जी पन्द्रह-बीस मिनट पहले गोपालशाह की हवेली में ट्यूशन पढ़ाने चले गये थे। गोबिन्दराम, टीकाराम, बीरूमल दफ़्तरों से नहीं लौटे थे। दूर से लाउडस्पीकर की चिल्लाहट सुनाई दी। शब्द न समझे जा सकने पर भी समझ में आ गया कि कर्फ्यू हो गया है। लगभग तीन सप्ताह से कर्फ्यू का बिगुल और लाउडस्पीकर का ऐसा शब्द सुनाई नहीं दिया था।

सब स्त्रियाँ घबराकर अपने-अपने दरवाजे के चबूतरों पर बैठ गयीं। पुरी ने माँ से कहा—"मैं जाकर पिता जी को ले आता हूँ। वैसे हवेली में कोई डर नहीं है!"

भागवंती का हृदय दहला, परन्तु इन्कार भी न कर सकी। बहुत अनुनय के स्वर में समझाया—"काका जी, होशियारी से जाना। इधर मच्छीहट्टे की तरफ से न जाना। वच्छोवाली, हरीचरण की पौड़ियों से होकर जाओ, उधर से ही लौटना।"

मेलादेई बोली—"विजय सैदमिट्ठा गया था। अपने मामा के यहाँ ही रह जाये तो अच्छा है पर पता मिले बिना शांति कैसे मिलेगी? रतन को तुम जानती हो कितना बेपरवाह है।"

प्रत्येक माँ का ख़याल था कि उसी का बेटा सबसे असहाय और अरक्षित है। प्रत्येक को अपने पुत्र और पति की चिन्ता थी। एक-एक करके सब आते गये। जिस स्त्री का बेटा या पति आ जाता वह चुपके से ऊपर जाकर रसोई के काम में लग जाती। मर्द चबूतरों पर बैठकर सुनी हुई बातें बता रहे थे। कुछ स्त्रियाँ अपनी खिड़कियों में बैठी सुन रही थीं। पुरी और मास्टर जी भी आ गये।

बीरूमल ने बताया—"केवल माल रोड खुली है। निस्बत रोड, अनारकली, ग्वालमंडी में सब जगह कर्फ्यू है। इतना बड़ा कर्फ्यू पहले कभी नहीं लगा।"

डाक्टर प्रभुदयाल ने कहा—''मैंने अस्पताल फोन करके पूछा था। सत्तर जख्मी पहुँच चुके हैं। ज्यादा हिन्दू ही हैं।''

पुरी, गोपालशाह के यहाँ फोन पर सब ओर से खबरें आने के कारण बहुत कुछ सुन आया था। बताया—''रेलवे वर्कशाप में एक बजे की छुट्टी के समय बड़ा जबरदस्त बम फटा था। तीन मर गये और बाईस आदमी ज़ख्मी हो गये हैं। वर्कशाप बन्द हो गया है। मज़दूर जिधर-जिधर गये, दंगा फैलता गया। अब दंगा रुकना मुश्किल है।'' पुरी ने जानकारी से बताया, ''रेलवे यूनियन के पैंतालीस हज़ार मज़दूर अब तक दंगे के खिलाफ थे। उन्हीं के दम से इतने दिन शांति रह सकी। अब तो वे लोग पागल हो गये हैं। शाह जी कह रहे थे, अकबरी-मंडी में करोड़-डेढ़ करोड़ रुपये से ज्यादा का नुकसान हुआ होगा। अभी पूरी आग बुझी कहाँ है?''

''सब हिन्दुओं का ही नुकसान है।'' घसीटाराम ने एक लम्बी साँस खींची।

''हज़ारों का गल्ला तो पहले लूट लिया मुसलमानों ने। दो-दो बरस का राशन उठाकर ले गये हैं।'' मास्टर जी ने पुरी से रह गयी बात भी बतायी।

''उन्हें तो लूटने का बहाना चाहिए।'' दीवानचंद बोला।

''बम जिसने भी फेंका, बुरा किया।'' मास्टर जी बोले।

''परमेश्वर तो भाई सबका एक ही है। उसका नाम चाहे जिस तरह से लो।'' गोबिन्दराम ने समर्थन किया।

भगवान की चर्चा ने बहस को समाप्त कर दिया।

पुरी ऊपर गया तो तारा को देखकर उसने फिर दंगा बढ़ने की बात कही और बताया—''पार्टी के लोग वर्कशाप में रोज गेट मीटिंग के लिए जाते हैं।''

तारा को असद के भी वर्कशाप जाने की बात याद आयी और मन पर आघात लगा। पुरी कहता गया—''वे लोग तो चार बजे जाते हैं। उस ओर दंगा हो गया तो कैसे गये होंगे?''

तारा चुप रह गयी। मन में सोच रही थी—मार्च में कर्फ्यू लगता था तो दो-दो दिन कर्फ्यू रह जाता था, देखें कल क्या होता है; मेरी किस्मत! अगले दिन के लिए उसने क्या-क्या सोच रखा था!

रात कोठरी में गरमी थी पर छत पर सुहावनी हवा चल रही थी। इस बरस मास्टर जी के परिवार को गरमी में छत पर सोने की सुविधा हो गयी थी। बाबू गोबिन्दराम के यहाँ रतन बिजली का एक और पंखा ले आया था और वे सब लोग कमरों में भी सो सकते थे। अब मास्टर जी, हरी, तारा और ऊषा सभी के लिए खाटें डालकर सोने की जगह हो गयी थी।

पुरी प्रायः रात में भी घंटे-डेढ़ घंटे इतिहास की पुस्तक का काम कर लेता था। वह खुली हवा में बिजली का टेबल लैम्प रखकर काम कर रहा था। मन की विक्षिप्त अवस्था में काम में लग जाना ही मन को सँभालने का साधन था और शीघ्र काम समाप्त करके गौस मुहम्मद से पाँच सौ रुपया पा लेने की आशा भी कर सान्त्वना की वस्तु न थी। अकबरी मंडी की दिशा में आकाश अब भी काफी गँदला था। हवा का रुख उस ओर होने के कारण वायु में चिरांध अनुभव नहीं हो रही थी।

मास्टर जी और हरी एक बड़ी खाट पर लेटकर सो गये थे। एक छोटी खाट पर तारा अपनी ओढ़नी ओढ़े सो रही थी। ऊषा अकेली लेट पाने के लिए चटाई बिछाकर सो गयी थी। एक खाट पर दरी का टुकड़ा बिछाकर मुन्नी को सुला दिया गया था। एक खाट पुरी के लिए खाली पड़ी थी। भागवंती अभी ग्यारह बजे भी नीचे कुछ सँभाल कर रही थी।

"हैं! हैं!" मास्टर जी की घिघियायी हुई चीख सुनाई दी। काम में सिर झुकाये पुरी ने गर्दन उठाकर देखा। उसकी खाट के समीप ही एक बड़ा सा जलता हुआ पलीता आ पड़ा था। पलीते से तेल और राल की गंध आ रही थी। पुरी ने समीप लाकर देखा पलीता बाँस की गढ़ी हुई छड़ी के सिरे पर बँधा था।

"तारा ! पानी ला पानी!" पुरी ने पुकाया।

"क्या है?" चौंककर तारा ने पूछा और तुरन्त पानी लेने नीचे चली गयी। पुरी ने छड़ी से पकड़कर पलीते को चारपाइयों से दूर छत पर संडास के पास रख दिया और संडास की दीवार से ईंटें लेकर आग को दबा दिया और ज़ीने में जाकर रतन को पुकार लिया।

पुरी और रतन ने देखकर बताया, पलीता तीर में बाँधकर और जलाकर कमान से फेंका गया था। पुरी ने लैम्प बुझाकर कहा—"शायद यह रोशनी देखकर ही किसी ने यहाँ आग लगाने के लिए पलीता फेंका है।"

"वह देखो! वह देखो!" तारा ने पुकारा। जलता पलीता बँधा एक तीर पूर्व की ओर जा रहा था।

पुरी और रतन ने पुकार-पुकारकर गली के सब घरों को सावधान कर दिया कि छतों पर पानी भरी बाल्टियाँ रख लें। मोची दरवाज़ा बाज़ार की गली के लोग तीरों से पलीते बाँधकर आग फेंक रहे हैं।

तारा ने टोका—"वाह! वह तीर तो मोची दरवाज़े की ओर ही गया है।"

"ओम्! ओम्!" मास्टर जी को नींद से चौंक पड़ने से प्रबल आघात लगा था। उनका हृदय अब भी वेग से धड़क रहा था। वे शांति पाने के लिए भगवान का स्मरण कर रहे थे, "ओम्! ओम्! ओम् तत्सत्! प्रभु तू ही तू है। प्रभु तू ही तू है।"

"क्या हुआ? क्या बात है?" खुशालसिंह, टीकाराम, दीवानचंद, प्रभुदयाल अपने-अपने मकानों से पुकार-पुकार कर पूछने लगे।

गोबिन्दराम, मेलादेई और भागवंती छत पर फेंकी गयी आग देखने के लिए आ गये थे। किसी भी क्षण फिर आग फेंकी जा सकती थी, इस आशंका से सबके हृदय काँप रहे थे। पुरी बोला—"यह नमाज़ पर बम फेंकने का बदला है।"

मेलादेई ने कहा—'बेड़ा गर्क हो ऐसे जालिमों का, जिन लोगों ने रब्ब (ईश्वर) का नाम लेते लोगों पर बम फेंका है। उन्हें यह नहीं मालूम कि हम गरीबों पर क्या बीतेगी? छिप-छिप कर आग लगाने वालों से भगवान ही समझें।

भागवंती ने दुहाई दी—"हमने किसी का क्या बिगाड़ा है कि हम पर आग फेंक रहे हैं।"

"आग फेंकने वाले को क्या मालूम कि आग हमारे घर आ पड़ी है।" रतन ने अपने विचार से सान्त्वना दी।

"हाँ," तारा ने धीमे से कहा, "उन्हें तो मतलब है, कोई घर जले। उन्हें तो कुछ जलाने से मतलब।"

मेवाराम दो छतें लाँघकर आ पहुँचा था। उसने भी सान्त्वना दी—"भाई, लड़ाइयाँ होती हैं, जंग होते हैं तो फिर सब कुछ होता है।"

यह तो राक्षसों का काम है आदमियों का नहीं।" गोबिन्दराम बोले।

उत्तर-पूर्व के कोने की ओर से 'हो! हो!...हाय! हाय!' और चीख-पुकार की आवाजें सुनाई देने लगीं। बहुत-सा धुआँ उठने लगा। स्पष्ट था कि किसी घर में आग लग गयी थी। सब लोगों की आँखें उसी ओर लग गयीं।

रंगमहल की ओर से आग बुझाने वाले इंजन की घण्टी टन-टन-टन-टन गूँज उठी।

गोबिन्ददाम, मेलादेई नीचे जाने के लिए घूम गये। भागवंती ने मास्टर जी, पुरी, तारा और ऊषा से कहा—"तुम लोग नीचे ही चले चलो। फिर भी तो कोई आग फेंक सकता है। इस बार तो परमेश्वर ने रक्षा की।"

"कोई फेंकेगा तो हट जायेंगे। हमारे भी हाथ-पाँव हैं।" पुरी बोला।

"कुड़ियो (लड़कियों) तुम नीचे चलो।"

"हमारे हाथ-पाँव नहीं हैं?" तारा ने पूछा।

"लो सुनो इसकी बातें!" भागवंती ने कहा।

"हाथ-पाँव तो सबके हैं।" मेलादेई ने ज़ीने के दरवाज़े से लौटकर समझाया, "लेकिन लड़कियों के महीन दुपट्टों, सलवारों का पचड़ा भी तो साथ है।"

"जल-मर भी जायेंगे तो क्या बिगड़ जायेगा?" तारा खाट पर बैठी रही।

"मुँह बुरा हो तो भी बात बुरी न कहे।" भागवंती ने क्रोध प्रकट किया।

"मुँह क्या अच्छा हो, जब किस्मत ही बुरी है।" तारा ने मुँह घुमा लिया।

"माँ कह रही है तो चली जाओ नीचे!" भाई ने समझाया।

"मुझे यों ही नींद नहीं आती। नीचे गरमी में और भी मर जाऊँ!" तारा के स्वर में खिन्न विवशता आ गयी।

"रहने दो माँ!" पुरी ने बीच-बचाव किया, "ख़बरदारी के लिए किसी को यहाँ रहना भी चाहिए।"

मेवाराम अपनी छत पर लौट गया था। उसने पुकारा—"अरे उधर देखो, उधर देखो! परी-महल की तरफ देखो!"

उस ओर धुआँ उठ रहा था और चीखें-पुकारें सुनाई दे रही थीं।

"सुन यार रतन!" बीरसिंह ने अपनी छत से पुकारा। वह ऊँचे स्वर को दबाकर गली पार से रहस्य के स्वर में बोला, "क्या तीर में बाँधकर डब्बा नहीं फेंका जा सकता? मज़ा आ जाये!"

"चुप रह गधे!" रतन ने डाँट दिया और पुरी की ओर देखकर बोला, "नादान की यारी जी का जंजाल!"

"डब्बा क्या?" तारा ने पूछा।

"देसी बम और क्या?" पुरी ने वितृष्णा से बताया और बोला, "दूसरे लोगों ने और भी बड़ा डब्बा तुम्हारे यहाँ भेज दिया तो।"

रतन ने पुरी से पूछा—"मैं चटाई डालकर यहाँ ही सो जाऊँ!"

"नहीं ऐसी क्या ज़रूरत है।" जयदेव ने उत्तर दिया, "होगी तो बुला लूँगा।"

मास्टर जी, डाक्टर टीकाराम, खुशालसिंह और गोबिन्दराम ने तुरन्त निर्णय कर दिया—दो आदमी, एक गली के दायें हाथ से दूसरा बायें हाथ से सुबह तक दो-दो घंटे का पहरा दें। दूसरी गलियों से सुनाई देती आवाज़ों से भी अनुमान था कि सभी लोग विक्षिप्त हो गये थे।

पुरी ने मास्टर जी की खाट खींचकर बरसाती के नीचे कर दी और स्वयं खुले में लेट गया। तारा और ऊषा अपने दुपट्टों में लिपट कर लेट गयीं। तारा की आँखों में नींद न थी। वह ओढ़े हुए महीन दुपट्टे में से काली रात में झिलमिल तारों की ओर देख रही थी। दिल्ली दरवाज़े, पीपल बेहड़े और परीमहल की ओर से चीखें-पुकारें सुनाई दे जाती थीं। आस-पास की छतों से सुनाई देते शब्दों से लग रहा था कि सभी की नींद उचट गयी है और आतंक के कारण सो नहीं पा रहे हैं।

तारा के मस्तिष्क में बीरसिंह की, तीर में डब्बा बाँधकर फेंकने की बात गड़ गयी थी। सोच रही थी, यह लोग गरीब मुसलमानों को क्यों मार रहे हैं। रतन और यह लोग पहले भी उनके मुहल्ले में जाकर बम फेंक आये थे, नमाज़ में भी बम फेंका, अब और भी बम फेंकना चाहते हैं। मुसलमानों में क्या बुराई है। उसकी कल्पना में फल बेचने वाले राईं और खाकी कपड़े पहने ताँगा हाँकने वाले मुसलमान दिखाई देने लगे जो भीड़ में दूसरों के चोट लग जाने की आशंका से पुकारते चलते थे—'हट जा, बच्चे जीवां (हट जा चिरंजीव सन्तान वाली)! पासे हो जा धिये। (एक तरफ हो जा बेटी)! बीबिये भैणे (अच्छी बहन), ओ माई बच जा!' और दंगे से परेशान असद, मंजूर, ज़ुबेदा, ज़ुबेर··· असद···असद···! भाई ने कल ले चलने के लिए मान लिया था तो कम्बख्त दंगा ही हो गया···। भाई तो जब चाहे जा सकता है, मेरे लिए कठिनाई है। अब भी खुद खुली हवा में लेटे हैं। लड़कियों के लिए ओढ़-लिपटकर ही लेटना आवश्यक है। हर बात में मज़बूरी ही मज़बूरी···।

११ मई दोपहर बाद साढ़े चार बजे से लगा कर्फ्यू १४ की सुबह पाँच बजे समाप्त हुआ। शुक्रवार की संध्या, शनिवार और रविवार भी मेहतरों के न आने से लोग परेशान हो गये थे। गली में दीवानचंद और घसीटाराम की भैंसों के गोबर का कीचड़ भर गया था। दैनिक पत्रों के आने पर पता लगा कि शुक्रवार दोपहर बाद से शहर में भयंकर रक्तपात और अनेक अग्निकांड हो गये थे। हरी, रतन, पुरी और बीरसिंह देख आये थे कि अब भी बाज़ारों, चौकों और गलियों के मुहानों पर पुलिस के सशस्त्र सिपाही मौजूद थे। रंगमहल के चौक में तो पुलिस खाटें बिछाये, बिना छोलदारियों की छावनी सी डाले थी। पुरी उच्ची गली तक जाकर ताया जी का कुशलक्षेम पूछ आया था।

सोमवार कर्फ्यू टूट जाने पर भी मास्टर जी स्कूल नहीं गये, न हरी और ऊषा को जाने दिया। उनके नगर की चिन्ता करने से कुछ बन-बिगड़ नहीं सकता था, इसलिए मास्टर जी बच्चों की माँ से वही एक, सदा चलने वाली बात—ब्याह के खर्च के सम्बन्ध में चिन्ता कर रहे थे। प्राविडेंट फण्ड से एक हज़ार रुपये उधार के लिए उनकी दरखास्त

मंजूर हो गयी थी। जून के प्रथम सप्ताह में रुपये मिलने वाले थे। दहेज के लिए सबसे पहले पीतल की बाल्टी में बन्द सभी आवश्यक बर्तन एक साथ ले लेने का विचार था। तारा सुनकर भी नहीं सुन रही थी। वह सोच रही थी—शायद ग्वालमंडी में कर्फ्यू नहीं था। 'वे' आये होंगे। अब फिर कोई दिन निश्चित करना होगा।

पुरी का मन काम में नहीं लग पा रहा था। ग्यारह बजे जरा स्थिति देख आने के लिए बाहर चला गया था और प्रायः एक घण्टे बाद लौटा। तारा तंग जगह में सब लोगों की आँखों से बचने के लिए बरामदे में चटाई बिछाकर पुस्तक लेकर बैठ गयी थी। पुरी लौटकर उसके समीप दीवार से पीठ लगाकर बैठ गया और पूछा—"क्या पढ़ रही हो?"

"औरंगज़ेब का राज्यकाल दोहरा रही हूँ।"

"पाठ्य-पुस्तक में मैंने यह समाप्त कर लिया है। अभी ग्वालमंडी के चौक तक हालत देखने गया था। यूँ तो शान्ति है पर आतंक बहुत है। स्त्रियाँ बाहर नहीं दिखाई दीं; बस एक-दो, वह भी मोटर में। आज अभी तुम्हारा जाना ठीक नहीं होगा, कल सही।"

"हूँ।" तारा ने संक्षिप्त स्वीकृति दे दी और सोचने लगी, अब तो फिर नये सिरे से कोई दिन निश्चय करना होगा। उसने बारह तारीख को इतना भरोसा कर लिया था कि ग्यारह को अपने मैले हो गये कपड़ों का धोना भी आवश्यक न समझा था। बारह को बाहर जा सकने के लिए एक के बजाय दो सूट तैयार रखे थे।

मंगलवार पुरी दोपहर से बाहर जाकर सड़कों, बाज़ारों की स्थिति देख आया था और धीमे से तारा से कह दिया—"चार-साढ़े चार चलेंगे।"

पुरी ने शहालमी के बाहर आकर ताँगा ले लिया। ग्वालमंडी और अमृतधारा तक जाने के लिए पुरी को ताँगा ले लेने की आदत नहीं थी। साधूराम की गली के सामने पुरी ने ताँगे को रोक लिया। तारा से उसने अंग्रेजी में कहा—"तुम पहले कनक से मिल लो। ज्यादा देर न लगाना। पंडित जी बात करें तो यह मत कहना कि मैं यहाँ इन्तज़ार कर रहा हूँ। उनसे नहीं मिलना चाहता। कनक अधिक रोके तो कह देना मैं बाहर तुम्हारी प्रतीक्षा कर रहा हूँ।"

तारा ने कहे गये शब्दों से कुछ अधिक समझकर स्वीकृति का संकेत किया और गली में चली गयी।

पुरी ने बहुत सोचकर योजना बनायी थी। यह जानकर कि वह बाहर खड़ा प्रतीक्षा कर रहा है, कनक कैसे नहीं आयेगी? इस पर भी नहीं आयेगी तो भी फैसला हो जायगा। कनक और तारा के गली में से एक साथ लौटने के विश्वास में था। सोच लिया था कि जीवां की गली तो अब कुछ कदम पर ही है, तारा पैदल चली जायेगी। वह कनक को ताँगे पर ले जायेगा। गिरधारीलाल टापते रहें। वह कड़े से कड़े शब्दों में अपने अपमान के लिए कनक से जवाब-तलब करने के लिए व्याकुल था। उसकी कल्पना में कनक की आँसू बहती आँखें दिखाई देने लगी थीं।

पुरी को भयंकर धक्का लगा। गली में से तारा अकेली लौटी। निराशा की चोट से आ गयी मूढ़ता में वह कोई प्रश्न भी न कर सका। तारा ताँगे पर उसके समीप बैठकर बोली—"क्या विचित्र लोग हैं। बैठक में कोई नहीं था। मैं आँगन में चली गयी। कनक की माँ ने बताया, कनक माडल टाउन में अपनी बड़ी बहिन कान्ता के यहाँ गयी हुई है।

सुबह उसने पिता जी को फोन किया था कि साढ़े चार-पाँच तक आयेगी। माँ मुझे पहचानती नहीं, तब भी उसने कहा—बल्ली (प्यारी बिटिया) बैठ जा, आती ही होगी। कुछ जल-वल पी। मैंने कह दिया, मैं फिर आऊँगी, बाहर मेरा भाई ताँगे पर प्रतीक्षा कर रहा है। मैं लौट रही थी तो कंचन ज़ीने से उतर आयी। अच्छी-भली मुझे जानती है पर अपरिचितों की सी नमस्ते कर बोली—कहिये, किससे मिलना है?

"कनक से मिलना है, मैंने कहा तो बोली, वह घर पर नहीं है, मालूम नहीं कब आयेगी। क्या विचित्र लड़की है?"

कनक के घर पर न मिलने से तारा के प्राण संकट में फँस गये। सोचने लगी, भाई साथ रहेगा तो वह क्या करेगी? क्या फिर अवसर व्यर्थ जायेगा? भाग्य ही अल्प पड़ रहा है। उसका मस्तिष्क चकरा रहा था।

ताँगे का घोड़ा समय के हिसाब से किराये पर लिये गये ताँगे की धीमी चाल से टप-टप-टप अमृतधारा की ओर बढ़ता जा रहा था। पुरी गूढ़ चिन्ता में अधमुँदी आँखों से सोच रहा था। ताँगा जीवां की गली के सामने पहुँचा तो वह निश्चय कर चुका था। उसने ताँगा को रुकने के लिए कहकर तारा से कहा—"तुम सुरेन्द्र से बातचीत करो। मैं उससे क्या बात करूँगा? कुछ देर में आकर तुम्हें ले जाऊँगा।"

तारा ने आश्वासन से साँस ली। 'अच्छा' कहकर तेज कदमों से जीवां की गली में चली गयी।

पुरी ने कलाई पर घड़ी देखी, पाँच बज रहे थे। कनक से मिल पाने का अवसर वह चूकना नहीं चाहता था, चाहे उसे सड़क पर ही रोककर बात करनी पड़े। कनक के पाँच बजे तक माडल टाउन से घर पहुँचने की बात कनक की माँ ने तारा से कही थी।

पुरी को अमृतधारा की ओर से वापस लौटते समय साधूराम की गली के सामने कान्ता की गाड़ी खड़ी दिखाई नहीं दी। माडल टाउन का रास्ता चौबुर्जी होकर था। पुरी ने सोचा—वह ग्वालमंडी से निस्बत रोड, फीरोजपुर रोड, चौबुर्जी तक सावधानी से सब मोटरों को देखता हुआ जाये। इतने लम्बे मार्ग में सामने से आती कनक की बहिन कान्ता की गहरे मटियाले रंग की गाड़ी उसे कहीं तो दिखाई देगी। आँख मिलने पर कनक स्वयं गाड़ी रुकवायेगी। गाड़ी दीखने पर वह रुकने का संकेत कर देगा, फिर चाहे जो हो। अब शेष रह ही क्या गया है?

पुरी ने ताँगे वाले को ग्वालमंडी के चौक से चौबुर्जी की ओर चलने के लिए कहा। वह रास्ते भर प्रत्येक सवारी, विशेषकर प्रत्येक मोटर के भीतर ध्यान से देख रहा था। कान्ता की गाड़ी या कनक कहीं दिखाई नहीं दी। सोचा—कान्ता की गाड़ी अनारकली के रास्ते पर ग्वालमंडी गयी होगी या बहावलपुर रोड से जेल के सामने से ग्वालमंडी की ओर भी आ सकती है। वह विवश होकर फिर ताँगे पर ग्वालमंडी की ओर लौट आया। उसने ग्वालमंडी के चौक में ताँगा छोड़ दिया, परन्तु कनक से मिलकर बात कर सकने का प्रयत्न वह भी नहीं छोड़ देना चाहता था।

पुरी ने फिर अपनी कलाई पर समय देखा। छः बजने में कुछ मिनट थे। सोचा, यदि कनक किसी कारण से अब भी नहीं आयी है तो और आधे घण्टे तक तो उसे अवश्य ही आ जाना चाहिए। तारा को एक बार और उसके घर क्यों न भेजा जाय। कनक की माँ

ने तो उसे आने के लिए कहा ही है। जो भी हो, एक प्रयत्न और सही। इस बार पुरी को साधूराम की गली के सामने कान्ता की गाड़ी खड़ी दिखाई दे गयी। उसके कदम जीवां की गली की ओर तेज़ी से बढ़ने लगे। निश्चय कर लिया कि वह नरेन्द्र के यहाँ ऊपर न जाकर गली से ही तारा को तुरन्त चली आने के लिए पुकार लेगा।

जीवां की गली में नरेन्द्रसिंह के मकान के नीचे दो बार पुकारने पर खिड़की में से सुरेन्द्र की दस बरस की छोटी बहिन ने उत्तर दिया—''भाई जी नहीं हैं।''

पुरी ने कहा—''मुन्नी, मेरी बहिन तारा सुरेन्द्र से मिलने आयी है, उसे जल्दी नीचे भेज दे। कहना, तारा का भाई नीचे बुला रहा है।''

महेन्द्र पीछे हट गयी और कुछ पल बाद सुरेन्द्र की माँ ने झाँककर सूचना दी—''सुरेन्द्र और तारा तो घर में नहीं हैं। शायद पार्टी के दफ़्तर में भाई को ढूँढ़ने गयी हैं।''

''कब गयीं?'' पुरी को अप्रत्याशित आघात लगा।

''तारा आयी तो यहाँ बहुत से लोग थे। वे सब साथ-साथ चले गये।''

पुरी को खिन्नता अनुभव हुई। ऐसी उत्कट आवश्यकता के समय तारा की सहायता न पा सकने से मन झुँझला उठा। उलटे पाँव ग्वालमंडी के चौक की ओर लौटा तो क्रोध बढ़ता जा रहा था—यह क्या तरीका है! उसने तो सुरेन्द्र से मिलने के लिए कहा था, पार्टी दफ़्तर में उसका क्या काम है!

साधूराम की गली के सामने से कान्ता की गाड़ी चली गयी थी। हो सकता है, कनक को छोड़ गयी हो। पुरी ने उपाय सोचा। तारा को तुरन्त पार्टी आफिस से साधूराम की गली तक भेज स्वयं ताँगे में प्रतीक्षा कर सकने के लिए उसने ग्वालमंडी के चौक से फिर ताँगा ले लिया। वह जेब में चार रुपये डालकर आया था कि कनक को साथ ले जाकर किसी रेस्तोराँ में बैठकर पूरी बात कर सकेगा। सब पैसा ताँगों पर ही खर्च हो रहा था, पर मज़बूरी थी।

ताँगे वाले से जरा जल्दी चलने का अनुरोध करके पुरी यथा-सम्भव शीघ्र मैक्लोड रोड पर पार्टी आफिस के सामने पहुँच गया। वह ताँगे से उतरकर नीची चारदीवारी से घिरे बँगले की ओर बढ़ रहा था कि फाटक में हीरासिंह और परमानन्द दिखाई दिये।

''तारा सुरेन्द्र के साथ यहाँ आयी थी?'' पुरी ने पूछा।

''सुरेन्द्र ऊपर है।'' हीरासिंह ने उत्तर दिया, ''तारा तो असद को लेकर उसी समय लौट गयी थी। तुमने ही तो असद को बुलवाया था।''

''क्या?'' पुरी ने विस्मय से पूछा। सोचकर उसे कहना पड़ा, ''हाँ, परन्तु मुझे बहुत देर लग गयी।''

पुरी अधिक प्रश्नोत्तर से बचने के लिए ताँगे पर आ बैठा। कुछ समझ नहीं पा रहा था। मैंने बुलवाया, असद को··· ? कब···? असद के साथ अकेली? यह क्या सुरेन्द्र की संगत का असर है? मामला क्या है? दिस इज़ शेडी (यह क्या धोखा है) ···तारा क्या चाल चल रही है?

एक बार ख़याल आया ऊपर जाकर सुरेन्द्र से पूछे, पर सोचा—सुरेन्द्र ने भी यही उत्तर दिया तो?

पुरी को चुप देखकर ताँगे वाले को ही पूछना पड़ा—''बाबू, अब किधर चलेंगे?''

पुरी के मस्तिष्क ने समय पर साथ दिया। उसे ख़याल आया, कहीं भी गये हों, तारा सुरेन्द्र के यहाँ तो ज़रूर लौटेगी। उसने ताँगे वाले को उत्तर दिया—"अमृतधारा।"

ताँगे वाले ने आदेश पाकर घोड़े को उलटी दिशा में मोड़ा और "चल बेटा चल! भला हो तेरा" घोड़े को आशीर्वाद देकर चाल पकड़ने के लिए उसकी पीठ पर रास फटकार कर चलने का संकेत किया।

पुरी वीनस रेस्तोराँ के सामने पहुँचकर चौंका और ताँगे वाले को आदेश दिया—"ठहरना-ठहरना!"

वीनस रेस्तोराँ से तारा निकल रही थी। उसके पीछे असद था।

तारा सुरेन्द्र के मकान का ज़ीना चढ़ रही थी तो बहुत से स्वरों के हँसने की गूँज सुनाई दी। भीड़ की सम्भावना ने उसके कदम शिथिल कर दिये। ऊपर जाकर देखा—प्रद्युम्न, हामिद, ज़ुबेर, ज़ुबेदा, स्नेह और सुरेन्द्र भी थी, परन्तु नरेन्द्रसिंह और असद नहीं दिखाई दिये। सुरेन्द्र ने तारा को देखकर अपने समीप आ जाने के लिए संकेत कर दिया।

हामिद ज़ुबेदा से कह रहा था—"...तुम्हारा थैला पार्टी आफिस में रह गया है तो वहाँ से कल ले लेना।"

"अरे भाई, उसमें मेरा बुरका है।" ज़ुबेदा परेशानी से बोली, "भाटी दरवाज़े के भीतर मुहल्ले में मैं बुरके के बिना कैसे जा सकती हूँ। जब तक नरिन्दर तैयार होते हैं, तुम साइकिल पर जाकर ले आओ। बहुत बीबे (अच्छे) भाई हो।"

"ले आ न यार जल्दी से!" प्रद्युम्न ने हामिद की पीठ पर धौल मारकर शाबाशी दी और ज़ुबेदा की बात का अनुमोदन किया। वह सुरेन्द्र की ओर घूम गया, "तब तक सुरिन्दर कौर भैण जी हम गरीबों को एक-एक प्याला चाय पिलवा दीजिये।"

"यह कोई चाय का वक्त है?" ज़ुबेदा ने आपत्ति की।

"बिलकुल, चाय का ही तो वक्त है बेबे!" जुबेर ने टोक दिया।

"चाय का वक्त तो है ही!" प्रद्युम्न बोला, "फिर हम बागवानपुरा जा रहे हैं। वहाँ हमारी बेबे (माँ या बड़ी बहिन) चाय लेकर बैठी होंगी! वहाँ शान्ति कायम कराने में हमारी ही 'शांति-शांति' न हो जाय! मरें तो सुरेन्द्र कौर बहिन की चाय पीकर मरें।"

"क्या बदकलामी किया करते हो।" ज़ुबेदा ने झुँझलाहट दिखायी।

ज़ुबेर ने टोक दिया—"बेबे, तुम्हीं तो कल कह रही थी कि तुम्हारी ममिया बहिनें वालंटियर बनकर बहावलपुर से बन्दूकें, पिस्तौलें लायी हैं। पिस्तौलों से क्या मुर्गियाँ हलाल की जायेंगी?"

"अच्छा, बहुत न बका करो!" ज़ुबेदा ने प्यार से धमका दिया।

सुरेन्द्र बोली—"मैं माँ से कहे देती हूँ, तुम्हें चाय बना देगी। मुझे तारा के साथ जाना है।"

"वाह कौर जी, तुम्हीं चली जाओगी तो चाय का क्या मजा आयेगा।" प्रद्युम्न ने दुहाई दी।

"मुझे क्या उबलते पानी में पत्ती की जगह डालोगे?" सुरेन्द्र झमककर बोली, "मुझे इसके साथ... ।"

ज़ुबेदा ने फिर टोका—''हाय नी, सुखी सांदी (हाय सुख शांति रहे)। तुम लोगों के मुँह से हमेशा उलटी बातें निकलती हैं।''

सुरेन्द्र ने अपनी बात पूरी की—''भाई, मुझे तारा के साथ पार्टी आफिस जाना है।'' वह तारा को बाँह से पकड़कर ज़ीने की ओर बढ़ गयी।

सुरेन्द्र ने ज़ीना उतरते हुए तारा को बताया—''असद भाई आज भी तीन बजे आये थे। ठहर नहीं सकते थे! यह लोग तो पीस स्क्वेड में बागवानपुरा जा रहे हैं। असद भाई की ड्यूटी दफ़्तर में आर्गेनाइज करने की है। उन्होंने तुम्हें दफ़्तर में आने के लिए कहा है।''

असद, हीरासिंह, परमानन्द, चोपड़ा, महाजन आदि के साथ मेज पर बैठा बातें कर रहा था। उसने सुरेन्द्र और तारा को देखकर कहा—''पल भर बैठो।''

असद, चोपड़ा और दो आदमियों से बात समाप्त कर बोला—''मैं पन्द्रह-बीस मिनट में लौटता हूँ। मुझे जरा पुरी ने बुलाया है।''

वह तारा के साथ ज़ीना उतर गया। मैक्लोड रोड पर आकर उसने पूछा—''क्या बात है? बहुत परेशानी में हो!''

''हूँ...'' तारा अधिक न बोल सकी।

''मैं परसों और कल भी सुरेन्द्र के यहाँ गया था कि तुम आओगी। उससे पहले भी कई दिन जाता रहा। एक दिन तुम्हारी गली के सामने से बाज़ार में भी गुज़रा। पुकारा इसलिए नहीं कि पुरी होगा तो वह अकेला ही नीचे आ जायेगा और नहीं होगा तो तुम अकेली शायद आ भी न सकोगी।''

''हाँ,'' तारा ने रुँधते गले को साफ करके कहा, ''कहीं बैठकर बात करें।''

असद तारा के साथ समीप वीनस रेस्तोराँ की ओर बढ़ गया।

रेस्तोराँ जाकर असद ने एक केबिन का पर्दा उठाकर तारा को मार्ग दिया और पूछा—''चाय के लिए कहूँ या कॉफी के लिए?''

तारा ने हाथ के संकेत से मौन उत्तर दिया—कुछ भी हो।

बैरा आ गया था। असद ने कॉफी के लिए कह दिया—''दो प्याले कॉफी।''

''हाँ, कहो क्या परेशानी हो गयी?'' असद तारा के समीप होने के लिए बीच में पड़ी मेज़ पर झुक गया।

तारा की सम्पूर्ण घबराहट और व्यग्रता उसकी आँखें और चेहरे पर आ गयी थी—''मुझे कहाँ रखियेगा? मैं घर से आ गयी हूँ।'' तारा ने कह डाला। उसके पास घुमा-फिराकर बात करने के लिए न समय था, न धैर्य।

''क्या?'' तारा की ओर झुके असद के होंठ और आँखें फैल गयीं।

''मैं घर में नहीं जा सकती। तुरन्त ब्याह कर देने के लिए दहेज का सामान तैयार कर रहे हैं। ताया जी ने परीक्षा देने के लिए भी मना कर दिया है, बल्कि घर से निकलना भी। सोमराज धमकी दे रहा है कि ब्याह से इनकार करूँगी या घर से कहीं बाहर आऊँ-जाऊँगी तो सड़क-बाज़ार में मेरी बेइज़्ज़ती कर देगा। आज किसी तरह यह

मौका बन सका है। इसके बाद नहीं हो सकेगा।'' तारा ने असद की आँखों में देखते हुए बताया।

असद ने दाँतों से होंठ दबाकर दायें हाथ से सिर के केश पकड़ लिये और मेज़ पर कोहनी टिका दी। कुछ समय सोचकर बोला—''पुरी क्या कहता है? वह तो सोमराज के हक़ में नहीं था।''

''कुछ भी नहीं, उनके बस का कुछ नहीं है। नौकरी छूट जाने के बाद से किसी के सामने बोल नहीं पाते। अब तो वह भी दहेज की तैयारी में लगे हैं। उनका विचार बदल गया है। बस अपनी चिन्ता में डूबे हैं।''

''क्या मतलब?''

''भाई की नौकरी छूटी हुई है। शायद कनक के घर वालों ने उस पर रोक लगा दी है, उसी में परेशान हैं।''

''तब तो और भी··· ।''

''नहीं-नहीं,'' तारा ने टोक दिया, ''अपनी बात और थी। मेरे लिए साहस नहीं है। जोश की बात और थी, अब नहीं रहा।''

असद सिर के केश पकड़े सोचता रहा। बैरा कॉफी रख गया।

असद ने गहरी साँस ली—''तारो, इस वक्त कैसे मुमकिन हो सकेगा?'' फिर कुछ सोचकर बोला, ''एकाएक मैं तुम्हें कहाँ रख सकूँगा? और उसका असर लोगों पर पार्टी के साथियों पर क्या होगा? तूफान मच जायेगा। तुम प्रद्युम्न और ज़ुबेदा की बात जानती हो। इस समय पार्टी इनको भी इजाज़त नहीं दे रही। उन्हें ताकीद कर दी गयी है कि अभी कोई बात न हो। हमारा बात उठाना भी ठीक न होगा। पार्टी की मंजूरी के बिना मैं कुछ नहीं कर सकता। इट विल बी अगेंस्ट रूल्स ऐंड इन प्रज़ेंट सिचुएशन अगेंस्ट कामनसेंस (यह नियम विरुद्ध होगा और इस परिस्थिति में समझदारी भी नहीं)।''

''पर मैं क्या करूँ? मेरे लिए तो दूसरा रास्ता नहीं है।'' तारा असद की आँखों में देखती रही, ''तुमने नहीं कहा था··· ?''

''कहा था और अब भी कह रहा हूँ,'' असद ने तारा की ओर और भी अधिक झुककर समझाया, ''लेकिन मुझे मंजूरी तो लेनी होगी। तुम वक्त को देखो। वर्कशाप के हादसे से वहाँ हमारा किया-कराया सब मिट्टी हो गया है। इस वक़्त घर छोड़कर तुम रह कहाँ सकोगी?''

''लाहौर से बाहर, किसी दूसरे शहर में।''

''इस समय मुझे लाहौर से जाने की इजाज़त कौन देगा? इजाज़त माँगूँ भी कैसे?···तुम यहाँ आयी कैसे हो?''

''भाई सुरेन्द्र के यहाँ लाये थे।''

''दैट इज़ डेंजरस। पुरी सुरेन्द्र से पूछेगा, तुम कहाँ गयी? बात पार्टी पर आ जायेगी।''

''पार्टी सब कुछ है, मैं तुम्हारे लिए कुछ भी नहीं?'' तारा की आँखों से उसके सामने पड़ी कॉफी की प्याली में टप-टप आँसू गिर पड़े।

''सुनो मेरी जान!'' असद द्रवित स्वर में बोला, ''इस तरह दिल छोटा न करो! वक्त और मौके का तो ख़याल करना ही पड़ेगा। मैं तुम्हारा हूँ, तुम मेरी हो लेकिन पार्टी की लायल्टी भी तो है। यह जो बीच की मजबूरी है, इसे पार करना ज़रूरी है। सब्र से काम लो। ज़रा फिसाद का ज़ोर टल जाये। हम अपना रास्ता निकाल लेंगे।''

''तब तक तो मैं ज़िन्दा नहीं रहूँगी।'' तारा ने आँखें झुका लीं।

''ऐसा मत कहो। इस समय हम सब लोग सख़्त मुसीबत में हैं। उस मुसीबत को दूर करने में मदद करना हम सबका फर्ज़ है वर्ना हम लोगों या किसी के लिए भी ज़िन्दा रहना मुमकिन नहीं रहेगा।''

''मेरे लिए तो अब भी नहीं है।'' तारा ने हाथ में दबे रूमाल से आँसू पोंछे।

''मैं मानता हूँ तुम सख्त परेशानी में हो लेकिन हिम्मत करो। यह क्या कम हिम्मत है कि तुम घर छोड़ देने के लिए तैयार हो। हिम्मत तुम में है। मेरी जान, हिम्मत से घर के हालात का मुकाबला करो, उन्हें कुछ वक्त के लिए बर्दाश्त करो।''

''अगर यह हो सकता तो मैं इस समय ऐसी बात न सोचती।''

''ठीक कह रही हो तुम। हम सब जानते हैं, हमारे यहाँ औरतों की किस्मत पेन एण्ड टीयर्स (पीड़ा और आँसुओं) से भरी है। जान की बाजी लगाकर भी इन जंजीरों को तोड़ना होगा, लेकिन इस वक्त शादी-ब्याह की इंडीवीजुअल प्राब्लेम (वैयक्तिक समस्या) से पहले पीपुल एण्ड नेशन (समूह तथा राष्ट्र) का सवाल है। वी आर आल इन डेंजर (सभी का जीवन जोखिम में है)। इस मुश्किल से पार हो जायें तभी हम अपनी समस्याओं को सोच सकेंगे।''

''कब तक?'' तारा ने बहुत गहरे साँस से पूछा।

''जान, क्या कह सकता हूँ?'' असद आर्द्र स्वर से पंजाबी में बोला, ''मैं तो चाहता हूँ, अभी इसी समय। अब हम क्षण भर के लिए भी न बिछुड़ें पर हमारी इच्छा तो इस संकट को समाप्त नहीं कर सकती। इसलिए जब भी हो जाये, चार-छः मास लग जायें, पूरा साल लग जाये; ऐसा न हो पर ज़िन्दगी ही लग जाये।''

तारा का सिर झुक गया।

असद समझाता गया—''विश्वास रखो मेरी जान, पल-पल तुम मेरे मन में हो। इसे दुर्भाग्य नहीं तो क्या कहूँ कि इस परिस्थिति ने हमें घेर लिया है। अठारह घण्टे में नब्बे से ज्यादा जानें चली गयीं। कम्बख़्त सोमराज को और क्या कहूँ, तुम्हारे माता-पिता को भी इसी समय यह सूझा। मैं वर्कशाप में बम से मरे एक नौजवान के घर गया। पिछले ही महीने ब्याह कर गाँव से बहू को लाया था। अभी लड़की के हाथों से ब्याह की मेंहदी भी नहीं उतरी है। उसकी माँ और नयी ब्याही लड़की का छाती पीट-पीटकर दहाड़ना अब भी आँखों के सामने है। मेरी जान, इस वक्त चाहे कलेजे पर पत्थर रखना पड़े धैर्य के सिवा रास्ता नहीं है। हौसला रखो, हमारा भी दिन आयेगा।''

तारा सिर झुकाये चुप रही।

''क्या कहती हो?'' असद ने पूछा।

''मेरे लिए जान दे देने के सिवा आल्टरनेटिव (दूसरा रास्ता) नहीं है।'' तारा ने सिर झुकाये कहा।

"ऐसा मत कहो मेरी जान!" असद ने होंठ काटकर कहा, "जान दे देने से मकसद हासिल नहीं होगा वर्ना मैं तुमसे पहले और तुम्हें साथ लेकर जान दे देता। इस वक्त उसका असर उलटा होगा। दूसरों की जानें खतरे में पड़ जायेंगी।"

"हमारा यकीन है," असद का स्वर भारी और गहरा हो गया, "हम हक़ और इंसाफ चाहते हैं। इंसाफ़ हासिल करने के लिए जान देना एक बात है, बेइंसाफ़ी से दबकर जान क्यों दी जाये! वी मस्ट एवर फाइट फार जस्टिस (हमें न्याय के लिए निरन्तर लड़ना होगा)। इफ़ डेथ कम्स, लेट इट बी इन फाइट फार जस्टिस, नाट इन सरेंडर टू इनजस्टिस (न्याय के लिए लड़ते हुए मृत्यु आती है तो आये, अन्याय के सम्मुख पराजय में नहीं)।"

तारा मौन रही।

"क्या कहती हो?"

"कुछ भी नहीं कह सकती।" तारा ने गले में आँसू निगलकर आँखों को एक बार फिर पोंछ लिया और बोली, "चलिये।"

"चलते हैं।" असद ने कहा, "ज्यादा ठहरने का मौका भी नहीं है। लोग इंतजार कर रहे हैं लेकिन कौल दो कि इन मुश्किलों में सब्र और तहम्मुल (धैर्य) से काम लेकर मेरी और अपनी मदद करोगी।"

"मुझसे कुछ न कहिये।"

"ऐसा क्यों कहती हो मेरी जान, इंसाफ और हक़ के हिमायती थोड़े बहुत सभी जगह होते हैं। मेरा विश्वास है, पुरी से बात की जाये तो वह हालत सम्हालने में मदद दे सकता है।"

"आई डोंट नो (मैं क्या कहूँ)।" तारा की पलकों से आँसू लटक आये। होंठ काटकर उसने कहा, "अपने परिवार और गली की हालत आपको बता चुकी हूँ। वे सब लोग मेरी कुर्बानी दे देना ही अपना धर्म और फर्ज़ समझ बैठे हैं।"

असद कुछ सोचकर गर्दन झुकाये बोला—"तारा ऐसा मत कहो। मुझे कमज़ोर न करो। मेरा कौल है, इस मुश्किल में आखिर तक लड़ूँगा और तुम तक पहुँचने के लिए हर मुश्किल का मुकाबला करूँगा। मुझे यकीन है तुम भी हौसले का जरिया ढूँढ़ लोगी।"

तारा सिर झुकाये मौन रही।

असद उसकी ओर एकटक देख रहा था। अंग्रेजी में बोला—"मुझे भरोसा है तुम इस संकट को साहस से पार कर लोगी।"

तारा ने स्पष्ट इन्कार में सिर हिला दिया।

असद गहरी साँस लेकर बोला—"तुम मानो तो मैं एक बार पुरी से बात करूँ। न्याय की उपेक्षा वह कहाँ तक कर सकेगा।"

"मुझे आशा नहीं है। पहले उन्होंने मुझे भरोसा दिया था इसलिए भी मैं चुप रही। नाऊ ही हैज़ चेंज्ड (अब बदल गये हैं)। अब तो दहेज की तैयारी में साथ दे रहे हैं। अलबत्ता कनक को मैसेज भेजने के लिए मेरा उपयोग कर सकते हैं। मेरा ख़याल है, वहाँ कुछ गड़बड़ हुई है।"

"क्या कनक बदल गयी है या उसका परिवार नहीं चाहता है? वे लोग तो ऐसे आदमी नहीं हैं।"

"आई डोंट नो (न जाने)।"

"खैर जो हो। पुरी से बात करने में हर्ज क्या है?"

"भाई ने न माना तो फिर मैं घर में रहूँगी कैसे?"

"उसे हमारे सम्बन्ध के विषय में कोई अनुमान है?"' असद ने अंग्रेजी में प्रश्न किया।

"नहीं, कोई स्पष्ट नहीं।"

"जान कर भड़केगा?"

"हाँ।"

"परन्तु मैं एक लड़की या उसकी बहिन के प्रति न्याय के लिए उससे बात कर सकता हूँ।"

"मुझे आशा नहीं, परन्तु आशंका बहुत है।" तारा ने सिर हिला दिया।

"चलिये।" तारा ने साँस के स्वर में कहा और उठने के लिए अपनी कुर्सी को पीछे धकेल दिया।

"उठने से पहले यह कॉफी तो पी लो!" असद ने तारा के सामने प्याला एक तरफ हटाकर अपना अछूता प्याला उसके सामने कर दिया।

तारा ने इन्कार में सिर हिला दिया।

असद ने फिर कहा—"एक घूँट ही भर लो।"

तारा ने फिर भी इन्कार में सिर हिला दिया।

असद ने कुछ पल चुप रहकर तारा के आँसू मिली कॉफी का प्याला उठा लिया और उसकी ओर देखकर बोला—"तारा, तुम्हारे आँसुओं की कसम है, तुम्हारी इन आँसू भरी पलकों को हरदम याद रखूँगा। तुम्हारी आँखों में मुस्कराहट देखने की उम्मीद और तुम्हारी इन्तज़ार मुझे मासूमों के आँसू पोंछने के लिए हिम्मत देगी।" असद ने प्याला होंठों से लगा लिया।

"यह क्या··· ?" तारा का मौन टूटा। असद ने प्याले की अन्तिम बूँद तक खींच ली। प्याला तश्तरी में रखकर बोला, "तारा, मुझ पर यकीन रखना। मिलने की कोशिश करती रहना। मैं तो करूँगा ही।"

तारा कुर्सी छोड़कर खड़ी हो गयी। तारा के समीप जाकर असद ने अपनी बाँह उसकी पीठ पर रख दी।

तारा ने रुकते हुए कहा—"अगर पौसिब्ल (सम्भव) हुआ, जिन्दगी हुई···आशा नहीं··· ।"

तारा की आँखें फिर डबडबा रही थीं परन्तु उसने दाँत दबाकर उन्हें रोका, अपने आपको वश में किया और असद से पहले केबिन से बाहर निकल गयी।

असद कॉफी के दाम देने के लिए काउंटर की ओर बढ़ गया। तारा छोटे-छोटे कदमों से रेस्तोराँ के दरवाज़े की ओर जा रही थी। असद दाम देकर लम्बे कदमों से दरवाज़े पर

पहुँचा और तारा के लिए दरवाज़ा खोल दिया। रेस्तोराँ से फुटपाथ पर आते ही असद और तारा की आँखें सामने सड़क पर ताँगे में बैठे पुरी पर पड़ीं। पुरी ने उन्हें पहले देख लिया था। ताँगा रुक रहा था। पुरी की दृष्टि उनकी ही ओर थी।

पुरी के चेहरे पर क्रोध की तमतमाहट स्पष्ट थी। तारा ने अपनी कँपकँपी को वश में किया। असद भी सहम गया था परन्तु पुरी को देखकर—"हैलो!" पुकारते हुए उसकी ओर बढ़ गया। तारा सिर झुकाये विवशता में साथ रही।

पुरी ताँगे से उतर आया। असद के 'हैलो' के उत्तर में उसके चेहरे पर मुस्कराहट न आयी। फिर भी असद ने पूछा—"कहाँ से आ रहे हो?"

पुरी ने उत्तर न देकर आँखें फेर लीं।

असद ने अपमान अनुभव किया, परन्तु स्थिति के विचार से कुछ बात करना आवश्यक था। तारा की ओर देखते हुए बोला—"हम लोग कॉफी का प्याला पीने के लिए यहाँ आ गये थे।"

पुरी मौन रहा।

तारा घबराहट और विपन्नता को वश में नहीं कर पा रही थी इसलिए असद ने अंग्रेजी में कहा—"तारा बहुत परेशान है। हम लोग वही बात कर रहे थे।"

तारा की गर्दन झुक गयी।

पुरी ने अब तक अपने क्रोध और विस्मय को सम्भाल लिया था। उसने कटाक्ष से अंग्रेजी में उत्तर दिया—"यह बात है! मैं समझता था, वह मेरी बहिन है लेकिन तुम्हें उसकी बाबत मेरी अपेक्षा ज्यादा मालूम है।"

असद ने अप्रतिहत होकर भी झिझकते हुए कहा—"मैं धृष्टता नहीं कर रहा हूँ, परन्तु यह असाधारण बात नहीं है कि बहिन की समस्या को भाई की अपेक्षा कोई दूसरा अधिक जान पाये।"

"बहुत अच्छा, मैं समझने का यत्न करूँगा।" पुरी ने तीखे स्वर में उत्तर देकर मुँह मोड़ लिया।

असद इस अपमान को निगल कर बोला—"तुम जल्दी में हो तो हम लोग फिर किसी समय मिलकर बात कर सकते हैं।"

पुरी ने उसकी ओर देखे बिना ही कहा—"थैंक्यू।"

"बाई-बाई!" असद ने फिर अपमान निगल कर कहा और पार्टी आफिस की ओर जाने के लिए मजबूर हो गया।

तारा मौन खड़ी थी। पुरी ने उसे आदेश दिया—"ताँगे पर बैठो!"

ताँगा कुछ ही कदम चला था, पुरी अपना क्रोध दबाये न रह सका। ताँगे वाले से पर्दा रखने के लिए वह अंग्रेजी में बोला—"क्या चालें चली जा रही हैं?"

"क्या चाल चल रही हूँ?" अपमान न सह सकने के कारण तारा ने सिर झुकाये अंग्रेजी में बोलकर विरोध किया।

"तुम तो सुरेन्द्र से मिलने आयी थी?"

"मैं यहाँ सुरेन्द्र के साथ ही आयी थी।"

"संदेह तो है नहीं कि तुम किससे मिलने आयी थी।"

तारा सब कुछ खो चुकी थी, अब क्या बचा लेने के लिए चोटें सहती जाती? उसने भी कह दिया—"तुम नहीं मिलते हो क्या? मैं क्या नहीं जानती!"

"वह मेरा निजी मामला है, तुम्हें मतलब?" पुरी का स्वर और कठोर हो गया।

"मेरा भी निजी मामला है।" तारा बोल चुकी थी तो और बोल भी गयी।

पुरी तिलमिला उठा—"तुम मेरी जिम्मेवारी पर मेरी आड़ लेकर आयी हो, याद रहे!"

"तुमने मुझे कनक के यहाँ आड़ बनाने के लिए नहीं भेजा था?"

"तुमने स्वयं कनक के यहाँ जाने के लिए नहीं कहा था?"

"आज तो मैंने हर्गिज नहीं कहा था।"

"कभी तो कहा था।" पुरी की बात में बल नहीं था, परन्तु अपनी बात रखने के लिए उसने कह दिया।

तारा चुप रही। पुरी भी क्रोध में चुप हो गया। तारा ताँगे पर लदी हुई उतनी ही अनिच्छा से घर जा रही थी जैसे पशु को बध-स्थल की ओर ले जाया जाता है। उसकी एक ही इच्छा थी, किसी तरह मर जाय, इसी क्षण मर जाये। सामने या पीछे से आती किसी मोटर के सामने गिरकर समाप्त हो जाये, परन्तु ताँगे में जुते घोड़े की प्रत्येक टाप उसे घर की ओर लिये जा रही थी।

पुरी अपने क्रोध के उफान को वश में न कर सकने के कारण फिर बोला—"ऐसी हालत में अब तुम्हारे लिए कोई जिम्मेदारी नहीं ले सकता।"

"यह भी अच्छा ही है।" तारा ने इस चोट का भी उत्तर दे दिया। दोनों फिर क्रोध में मौन हो गये।

ताँगा ग्वालमंडी चौक जाने वाली सड़क को पार कर गया। ऐसी अवस्था में पुरी तारा को कनक के घर जाने के लिए कैसे कह सकता था? यह तारा का कितना क्रूर अन्याय और धोखा था। पुरी विवश था।

संध्या समय शहालमी दरवाज़े के भीतर बाज़ार में अधिक भीड़ के कारण किराये की सवारियों के लिए प्रवेश निषेध रहता था। पुरी और तारा को शहालमी दरवाज़े पर ताँगे से उतर कर पैदल चलना पड़ा। दोनों गुमसुम साथ-साथ चले जा रहे थे, पुरी पकड़े हुए अपराधी के प्रति क्रोध में और तारा पकड़े गये अपराधी की विवशता में।

बाबू गोबिन्दराम मकान के चबूतरे पर बैठे गुड़गुड़ी पी रहे थे। मास्टर जी उनके पास बैठे कुछ बात कर रहे थे। पुरी और तारा बिना कुछ बोले एक दूसरे के पीछे ज़ीना चढ़ गये।

कोठरी में भागवंती इस समय भी, दिन के अन्तिम प्रकाश में पुष्पा की सहायता से तारा के दहेज के किसी कपड़े में गोटा टाँक रही थी। ऊषा चौके में भोजन बना रही थी। भागवंती पुरी को देखकर बोली—"बहुत देर लगा कर आये!"

पुरी ने उत्तर दिया—"हूँ।" और बदलने के लिए तहमत लेकर बरामदे की ओर चला गया। तारा भीतर झाँक कर सीधे छत पर चढ़ गयी।

पंजाब के नगरों में संडास छत पर होने के कारण बाहर से लौटे व्यक्ति का सीधे ऊपर चले जाना असाधारण बात न थी। तारा छत पर गयी तो एक खाट डालकर हवा में लेट गयी। उसकी स्थिति सबके बीच बैठने योग्य नहीं थी। मन में मर जाने की तीव्र इच्छा होने पर व्यक्ति दूसरों के सामने बैठने योग्य अवस्था में नहीं रहता। भाई से इतनी बात हो जाने के बाद तारा अब अन्य चाह भी क्या सकती थी।

पुरी बरामदे में जाकर जूता उतारकर कपड़े बदल रहा था। माँ के पास बैठी पुष्पा ने पुकार लिया—"कहो भाई, बहिन को कहाँ-कहाँ की सैर करा लाये? कभी हमें भी साथ ले लिया करो।"

"कुछ खास नहीं, सैर क्या, ऐसे ही।" पुरी ने पतलून को क्रीज से तहाते हुए अनिच्छा से उत्तर दिया।

"मैं कह रही हूँ," पुष्पा फिर बोली, "देने के लिए दहेज बना रहे हो, यह बताओ, दहेज लेने का दिन कब आयेगा?" उसके स्वर में परिहास की झंकार बात करने का निमंत्रण दे रही थी।

"हूँ।" पुरी के उत्तर का स्वर उपयुक्त नहीं था।

पुरी ने तहमत बदलकर फिर पतलून पहन ली और जूते पहनकर ज़ीने की ओर बढ़ते हुए बोला—"अभी आता हूँ।"

पुरी के लिए कनक का व्यवहार ही कम परेशानी का कारण न था। तारा के व्यवहार ने उसे बिलकुल बौखला दिया था। सबसे बड़ी यातना यह थी कि इस बौखलाहट को छिपाये रखना आवश्यक था। तारा की उच्छृंखलता को माता-पिता के सामने प्रकट किये बिना उसका उपाय कर लेना उचित था। पुरी घर में अपनी मुद्रा और विक्षिप्तता कैसे छिपाये रहता?

पुरी को फिर ज़ीना उतर जाते देखकर पुष्पा ने सुई में नया डाला धागा दाँत से खुटकते हुए कहा—"क्या बात है, तारा ऊपर ही रह गयी?"

जैसे आकाश में उड़ते पक्षी आँधी-पानी से पहिले अपनी अनुभूति से आशंकित हो जाते हैं, वैसे ही माँ अपनी गोद में तिल-तिलकर बड़े किये हुए बच्चों की भावना को भाँप लेती है।

"लड़ पड़े होंगे, और क्या!" भागवंती ने उत्तर दिया, "इतने पट्ठे हो गये हैं पर स्वभाव अब भी वैसे ही हैं।"

"हाय, लड़ने की क्या बात हो सकती है?" पुष्पा ने अविश्वास प्रकट किया।

"ले, भाई ने कहा इधर से चल, बहिन ने कहा, नहीं उधर से चल; हो गयी लड़ाई!"

"मैंने तो कभी लड़ते नहीं देखा।"

"वाह, छोटे-छोटे थे तो इतना लड़ते थे, मैं परेशान हो जाती थी। भाई बहिन को ऐसा पीटता था, क्या बताऊँ और वह क्या कम है! दाँत से काट लेती थी, गालियाँ देती

थी। अब दोनों ही पढ़-लिखकर बड़े हो गये हैं पर स्वभाव तो दोनों के ही कड़वे हैं। तारा मीसनी है, बोलती नहीं पर बिस घोलती रहती है··· ।''

पुरी मैट्रिक पास करके कालेज में भरती हो गया था तो उसने क्रोध में भी तारा पर हाथ उठाना बन्द कर दिया था। कभी-कभी थप्पड़ लगा देने के लिए ऊषा दस-ग्यारह की हो गयी थी। पुरी जेल गया तो तारा ने भाई की वीरता और देशभक्ति को परिवार का गौरव समझा था। परिवार की ओर से भाई को जेल में पत्र लिखती तो 'श्रद्धेय भाई जी', 'आदरणीय भाई!' सम्बोधन लिखती थी। पुरी जेल से लौटा तो तारा उसे 'जद्दी' कह कर न पुकार सकी, भाई जी या भाई कहने लगी। भाई से पुरानी लड़ाइयाँ और मार-पीट मधुर स्मृति बन गयी थीं। दोनों में मतभेद का भी अवसर न आता था। अपने परिवार और गली की संकीर्णता और रूढ़िवाद के विरुद्ध भाई-बहिन का साझी मोर्चा बन गया था। तारा अपने भाई को असाधारण समझकर उसका आदर करती थी।

तारा लगभग आधे घण्टे बाद नीचे कोठरी में आयी। उसके चेहरे पर नज़र पड़ते ही माँ ने पुकारा—''इधर तो आ!''

तारा बदलने के लिए अलगनी पर से कपड़े ले रही थी। उसने पूछा—''क्यों, क्या है?''

''तू यहाँ तो आ, तेरा जी कैसा है?'' माँ ने उसका शरीर छू सकने के लिए हाथ फैला दिया।

''मुझे कुछ नहीं है, जरा सिर में दरद है, बस।'' कहते हुए तारा ने अपनी बाँह माँ के हाथ में दे दी।

''ले, इसे तो बुखार है!'' माँ के माथे पर त्योरियाँ पड़ गयीं, ''तू देख पुष्पा, नहीं है क्या!''

पुष्पा ने तारा की बाँह छूकर भागवंती का समर्थन किया—''हाँ, बुखार तो है।''

''धूप में खूब घूमी होगी और क्या, भाई भी ऐसा ही है। सोचना चाहिए, लड़कियाँ क्या लड़कों की तरह घुड़दौड़ कर सकती हैं।'' भागवंती कहती गयी, ''तू बरामदे में खाट पर लेट जा। चेहरा ही बता रहा है। बाहर गयी क्यों थी?'' माँ ने अनुमान से कहा, ''चला नहीं जा रहा था तो भाई से कह देती, ताँगा कर लेता।''

तारा ने व्यर्थ की बातों का उत्तर देना आवश्यक नहीं समझा। कपड़े बदले और माथे पर दुपट्टे की पट्टी कसकर खाट पर लेट गयी। बुखार है तो अच्छा ही है। सोचा, व्यर्थ की बकवास से तो बचेगी।

पुरी रात आठ बजे लौटकर आया। उस दिन भी रात के आठ बजे से कर्फ्यू था। माँ ने भोजन परोसते हुए कहा—''तारा को तो बुखार आ गया है। इतना भी क्या घूमना! सोचकर काम करना चाहिए। तुम लोग बच्चे तो नहीं हो।'' मानो तारा के ज्वर का उत्तरदायित्व उस पर था।

पुरी ने मन ही मन कहा—इस ज्वर की वास्तविकता जानता हूँ परन्तु प्रकट में उत्तरदायित्व को अस्वीकार करने के लिए कहा—''उसी ने साथ जाने के लिए जिद्द की थी। घूमी क्या, सहेली के घर बैठी रही।''

पुरी नित्य की तरह बरसाती में टेबल लैम्प जलाकर और छत पर सोये दूसरे लोगों को चौंध से बचाने के लिए लैम्प पर आड़ लगाकर इतिहास की पुस्तक का काम करने के लिए बैठा था। मन में संध्या की घटनाओं से इतना कोलाहल मचा हुआ था कि अंग्रेजी पुस्तक पढ़ते समय वह पैराग्राफ पढ़ जाने के बाद जान ही न पाता कि उसने क्या पढ़ा। लिखते समय कागज़ को छुए बिना कलम हाथ में थमा रह जाता।

''तुझे बुखार है तो क्या तेरा हवा में सोना ठीक है! तू किसी की सुनती क्यों नहीं।'' माँ का स्वर सुनाई दिया।

पुरी ने आँखें उठाकर देखा। तारा छत पर आकर खाट पर लेट गयी थी। तारा ने माँ को उत्तर दिया—''तुम खामुखा तिल का ताड़ बना देती हो। बुखार कहाँ है! नीचे गरमी में मेरा दम घुटता है। हवा में जरा चैन आयेगा।''

''अच्छा तो कोई मोटा कपड़ा ओढ़ ले। मैं ला देती हूँ।''

पुरी ने होंठ काट लिये। बुखार का आडम्बर बनाकर करना क्या चाहती है! सोचने लगा, ओफ़ नारी! इसकी कोमलता में कितना छल और विष है। दो उदाहरण सामने हैं। कनक प्रणयिनी बन, आत्मसमर्पण का जाल बिछाकर, अपने पिता की भीख दिलाकर, मेरे आत्मसम्मान को झुकाकर कैसे पीछे हट गयी। अब माडल टाउन से ग्वालमंडी उसके लिए परदेस हो गया है। वह पिता को सदा उँगलियों पर नचाती रही है। वैसा ही धोखा मेरे साथ! धोखा तो नारी का स्वभाव है। तारा की इस चुप्पी, प्रकट सरलता और विवाह की अनिच्छा के पर्दे में यह पैंतरे थे। जोड़ भी लगाया तो मुसलमान से और सामने कैसी धृष्टता से बोली! हमारा मुँह काला करायेगी? मेरा इस प्रकार अपमान···मैं भी देखूँगा!

दूसरे दिन प्रातः भी पुरी का ध्यान काम में जम नहीं सका। उसके मस्तिष्क पर दोनों ओर से चोटें पड़ रही थीं। कनक ने सामाजिक स्तर के भेद के आधार पर अपना प्रणय लौटाकर उसे अपमानित किया था और तारा उस पर और उसके परिवार पर कलंक लगा रही थी। उसके पास घर नहीं था, वैभव नहीं था, पद नहीं था; केवल बदनामी न होने का सम्मान था। तारा उसी को कलंकित कर रही थी। पुरुष अपनी उच्छृंखलता के प्रचार से उतनी लज्जा अनुभव नहीं करता जितनी अपनी माँ, बहिन अथवा पत्नी की उच्छृंखलता के प्रचार से। कनक उसे चोट देकर उसकी पकड़ से बाहर हो गयी थी। कनक के प्रति उसका विवश क्रोध तारा पर ही बरस सकता था। क्रोध के बादल उमड़-घुमड़ कर उसके मस्तिष्क को धुँधला किये हुए थे।

पुरी के क्रोध के बादलों से भरे मस्तिष्क में बार-बार असद के शब्द बिजली की तरह कौंध जाते थे—बहिन की किसी समस्या को भाई की अपेक्षा कोई दूसरा अधिक जान सकता है। ह्वाट ही क्लेम्स टु बी, हसबैंड आर लवर (पति या प्रेमी होने का दावा है?) यहाँ तक! इस तरह चुनौती दी है? तुरन्त सँभालना होगा···पुरी ने कलम नीचे रखकर अपना माथा दबा लिया।

गर्मियों में स्कूल का समय सुबह छः बजे का था। मास्टर जी, ऊषा, हरी सब स्कूलों में थे। पुरी का मन क्षोभ के कारण काम में नहीं लग रहा था इसलिए टीन की छत की गर्मी असह्य जान पड़ रही थी। नित्य वह शरीर पर बहती पसीने की धाराओं की चिन्ता

नहीं करता था। आज वैसी बात न हो सकी। वह नौ बजे नीचे उतर आया। तौलिया और अँगोछा लेकर नहाने के लिए आँगन में जा रहा था कि माँ ने उसे दुहाई के स्वर में पुकारा—"देखो इस लड़की को! मुझ पर क्या मुसीबत डालेगी? रात कुछ नहीं खाया। बीदाने और बनफ़शे का शरबत बाज़ार से मँगाया है तो पीने से इन्कार कर रही है। कलेजे में गरमी बैठ जायेगी तो मैं क्या करूँगी!"

पुरी ने घूमकर देखा, तारा बरामदे में खाट पर लेटी थी। माँ हाथ में शरबत का गिलास लिये खाट के सिरहाने खड़ी थी। पुरी बरामदे में आ गया। दोनों हाथ उसने कमर पर रख, तत्परता की मुद्रा में बहुत कड़े स्वर से प्रश्न के रूप में आज्ञा दी—"क्यों नहीं पीती हो?"

तारा बिना कुछ बोले उठकर बैठ गयी। माँ के हाथ से गिलास लेकर एक साँस में पूरा गिलास पी लिया। उसने गिलास खाट के नीचे रख दिया और फिर दुपट्टे से मुँह ढाँपकर लेट गयी।

माँ को पुरी की इतनी कड़ाई अच्छी नहीं लगी। धीमे से बोली—"उसका जी अच्छा नहीं है। बीमार से क्या ऐसे बोलते हैं।"

माँ गिलास लेकर चली गयी। पुरी क्रोध से मौन खाट के पास खड़ा रहा। उसने अंग्रेजी में तारा को सम्बोधन किया—"मैं जानता हूँ, तुम सो नहीं रही हो। मैं तुमसे कुछ बात करना आवश्यक समझता हूँ।"

तारा उठी और सिमिटकर खाट के पैताने की ओर बैठ गयी। पुरी खाट की पाटी पर दोनों हाथों से अपना शरीर तौले पाटी पर टिक गया। उसने दबे हुए, परन्तु आज्ञा के स्वर से पूछा—"तुम यह सब मौन विरोध किस बात के लिए दिखा रही हो?"

"कोई विरोध नहीं दिखा रही हूँ।" तारा ने गर्दन झुकाये उत्तर दिया।

"जो प्रत्यक्ष है उसे कैसे न देखे! कैसे तुमने असद से किस परेशानी की शिकायत की थी?"

"किसी की नहीं।"

तारा के झूठे इन्कार से पुरी का क्रोध उबल पड़ा, परन्तु उसने भेद के लिए क्रोध को दबाकर पूछा—"वह झूठ बोल रहा था?...उसने तुम्हारे सामने कहा था कि तुम बहुत परेशान हो। तुमने उससे क्या बात की थी?"

तारा चुप रही।

"चुप रहना ठीक नहीं है।" पुरी आदेश के स्वर में बोला, "तुम्हें मैं ले गया था। इस घर के लोगों का और मेरा तुम्हारे विषय में और तुम्हारे प्रति भी उत्तरदायित्व है इसलिए स्थिति समझना आवश्यक है। तुमने उसे कुछ तो कहा होगा, अपनी परेशानी बतायी होगी।"

तारा बात नहीं करना चाहती थी। उसने कह दिया—"ऐसे ही, कुछ नहीं।"

पुरी ने प्रश्नों का व्यूह बाँधने के लिए कुछ सोचा और स्वर को संयत रखकर पूछा—"तुम्हारी परेशानी को दूर करना मेरा और परिवार का कर्तव्य है। आखिर किस परेशानी की बात थी? आर्थिक परेशानी है? स्वास्थ्य ठीक नहीं है?"

तारा ने इन्कार में सिर हिला दिया।

"ऐसा कौन रहस्य है जिसे वह जान सकता है और मैं नहीं जान सकता?" पुरी ने फिर पूछा।

तारा प्रश्न की जकड़ में विवश होकर बोली—"आपको सब मालूम है।"

पुरी ने दाँत से होंठ काटकर पल भर सोचकर कहा—"इस समय याद नहीं आ रहा है। तुम याद दिला सकती हो।"

पुरी की निर्दय चुटकियों से बिलखकर तारा ने क्रोध में उत्तर दिया—"याद क्यों रहेगा! आपने नहीं कहा था, यह सम्बन्ध ठीक नहीं है; सगाई टूट जाये तो अच्छा है। 'उस' के बारे में क्या कहा था? और अब पूछते हैं, दहेज के बारे में काम बताइये···याद क्यों रहेगा!"

बचपन में तारा लड़ाई में भाई के मारने-पीटने का सामना उसे दाँत से काटकर और 'रांड छोड़ने' की गालियाँ देकर करती थी। लड़ाई में हारकर माँ से सहायता पाने के लिए चीख-चीखकर रोने लगती थी। पिछले चार-पाँच वर्ष में वह इतनी सौम्य हो गयी थी कि लोगों को भुला गया था कि उसके मुख में जिह्वा भी थी। भाई उसकी बुद्धि और शील का गर्व करने लगा था। इस समय पुरी उसे हतप्रतिभ करके व्यूह में बाँधने के लिए बात कर रहा था परन्तु तारा ने उस पर ही धोखे और कायरता का लांछन लगा दिया। पुरी के रोंगटे खड़े हो गये।

पुरी ने तारा के मुख से क्रोध में निगले कटु सत्य को झूठ प्रमाणित करने और कर्तव्यच्युत होने के लांछन को झुठला देने के लिए कुछ पल सोचकर संयम किया और बोला—"तुम मुझ पर बदल जाने का आरोप लगा रही हो! मैंने तुम्हें शौक से अपने दहेज की तैयारी करते देखा तो मैं क्यों आपत्ति करता!"

तारा ने क्रोध में भाई की आँखों में देखकर इतना गहरा श्वास लिया मानो श्वास के साथ ही प्राण छोड़ देगी। वह कुछ बोल ही न सकी। वैसे ही देखती रह गयी। उसकी दृष्टि कह रही थी, मेरी विवशता को इतना झूठा रंग दे सकते हो?

पुरी तारा की तिलमिलाहट से सन्तोष पाकर कहता गया—"उस आदमी की बाबत मेरी राय मुख्य वस्तु नहीं है। तुम्हें इस सम्बन्ध का विरोध करना था तो सगाई की जाते समय करना चाहिए था।"

"मैंने विरोध नहीं किया था?" तारा की आँखों में आँसू थे और शरीर क्रोध से काँप रहा था।

तारा के इस क्रोध को भी व्यर्थ कर देने के लिए पुरी मुँह फिराकर उपेक्षा के स्वर में बोला—"मैं नहीं जानता। उस समय जेल में था। मेरा कोई उत्तरदायित्व नहीं है। मेरी सगाई तो कोई नहीं कर सका। तीस-पैंतीस हजार के लालच से भी नहीं, यदि उचित विरोध किया होता तो सगाई नहीं हो सकती थी।"

"मैं चुप न रहती यदि आपने मुझे यह विवाह न होने देने का झूठा आश्वासन न दिया होता।"

"तुम्हें स्वयं उत्साह से दहेज की तैयारी करते देखकर भी विरोध करता रहता?" पुरी ने प्रश्न किया।

तारा ने आँसुओं भरी आँखों से पुरी की ओर देखते हुए अपने होंठों में दाँत गड़ा दिये परन्तु पुरी को उस पर दया नहीं आयी। उसने स्त्री की छलिया, उच्छृंखल प्रकृति को पहचान लिया था। वह उसे अपना और परिवार का अपमान करने का दण्ड दे रहा था और स्वयं न्याय का साथ न दे सकने की हीनता के भाव से मुक्ति पा रहा था। वह कहता गया—"सब कुछ स्वीकार करके, हमारी इस गरीबी में विवाह की तैयारी के लिए कर्ज का बोझ लदवाकर अब विवाह को अपनी परेशानी बताना और मुझे बदल जाने का लांछन लगाना छलना है। तुम प्रेम और विवाह को लेकर खेलना चाहती हो। यू वाण्ट फ्लर्टेशन, नाट मैरेज (तुम उच्छृंखलता चाहती हो, विवाह नहीं)। क्या यह नारी स्वभाव का आवश्यक अंग है?"

तारा ने हाथ जोड़ दिये—"मुआफ़ करो। मुझे कुछ नहीं कहना। चिन्ता की आवश्यकता नहीं! मेरा जो होना होगा, हो जायेगा।"

पुरी ने तिरस्कार करने वाले प्रतिद्वन्द्वी को धरती पर गिरा दिया था, परन्तु शत्रु अब भी उत्तर देकर उसकी अवज्ञा कर रहा था। पुरी ने और चोट की—"मेरा प्रश्न है, इस विषय की चर्चा उस आदमी से करने का क्या अर्थ था? उसका इस विषय से क्या सम्पर्क है? वह इस विषय में क्या कर सकता है? तुम्हारे लिए परिवार की इज़्ज़त कोई चीज़ नहीं है?"

तारा निरुपाय होकर मौन के कूप में कूद पड़ी।

पुरी बोला—"मैं अपने प्रश्न का उत्तर चाहता हूँ।"

तारा मौन रही।

पुरी को तारा के इस मौन में भी अपने अधिकार और सामर्थ्य की अवज्ञा जान पड़ी। दो नारियों की छलना से प्रतिहिंसा के शोले उसके मस्तिष्क में लपटें ले रहे थे। प्रतिद्वन्द्वी को धराशायी और निरुत्तर करके उसके हाथ-पाँव भी बाँध दिये थे। अब वह उसके शरीर में कटार भोंककर उसका रक्त बहता देखना और उसकी पराजय का चीत्कार सुनना चाहता था। कुछ सोचकर बोला—"तुम्हारे न बताने पर भी मैं समझ सकता हूँ। मेरी कल्पना इतनी जड़ नहीं है। तुम दोनों के चेहरे पर पकड़े जाने की घबराहट स्पष्ट थी। मैं समझ गया था, तुम दोनों भाग रहे थे।"

तारा तड़पकर घूमी और उसने बहुत ज़ोर से अपना माथा खाट के पावे पर पटक दिया और पावे पर फिर मारने के लिए माथा उठाया।

पुरी ने तारा के गले में बाँह डालकर उसे पीछे खींच लिया 'और खाट पर गिरा दिया। तारा के मुख से एक धीमी चीख निकली और वह निश्चल हो गयी।

"क्या हुआ? क्या हुआ?" माँ भयार्त ऊँचे स्वर में पुकारती चौके से दौड़ी आयी। पुरी निश्चल पड़ी तारा के माथे को ध्यान से देख रहा था। माथे पर लगे घाव से खून बह रहा था।

माँ ने घबराकर पूछा—"क्या हुआ, कैसे गिर पड़ी? हाय मेरी बेटी!..." माँ खून देखकर रो पड़ी।

पुरी ने डाँट दिया—"तुम कटोरे में पानी और साफ कपड़े का टुकड़ा लाओ। ज्यादा चोट नहीं लगी है। घबराती क्यों हो, बताता हूँ।"

माँ ने एक धुला हुआ पुराना कपड़ा फाड़ा और बड़े कटोरे में पानी ले आयी। तारा के माथे से खून निकल रहा था। माँ खाट के सिरहाने ज़मीन पर बैठकर रोने लगी। पुरी ने माँ को फिर डाँटा—"रोने से क्या होगा? कह रहा हूँ, मामूली चोट है।"

पुरी ने गीला कपड़ा निचोड़कर घाव पर दबा दिया और तारा के माथे पर पट्टी कसकर बाँध दी। बहुत-सा खून बहकर तारा के केशों में समा गया था इसलिए खाट पर कम ही दिखाई दिया।

तारा मूर्च्छित पड़ी थी। भागवंती का रोना सुनकर रतन की माँ भी अब आ गयी थी और आतंक से पूछ रही थी—"क्या हुआ?"

पुरी ने बताया—"मुझसे बात कर रही थी। बोली, जरा कोठे पर हो आऊँ। खड़ी हुई तो गिर पड़ी। सिर में चक्कर आ गया होगा।"

"हाय, तूने पकड़ क्यों नहीं लिया। तुझे नहीं मालूम था कि उसने रात कुछ नहीं खाया। रात से उसे बुखार था। खुश्की-गरमी से सिर चकरा जाता है। तुम लड़कों में जरा ममता नहीं होती।" माँ रो-रोकर तारा के निश्चल शरीर को सहलाने लगी।

"मैंने तो गिरती-गिरती को सँभाला; क्या मालूम था गिर पड़ेगी। डाक्टर आ जाय तो दवाई लगवा दूँगा। दो-तीन दिन में घाव ठीक हो जायेगा।"

"हाय, निशान न बन जाये।" माँ ने रोते-रोते चिन्ता प्रकट की।

तारा के सचेत होने पर भागवंती ने उसके शरीर पर हाथ रखकर ममता से पूछा—"हाय, क्या सिर में चक्कर आ गया था? कमज़ोरी मालूम हो रही थी तो मुझे क्यों नहीं पुकार लिया? कोठे पर जाना है…चल आ, मैं बाँह पकड़कर ले चलूँ।"

तारा ने सुना कि वह कोठे पर जाने के लिए खाट से उठ खड़ी हुई थी तो सिर में चक्कर आ जाने से गिर पड़ी और उसका माथा फट गया है।

तारा ने इस वृत्तान्त के लिए मौन स्वीकृति दे दी। वह कह भी क्या सकती थी? उसे माथा दागी हो जाने की चिन्ता न थी पर माथा फोड़ लेने की विवशता के लिए असह्य ग्लानि थी। भाई का मुँह बन्द करा देने के लिए इसके सिवा और कर भी क्या सकती थी। भाई की बात सच होने पर भी इज़्ज़त बचाने के लिए और क्या करती…दूसरों की लड़की को चोरी से संदेश भेजकर बुलाने में इनकी इज़्ज़त नहीं बिगड़ती। परिवार की सब इज़्ज़त मेरे ही बलिदान में है। यही न्याय, सत्य, देशभक्ति और हिन्दू-मुस्लिम एकता है? पर कैसे कह दूँ, किसी को क्या मतलब? जो चाहूँगी करूँगी, कहकर रहूँ कहाँ? मर्द तो सड़क पर घूमकर, पार्क में बेंच पर भी रात बिता दे सकते हैं…अन्याय से मुक्ति के लिए पाये दाग़ को माथे पर लेकर किसे मुँह दिखा सकूँगी?

मेलादेई ने तुरन्त अपने घर में अवसर के लिए रखी पुरानी शिलाजीत में से एक रत्ती भर ला दी। डेढ़ पाव गरम दूध में कुछ घी डालकर शिलाजीत की गोली के साथ तारा को पिला दिया गया।

तारा ने पावे पर सिर मारकर माथा फोड़ लिया तो पुरी का हृदय कुछ समय के लिए दहल गया था। मन में अपनी क्रूरता के लिए पछतावा सा अनुभव हुआ। उसके मस्तिष्क पर मूढ़ता-सी छा गयी। उसे कल्पना में कनक की जारोजार रोती आँखें दिखाई देने लगीं।

वह नहाने के लिए नीचे आँगन में चला गया। नहा कर भोजन कर लेने के बाद वह लेट कर सोचने लगा तो गत संध्या का विचार लौट आया—यह अच्छा पाखंड है; आत्मयंत्रणा से दूसरों को लाचार और परास्त कर देना। दुराग्रह से तर्क का विरोध करने का, सत्य और न्याय के दमन का यह अच्छा अहिंसात्मक तरीका है···यह खूब सत्याग्रह हुआ!

पुष्पा, रामप्यारी, मेलादेई, करतारो और सभी स्त्रियाँ तारा को देखने आयीं। तारा चुप लेटी रही। भागवंती सभी को लड़की के सिर में चक्कर आकर गिर पड़ने की कहानी सुनाती रही। चोट लगने का दुख तो सभी को था परन्तु माथे पर ऐन सामने दाग पड़ जाने का दुख उससे भी अधिक था। इतना प्यारा मत्था है, दाग पड़ जायेगा और वह भी ठीक ब्याह से पहले। ससुराल वाले न सुनें तभी अच्छा है। देखो, परमेश्वर को क्या मंजूर होता है··· ।

भागवंती उत्तर देती—"जो उस परमेश्वर को मंजूर है। बहिन, उसके आगे किसी का बस नहीं चलता।"

डाक्टर के आने पर पुरी ने उसे अपने यहाँ बुला लिया। डाक्टर ने पट्टी खोलकर देखा और राय दी—"एक टाँका लगवा दो नहीं तो घाव भरने में देर लगेगी। सफाई से टाँका लगने से निशान कम ही पड़ेगा।"

तारा ने उपेक्षा से कहा—"रहने दीजिये, यों ही ठीक हो जायेगा, टाँकों से दरद होगा।" परन्तु गली के बहुमत के आगे उसे झुकना पड़ा। कभी भागवंती, कभी ऊषा या हरिदेव हाथ में छोटी पंखी लेकर तारा को हवा करते रहे। तारा के दहेज के कपड़ों की सिलाई का काम दो दिन स्थगित रहा।

घसीटाराम की लड़की धन्नो के ब्याह में तीन ही सप्ताह शेष रह गये थे। गली की स्त्रियाँ धन्नो की माँ बसंती के यहाँ भी जाकर कामकाज में हाथ बँटा रही थीं। उनके यहाँ तो दहेज तैयार करने के अतिरिक्त अब ब्याह की दावतों के लिए मसालों के बीनने और कूटने या पीसने का भी काम हो रहा था। गली की स्त्रियाँ बसन्ती और भागवंती के यहाँ बारी-बारी से आती-जाती रहती थीं।

दूसरे दिन तारा खाट छोड़कर बरामदे में चटाई पर लेट गयी थी। माथे पर पट्टी में बँधी दवाई की गंध से उसका मन मतला जाता था। कोई आकर बात करने लगता तो टाल देती—"बोलने में घाव में दरद होता है।" वह दुपट्टे से मुँह ढाँके पड़ी रही।

दोपहर में धन्नो की माँ बसन्ती गली के सब घरों में और भागवंती के यहाँ भी निमन्त्रण दे गयी थी :

'धन्नो का ब्याह जेठ की पन्द्रह को है। आज गाना बैठा रहे हैं। बहिन, लड़कियों को जरा जल्दी भेज देना, तुम भी ज़रूर आना।"

भागवंती ने बधाई देकर कहा—"आयेंगे क्यों नहीं, जरूर आयेंगे। अपनी ही बेटी है। जानती हो, तारा के सिर में चोट है। बेचारी आज तो क्या जायेगी।"

ऊषा ने बसन्ती का हाथ पकड़कर कहा—"मौसी, ढोलक मैं बजाऊँगी। मैंने सीख ली है। उच्ची गली में शीलो बहिन के लड़के के सोहर गाने में मैंने खूब ढोलक बजायी थी।"

बसंती ने गाल पर उँगली रखकर कहा—"हाय सच ऊषा, तू मेरे साथ शाम को उद्घी गली चलना। शीलो और तेरी ताई को न्योता देने जाना है। शीलो के बिना क्या रौनक होगी।"

तारा की सगाई के अवसर पर शीलो ने भोलापाँधे की गली में रात भर गाया था। उसके गले की मिठास और लोच गीतों में रस भर देता था। लम्बे गीत (गीत कथाएँ) वह बहुत दर्दीले सुरों में गाती थी। उसे गाने का शौक भी था। उसके बराबर गीत भी कम लड़कियों-स्त्रियों को याद थे।

पुरी जब भी सम्भव होता, काम में लगा रहता। मानसिक यंत्रणा से बचने का केवल एक ही उपाय था, काम में लगे रहना। काम समाप्त करते ही अच्छी रकम की आशा भी थी। उसने साढ़े पाँच सौ रुपये की रकम कभी हाथ में नहीं ली थी। पिछले दिन और उससे पहली साँझ वह कुछ न कर सका था। उस कमी को पूरा कर देने के लिए वह संध्या सात बजे, सूर्यास्त के बाद भी एक और पृष्ठ लिख डालने का प्रयत्न कर रहा था।

"ऐ जद्दी भाई, देखो यह क्या हो गया?" नीचे गली से टीकाराम की आवाज सुनाई दी।

बरामदे में लेटी तारा ने सुना और आशंका की सिहरन अनुभव की। उसे जान पड़ा सब कुछ उसके ही विरोध में उस पर चोट करने के लिए हो रहा था। कान प्रतीक्षा में चौकन्ने हो गये। टीकाराम की आवाज़ फिर सुनाई दी—"देख लो यह जमीमा (विशेषांक)। कांग्रेस ने पाकिस्तान मंजूर कर लिया।"

गली में समाचार पत्रों में प्रकाशित किसी बात पर या कोई राजनैतिक चर्चा होती थी तो पुरी को अवश्य बुला लिया जाता था।

पुरी के ज़ीने से गली में उतरने की आहट के साथ ही रतन का क्रोध और विद्रूप भरा स्वर सुनाई दिया—"भाप्पा जी, तुम तो कहते थे हिन्दू-मुस्लिम एकता पाकिस्तान नहीं बनने देगी? पाकिस्तान तो कांग्रेस ने भी मंजूर कर लिया। यह है समझौते की बातों का नतीजा!"

टीकाराम ऊँचे स्वर में विशेषांक पढ़ने लगा।

शहर में अग्निकांडों की संख्या बढ़ जाने के कारण टीकाराम की इंश्योरेंस कम्पनी में काम बढ़ गया था। वह प्रायः विलम्ब से दफ़्तर से लौटता था। लौटते समय वह 'सियासत' और 'पैरोकार' के जमीमे लेता आया था। उसने 'पैरोकार' और 'सियासत' दोनों ही पत्रों से समाचार पढ़ कर सुना दिया। वह इतने ऊँचे स्वर से पढ़ रहा था कि तारा ऊपर लेटी ही सुन सकती थी।

दोनों पत्रों में प्रकाशित समाचार का अभिप्राय था कि कांग्रेस विभाजन का सिद्धान्त स्वीकार कर लेने के लिए तैयार है, परन्तु वह पूरा पंजाब और बंगाल पाकिस्तान में दे देने के लिए तैयार नहीं है। केवल पश्चिमी पंजाब और पूर्वी बंगाल, जहाँ पूरे प्रदेशों में मुस्लिम जनसंख्या का आधिक्य है, पाकिस्तान में दिये जा सकते हैं। युक्त प्रान्त का अथवा अन्य किसी भी प्रान्त का कोई भाग जहाँ पूरे प्रदेश में हिन्दू बहु-संख्या में हैं, पाकिस्तान को नहीं दिया जा सकता।

'सियासत' में मुस्लिम लीग की ओर से कायदे आज़म जिन्ना का बयान प्रान्तों के बँटवारे के विरोध में और पूरे पंजाब और बंगाल तथा दोनों प्रान्तों को मिला सकने वाली गली के रूप में एक भू-भाग की माँग के लिए भी था।

पुरी ने समझाना चाहा—"पाकिस्तान का मतलब मुस्लिम लीग की मिनिस्ट्री ही तो है। किसी की मिनिस्ट्री हो, हिन्दुओं-मुसलमानों को तो गली-मुहल्लों में एक साथ ही रहना है। हमें मिनिस्ट्रियों से क्या मतलब है? हमें तो अपने पड़ोसियों से निबाहनी है।"

ऊपर कोठरी के बरामदे में लेटी हुई तारा को नीचे गली से भाई की बात सुनाई दे रही थी। उसने बहुत वितृष्णा से मन ही मन कहा—वाह रे पाखंड! कैसे निबाहने वाले हैं! इससे अच्छे तो रतन जैसे, जो अन्दर और बाहर एक हैं। दुश्मन समझते हैं तो मित्रता का पाखंड नहीं करते। ऐसे झूठे, जहरीले लोगों के सम्पर्क से तो मृत्यु अच्छी। इस घर में अब निर्वाह सम्भव नहीं। तारा ने अनुभव किया, वह मृत्यु के कुएँ में गहरी उतरती जा रही थी।

तारा का ध्यान नीचे गली से सुनाई देती बातचीत की ओर गया तो बहस हो रही थी : लाहौर पाकिस्तान में जायेगा या हिन्दुस्तान में रहेगा? मास्टर जी गोपालशाह के यहाँ ट्यूशन पढ़ाकर लौट आये थे। विजय ने गोबिन्दराम की गुड़गुड़ी नीचे चबूतरे पर दे दी थी। बहस जोरों से हो रही थी। लाहौर में मुसलमान इक्यावन फीसदी हैं तो क्या हुआ। जमीन जायदाद तो अस्सी फीसदी से ज्यादा हिन्दुओं की है।

"यही तो कारण है कि मुसलमान हिन्दू से इतना डरता है।" पुरी ने कह दिया।

"मुसलमान डरता है?" गोबिन्दराम ने विरोध किया, "हिन्दू क्या लाठी मारकर छीन लेते हैं मुसलमानों से?"

"छीन नहीं लेता तो क्या रब्ब (खुदा) उसके लिए गठरी बाँधकर भेज देता है?" खुशालसिंह बोला—"मेरे तुम्हारे देखते-देखते घसीटे ने उस गली में कलीगरों के दो मकान खरीद लिये कि नहीं!"

"खरीदे हैं, लाठी मारकर छीने नहीं हैं। अंजलियाँ भर-भर कर रुपया दिया है।" दीवानचन्द ने धमकी दी।

"चाचा जी, रुपये की लाठी की मार बहुत गहरी होती है।" पुरी ने धीमे से कह दिया।

"वाह, क्या बात कही जद्दी ने!" खुशालसिंह बोल उठा, "इल्म बड़ी चीज़ होती है भाई।"

डाक्टर प्रभुदयाल आठ बजे के लगभग घर लौटा तब भी पाकिस्तान-हिन्दुस्तान के बँटवारे के विषय में बहस चल रही थी।

"भई डाक्टर, आज की ख़बर सुनी?" बाबू गोबिन्दराम ने गुड़गुड़ी की नाली मुँह से हटाये बिना, विकृत स्वर में डाक्टर का सम्बोधन किया।

डाक्टर के मौन और उसके उतरे हुए चेहरे से स्पष्ट था कि विशेषांक का समाचार वह पा चुका था। सभी को मालूम था कि डाक्टर का पुश्तैनी मकान लाहौर से पश्चिम सरगोधा जिले में था। पुरी ने उसे देखकर सबके सामने पूछ लिया—"क्यों डाक्टर साहब, गांधी जी तो कहते थे; पाकिस्तान मेरी लाश पर बनेगा! आपको और डाक्टर राधेलाल

जी को भी बहुत भरोसा था कि लीग की बात अंग्रेज नहीं मानेंगे, पाकिस्तान नहीं बन सकेगा। यह क्या हो गया?'' पुरी ने रतन द्वारा अपने ऊपर किये कटाक्ष का बदला डाक्टर पर कटाक्ष करके गली के लोगों के सामने अपनी प्रतिष्ठा रखने का यत्न किया।

''गांधी जी का इसमें क्या अपराध है?'' डाक्टर प्रभुदयाल विचारों में दृढ़ता न रह जाने पर भी बोला, ''यह तो पंडित नेहरू, सरदार पटेल और कांग्रेस वर्किंग कमेटी का फैसला है। गांधी जी का तो इस निश्चय से कोई सम्बन्ध नहीं है। उन्होंने तो साफ-साफ कह दिया है; नेहरू और पटेल सरकार चला रहे हैं। सरकार की जिम्मेवारी हाथ में लेकर बीसियों ऐसे राजों-रहस्यों का असर उनकी राय पर पड़ता है, जिन्हें मैं नहीं जानता। इसलिए मैं अपनी नादानी से उसके फैसलों में हायल (बाधक) नहीं बनना चाहता। गांधी जी पर इसकी क्या जिम्मेवारी है? यह तो नेहरू और पटेल का फैसला है।''

''उसूल भी तो कोई चीज़ होती है,'' रतन ने ऊँचे स्वर में विरोध किया। ''अगर मुल्क की तकसीम उसूलन गलत है तो नेहरू, पटेल के मान जाने से वह सही हो गयी? चार दिन पहले नेहरू, पटेल भी तकसीम को मंजूर करने के लिए तैयार नहीं थे।''

पुरी ने रतन का साथ दिया—''नेहरू, पटेल का क्या है, वे तो 'वैदरकाक' (हवा के रुख पर घूमने वाले टीन के दिशा द्योतक) हैं। सन् ४५ में वह अहमदगढ़ जेल में ४२ की क्रान्ति को कांग्रेस की पालिसी के खिलाफ बता रहे थे। सन् ४६ में सरकार बन गयी तो ४२ की क्रान्ति का सब सिला (श्रेय) खुद ले लिया।''

डाक्टर प्रभुदयाल ने अपनी हानि के प्रति उपेक्षा दिखाकर उत्तर दिया—''देश की बेहतरी और आज़ादी ही असली चीज़ है। नेहरू, पटेल क्या करें! तकसीम न मंजूर कर सकने की जिद्द में बाकी मुल्क को भी डूब जाने दें? लीग को तो अंग्रेज शह दे रहे हैं। एक बार अंग्रेजों से तो निबट लें, फिर लीग को भी समझ लेंगे। पालिटिक्स में तो भाई वक्त की चाल ही सब कुछ होती है।''

''यही है गांधी जी की सत्य-अहिंसा?'' रतन ने धीमे से चुटकी ली।

खुशालसिंह ने शाबाशी दी—''ठीक कहता है रतन! हाँ जी, फिर 'सत्य-अहिंसा' क्या हुई तुम्हारी? इससे अच्छा तो जिन्ना है; जो कहता है, सीधा मुँह पर थप्पड़ मारकर कहता है। उसका जवाब तो मास्टर तारासिंह है।''

डाक्टर प्रभुदयाल ने दूसरे लोगों की उपेक्षा करके पुरी को सम्बोधन किया—''अच्छा, चलो जरा डाक्टर राधेबिहारी के यहाँ चल कर पता लें, यह मामला क्या हो गया?''

पुरी ने कहा—''मैं डाक्टर साहब के यहाँ जाऊँगा? 'पैरोकार' वाले मामले में मुझसे नाराज़ हैं लेकिन यह लोग कांग्रेस-लीग की इकट्ठी मिनिस्ट्री बना लेते तो यह नौबत क्यों आती?''

''कैसे बना लेते,'' डाक्टर ने आपत्ति की। ''जिन्ना ने साफ इन्कार कर दिया। इंटेरिम मिनिस्ट्री में रोज क्या होता है। जिन्ना तो केवल एक शर्त पर सहयोग कर सकता है कि पूरी गवर्नमेंट लीग के हाथ सौंप दी जाये।''

''चलो न यार, तुम कौन उसका दिया खाते हो, तुम्हें किसका डर है! देखें अब क्या कहता है? मुझे तो डर है, लाहौर भी हाथ से जायेगा; देख लेना तुम!''

भागवंती चौके में थी। उसने खिड़की में से पुकार लिया—''काका, जाना हो तो खाकर जाना। हमें कुछ देर बसन्ती के यहाँ भी जाना होगा। उसके यहाँ गाना बैठने का पहला दिन है।''

पुरी जल्दी में खाकर डाक्टर प्रभुदयाल के साथ डाक्टर राधेबिहारी के यहाँ चला गया। भागवंती चौका समेट कर ऊषा के साथ बसन्ती के यहाँ जा रही थी तो उसने पुष्पा को पुकारा—''आ पुष्पा, चल ना, बसन्ती के यहाँ कुछ देर बैठ आयें।''

पुष्पा ने खिड़की में से झाँक कर कहा—''बहिन जी, मेरे लिए बसन्ती बहिन से क्षमा माँग लेना। मुन्नी की तबीयत ठीक नहीं है। बार-बार चौंक रही है। उसे छोकरे नौकर के पास कैसे छोड़ जाऊँ? वहाँ ले जाना भी ठीक नहीं होगा।''

भागवंती ने परामर्श दिया—''नहीं-नहीं, तू बच्ची के पास ही रह। ऐसी क्या बात है। कल सही।'' वह ऊषा के साथ चली गयी।

मास्टर जी और गोबिन्दराम खुली छत पर खाटें डालकर गप्पबाजी कर रहे थे। दो दिन से कर्फ्यू नहीं था। रतन कहीं सैर-सपाटे में था। हरी और विजय अपने साथियों के साथ बिजली की रोशनी में गली में लकीरें खींचकर सटापू खेल रहे थे।

तारा अकेली चटाई पर पड़ी सोच रही थी। उसके सोच का अन्त न था। असद से 'वीनस' में भेंट और उसके बाद की भाई की बातें। घसीटाराम के मकान से गली की स्त्रियों के समवेत स्वर में सुहाग का गीत सुनाई दिया :

''जायीं-जायीं वे बावला उस नगरी··· ।''

तारा उठी, खिड़की में जाकर उसने पुष्पा के मकान की ओर पुकारा—''पुष्पा भैण जी! पुष्पा भैण!''

''कौन, तारा?'' पुष्पा की ओर से उत्तर मिला, ''कहो, कैसी तबीयत है?''

''ठीक हूँ, तुम्हारे ज़ीने के किवाड़ तो बन्द नहीं हैं?''

''नहीं, साँकल नहीं लगा है। मुंडू (छोकरा) कहीं बाहर गया है। तू आयेगी; ज़ीना चढ़ लेगी? आ जा!''

''आओ, अब जी कैसा है?'' तारा को आया देखकर पुष्पा ने पूछा।

''जरा मिट्टी का तेल लूँगी।'' तारा ने खाली बोतल दिखायी। पुष्पा के यहाँ स्टोव था। वह बार-बार चूल्हा-अँगीठी जलाने की अपेक्षा स्टोव से ही बहुत काम निकाल लेती थी। स्टोव के लिए उसके यहाँ मिट्टी के तेल का छोटा कनस्तर भी रहता था। भागवंती उसके यहाँ से कभी-कभी छटांक-आध पाव मिट्टी का तेल माँग लेती थी। उससे चूल्हा या अँगीठी जलाने में सुविधा हो जाती थी।

''इस समय क्या करेगी मिट्टी के तेल का?''

''माँ चूल्हा बुझा गयी है। जरा दूध गरम करूँगी।''

''तू दूध ले आती, स्टोव पर गरम हो जाता।'' पुष्पा को तारा का चेहरा बहुत भारी लग रहा था, आँखें झुकी हुई थीं।

''वहाँ ही गरम कर लूँगी।''

तारा जानती थी, मिट्टी के तेल का पीपा गुसलखाने के समीप कोने में पड़ा रहता था। पुष्पा को कनस्तर से बोतल में तेल निकालने वाले पम्प की 'चीं-क्रीं, चीं-क्रीं सुनाई देती गयी। वह विस्मित थी इसे कितना तेल चाहिये?

तारा तेल की बोतल को दुपट्टे की आड़ में किये, पुष्पा के सामने से बिना बोले तेल लिये चली जा रही थी। पुष्पा ने हाथ आगे बढ़ा कर तारा को बाँह से पकड़ कर रोक लिया और तेल की बोतल उसके हाथ से लेकर बिजली की बत्ती की ओर उठाकर देखी—पूरी बोतल थी।

"इतना तेल तू क्या करेगी?"

तारा आँखें झुकाये निश्चल खड़ी रही।

अनुमान से पुष्पा की आँखें फैल गयीं—"हाय तू''' !" पुष्पा पल भर मौन रह गयी।

पुष्पा ने तेल की बोतल दीवार के साथ रख दी और तारा को बाँह से खींच कर दूसरी बाँह उसके गले में डाल कर पूछा—"बात क्या है, बता तो?"

"कुछ नहीं, दूध गरम करूँगी।"

"तारो, पागल हो गयी है!'''क्या बात है?" पुष्पा ने तारा को दोनों बाँहों से पकड़ कर झकझोरा और उसे अपने पलंग पर ले गयी। साथ बिठा लिया और बाँहों में जकड़ कर बोली, मैं सब समझ रही हूँ। क्या भाई से, माँ से कुछ झगड़ा हुआ है?"

तारा ने आँखें चुराकर इन्कार में सिर हिला दिया।

"इधर देख!" पुष्पा ने आग्रह किया।

तारा देख न सकी।

"मैं बहिन जी (भागवंती) को बुलाकर कहूँ?" पुष्पा ने डाँटा।

"नहीं-नहीं।" तारा ने हाथ जोड़ दिये।

पुष्पा तारा से लिपटकर रो पड़ी। तारा कुछ क्षण मौन, जड़ बनी रही और फिर वह भी रो पड़ी।

पुष्पा ने पूछा—"मेरे सिर की कसम, अगर न बताये!"

"तुम क्या नहीं जानती?"

"तो तू अब तक चुप क्यों रही; पहले कहना था?"

"चुप कहाँ रही? कब नहीं कहा?"

"क्या कह रही है? हमने तो कभी तुझे कुछ कहते नहीं सुना।" पुष्पा ने विस्मय प्रकट किया, "भैन जी से मैं बात करूँ पर अब जब सब हो चुका, कैसा लगेगा?"

"कुछ ज़रूरत नहीं, कुछ फ़ायदा नहीं।" तारा गहरा साँस लेकर पत्थर की तरह निश्चल हो गयी।

तारा लगभग एक घण्टे बाद अपने घर लौटी तो मिट्टी के तेल की बोतल पुष्पा के यहाँ ही रह गयी थी।

दूसरे दिन सुबह-सुबह ख़बर फैल गयी कि सरीं मुहल्ले के हिन्दुओं के ऊँचे मकानों से, उस मुहल्ले से लगी मुसलमानों के नीचे मकानों की बस्ती पर, सुबह मुँह-अँधेरे बन्दूकों

से गोलियाँ चलायी गयी थीं। अपनी छतों पर सोते हुए सात मुसलमान मारे गये थे। इसके बाद बादशाही मसजिद और बावली साहब के पास कई लोगों के छुरों और कृपाणों से घायल होने के समाचार मिले थे। कर्फ्यू तो नहीं लगा था परन्तु लोहे के तालाब, डब्बी बाजार और रंगमहल तक प्रायः सब दुकानें बन्द हो गयी थीं।

मोहनलाल ने त्रास की ऐसी अवस्था में शीलो को भोलापाँधे की गली में जाने से रोका। शीलो ने आग्रह किया—"चार कदम तो बाज़ार है, सब हिन्दुओं की दुकानें हैं, बाकी रास्ता गलियों का है। चलो, मुझे छोड़ आओ। गाने में तो न जाती पर तारा के चोट लगी है, कैसे न जाऊँ?"

मोहनलाल ने उत्तर दिया—"भली लोग, अपना तो ख़याल है कि ऐसी हालत में जाना ठीक नहीं। तुझे जाना हो तो जा, मैं तो नहीं जाऊँगा।" मोहनलाल उस दिन अपने दफ्तर में भी नहीं गया। शीलो खिन्न और विवश होकर रह गयी। यह कैसे दिखाती कि अपने मर्द से अधिक निर्भय है। उसके मर्द के कायर होने में उसका अपना ही अपमान था।

शीलो घसीटाराम के यहाँ गाने के लिए नहीं पहुँच सकी थी पर उस दिन गाना भी न हो सका। गरमी के कारण स्त्रियाँ गाने के लिए खुली छत पर बैठी थीं। उस रात फिर मुकुन्दलाल के मकान पर तीर में बँधा, आग लगाने वाला पलीता आ पड़ा था। यह पलीता मास्टर जी के मकान की छत पर गिरे पलीते से भिन्न था। इसमें जलता हुआ पलीता नहीं बँधा था। तीर के सिर पर मोटी पट्टी बँधी थी। छत पर गिरने के बाद इस पलीते में आग लग गयी थी।

रतन और बीरसिंह भी तीर को देखने गये थे। बीरसिंह ने विस्मय प्रकट किया—"भाप्पा, इन बहिन···को हमारा तरीका किसने सिखा दिया! देख तो!"

पिछली रात रतन, मेवाराम, बीरसिंह और टीकाराम ने बड़ी-बड़ी कमानों से ऐसे तीर पन्नालाल, डाक्टर और खुशालसिंह की ऊँची छतों पर जाकर दक्खिन-पूर्व की ओर छोड़े थे। मुकुन्दलाल के यहाँ तीर गिरने से हानि तो कुछ नहीं हुआ परन्तु स्त्रियाँ डर के मारे खुली छत पर गाने के लिए न बैठ सकीं, न गाने के लिए उनका मन चाहा।

दूसरे दिन दस बजे मोहनलाल को सेक्रेटेरियेट में अपने दफ्तर जाना ही था। दंगे में शरीर पर चोट-वोट आने का डर था परन्तु गैरहाजिरी से नौकरी पर चोट आने का भी डर था। मोहनलाल बेचारे के लिए सभी ओर डर था। शीलो अपने लड़के को गोद में लेकर पति के साथ उच्ची गली तक आयी थी। वहाँ माँ से जिद्द कर लड़के और माँ को साथ लेकर गलियों-गलियों के रास्ते भोलापाँधे की गली में आ गयी थी।

तारा अब भी गुम-सुम ही थी। शीलो की माँ ने तारा की माँ के सम्मुख लड़की के माथे पर दाग बन जाने के सम्बन्ध में घोर चिन्ता प्रकट की। भागवंती ने उससे भी भारी चिन्ता की बात बहुत धीमे स्वर में कही—"भैण जी, मेरा दिल काँप रहा है कि कहीं भीतर दिमाग़ पर चोट न आ गयी हो। क्या बताऊँ, तब से बोल ही नहीं रही है। डाक्टर कह रहा था, ऊपर तो चोट मामूली ही है; एक ही टाँका लगा है।"

"हाय-हाय, सुखी-सांदी, बैरियों का मुँह काला, ऐसी बात मुँह से नहीं निकालनी चाहिए।" शीलो की माँ बोली, "ऐसी रोशन दिमाग़ लड़की तो सात द्वीपों में नहीं

मिलेगी। जाने किस बैरी की नज़र लगी है। तूने सात मिर्चे लड़की के सिर पर से वार दी हैं या नहीं?''

''परमेश्वर रक्षा करें।'' भागवंती की आँखों में आँसू आ गये थे। शीलो की ओर देखकर बोली, ''देखें, इससे भी कुछ बात करती है या नहीं। कोई बात करने लगता है तो कह देती है दरद है और मुँह फेर लेती है। मैं डर रही हूँ, दिमाग के भीतर तो दरद नहीं बैठ गया··· ।''

शीलो बरामदे में तारा के पास जा बैठी थी। चाची से चोट लगने की कहानी सुनकर भी उसने तारा से चोट लगने की बात पूछी। तारा ने उत्तर दिया—''माँ ने बता तो दिया, मुझे क्या मालूम है? कहते तो हैं मुझे चक्कर आ गया था।''

''पर चक्कर क्यों आ गया? खाना क्यों नहीं खा रही थी? ऐसे तो चक्कर आ ही जाता है।''

''आ जाता है तो आ गया और क्या बता दूँ? मुझे न बुला, अपनी कोई बात कर।'' तारा ने अनुनय से कहा।

''मेरी क्या बात होगी? सुन, चाची से मैंने नहीं कहा, हमारे यहाँ शीशामोती से तेरी बड़ी ननद आयी थी··· ।''

तारा ने शीलो को चुप कराने के संकेत में हाथ उठाकर कहा—''करना चाहती है तो अपनी बात कर।''

''हाय-हाय, तुम्हारी मिसकोट यहाँ हो रही है!'' पुष्पा ने बरामदे में आकर विस्मय प्रकट किया। उन दोनों के साथ ही चटाई पर बैठकर धीमे से बोली, ''तुम दोनों उधर मेरे यहाँ चलो, वहाँ ही बात करेंगे!''

तारा ने कातर दृष्टि से पुष्पा की ओर देखा—रहने दो न। अब जाने भी दो।

''क्यों क्या है?'' शीलो के माथे पर बल पड़ गये।

''यहाँ ठीक नहीं, उधर ही चलो। मैं तुम दोनों को बुलाने ही आयी हूँ।'' पुष्पा ने कहा।

''मुआफ कर दो, अब जाने दो।'' तारा ने अनुनय किया।

''मैं क्या तेरी दुश्मन हूँ!'' पुष्पा ने इतने धीमे कहा कि भीतर कोठरी में बैठी भागवंती और शीलो की माँ न सुन सकें; ''तू जो इस तरह मन पर पत्थर रखकर बैठी है, तेरा एतबार क्या है। हम तीनों बहिनों में बात हो जाये। तू क्या हमसे बात भी नहीं करेगी?''

शीलो विस्मय में कभी तारा का और कभी पुष्पा का मुँह देख रही थी।

तारा बेबस हो गयी। पुष्पा ने भागवंती और शीलो की माँ से कहा—''बहिन जी, तुम मशीन और कपड़े निकालो। हम तीनों अभी आती हैं। शीलो मुन्नी को देखना चाहती है।''

भागवंती ने पुष्पा से कहा—''ज़ीने में तू जरा इसकी बाँह पकड़े रहना।''

पुष्पा ने तारा के सामने शीलो को तारा के मिट्टी का तेल लेने आने की पूरी घटना सुनायी और बोली—''अगर यह हाल है तो ससुराल जाकर यह क्या न कर डालेगी! या

कल-परसों में इसने कुछ खा लिया तो! तू बता, यह ब्याह कैसे निबहेगा? हम लोगों को मालूम हो गया है•तो बता, इसे कैसे कुएँ में धक्का दे दें? तेरी माँ क्या कुछ नहीं कर सकती?''

शीलो समेटे हुए उठे घुटनों पर ठोड़ी रखे जड़वत् बैठी रह गयी, उसकी आँखें, फ़र्श पर गड़ी रहीं।

शीलो के बोलने की प्रतीक्षा न कर पुष्पा ने उसे चेताया—''अड़िये, बोल न।''

शीलो ने एक गहरा श्वास लिया और वैसी ही बैठी रही। तारा लज्जा से गर्दन झुकाये थी।

शीलो ने कई पल वैसे ही निश्चल बैठी रह कर तारा के झुके हुए चेहरे की ओर देखा और उसकी आँखों से टप-टप आँसू गिरने लगे। उसकी सिसकी सुनकर तारा ने उसकी ओर देखा और वह भी रो पड़ी।

पुष्पा ने अपने आँसू पोंछते हुए चेतावनी दी—''रोने से क्या होगा?''

शीलो ने कोई उत्तर न दिया। दीवार की ओर मुख कर, फ़र्श पर झुक कर फफक कर रो उठी। तारा के आँसू भी वेग से बह निकले। वह शीलो पर झुक गयी और उसे अपनी ओर खींचकर कहा—''तू मेरी किस्मत के लिए कब तक रोयेगी, जाने दे।''

समीप खटोले में पड़ी पुष्पा की मुन्नी नन्हें-नन्हें हाथों की मुट्ठियाँ उठाकर, आकाश की ओर पाँव चलाती हुई, आँखें मीचे, गाल चढ़ाकर बहुत जोर से रो पड़ी।

पुष्पा ने उठकर लड़की को देखा और बोली—''मैं इसके कपड़े बदल दूँ। नहला भी दूँ। गरमी लग रही होगी। सुबह से नहलाया भी नहीं।'' वह मुन्नी को लेकर लोहे के जाल से तने आँगन की ओर चली गयी।

तारा ने शीलो को अपनी ओर खींच कर कहा—''बस, रोये तो मेरा मरी का मुँह देखे।''

''तू ने कसर ही क्या छोड़ी थी। तू तो मुँह देखने का मौका भी नहीं देना चाहती थी। मर जाये तू चुड़ैल!'' शीलो ने क्रोध में गाली दी। ''मैंने कभी अपनी किसी बात का पर्दा तुझसे नहीं किया। तुम्हें मुझ पर जरा एतबार नहीं। बी० ए० पढ़ने का इतना घमंड है, मर जाये तू! मैं तेरा मुँह न देखूँ! तु मुझे खाये! हम सबको खा जा!'' शीलो ने क्रोध में अपने माथे पर जोर से हाथ मार लिया।

तारा ने शीलो के मुँह पर हाथ रखकर उसे वश करने के लिए बाँहों समेत आलिंगन में जकड़ लिया और उसके मुँह पर अपना गाल रख उसका स्वर रोक दिया।

कुछ देर बाद शीलो सँभल कर बोली—''तू काके की कसम खाकर कह कि मुझसे सच और साफ बात करेगी तो मैं तुझसे बात करूँगी।''

तारा ने विनय की—''वह सौ बरस जिये। ऐसा मत बोल, सच कह दूँगी। अब क्या बात रह गयी है?''

''माथा कैसे तोड़ा था, सच बता!''

''भाई ने कुछ ऐसी ही बात कह दी थी।''

''क्या कह दिया था?''

तारा ने बता दिया, भाई उसे क्यों साथ ले गया था। वह भी किसी से मिलना चाहती थी। सहेली के घर से उससे मिलने चली गयी थी। उसके साथ होटल से बाहर निकली तो सामने भाई ताँगे पर मिल गया। कहने लगा—तू उसके साथ भाग रही थी, तुझे भागते पकड़ा।

''तू सच बोल—काके की कसम—भागने के लिए गयी थी?'' शीलो ने तारा की आँखों में आँखें गड़ाकर पूछा।

तारा गर्दन झुका कर मौन रह गयी।

''मुझे तो तूने कभी इशारा भी नहीं दिया!''

तारा मौन रही।

''तू भागना चाहती है?'' कुछ पल सोच कर शीलो ने पूछा।

तारा ने इन्कार में सिर हिला दिया।

''क्या; तू दाहिने भी चलती है, बायें भी चलती है! तो मुझे क्यों रतन के साथ जाने को कहती थी?''

तारा मौन रही।

''बोल न, क्यों नहीं चाहती? सच बता! मैंने तो रतन की बात न मान कर अपनी मिट्टी ख़राब की। ब्याह से पहले इतना जानती तो जरूर चली जाती। अब तो बँध गयी हूँ। तेरे लिए सब कुछ करूँगी। प्रेम में पाप क्या? कृष्ण जी महाराज ने अपनी बहिन सुभद्रा जी का अर्जुन जी से प्रेम देखा तो उसे अपने आप अर्जुन जी के साथ नहीं भगा दिया था? महाभारत में कथा है, सब जानते हैं। सच बोल, तू मेरी परवाह न कर।''

तारा ने फिर इन्कार में सिर हिला दिया।

''तू मरे, तेरी हर बात टेढ़ी है। माथा तोड़ लिया, जल कर मर जाने की भी हिम्मत है पर उसके साथ जाने की हिम्मत नहीं! अभी कह रही थी, भागने के लिए गयी थी। मैं तो कहती हूँ, तू चाहती है तो बेशक चली जा। तेरा अभी ब्याह तो हुआ नहीं, इसमें क्या पाप है?''

तारा मौन रही।

''वह तुझे ले जाने के लिए तैयार है?'' शीलो ने सोच कर पूछा।

तारा ने इन्कार में सिर हिला दिया।

''फिटे मुँह तेरा और फिटे मुँह उसका!'' क्रोध में शीलो ने फटकार दिया, ''लानत है तुझ पर जो ऐसे बेहिम्मते पर मरे और लानत है ऐसे मर्द पर जो प्रेम करे और हिम्मत न हो! इससे तो बेचारा सोमराज सौ गुना अच्छा है। उसका तुझ पर दिल है, तभी तो कहता है कि तुझे ले के रहेगा। कहता है, एक बार 'हाँ' करके 'ना' कैसे कर सकती है? पहले 'हाँ' न करती थी मैं भी 'हाँ' न करता। उसने तो 'हाँ' जान कर 'हाँ' की।''

तारा के मन में असद से अपरिचित शीलो के सामने असद की ओर से बोलने की कोई इच्छा नहीं थी फिर भी स्थिति समझाने के लिए बोली—''नहीं, हिम्मत तो है। वो कहता है, पहले यह हिन्दू-मुसलमान का झगड़ा खत्म हो जाये।''

"चल हट, रहने दे!" शीलो ने वितृष्णा से कहा, "हिन्दू-मुसलमान का झगड़ा भी कभी खतम होता है। जब से पैदा हुए हैं, देखते आ रहे हैं। हिन्दू हैं, मुसलमान हैं तो उनका झगड़ा भी है। लानत है ऐसे डरपोक मर्द पर! सब कहने की बातें हैं। उसे तेरा ख़याल नहीं, झगड़े का डर है। यह क्या प्रेम हुआ? प्रेम तो उसे कहते हैं कि और कुछ दिखाई ही नहीं देता, संसार प्रेममय हो जाता है। लोग प्रेम में कच्चे घड़े लेकर दरया पार करने के लिए उतर जाते हैं।"

तारा ने समझाना चाहा—"यह बात नहीं। मेरा तो असल में शादी का ख़याल है ही नहीं। मैं तो अभी एम० ए० पढ़ लेना चाहती थी। शादी की ज़रूरत ही क्या है?"

गली पार से भागवंती की पुकार सुनाई दी—"नी पुष्पा, कुड़ियाँ (लड़कियाँ) क्या वहीं बैठी रहेंगी? अब आ जाओ न?"

"बहिन जी, आ रही हैं।" पुष्पा ने उत्तर दिया और तारा और शीलो के पास आ बैठी।

"तू तो पागल है," शीलो बोली। "शादी और घर की भी ज़रूरत पूछी जाती है? मनुख होता है तो शादी भी होती है। यह तो संसार है। पैदा हुए हैं तो संसार भी होगा। जैसा सामने आयेगा, भोगेंगे। उससे क्या डरना? दूसरी किस्मत होती है तो बाल-विधवा हो जाती हैं। उनका भी हाल देख ले, बिद्दी बुआ का; क्या करम नहीं हो गये?"

"बिद्दी बुआ की दूसरी बात है," तारा बोलने लगी थी तो बोली, "पर आजकल कई स्त्रियाँ हैं, डाक्टर, प्रोफेसर बन जाती हैं। शादी नहीं भी करतीं; क्या बिगड़ जाता है उनका?"

"वह और लोग हैं, उनका रीत-व्यवहार दूसरा है।" शीलो ने कहा, "हमें तो अपने लोगों की बात देखनी है। तू पढ़-लिखकर सोचती उन लोगों की तरह है पर तेरा घर-बिरादरी तो उन लोगों जैसा नहीं है। मनुख घर-बिरादरी के साथ ही चलता है। उससे अलग कोई नहीं चल सकता। कोई जोग रमा ले, प्रेम का जोग कर ले तो बात दूसरी है। उन्हें भगवान भी क्षमा करता है। हमें अपने घर-बिरादरी में रहना है तो इनकी चाल पर चलना है। उन लोगों में होते तो वैसे चलते।"

तारा चुप रही। शीलो को उसने ऐसे स्यानेपन की बातें करते कभी न सुना था। मन में सोच रही थी—शीलो कैसी सीधी-साधी बातें कर रही है। शीलो क्या, जैसे उसके मुँह से गलियों का समाज, गलियों की ईंटें बोल रही हों। याद आया—असद भी कह रहा था—हालात और परिस्थिति से अलग कैसे हो सकते हैं?...यह भी वही बात कर रही है। मैं इतने दिन तक क्यों चुप रही? भाई के भरोसे धोखा! आज बोलूँ तो सबसे पहले वही कहेगा, फ्लर्ट है! घर और बिरादरी के हालात बदलने के लिए कभी किसी ने कुछ किया नहीं, आज मेरे लिए तुरन्त कैसे बदल जाये?...ज़ुबेदा और प्रद्युम्न के लिए यह सम्भव है। ज़ुबेदा के यहाँ पहले भी, उसकी माँ ने ही ऐसा किया।

प्रद्युम्न का परिवार दूसरी तरह का है, बँगले में रहने वाले डाक्टर! उन्हें गली-बिरादरी की क्या परवाह।

कुछ देर पुष्पा, शीलो और तारा चुपचाप बैठी रहीं। शीलो फिर बोली—"सोमराज और उनकी बहिन भी शीशामोती आये थे। बहुत नाराज़ थे। जाने तेरे इन्कार करने की

बात कैसे फैल गयी है। तेरा ख़याल है, यह रामप्यारी और पूरणदेई की करतूत है। बड़ी लुच्ची हैं। दोनों यहाँ की लुत्ती (पलीता, चिनगारी) वहाँ लगा, यही करती फिरती हैं।'' सोमराज ने कहा—शादी की मुझे ज़रूरत नहीं। ऐसी शादी पर मैं लात मारता हूँ पर लड़की को नहीं छोडूँगा। उसने मेरी बेइज़्ज़ती की है। उसी की माँ और ताई सौ बार 'चाकरी' (सम्बन्ध के लिए खुशामद) करने हमारे यहाँ आयी थीं। मैंने तीस-चालीस हज़ार का दहेज छोड़कर इसके लिए 'हाँ' की और वह नखरा करती है। मैं इस बेइज़्ज़ती का बदला न लूँ तो··· ।

मैंने उन्हें आड़े हाथों लिया। मैंने कहा—हम लोग तो गरीब हैं। सच क्यों नहीं कहते, दहेज का लालच आ गया है। सगाई तोड़ने के बहाने ढूँढ़ रहे हो। कर लो जुल्म! मेरी बहिन तो जैसी है पूरा गली-मुहल्ला जानता है। उसने तो जहाँ एक बार 'हाँ' कर दी कोई सिर काट ले तो भी 'न' नहीं कर सकती। उसने कभी शादी से इन्कार किया ही नहीं। उसने तो सिरफ हाथ जोड़े कि बी० ए० कर लेने दो। बाबू जी ने कहा, क्या ज़रूरत है बी० ए० की, लड़का कौन बी० ए० है। जो मेरी बहिन ने कहा, मेरे लिए वह देवता है। मुझे उसके बी० ए० से मतलब नहीं।''

पुष्पा को हँसी आ गयी—''चल भैड़ी, कैसी बातें बनाती है।''

''हाय तेरी कसम, और क्या कहती?'' शीलो बोली, ''वे लोग इसे बाज़ार में तंग करने पर तुले थे। मैंने उन्हें डाँटा और कहा—सच कहो मेरी बहिन को तो सब लोग सराहते ही हैं, वह तो देवी है पर तुम्हारा अपना दिल कहीं और है, कोई दूसरी लड़की पसन्द आ गयी है तो साफ क्यों नहीं कह देते! वह बेचारी अपना माथा ठोककर बैठ जायेगी। मर्दों का तो यही ढंग है।''

शीलो ने बताया कि सोमराज की बहिन ने कहा—''ऐसी तो कोई बात नहीं है। सोमराज ने बारह जगह इन्कार करके तुम्हारी बहिन से हाँ की थी, उसे गुस्सा क्यों न हो? इसमें क्या लड़के की हेठी नहीं है?''

शीलो कहती गयी—''मैं तो कहती हूँ, सोमराज फिर सौ बार अच्छा! उसे तो गुस्सा ही इस बात का है कि उसका तुझ पर दिल है। अड़िये, औरत के लिए उसे चाहने वाले से अच्छा कौन? बी० ए०, एम० ए० नहीं, न सही। ये बी० ए० करके कौन अफलातूं-रुस्तम हो गया है? दफ़्तर में रजिस्टर ही तो लिखता है। कल मैंने यहाँ तक छोड़ जाने के लिए कहा तो पसली फूलने लगी··· ।''

तारा सिर झुकाये मौन रही।

तीन दिन बाद माथे की पट्टी खुल गयी। एक सफेद टिकिया घाव पर चिपका दी गयी। तीन दिन बाद टिकिया भी उतर गयी। माथे पर अस्वीकृति का चिह्न, दो छोटी-छोटी लाल-भूरी लकीरें एक-दूसरे को काटती हुई रह गयीं। पुरी की आँखों में यह चिह्न शूल की तरह गड़ रहा था। यह चिह्न तारा द्वारा उस पर लगाये बर्बरता के आरोप और अपनी शहादत की घोषणा थी। स्वयं अनाचार करके तारा ने उस पर आरोप लगा दिया था। पुरी का मन अपनी सज्जनता और आत्मसम्मान पर इस आरोप से इतना खिन्न रहता कि इतिहास की पुस्तक का काम करते न बन पड़ता। वह सोचता क्या अहिंसा के आवरण से ढँके दुराग्रह से सत्य का दमन करना शारीरिक बल या शस्त्र-शक्ति द्वारा सत्य

के दमन की अपेक्षा भी अधिक क्रूर और निन्दनीय नहीं है? उसे बहिन के चलित्तर के सामने केवल इसलिए परास्त हो जाना पड़ा कि वह क्रूर नहीं होना चाहता था वर्ना वह उसे सिर फोड़ लेने देता तो वह क्या कर लेती? पुरी ने सोचा, तारा तो अपनी करतूत पर पर्दा बनाये रखने के लिए जान भी दे सकती थी, तब हमारी क्या स्थिति होती? यदि वह सचमुच भाग ही जाती; वह भी एक मुसलमान के साथ, तो हम कहाँ के रहते?···उसके मन में तारा के प्रति, उसके परिवार पर कलंक लगाये जाने के क्रोध की गाँठ पड़ गयी।

तारा के विषय में सोचते समय पुरी के मस्तिष्क में, तारा की स्पष्ट छाया के रूप में कनक भी सदा ही ध्यान में बनी रहती थी। कनक का अनुराग, गुलाबी आँखों से उसकी आँखों में देखकर, उसके दोनों हाथ पकड़कर आलिंगन में लेकर आश्वासन देना कि वह तो उसकी हो चुकी, गिरधारीलाल तो उसे 'जुएल' समझते हैं, एक दिन वही उनकी सम्पत्ति का स्वामी बनेगा··· । कनक के केशों की उन्मादक गन्ध में कितना धोखा था! पिता के उपदेश से उसका एकदम बदल जाना! कनक उसे तारा से भी गयी-बीती दिखाई देती। वह कितने धोखे में था!···केवल फ्लर्ट (खिलाड़ी)! उसे तो खेलने के लिए कोई भी चाहिए। अब अपने जीजे या छोटे नैयर के साथ कार में घूम रही होगी! ···स्त्री का क्या विश्वास?

पत्रों में दिन-दिन कांग्रेस और लीग अथवा हिन्दुओं और मुसलमानों में समझौते की आशा क्षीण होकर विरोध और चुनौती का भाव बढ़ता जा रहा था। मई के तीसरे सप्ताह के अन्त में बागवानपुरा, केले वाली सड़क और भाटी दरवाज़े पर उपद्रवों के कारण फिर अड़तालीस घण्टे कर्फ्यू लग गया था। पत्रों में समाचार आया—प्रान्त और नगर में अशांति के कारण बी० ए० और एम० ए० की परीक्षाएँ आगामी सूचना तक स्थगित कर दी गयी हैं।

ऊषा ने तीन पुस्तकें लाकर पुरी के सामने रख दीं और कहा—"तारा कहती है परीक्षा तो होनी नहीं। पराई पुस्तकें रखे रहने से क्या लाभ?"

जून के प्रथम सप्ताह में निर्णय हो गया कि पंजाब बाँटकर पश्चिम का आधा पंजाब पाकिस्तान में दिया जायेगा। लोगों का अनुमान था कि बँटवारे की सीमा लाहौर के आस-पास होगी। लाहौर पाकिस्तान में जायेगा या हिन्दुस्तान में, यह अनुमान और विवाद का विषय बन गया था। इस घोषणा ने दंगों की धीमे-धीमे सुलगती चली आती आग को एक बार फिर भड़का दिया। कृष्णनगर और देवनगर के समीप राजगढ़ की मुस्लिम बस्ती पर रात में आक्रमण हो गया। एक सौ के करीब आदमी मारे गये और बड़ी संख्या में मुसलमानों के घर जल कर राख हो गये। मुसलमानों में आतंक बढ़ गया। मुसलमान बड़ी संख्या में लाहौर छोड़कर भागने लगे।

पुरी ने तारा के लिए कालीचरण से पुस्तकें उधार ली हुई थीं। राजगढ़ के भयंकर दंगे के बाद दो बार कर्फ्यू लग गया था, इसलिए पुरी पुस्तकें लौटाने नहीं जा सका था। कुछ शांति होने पर वह सरीं मुहल्ला लाँघकर डूंगी गली में काली के यहाँ गया। रास्ते में मुहल्ले और गलियाँ हिन्दुओं के ही थे। डूँगी गली में भी मुसलमानों के अधिकांश मकान बिक चुके थे। वह हिन्दू बस्ती हो गयी थी, परन्तु अन्त के सात गिरे-पड़े मकान अभी तक मुसलमानों के ही थे।

डूंगी गली के सामने एक ताँगा रास्ता रोके खड़ा था। ताँगे पर फटी-सी दरी में मूँज की रस्सी से बँधा बिस्तर, तरह-तरह के सामान से भरी एक बोरी और दो ढक्कन लगे कनस्तर रखे थे। पुरी तंग जगह से दबकर गली में गया। गली में कालीचरण और उसका पड़ोसी, पुरी का परिचित कामरेड राजबंस महाजन गली से जाने के लिए तैयार एक गरीब मुसलमान परिवार का रास्ता रोके हुए थे। महाजन एक बुढ़िया के कन्धे पर हाथ रखे उसका रास्ता रोके खड़ा था। स्त्री पुराना, काला बदरंग हो गया और कई जगह से छिदा हुआ बुरका ओढ़े थी। बुरके का नकाब उठाये हुए थी। कालीचरण एक बूढ़े को बाँह से पकड़े समझा रहा था। बूढ़े की दाढ़ी मेहदी से रंगी थी और हाथ में मिट्टी का हुक्का लिये था। समीप दो बुरकापोश स्त्रियाँ दीवार से लगकर खड़ी थीं। कन्धों और पीठ से वे जवान लड़कियाँ लग रही थीं। एक सोलह-सत्रह बरस का लड़का टीन का एक रोगनी फूलदार सूटकेस हाथ में लटकाये खड़ा था।

साथ के मकान के दरवाज़े पर टाट का पर्दा टँगा था। दरवाज़े की दहलीज़ पर भी मर्द बैठा था। उसकी दाढ़ी कतरी हुई और मूँछें लम्बी थीं। उसके पीछे से एक स्त्री टाट के पीछे ओढ़नी के घूँघट में स्थान बनाकर गली में झाँक रही थी। उससे अगले मकान के सामने एक मुसलमान जवान बनियान और रंगीन तहमत पहने इस काण्ड को आशंका और जिज्ञासा से देख रहा था। जवान के पीछे एक बुढ़िया, बहुत चीथड़ा सलवार पहने और मेंहदी से रंगे सफेद सिर पर फटा दुपट्टा रखे हाथों से कमर को सहारा दिये खड़ी थी।

ताँगे की ओर जाती बुढ़िया विश्वास दिलाने के लिए हाथ उठाकर कह रही थी—"बंसी बेटा, तुम लोगों से डर नहीं है पर आस-पास से अपने दीन-बिरादरी के लोग चले गये हैं तो हम लोग क्या बैठे रहें! बताओ, तुम ऊपर की गली के लोगों को कब तक रोकोगे? कल शाम शादीलाल ने, रब्ब (भगवान) उसको सुमति दे, बाज़ार में तेरे ताऊ को धमकी दे दी कि चौबीस घंटे में गली से निकल जाओ। तू ही बता, वह नामुराद (निराश करने वाला) इन हाथों में पैदा हुआ। मैंने ही उसका नाड़ काटा था। बेईमान का गला ख़राब हो जाता था तो उसकी माँ गुरो मुझसे ही चूंड़ी (चुटकी) लगवाती थी। नामुराद मुझे बुआ कहता था। निस्सू उसके घर से रोज छाछ ले आती थी··· ।"

महाजन ने ऊँचे स्वर में दुहाई दी—"ताई, तू हमारी नाक क्यों कटवा रही है। तेरा दिल चाहता है तो ले," महाजन ने सिर झुका दिया, "अपनी जूती हमारे सिर पर मार ले! हमारे सिर कट जायेंगे तो कोई तुम्हारी तरफ़ नजर उठा सकेगा ! हमारे लिए विमला और निस्सो क्या दो हैं।"

महाजन ने बुरका पहने लड़की की ओर देखा—"बड़ी चली है बुरका ओढ़कर गली से भागने। भूल गयी, मेरे लट्टुओं की डोरियाँ सलवारों में नाड़े डालने के लिए छीन-छीनकर ले जाती थी। अब भी देख ले निशान," महाजन ने कोहनी दिखा दी, "बिल्ली की तरह काट लिया था।" बुरका पहने लड़की की गर्दन झुक गयी। बुरके के भीतर उसके हाथ आँसू पोंछने के लिए उठ गये।

महाजन कहता गया—"क्या गली की माँ-बहिन का सब रिश्ता खत्म हो गया? हमारी बहिन की डोली इसी गली से जायेगी।"

निस्सो बुरके के कपड़े से अपनी आँखें पोंछने लगी।

दूसरे मकान की दहलीज़ में बैठे आदमी ने अपनी दाढ़ी मुट्ठी में लेकर कहा—''मामा इमामबख्श, हम भी तो बैठे हैं। अपने हमसायों का भरोसा न करें तो किसका भरोसा करेंगे!

काली ने इमामबख्श का हाथ अपने दोनों हाथों में लेकर समझाया—''ताया, यह सब पागलपन दो दिन का है। जो भागकर गये हैं वो भी चार दिन में लौटकर आयेंगे। पाकिस्तान हुआ तो क्या और हिन्दुस्तान हुआ तो क्या! हम लोग तो लाहौरी हैं, डूँगी गली के पड़ोसी हैं। चल बैठ तू घर में। तेरी दुकान जल गयी है तो और बन जायेगी। रब्ब का भरोसा कर।''

महाजन ने पुकार कर गाली देते हुए कहा—''बहिन··· बन्दरों के पुत्तर अंग्रेज हमें एक साथ रख सकते थे, हम खुद साथ-साथ नहीं रह सकते?''

महाजन की माँ ऊपर की मंजिल की खिड़की से झाँक रही थी। उसने बुढ़िया को सम्बोधन किया—''बेबे, तू सयानी-बियानी है। सोच, जवान लड़कियों को लेकर कहाँ परदेश में जायेगी?'' इसने इमामबख्श की ओर संकेत किया, ''बड़े भाई को दमे का दौरा आता है। उसकी हालत सफर करने लायक है? तू सोच, तेरी अक्ल को क्या हो गया है!''

महाजन की माँ ने कमर पर हाथ रखे बुढ़िया को सम्बोधन किया—''फातां भाभी, तू क्यों नहीं समझाती बेबे को?''

फातां ने अपनी चिरी हुई झंकारती आवाज़ में उत्तर दिया—''बंसी की माँ, तू पूछ ले शादां से, इसने मुझे भी चलने को कहा था। मैंने तो कह दिया, चार भाई डोली में, कन्धों पर उठाकर मुझे इस गली में लाये थे, अब चार भाई ही मेरी मिट्टी को खाट पर डालकर कन्धों पर इस गली से ले जायेंगे। जिसे जाना हो जाये, मैं नहीं जाऊँगी।''

महाजन ने इमामबख्श के सहमे हुए दोहते को पुकारा—''ओये समदया (अरे समद), ले जा बहिनों को भीतर, अपनी ट्रंकी (सूटकेस) को घर में रखकर आ।'' महाजन ने तहमत बाँधे चुप खड़े जवान को पुकारा, ''ओये दुल्ले (अरे अब्दुल), क्या देख रहा है उल्लू की तरह! ताया का सामान ताँगे से लौटाकर घर में रख।''

ताँगे वाले ने चिल्ला कर विरोध किया—''बादशाहो, यह क्या खिलवाड़ कर रहे हो मेरे साथ! क्या रब्ब का कहर (भगवान का अभिशाप) पड़ गया है! इस जमाने में डरी हुई सवारी घर से हिलती नहीं। सुबह से यह वक्त हुआ तो सवारी मिली, गलियों में आधा मील रेंग-रेंगकर यहाँ तक आया हूँ। आधे घंटे से खड़ा हूँ, अब असबाब लौटा रहे हो!''

काली ने ताँगे वाले को धमका दिया—''चुप रह मियाँ! तू क्या चमक रहा है, तू अपने बारह आने लेगा या हमारे आदमियों को उठाकर ले जायेगा?'' उसने अपने घर के भीतर झाँक कर पुकारा, ''ओ मट्टु, मेरे कोट की जेब से बारह आने ले आ।''

''शावा, पुत्तरो शावा (शाबास बच्चो, शाबास)!'' फातां ने हाथ उठाकर आसीस दी, ''बड़ी-बड़ी उम्रें हों! तुम्हारे जातक भी तुम्हारे जैसे हों!''

काली ने पुरी को देखकर प्रतीक्षा करने का संकेत कर दिया था। उसे अपने साथ घर में ले गया। महाजन भी साथ गया। वह आस-पास मुसलमानों में फैली भगदड़ की विभीषिका के विषय में बताने लगा। आर्द्र स्वर में बोला—''कल गोकुल आकर इन लोगों

को समझाने लगा, तुम्हें यहाँ रहना है तो हिन्दू बन जाओ। जानते हो, फातां बुआ ने क्या जवाब दिया? बोली—साठ और चार बरस मुसलमान रह कर गली में रहे हैं तो अब क्यों नहीं रह सकते? तेरे बाप ने तो कभी ऐसी बात नहीं कही थी, तू जाने किसकी औलाद है!''

काली प्रतीक्षा करते पुरी को अपनी बैठक में ले गया। महाजन भी उसके साथ हो लिया।

महाजन ने निराशा के स्वर में कहा—''हिन्दुस्तान-पाकिस्तान तो क्या बनेगा, हमें तो पंजाब अंग्रेजों के ही कब्जे में रहता दीखता है।''

''क्यों पंजाब के लिए क्या कोई अलग पॉलिसी है! एटली का १६ फरवरी का स्टेटमेंट तो पूरे हिन्दुस्तान के लिए है!'' पुरी ने महाजन के अनुमान से मतभेद प्रकट किया।

''उसी से तो, एटली के स्टेटमेंट से ही तो संदेह होता है।'' कालीचरण बोला।

पुरी काली को गम्भीर और समझदार मानता था। वह महाजन की तरह कम्युनिस्ट पार्टी का मेम्बर भी नहीं था, इसलिए पुरी ने जिज्ञासा से पूछा—''क्यों?''

''एटली ने फैसला दे दिया है कि जून ४८ में जिस प्रांत में जिस राजनैतिक दल का मंत्रिमंडल होगा, उस प्रांत का शासन उसी राजनैतिक दल को सौंप दिया जायेगा। पंजाब के गवर्नर की चाल स्पष्ट है कि यहाँ जून ४८ तक किसी भी राजनैतिक दल का शासन कायम न होने दे। एटली की घोषणा के अनुसार पंजाब को सम्भालने की जिम्मेवारी खुद अंग्रेजों के ही सिर रहेगी!''

''तुम बहुत दूर की कल्पना कर रहे हो।'' पुरी ने अंग्रेजी में बोलकर सन्देह प्रकट किया।

''...दूर की कल्पना क्या है?'' महाजन मुँहचढ़ी गाली देकर बोला, ''मार्च गया, अप्रैल गया, जून लग गया। इतने दिन तो गवर्नर ने मिनिस्ट्री बनने नहीं दी।''

''भई, जिसकी मैजोरिटी है, उसकी मिनिस्ट्री बनने दो। देखो तो वे कैसे सम्भालते हैं? गवर्नर को यह कहने का क्या हक़ है कि मिनिस्ट्री में कौन हो और कौन न हो! तुम हिन्दुस्तान को अब नहीं सम्भाल सकते तो दफा हो जाओ! तुमने बाँट कर जाने की जिम्मेवारी क्यों ले ली है? छोड़ो हिन्दुस्तानियों पर। उन्हें जैसे बाँटना होगा, खुद कर लेंगे। खिजर से इस्तीफा दिलाने की क्या ज़रूरत थी? यूनियनिस्ट मिनिस्ट्री नागरिक शांति की रक्षा नहीं कर पाती थी। तीन महीने से उससे कहीं बुरी हालत है, रोज बिगड़ रही है। रेलवे वर्कशाप में जो बम फेंके गये थे, मिलिटरी के ग्रिनेड थे। आज घर-घर बन्दूकें, राइफलें पहुँच गयी हैं। यह क्या हो रहा है! यह अमन है? यह सरकार इतनी पुलिस और फौज से अमन नहीं कायम कर सकती? यू० पी० में किदवई ने कैसे खाकसारों को ठण्डा कर दिया! यहाँ नहीं हो सकता!''

''असली बात है,'' महाजन रहस्य और जानकारी के ढंग से बोला, ''पंजाब में गवर्नर चर्चिल की कंजरवेटिव पार्टी का है। वह अपनी पॉलिसी चला रहा है। उसका ख़याल है, एटली और माउंटबैटन बाकी हिन्दुस्तान कांग्रेस और लीग को दे भी दें तो पंजाब, खासकर पश्चिम पंजाब को बचा ले। जानता है तू, इंटरनेशनल स्ट्रेटजी में पंजाब

की बड़ी इम्पार्टेंस है। ये रूस के सिर पर कायम रहना चाहते हैं, यार मेरे!'' महाजन ने पुरी का हाथ पकड़ लिया।

''अरे यार, तुम्हें हर जगह रूस दिखाई देता है।'' पुरी ने अविश्वास से कहा, ''तू तो ऐसे बक रहा है जैसे गवर्नर का पर्सनल फ्रेण्ड हो।''

''हैं, क्या कहता है!'' महाजन ने पुरी के अज्ञान पर विस्मय प्रकट किया, ''यह प्रोफेसर प्राण का आइडिया है। तू समझता क्या है? क्यों भाई काली!''

''हाँ-हाँ,'' काली ने समर्थन किया, ''४ जून को पार्टीशन के बारे में स्टेटमेंट आया था तो असद, प्रद्युम्न और मैं प्रोफेसर के यहाँ गये थे। तुम जानते हो, वह तो सब से मिलता-जुलता रहता है। कह रहा था, ब्रिटिश ब्यूरोक्रैट, एटली और माउंटबैटन की स्कीम से खुश नहीं हैं। वे दिखा रहे हैं कि हिन्दुस्तान को सेल्फ गवर्नमेंट देना मूर्खता है। अंग्रेज खूब जानते हैं, पार्टीशन से दोनों भाग लंगड़े हो जायेंगे? अब तक तो देश का विकास इकाई के तौर पर हुआ है। अब पाकिस्तान इण्डस्ट्रियल गुड्स (औद्योगिक सामान) के लिए तरसेगा, शेष भाग कच्चे माल के लिए! बड़ा क्लेवर मूव (गहरी चाल) है। पश्चिम पंजाब की रुई, दूसरी पैदावार और पूर्वी बंगाल का जूट कहाँ जायेंगे, ब्रिटेन में न! इससे उनके मरते उद्योग जरा ज़िन्दा हो सकेंगे।''

''पश्चिम पंजाब और पूर्वी बंगाल की तो और मुसीबत!'' काली ने बताया, ''गवर्नर का मिलिटरी सेक्रेटरी मज़ाक कर रहा था, फिलहाल एक उत्तरी फ्रण्टियर है तो करोड़ों उस पर खर्च होता है। अब भारत के दो फ्रण्टियर होंगे और पाकिस्तान के चार फ्रण्टियर!''

''लेकिन पार्टीशन का सिद्धान्त तो मंजूर हो ही गया।'' पुरी ने चिन्ता से कहा।

''प्रोफेसर प्राण कह रहा था कि अब भी दोनों ऑटोनोमस (स्वायत्त) होकर भी फेडरेशन (सम्मिलित संघ) में रहें तो अधिक हानि नहीं होगी, लेकिन स्वयं एटली की नीति लीग को सेपरेशन (पृथक होने) के लिए प्रोत्साहन दे रही है। अंग्रेज बँटवारे की जिम्मेवारी इसीलिए ले रहे हैं कि अपने हित के अनुकूल बँटवारा कर सकें।''

पुरी डूंगी गली से लौटकर इतिहास की पुस्तक के काम में मन न लगा सका। उसका मन छटपटा रहा था कि काली और महाजन से सुनी आशंकामय स्थिति के बारे में तारा से विवेचना करे। तारा के सिर फोड़ लेने की घटना के बाद से भाई-बहिन में बोलचाल बन्द थी। दूसरों के सामने झगड़ा प्रकट न करने के लिए एक आध बात बोल लेते थे। पुरी डूंगी गली में देखी घटना के आधार पर एकांकी लिखने लगा। सूर्यास्त के बाद तक लिखता रहा। डाक्टर प्रभुदयाल की आवाज सुन पुरी रतन को भी साथ लेकर डाक्टर के यहाँ चला गया और दोनों को हिन्दुओं और मुसलमानों के विरुद्ध ब्रिटिश नौकरशाही के षड्यन्त्र का रहस्य समझाने लगा।

रतन ने धैर्य से सुना परन्तु सिर हिलाकर बोला—''हमारे तो दोनों शत्रु हैं। हमें तो दोनों को समाप्त करना है।''

''कितनों को समाप्त करोगे?'' डाक्टर ने पूछा, ''मुसलमान हैं कौन? वे सब दस दिन पहले हिन्दू थे। और हिन्दू मुसलमान बन जायेंगे।''

''वह जमाना गया, अब कौन औरंगजेब आ रहा है।'' रतन ने उत्तर दिया।

''मुसलमान न सही, अछूत ही समस्या बन जायेंगे!''

पुरी ने डाक्टर को टोक दिया—''बन गये आलरेडी। जिस क्लास को एक्सप्लॉयट किया जायेगा, ऐज़ ए क्लास रिवोल्ट करेगा, तुम्हारा दुश्मन बन जायेगा।''

''भाप्पे, तुम हर जगह कम्युनिज्म अड़ा देते हो!'' रतन झुँझलाया।

''मैं कम्युनिस्ट नहीं हूँ, दिस इज़ हिस्ट्री।''

रतन ने इन्कार में मुँह फेर लिया; पुरी निराश हो गया।

पुरी दूसरे दिन भी बहुत थोड़े समय काम कर सका। संध्या घसीटाराम के यहाँ बरात आने वाली थी। उसे वहाँ काम-काज में सहायता के लिए जाना चाहिए था। मुकुन्दलाल और खुशालसिंह ऐसे अवसरों के लिए स्वयंनियुक्त संचालक थे। मुकुन्दलाल से पुरी को गैस और कनातों का प्रबन्ध करने के लिए लोहे के तालाब पर जाने का परामर्श दिया। ताकीद भी कर दी कि गैस और कनात मुसलमान से नहीं, हिन्दू से ही लाने चाहिए।

पुरी चार बजे के लगभग अपना एकांकी 'डूंगी गली' लिख रहा था। रतन ने पुकार लिया—''पुरी भाप्पा'', और समीप बैठकर बोला, ''साँझ को गली में कश्मीरी मुहल्ले से बरात आयेगी। जानते हो, रास्ते में दो मस्जिदें और मुसलमानों की बहुत-सी दुकानें हैं। अगर किसी बराती का कुछ हो गया तो हमारी नाक कट जायेगी। जानते हो, शाही मुहल्ले की बरात में एक आदमी को हीरामंडी में छुरी लग गयी थी। भाप्पा बताओ, क्या किया जाये?''

''तुम्हीं बताओ।'' पुरी ने कलम हाथ से रख दी।

''मेरा तो ख़याल है, हम तीन-चार आदमी कश्मीरी मुहल्ले से जाकर बरात के साथ-साथ रहें। हम लोग यहाँ से पाँच-साढ़े पाँच बजे चल दें।''

''चला चलूँगा।''

''भाप्पा, उधर बीच की जगह अच्छी नहीं है। बरातियों को बचाने में हमारे ही आदमी मारे गये तो! दो जिरहबख्तर तो हैं। नौबतराम से एक और ले लूँ। सुनो, तुम बाहर आते-जाते रहते हो। तुम एक खरीद न लो, उधार क्यों लें? मेवाराम, दीवानचन्द और बीरसिंह ने ले लिये हैं।''

''कैसा जिरहबख्तर, मैंने तो देखा नहीं। कैसे जिरहबख्तर बनाया है?''

''अभी लाता हूँ।'' रतन एक छलांग में अपने भाग में चला गया और टीन की बनी बिना बाँहों की कुर्ती ले आया। उसने खोलकर दिखाया—हल्के टीन की चादर के बने सीने और पीठ की शक्ल के दो टुकड़े थे। बगलों में बाँधे जा सकते थे। रतन ने बताया—''दीवानचन्द ने जो खरीदा है, बहुत भारी है। मैं तो हुसैनी से लाया हूँ। वही जिससे होली पर पिचकारी लिया करते थे। कह रहा था, मुसलमान तो बहुत खरीद रहे हैं। देखो कितना हल्का है! हम लोग रात-बिरात बाहर जाते हैं तो कमीज़ के नीचे पहन लेते हैं। मामूली छोटे पिस्तौल की गोली कुछ बिगाड़ नहीं सकती।''

पुरी ने हँसकर कहा—''न भाप्पा, इस गरमी में यह टीन की कुर्ती पहनना मेरे बस का नहीं, न मेरे पास रुपये हैं।''

रतन बोला—''अच्छा न सही, कश्मीरी मुहल्ले जाने के लिए तुम पहन ही लो।''

''न भाई, इन चीज़ों की ज़रूरत नहीं।'' पुरी ने बात समाप्त करने के लिए कहा, ''मैं यों ही चला चलूँगा।''

''न भाप्पा,'' रतन ने आपत्ति की, ''हमारे हिन्दू भाइयों की जानें मुफ़्त में खोने के लिए नहीं हैं। एक जाय तो चार लेकर।''

पुरी ने झगड़ा समाप्त करने के लिए रतन का आग्रह मान लिया।

११

अप्रैल के अन्तिम सप्ताह में पुरी पंडित गिरधारीलाल जी के यहाँ से लौट रहा था तो कनक पंडित जी से शहालमी दरवाजे के बाहर अपनी सहेली सरला शर्मा के यहाँ हो आने के लिए कहकर पुरी के साथ आ गयी थी। वह पुरी से बातचीत करने के लिए आयी थी, इसलिए दोनों बात करते-करते शहालमी से उलटे, दूर लारेंस गार्डेन तक चले गये थे। लम्बी बातचीत में विलम्ब और अँधेरा हो जाने की चिन्ता तो कनक को जरूर थी, परन्तु पुरी को पूरी तरह सान्त्वना दिये बिना, बात अधूरी कैसे छोड़ देती। लारेंस गार्डेन से दोनों ताँगे पर लौट रहे थे, तब वे बात कर रहे थे कि वे भविष्य में किस प्रकार और कहाँ मिलते रह सकेंगे।

कनक ने लौट कर अपनी गली के सामने बहिन की गाड़ी देखी तो दाँतों से जीभ काट ली। पिता जी से जल्दी लौट आने के लिए कहा ही था, इसके अतिरिक्त उस संध्या माडल टाउन से बहिन और जीजा आने वाले थे। वे लोग संध्या देर से आते थे तो भोजन करके लौटते थे। कनक ने प्रातः कांता का फोन मिलते ही बड़े नौकर केसरी को मीट ले आने के लिए कह दिया था।

कनक और पुरी ने एक साथ बाहर जाना आरम्भ किया था तो कंचन को भी साथ ले लेते थे। हँसी-मजाक की बातें करते घूम आना कंचन को भी अच्छा लगता था। धीरे-धीरे वे लोग कंचन को साथ चलने के लिए कहना भूलने लगे। कंचन साथ चलने के लिए स्वयं कैसे कहती, परन्तु यह उसे खटके बिना न रहा। कनक उसे छोड़ जाती तो वह कुछ पढ़ने या कोई सिलाई का काम लेकर बैठ जाती। उस संध्या भी वह बैठक से 'नया ज़माना' लेकर अपने पलंग पर लेटकर पढ़ रही थी। उसके बाद अपनी कमीज़ के गले पर एक बेल काढ़ने लगी थी।

कंचन ने बहिन की गाड़ी का हार्न सुना तो मुन्नी को सबसे पहिले गोद में ले लेने के चाव में हाथ का कसीदा छोड़कर जीने से धड़धड़ाती हुई नीचे पहुँची। जीजा की गोद में मुन्नी को न देखकर उसने निराशा प्रकट की—''हाय, नानो को नहीं लाये?''

"बाजार में काम था इसलिए छोड़ आयी।" कांता ने उत्तर दिया।

नैयर ने बैठक में कदम रखते ही पूछा—"कन्नी लौट आयी?"

पंडित जी ने हाथ में थमी पत्रिका एक ओर रखकर मिची-मिची आँखों में चिन्ता लिये पूछ लिया—"क्यों, तुम्हें कहाँ मिली?"

"लोअर माल के ऊपर वाले सिरे पर थी। क्या नाम है उसका, पुरी साथ था।" नैयर ने कुर्सी पर पीठ सीधी करते हुए बताया, "हम माल से आ रहे थे। हम लोगों को तो अनारकली में काफी देर रुकना भी पड़ गया। अब तक तो उसे आ जाना चाहिए था।"

पंडित जी का हाथ ठोढ़ी पर पहुँच गया। मुख से निकला "हूँ" और बोले, "आती ही होगी। अभी आ जाती है।"

कंचन ने पिता की ओर देखकर गहरा साँस लिया। लगभग आधा घण्टे पहले पंडित जी ने पुकारा था—"कंची, 'नया ज़माना' की इस महीने की कापी तुम लोग ऊपर ले गयी हो?"

कंचन पत्रिका देने नीचे आयी थी तो पंडित जी ने चिन्ता प्रकट की थी—कन्नी सरला शर्मा के यहाँ शहालमी गयी थी, अभी तक नहीं लौटी। आजकल हालत नाजुक हैं। लड़कियों को शाम देर तक बाहर नहीं रहना चाहिए। जीजा जी ने कन्नी और पुरी को माल रोड पर देखा। याद आया—ज़ुबेदा के रुपये लौटाने की बात पर भी कन्नी गुमसुम रही थी और पिता जी से रात देर तक बातें करती रही थी। कंचन ने पिता की चिन्ता भाँप ली।

पंडित जी ने कांता से मुन्नी के विषय में कई प्रश्न किये। फिर नैयर से उसके मोगा वाले मुकदमे के सम्बन्ध में बात करते रहे। कांता माँ से बात करने भीतर चली गयी थी। कंचन जीजा के समीप ही सोफा पर बैठी थी। अवसर देखकर उसने मान किया—"जीजा जी, हमारे लिए आज भी फूल नहीं लाये; यू आर नो गुड! अब हम आपके यहाँ कभी नहीं जायेंगे।"

नैयर अपनी कोठी में फूलों की बहार की प्रशंसा करके कंचन को माडल टाउन चलने का प्रलोभन देने लगा। उसने और भी कई प्रलोभन दिये। नैयर अठारहवें वर्ष में कदम रख चुकी छोटी साली को चिढ़ाने के लिए उससे सदा ऐसे बात करता था कि वह अभी दस-ग्यारह की हो।

पंडित जी नैयर से अपने लिए माडल टाउन में जमीन खरीदने की उपयोगिता और एक छोटे परन्तु खुली जगह सहित, आरामदेह मकान के सम्बन्ध में बात करने लगे। कंचन भी बीच-बीच में अपनी राय देने लगी।

कांता माँ के पास से बैठक में लौट आयी। उसने बैठक की दीवार पर लगी घड़ी की ओर देखकर कहा—"कन्नी को क्या हो गया, अभी तक नहीं आयी?" मुन्नी के कारण उसे माडल टाउन लौटने की उतावली थी।

कंचन साँस रोके बड़ी बहिन की ओर देख रही थी कि कनखी से इशारा कर दे। वह जानती थी, यह प्रसंग पिता जी के लिए खिन्नता का था पर कांता की आँखें पिता की ओर थीं। वह एक मित्र द्वारा बम्बई से नानो के लिए भेजे गोल फ्रेम के गड़ीरे (रेढ़े) की

बात कर रही थी। गड़ीरे में खड़ा न हो सकने वाला बच्चा भी बिना गिरे-पड़े कमरे भर में घूम-फिर सकता था।

कांता गड़ीरे की बात समाप्त करके बोली—"हम लोगों को बहुत देर हो जायेगी पिता जी, हम लोग शुरू करें। कन्नी आती ही होगी।"

पिता जी के मुख से फिर निकला—"हाँ" और उन्हीं ने कहा, "हाँ, आती ही होगी, आ तो जाना चाहिये था। हाँ, हम लोग शुरू करें।"

नैयर ने क्षोभ प्रकट किया—"पुरी उसे बातों में उलझाये होगा, लेकिन इतनी देर तक? बहुत बातूनी और बहुत नर्वस टाइप है वह।"

पंडित जी ने टोक दिया—"कंची कह दो न केसरी से, खाना रख दे। कन्नी को जाने क्यों देर हो गयी!"

कंचन उठ कर आँगन में चली गयी। उसे कनक के व्यवहार पर क्रोध आ रहा था। पिछले दिनों भी वह कनक की बेचैनी भाँप रही थी। वह क्या ऐसी बेचैनी का कारण नहीं जानती थी? कनक की बेचैनी स्वयं उसे भी न सुहाती थी। उसे कनक के रहस्य के प्रति सहानुभूति न थी। वह जानती थी, पुरी को घर में कोई भी बहुत पसन्द नहीं करता। उसे पिता जी को परेशानी में डालना अच्छा नहीं लग रहा था।

केसरी को मेज़ पर खाना लगा देने के लिए कहकर कंचन बैठक में लौटी तो कनक आ गयी थी और क्षमा माँगने के स्वर में कह रही थी—"जीजा जी, मुझे जरा देर हो गयी, क्या बताऊँ, आई एम रियली वैरी-वैरी सॉरी।" वह नैयर के साथ सोफा पर बैठ गयी थी। आत्मीयता और लाड़ प्रकट करने के लिए उसने अपना सिर नैयर के कंधे से टिका दिया था।

नैयर ने अपनी घड़ी दिखाकर पूछा—"यह जरा देर है! यह शायद साहित्यिक कला है कि मेहमानों को घर पर इन्तजार करायें और दोस्तों के साथ माल रोड पर साहित्य चर्चा करती फिरें।"

कनक ने खुशामद के लिए जीजा के कंधे से और सटकर उत्तर दिया—"बड़े आये मेहमान! यह आपका घर नहीं है? कौन सड़क पर या जंगल में इन्तज़ार कर रहे थे!" वह लपक कर कांता की कुर्सी की बाँह पर बैठ गयी और नानो को साथ न लाने की शिकायत करने लगी।

दूसरे दिन कनक ने भाँपा, पिता जी चुप-चुप थे। उसने दोपहर के भोजन के समय कई बार पिता जी को हँसाने का यत्न किया पर वे बनावटी मुस्कान से होंठ फैला कर रह गये। संध्या भी ऐसे ही बीती। अगले दिन पिता जी के व्यवहार से गम्भीरता का बोझ न उतरा तो कनक ने कंचन से बात की—"कंची बात क्या है, पिता जी कुछ उदास हैं।"

कंचन अवसर की प्रतीक्षा में थी, बोली—"तुम कहोगी मैं व्यर्थ बीच में पड़ रही हूँ, इसलिए चुप थी। परसों शाम पिता जी से सरला शर्मा के यहाँ शहालमी जाने के लिए कह कर गयी थी, परन्तु जीजा जी ने आकर बताया कि तुम पुरी भाई साहब के साथ माल पर थी। बहिन और जीजा जी बार-बार कह रहे थे, कन्नी ने इतनी देर कहाँ लगा दी? पिता जी ने जीजा जी के सामने बात दबा दी, परन्तु मन में बहुत दुखी हुए। तुम जानती हो पिता जी साफ बात पसन्द करते हैं।"

"इसमें गैर साफ बात क्या है?" कनक ने उत्तर दिया, "मैंने बाहर जाने के लिए कहा था, शहालमी गयी या माल रोड, फ़र्क क्या है। बात कहने का ढंग होता है। मैं पिता जी के सामने ही तो उनके साथ गयी थी।"

"पर कन्नी," कंचन ने आग्रह किया, "पिता जी संकीर्ण विचार के तो हैं नहीं। हमें उनकी भावना का भी तो ख़याल रखना चाहिए।" वह रहस्य में उतरना चाहती थी।

"मैं कम ख़याल तो नहीं रखती।"

कनक को पिता का ऐसी बात पर नाराज़ हो जाना बहुत अन्याय जान पड़ा—क्या मुझे किसी से मिलने-जुलने और बात करने की भी स्वतंत्रता नहीं है? मन ने विरोध किया—मैं अब बच्ची तो हूँ नहीं। मुझे भी तो किसी दिन अपने जीवन का फैसला करना है। सदा इसी घर में तो मैं बैठी नहीं रहूँगी। उसे नैयर पर भी क्रोध आया, वह मुझ पर चौकीदारी करने वाले कौन हैं? इस बात की चिढ़ है न कि अब मैं उनके साथ नहीं घूमती।

कनक अपनी स्वतंत्रता के अधिकार के लिए जूझने को तैयार थी पर पिता के स्नेह के अधिकार के सामने उसे झुकना ही पड़ा। पिता जी का क्रोध दूर करने के लिए वह संध्या उनके लिए स्वयं चाय लेकर बैठक में आयी। कंचन को कह दिया, मुझे पिता जी से कुछ बात करनी है।

कनक ने पंडित जी के लिए चाय बनाकर प्याला उनके हाथ में देते हुए बहुत संकोच से क्षमा माँगी—"पिता जी, मुझे परसों देर हो गयी। बात यह थी, हम लोग चौक में पहुँच कर शहालमी की ओर मुड़ रहे थे तो नन्दा मलहोत्रा मिल गयी थी। वह किसी तरह नहीं मानी। कहने लगी, कुछ दूर तक साथ चलो। मैंने सोचा, अकेले लौटने में भला नहीं लगेगा तो मैंने पुरी जी से कहा, आप भी साथ चले चलिये, अभी लौट आते हैं।"

"खैर, कोई बात नहीं बेटा।" पंडित जी प्याली हाथ में लिये बोले, "तुम स्वयं ही बहुत समझदार हो। अब देखो न, उम्र के साथ जिम्मेवारी भी बढ़ जाती है। समाज का भी ख़याल रखना पड़ता है। वैसे तो लड़के-लड़कियों के मिलने-जुलने में अस्वाभाविक रुकावटें डालने से मन और मस्तिष्क के विकास पर अच्छा प्रभाव नहीं पड़ता लेकिन एक आयु में, जब भावुकता प्रधान रहती है, तो जरा गम्भीरता से और संयम से चलना चाहिए। एक जवान लड़के के साथ तुम्हारा अकेले घूमना कुछ लोगों को विचित्र लग सकता है, लगता ही होगा। मेरा सुझाव है, तुम बाहर जाया करो तो कंची को भी साथ ले लिया करो। तुम्हें कम्पनी हो जायेगी और उसका भी कुछ परिचय बढ़ेगा। ठीक है न!" पिता जी ने उत्तर माँग लिया।

कनक मौन रही।

पंडित जी कहते गये—"तुम तो स्वाभाविक और स्वस्थ वातावरण में रही हो, लेकिन जिन लोगों को बचपन से लड़कियों से दूर रहना पड़ा है, वे बेचारे कुछ और ही समझ बैठते हैं। अब तुम एम० ए० कर लो तो फिर हमें तुम्हारे विवाह का भी तो ख़याल रखना है।" पिता जी हें-हें कर रेंकते हुए हँस पड़े, "उसके लिए सामाजिक स्थिति, व्यक्तित्व, सम्बन्ध सभी बातों का खयाल करना होगा।" वे अंग्रेजी में बोलने लगे, "पुरी भला लड़का है लेकिन वह और तुम बिलकुल भिन्न प्रकार और श्रेणी के लोग हैं।

शारीरिक अवस्था और अनुपात भी देखा ही जाता है। उसे किसी तरह की गलतफहमी न हो जाये, जैसे कि प्रायः हो जाती है, इसलिए मेरी राय है कि तुम कुछ दिन के लिए उससे मिलना-जुलना बन्द ही कर दो।''

कनक अपनी बात कह डालने के लिए आतुर हो गयी, परन्तु अपने को वश किया। सोचा, उचित ढंग से फिर किसी समय कहूँगी।

पिता जी बहुत गम्भीर होकर अंग्रेजी में बोले—''देखो बेटी, मेरे सामने तुम्हारे हित और कल्याण के अतिरिक्त और कोई विचार तो है नहीं। मुझे विश्वास है, तुम मेरे सुझाव का आदर करोगी।''

कनक हृदय से उठते गहरे साँस को दबाकर, अपनी बात कह सकने का उपाय ढूँढ़ने के निश्चय में उठ गयी। मन बहुत भारी हो गया था पर उदासी को छिपाना आवश्यक था, यह कितनी कड़ी यातना थी। दूसरे दिन प्रातः ही कनक को याद आया, संध्या साढ़े छः और सात के बीच पुरी से निस्बत रोड पर मिलने की बात थी। ऐसी स्थिति में वह कैसे जाती! वह कंचन को साथ ले जाने के लिए हरगिज तैयार नहीं थी। पुरी व्यर्थ आकर परेशान न हो, यह भी चिन्ता थी। उसने पत्र लिख कर न आ सकने के लिए क्षमा माँग लेना उचित समझा।

कनक और कंचन आवश्यकता होने पर लिफाफे और डाक के टिकट विधिचन्द से ले लेती थीं। विधिचन्द पंडित गिरधारीलाल का सम्बन्धी भी था। लगभग बीस-बाईस बरस से उनके यहाँ काम कर रहा था। लड़कियाँ उसे 'चाचा जी' सम्बोधन करती थीं। नौ बजे विधिचन्द के दफ़्तर में आते ही कनक लिफाफा और टिकट माँग लायी।

कनक ने अपने कमरे में बैठकर बहुत दुखित मन से पुरी को पत्र लिखा। पुरी को कुछ लिखना इतना सहज न था। वह गहरा आदमी था। साधारण प्रकट अर्थ की अपेक्षा गूढ़ अर्थ को ही खोजता था। उससे मिलने में पिता जी की आपत्ति की बात लिखने से वह अपमान अनुभव कर लेता। कनक ने लिखा—

''मेरे···एक बात आ पड़ी है। परिवारों में अप्रत्याशित बातें होती ही रहती हैं। आज संध्या अवकाश मिलना सम्भव न होगा। तुम्हें कल प्रातः ही पत्र मिल जायेगा। हो सकता है, आज-कल में मुझे तुम्हारा पत्र मिले। तुम जहाँ कहोगे, पहुँचूँगी। यदि शनिवार से पहले कोई समय और स्थान तुमने न लिखा हो तो शनिवार दो बजे स्टैण्डर्ड में मिलेंगे। तब तक तड़पती रहूँगी···कन्नी।''

डाक सब दफ़्तर में ही आती थी। कंचन या कनक के नाम कोई पत्र होता तो विधिचन्द आँगन में जाकर पुकार लेता था—''मुन्नी!''

कनक या कंचन उत्तर देती—''हाँ, चाचा जी।''

विधिचन्द बता देता, चिट्ठी है, पत्र जिसका होता उसे मिल जाता।

शुक्रवार संध्या पंडित जी किसी काम से बाहर गये थे। कनक कोई पत्र न मिलने से परेशान थी। स्वयं ही दफ़्तर में जाकर पूछा—''चाचा जी, मेरी कोई चिट्ठी नहीं आयी?''

''तुम्हारी? हाँ, परसों मैंने छोटी मुन्नी को दे दी थी।''

''वह तो मिली थी।'' कनक ने पूछा, ''और कोई?''

"भाई साहब ने मुझे वही तुम्हें देने के लिए दी थी। अब सब डाक उन्हीं के सामने रख देता हूँ। वही खोलते हैं।"

सर्वनाश! कनक ने समझ लिया—पत्र आया जरूर होगा। मुझे दिया नहीं गया। यह लोग तो स्थिति को असह्य बना रहे हैं।

कनक शनिवार को काँटे पर प्राण तोले पत्र की प्रतीक्षा करती रही पर पत्र नहीं आया। कनक के लिए अपना व्यवहार स्वाभाविक बनाये रखना असम्भव हो रहा था। खाने को मन न हुआ फिर भी उसने कुछ खाया। खामुखा कहती रही—"रायता बहुत सवाद है। हाय, मुझे कितनी भूख लगती है। तभी तो इतनी मोटी हो रही हूँ।"

"देखो तो इसको, यह मोटी हो रही है?" पंडित जी बोले, "कालेज तो तुम्हारा बन्द ही है। कान्ता जून में पहाड़ जा रही है। तुम दोनों भी उसके साथ चली जाओ।"

"नहीं पिता जी, मंसूरी मुझे अच्छी नहीं लगती। दो ही तो सड़कें हैं। शिमला अच्छा लगता है।" कनक जानती थी उसे शिमला भेज देने का प्रबन्ध पंडित जी नहीं कर सकते थे।

भोजन के बाद पंडित जी अपने कमरे में जा लेटे। कनक ऊपर चली गयी। अभी सवा बजा था। वह लेट गयी। कुछ देर पहले चले जाने से लड़कियों का रेस्तोराँ में अकेले बैठना भी ठीक नहीं लगता। देर हो जाने की आशंका चैन से लेटने भी न दे रही थी। जैसे-तैसे दस मिनट बिस्तर पर रही। कपड़े बदलने के लिए उठने से पहले कंचन की ओर देखा, वह सोयी न थी। आँखें फाड़े एक पत्रिका पढ़ रही थी।

कनक को कंचन के प्रति खीझ अनुभव हुई। जरूर पूछेगी, कहाँ जा रही हो। पर लाचारी थी। कनक बिना आहट किये उठी। धीमे से आलमारी से कपड़े निकाले, परन्तु सलवार की तह खुलने की खड़खड़ाहट से कंचन ने उसकी ओर देख लिया और पूछ भी लिया—"हाय, इस धूप में कहाँ जा रही हो!"

"सरला के यहाँ।" कनक के मुँह से निकल गया और पिछली बात याद कर सोचा, कमबख्त सिर ही चकरा दिया है इन लोगों ने।

"तो जरा धूप ढल जाने दो।"

कनक ने उत्तर नहीं दिया। कपड़े बदले, दुपट्टा कंधे पर डाला और चली गयी। घाम और गरमी में औंघाते हुए बाजारों और सड़कों से गुजरकर स्टैण्डर्ड के सामने पहुँची तो दो बजकर दो मिनट हो चुके थे, परन्तु रेस्तोराँ के सामने इधर-उधर, दूर तक पुरी कहीं न था। कनक घबरायी। सोचा, क्या करे? बटुए में चेंज था फिर भी उसने ताँगे वाले से पूछा—"भाई, रुपये का चेंज है?"

सौभाग्य से ताँगे वाले के पास चेंज नहीं था। कनक ने रुपया उसकी ओर बढ़ाकर कहा—"यहाँ कहीं से तुड़ा लो न इन्हीं दुकानों में से।"

ताँगे वाले ने मजबूरी में ताँगे को स्टैण्डर्ड की ड्योढ़ी के साथ खड़ा कर दिया और चेंज के लिए आस-पास की दुकानों में पूछने लगा। कनक मना रही थी, चेंज मिलने से पहले पुरी आ जाये।

ताँगे वाले को चेंज ढूँढ़ने में काफी समय लग गया। बड़बड़ाता हुआ लौटा—"दोपहर में लोग सोये रहते हैं, भान (चेंज) हो तब भी टाल देते हैं।" पुरी दोनों ओर दूर तक न दिखाई दिया। दो बजकर सात मिनट हो चुके थे।

कनक तड़प रही थी, 'उन्हें' ख़याल होना चाहिए था कि मैं अकेली कैसे प्रतीक्षा करूँगी? ...यह क्या तमाशा है? एक बार सोचा, बाहर से ही लौट जाये। फिर सोचा कितनी जोखिम से तो आयी है। उन्हें भी किसी कारण देर हो सकती है, यों ही लौट कैसे जाये।

कनक रेस्तोराँ के भीतर चली गयी। बैरे ने स्त्री के लिए पर्दा उचित समझ कर उसके लिए एक केबिन का पर्दा उठा दिया। कनक को ख़याल आया, मुझे देखेंगे कैसे। बोली—"नहीं, यहाँ बाहर ही दे दो।" उसने दो प्याले काफी लाने के लिए आदेश दे दिया।

दोपहर के सन्नाटे में रेस्तोराँ में केवल दूसरी दो मेज़ों पर ग्राहक थे। एक मेज पर दो युवक और तीसरी मेज़ पर तीन युवक। कनक को अकेली होने के कारण झेंप मालूम हो रही थी। झेंप दबाने के लिए सोचा, आई डोंट केयर, ह्वाट इज़ रौंग? (क्या परवाह है, इसमें दोष क्या है?)

दो बजकर बीस मिनट हो गये तो कनक का मन डूबने लगा—क्या मेरा पत्र उन्हें नहीं मिला या कोई और बात है! पिछले पन्द्रह दिन से नगर में कोई बड़ा उत्पात नहीं हुआ था। पत्र मिलने पर न आयें, यह कैसे हो सकता है? वह पाँच मिनट और बैठी। याद आया, पंडित जी अपने कमरे से तीन बजे या कुछ पहले ही दफ़्तर में आ जाते थे।

कनक घर लौट रही थी, ग्वालमंडी के चौक में पहुँचकर ख़याल आया—भोलापाँधे की गली तक जाकर पता ले लेती तो अच्छा होता। घड़ी की ओर देखा, दो बज कर चालीस मिनट हो रहे थे। अब समय न था। वह पंडित जी के दफ़्तर में आने से पहले ही पहुँच जाना चाहती थी। विश्वास था, कंची से कोई पूछेगा नहीं तो उसे किसी से कहने की क्या ज़रूरत है।

कनक ने बैठक में कदम रखा तो हैरान रह गयी। पंडित जी सामने बैठे थे और उनके साथ दूसरी कुर्सी पर कोई एक अपरिचित सज्जन थे। सामने तिपाई पर डबल रोटी के कतले, बिस्कुट, कुछ मिठाई, फल और चाय थी। भोजन की आवश्यकता को पूरा कर सकने योग्य सामान था।

"आओ, आओ!" पंडित जी ने पुकारा और अपरिचित सज्जन को परिचय दिया, "यह मेरी मँझली बेटी कनक है। बैठो कन्नी!"

कनक नमस्ते करके सोफा पर बैठ गयी।

पंडित जी कहते गये—"एम० ए० के पहले वर्ष में है। लिटरेचर कर रही है और लिटरेचर का शौक भी खूब है, इंगलिश, उर्दू, हिन्दी सभी। शी राइट्स वैरी वैल। चार-पाँच कहानियाँ शाया हो चुकी हैं।"

कनक को पंडित जी ने नवागन्तुक का परिचय दिया—"आप प्रोफेसर एन० सी० माथुर, डी० लिट० हैं। इस बार दिल्ली यूनिवर्सिटी में इण्टर के लिए 'सिलेक्टेड प्रोज़' आप ही ने एडिट किया है। ही इज़ ए वण्डरफुल स्कॉलर।"

कनक ने मुस्कराकर कहा—"सर, इट इज़ ए डिलाइट टु मीट यू। सी यू लेटर।" उसने नमस्ते की और चली गयी।

कनक ने कमरे में जाकर पुकारा—"जग्गी, एक गिलास पानी दे जा।"

कंचन फ़र्श पर दरी बिछाकर सिलाई की बिना पाँव की मशीन पर अपनी एक कमीज़ सी रही थी। कनक को देखकर बोली—"धूप तो खूब है न! छतरी भी नहीं ले गयी।"

"ताँगे में चली गयी थी।" कनक ने बात समाप्त कर दी।

छोटा नौकर जग्गी पानी लिये जीने पर कूदता चला आ रहा था। कनक कमरे से बाहर आँगन की ओर के छज्जे में जाकर कंचन से जरा आट में हो गयी। जग्गी के हाथ से पानी का गिलास लेकर कनक ने धीमे से पूछा—"परसों वह चिट्ठी किस बम्बे (लेटर बाक्स) में डाली थी?"

जग्गी ग्यारह-बारह बरस का कांगड़े जिले का लड़का था। उसका काम दिन भर बर्तन मलना, झाड़ू-बुहारी करना ही था। उसके कपड़े चीकट मैले रहते थे। चेहरे पर भी मैल और कालिख की परत चढ़ी रहती थी। मुख पर मैल न हो तो उसका गोरा रंग भी झलकता रहता था। जग्गी ने अपने पानी निचुड़ते हाथ अपनी कमीज पर पोंछते हुए बड़ी-बड़ी नीली आँखें कनक के चेहरे की ओर उठाकर उत्तर दिया—"मैंने बम्बे में नहीं डाली।"

"क्यों?" कनक का साँस मानो रुक गया।

"पंडित जी ने बुलाकर ले ली थी कि चपरासी सब चिट्ठियाँ इकट्ठी बड़े डाकखाने में ले जायेगा।"

कनक भीतर जाकर सिर को दोनों हाथों में पकड़ कर लेट गयी। सोचा, इतना प्रपंच? मैं तो बिलकुल कैदी बना ली गयी हूँ। 'ये' कितना परेशान हो रहे होंगे, सोचते होंगे मैं झूठी हूँ!

कनक का दिल ज़ीना चढ़ते समय लज्जा और चिन्ता से डूबा जा रहा था कि परसों ही पिता जी ने क्या कहा था और आज ही वह उनके सोये रहते समय, बिना पूछे, बिना सूचना दिये चली गयी थी और आती हुई पकड़ी गयी, परन्तु अब पिता जी के अत्याचार के सामने अपना अपराध उसे भूल गया। वह अपनी बचपन से मिली हुई स्वतन्त्रता और अधिकारों की रक्षा के लिए तैयार हो गयी। सोचा, अब बात उठाये बिना चारा नहीं। बात उठेगी तो वह सब बातों का फैसला एक साथ ही कर डालेगी। इस घर से सम्बन्ध विच्छेद का समय आ गया है। यह घर उसे स्वयं ही बाहर धकेल रहा है। सोचती रही—अब संकोच छोड़कर पिता जी के सामने सब कुछ कह देना होगा।

कनक आँखें मूँदे पड़ी थी। नीचे बैठक में कंचन को सितार सिखाने आये मुट्टू बाबा के सितार के सुर मिलाने की टुन-टुन-टुन सुनाई दी। फिर गत बजने लगी। कनक अपने अधिकारों के लिए जूझ जाने की योजना में डूबी रही। सितार की गूँज उसे सोचने में साहस और सहायता दे रही थी। सितार बजना समाप्त हो गया। तब उसे जान पड़ा वह सोच-सोचकर थक गयी थी।

कुछ देर बाद कंचन की पुकार आयी—"कन्नी, नीचे आकर चाय पी लो, पिता जी बुला रहे हैं।"

कनक ने उत्तर न दिया तो जग्गी लेकर आया। कनक ने कह दिया—"जा कह दे, मेरे सिर में दरद हो रहा है! कंची बना देगी।"

कनक के कान सतर्क हो गये कि उसके इस मौन विरोध का नीचे क्या प्रभाव होता है। यह भी आशंका थी कि शायद दोपहर में उसके बिना पूछे बाहर जाने के सम्बन्ध में प्रश्न किया जायेगा। नीचे से माँ का स्वर सुनाई दिया—"सिर में दरद क्यों हो रहा है? मैं सिर में थोड़ा घी रगड़ दूँ! यह खुशबूदार तेल भी तो बड़ा गरक करते हैं।" माँ अठाईस बरस लाहौर में रहकर भी अपने देहाती विश्वासों, अभ्यासों और संस्कारों को बनाये हुए थी। लड़कियाँ परिहास में अपनी माँ को 'उन्नीसवीं सदी' कहती थीं।

पिता जी का बोल भी सुनाई दिया—"धूप लग गयी होगी। चाय और गरमी करेगी, न पिये तो अच्छा है। फालसे का शरबत बना दो।"

कनक ने क्रोध में सोचा—क्या कहना; बहुत चिन्ता है मेरे सिर दरद की! बड़े-बड़े इलाज बताये जा रहे हैं। वह आँखें मूँदे लेटी रही।

कनक ने जग्गी का स्वर सुनकर आँखें खोलीं। जग्गी बैंगनी रंग के शरबत से भरा शीशे का गिलास एक हथेली पर रखे, दूसरे हाथ से सँभाले समीप खड़ा था—"खूब बरफ भी डाल दी है।" जग्गी ने आँखों में रहस्य की मुस्कान लाकर बताया।

कनक कहने को ही थी, तू ही पी ले, पर रुक गयी। खाली गिलास नीचे जाने से उसके असंतोष और विरोध की ओर ध्यान कैसे जाता? बोली—"अच्छा रख दे मेज़ पर, नहीं ले जा नीचे; कह दे नहीं पिऊँगी।"

जग्गी ने निराशा और विस्मय से कनक की ओर देखा। उसकी विस्मित आँखों में अविश्वास था—इतनी बरफ से ठंडे फालसे के शरबत से भी इन्कार किया जा सकता है? वह गिलास को सावधानी से हथेली पर टिकाये और दूसरे हाथ से सँभाले ज़ीना उतर गया।

संध्या आठ बजे के लगभग कनक को भोजन के लिए पुकारा गया। उसने उत्तर दे दिया—"इच्छा नहीं है।"

इस बार कंची ने आकर कहा—"आओ न कन्नी, यह क्या बात हुई; पिता जी क्या कहेंगे?"

"कहना क्या है। मेरा मन नहीं करता तो कैसे खा लूँ!" कनक ने रूखा सा उत्तर दे दिया। कंचन चली गयी।

कंचन के जाने पर माँ ज़ीना चढ़कर आयी। माँ ने कनक की कलाई पकड़कर ज्वर का सन्देह दूर किया और पूछा—"क्या तकलीफ़ है? क्या सिर में दरद है; बदन टूटता है? पेट तो खराब नहीं, और सब तो ठीक है!"

"कुछ नहीं है मुझे यों ही सिर में दरद है, मन नहीं चाहता।" कनक ने करवट ले ली।

"तो भी चल, तेरे पिता जी ने खिचड़ी बनवायी है, दही से खा ले। थोड़े ही सही। भूखे रहने से पित्त बढ़ जाता है। चल न, पिता जी इन्तजार कर रहे हैं।"

कनक नीचे खाने की मेज़ पर पहुँची तो पंडित जी बोले—"आओ! आओ! भूख क्यों मारी गयी तुम्हारी! मैं तो महीने भर से देख रहा हूँ, पीली पड़ती जा रही हो। कभी वज़न लिया है अपना तुमने? सुबह-सुबह तुम दोनों मेरे साथ घूमने चला करो। गरमी भी तो बेहद हो गयी इस बार!"

कनक थाली में परोसी खिचड़ी में चम्मच से क्यारियाँ बनाती-बिगाड़ती रही। दही भी आधा छोड़ दिया।

पिता जी ने कंचन को परामर्श दिया—"रात इसे एक गिलास दूध ज़रूर पिला देना। बर्फ़ नहीं डालता। तुम लोग दिन भर बर्फ़ पीती हो। बेटा, बर्फ़ की तासीर गर्म होती है। दूध को बर्फ़ में रखकर ठंडा बेशक कर लिया करो।"

अगले दिन कनक ने भी नाश्ते के समय खाने के लिए अनिच्छा प्रकट की और लस्सी का गिलास पीने से इन्कार कर दिया तो घर का वातावरण गम्भीर हो गया।

पिता जी ने आँगन में आकर कनक और कंचन के कमरे की ओर मुँह उठाकर पुकारा—"कन्नी बेटा, क्या बात है? चलो नाश्ते के बाद डाक्टर मल्कानी को दिखा लायें तुम्हें!"

कंचन भी ऊपर कमरे में ही थी। उसे भूख न लगने का कोई कारण न था। वह पिता जी के नाश्ते के लिए तैयार होने की प्रतीक्षा न कर केसरी से एक परौंठा बनवा खाकर और लस्सी का गिलास पीकर आठ बजे ही फिर मशीन पर कुछ सीने बैठ गयी थी। उसने भी अनुरोध किया—"कन्नी, क्या करती हो, जाओ कुछ थोड़ा खा-पी लो; पिता जी क्या कहेंगे?"

"मेरा दिल नहीं चाहता तो मैं क्या करूँ?" कनक ने झमक कर उत्तर दिया, "पिता जी तो खामुखा डाक्टरों की बात करने लगते हैं। मैं किसी को कुछ नहीं कह रही हूँ तो मुझे चुप भी नहीं रहने दे सकते?"

नीचे आँगन से मनसा बुआ और विधिचंद की बहू फूलां की आवाज सुनाई दी। रविवार को दोनों रावी से स्नान करके लौटती थीं तो प्रेस में छुट्टी रहने के कारण उन्हें घर लौटने की जल्दी नहीं रहती थी। रास्ते में शीतला के मन्दिर में भी माथा टेककर आतीं। गिरधारीलाल जी के घर कंचन की माँ को प्रसाद देकर और एक-एक गिलास मट्ठा पीकर अपने घर लौटती थीं।

फूलां ने कनक को भूख न लगने की बात सुनी तो कनक की माँ को कलेजे और मेदे से गरमी दूर करने की दवाई बताने लगी—"बहिन जी, मिट्टी के कोरे बर्तन में आलूबुखारा भिगो देना। उसका जल लड़की को पिलाओ। जरा-जरा सी बात के लिए डाक्टरों के यहाँ क्या दौड़ना!"

मनसा बुआ का ऊँचा स्वर सुनाई दिया—"ऐसी गरमी का इलाज डाक्टर क्या जानें, यह तो उम्र की गरमी है।"

कनक को बहुत बुरा लगा। उसकी नज़र नीचे फ़र्श पर बैठी कंचन की ओर चली गयी। कंचन मशीन में बखिये पर नज़र गड़ाये रही पर चेहरे पर मुस्कान आ गयी थी।

"अच्छा-अच्छा बुआ, हुआ न; रहने दे तू।" कनक की माँ ने बुआ को चुप कराना चाहा।

"मैं क्या रहने दूँ! सच्ची बात तो तुम लोगों को कभी नहीं सुहाती।" बुआ और भी ऊँचे स्वर में बोलीं, "अपनी बातें भूल गयीं! इस उम्र में तीन-तीन बच्चे हो जाते थे और तब भी दो महीने मायके में काटने पड़ जाते थे तो धरती उखाड़ने लगती थीं…।"

कनक को बुआ की बदतमीज़ी पर क्रोध आ गया। नज़र फिर कंचन की ओर चली गयी। उसने मशीन छोड़कर लाज के मारे माथा नीचे कपड़ों में गड़ा लिया था। कनक को कंचन का वह हँसना और भी बुरा लगा। सोचा—अच्छा, अगर सभी के साथ होता है, तो है। समय आ गया है तो कर दें ब्याह। मैं तो तैयार हूँ और वह कल्पना में अपने आपको पुरी के साथ अलग घर में देखने लगी।

"अच्छा बेबे, लस्सी का गिलास तो ले!" कनक की माँ ने मनसा बुआ को चुप कराने के लिए कहा।

कुछ मिनट बाद माँ ने कंचन को पुकारा—"कंची, जरा नीचे आ।"

कंचन लौटी तो गिलास हाथ में लिये थी। गिलास इतना ठंडा था कि उस पर हवा जमकर-पानी को बूँदें बह रही थीं। लस्सी पर मक्खन की डलियाँ तैर रही थीं। बोली—"माँ कहती है, मेरे कहने से पी लो नहीं तो पिता जी आकर पिलायेंगे।"

कनक उठ कर बैठ गयी। मन ही मन कहा, सब कितने चालाक हैं। भोलेपन और स्नेह का नाटक करना खूब जानते हैं। असली बात कोई नहीं करेगा। मुख से कहा—"सबको मेरे पेट में कुछ न कुछ ठूँसते रहने की जिद्द है। यह नहीं सोचेंगे कि किसी के मन की क्या अवस्था है?"

"बता न, मन की क्या बात है?" कंचन ने खूब सूत्र पकड़ा।

"बताऊँगी क्यों नहीं, जब पिता जी पूछेंगे। तू कह दे, डाक्टर-वाक्टर न बुलायें, मुझे कुछ नहीं है।" कनक ने कह दिया और सोचा—इससे अधिक वह और क्या कह सकती थी।

ग्यारह बजे के लगभग नीचे केसरी की पुकार सुनाई दी—"कंची भैन जी, नानो आयी है।"

कंचन ने कनक की ओर देखकर पूछा—"नीचे नहीं चलोगी?"

"थोड़ी देर में आती हूँ।" कनक ने उत्तर दिया।

कंचन मशीन छोड़कर नीचे भाग गयी। कनक लेटी रही। सोच रही थी कि बात को उसने बहुत बढ़ा दिया है परन्तु जब इतना बढ़ाया है तो पूरा भी करना पड़ेगा। अब तो टाल नहीं सकती थी। सोचा—मेरा पत्र पिता जी ने पढ़ लिया है। 'उन' का भी आया होगा। जान-बूझकर अनजान बन रहे हैं तो कहना ही पड़ेगा।

कंचन जानती थी नीचे बहिन और जीजा आये थे पर उसे कोई पुकार नहीं रहा था। केवल कंचन की नानो के साथ किलकने की आवाज आ रही थी। नानो के जोर से रोने की पुकार सुनाई दी और कंचन की पुकार उसे चुप कराने की आयी—"हाय चींटी मर गयी, नानो देख! हाय कितनी चीटियाँ मर गयीं!" कनक को कोई नहीं पुकार रहा था। पन्द्रह मिनट से अधिक बीत गये। कनक के लिए लेटे रहना असम्भव हो रहा था। उसने सिरहाने पड़ी एक पत्रिका उठा ली और क्रोध में पढ़ने लगी। मन न लगा तो मन को समझाया—बिना बुलाये क्यों जाऊँ!

आठ-नौ मास पूर्व तक महेन्द्र नैयर और कनक में जीजा-साली का परिहास और नोक-झोंक खूब चलती थी। नैयर कनक को 'आधी सरकार' कहकर सम्बोधन करता था। कभी गर्दन या जूड़े से भी पकड़ लेता था। कनक झुँझलाहट प्रकट करके कहती—"जीजा

जी, मैं मार बैठूँगी!'' परन्तु साथ ही किलक भरी हँसी फूट पड़ती थी। कभी वह एक आध मुक्का या धौल जीजा की पीठ पर दण्ड रूप में धर भी देती थी।

महेन्द्र कहता—''इसमें मेरा क्या कसूर? बड़े-बूढ़े कह गये हैं, छोटी साली आधी घर वाली।'' कनक को इस प्रकार के परिहास और गुदगुदी अच्छे लगते थे। नैयर की ऐसी नोक-झोंक के प्रति आकर्षण और प्यार अनुभव होता था, परन्तु पुरी से बात हो जाने पर उसे नैयर की ऐसी उच्छृंखलता में अपने प्रति कुछ सस्तेपन की भावना और अनौचित्य तथा अपमान-सा जान पड़ने लगा था। उसे पुरी के अतिरिक्त दूसरे का स्पर्श मंजूर नहीं था। उसकी झुँझलाहट में निमंत्रण के स्थान पर वर्जना की ध्वनि आ गयी थी। नैयर को ऐसे दुराव में अपनी कुछ हेठी जान पड़ती थी। परिवर्तन के कारण का अनुमान बहुत कठिन क्या, बहुत छिपा हुआ भी नहीं था।

महेन्द्र और कांता के परिचय और आकर्षण पर जब परिवार ने वाग्दान द्वारा अपनी स्वीकृति की मोहर लगा दी तो कांता परिवार और परिचितों के सामने नैयर से निकटता प्रकट करने में लजाने लगी थी, परन्तु कनक और कंचन ने भाई के अभाव में नैयर को जोर-शोर से अपना लिया था। कांता से विवाह हो जाने पर नैयर कनक और कंचन के लिए भाई, जीजा और मित्र सभी कुछ बन गया था। विवाह के डेढ़ वर्ष बाद जब कांता को कई मास तक कहीं आना-जाना असुविधाजनक रहा, कनक अपने जीजा के लिए सहचरी और विश्वासपात्र भी बन गयी थी। कितनी ही ऐसी बातें थीं जो वे दोनों आपस में ही कर सकते थे। उन्हें आपस में बात करने को सदा ही कुछ न कुछ रहता था। पुरी के बीच में आने के बाद से कनक नैयर को न उतना समय और साथ दे सकती थी, न उसे नैयर की संगति में उतना संतोष ही मिलता था। कनक प्रायः ही पुरी की प्रशंसा करके नैयर से समर्थन की आशा भी करती थी। समर्थन न मिलने पर बात न करना चाहती थी इसलिए पुरी के प्रति नैयर के मन में विशेष ममता नहीं थी।

महेन्द्र ने पुरी के प्रति वैसी ही उपेक्षा से मुँह मोड़ लिया था जैसे बंगले पर पला कोई अभिजात कुत्ता गली में निर्वाह करने वाले कुत्ते की ओर देखकर चल देता है, लड़ने के लिए भी नहीं रुकता। नैयर ने कनक से पुरी के 'पैरोकार' में उप-सम्पादक बन जाने की बात सुनकर केवल उसकी तनख्वाह के बारे में ही प्रश्न किया था। उसके बाद पुरी से सामना हो जाने पर नैयर केवल सिर के हलके से संकेत से ही परिचय की स्वीकृति दे देता था। पुरी की चर्चा चलने पर उसने कनक से परिहास किया, ''जैसे कंचन के सितार सिखाने वाले उस्ताद मुट्टु बाबा हैं, यह तुम्हारा उस्ताद है।''

कनक को नैयर का परिहास बुरा लगा। नैयर और कनक में पुरी के बारे में काफी बहस हो गयी। नैयर ने कहा—''उसकी बोल-चाल और उठने-बैठने में निष्प्रयोजन ऐंठ और आत्म-विश्वास की कमी है, जैसे बिना टिकट के सफर करने वाले मुसाफिर का व्यवहार होता है। क्या तुम्हें नहीं दीखता? उसके व्यवहार में सदा एक आतंक बना रहता है कि वह अनधिकृत स्थान पर बैठा है; उसे कभी भी उठा दिया जा सकता है। उसे स्वयं बात करने का साहस ही नहीं होता।''

''आप साहित्य के क्षेत्र और मर्म की बाबत उनसे बात कर ही नहीं सकते। वे आपसे क्या बात करें? आप अख़बारी ख़बरों के अतिरिक्त राजनीति भी नहीं समझते। हाँ, सोसाइटी टाक या निरी बैठकबाजी उन्हें नहीं आती, क्योंकि ऐसी श्रेणी से उनका

सम्पर्क नहीं है। यह कोई मौलिक न्यूनता नहीं है। आपको पुरी जी की संगति नहीं रुचती तो वह कब आपके पीछे दौड़ रहे हैं··· ।'' कनक नैयर से पुरी के अपमान का बदला लिये बिना न रह सकी।

नैयर का विचार था कि कनक के मन से साहित्य के प्रेम और लेखक बनने की महत्त्वाकांक्षा की आँधी निकल जायेगी तो इस 'गुरु' के प्रति भक्ति की घनघोर घटाएँ भी उड़ जायेंगी। लगभग पूरा वर्ष गुजर जाने पर भी ऐसा न हुआ तो उसने कनक से साली और जीजे की अंतरंगता के नाते पूछ लिया था—''गुरुभक्ति कुछ और रूप तो नहीं ले चुकी है?''

कनक पुरी के प्रति नैयर की विरक्ति जानती थी, इसलिए उसने बिलकुल अभेद्य बनकर कह दिया था—''कुछ भी नहीं।''

मार्च मास के उत्पातों के बाद से अप्रैल के मध्य तक कनक इतनी बेचैन रहने लगी कि उस ओर सभी का ध्यान बार-बार जाता था। कंचन को उस बेचैनी के कारण का अनुमान था, परन्तु उसने किसी से कुछ कहा नहीं। नैयर ने भी दो-एक बार कनक से विश्वास और अंतरंगता के स्वर में उसकी परेशानी का कारण पूछा, परन्तु कनक ने अपना रहस्य प्रकट नहीं किया। नैयर के मन में शंका थी, परन्तु प्रमाण कोई न था इसलिए चुप था।

''कहो कन्नी, कन्नी क्यों काट ली है?'' महेन्द्र नैयर ने कनक के कमरे में कदम रखते ही पूछा। कनक लेटी हुई थी। वह उसके समीप पलंग पर बैठ गया।

कनक ने कुछ सरक कर नैयर के लिए जगह कर दी और हाथ की पत्रिका बन्द करके उत्तर दिया—''मैंने तो कोई कन्नी नहीं काटी।''

नैयर पंडित जी से कनक के लिखे पत्रों, उसके लिए आये पत्रों और कनक के मौन विरोध की बात सुन चुका था। उनकी चिन्ता का कारण जान गया था। उसे अपने अनुमान का प्रमाण मिल गया था। वह परिवार के प्रतिनिधि के रूप में स्थिति समझने और सुधारने के लिए आया था।

नैयर ने आत्मीयता का अधिकार जमाने के लिए कनक की पीठ में अपनी कोहनी गड़ा कर कहा—''क्या हो गया तुझे!''

''जीजा जी, हाथा-पाई का जोक मुझे अच्छा नहीं लगता, आपसे कह चुकी हूँ।'' कनक ने झुँझलाहट दिखायी।

''आई एम सॉरी।'' महेन्द्र ने क्षमा चाही। उसके चेहरे पर से चुहल की मुस्कान उड़ गयी। कनक की पीठ पर से कोहनी हटा ली। पलंग की पाटी पर सिमिट गया और गम्भीरता से पूछा, ''क्या बात है, तबीयत तो ठीक है?''

''ठीक ही है।''

''शरीर में कोई कष्ट नहीं?''

कनक ने इन्कार में सिर हिला दिया।

''मन में कष्ट है?''

कनक मौन रही।

"देखो कन्नी!" नैयर बहुत स्नेह से बोला, "कष्ट को प्रकट किये बिना उसका उपाय कैसे हो सकता है? हमें बताये बिना कोई उपाय करोगी तब भी प्रकट होगा ही।"

कनक ने पत्रिका एक ओर रख दी और कमीज़ के आँचल को घुटनों पर खींचते हुए बोली—"पिता जी मेरे साथ ज्यादती कर रहे हैं।"

"क्या, कैसी ज्यादती?" नैयर ने सहानुभूति से पूछा।

"मेरे पत्र रोक रहे हैं।"

नैयर ने सोचकर पूछा—"मतलब है तुम्हारे नाम आये पत्र तुम्हें नहीं दिये।"

"हाँ, और मैंने जो डाक में डालने के लिए दिया था, वह रख लिया।"

"किसका पत्र आया और तुमने किसको लिखा?"

"पुरी जी को।" कनक के स्वर में साहस का निश्चय था।

"पुरी को? वह तो यहाँ आता-जाता ही रहता है।"

"कहाँ आ पाते हैं। आप लोगों का व्यवहार उनके साथ ऐसा है।"

"क्या, मेरा तो ख़याल नहीं कि मैंने कभी उसके साथ दुर्व्यवहार किया। खैर, यह सोचने-समझने की बात है। इस विषय में सीरियसली बात करनी होगी। तुम हमारे साथ माडल टाउन चली चलो। वहाँ सुभीते से बात करेंगे। वहाँ खुली हवा में यहाँ से अच्छी ही रहोगी।"

माडल टाउन पहुँच कर कनक ने जीजा और बहिन के साथ भोजन कर लिया। कुछ विश्राम पाकर वह अपने अधिकार के लिए संग्राम करने के लिए और भी तत्पर हो गयी। बीच में दो-दो, चार-चार बातें होती रहीं। विवाद का विषय प्रकट हो चुका था। चौथे दिन संध्या की चाय के बाद कान्ता, नैयर और कनक लॉन के एक कोने में कुर्सियाँ डालकर गम्भीरता से बात करने के लिए बैठे।

"तुम यह तो मानती हो कि पिता जी और हम लोग केवल तुम्हारा हित ही चाहते हैं और पिता जी और हम लोगों को थोड़ा बहुत अनुभव और समझ है।" कान्ता ने बात आरम्भ की।

कनक बोली—"ऐसी बातें तो वे लोग भी कहते हैं जो लड़कियों का ब्याह पन्द्रह बरस की उम्र में कर देते हैं और इस विषय में लड़की का मुँह खोलना अनुचित समझते हैं।"

"पर तुम जानती हो हम ऐसा नहीं समझते।" नैयर ने बात अपने हाथ में ली, "हम लोग तो तुम्हारे विवाह में तुम्हारी इच्छा को मूल वस्तु मानते हैं और तुम्हारे हित की चिन्ता से अपनी अनुमति भी आवश्यक समझते हैं।"

"यदि आप लोग मेरी इच्छा को नामंजूर कर दे सकते हैं तो मेरी इच्छा का प्रश्न क्या हुआ?"

"नहीं, यह बात नहीं है, प्रमुख तुम्हारी इच्छा ही है। तुम्हारी इच्छा न होने पर हमारी अनुमति या इच्छा का कोई प्रश्न नहीं उठता।" नैयर ने स्पष्ट किया।

"मेरी इच्छा आप जानते हैं, परन्तु आपकी अनुमति न होने से आप उसका कोई मूल्य नहीं समझते।" कनक ने आवेश में कहा, "आपका अभिप्राय तो यह है कि आप लोग चुन लें और मैं हाँ कर दूँ और आप कहें, तेरी ही इच्छा से सब कुछ हो रहा है।"

नैयर उत्तेजित नहीं हुआ—"अच्छा यही सही। हमारा अभिप्राय है कि हमारा चुनाव तुम्हारी स्वीकृति पर निर्भर करता है और तुम्हारा चुनाव हमारी अनुमति से होना चाहिए। तब तो दोनों ओर सम स्थिति है न।"

कनक उद्वेग से बोली—"समता क्या है? आप लोग मेरे अधिकार और क्षेत्र में दखल दे रहे हैं। आप मेरे अधिकार को आधा काट कर कहते हैं कि दोनों का अधिकार बराबर है। अंग्रेज भी कह दें भविष्य में भारत के सम्बन्ध में उनका और भारतीयों का अधिकार बराबर होगा या लीग कहे कि पूरे देश पर लीग और कांग्रेस का आधो-आध अधिकार होना चाहिए तो आप मान जायेंगे? प्रश्न तो मेरे जीवन का है, किसी दूसरे के निर्णय का प्रश्न क्या?"

नैयर खिन्नता से बोला—"कैसी बातें करती हो, तुम्हें हम अपना कुछ न समझते तो हमारी अनुमति का प्रश्न न होता। पिता जी या हम क्या तुम्हारे विवाह से कुछ लाभ उठाना चाहते हैं? हम देख रहे हैं कि तुम्हारा चुनाव तुम्हारे ही हित में ठीक नहीं है। चुनाव ठीक जँचता तो हम लोगों को प्रसन्नता ही होती।"

"निबाहना तो मुझे है। आप लोगों को पसन्द नहीं भी तो क्या हुआ?"

"तुम तो ऐसे बोल रही हो जैसे हमारा तुमसे कोई सम्बन्ध नहीं। आखिर हम लोगों की पसन्द क्या कुछ भी नहीं है? पुरी का हम लोगों के साथ हिल-मिल न सकना क्या उसकी न्यूनता नहीं है? वह हम लोगों के स्तर का नहीं है। हम लोग तुम्हें अपने ही स्तर में रखना चाहते हैं या अपने से ऊँचा देखना चाहते हैं। तुम अपनी ज़िन्दगी बरबाद करना चाहो तो हम कैसे मान जायें!"

"मैंने तो अपनी ज़िन्दगी सफल बनाने के लिए ही उन्हें चुना है।" कनक ने आँखें झुका लीं।

"हमें तो नहीं दिखाई देता किस प्रकार की सफलता तुझे उससे मिलेगी।" कांता ने क्षोभ प्रकट किया, "तेरे साथ बराबर खड़ा भी वह कुछ नहीं जँचता। इनकी ठोढ़ी तक भी नहीं पहुँचता, बाकी कद-काठ भी क्या है, जैसे लड़ाई के जमाने में मसाला न मिलने पर बचे-खुचे से ही बना दिया गया हो।"

"रहने दीजिए, भैन जी!" कनक ने क्रोध से टोक दिया, "किसी के बारे में ऐसे कहने का आपको क्या हक है? मैं कहूँ कि जीजा जी चलते-फिरते शहतीर हैं तो क्या आपको अच्छा लगेगा?"

"हाय सदके, क्यों नहीं!" कांता हँस पड़ी, "मैं तो इनके सिर पर से सात मिर्चें वार कर आग में डाल दूँ कि नज़र न लग जाये।"

कनक ने हँसने का निश्चय कर लिया था—"आपको तो केवल शरीर ही दीखता है—बस पैसा, मोटर, बँगला और पोज़ीशन ही दीखती है।"

"अच्छा बाबा, तुझे उसमें क्या दीखता है? तेरा ब्याह उसके क्या शरीर से नहीं होगा?" कांता ने ठोढ़ी मुट्ठी पर टिकाकर पूछा।

"क्यों, उनकी कला की प्रतिभा, उनका आत्माभिमान, आत्म-विश्वास, उनकी सहृदयता, इन बातों का क्या कोई महत्त्व नहीं?" कनक ने उत्तर दिया।

"इतना सब देख लिया तूने इतनी जल्दी?" कांता ने मज़ाक किया।

''किसी में गुण होते हैं तो दीख ही जाते हैं।'' कनक झेंपी नहीं।

''देखो कन्नी!'' नैयर ने बहुत गम्भीरता और आत्मीयता से कहा, ''मैं मानता हूँ, वह बहुत अच्छा लेखक है। थोड़ा-बहुत साहित्य हम भी समझते हैं। बी० ए० तक साहित्य पढ़ा है। मानता हूँ, उसमें प्रतिभा है। हो सकता है, किसी दिन वह बहुत बड़ा लेखक बन जाय, परन्तु विवाह के लिए व्यक्ति के ऐसे गुणों की अपेक्षा उसके सामाजिक सामर्थ्य और व्यक्तित्व का ही अधिक महत्त्व होता है। कंची को संगीत का शौक है। मुट्‌टु बाबा में यह कला भरपूर है तो क्या कंची मुट्‌टु से ब्याह कर ले? कहो, कंची चाहे तो तुम पसन्द करोगी? किसी आदमी में कोई दूसरा गुण हो सकता है। गुण का आदर करो, परन्तु विवाह की बात को जीवन को सफल बना सकने की दृष्टि से देखो। समझी! तुम्हें तो मालूम होगा कि ताल्सताय के व्यवहारों के कारण उसकी पत्नी कितनी बार आत्महत्या के लिए उतारू हो गयी थी। साहित्य और कला ताल्सताय में भी कम नहीं थी। ज़रा सोचो, मनुष्यत्व एक चीज़ है और कला दूसरी।''

''मैं तो उनके मनुष्यत्व का ही आदर करती हूँ।'' कनक ने सिर झुकाये कह दिया।

''सुनो कन्नी!'' नैयर और भी गम्भीरता से बोला, ''तुम्हारा परिचय अधिक से अधिक साल भर का है। यदि मेरा अनुमान ठीक हो तो आकर्षण का समय सात-आठ मास से अधिक नहीं हुआ होगा। वह भी व्यवधानों के साथ। कभी सप्ताह में दो बार, कभी दो सप्ताह में एक बार मिले होंगे। इधर दो-ढाई मास से नगर में उत्पात के कारण मिले भी नहीं। इतने समय में किसी को पहचान लेना कठिन होता है, विशेषकर जब दूसरा व्यक्ति अच्छा प्रभाव डालने के लिए सतर्क और सप्रयत्न हो। तुम्हें आदमी को समझना चाहिए।''

''आप लोग समझने के लिए समीप होने का अवसर ही कहाँ देते हैं?''

''तुमने तो निर्णय ही कर लिया, समझने का प्रश्न ही कहाँ रखा है!''

''हाँ, मैंने निर्णय कर लिया है।'' कनक ने दो टूक कह दिया।

कान्ता ने आर्द्र स्वर में कहा—''अपने हित में किसी को बोलने भी नहीं दोगी! जो अनुभवी हैं, उनके अनुभव को ठुकरा दोगी!''

''बहिन जी, यदि बुजुर्गों की सम्मति पर ही संसार और समाज चलता रहता तो वह आज भी वहाँ ही होता जहाँ सिक्खों के राज के समय था। बुरा न मानियेगा, मनसा बुआ सबसे बुजुर्ग हैं। उनके ही परामर्श पर आप चलेंगी!''

दूसरे दिन आठ ही बजे अपने सीनियर वकील के यहाँ चला गया था। दोपहर में दोनों बहिनें पलंग पर एक साथ लेटी बात कर रही थीं। कान्ता ने आँखों में आँसू भर कहा—''इनके सामने मैं क्या कहती। रविवार पिता जी का फोन मिलने पर हम गये थे। यह बैठक में थे। मैं पिता जी के कमरे में चली गयी थी। देखा, पिता जी रो रहे थे। कहने लगे—बेटा, बुरा न मानना, यों तो माँ-बाप के लिए सभी बच्चे एक से होते हैं परन्तु इस लड़की से मुझे कुछ अधिक आशाएँ थीं। यही तो मुझे सबसे अधिक ख्वार कर रही है।

''कह रहे थे, मैंने क्या ज़िन्दगी भर के सब्र और परिश्रम से यह सब कुछ इसीलिए खड़ा किया है कि कन्नी को ऐसे आदमी के साथ सड़कों पर ठोकरें खाते देखूँ? मुझे तो

तुम लोगों को सफल देखकर ही सन्तोष होगा। मुझे और क्या चाहिए? आज मेरी लड़की को मुझ पर एतबार नहीं। उसे मुझसे झूठ बोलना पड़े, मुझसे छिपाकर पत्र लिखने पड़े। अगर लड़का काम का होता तो मैं क्यों एतराज़ करता! हमारे बारे में पिता जी ने क्या एतराज़ किया था! कह रहे थे—मुझे और क्या चाहिए? परन्तु मैं ऐसे लड़के को अपना बेटा बनाने लायक कैसे समझ लूँ।''

कनक रो पड़ी और बहुत देर तक रोती रही। संध्या समय उसने बहिन से कहा—''मन चाहता है, कहीं डूब मरूँ। तुम जानती हो, मैं पिता जी से कितना स्नेह करती हूँ, परन्तु इस बात में मेरा बस नहीं है या फिर ब्याह की बात कभी सोचूँगी ही नहीं।''

कान्ता बोली—''पिता जी तो कह रहे थे ऐसी जगह ज़िन्दगी बरबाद करने से तो उन्हें तेरा कुमारी रह जाना ही मंजूर है। देखो कन्नी, हम लोगों में से किसी को भी तो वह आदमी नहीं जँचता। सदा ऐसा लगता है कि आतंकित हो, बन रहा हो।''

''यह मेरा दुर्भाग्य है और क्या कहूँ।'' कनक चुप हो गयी।

कान्ता को आशा हुई कि कनक का पिता जी के प्रति आदर और स्नेह उसे सँभाल लेगा। अगले दिन कान्ता ने बात की तो कनक बहुत तटस्थता से बोली—''बहिन बुरा न मानना; मुझे कहना पड़ रहा है, पिता जी से प्यार तो तुम भी कम नहीं करती पर अपना घर बसाने के लिए यहाँ आ गयी हो। सच बात है कि आज तुम नानो की तुलना में सबको भूल सकती हो।''

''पिता जी ने भी अपने माता-पिता के विचारों की परवाह न कर हमें पाला-पोसा है। निर्दयता जरूर जान पड़ती है, परन्तु मजबूर हैं, संसार का क्रम ही ऐसा है।''

''बड़ी निर्मम हो गयी तू?'' कान्ता ने टोका।

''जानती थी तुम ऐसा ही कहोगी, जो कहो। मैं पिता जी के लिए अपने आपको बलिदान कर सकती हूँ, परन्तु उन्हें वचन दिया है, उसका क्या करूँ? वे भी तो तड़प रहे होंगे। यदि मेरे कारण कुछ कर बैठे। तुम जीजा जी के लिए सब कुछ छोड़ सकती हो या नहीं, तो मैं क्या करूँ!'' कनक फिर रोने लगी।

कनक यह जानकर कि पिता जी सब कुछ जान गये हैं और उसके व्यवहार से इतने दुखी हैं, उनके सामने जा नहीं सकती थी। वह बहिन के यहाँ माडल टाउन में ही रही। अपने ऊपर बहुत जब्र किया और जब्र न हो सका तो यह सोचकर कि बाद में धोखा देने का आरोप न आये, उसने कान्ता से स्पष्ट ही कहा—''मैं 'उन्हें' एक पत्र लिखना चाहती हूँ।''

कान्ता सुनकर असमंजस में पड़ गयी—इस लड़की का मुँह कितना खुल गया है। लोग तो हमारे लिए ही बातें बनाते थे, हमें बे-लिहाज कहते थे पर इसको देखो। सोचकर उत्तर दिया—''साँझ तक ठहर जा। जीजा जी से भी पूछ लेने में क्या हर्ज़ है!''

संध्या समय नैयर के सामने बात आयी। वह कनक को लेकर लॉन पर टहलता हुआ बात करने लगा—''कन्नी, मैं विचित्र कठिनाई में हूँ। कठिनाई यह है कि मैं तुम्हारे अधिकार को स्वीकार करता हूँ, परन्तु पिता जी और हमारा भी अधिकार है कि तुम्हारे हित की चिन्ता कर सकें। मैं अपने अधिकार को भी नहीं छोड़ देना चाहता। वह मुझे कर्तव्य से च्युत होना और क्रूरता जान पड़ता है। मैं केवल तुम्हारे जीजा की स्थिति से

बात नहीं कर रहा हूँ। मैं तुमसे बहिन या मित्र के रूप में भी तो स्नेह करता हूँ। कभी तुम भी कहती थी कि तुम सबसे अधिक विश्वास मुझ पर ही करती थी।'' नैयर का स्वर आर्द्र हो गया, ''मैं नहीं चाहता कि हम आपस में एक-दूसरे के विरोध को कर्तव्य मानकर आजीवन शत्रु बन जायें, इसलिए मैं तुम्हारे अधिकार के सम्मुख अपने अधिकार पर सीमा लगाने के लिए तैयार हूँ। मैं तुम्हारी सहायता करना चाहता हूँ और मुझे भी तुम्हारी सहायता की आवश्यकता है। अपने हित की चिन्ता का थोड़ा-बहुत अधिकार तो हमें दोगी।''

''क्यों नहीं जीजाई, मैं तो आपसे केवल एक ही बात कर रही हूँ।'' कनक ने चलते-चलते खड़े होकर पिघले स्वर में उत्तर दिया।

''अच्छा यही सही, तो वर्ड आफ आनर (प्रतिज्ञा) दो।''

''नहीं जीजाई, '' कनक ने हँसकर इन्कार में सिर हिला दिया। कनक जब लाड़ में आ जाती थी तो 'जीजा जी' का संक्षेप 'जीजाई' और उसका भी संक्षेप 'जियाई' मात्र कह देती थी। अंग्रेजी में बोली, ''आप बहुत चालाक हैं, न जाने कैसे शब्द-जाल में बाँध लें। पहले स्पष्ट कह दें।''

नैयर हँसा नहीं—''सुन!'' कनक को बाहुमूल से पकड़ अपने और समीप कर कदम-कदम चलते हुए बोला, ''तुमको जब हम यहाँ लाये थे तो पिता जी को यह आश्वासन दिया था कि हम तुम्हें अपना अहित न करने अर्थात् पुरी को पत्र न लिखने और उससे न मिलने के लिए समझा लेंगे··· ।

''यह मेरा अहित है?'' कनक ने टोका, ''प्राण ले लो मेरे, तब अहित का भय न रहेगा।''

''बात सुन लो,'' नैयर कहता गया, ''मैं तो स्वयं अपनी बात और अधिकार पर सीमा लगा रहा हूँ। हमारा विचार है कि तुम कला के प्रति आकर्षण के कारण पुरी के चक्कर में आ गयी हो, तुम्हें उसे पहचानने-समझने का उचित अवसर नहीं मिला और तुमने आवेश में कुछ ऐसे कदम उठा लिये कि हम घबरा गये हैं।''

''मैंने अनाचार की कोई बात नहीं की।''

''अनाचार तो केवल धारणा की बात है। मेरा मतलब है, अपने आप को बाँध देने से।''

''जियाई, दूसरे को बाँधने के लिए बँधना भी तो पड़ता है।'' कनक ने मुस्कराकर कहा।

''खैर, सुन तो लो! मेरा विचार है कि तुमने चाहे जो कुछ किया हो, तुम्हें और हमें भी उस आदमी को पहचानने-समझने का अवसर मिलना चाहिए। शायद हम भी भूल कर रहे हों। हमें भी उसे समझने का यत्न करना चाहिए। यदि तुम उससे सम्बन्ध करना ही चाहती हो तो हम भी उसका आदर क्यों न कर सकें? यह तो बुरी बात नहीं है!''

''परन्तु आप लोगों के दिमाग में तो प्रेजुडिस (विरोध) भर गया है।'' कनक ने अटल विश्वास से कहा, ''वह प्रेजुडिस भी आपने ही जमाया है। आप पर मुझे सबसे अधिक भरोसा था और आपने ही यह किया। पहले सब लोग उनका आदर करते थे। आपने उन्हें हीन कह दिया, दूसरों ने मान लिया।''

"तुम्हारा अनुमान ठीक नहीं है।" बहुत धैर्य से नैयर ने कहा, "यदि तुम्हारा अनुमान ठीक है तो मैंने जो कुछ किया पुरी के प्रति द्वेष के कारण नहीं, तुम्हारे प्रति ममता के कारण किया है। तुम्हें मुझ पर भरोसा मेरे ममता के व्यवहार के कारण ही था। मुझे अच्छा नहीं लगा कि हमारी कबूतरी को कौआ उड़ा ले जाये⋯।"

"शट अप!" कनक अपने पुलक को दबा न सकी। नैयर की बाँह पर थप्पड़ मारकर उसने लाड़ से कहा, "मार पड़ेगी।"

"खैर," नैयर गम्भीर बना रहा, "तुम मुझ पर दोषारोपण कर रही हो! तुम समझ लो कि मैं उसका ही मार्जन करना चाहता हूँ।"

"कैसे?"

"तुम हमें कुछ समय दो। हम पिता जी को इस बात के लिए तैयार कर लें कि वह इस व्यक्ति को स्वयं अपने यहाँ बुलायें। तुम उससे पूर्ण स्वतन्त्रता से प्रतिदिन, हो सके तो जब चाहो, मिल सको। बशर्ते तुम्हारा व्यवहार संयत रहे, कोई तमाशा न बने। ऐसी अवस्था में यदि एक वर्ष बाद भी तुम्हारा निर्णय अडिग रहे तो तुम्हारे व्यवहार में बाधा नहीं डाली जानी चाहिए, यह ठीक है न?"

कनक के चेहरे पर सन्तोष झलक आया—"आप पिता जी से कब बात करेंगे?"

"पिता जी से बात करने का अभिप्राय है, उस व्यक्ति के सम्बन्ध में पिता जी के मन में विश्वास की धारणा उत्पन्न कर सकना। मैंने स्वयं उसके विषय में कुछ जानने का यत्न कभी नहीं किया। तुम्हारे कहने पर मैंने उसकी लिखी दो कहानियाँ और एकाध लेख पढ़े थे और मुझे बहुत पसन्द आये थे। मेरा अनुमान है कि ऐसी बात बना सकने वाला आदमी किसी भी भावुक लड़की को भरमा सकता है⋯।"

"फिर वही बात; है न प्रेजुडिस?" कनक ने थप्पड़ दिखाया।

"खैर," नैयर गम्भीर बना रहा। "मुझे भी उसके विषय में कुछ जानना चाहिए, उससे मिलने का अवसर बनाना चाहिए, परन्तु तब तक पिता जी और हम लोगों की भावना का आदर करने के लिए तुम्हें उससे न पत्र-व्यवहार करना चाहिए न मिलने का यत्न।"

कनक मौन रही।

"मैं समझता हूँ तीन मास का समय मुझे दो।"

कनक की आँखें आतंक से फैल गयीं—"तीन मास! आप नहीं समझते मेरे लिए यह कितनी बड़ी यातना है और उसके लिए उससे भी बड़ी। उन्हें आपकी शर्त के बारे में क्या मालूम? आपका क्या; तीन मास बाद कह देंगे, क्या करें, पिता जी नहीं मानते।"

"नहीं ऐसा नहीं होगा।" नैयर ने आश्वासन दिया, "हम लोगों को तीन मास का समय दो। हम लोग तीन मास में उस व्यक्ति के सम्बन्ध में जो कुछ जान सकें, जान लें। अपनी जानकारी से तुम्हें अवगत कर सकें। इस पर भी यदि पिता जी और हम तुमसे सहमत न हो सके या तुम्हें समझा न सके तो तुम्हारे मार्ग में उस व्यक्ति से मिलने-जुलने में कोई रुकावट डालना मैं उचित नहीं समझूँगा।"

"तीन मास हमें यातना देना ज़रूरी क्यों है? आप अपनी जाँच-पड़ताल करते रहिये। हम दोनों को अपनी राह चलने दीजिये।" कनक ने उत्तेजना से कहा।

"यह जरूरी हो गया है तुम्हारे व्यवहार के कारण। तुमने उस आदमी को वचन देने से पहले पिता जी और हमारी राय जानने की और हमारी अनुमति लेने की आवश्यकता नहीं समझी। क्या यह उचित था? तुमने यह क्यों मान लिया कि हम लोग विरोध ही करेंगे! क्या तुम्हें पहले ही विश्वास था कि वह हमारी दृष्टि में योग्य नहीं जँच सकता?" नैयर ने जिरह के लहज़े में पूछा।

"ऐसी बात हरगिज़ नहीं थी।"

"तो फिर राय ले लेनी चाहिए थी। उस समय असहमत होकर भी हम तुम पर उच्छृंखलता का आरोप नहीं लगा सकते थे।"

"उच्छृंखलता इसमें क्या है?" कनक मौन हो गयी।

नैयर ने अधिकार के स्वर में कहा—"अब स्थिति को सुधारने का यही उपाय है। तुम हम दोनों को राय बनाने का अवसर दो। पिता जी के मन में जो तुम्हारी बदनामी फैलने का डर है, उसे निर्मूल कर दो। हम यह समझ सकें कि तुम अपने प्रेम के लिए सचमुच त्याग कर सकती हो। अभी तो हम लोगों को यह उफ़ान मात्र मालूम होता है।"

"आप लोगों को उफ़ान मालूम होने से क्या होता है?"

"बुरा न मानना!" नैयर ने चेतावनी के लिए तर्जनी उठाकर कहा, "क्या पहले उफ़ान नहीं आया?"

"उस चर्चा की क्या आवश्यकता है? उसे मैंने भूल स्वीकार कर लिया था। भूल किससे नहीं होती? आपसे नहीं हुई? मैं क्या नहीं जानती?"

"मुझसे हुई, सभी से हो सकती है, इसलिए तुमसे भी हो सकती है।"

"सारी उम्र भूल ही करती रहूँगी? यदि भूल है तो होने दीजिये। समझदार बनने के लिए स्वयं कोई इच्छा या निर्णय न करूँ। मैं मूर्ख हूँ तो मुझे अपनी मूर्खता में मर जाने दीजिए।" कनक क्रुद्ध हो गयी।

नैयर उत्तेजित नहीं हुआ, बोला—"इसका मतलब है कि तुम्हें हम लोगों का समर्थन और सहायता मिल भी सकती हो तो तुम्हें उसकी आवश्यकता और चिन्ता नहीं है। तुम परिवार द्वारा त्याज्य हो जाना ही अधिक संतोषजनक समझती हो। वह भी क्या यही पसंद करता है?"

"उन्हें इन सब रूढ़ियों और बातों की परवाह नहीं है।"

"परवाह न करने के लिए मजबूर हो जाना एक बात है, परवाह न होना दूसरी बात है। अगर सचमुच परवाह नहीं है तो होश-हवाश में कुछ कमी है या मानसिक विकृति है। तुमने कभी इस विषय में स्पष्ट बात की है?"

"नहीं, ऐसा अवसर नहीं आया।"

"अब समझ में आया। मेरा अनुमान है कि हो सकता है कि उसे आशा हो कि तुम्हारा परिवार इस सम्बन्ध को किसी न किसी प्रकार मान जायेगा। यह भी हो सकता है कि तुम्हें परिवार छोड़ने के लिए विवश देखकर वह विवाह ही न करे। उसने तुम्हें इस परिवार की लड़की के रूप में ही चाहा हो।"

"क्या कहना आपके परिवार का? मैं जानती हूँ, मेरे लिए वे सब कुछ कर सकते हैं।"

''बहुत अच्छा, तो मेरी बात मान लेने में, परिवार का सहयोग या समर्थन पा लेने में क्या हर्ज है? इतनी बड़ी बात के लिए दो-तीन मास का समय भूमिका बाँधने के लिए बहुत अधिक मूल्य नहीं है?''

''है कैसे नहीं! आप मुझे सब बातें उन्हें समझाने के लिए एक बार मिल लेने दीजिये।''

''इस बारे में मैं विवश हूँ। उसके विरुद्ध मैं पिता जी को आश्वासन दे चुका हूँ।''

''उनके साथ कितना अन्याय है, यह आप नहीं समझते?'' कनक का स्वर भीग गया, ''वह क्या समझेंगे, मुझे क्या हो गया? क्या मैं मर गयी या बदल गयी? उन्हें तो कुछ भी मालूम नहीं।''

''अगर बुद्धि है तो उसे सब कुछ मालूम हो जाना चाहिए। पिता जी ने उसे शायद कुछ अनुवाद का काम दिया था न? वह कुछ अनुवाद करके लाया था। पिता जी ने उसे बहुत आत्मीयता से समझा दिया है कि वे उसका तुमसे बहिन-भाई के अतिरिक्त और कोई सम्बन्ध नहीं चाहते।''

''परन्तु मैं उन्हें दूसरे रूप में वचन दे चुकी हूँ।''

नैयर ने कहा—''यह क्या उसे अभी तक नहीं मालूम? तो मालूम क्या है? यही तो देखना है कि इतना कुछ जानकर एक भले आदमी के तौर पर वह क्या करता है?''

''कहीं निराश होकर मन फेर बैठे तो मैं तो कहीं की न रहूँगी।'' कनक रो दी।

''इसका मतलब यह है कि तुम्हें उस पर और उसे तुम पर गहरा विश्वास नहीं है।'' नैयर ने पूछा, ''तुम क्या इतने दिन में परस्पर इतना ही समझ सकी हो? हम यही देख लें, उसमें कितना धैर्य और तुम्हारे प्रति कितना विश्वास है?''

''यह तो तब हो जब उन्हें स्थिति का पता हो, इसलिए मैं कहती हूँ कि एक बार मैं उन्हें सब कुछ समझा दूँ।''

''परिस्थिति न मालूम होने की क्या बात है? पिता जी का मत मालूम हो गया, तुम्हारा भाव मालूम है। उसका धैर्य और विश्वास तो देखा जाये?''

''पर परीक्षा ली ही क्यों जाये?''

''परीक्षा लेने के प्रयोजन से परीक्षा नहीं, उसके स्वभाव और व्यक्तित्व को समझने के लिए समय चाहिए। मैं तुम्हारे लिए इतना बड़ा जोखिम ले रहा हूँ। सुनो, तुम्हारी दृष्टि से उसका कुछ मूल्य नहीं तो दूसरी बात है, लेकिन समाज में परित्यक्त बनकर और उसे परित्यक्त बनाकर तुम उसके भविष्य को सुधारोगी नहीं, उसके मार्ग में बाधा ही बनोगी।''

दो दिन बाद नैयर के शहर—अपने दफ़्तर में जाने से पहले कनक ने आकर स्वयं कहा—''जीजा जी, मैं आपकी शर्त मानने के लिए तैयार हूँ, परन्तु एक बार मिलने नहीं देते तो पत्र में ही सब कुछ स्पष्ट कर लेने दीजिये। फिर मैं आपकी बात मान जाऊँगी।''

नैयर अपनी बात पर दृढ़ रहा—''मैं घर से लड़कर तुम्हारा समर्थन करूँ तो मुझे भी तो विश्वास चाहिए कि कद-कामत न सही, धन और सामाजिक स्थिति न सही, परन्तु तुम्हारे चुने आदमी में निष्ठा और व्यक्तित्व तो है।''

''जीजा जी, तो फिर तीन महीने न रखिये।'' कनक के गले में आँसू भर आये।

"बहुत अच्छा, दो महीने सही। दो महीने का समय कम है, परन्तु देखा जायेगा। आज से पूरे साठ दिन। वचन दो कि चाहे यहाँ रहो या ग्वालमंडी में, पुरी को पत्र लिखने या उससे मिलने का यत्न न करोगी। मैं उसके सम्बन्ध में जो कुछ जान पाऊँगा, तुम्हें बता दूँगा। यदि किसी बात में संदेह होगा तो हम मिल-जुलकर तथ्य को जानने का यत्न करेंगे।"

जून के पहले सप्ताह में मुस्लिम लीग ने पाकिस्तान की स्थापना के लिए बंगाल और पंजाब को हिन्दू-बहुल और मुस्लिम-बहुल भागों में बाँट देने की शर्त स्वीकार कर ली। इस प्रकट समझौते ने और भी विकट संघर्ष को जन्म दे दिया। साधारणतः पश्चिमी पंजाब के मुस्लिम-बहुल और पूर्वी पंजाब के हिन्दू-बहुल होने पर भी पश्चिमी पंजाब में लायलपुर, मिंटगुमरी, शेखूपुरा के नहरी उपनिवेशों में सिक्ख किसानों की बहुसंख्या थी और पूर्वी पंजाब के जालंधर, लुधियाना, अमृतसर आदि नगरों में मजदूरों और कारीगरों के मुसलमान होने के कारण, मुसलमानों की संख्या अधिक थी। मुस्लिम लीग लाहौर से पूर्व में बहुत दूर तक का भाग पाकिस्तान में चाहती थी और कांग्रेस अथवा हिन्दू आधे पंजाब से बहुत दूर पश्चिम की ओर हिन्दुस्तान की सीमा बनाना चाहते थे। लाहौर के लगभग बीचों-बीच होने के कारण उस पर दोनों का दावा था।

सरकार, मुस्लिम लीग और कांग्रेस ने निश्चय किया कि पंजाब असेम्बली के भिन्न-भिन्न चुनाव क्षेत्रों के हिन्दू-सिक्ख और मुस्लिम सदस्य अलग-अलग बैठकर निर्णय कर लें कि उनके क्षेत्रों की जनता हिन्दुस्तान के साथ रहेगी या पाकिस्तान के साथ। सरकार ने इसके लिए २० जून की तारीख निश्चित कर दी थी।

माडल टाउन में रहने वाले गिने-चुने मुस्लिम परिवारों में बैरिस्टर जमाल मिर्ज़ा महेन्द्र नैयर के पड़ोसी थे। महेन्द्र नैयर और बैरिस्टर मिर्ज़ा के व्यवहारों में हिन्दूपन और इस्लाम के आचार-व्यवहार की रीति के भेदों की कोई बात न थी। खान-पान और पहरावे के रूढ़िवादी बन्धनों को दोनों ही पसन्द नहीं करते थे। दोनों के यहाँ पर्दा नहीं था। अधिकांश में अंग्रेजी ही बोलते थे। दोनों का एक-दूसरे के यहाँ उठना-बैठना और निस्संकोच खाना-पीना भी था। यहाँ तक कि कभी महेन्द्र मिर्ज़ा की मोटर में और कभी मिर्ज़ा महेन्द्र की मोटर में हाईकोर्ट एक साथ आते-जाते रहते थे, विशेषकर उपद्रव के दिनों में सुरक्षा के विचार से भी। मिर्ज़ा के साथ रहने वाली उनकी छोटी बहिन क्रिश्चियन कालेज की विद्यार्थी कनक से खूब परिचित थी। पंजाब का विभाजन करने वाली रेखा कहाँ होनी चाहिए, इस विषय पर दोनों में बहुत चर्चा होती, परन्तु उनमें भी कोई समझौता सम्भव न होता। मिर्ज़ा पाकिस्तान की सीमा में अम्बाला और फीरोजपुर तक सम्मिलित करने के पक्ष में था। उसका तर्क था; पंजाब एक है; उसके टुकड़े नहीं होने चाहिए।

महेन्द्र आपत्ति करता—"लायलपुर, मिंटगुमरी, सरगोधा और शेखूपुरा की नहरी आबादियों में सत्तर-अस्सी प्रतिशत भूमि और आबादी सिक्खों और हिन्दुओं की है। वे पाकिस्तान में क्यों रहें। क्या वे लोग अपनी भूमि उठाकर हिन्दुस्तान ले जायें? हिन्दुस्तान की सीमा वहाँ ही क्यों न हो!"

"उन्हें पाकिस्तान में रहने से कौन मना करता है!"

"तो मुस्लिम प्रधान पंजाब को ही हिन्दुस्तान का अंग बना रहने में क्या आपत्ति है?" प्रकट में झगड़ा न होने पर भी दोनों की बातचीत कम होती जा रही थी।

कनक दिन काट सकने के लिए कुछ पढ़ने या लिखने में ध्यान लगाने का यत्न करती। अपनी समस्या को लेकर कहानी या एकांकी लिखने का यत्न करती, कभी लेख लिखने लगती, परन्तु उस प्रचंड-दारुण यथार्थ को कल्पना के कुहासे में लपेट न पाती। वह शिकायत या संवाद में न जाती। संतोष न होने पर फाड़ कर फेंक देती। जून में गरमी खूब बढ़ गयी थी। दोपहर में नींद आ जाती, परन्तु रात में उसका बदला चुकाना पड़ता।

आधी मई से नगर में क़त्ल और आग का आतंक बहुत बढ़ गया था, परन्तु माडल टाउन की बड़े लोगों की बस्ती उस प्रभाव से बची हुई थी। वहाँ हिन्दू-मुसलमान और विभाजन की समस्याओं का प्रभाव केवल बहस, वह भी अंग्रेजी में ऊँचे स्वर में बहस तक ही सीमित था।

श्रीमानों की बस्ती माडल टाउन पर प्रकृति का भी पक्षपात था। वहाँ के बंगले की छतों पर नगर की अपेक्षा रात में काफी ठंडक रहती थी। दूर-दूर तक आड़ न होने के कारण वायु के लिए रुकावट नहीं थी। वहाँ चाँदनी और अँधेरी, दोनों ही प्रकार की रातें रम्य होती थीं, परन्तु कनक के लिए दोनों में ही विकलता थी। उसे नींद न आने पर आँखें खोले मसहरी में से आकाश को देखते हुए पुरी की याद और परिवार द्वारा लगायी बाधाओं की बात सोचते रहना असह्य हो जाता। कनक को दिन में सो लेने और मन अशांत होने के कारण आधी रात बीत जाने से पहले नींद न आती। वह नीचे प्रकाश में, पंखे के नीचे बैठी कुछ पढ़ती रहती। पहिली आधी रात की गर्मी का बदला पिछली रात के शीतल पवन से मिलता। सूर्योदय के एक घंटे बाद भी ठंडी हवा चलती रहती और छतों पर सोये लोग पलंग न छोड़ना चाहते।

कनक विलम्ब से सोती थी इसलिए शीतल पवन की थपकियों में सूर्योदय तक भी उसकी आँख न खुलती! पड़ोस में मिर्ज़ा के बँगले की छत पर भी ऐसा ही ढंग चलता था।

"कन्नी! कन्नी उठ देख!" कान्ता की ऊँची पुकारें सुनकर कनक ने गहरी नींद से आँखें खोलीं। उठते ही जलने की गन्ध सी अनुभव हुई। वह कमीज घुटनों पर खींचकर मसहरी से निकल आयी।

नैयर की माँ कह रही थी—"मैं तो बहुत देर से देख रही हूँ। जब डर लगा तो तुम लोगों को जगा दिया।"

नैयर रात के धारीदार कपड़ों में खड़ा आकाश की ओर नज़र उठाये था। उत्तर की ओर नगर के ऊपर आकाश में लाल आँधी सी चढ़ आयी जान पड़ती थी। जहाँ-तहाँ काले-काले, छोटे-छोटे डोर कटी हुई काली पतंगों जैसे कागज़ के टुकड़े से उड़ रहे थे।

"यहाँ आग तो बहुत भयंकर है!" नैयर चिन्ता से बोला, "इतनी दूर से कहना कठिन है, कहाँ होगी?" वह नीचे उतर गया।

कान्ता ने सोयी हुई नानो को उठा लिया। वह और कनक भी नीचे उतरीं तो नैयर फोन कर रहा था। दोनों उत्सुक जिज्ञासा में समीप खड़ी रहीं। नैयर के संक्षिप्त 'हैं! अच्छा! ओह! रियली! माई गॉड!' से उनकी चिन्ता और उत्सुकता गले तक उमड़ रही थी। नैयर ने फोन रखकर बताया—

''आग शहालमी दरवाज़े के भीतर बाज़ार में लगी है। आधी रात से आग लगी हुई है। आग की लपटें ग्वालमंडी में दिखाई दे रही हैं। प्रायः मील भर दूर है पर ग्वालमंडी में भी भयंकर चिरांध और हवा में भी गरमी आ रही है। आग की लपटों से आकाश में उड़े हुए चीथड़े या कागज़ों के टुकड़े राख बनकर गिरने से ग्वालमंडी में छतें भर गयी हैं। शहालमी में बहुत गोली चलने की भी अपवाह है।''

कांता का बहुत कुछ समाधान हो गया है। आग उसके मायके, ग्वालमंडी से मील भर दूर थी। वह काम में लग गयी, परन्तु कनक का मन चिन्ता से बैठा जा रहा था। भोलापांधे की गली शहालमी दरवाज़े से बहुत दूर अन्दर की तरफ है, परन्तु क्या पता···।

''हैलो नैयर !'' मिर्ज़ा के बँगले की ओर से पुकार सुनाई दी। साथ ही बेगम मिर्ज़ा की आवाज़ आयी, ''भैन जी! कनक!''

नैयर के साथ कांता और कनक भी दोनों बँगलों के बीच की नीची दीवार की ओर बढ़ गयीं। मिर्ज़ा उन्हें देखते ही बोला—''देख लो, महानाश आरम्भ हो गया। हिन्दुस्तान भी बन गया और पाकिस्तान भी बन गया। कयामत है, कयामत! मैंने शहर में फोन किया था, खदीजा के मौसा दिल्ली दरवाज़े से इधर की चक्की गली में रहते हैं। बेचारे बहुत घबराये हुए हैं। कह रहे हैं, उनकी छत पर भी आँच की सेंक आ रही है। क्या मालूम, आग उधर भी बढ़ जाये। बेवकूफ कह रहा है, हिन्दू पूरे लाहौर को जला देने की कोशिश कर रहे हैं।''

''आग तो शहालमी से शुरू हुई, वहाँ तो हिन्दू ही पहले मरेंगे।'' नैयर ने कहा।

नैयर को खदीजा ने टोक दिया—''तोबा, कोई खुद अपना घर थोड़े ही जला लेगा! क्या ज़हालत है?''

''मुझे तो परसों माल रोड पर ही आसार अच्छे नहीं दिखाई दे रहे थे। तुमने असेम्बली चेम्बर के सामने भीड़ देखी होगी? ओफ; नाराए बजरंगी! नाराए हैदरी! तोबा! तोबा! पुलिस दोनों को भगा न देती तो खून के दरिया बह जाते! वह ज़हर रात में फूटा।''

''लेकिन परसों दोपहर से ही कर्फ्यू हो गया था, रात भी कर्फ्यू था।'' नैयर ने संदेह प्रकट किया, ''कर्फ्यू में साधारण लोग बाहर निकल नहीं सकते। बाज़ारों में सशस्त्र पुलिस मौजूद होगी। इस प्रकार फैलाकर आग लगाने का अवसर कैसे हुआ? स्वयं लग गयी थी तो बुझा दी जानी चाहिए थी। वहाँ बहुत समीप रंगमहल में भी फायर ब्रिगेड का स्टेशन है!''

''अरे भाई, जब दिलों में इतनी आग है तो आग नहीं लगेगी तो क्या होगा? हिन्दू को मुसलमान और मुसलमान हिन्दू को नेस्तनाबूद (मूलनाश) कर देना चाहता है तो क्या नहीं होगा? असेम्बली में परसों क्या फैसला हुआ; नहीं जानते? वही तो इसकी जड़ है।''

नैयर ने हामी भरी।

''तो फिर? तुम्हीं बताओ!'' मिर्ज़ा अंग्रेजी में बोला, वह पंजाबी या उर्दू में तर्क नहीं कर सकता था; ''माना, पश्चिम पंजाब मुस्लिम प्रधान है और पूर्वी पंजाब हिन्दू प्रधान है पर पूर्व में ऐसी जगहें भी हैं कि लगातार मुस्लिम गाँव चले गये हैं। मेरा गाँव जालंधर के

करीब है, वहाँ मीलों तक सब मुस्लिम हैं। ज़ाहिर है कि वे इस्लामी तरज-तौर पसंद करेंगे…''

''पश्चिम में लायलपुर, मिंटगुमरी, ओकाढ़ा में क्या है? सब हिन्दू-सिक्ख बस्तियाँ हैं।'' नैयर ने टोका।

''यही तो कह रहा हूँ।'' मिर्ज़ा बोला, ''हमारे पश्चिम पंजाब के हिन्दू एम० एल० ए० और पूर्वी पंजाब के मुसलमान एम० एल० ए० लोगों की अक्ल देखो, एक भी मुसलमान मेम्बर ने हिन्दुस्तान में रहने के लिए वोट नहीं दिया। यह लोग नहीं लड़ा रहे तो कौन लड़ा रहा है। ज़ाहिर है कि जिन्ना का तबदीलिये आबादी का प्रोग्राम सामने आयेगा। मैं कहता हूँ, हिन्दुओं को मुसलमानों से और मुसलमानों को हिन्दू-सिक्खों से, लोगों को अपनी पुश्तैनी जगहों से अलग करना ऐसा है जैसे जिस्म के माँस को हड्डियों से अलग करना।''

मिर्ज़ा और नैयर दोनों ही हिन्दू-मुसलमान में भेद नहीं समझते थे। दोनों ही लड़ाई नहीं चाहते थे, दोनों ही मेल चाहते थे फिर भी दोनों के विचारों में भेद था, क्योंकि वे परस्पर विरोधी हिन्दू-मुस्लिम बिरादरियों के अंग थे पर उनकी सज्जनता उन्हें आपस में मित्रता बनाये रखने के लिए बाध्य किये थी। उस दिन सावधानी के विचार से दोनों मिर्ज़ा की गाड़ी में एक साथ कोर्ट गये।

कनक दोपहर तक बहुत व्याकुल हो गयी। वह चाहती थी स्वयं फोन करके पता ले। फोन पर अधिक आशा पिता जी से उत्तर पाने की थी, इस विचार से रह जाती। सोचा, पिता जी से कह देगी कंची से बात करनी है पर वह चुड़ैल बता देगी मैंने क्या पूछा है। पिता जी कहेंगे, पुरी जी के कारण ही बेचैनी है। कहेंगे तो कहें, हाँ मैं पता लेना चाहती हूँ। फिर सहसा ख़याल आ गया, शहालमी से बाहर सरला शर्मा को क्यों न फोन कर ले!

सरला शर्मा ने ख़बर दी—''शहालमी, परीमहल, पापड़मंडी, मच्छीहट्टा, कंजरफला सब अभी तक जल रहे हैं। रंगमहल की तरफ आग नहीं है।'' भोलापाँधे की गली रंगमहल के समीप थी।

कनक ने कांता को भी सब समाचार दिया। आग के इतने विस्तार से दोनों और भी आतंकित हो गयीं। कांता इसलिए भी चिंतित थी कि नैयर शहर चला गया था। कांता ने दोपहर में फिर एक बार ग्वालमंडी फोन करके पता लिया कि आग शहालमी के बाहर तो नहीं फैली है।

नैयर जल्दी ही लौट आया। उसने बताया—''आधी रात में लगाई आग दोपहर तक भी वश नहीं की जा सकी थी। बजाजहट्टा का भी कुछ भाग जल गया था। लाहौर के सब फायर ब्रिगेड आग से लड़ रहे थे। इतने इंजनों के लिए नल पानी नहीं दे पा रहे थे। आग को फैलने न देने के लिए आग के घेरे की सीमा पर मकानों को गिराया जा रहा है।''

''सुना है कि शहालमी दरवाज़े पर एक हिन्दू लड़के ने मैजिस्ट्रेट चीमा के पक्षपात से चिढ़कर उस पर गोली चला दी थी। सब लोग जानते हैं, अफसर निस्संकोच अपने-अपने सम्प्रदाय का पक्षपात कर रहे हैं। मैजिस्ट्रेट ने लड़के को तो वहीं गोलियों से छिदवा दिया और रात को अपने सामने शहालमी के बाज़ार में, हिन्दुओं की दुकानों के किवाड़ तुड़वा दिये। मिट्टी के तेल के कनस्तर छिड़कवाकर आग लगवा दी। उस भाग में मुसलमानों की

दुकानें कम थीं। जो लोग आग बुझाने आये उन पर कर्फ्यू में निकलने के अपराध में गोली चलाकर उन्हें मार दिया गया।''

नैयर ने बताया—''इस आग के रहस्य के बारे में अनुमान है कि राजगढ़ की घटना के बाद से मुसलमानों के पाँव उखड़ रहे हैं। यह मुसलमान अफ़सरों का हिन्दुओं से बदला है।''

कनक इन सभी समाचारों से आतंकित थी परन्तु वह कुछ और भी जानना चाहती थी। नैयर समझ रहा था उसने यथा-सम्भव पता लेकर बता दिया था—''भोलापांधे की गली और धम्मी गली में केवल बाज़ार के सिरे के मकान गिरा दिये गये हैं। गली में आग नहीं लगी है।''

शहालमी की आग तीन दिन जलती रह कर बुझ चुकी थी। छः दिन से नगर में शांति थी। ऐसी ही शांति जैसी चौक में भिड़ गये दो साँड़ों के लहूलुहान होकर और हाँफ कर गिर जाने के बाद हो जाती है। कनक अपने कुछ कपड़े और पुस्तकें ग्वालमंडी से ले आने के लिए सोमवार प्रातः ही नैयर के साथ ग्वालमंडी आ गयी थी। पिता जी ने उसके स्वास्थ्य के विषय में पूछा, कांता और नानो के विषय में पूछा, शहालमी की आग के बाद से शहर में बहुत बढ़ गये आतंक की चर्चा की और अपना विचार प्रकट किया कि चाहे सप्ताह से शांति दिखाई दे रही है पर अब लाहौर में रहकर व्यवसाय करना सम्भव नहीं जान पड़ता। अपना प्रेस लाहौर से किसी दूसरे स्थान दिल्ली, लखनऊ या इलाहाबाद ले जाना पड़ेगा। कनक पिता से बात कर चुकी तो माँ ने अपने हाथ बिलोई छाछ का एक गिलास, मक्खन का एक टुकड़ा डालकर उसे पीने के लिए विवश कर दिया। सब कुछ ऐसे हो रहा था जैसे मतभेद या झगड़े की कोई बात किसी के मन में न थी।

कनक सबसे बात कर उर्दू दैनिक पत्र लेकर ऊपर जा लेटी। माडल टाउन में उसे अंग्रेजी दैनिक 'सिविल मिलिट्री गज़ट' और 'ट्रिब्यून' ही मिलते थे। यह पत्र उत्तेजना न बढ़ाने के विचार से नगर में दंगे के समाचारों को बहुत संक्षेप में देते थे। उसकी नज़र शहर के समाचारों के स्तम्भ पर गयी, पढ़ा—शहालमी दरवाज़े की आग बुझाने के लिए जाने वाले, कर्फ्यू तोड़ने के जुर्म में गिरफ़्तार नौजवानों के साथ नाजायज सलूक। अख़बार में गिरफ्तार किये गये कई नौजवानों के नाम थे। पुलिस ने उनका मामला अभी तक अदालत में पेश नहीं किया था। ये नौजवान पुरानी अनारकली की हवालात में बन्द थे। उन्हें कानूनी सहूलियतों से वंचित रखा जा रहा था और उन पर अनुचित कड़ाई की जा रही थी। हवालात में बन्द लोगों में जयदेव पुरी का भी नाम था।

कनक का कलेजा धक्क से रह गया। उठ कर बैठ गयी—'ये' हवालात में बन्द हैं! अखबार कह रहे हैं। उन्हें बहुत तकलीफ़ दी जा रही है। मेरे कारण दिमागी परेशानी होगी सो अलग! मैं सान्त्वना देने भी न जाऊँ! पुरानी अनारकली की हवालात में हैं।...यहाँ से ताँगे पर दस मिनट का रास्ता है।...मुझे कौन रोक सकता है? मैं तो जाऊँगी। कनक कुछ मिनट फ़र्श की ओर दृष्टि लगाये गुमसुम बैठी रही।

कनक पिता के समीप गयी। कोमल परन्तु दृढ़ निश्चय के स्वर में कहा—''पिता जी, मैं ज़रा सुवीरा के यहाँ जा रही हूँ। उसकी लड़की की तबीयत ठीक नहीं है। अभी हो आऊँ, फिर धूप हो जायेगी। शाम को तो माडल टाउन लौट जाऊँगी।''

"बेटा, ऐसी हालत में? तुमने बेचारी डाक्टर शोभा के बारे में नहीं सुना?" पंडित जी ने स्पष्ट विरोध किया।

कनक ने डॉक्टर शोभा के बारे में कुछ नहीं सुना था।

पंडित जी ने बताया—"डाक्टर शोभा मोंगिया, डाक्टर रलाराम मोंगिया की लड़की के साथ बहुत भयंकर घटना हुई है। डाक्टर रलाराम पहले बाज़ार सत्थां में प्रैक्टिस करता था। बीस-बाईस साल पहले ही उसने किला गुज्जरसिंह में ज़मीन ले ली थी। अपनी पसन्द से खूब बड़ा मकान बनवाया था, 'डिस्पेंसरी' और 'कंसल्टिंग रूम' बनाये थे। सन् ३५ से अपने नये मकान में आ गया था। उसकी लड़की शोभा ने एम० बी० बी० एस० कर लिया था। बहुत योग्य लड़की थी। बाप-बेटी एक ही जगह प्रैक्टिस कर रहे थे। मोंगिया की बहुत प्रैक्टिस थी। पाँच बरस में शोभा की भी प्रैक्टिस खूब जम गयी थी।

"किला गुज्जरसिंह में मकानों की मिल्कियत हिन्दुओं की है पर बस्ती मुसलमानों की है। हिन्दू कहीं-कहीं दो-चार घर ही थे। मई की घटना के बाद से हिन्दू प्रायः अपने मकान छोड़कर गुरुदत्त भवन, कृष्णनगर की ओर चले गये हैं। लोगों ने डाक्टर रलाराम को भी समझाया, ऐसे समय वहाँ रहना ठीक नहीं। लेकिन डाक्टर ने कहा—"मुझे हिन्दू-मुसलमान से क्या मतलब? मुझे मरीज़ों से मतलब है। मरीज़ हिन्दू हों, मुसलमान हों उनकी सेवा मेरा धर्म है। यहाँ दस हिन्दू आते हैं तो सौ मुसलमान आते हैं। उन्हें किसके भरोसे छोड़ जाऊँ? परमेश्वर के सामने क्या उत्तर दूँगा—डाक्टर ने अपनी जगह छोड़ने से इन्कार कर दिया।

"जैसे डाक्टर मोंगिया है वैसी ही लड़की थी। बहुत ही नेक और दयालु। किसी समय, आधी रात भी कोई आ जाय, उसने कभी इन्कार नहीं किया। मज़ाक करती थी, भई बच्चों का आना कोई रोक नहीं सकता। इनके टाइम तो परमेश्वर निश्चित करता है, उसे इंसान कैसे बदल सकता है। स्वभाव की बहुत ही सादी। हमेशा सफ़ेद साड़ी और सफ़ेद ऐप्रेन कोट। जिस समय शहालमी में आग लगी हुई थी, दोपहर में एक मुसलमान उसे केस के लिए बुलाने आया। बेचारी तभी एक केस से थकी हुई लौटी थी। ऐप्रेन भी नहीं उतारा था। कहते हैं, उसने कहा—दो घण्टे बाद आ जाना लेकिन बुलाने के लिए आया आदमी बहुत ही परेशान था। वह गिड़गिड़ाया—जच्चा की हालत बहुत खराब थी।

"शोभा ने अपना बैग आदमी को दे दिया। वह ताँगा साथ लाया था। देखो किस्मत की बात: डाक्टर की अपनी गाड़ी है। शोभा खुद गाड़ी चला लेती थी। अक्सर गाड़ी में ही आती-जाती थी, लेकिन उसी समय पिता गाड़ी से कहीं गया था। शोभा ताँगे पर बैठ गयी। शोभा को बुलाने आये आदमी का कहना है कि किला गुज्जरसिंह से स्टेशन वाली सड़क पर ताँगा आधी फर्लांग गया था कि कोई चिल्लाया—हिंदनी है, हिंदनी! पकड़ लो! पकड़ लो!

"ताँगे वाले ने ताँगा तेज कर दिया, किसी ने घोड़े की टाँगों में लाठी फेंक दी। घोड़ा गिर पड़ा। चार-पाँच आदमी दौड़ आये। एक ने शोभा को खींच लिया। बुलाने जाने वाले मुसलमान और मुसलमान ताँगे वाले ने सहायता के लिए पुकारा पर कौन सुनता था? गुण्डे शोभा को खींचकर एक गली में ले गये।

"जो आदमी बुलाने आया था, सिर पीटता डाक्टर रलाराम के यहाँ लौटा। शोभा के छोटे भाई ने पुलिस को फोन किये। डाक्टर रलाराम का इतना लिहाज़ और रसूल है कि

सब अफसरों ने आश्वासन दिये, कोशिश की लेकिन कुछ पता नहीं चला। तीन दिन बाद डाक्टर सिर पीटकर, अपना घर-बार छोड़कर पुलिस के पहरे में स्टेशन गया और लाहौर छोड़ गया है।''

पिता से डाक्टर शोभा की दुर्घटना सुनकर भी कनक ने कहा—''पिता जी, सुवीरा का घर तो पुरानी अनारकली में कोतवाली के पास है। उस ओर तो कभी दंगा नहीं हुआ।''

''हाँ, उधर तो फिसाद नहीं है,'' पंडित जी ने स्वीकार किया, ''पर ज़रा धैर्य करो। शाम को महेन्द्र से कह देना तुम्हें उधर घुमाता हुआ माडल टाउन चला जायेगा। मोटर में ठीक रहेगा।''

''पिता जी, उस समय जीजा जी बहुत थके हुए होते हैं। कभी आते भी बहुत देर से हैं।''

''उसके यहाँ, आई मीन सुवीरा के यहाँ टेलीफोन नहीं है!''

''नहीं पिता जी, टेलीफोन नहीं है पर जाना ज़रूरी है। जल्दी लौट आऊँगी।'' कनक जाने के लिए दरवाज़े की ओर मुड़ गयी।

''ठहरो-ठहरो! मैं बताऊँ; भाई विधिचन्द!'' पंडित जी विधिचन्द की ओर घूम गये, ''साइकिल पर जाकर चौक से एक ताँगा ले आओ। देख लेना, हिन्दू ताँगे वाला बेहतर होगा। सुना है, मुसलमान ताँगे वाले भी शरारत कर रहे हैं।''

पंडित जी फिर कनक की ओर घूमे—''तुम यहाँ से ही ताँगे पर चली जाओ। वहाँ ताँगा रोक लेना।''

कनक ताँगा आ जाने की प्रतीक्षा में बैठक में चली गयी।

ताँगा दफ़्तर के सामने आ गया तो पंडित जी ने कनक को पुकार लिया और उसके सामने ही विधिचन्द से अनुरोध किया—''भाई विधिचन्द, जरा कन्नी बेटी के साथ पुरानी अनारकली में कोतवाली के नज़दीक तक चले जाओ। लौटते समय तुम 'केवल बुक डिपो' से चेक की भी बात कर लेना। कन्नी, तुम देर न करना। वहाँ रोक न लेना। विधिचन्द को बहुत काम है, उसका हर्ज़ न हो।''

कनक क्रोध का उद्वेग दबाकर दाँत पीस कर ताँगे पर बैठ गयी। विधिचन्द सम्बन्धी था पर मालिक की बेटी के बराबर न बैठकर सामने बैठ गया। ताँगा पुरानी अनारकली में कोतवाली के सामने से जा रहा था कि कनक ने आदेश दे दिया—''बस ठहरो!''

विधिचन्द कुछ समझ नहीं पाया। कनक कुछ न बोल ताँगे से उतरकर कोतवाली के फाटक में घुस गयी। विधिचन्द घबराहट में विवश, सहमता हुआ उसके पीछे-पीछे गया।

फाटक में दाहिने हाथ कमरा था। कमरे में तख्त पर छोटी डेस्क के सामने वर्दी पहने, एक आदमी सिर झुकाये बादामी कागज़ के रजिस्टर पर उर्दू में कुछ खानापूरी कर रहा था। कनक ने उर्दू में सम्बोधन किया—''मैं जयदेव पुरी से मुलाकात करना चाहती हूँ।''

रजिस्टर पर झुके सिपाही ने सिर उठाये बिना ही उत्तर दिया—''दस रुपये निकालो!''

कनक के बटुए में रुपये थे। उसने तुरन्त पाँच-पाँच के दो नोट निकालकर बढ़ा दिये—''लीजिये।''

सिपाही ने रजिस्टर से सिर उठाकर कनक के झक सफेद, कलफ से सीधे कपड़ों को सिर से पाँव तक देखा, नौकर की तरह पीछे खड़े विधिचन्द को देखा और जरा सहम कर सलाम करके पूछा—"आप कहाँ से आयी हैं?"

"अपने घर से।" कनक ने अंग्रेजी में उत्तर दिया।

"मिम्बर साहब के यहाँ से?" सिपाही सम्भ्रम से बोला, "ढींगरा साहब का फोन आया था।"

कनक अपनी सुविधा में मौन रह गयी। सिपाही ने नोटों की ओर नहीं देखा और पुकारा—"चिरागदीन!"

एक दूसरा सिपाही कमरे में आ गया। रजिस्टर लिखने वाले सिपाही ने उसे पंजाबी में आदेश दिया—"बीबी जी को जरा चार नम्बर के सामने ले जाकर बात करा दे।"

कनक सिपाही के साथ कोतवाली के बड़े आँगन में गयी। विधिचन्द पालतू कुत्ते की तरह पीछे-पीछे साथ था। सिपाही ने कनक को लोहे का जंगला लगी एक बड़ी कोठरी के सामने खड़ा कर दिया। कोठरी में कई आदमी थे। सभी ने कनक की ओर देखा और फिर एक आदमी जंगले के साथ लगकर जंगले की सीखों को पकड़े खड़ा रह गया। शेष पीछे रह गये।

"तुम कैसे आयी?"

कनक ने पुरी का स्वर सुना, परन्तु पहचानने में दुविधा हुई। पुरी का दुबला-पतला, नाटा शरीर और भी सिकुड़ गया लगता था। उसका सदा सावधानी से हजामत किया चिकना, गंदुमी गोरा चेहरा कई दिन की हजामत से ढँका हुआ था। रूखे बाल अस्त-व्यस्त थे। पसीने की तीखी गंध आ रही थी। कमीज और पायजामा पसीने से और मैल से खाकी हो गये थे और स्थान-स्थान पर मैल से अकड़े हुए थे। माथे और नाक पर रगड़ से मैल पुँछ कर बनी लकीरों से, शेष चेहरे पर चढ़ी मैल का आतंक अनुभव हो रहा था।

कनक अपनी पूरी शक्ति से अपने को सँभाल कर बोली—"मुझे तो अभी कुछ देर पहले अख़बार से मालूम हुआ। यह क्या हुआ? क्या किया जाना चाहिए?"

सिपाही चिरागदीन समीप खड़ा था, इसलिए पुरी ने धीमे स्वर में अंग्रेजी में कहा—"छः दिन से हम लोग यहाँ जानवरों की तरह बन्द हैं। हमें बिना वारंट गिरफ़्तार करके बन्द कर दिया गया है। अब तक किसी अदालत में पेश नहीं किया गया। कानूनन हमें जेल हवालात में भेजा जाना चाहिए था। वहाँ हम साँस तो ले सकेंगे। मैं हवालात और जेल के कायदे जानता हूँ। यह सब गैरकानूनी है। यहाँ पुलिस हम लोगों से अपराध कबुलवाने के लिए चाहे जितनी यातना दे सकती है, हमें परेशान करके हमारे सम्बन्धियों से हमारी रिहाई के लिए रिश्वत ले सकती है। हम आग बुझाने गये थे और हमें गिरफ्तार कर लिया गया। सात आदमी गोली से मार दिये। पिता जी आये थे, उन्हें मैंने सब समझा दिया है पर वे लाला सुखलाल, तारा के भावी ससुर और ताया जी के कहने से कुछ दे दिलाकर रिहाई की कोशिश कर रहे हैं। यह उचित नहीं है। हम सब लोग एक साथ हैं। तुम मिस्टर नैयर से कहो तो वे इस विषय में अदालत में अर्ज़ी दे सकते हैं।" कुछ सोचकर पुरी ने बताया, "जमानत के लिए प्रोफेसर डाक्टर प्राणनाथ का प्रभाव उपयोगी हो सकता था पर पिता जी कह रहे हैं कि उनकी हवेली जल गयी है। उनका कुछ पता नहीं चल रहा है…"

"मैं अभी जाकर जीजा जी से कहूँगी। मुझे तो अभी ही पता लगा है।" कनक ने भी अंग्रेजी में उत्तर दिया, "मैंने कोशिश तो की थी, पत्र भी लिखा था, परन्तु मुलाकात नहीं हुई।"

इससे अधिक और कहने का अवसर न था।

पुरी बहुत सँभल कर बात कर रहा था, परन्तु उसके स्वर में यातना, त्रास और रक्षा की गुहार अनुभव करके कनक विचलित हो रही थी। उसने अपने होंठ दाँतों से दबाकर लोहे के जंगले से लगी पुरी की आँखों में देखा कि वह उसके मौन दुख और विवशता को समझ जाये। सब लोगों के सामने ही दो आँसू टपक पड़ने के कारण उसे तुरन्त लौट जाना पड़ा।

कनक ने बहुत शीघ्र लौटकर बैठक के दरवाज़े से घर में कदम रखा तो पंडित गिरधारीलाल ने कुछ विस्मय और बहुत संतोष से पुकार लिया—"लौट आयी कन्नी बेटा, दैट इज़ गुड! बहुत समझदारी का काम किया।" मन ही मन अनुमान था कि विधिचन्द को साथ भेज देना समझदारी हुई।

"अभी आती हूँ।" कहकर कनक सीधे ज़ीना चढ़ गयी। बैठक में पड़ोसिन संतोष से बात करती कंचन की ओर उसने ध्यान भी न दिया। अपने कमरे में जाकर पलंग पर गिर-सी पड़ी। आँखों के सामने लोहे के पिंजरे का जंगला थामे, यातना से कुचले हुए पुरी की छवि आ गयी। कलेजा उमड़ कर आँखों से बह जाना चाहता था। कनक ने अपने आपको फटकारा, रोने से क्या होगा; मुझे उनकी सहायता करनी है। कल्पना ने कहा, विधिचन्द पंडित जी के कान में मुँह लगाकर सब कुछ बता रहा होगा। बताने दो—उसने सोचा, मुझे स्वयं ही कहना पड़ेगा। जीजा जी तो शाम को आयेंगे।···वे तो नाम से ही चिढ़ते हैं। जो भी हो उन्हें कहना पड़ेगा।

"कन्नी, जरा नीचे आओ, पिता जी बुला रहे हैं।" कुछ ही मिनट में कंचन की पुकार सुनाई दी।

कनक इसके लिए तैयार ही थी।

पंडित जी ने सहानुभूति से सब बातें ब्योरे से पूछी। कनक के झूठ बोल कर जाने के प्रति कोई रोष उनके स्वर में न था, केवल स्थिति को समझने की चिन्ता थी। गिरफ्तारी किस दफ़ा में हुई; जमानत की दरख्वास्त दी गयी है या नहीं?···जामिन कौन होगा। प्रोफेसर डाक्टर प्राणनाथ कौन हैं!

कनक सब प्रश्नों का समाधान न कर सकी।

"लैट अस सी ह्वाट वी कैन डू।" पंडित जी ने स्वगत कहा और विधिचन्द की ओर घूम कर बोले, "जरा डायरेक्टरी में लगी स्लिप पर देखना, हाईकोर्ट बार रूम का नम्बर उस पर है और कहना कि महेन्द्रनाथ नैयर एडवोकेट के घर से फोन है, जरा उन्हें बुला दें!"

पंडित जी फिर कनक की ओर घूम गये—"बेटा, तुमने अख़बार में देखा था, उसी समय कहना चाहिए था। मैं जाकर मिलता तो ज्यादा जानकारी हासिल कर सकता था। अच्छा, तुम धूप में जाकर आयी हो। आराम करो।"

कनक फिर अपने कमरे में जाकर लेट गयी। पुरी की सहायता का काम दूसरों को सौंपकर उसे संतोष नहीं हो रहा था। मन चाहता था, वह स्वयं जल्दी-जल्दी, दौड़-दौड़कर

पुरी को पिंजरे से मुक्त करा लेने का यत्न करे पर वह इतना ही कर सकती थी। एक और बात भी मन में उठ रही थी, पिता जी कितने विशाल-हृदय हैं। उन्हें मैं कितना कष्ट दे रही हूँ··· क्या पिता जी ने मेरी बात मान ली है?

संध्या समय नैयर के हाईकोर्ट से आने का समाचार मिला तो वह एक ही साँस में ज़ीना उतर कर नीचे पहुँची। नैयर उसकी उपेक्षा करके पिता जी को बता रहा था, वकीलों की डिफेंस कमेटी सब कुछ कर रही है। हम लोग रायट के सब मामले बिना फीस कर रहे हैं। पुलिस ने सात दिन का रिमांड लिया हुआ है। उसके बाद वे लोग जेल हवालात में भेज दिये जायेंगे। डी० वी० सूद कह रहा था कि जमानत के लिए सब लोगों की दरख्वास्तें दी जा चुकी हैं।

नैयर ने पंडित जी को सब बात सुनाकर उठने के लिए समीप पड़ी फाइल पर हाथ रख कर कहा—"अब चलूँ, मुझे कल के लिए यह केस तैयार करना है" और कनक की ओर घूम कर पूछा, "तैयार हो या ठहरना चाहती हो! अपने कपड़े ले लिये हैं?"

कनक को नैयर के स्वर में उसे साथ ले जाने का विशेष आग्रह न जान पड़ा, परन्तु इस समय पुरी की सहायता वही कर सकता था। उसने उत्तर दिया—"तैयार हूँ, लेकर आती हूँ!"

माडल टाउन के मार्ग में नैयर को चुप देख कनक को ही पूछना पड़ा—"जीजा जी बिलकुल चुप हैं, क्या किसी बात से नाराजगी है?"

"नहीं तो ऐसे ही, अपने केस की बात सोच रहा हूँ। ज़रा पेचीदा मामला है।" नैयर ने बात नहीं बढ़ायी।

कनक ने कहा—"पुरी जी के पिता जी और उनकी बहन के भावी ससुर पुलिस को कुछ दे-दिलाकर उन्हें छुड़ा लेना चाहते थे, परन्तु उन्होंने इनकार कर दिया है। आप उनकी अवस्था देखते तो आँसू नहीं रोक सकते थे, परन्तु उन्होंने रिश्वत देकर छूटना उचित नहीं समझा।"

"हूँ," नैयर ने उत्तर दिया, "ठीक है, देखा जायेगा।" वह चुप रहा। उस रात और सुबह भी कनक और नैयर में विशेष बातचीत न हुई। कनक उसके साथ माडल टाउन से ग्वालमंडी आना चाहती थी कि कोई बात हो तो जान सके।

नैयर ने कहा—"मैं तो जा ही रहा हूँ। मुझे क्या एतराज? अगर हाईकोर्ट से ग्वालमंडी में फोन हो सकता है तो माडल टाउन से भी हो सकता है। वैसे तुम्हारी इच्छा है, जैसे जी चाहे करो!"

"न जाने क्यों रूखा-रूखा बोल रहे हैं। मेरे साथ चलने में क्या हर्ज़ है! रहूँगी तो घर पर ही।" कनक मोटर में साथ गयी, परन्तु नैयर चुप रहा।

कनक तीसरे दिन संध्या नैयर के लौटने के समय बैठक में ही मौजूद थी। केसरी से पहले ही चाय के लिए पानी चढ़वा दिया था। नैयर बैठक में आया तो कनक ने प्यासी आँखों से उसकी ओर देखा। नैयर ने सिर के संकेत से उसे नमस्ते कर दफ्तर के दरवाज़े की ओर झाँक कर पुकारा—"पिता जी, छोड़िये न दफ़्तर; कब तक काम कीजियेगा!"

"आया, भई आया।" पंडित जी का उत्तर सुनाई दिया।

नैयर कनक के समीप की कुर्सी पर बैठ गया। कनक की आँखों से व्याकुल उत्सुकता फूटी पड़ रही थी। उस उत्सुकता की यंत्रणा बढ़ाने के लिए नैयर ने उसे सम्बोधन किया—"कहो, क्या करती रही दिन भर?"

"ठीक है। आप बताइये न क्या हुआ?"

"किस सम्बन्ध में?" नैयर ने पूछ लिया।

कनक को बहुत बुरा लगा। पंडित जी दफ़्तर से बैठक में आकर बोले—"कन्नी, चाय मँगाओ। कुर्सी पर बैठे-बैठे कमर अकड़ जाती है।" पंडित जी ने कुर्सी पर बैठने से पहले अँगड़ाई लेकर कमर तोड़ी और नैयर को सम्बोधन किया, "हाँ, क्या हुआ? आज तो उन लोगों की पेशी की तारीख थी।"

"कुछ भी नहीं?" नैयर कनखी से कनक की ओर देखकर मौन रह गया।

"जमानत नहीं हुई।" पंडित जी ने उदासी से पूछा।

कनक के प्राण ओठों पर आ गये।

"ऊँ हूँ।"

"तो फिर कोतवाली से जेल लॉकअप आने का हुक्म तो हो गया न।" पंडित जी ने पूछा।

"नहीं तो।" नैयर दो पल चुप रह गया और फिर मानो उसे कनक पर दया आ गयी, बोला, "मैं खुद उसकी ओर से पेश हुआ था और रायबहादुर को भी ले गया था। रायबहादुर को देखकर छोटी अदालत के मैजिस्ट्रेट तो यों ही सकपका जाते हैं। हम लोगों ने कहा कि जमानत माँगी जाने की वजह ही नहीं है। बगैर जमानत के ही छूट गया। उसके साथ के पाँच और लड़के भी छूट गये परन्तु अभी उनमें तीन शेष हैं।"

"फाइन! यू आर ए फाइन बॉय।" पंडित जी ने अपने घुटने पर हाथ मारते हुए नैयर को शाबाशी दी।

कनक के हृदय को जकड़े लोहे का शिकंजा टूट गया। वह मुक्ति से साँस लेने लगी, परन्तु जीजा की ओर उसने मान भरे क्रोध की कनखी से देखा, इतना सताने की क्या ज़रूरत थी?

१२

अदालत में सबसे अन्तिम मामला पुरी और मेवाराम का पेश हुआ था। अदालत आध घंटे देर तक बैठी और पुरी और मेवाराम बरी कर दिये गये। मास्टर जी, रतन और खुशालसिंह दस बजे से अदालत में मौजूद थे। बीरसिंह और कुछ लोगों की पेशी की तारीख तीन दिन बाद रख दी गयी थी। पुरी अग्निकांड के समय गिरफ़्तार किया गया

था। तब बजाजहट्टा और मच्छीहट्टा के लपटों से भरे बाजारों से गुजरना भयावह था। पुलिस पुरी और दूसरे गिरफ्तार किये गये लोगों को रंगमहल से दिल्ली दरवाजे के रास्ते, कोतवाली में ले गयी थी। अब आग शांत हो चुकी थी। वे लोग शहालमी के रास्ते ही लौटे।

शहालमी का गुंजान बाज़ार पूरा का पूरा राख हो गया था। जल कर गिरे-अधगिरे दुमंजिले-चौमंजिले मकानों का मलबा बाज़ार में भर गया था। अब बीच में पगडंडी जैसा ही मार्ग बच गया था। उस मलबे को हटा सकना पहाड़ियों को खोदकर फेंकने के बराबर था। सँकरी पगडंडी के दोनों ओर जली हुई विराटाकार चिताओं के ढेर खड़े थे। जले हुए शहतीर, गिरे हुए गर्डर, कोयला बने तख्ते, चौखटें और जले हुए किवाड़ ढेरों पर जहाँ-तहाँ पड़े थे। कहीं-कहीं काली हो गयी दीवारों से छज्जों के लोहे के ढाँचे पशुओं की झुलसी हुई पसलियों और पंजरों की तरह झूलते जान पड़ते थे। ऊपर की मंजिलों में लगे हुए नल और आइरन ऐंगिल इमारतों की झुलसी हुई आँतों की तरह हवा में ऐंठे हुए खड़े थे। भयंकर दुर्गन्ध के कारण हाथ नाक को दबा लेता था।

पुरी और मेवाराम ने भोलापाँधे की गली में कदम रखा ही था कि गली में खेलते बच्चों की चीखों से गूँज उठी—"जद्दी भाप्पा और मेवा भाप्पा आ गये!"

भागवंती सुनकर ऐसे दौड़ी कि ज़ीने से गिरती-गिरती बची। चबूतरे पर ही उसने जवान बेटे को सीने से चिपटा लिया और चीख कर रो उठी। दो वर्ष पहले भी पुरी के जेल से लौटने पर उसने ऐसा ही किया था। सभी लोग रिहा होकर आने वालों के स्वागत के लिए गली में निकल आये थे।

खुशालसिंह के मकान से ऊँचे स्वर में कर्तारो का रोना सुनाई देने लगा। पुरी और मेवाराम के साथ बीरसिंह को न देखकर वह चीख कर रो पड़ी कि सब लोग उसके बेटे को पीछे छोड़कर, खुद छूटकर चले आये हैं। रतन को बाबू गोबिन्दराम चार दिन पहले ही छुड़ा लाये थे। अमीरों और रसूख वालों की ही सुनवाई है तो गरीब के बेटे को साथ ले क्यों गये थे!

पुरी ने माँ के आलिंगन से मुक्ति पाकर मेलादेई को पैरीपैणां (पायलागन) किया। तारा और ऊषा भाई से गले मिलीं। हरी ने बड़े भाई के चरण छुए। तारा ने गर्व से कहा—"हमारा बहादुर भाई देश और सच्चाई के लिए जेल की क्या परवाह करता है। पहले भी दो साल जेल काटी है।"

तारा के सामने आते ही पुरी को कनक के हवालात में आकर भेंट कर जाने की बात और उससे पूर्व कनक के प्रति अपना क्रोध सहसा याद आ गया।

उसे तारा के माथे पर बन गया क्रास का सूक्ष्म चिह्न भी दिखाई दिया। चेहरे के गोरे रंग में निशान की सफ़ेदी बेमालूम-सी थी, परन्तु बाल जैसी महीन लकीरों ने पाँच सप्ताह पूर्व की घटना और तीन सप्ताह बाद तारा के होने वाले विवाह की बात याद दिला दी। पुरी की आँखें झुक गयीं।

पुरी अपने घर का ज़ीना चढ़ने से पहले खुशालसिंह के यहाँ गया। उसने कर्तारो को सम्बोधन किया—"मास्सी, पैरीपैणां (मौसी, चरण छूता हूँ)" और उसे बीरसिंह के भी जल्दी छूट आने का आश्वासन दिया।

गली के लोग पुरी को छोड़ना ही न चाहते थे। उसे घेरकर दो दिन पूर्व घोषित पंजाब का विभाजन करने वाली पाकिस्तान और हिन्दुस्तान की सीमा पर बहस होने लगी। सबको विश्वास था कि रावी के इस किनारे पर बसे लाहौर से हिन्दुस्तान का आरम्भ होगा। यदि रैडक्लिफ कमीशन लाहौर पाकिस्तान को देना उचित समझता तो जैसे लाहौर से उत्तर में सियालकोट तक और नीचे बहावलपुर-खैरपुर तक पश्चिम का हिस्सा उन्हें दे दिया है, लाहौर भी दे देता। लाहौर में अस्सी फीसदी जायदाद हिन्दुओं की है, यह कौन नहीं जानता?

पुरी ने सुना कि घसीटाराम और पन्नालाल शहालमी की आग के बाद, अपने-अपने मकानों में ताला लगाकर तीर्थ-यात्रा करने मथुरा-वृन्दावन चले गये थे। सब जानते थे कि वे बाजार की आग से डरकर भाग गये थे पर सब लोग कहाँ भाग जाते?

माँ और ऊषा के कई बार पुकारने पर पुरी भोजन के लिए ऊपर गया। चौके में तारा भोजन परोस रही थी। माँ समीप आ बैठी। थाली में कई कटोरियाँ थीं—''दो हफ्ते की कसर क्या एक ही बार में निकाल दोगी? इतनी चीजें एक साथ?'' पुरी ने माँ से कहा। वह तारा से सीधे नहीं बोल पा रहा था।

''क्या बहुत है?'' माँ ने कहा, ''पुष्पा और रतन की माँ ने तेरे लिए दो-दो कछड़ी नालदा (तरकारी) अपने यहाँ से भेज दिया है। जीवां और रामप्यारी भी दे गयी हैं।''

''मैं दो दिन बाहर रहा तो घर में मेहमान बन गया!'' पुरी ने कौतूहल प्रकट किया, ''ऐसे तो पड़ोसी मेहमान आया देखकर ही दे जाते हैं।''

''काका, पास-पड़ोस के लोग खुशी-गमी में साथ न दें तो कैसे चले!'' माँ बोली और फिर चिन्ता प्रकट की, ''तू जानता है, तू घर पर नहीं था तो हम लोग कर ही क्या सकते थे; कुछ भी नहीं कर सके। ब्याह में अब दिन ही कितने रह गये हैं! सब कुछ हो रहा है पर जो ब्याह ठहर चुके हैं, वह तो हो ही रहे हैं। बीस-बाईस दिन में ही सब कुछ करना है।''

पुरी ने तारा की ओर नहीं देखा पर जानता था कि वह चुप थी जैसे लड़कियाँ अपने विवाह की चर्चा होने पर चुप रहती हैं। उसने कोई विरोध या असन्तोष प्रकट नहीं किया था। पुरी के मन से एक हल्की-सी चिन्ता दूर हो गयी और उसके स्थान पर हल्की-सी उदासी भर आयी।

भोजन के बाद पुरी छत पर खाट डाल कर लेट गया तो समीप खाट पर लेटे मास्टर जी ने या किसी दूसरे ने भी उसके विश्राम में विघ्न डालना उचित नहीं समझा। जून की धूप से तपी हुई छत, मुँडेरों और बरसाती की टीन से गरमी की लहरें उठ रही थीं। पुरी उन्हें अनुभव ही नहीं कर रहा था। दो सप्ताह दिन-रात हवालात की कोठरी में बन्द रहने के पश्चात् पुरी को खाट पर बिना कुछ बिछाये भी खुले आकाश के नीचे फीकी-फीकी चाँदनी में लेट सकने के सुख का वास्तविक मूल्य जान पड़ रहा था। वह बन्दी और स्वतंत्र की स्थिति का भेद अनुभव कर रहा था। इतने बड़े परिवर्तन की अनुभूति ने सहसा नींद न आने दी, वह कल्पना-विकल्पना में डूबने लगा।

पुरी किसी सामूहिक या सामाजिक चिंता के विषय में नहीं सोच रहा था। वैसी चिंता अब उसे व्यर्थ जान पड़ती थी। लाखों आदमियों का समाज उसके विचार से नहीं चल सकता था। मानव मधुमक्खियों का छत्ता जाने किस सामूहिक प्रेरणा से चल रहा था। उस

सामूहिक मार्ग से भिन्न मार्ग किसी व्यक्ति के लिए अपना लेना सम्भव न था। इस समूह में सभी को अपनी-अपनी चिन्ताएँ थीं, उसकी भी अपनी चिन्ताएँ थीं, कनक की अपनी चिन्ताएँ थीं और शायद तारा की भी थीं। वह कनक के विषय में सोच रहा था।

पुरी के मन से कनक के प्रति विश्वासघात का सब रोष मिट गया। कनक उसके संकट की बात जानते ही हवालात में भी पहुँच गयी थी। अब उसके प्रति सन्देह और क्रोध की गुंजाइश न थी। कनक के प्रति सन्देह और क्रोध करने के लिए अब उसके मन में लज्जा थी। नैयर रायबहादुर को लेकर अदालत में उसकी ओर से पेश हुआ था। क्या कनक ने घर में स्थिति सम्भाल ली है? वर्ना उन लोगों को मेरी चिन्ता होने का क्या कारण? क्या दो सप्ताह का नरकवास या हवालात की वैतरणी को पार करना इस नये जीवन के द्वार में प्रवेश पाने के लिए आवश्यक था? उसने निश्चय किया—कनक हवालात तक पहुँची थी तो मुझे भी धन्यवाद देने के लिए उसके घर जाना ही चाहिए। पंडित जी और नैयर से पायी सहायता के लिए भी धन्यवाद देना आवश्यक है। फिर वह अपनी इतिहास की पुस्तक के विषय में सोचने लगा—यदि विघ्न न पड़ता तो बहुत पहले ही पूरी हो गयी होती। खैर, अब भी दिन-रात काम करके तीन-चार दिन में ही पुस्तक को दोहरा कर गौस मुहम्मद के हवाले कर देगा। घर में रुपये की तो जरूरत है।

पुरी दूसरे दिन प्रातः से ही काम में लग गया। हवालात से उसकी मुक्ति पर बधाई के लिए कोई आ जाता तो उठकर गले मिलता। दो-चार मिनट बात कर लेता और फिर काम में लग जाता। संध्या समय उसे ग्वालमंडी जाना था। वहाँ जाने के लिए साफ और ढंग से प्रेस किये कपड़े आवश्यक थे। उसकी अनुपस्थिति में उसकी चिन्ता में आतुर परिवार उसके कपड़ों की क्या चिन्ता करता? पुरी ने सुबह ही ऊषा से एक कमीज-पतलून धोकर प्रेस कर देने के लिए कह दिया था।

पुरी ने पाँच बजे तक काम किया और कपड़े बदल कर ग्वालमंडी जाने के लिए घर से निकला। जले हुए बजार के वीभत्स दृश्य से बचने के लिए वह वच्छोवाली, सूत्तर मंडी और लाहौरी दरवाजे से चक्कर लगाकर हास्पिटल रोड के रास्ते ग्वालमंडी की ओर गया। साधूराम की गली के सामने नैयर की गाड़ी खड़ी थी। कनक से भेंट के समय नैयर की उपस्थिति की आशंका ने पुरी का सब उत्साह किरकिरा कर दिया। गिरधारीलाल जी के दफ्तर का दरवाजा बन्द हो चुका था। पुरी दूसरे दिन आने के लिए लौटने को ही था कि बैठक से नैयर निकल आया।

पुरी सम्भला, सान्त्वना अनुभव की कि नैयर जा रहा है। उसने मुस्कराहट से नमस्ते कर आभार प्रकट किया।

नैयर ने सदा की तरह गाम्भीर्य बनाये अभिवादन का उत्तर दिया और फिर तुरन्त ही आत्मीयता की मुस्कराहट से स्वागत में हाथ बढ़ा कर बोला—"आइये मिस्टर पुरी, आइये!"

"पंडित जी और आपकी सहायता के लिए कृतज्ञता प्रकट करने आया हूँ।" पुरी ने सोची हुई बात अंग्रेजी में कही, "मेरा सौभाग्य है आप मिल गये।"

"कृतज्ञता की कोई बात नहीं है।" नैयर पुरी को हाथ से थामे बैठक में लौटकर बोला, "उस बात को कुछ न समझिये। वह तो हमारा फर्ज था। वकीलों की डिफेंस कमेटी इसी काम के लिए तो बनायी गयी है। अफसोस है, आपको नेकी करने के प्रयत्न

में इतने दिन तकलीफ सहनी पड़ी।'' नैयर ने उसे सोफा पर बैठा दिया और आँगन की ओर देखकर पुकारा, ''ए केसरी, चाय ले आओ।''

पुरी ने नैयर में इतनी आत्मीयता और विनय कभी न देखा था।

''आप आजकल किस पत्र में काम कर रहे हैं?'' नैयर ने समीप की कुर्सी पर बैठते हुए पूछा।

पुरी ने बताया किसी एक पत्र से बँधा हुआ नहीं था। स्वतंत्र रूप से साहित्यिक काम कर रहा था।

नैयर बोला—''वाह, यह तो बहुत ही अच्छा है। आप स्वतंत्रता से मनचाहा काम कर रहे हैं। मेरा विचार है, आप यही पसंद भी करते होंगे?''

''जी हाँ, संतुष्ट हूँ।''

''हाँ, मास्टर रामलुभाया जी आपके पिता हैं?''

''जी।''

''जमानत के लिए उन्होंने प्रोफेसर डाक्टर प्राणनाथ का नाम बताया था। यह प्राणनाथ वही हैं न, यूनिवर्सिटी प्रोफेसर; जो गवर्नर के एडवाइज़र भी हैं।''

''जी हाँ।'' पुरी ने स्वीकार किया और डाक्टर प्राण जैसे बड़े आदमी से मित्रता के दावे के दम्भ से बचने के लिए तुरन्त ही बोला, ''डाक्टर साहब पिता जी के विद्यार्थी थे। मैं उनका विद्यार्थी था। मुझ पर उनकी कृपा है।''

''जानता हूँ, बहुत ही नेक आदमी है और योग्य भी। गवर्नमेंट कालेज में मुझसे एक वर्ष आगे था, तब परिचय था। इधर दस-बारह वर्ष से कभी भेंट नहीं हुई है और यह लाला सुखलाल कौन थे?''

''सुखलाल जी हमारे सम्बन्धी हैं।''

''आपके पिता जी, मास्टर जी के भाई या··· ?''

''जी नहीं, भावी समधी। मेरी बहिन के भावी ससुर।''

''अच्छा, अच्छा! सुखलाल जी का तो काफी प्रभाव है। आपकी बहिन शायद कनक के साथ ही पढ़ रही है। बी० ए० कर लिया है?''

''जी नहीं, इस मार्च में बी० ए० की परीक्षा के लिए फीस जमा की थी। विचार था, परीक्षा दे देने के बाद जुलाई में विवाह हो जायेगा, परन्तु परीक्षा तो फिर स्थगित हो गयी है।'' नैयर की इतनी आत्मीयता और अपने विषय में जानकारी की इच्छा से पुरी को उसके नये व्यवहार का आभास मिल रहा था।

''चाय किसके लिए ले जा रहा है?'' आँगन से कंचन का स्वर सुनाई दिया।

''जीजा जी ने मँगायी है।'' नौकर ने उत्तर दिया।

''जीजा जी तो चले गये थे?'' कहते हुए कंचन ने भीतर झाँक लिया। पुरी को देखकर नमस्ते की। नैयर को उससे बात करते देखकर कंचन ने कहा, ''आप लोगों के लिए चाय बना दूँ?'' वह दो प्यालों में चाय बनाने लगी।

''कंची, तुम नहीं पियोगी?'' पुरी ने पुराने परिचय से पूछा।

"मैं अभी पिता जी के साथ पी चुकी हूँ।" कंचन ने उत्तर देकर और कुछ न कहा और चाय बनाकर चली गयी।

"इन उपद्रवों की वजह से हर बात में परेशानी है तो क्या बहिन का विवाह भी सितम्बर तक परीक्षा के लिए स्थगित कर देना पड़ेगा?" नैयर ने बहुत चिन्ता से पूछा।

"नहीं, यह तो नहीं हो सकेगा।" पुरी ने दोनों हाथों के पंजों को आपस में फँसाकर घुटने को जकड़ कर कहा, "समधियों की ऐसी इच्छा नहीं है।"

"खैर, कोई बात नहीं।" नैयर ने सहानुभूति प्रकट की, "शादी के बाद सितम्बर के सेशन में परीक्षा दे देगी। अलबत्ता उसकी परीक्षा की तैयारी में विघ्न बहुत पड़ेगा पर शादी तो बी० ए० की परीक्षा से भी बड़ी परीक्षा है।" नैयर हँस दिया, "शिक्षित लड़कियों के लिए योग्य वर बहुत बड़ी समस्या बन गयी है। आपका तो सौभाग्य है कि बहिन के लिए अच्छा वर मिल गया है। लाला सुखलाल के लड़के का क्या नाम है?"

"सोमराज।"

"सोमराज···हूँ···प्रोफेशन में है या सर्विस में?"

"शायद अपने घर के बिज़नेस में है। मैं सब बातों से परिचित नहीं हूँ।" पुरी को अपना उत्तर स्वयं ही विचित्र लगा। तुरन्त बोला, "सगाई सन् ४४ में मेरे जेल में रहते समय हुई थी।"

"हूँ···अरेंज्ड मैरेज (परिवार द्वारा निश्चित विवाह) है?"

पुरी कुछ सहमा—"हाँ, परिवार द्वारा ही है, परन्तु परस्पर देख या परस्पर जान लेने का अवसर दे दिया था। मैं उस समय जेल में था।"

"यह बहुत अच्छा है। लड़के-लड़की का संतोष हो और परिवार का भी संतोष हो तो और क्या चाहिए।" नैयर ने संतोष प्रकट किया।

"ठीक कह रहे हैं आप।" पुरी ने प्रसंग से मुक्ति का साँस लिया।

पुरी का चाय का प्याला समाप्त हो गया। नैयर ने केवल आधा ही प्याला पिया था। वह उसके प्याले में और चाय डालने लगा।

पुरी ने अनुरोध किया—"आप लीजिये, आपने तो चाय पी ही नहीं।"

मैं भी लूँगा, आप लीजिये।" नैयर ने पुरी का प्याला भर दिया।

बातचीत का क्रम न टूटने देने के लिए नैयर अनेक बातें करता रहा—"आप फिल्म के लिए कहानी क्यों नहीं लिखते···अच्छे स्वतंत्र पत्रकार की आय कितनी हो सकती है···लिखने के लिए आप पहाड़ पर क्यों नहीं चले जाते···।" उसे पुरी के सम्बन्ध में बहुत कुछ जानने की उत्सुकता जान पड़ती थी।

पुरी ने दूसरा प्याला समाप्त कर पूछा—"पंडित जी घर में हैं तो मैं उन्हें भी प्रणाम करके कृतज्ञता प्रकट करना चाहता हूँ।"

"घर में ही हैं पर आज उनकी तबीयत ठीक नहीं है, इसलिए अभी-अभी लेट गये थे। आप शिष्टाचार की चिन्ता न करें। कंचन से कह दूँगा, उठेंगे तो कह देगी।"

पुरी बहुत देर से साहस एकत्र कर रहा था—"मैं कनक जी को भी सहायता के लिए धन्यवाद देना चाहता हूँ।" स्पष्ट ही था कि पंडित जी और नैयर ने उसकी सहायता

कनक के अनुरोध पर ही की थी। उसका अनुमान था कि कनक के हवालात में उससे मिलने जाने की बात अवश्य प्रकट हो चुकी थी, इसलिए कहा, ''उन्होंने हवालात तक पहुँचने का साहस किया।''

''हाँ-हाँ, आप ठीक कह रहे हैं।'' नैयर ने स्वीकार किया, ''आपके हवालात में होने के समाचार से हम सभी को बहुत चिन्ता थी पर संयोगवश कनक यहाँ नहीं है। वह माडल टाउन में है। यहाँ भी आती-जाती रहती है।'' नैयर ने विश्वास दिलाया, ''मैं उससे भी कह दूँगा कि आपने धन्यवाद प्रकट किया है। मेरा ख़याल है, कनक के विषय में शायद पंडित जी ने आपसे कुछ बात की थी?'' नैयर ने पुरी की आँखों में दृष्टि गड़ा दी।

पुरी का चेहरा गम्भीर हो गया। नज़र बचाकर कुछ पल सोचना पड़ा और सावधानी के लिए विषय की गम्भीरता के विचार से अंग्रेजी में उत्तर दिया—''हाँ, बात हुई थी, परन्तु मेरे यहाँ आने का कारण आभार प्रकट करने का कर्तव्य पूरा करना है। कनक मेरे प्रति सद्भावना या सहानुभूति के कारण हवालात में भी गयी थी,'' उसका स्वर दृढ़ हो गया, ''तो उन्हें धन्यवाद देने के लिए मेरा यहाँ तक न आ सकना शायद आप भी कृतघ्नता समझते। इसके लिए मुझे किसी सीमा तक अपने आत्म-सम्मान की भावना का भी दमन करना पड़ा है।'' पुरी के चेहरे पर उत्तेजना की उष्णता स्पष्ट हो गयी।

''माई डियर फ्रैंड!'' नैयर ने झिझक प्रकट करने के लिए अपने कंधों को जरा सिकोड़ा और अपना हाथ पुरी के सोफा की बाँह पर रखकर अंग्रेजी में सफाई दी, ''आपने मेरा अभिप्राय कुछ दूसरा समझ लिया है। अगर अनुमति हो तो मैं आपके और कनक के मित्र की स्थिति से ही बात कर सकता हूँ, वर्ना मैं दखल देने वाला कौन!''

पुरी झेंप गया—''नहीं-नहीं, आप जरूर कहिये।'' और उसने पूछा, ''कनक की सहानुभूति का आदर मुझे नहीं करना चाहिए?''

''ज़रूर! ज़रूर! क्यों नहीं!'' नैयर ने समर्थन किया।

''पंडित जी ने शायद स्थिति को ठीक नहीं समझा और मैं संकोचवश उस समय कुछ कह नहीं सका।'' पुरी सँभल कर बोला, ''मैं अपने और आप लोगों के आर्थिक स्तर के प्रति सचेत हूँ। मैंने अपनी सीमा के बाहर; बल्कि मैंने तो अपना आर्थिक आधार बनाये बिना अभी अपना घर बसाकर रहने या विवाह के सम्बन्ध में कुछ सोचा भी नहीं था।''

''बिलकुल ठीक है। विवाह का अर्थ ही स्त्री के निर्वाह का बोझ गले समेट लेना ही तो है।'' नैयर ने टोक कर समर्थन किया।

''मैंने तो कनक के प्रति और पंडित जी के भी प्रति आदर के कारण उसकी भावना को स्वीकार किया और अपना वचन दिया था। मैंने अपनी परिस्थिति उसके सम्मुख पहले ही स्पष्ट कर दी थी। अब मैं विचित्र परिस्थिति में हूँ।''

''मैं समझ रहा हूँ।'' नैयर ने समझ लेने के बोझ के कारण अपनी पीठ और सिर को सोफा कुर्सी की पीठ पर टिका दिया और अपनी नेकटाई को सहलाते हुए बोला, ''मेरा ख़याल है, मैं समझ रहा हूँ। ऐसी स्थिति कठिन होती है। मैं जानता हूँ, कनक बहुत भावुक है और साहित्यिक प्रवृत्ति होने के कारण आपकी प्रतिभा ने उसे आकर्षित किया है। यह लड़की कोई भी विचार मन में आने पर झिझक या प्रतीक्षा की आवश्यकता नहीं समझती। आप भी उसकी भावना से प्रभावित हैं।''

''खैर,...हाँ, आपका अनुमान ठीक है।''

"बिलकुल स्वाभाविक है।" नैयर ने अनुमोदन किया, "परन्तु विवाह केवल भावात्मक सम्बन्ध नहीं होता, आप मानेंगे। विवाह केवल दो व्यक्तियों का ही सम्बन्ध भी नहीं होता। कम से कम हमारे समाज में, यह परिवारों का भी सम्बन्ध बन जाता है। आप बुरा न मानें, मेरा विचार है कि आजीवन सब लोगों का विरोध या असहयोग झेलते रहना सुखद नहीं हो सकता। सीधी बात है, कनक आकर्षक लड़की है और कनक ही क्या, बहुत-सी शिक्षित और भावुक लड़कियाँ आपके प्रति आकर्षण अनुभव करेंगी। यह तो सब स्वाभाविक बात थी। साफ बात कहने में हर्ज क्या है! जीवन में आकर्षण के अवसर तो आते ही रहते हैं पर उसमें जीवन भर के लिए बँधते समय बहुत-सी बातों का ध्यान भी रखना पड़ता है। आप यह तो अनुभव नहीं कर रहे हैं कि मैं बहुत अधिक अधिकार जता रहा हूँ?"

पुरी ने इन्कार में सिर हिला दिया—"आप कहिये।"

"हाँ, अगर आप कोई निर्णय कर लेने से पहले मुझसे ही बात कर लेते—हम लोग प्रायः डेढ़ वर्ष से मित्र हैं—तो मैं आपको वास्तविक स्थिति से अवगत करा सकता था। पंडित जी यों तो उदार हैं परन्तु··· खैर, मुझसे उन्होंने बात की है। मैं निजी तौर पर आपको बता ही दूँ; वे अनुमति नहीं देंगे। ऐसी अवस्था में यदि कनक ने जिद्द की—मैं केवल कल्पना की बात कर रहा हूँ; हो सकता है जिद्द न भी कर सके, वह अपने पिता से भी बहुत प्यार करती है; शायद सब बहिनों से अधिक। हाँ, अगर उसने जिद्द की तो उसका जीवन बहुत विपन्न हो जायेगा। इतनी कटुता लेकर जीवन में क्या माधुर्य··· ।"

"मैंने तो निर्णय उसी पर छोड़ दिया है।" पुरी मौन न रह सका, "मैं किसी का जीवन कटु नहीं बना देना चाहता।"

"मैं आपका स्वभाव जानता हूँ। आप बिलकुल ठीक कर रहे हैं।" नैयर ने विश्राम के लिए अपने कंधे फैलाते हुए कहा, "मैं आपको केवल वास्तविक स्थिति बता रहा था, पंडित जी के विचार उदार तो हैं पर उनकी कुछ धारणाएँ हैं।" नैयर तोल-तोलकर शब्द बोल रहा था, "मैं व्यक्तिगत रूप से विवाह में लड़के-लड़की की स्वतंत्रता का समर्थक हूँ, परन्तु कभी विचित्र गुत्थी पड़ जाती है। उदाहरणतः मेरी बहिन हो या जैसे आपकी बहिन का विवाह हो रहा है—यह तो सौभाग्य की बात है कि लड़की ने लड़के को पसन्द किया और आपने भी उसे योग्य समझा, ठीक है न?"

"हूँ।"

"अगर आप लड़के को," नैयर ने विशेष बल देकर कहा, "किसी भी कारण से योग्य न समझते तो आप बहिन को जरूर ही समझाते, बस चलते उसे ऐसा विवाह न करने देते।"

"खैर," पुरी ने दोनों हाथों के पंजों को फँसाकर उँगलियों को चटखाया और अनुभव किया कि वकील ने उसे बातों के पैंतरे में फँसा लिया है। अपनी स्थिति को साहस से स्वीकार करने के लिए बोला, "ज़रूर समझाता, परन्तु एक सीमा तक।"

"ठीक है, वह न मानती तो आप उसे, अपनी समझ के विरुद्ध सहयोग तो न देते? आप असहयोग कर एक ओर बैठ जाते? आप सोचिये, अगर कनक जिद्द करती है तो उसे अपनी आर्थिक और सामाजिक स्थिति से गिरने की कितनी बड़ी कीमत इसके लिए देनी होगी?" नैयर का स्वर गम्भीर हो गया मानो वह हाईकोर्ट के जज के सामने अन्तिम

तर्क उपस्थित कर रहा था, "मेरे प्यारे मित्र, आपने आरम्भ में ही आत्म-सम्मान की बात की थी। उस दृष्टि से सोचिये, क्या आप भी कोई वैसा मूल्य इस सम्बन्ध के लिए दे रहे हैं?"

पुरी का रोम-रोम अपमान से जल उठा। वह बोल न सका। 'प्यारे मित्र' कहकर वकील ने उसे शब्दों के व्यूह में बाँध कर कितना हीन कर दिया। उसने ग्लानि अनुभव की—मैं यहाँ आया ही क्यों? अभिजात वर्ग का यह शिष्टाचार दम्भपूर्ण है।

पुरी उठ कर खड़ा हो गया और बोला—"मैं पहले ही कह चुका हूँ कि मेरी ओर से कोई आग्रह न ही था, न है। नमस्ते।"

पुरी नैयर की ओर देखे बिना बैठक से बाहर हो गया।

कांता और कनक नैयर की प्रतीक्षा चिन्ता और व्यग्रता से कर रही थीं। कांता ने उपालम्भ से कहा—"इतनी देर कहाँ लगा दी? जानते तो हो कैसा समय है। हमारे तो प्राण सूख जाते हैं।"

'ग्वालमंडी में ही देर लगी।" नैयर ने कहा।

"तो फोन ही कर देते।" कांता ने उलाहना दिया।

कनक ने चुटकी ली—"हाँ, गप्पबाजी के लिए मित्र मिल जायें तो फिर चाहे कोई मरे चाहे जिये। हम लोगों ने तो इनके लिए चाय भी नहीं पी।"

"जी हाँ, अपने मित्रों से तो नहीं, किसी दूसरे के मित्र से ही गप्पबाजी करनी पड़ी।" नैयर ने कनक को उत्तर दिया, "आपके लिए सन्देश भी लाया हूँ।"

"किसका?"

"पुरी का।"

"भई, पहले चाय पी लो, मेरा तो गला सूख रहा है।" कांता ने टोका और लान में लगी हुई बेंत की मेज-कुर्सी पर रखे चाय के बर्तनों की ओर चल दी।

लान में बहुत बड़े गेंद पर झुकी हुई नानो ने नैयर की ओर बाँहें फैलाकर पुकार लिया—"पाप्पा पाप्पा!"

"मैं तो पुरी के साथ पीकर आया हूँ। खैर, एक प्याला और पी लूँगा।"

नैयर नानो की ओर चला गया। उसे उठाकर आकाश पर उछाला, गुदगुदी की, टाँगों से पकड़कर उलटा लटकाकर घुमाया। उसके घुँघराले बनाये हुए केश और खूब घेरेदार फूली हुई फ्राक हवा में उड़ रहे थे। नानो किलक-किलक कर चिल्ला रही थी—"ओल, अब्बी ओल!"

"बस कर चुड़ैल।" कांता ने बच्ची पर प्यार की झुँझलाहट दिखायी।

नानो ने नया-नया दौड़ना सीखा था। सराहना पाने के लिए दौड़-दौड़ कर दिखाती थी। पिता के साथ भागने और पकड़ने का खेल खेले बिना संतुष्ट नहीं हुई। कनक आतुर दृष्टि से छोटी-छोटी बाँहें उठाये नानो के सामने छोटे-छोटे कदमों से दौड़ते नैयर की ओर देख रही थी।

नैयर कांता के सामने कनक के समीप कुर्सी पर आकर बैठ गया तो कनक ने गले तक उमड़ आयी उत्सुकता से बोझल हो गये साँस के स्वर में पूछा—"क्या कहा है उन्होंने?"

नैयर ने सोचने के लिए चाय के दो घूँट भरे और बोला—"तुम उससे मिलने के लिए हवालात में गयी थी और तुमने जो सहायता की है, उसके लिए धन्यवाद कहा है।"

"और?"

नैयर ने दो घूँट और लिये और बहुत गम्भीरता से उत्तर दिया—"और उसने कोई अच्छी बात नहीं कही। कम से कम मुझे अच्छी नहीं लगी।"

कनक के चेहरे पर आ गयी चमक उड़ गयी, फिर पूछा—"क्या कहा?"

"कहा कि आग्रह उसकी ओर से न ही था और न अब भी है।"

कनक की आँखें झुक गयीं और चेहरा भी बुझ गया। कुछ सोच कर बोली—"मैं विश्वास नहीं करती। जाने किस प्रसंग में क्या कहा होगा?"

"प्रसंग तुम्हारे और उसके सम्बन्ध के अतिरिक्त और क्या हो सकता था?"

"आपने उन्हें कोई अपमानजनक बात कह दी होगी। उनका भी आत्म-सम्मान है।" कनक के स्वर में नाराज़गी आ गयी।

"बातचीत हमारे घर पर हुई थी। मैं इतना अभद्र नहीं हूँ कि घर पर आये आदमी का अपमान करूँ। मैं तो केवल उसी से पूछ रहा था कि इस सम्बन्ध से यदि उसके और तुम्हारे परिवारों ने सहयोग न किया तो तुम लोगों को क्या मूल्य देना होगा?"

"अच्छा मेरा ही आग्रह सही।" कनक ने आँखें झुकाये नैयर की ओर घूम कर कहा, "पुरुष ही चुन सकता है, स्त्री नहीं चुन सकती?"

"पर किसी का भी ऐसा कहना क्या अच्छा लगता है? वह तुम्हारा क्या आदर कर रहा है। तुम्हीं उसके पीछे पड़ी हो!" कांता ने खिन्नता प्रकट की, "तुम्हारा आत्म-सम्मान नहीं है?"

"नारी भी चुन सकती है, क्यों न चुने?" नैयर ने समझाने के स्वर में योग दिया, "परन्तु ऐसा अहंकार दिखाना न नारी को शोभा देता है न पुरुष को। जिसे प्रेम किया जाय उसके प्रति उपेक्षा दिखायी जाये! उसे दूसरों की दृष्टि में क्यों गिराया जाये!"

"पर यह बात है ही नहीं।" कनक ने होंठ काटते हुए कहा, "बात पहले उन्होंने ही की थी।"

"मैं तो मानता हूँ।" नैयर ने शान्ति से कहा, "खैर यदि तुमने ही पहले कदम बढ़ाया, उदाहरण के तौर पर तुम्हारी बहिन की ही तबीयत मुझ पर आ गयी थी…।"

"झूठे कहीं के!" कांता ने माथे पर त्योरियाँ और होंठों पर मुस्कान से चाय का चम्मच उठा कर धमकाया। कनक को हँसी नहीं आयी।

"नहीं कहना चाहती तो रहने दो।" नैयर गम्भीर बना रहा, "परन्तु तुम्हारे पिता जी के सामने तो मैंने ही जाकर प्रार्थना की थी और मैं किसी से ऐसा कह भी नहीं सकता। नारी ही पहल करे तो भी उसका उत्तरदायित्व पुरुष को ले लेना शोभा देता है। नारी अपनी हीन अवस्था के कारण स्वीकार कर ली जाने में ही गौरव समझती है।"

"वाह रे, बड़े आये!" कांता ने टोक दिया।

नैयर कहता गया, "परन्तु जब पुरुष ऐसा करे तो उसमें हीनता की जबरदस्त भावना होगी।"

"किस बात की हीनता है उनमें!" कनक के माथे पर रेखाएँ पड़ गयीं।

"मैंने यह नहीं कहा कि वह हीन है, परन्तु उसमें हीनता का भाव है। उसने यह क्यों कहा कि आग्रह उसकी ओर से नहीं। इसका अर्थ कि वह आग्रह का अधिकार नहीं अनुभव करता। उसने स्वयं स्वीकार किया कि वह अपने आर्थिक स्तर को जानता है। इसलिए उसने स्वयं तुमसे कभी प्रस्ताव नहीं किया।"

"यह बात तो गलत है पर रहने दीजिए। आप वकील हैं, बात करना जानते हैं जो चाहे कहला सकते हैं। उन्हें छल-फरेब नहीं आता।"

"मैं छलिया और फरेबी हूँ?" नैयर ने आपत्ति की।

"हैं ही।" कनक हँस पड़ी।

"वह सच्चा और ईमानदार है।" नैयर गम्भीर बना रहा।

"मुझे पूरा विश्वास है।" कनक ने दृढ़ता से कहा।

"मेरे पास दूसरी तरह का प्रमाण है।" बहुत धीमे से नैयर बोला।

"क्या प्रमाण है?" कनक ने चुनौती दी।

नैयर ने कुछ देर सोच कर पूछा—"पुरी की बहिन का नाम तारा है?"

"हाँ, मैं जानती हूँ, तारा बहुत ब्रिलियेंट (प्रतिभावान) है; भाई की तरह। वह प्रेटी (सुन्दर) भी है।"

"वह इस वर्ष बी० ए० की परीक्षा देने को थी न?"

"हाँ, तो क्या हुआ?"

"तुम्हें मालूम है तारा का विवाह जुलाई में हो रहा है?"

"अच्छा,…तो?"

"मालूम है, किससे?"

"नहीं मालूम।"

"तुम्हारी उससे इंटीमेसी (अन्तरंगता) नहीं है?"

"खास नहीं।"

नैयर ने कुछ देर सोच कर पूछा—"तुम्हें याद है, पिछले वर्ष सीनेट हाल में इनविजिलेटर से एक विद्यार्थी का नकल करने के मामले में झगड़ा हो गया था? मामला काफी बढ़ गया था।"

"हाँ, खूब याद है, जिसने प्रोफेसर दीनमुहम्मद को पीट दिया था।"

"उस लड़के का नाम सोमराज साहनी था!"

"होगा, याद नहीं।"

"तुम विश्वास करोगी कि कोई ब्रिलियेंट लड़की सोमराज साहनी जैसे बदनाम लड़के से विवाह करना पसन्द करेगी?"

"मुझे मालूम नहीं, आशा तो नहीं…क्यों?"

नैयर ने कुछ देर सोच कर कहा—"पुरी की बहिन का विवाह सोमराज साहनी से हो रहा है। सुना है कि लड़की ने इस विवाह का विरोध किया, परन्तु उसके परिवार और भाई ने उसका विरोध दबा दिया है।"

"दिस इज़ लिमिट (असह्य अन्याय)! सब स्वतंत्रता अपने ही लिए है? बहिन को ज़बरदस्ती ब्याह रहे हैं।" कान्ता ने घृणा प्रकट की।

"यह नहीं हो सकता, मैं विश्वास नहीं करूँगी।" कनक ने विरोध किया।

नैयर अपनी कुर्सी पीछे फेंक कर खड़ा हो गया। बरामदे के सामने खड़ी गाड़ी की ओर संकेत कर बोला—"इसी समय, अभी भोला पाँधे की गली में चलो, सच-झूठ का निर्णय हो जाय!"

"क्या निर्णय हो जाय?" कनक ने गर्दन सीधी कर पूछा।

"तुम स्वयं पूछ लेना कि जुलाई में तारा का विवाह सीनेट हाल से नकल करने के अपराध में निकाले जाने वाले सोमराज साहनी से हो रहा या नहीं!"

"वाह, यह क्या प्रमाण है। तारा की अपनी इच्छा हो सकती है।"

"तुम्हारी कल्पना की तो कोई सीमा नहीं है।" कांता बोली।

"तुम पहले कह चुकी हो, आशा नहीं कि ब्रिलियेंट लड़की ऐसे आदमी को चाहेगी।" नैयर ने तर्जनी उठाकर याद दिलाया।

"लेकिन असम्भव भी नहीं है। उसमें कोई और आकर्षण हो सकता है।"

"क्या आकर्षण हो सकता है। वह टैगोर की तरह महान् कवि है या आई० एन० ए० का देशभक्त योद्धा है?"

"मुझे क्या मालूम, अपनी रुचि और अपने स्वभाव की बात है।"

"मैंने तो यहाँ तक सुना है कि लड़की के विरोध करने पर उसे मारा-पीटा भी गया। लड़की का सिर भी फट गया था। आखिर वह हार कर चुप हो गयी।"

"असम्भव!" कनक ने मुँह फिराकर कहा और फिर बोली, "मैं तारा से ही पूछ लूँगी।"

"तारा ने हार मान ली है तो अब सच बोलने का साहस भी नहीं कर सकेगी।" नैयर ने कहा, "मैं तो स्वयं पुरी के मुख से कबुलवा चुका हूँ।"

"क्या कबूला है उन्होंने?" कनक ने नैयर की ओर देखा।

"सुनो, मैंने पुरी को यह नहीं बताया था कि मुझे विवाह के विषय में मालूम है। सोमराज का पिता सुखलाल उसके पिता के साथ आया था। पुरी ने बताया कि सुखलाल उसकी बहिन का भावी ससुर है। मैंने पूछा—लड़का क्या करता है, प्रोफेशन में है या सर्विस में? लड़का योग्य है न? पुरी ने उत्तर दिया—लड़का योग्य है, शायद घर के कारोबार में ही लगा है, उसे अधिक नहीं मालूम। पूरा लाहौर सीनेट हाल का मामला जानता है और सोमराज का भावी साला जो पत्रकार है, नहीं जानता! यह बात विश्वास योग्य है?"

"असम्भव! यह कैसे हो सकता है?" कान्ता ने अविश्वास प्रकट किया, "एक नम्बर का झूठा और पाखण्डी है।"

कनक अपनी कुर्सी पर उछल सी गयी—"देखिये बहिन जी, किसी को गाली देने का क्या मतलब? आई कांट… ।"

"खूब! ओ हो, गाली कौन दे रहा है। मैंने उसके शब्द तुम्हें बता दिये। उसके अज्ञान प्रकट करने के बारे में तुम्हारी क्या राय है?"

''यह सब वकीलों की पैंतरेबाजी है।'' कनक बोली, ''उन्होंने यह तो नहीं कबूल किया कि बहिन का विवाह जबरदस्ती कर रहे हैं?''

''वह यह कैसे कह देगा?'' कान्ता बोली।

''खैर, सोमराज की बाबत अज्ञान प्रकट करने से उसकी ईमानदारी का तो प्रमाण मिल गया।'' नैयर ने आग्रह किया।

कनक उठकर भीतर चली गयी और पलंग पर लेट कर मुँह ढाँप लिया।

१३

सज्जनता निबाहने जाकर अपमान पाने से पुरी का मन अत्यन्त खिन्न हो गया था। उसे विश्वास था, कनक उसके लिए सब कुछ कर सकती है; ऊँची मध्यम श्रेणी की अट्टालिका से उतरकर उसके साथ मैली गली में खड़ी हो जाने के लिए तैयार है, परन्तु नैयर की अपमान से बेंध देने वाली बातों की भी उपेक्षा नहीं कर सकता था।

पुरी को सोचना पड़ा—कनक को या अपनी सुसंस्कृत, अभिजात पत्नी को अपनी वर्तमान अवस्था में रखना क्या उसके अपने सम्मान के अनुकूल होगा? फूलों को सजाने के लिए फूलदान न हो तो फूलों को तोड़ कर लाया ही क्यों जाय? आर्थिक दैन्य और बेकारी के कलंक और विवशता को दूर किये बिना वह नैयर और पंडित गिरधारीलाल को मुँहतोड़ जवाब नहीं दे सकता। जब तक कनक को उन लोगों के सामने, ससम्मान अपनी गाड़ी में बैठाकर नहीं ले आ सकता तब तक कनक को पा लेने या बुला लेने की बात सोचना विडम्बनामात्र है, यह उनसे अपमान को स्वीकार करना है। उसकी माँ और बहिनों की तरह कनक भी पुरानी-फटी सलवार या केवल पेटीकोट पहने भोलापाँधे की गली के घर में रसोई में बैठकर कपड़े धोये और बर्तन मले, यह कल्पना असह्य थी। पुरी के मन ने स्वीकार कर लिया कि समय से पूर्व उसका कनक की ओर आकर्षित हो जाना भूल थी। अपना और कनक दोनों का ही भविष्य बिगाड़ने से क्या लाभ?

पुरी मन को वश रखने का दृढ़ निश्चय करके इतिहास की पुस्तक के शेष काम में लग गया था। उसने चार ही दिन में शेष काम समाप्त करके पुस्तक को दोहरा भी लिया। पुरी का विचार था, संध्या पाँच बजे पुस्तक लेकर गौसमुहम्मद के यहाँ जायेगा। उसने लिखे हुए कागजों का सुथरा बण्डल बाँध लिया था। वह गली में खूहवाली माई के चबूतरे पर बैठकर खुशालसिंह से बात कर रहा था। खुशालसिंह की दुकान बाज़ार की आग में जल गयी थी। वह गली में ही, बाज़ार के समीप के चबूतरे पर अपनी पापड़-बड़ियों की दुकान लगाने लगा था। मुकुन्दलाल ने दीवानचन्द बजाज के चबूतरे पर अपनी दुकान लगा ली थी।

टीकाराम सदा ही दफ्तर से विलम्ब से लौटता था। वह चार बजे से भी पहले आ पहुँचा। उसका चेहरा उतरा हुआ देखकर खुशालसिंह ने पूछ लिया, "बाबू, क्या बात है? मुँह क्यों लटकाये हो?"

टीकाराम इंश्योरेंस कम्पनी की सैदमिट्ठा बाज़ार वाली शाखा में काम करता था। उसने बताया कि पिछली रात कम्मूशाह की पूरी हवेली जल गयी थी। बीमा कम्पनी का दफ्तर भी जल गया था। उधर छुरी बहुत चल रही थी। कई आदमी मारे गये थे। उसकी शाखा के क्लर्कों को मैक्लोड रोड के दफ्तर में बुलाकर एक-एक महीने का नोटिस दे दिया गया था कि एक महीने तक मैक्लोड रोड के दफ्तर में रिकार्ड ठीक करने होंगे। फिर उन्हें नये सिरे से नौकरी मिलेगी। कम्पनी जहाँ बदली कर देगी, जाना होगा।

टीकाराम से बात करते-करते रतन भी आ गया था। शहर में कारोबार बन्द था। ऐसी अवस्था में उसके मामा की गुड्स क्लियरेंस एजेन्सी में माल रवाना कराने और माल छुड़ाने का क्या काम होता? सब जानते थे, बाबू गोबिन्दराम ने लड़ाई के ज़माने में ढेरों रुपया कमा कर कृष्णनगर में दो मकान बनवा लिये थे। उन मकानों का किराया अच्छा मिलने के कारण वे स्वयं भोलापाँधे की गली के तंग मकान में ही निर्वाह कर रहे थे। कारोबार बन्द रहने पर भी रतन को चिन्ता न थी। उसे दूसरे कामों की कमी न थी।

रैडकिल्फ कमेटी ने लाहौर के उत्तर और दक्षिण में हिन्दुस्तान-पाकिस्तान में बँटवारे की सीमा निश्चित कर दी थी। लाहौर का प्रश्न अब भी तय नहीं हुआ था, परन्तु रावी पार कर जिला शेखूपुरा पाकिस्तान का भाग घोषित हो गया था। पेशावर से शेखूपुरा तक के बहुत से हिन्दू व्यापारी भागे चले आ रहे थे। इन रक्षार्थियों के लिए एबट रोड पर रायबहादुर बद्रीदास की कोठी में, शहालमी के बाहर रतनलाल के तालाब पर, मेलाराम के शिवालय में, किले के पास गुरुद्वारा शहीदगंज में और गुरुदत्त भवन के समीप कैम्प बना दिये गये थे। रतन सहायता के काम के लिए वहाँ चला जाता था। मेवाराम और बीरसिंह भी हवालात से छूटकर उसके साथ जाने लगे थे। इसके अतिरिक्त वे लोग हिन्दू-रक्षा सभा की ओर से दिन में दो बार स्टेशन पर पश्चिम से आने वाले हिन्दुओं को उनकी गलियों या कैम्पों तक पहुँचाने की ड्यूटी पर जाते थे।

बीरूमल पाँच बजे से कुछ समय पहले डाकखाने से लौटा।

गली में पंचायत सी लगी देखकर उसने कारण पूछा। टीकाराम ने कम्मूशाह की हवेली और अपना दफ़्तर जल जाने की बात दोहरायी।

रतन ने गहरी साँस से गाली देकर कहा—"क्या करें, हिन्दू दबते ही चले जा रहे हैं।" उसने फिर गाली दी, "मुसलमान पुलिस खुलकर मुसलमानों का साथ दे रही है। पश्चिम से रोज डेढ़-दो सौ आदमी उजड़ कर चला आ रहा है⋯।"

बीरूमल ने टोक दिया—"पूरब में मुसलमानों की हालत मालूम है? बाग-बानपुरे का याकूब हमारे सेक्शन में काम करता है, साला रो रहा था। साले के पास दो कोठरी का क्वार्टर है। कपूरथला से उसका बाप और ससुर सब भागकर आ गये हैं। उसका बड़ा भाई कत्ल हो गया है। उसकी भाभी और बहिन को छीन लिया। दो कोठरियों में सत्रह आदमी हैं। बता रहा था, बागबानपुरा के मुस्लिम रिफ्यूजी कैम्प में दो हजार आदमी भर गया है। वहाँ बदबू के मारे साँस लेना मुश्किल है।"

पुरी खुशालसिंह के समीप से उठकर खड़ा हो गया और बोला—"अच्छा मैं चलूँ। मुझे जरा मोरी दरवाजे के भीतर जाना है।"

"क्यों? "···अक्ल ठिकाने है?" टीकाराम ने टोका, "अभी तो बताया कि सैदमिट्ठा में बुरा हाल है। आज उधर कोई अकेला नहीं जा सकता।"

भाई, मुझे अपने रुपये लेने जाना है।" पुरी ने बेबसी प्रकट की।

"रुपया गया भाड़ में। वहाँ नहीं जाना होगा।" खुशालसिंह ने निर्णय दे दिया।

"ऐसी क्या बात है, अभी रहने दो। कल आठ-नौ बजे मैं साथ चला चलूँगा।" रतन बोला।

"ऐसी जगह कम से कम तीन आदमी होने चाहिए। मोरी दरवाजे और सैदमिट्ठा में फरक ही क्या है?"

पुरी को विवश होकर उस समय मोरी दरवाजे गौस के यहाँ जाने का विचार छोड़ देना पड़ा। गौस जैसे आदमी के यहाँ रक्षकों को साथ लेकर जाने का विचार उसे अच्छा न लगा। दूसरे दिन लगभग नौ बजे बस्ता बगल में दबाकर पुरी अकेला ही अपनी गली से निकल गया। मच्छीहट्टा और शहालमी के रास्ते न जाकर वह वच्छोवाली की राह शीशामोती, सूत्तरमंडी होता हुआ लुहारी दरवाजे की ओर जा रहा था। इस ओर पूरी बस्ती हिन्दुओं की थी। अधिकांश दुकानें अब भी खुली थीं पर भीड़ नहीं थी। सूत्तरमंडी के चौक में सामने मसऊद उसी की तरह बगल में, पर उससे छोटा बस्ता दबाये दिखाई दे गया।

"अरे भाई पुरी!" मसऊद ने पुकार लिया, "तुम्हारी कसम, शहालमी का हौलनाक नज़ारा देखकर कलेजा दहक गया। उस रास्ते जाने का हौसला नहीं हुआ तो इधर से चक्कर देकर तुम्हारे यहाँ ही जा रहा था।"

मसऊद का चेहरा बहुत उदास था। उसके सदा मसले हुए और मैले रहने वाले कपड़ों से सड़े पसीने की गन्ध आ रही थी। सिर पर से खाल की ऊँची काली टोपी गायब थी। पुरी ने हाथ बढ़ा कर पूछा—"कहो, खैरियत तो है। मेरे लायक जो खिदमत हो कहो।"

"क्या खैरियत पूछते हो भाई?" बहुत गहरा साँस लेकर मसऊद बोला, "तुम्हें शायद मालूम नहीं, खुदा उसे जन्नत नसीब करे, बेचारा गौसमुहम्मद शहीद हो गया।"

"हैं!" पुरी के मुँह से निकला और बस्ता बगल से गिरते-गिरते बचा। आँखों के सामने अँधेरा सा आ गया। उसका तीन मास का श्रम, कितने स्वप्न, साढ़े पाँच सौ की रकम सब एक साथ गिरकर राख हो गये।

"वहीं तो जा रहा था। मेरे तो साढ़े पाँच सौ मिट्टी हो गये।" बगल में दबे बस्ते को दिखाते हुए पुरी के मुख से निकल गया और फिर सँभलकर बोला, "पाँच सौ क्या होते हैं, इंसान की जान के मुकाबले पाँच लाख कुछ नहीं।"

"भाई, गौस बहुत नेक आदमी था।" मसऊद गहरे निश्वास से बोला, "तास्सुब उसे छू नहीं गया था। बेचारा अपनी शरई दाढ़ी की वजह से ही शहीद हो गया। यह फिसाद जाने क्या करेंगे?"

मसऊद ने बताया—"गौस के पेट में एस० पी० एस० के हाल के सामने कृपाण भोंकी गयी थी। मारने वाला कृपाण पेट में ही छोड़कर भाग गया था। गौस गिरा तो

कृपाण पीठ में से निकल गयी। पिछली शाम मैं गौस के यहाँ पहुँचा था तो उसकी मइय्यत (जनाजा) उठ रही थी। हाल सुना तो कलेजा थामकर रह गया। ऐसा हरदिल-अज़ीज आदमी और उसकी मइय्यत पर दस आदमी भी नहीं पहुँच सके। पुलिस की लारी में कब्रिस्तान तक ले गये। मिट्टी देने के लिए सिर्फ़ तीन आदमी लारी में जा सके।''

मसऊद कहता गया—''हम लोगों को तो उसका ही सहारा था। उसने मुझे मिडिल के कोर्स का खुलासा (कुंजी) तैयार करने का काम दिया था। सौ रुपया देना मंजूर किया था। उसके हाथ का लिखा काग़ज़ मौजूद है। यह नुस्खा (लिपि) तैयार है।'' मसऊद ने बगल का बस्ता बढ़ाकर कहा, ''जो चाहे पकड़ कर तसल्ली कर ले। मैं इस वक्त तंगदस्त और परेशाँहाल हूँ। कोई इस नुस्खे को ले ले तो मैं पचहत्तर में ही देने को तैयार हूँ। तुम्हारे यहाँ इसीलिए दौड़ा चला आ रहा था कि तुम्हारा नाम है, पब्लिशर्स से तुम्हारे ताल्लुकात हैं, 'नया हिन्द' के पंडित गिरधारीलाल को भी जानते हो··· ।''

''अरे उस ज़लील का नाम मत लो। उसकी हर बात में फ़रेब है।'' पुरी ने घृणा प्रकट की।

मसऊद ने फिर भी पीछा न छोड़ा—''भाई, तुम अच्छा लिखने वाले हो। हमारे तो उस्ताद की जगह हो। तुम्हारा नाम जम चुका है। देख तसल्ली कर लो और चाहे अपने नाम से ही किसी पब्लिशर को दे दो। तुम जो दे दोगे, उज्र न करूँगा। तुम अपने मुसन्निक (लेखक) भाई हो।''

''न, न, ऐसी बात जुबान पर मत लाओ।'' पुरी इन्कार में हाथ हिला कर बोला, ''मुझसे जो हो सकेगा, कोशिश करूँगा। अगर मेरे नाम से ही लग जाय तब भी तुम्हारी मेहनत का हिस्सा लेना हराम है। अच्छा दोस्त, इस वक्त इजाज़त लूँगा। मैं भी अपने नुस्खे की कुछ फिक्र करूँ।''

मसऊद ने फिर भी आग्रह किया—''मैं इस वक्त अज़हद परेशानी में हूँ। चार माह से किराया नहीं दे पाया हूँ। इसी खुलासे की उमीद पर मकान मालिक दाऊद से वायदा कर लिया था। कमबख्त बीबी-बच्चों को निकाल कर गली में खड़ा कर देगा। तुम जानते हो, हमारे घर की औरतें पर्दानशीन हैं। तुम नुस्खा ले जाओ। न हो मुझे इस वक्त पचास ही दे दो।''

''ब्रादर (मेरे भाई) इस वक्त मेरे मकान पर भी रुपया नहीं है। खुद मेरी हालत तुमसे ज़्यादा मुख्तलिफ नहीं है।'' पुरी ने अपनी असहाय अवस्था याद कर कहा, ''हो सके तो ख़बर दूँगा। तुम्हारा मकान मुझे मालूम है।''

पुरी ने मसऊद को तसल्ली दे दी, परन्तु पसीना बहा-बहा कर बनाया साढ़े पाँच सौ यों हाथ से निकल जाने पर स्वयं उसके पाँव लड़खड़ा गये थे। सोच रहा था, यह मेरा ही दुर्भाग्य है या पूरे लाहौर, पंजाब और हिन्दुस्तान भर का दुर्भाग्य है? क्या होकर रहेगा? ख़याल आया; क्यों न गिरधारीलाल से बात करे। गौसमुहम्मद का लिखा साढ़े पाँच सौ का इकरारनामा मौजूद था। गिरधारीलाल देख भी लेगा कि वह दो मास में साढ़े पाँच सौ का काम कर सकता है। इसमें गिरधारीलाल पर ही एहसान होगा। कहूँगा, प्रोफेसर शाह से मिलकर बात कर लो। आठ हजार तो देना पड़ेगा, लेकिन बाद में तीस हजार भी तो तुम्हीं कमाओगे! उन लोगों के प्रति क्रोध और घृणा से मन ने यह प्रस्ताव स्वीकार न किया।

पुरी ने सोचा, गिरधारीलाल से तो नहीं धनपतराय एंड संस, एजुकेशनल पब्लिशर्स से बात करें। इतिहास की पाठ्य-पुस्तक से तो किसी भी प्रकाशक को लाभ हो सकता है।

धनपतराय एंड संस का मालिक सूर्यप्रकाश जवान आदमी था। उसने गौस की मृत्यु का समाचार सुनकर शोक का अभिनय भी नहीं किया, बोला—"हमारी हिस्ट्री की टैक्स्ट बुक पाँच साल से लगी हुई है। शाह उसी को बदलवा कर गौस की किताब लगवाना चाहता था। हम शाह को अपनी किताब बदलवाने के लिए रुपया दें? टैक्स्ट बुक कमेटी के मुसलमान मेम्बरों को मुसलमान पब्लिशर्स का ख़याल है। वे लोग हिन्दू पब्लिशर्स की किताबें हटा-हटा कर मुसलमान पब्लिशर्स को देते जा रहे हैं। शाह को हमने तो दस हजार आफर किया था। देखा उसका तास्सुब और बेईमानी? खैर, परमेश्वर सब देखता है। पहिले एक भी मुसलमान पब्लिशर नहीं था। अब तो तमाम ट्रेड उन्हीं लोगों के हाथ में जा रहा है। ट्रेड क्या मुल्क ही उन लोगों के हाथ में जा रहा है। हम तो लाहौर में अपना काम बन्द कर रहे हैं। बस एक ब्रांच रखेंगे। हमने तो दिल्ली में प्रेस कायम करने का फैसला कर लिया है और आप हिन्दू राइटर्स ऐसे हैं कि हिन्दू पब्लिशर्स की जड़ें काटने के लिए मुसलमान पब्लिशर्स को अपनी किताबें देते हैं। उन लोगों में अपने दीन-कौम का कितना ख़याल है, लेकिन आप लोगों में जरा भी नहीं। हिन्दू को तो पैसा चाहिए, पैसा! तभी तो हिन्दुओं का यह हाल है। वर्ना लाहौर का पूरा ट्रेड हिन्दुओं के हाथ में था।"

पुरी सूर्यप्रकाश से हिन्दू जाति की रक्षा का उपदेश सुन कर लौटा तो उसे अपने चारों ओर विवशता की दृश्य जकड़न अनुभव हो रही थी जो उसकी शक्ति को सार्थक होने से रोके हुए थी। घर पहुँच कर वह निढाल लेट गया। इतिहास की पाठ्य-पुस्तक की पांडुलिपि का बस्ता उसके समीप ही पड़ा था—साढ़े पाँच सौ रुपये मूल्य का, प्रोफेसर शाह के लिए आठ हज़ार रुपये के मूल्य का। अब उसके मस्तिष्क का वह श्रम कोरे कागज से भी कम मूल्य का हो गया था। उन पर कुछ लिखा भी नहीं जा सकता था, केवल पंसारियों की दुकानों पर पुड़िया बाँधने के काम आ सकता था।

पुरी की आँखों के सामने मसऊद का चेहरा घूम गया। मसऊद के अधीर स्वर में अपनी पांडुलिपि के लिए आधा ही मूल्य माँगना याद आ गया। इस समय पुरी स्वयं भी उसी प्रकार की प्रार्थना और अनुरोध करने के लिए विवश हो गया था। अच्छे से अच्छा लिख लेने का सामर्थ्य उसमें था, परन्तु अपनी रचना को प्रकाशित कर सकने का सामर्थ्य तो नहीं था।...मन ही मन खेद होने लगा, साधनहीन के लिए नौकरी के सिवा और उपाय क्या है? साधनों के स्वामियों के दासत्व का अवसर न पा सकने का फल भोगना ही पड़ेगा। उस रात वह देर तक सो न सका। नैयर और पंडित गिरधारीलाल का व्यवहार याद आकर साधनहीन के दुर्भाग्य की पीड़ा को और बढ़ा रहा था।

दूसरे दिन पुरी मिथ्या अहंकार को ठुकरा कर कई पत्रों के कार्यालयों में गया। सम्पादकों द्वारा प्रतीक्षा कराने के अपमान को हँसी में टाल कर वह उनकी सुविधा की प्रतीक्षा करके उनसे मिला। उनकी आवश्यकतानुसार लेख लिखने के लिए प्रस्तुत होकर कुछ काम भी ले आया। 'सितारा' ने उससे एक रोमांटिक कहानी माँगी। 'खातून' ने एक सामाजिक शिक्षाप्रद कहानी का वायदा लेकर उसे एक अंग्रेजी पत्रिका से सन्तति-निरोध पर एक लेख का अनुवाद कर देने का काम दे दिया। सप्ताह भर में पुरी ने जैसे-तैसे,

अपनी एक पुरानी कहानी को कुछ बदल कर और दो फर्मायशी लेख लिख कर बीस रुपये का काम कर लिया। पन्द्रह नकद मिल गये, पाँच उधार रहे।

पत्र पुरी से कहानी की माँग करते थे। कहानी के लिए वे उसे पन्द्रह रुपये तक भी देने के लिए तैयार थे। एक समय था, पुरी को अनायास ही कहानियाँ सूझती रहती थीं, परन्तु अब आवश्यकता का दबाव होने पर और विक्षिप्त अवस्था में कहानी सूझती न थी। विवशता में सोचा कि अंग्रेजी में कहानी पढ़े और उसका विषय लेकर उर्दू में कहानी लिख डाले, परन्तु दूसरे सप्ताह वह अधिक काम न कर सका।

लाहौर को पाकिस्तान में दिये जाने की आशंका से हिन्दुओं में नगर छोड़ जाने की बातें उठने लगी थीं। अनेक गलियों के लोगों की तरह भोलापाँधे की गली के लोगों ने भी एकमत होकर निश्चय कर लिया था कि वे लोग अपने परम्परागत स्थान लाहौर को नहीं छोड़ेंगे। वे लाहौर को बचाने के लिए प्राणपण से लड़ेंगे। जुलाई के आरम्भ में हिन्दुस्तान और पाकिस्तान की सीमा ऐसी निश्चित कर दी गयी थी कि लाहौर के पाकिस्तान में दिये जाने की ही सम्भावना थी, परन्तु लाहौर की अधिकांश गलियों के लोगों और भोलापाँधे की गली के लोगों का विश्वास था कि लाहौर में अस्सी प्रतिशत जायदाद हिन्दुओं की है, इसलिए लाहौर पाकिस्तान में नहीं दिया जा सकेगा। अगर ऐसा हो भी गया तो वे लोग अपना घर-बार नहीं छोड़ेंगे। उनके घरों से उन्हें कोई नहीं निकाल सकेगा।

शहालमी की आग के बाद घसीटाराम और पन्नालाल अपने घरों के दरवाजों पर टीन की चादरें मढ़वाकर और बहुत भारी-भारी ताले लगाकर सावन में वृन्दावन-मथुरा में झूलों की धार्मिक यात्रा के बहाने चल दिये थे। उस समय दूसरे लोगों को उनके प्रति घृणा हुई थी, परन्तु जुलाई के मध्य में सरकारी घोषणा ने सभी लोगों को गहरी उधेड़बुन में डाल दिया। सरकार ने सभी स्तरों के सरकारी कर्मचारियों को सूचना दे दी थी कि वे अपनी इच्छानुसार भविष्य में हिन्दुस्तान में या पाकिस्तान में रहने और काम करने का निर्णय कर सकते हैं और अपना परिवर्तन करवा सकते हैं। इस घोषणा का अर्थ सर्वसाधारण ने समझा कि सरकार पाकिस्तान में हिन्दू अफसरों की और हिन्दुस्तान में मुसलमान अफसरों की सुरक्षा की जिम्मेवारी नहीं ले सकती थी। ऐसी अवस्था में साधारण लोग किसका भरोसा कर सकते थे?

गली में सरकारी नौकर बाबू गोबिन्दराम, डाक्टर प्रभुदयाल, डाकखाने का क्लर्क बीरूमल और सेक्रेटेरियट का क्लर्क साधूराम ही थे। वे लोग संध्या समय बहुत देर तक बाबू गोबिन्दराम के चबूतरे पर बैठे बात करते रहते। खुशालसिंह और मास्टर जी भी साथ बैठ जाते। बाबू गोबिन्दराम का मत था कि लाहौर नहीं छोड़ना चाहिए। डाक्टर प्रभुदयाल कुछ डावाँडोल हो गया था। गली में वही आदमी था जो देश के दूसरे भागों में हो आया। वह उदासी से कह देता—"यों तो दुनिया में जहाँ चले जायें निर्वाह हो जाता है पर लाहौर, लाहौर ही है।"

बीरूमल पंजाब से बाहर जाने की कल्पना से ही भयभीत था। नौकरी के आरम्भ में उसे बहुत दिन तक आर० एम० एस० (रेलगाड़ी के डाकखाने) में काम करना पड़ा था। सन् ४० में उसे कुछ मास सुदूरपूर्व कटक की ओर बदल दिया था। वह बताता—"भई वह देश ही दूसरा है। वहाँ के लोग हिन्दू तो हैं पर दूसरी तरह के आदमी हैं। उनकी बोली ऐसी है जैसे लोटे में कंकर डाल कर हिला दो। औरतें बस एक कपड़ा कमर में

लपेटे रहती हैं। भई, उनका खाना दूसरा बरतना दूसरा। उबला चावल पानी में बासी करके खा लेते हैं। खटमल-मच्छर इतने हैं कि यदि चारपाई में खटमल नीचे से आदमी को पकड़े न रहें तो मच्छर उठाकर ले जायें। लाहौर के मुसलमान बैरी बन गये हैं तो अपने ही जैसे। बोली एक, पहरावा एक, खाना-पीना भी एक जैसा ही है। मन्दिर-मस्जिद का ही तो फरक है।" उसने गाली दी, "दस बरस हो गये, हम तो कभी मन्दिर गये भी नहीं। हम लोग कब तक एक-दूसरे से बैर कर सकते हैं?"

मास्टर जी बहुत चिन्तित थे। तारा के दहेज के लिए सब सामान जुट चुका था। प्राविडेंट फण्ड से उधार लिया रुपया और गाँव के पुराने मकानों के आधार पर बड़े भाई से लिया उधार सब तारा के विवाह की तैयारी में खप चुका था। विवाह में नौ दिन का ही समय रह गया था। लड़की का विवाह किये बिना वे उठ कर कहीं जाने की बात भी सोचते तो दहेज का जोड़ा हुआ सब ताम-झाम नष्ट हो जाता। बाबू रामज्वाया ने आवश्यक आटा, घी उधार और बाजार भाव से सस्ता लाकर उनके यहाँ भर दिया था। वह सब लेकर वह कहाँ जा सकते थे।

मास्टर जी, भागवंती या बड़े लड़के से इन सब चिन्ताओं के सम्बन्ध में चर्चा करते रहते थे। इस चर्चा की ध्वनि स्पष्ट होती। लगभग प्रतिदिन के कर्फ्यू की इस हालत में ब्याह हो भी सकेगा? लगनों का समय था। कई विवाह हो भी रहे थे। उनकी आशंका का एक ही उत्तर था। यदि दूसरों के यहाँ विवाह होंगे तो हमारे घर भी हो जायेगा; नहीं तो प्रभु की इच्छा। लाहौर छोड़कर हम जायें तो कहाँ? सत्ताईस वर्ष से उसका जीवन स्कूल से बँधा हुआ था। स्कूल से बिछुड़ कर उन्हें जीविका कहाँ मिल सकती थी? मास्टर जी ऐसी चर्चा से उदास होकर प्रायः अपने सिर पर हाथ फेरते हुए कहने लगते—"हे प्रभु, तू ही तू है, तू ही तू है।"

लाहौर के प्रति पुरी का अनुराग मिट गया था। लाहौर उसके प्रति सब तरह क्रूर रहा था। उसे जान पड़ता था कि लाहौर उससे रूठ कर उसे अपने अंक में कोई स्थान नहीं देना चाहता था। लाहौर कशिश के प्रति पक्षपात कर रहा था जिसने अन्याय से पुरी की नौकरी छीन ली थी, लाहौर कनक का था जो उसके हृदय का रोग बन बैठी थी, लाहौर गिरधारीलाल और नैयर का था जिन्होंने अपने धन और स्थिति के अभिमान में उसे हीन बता दिया था, लाहौर रामज्वाया, गोबिन्दराम, घसीटाराम, पन्नालाल, सुखलाल और सोमराज का भी था जिनकी सम्पत्ति लाहौर की धरती पर खड़ी थी, परन्तु लाहौर में पुरी का क्या था? बल्कि दिल्ली या यू० पी० में उसे नौकरी मिल सकती थी। शायद बम्बई पहुँच कर सिनेमा के लिए कहानी और वार्तालाप लिख पर्याप्त धन कमा सकना सम्भव होता, परन्तु सप्ताह भर बाद निश्चित विवाह की उपेक्षा करके पिता को लाहौर से चल देने की सलाह कैसे दे देता? विवाह एक बार टला तो सब तैयारी व्यर्थ हो जाने की आशंका थी और जीवन भर के लिए कंधों पर उत्तरदायित्व का बोझ बँधा रह जाता। बहिन या बेटी मुसीबत नहीं तो क्या है? सोचता, कहीं जाना भी तभी सम्भव हो सकेगा जब पहले जाकर नौकरी और स्थान का प्रबन्ध कर आये।

विवाह तो हो ही रहे थे, परन्तु अब जून में घसीटाराम की लड़की का विवाह जैसे हो पाया था, उससे भी अधिक संक्षिप्त और बेरौनक हो गये थे। चारों ओर भगदड़ मची हुई थी। लोग सोचते थे, यदि वे निश्चित विवाह सम्पन्न किये बिना अपने नगर छोड़ जायेंगे

तो फिर जाने कभी निश्चित समधियों से मेल भी हो पायेगा या नहीं! अब विवाह क्या होता था; वर पक्ष के चार-छः आदमी एक साथ या अलग-अलग गलियों से वधू के घर पहुँच जाते थे। मुकुट और सेहरे का कोई प्रश्न न होता। चुपचाप लावां-फेरे करके कन्यादान कर दिया जाता था। वह नयी बहू को कभी पैदल ही और कभी मँगनी की मोटर में अपनी गली तक ले जाता था। दान-दहेज भी चुपके-चुपके पहुँचाना पड़ता था। मास्टर जी और रामज्वाया चिन्तित थे कि लाला सुखलाल अपने लड़के का, ऐसा चुप्पी-चुप्पी का बेरौनक ब्याह मंजूर कर लेंगे?

तारा के परिवार को विवाह कुछ दिन के लिए भी स्थगित कर देने का प्रस्ताव कर सकने का साहस नहीं हो सकता था। तारा की ब्याह की अनिच्छा की अफवाह को बहुत कठिनाई से दबाया जा सका था। लाला सुखलाल और सोमराज ऐसे प्रस्ताव का कुछ भी अर्थ लगा बैठते। बाबू रामज्वाया और मास्टर जी सब कुछ लाला सुखलाल के ही निर्णय से करने के लिए विवश थे। मन ही मन सोचते भी थे कि कन्या के बोझ से मुक्ति मिल जाना ही बेहतर है, आखिर एक दिन उसे विदा तो करना ही है। भविष्य का क्या पता?

तारा की विवाह से अनिच्छा की अफवाह लाला सुखलाल के कान में पड़ी थी तो उन्होंने क्रोध में थुथलाते हुए मास्टर रामलुभाया और बाबू रामज्वाया को बाजार में दो सौ जूती मारने की धमकी के साथ सभी गालियाँ देकर कह दिया था—उस दो कौड़ी के आदमी की लड़की की हम परवाह ही क्या करते हैं? हमें पचास-पचास हजार दहेज देने वालों की कमी नहीं है। ये ही लोग तो सौ बार अपनी पगड़ी हमारे पाँव पर रखकर सगाई करके गये थे।

बाबू रामज्वाया और मास्टर जी को अपनी पगड़ी और टोपी उनके कदमों पर रख कर, सौ कसमें खाकर इस अफवाह को झूठा बताना पड़ा था। यह सब क्रोध दिखा देने पर भी लाला सुखलाल जानते थे कि सीनेट हाल की घटना का भी कुछ महत्त्व था। उस घटना के कारण लड़के की सगाई टूटना उसके सम्बन्ध की बात दूसरी जगह चलते समय सहायक तो नहीं हो सकती थी।

बाबू रामज्वाया मास्टर जी को लेकर सुखलाल के यहाँ विवाह के सम्बन्ध में आदेश और निर्देश पाने के लिए गये थे। लाला जी ऊँचे स्वर में बोले—"अरे हमारा मतलब तुम लोगों को परेशान करना थोड़े ही है। जैसा समय आ गया है, वैसा ही काम होगा। हमें धर्म पूरा करना है, तमाशबीनी नहीं करनी। शास्त्रों में अपना धरम भी तो लिखा है। ऐसी हालत में रीति-रिवाज का कोई झगड़ा नहीं करना है। हम कर्फ्यू के पास ला देंगे। कह दिया न कि आठ-दस से ज्यादा आदमी नहीं जायेंगे, ब्याह तो करना ही है। अब हमारी-तुम्हारी इज्जत एक ही है।"

२३ जुलाई की संध्या मास्टर जी गली में लौटकर अपना कोट सँभालते हुए चबूतरे पर बैठ गये। उनका चेहरा कठिन परिस्थिति के बोझ से भारी था। गहरा श्वास छोड़कर उन्होंने बाबू गोबिन्दराम को सूचना दी—"अब आप लोगों को सब कुछ करना है। लाला सुखलाल कह रहे हैं कि ब्याह एतवार को ही होगा।"

निम्मा, पीतो और दूसरी बच्चियों ने पल भर में यह सूचना पूरी गली में फैला दी। पुष्पा मुण्डू (छोकरे नौकर) से अपने सामने गुच्छी की तरकारी छौंकवा रही थी, परन्तु यह समाचार सुन कर तुरन्त खिड़की में पहुँची और पुकारा—"तोषी की माँ, भैनजी!"

पुष्पा, भागवंती और मेलादेई दोनों को ही भैनजी पुकारती थी। एक को पुकारती दो दूसरी उत्तर देती या दोनों ही 'हाँ' कह उठतीं। पुरी और रतन दोनों लगभग उसकी आयु के थे। उनका नाम ऊँचा पुकारते भला न लगता था। तारा भी बड़ी हो गयी थी और ऊषा भी सोलह की हो आयी थी इसलिए पुष्पा, शील के विचार से भागवंती को तोषी (सन्तोष) की माँ और मेलादेई को निम्मां (निर्मला) की माँ पुकार लेती थी।

भागवंती के सामने आने पर पुष्पा ने अपनी खिड़की से कहा—"कुड़ी को कल से माइयां पैणा होगा (लड़की को कल से हल्दी चढ़ेगी)।"

कर्तारो ने तुरन्त अपनी खिड़की से समर्थन किया—"आहो, आहो (और नहीं तो क्या) बुध, वीर, शुक्कर, छनिच्छर चार ही दिन बीच में रह गये हैं। हम तो महीना-महीना पहले माइयां बैठी थीं। और नहीं तो क्या।"

"माँ, भैनजी कह रही हैं, यह मुसीबत मुझसे नहीं झेली जायेगी।" ऊषा ने तारा के आपत्ति करने की सूचना दी। बड़ी बहिन के विवाह में केवल चार ही दिन रह गये थे। अब ऊषा उसका नाम ऊँचे स्वर में कैसे पुकारती।

"वाह वाह।" पुष्पा और कर्तारो ने विरोध किया, "बटना हम लोग जरूर मलेंगी। चाहे फिर साबुन से भी नहा ले। कपड़े हम नहीं बदलने देंगे, नहीं तो ब्याह के दिन रूप ही क्या चढ़ेगा?"

भागवंती ने सबकी मानकर कहा—"बहिनो, बेटियो, सभी कुछ तुम्हीं लोगों को करना है। मुझसे क्या कहती हो।"

सीता ने अपने दरवाजे से पुकारा—"मासी जी, चार दिन तो गाना करवा ही दो।"

"अब गाना किसके यहाँ हो पाता है बेटी। रूढ़-पुढ़ जाणा (बेड़ा डूब जाये इसका) कर्फ्यू जो लगा रहता है।" मेलादेई ने उदास स्वर में याद दिलाया।

कर्फ्यू से क्या मतलब? हम अपने घर में गायेंगे।" सीता ने कहा।

पुष्पा ने समर्थन किया—"हाँ, हम अपने घर में गायेंगे और अब बीस तारीख से तो कर्फ्यू रात ग्यारह बजे से सुबह चार तक ही हो गया है।"

गली में चबूतरे पर बैठे टीकाराम ने टोक दिया—"भाभी, तुम भी क्या बातें करती हो। कर्फ्यू नहीं तो क्या है। कर्फ्यू में गाना-बजाना, शोर करना मना है। जरा-सी बात के लिए झगड़ा क्यों सिर लिया जाय।"

बीरसिंह अपने दरवाजे से बोल उठा—"गाना हमारे लिए ही मना है," उसने गाली दी, "मोची दरवाजे की गली में मुस्ले चार बजे ही रड़ाने (रेंकने) लगते हैं, मेरे मौला मदीने बुला ले मुझे! उनके लिए कुछ मना नहीं है। अब इन्हें मदीने ही पहुँचाना होगा।"

"काका बीरसिंह!" बाबू गोबिन्दराम ने समझाया, "सुबह चार बजे कर्फ्यू खत्म ही इसलिए किया जाता है कि मारे फाका (उपवास) करने से पहले पेट भरकर खा-पी लें और रात ग्यारह बजे तक भी इन्हीं के आराम के ख़याल से रखा गया है। भई, मुसलमान अफसरों में बहुत दम है।"

ऊपर खिड़की से मेलादेई ने विचार प्रकट किया—"चाहे जिस वजह से हो, कुछ आराम तो हुआ।"

मास्टर जी ने उसका भ्रम दूर करने के लिए कहा—"हमारी तकलीफ की किसे फिक्र है? उन्होंने तो अपने मजहबी ख़याल से सब किया है न!"

"खैर दिन में तो कर्फ्यू नहीं होता।" पुष्पा ने उपाय सुझाया, "भैनजी, हम सब दोपहर में ही गा लेंगी।"

दूसरे दिन गोबिन्दराम, मास्टर जी, डाक्टर, बीरूमल, टीकाराम अपने-अपने कामों से चले गये थे। शहर के स्कूल शहालमी की आग की घटना के बाद से महीने भर के लिए बन्द हो गये थे। दस बजे के लगभग रतन और बीरसिंह पश्चिम से आने वाले मुसाफिरों को स्टेशन से कैम्पों में पहुँचा कर गली में लौट रहे थे। सीता ने रतन को देखते ही पुकार लिया—"भाप्पा जी, हम लोग दोपहर में गायेंगी। तुम और पुरी भाई जी शीलो बहिन को उच्ची गली से ले आना।"

"अच्छा।" कहकर रतन जीना चढ़ गया था।

गली में दूसरा कोई नहीं था।

बीरसिंह ने होंठ दबाकर धमकी से सीता की आँखों में घूरा—"मुझे सुना कर दूसरों से अनुरोध कर रही है!"

सीता ने उससे आँखें मिला कर उपेक्षा के भाव से कंधा मटकाया और अपने दरवाजे की ओर चली गयी।

किला गुज्जरसिंह और मजंग की घटनाओं के बाद से लड़कियों और स्त्रियों को गलियों के रास्ते भी अकेले आने-जाने नहीं दिया जाता था। एक के बजाय दो ही आदमी चौकसी में साथ रहते थे। ग्यारह बजे के लगभग पुष्पा के फिर याद दिलाने पर पुरी और बीरसिंह शीलो को बुला लाने के लिए उच्ची गली चले गये।

पुरी और बीरसिंह शीलो को लेकर लौटे तो दम्मो जोर से पुकार उठी—"जद्दी भाप्पा की चिट्ठी आयी!"

पुराना डाकिया गली में सब लोगों को पहचानता था। रजिस्टर्ड पत्र पर पुरी के हस्ताक्षरों के लिए दुबारा आने की अपेक्षा वह जयदेव पुरी की ओर से तारा के हस्ताक्षर लेकर पत्र दे गया था।

हरी ने ठीक बात समझायी—"भाप्पा जी, रजिस्ट्री लिफाफे में चिट्ठी आयी है। तारा भैन ने दस्तखत करके ले ली है।"

तारा ने पुरी के लिए हस्ताक्षर करके रजिस्टर्ड लिफाफा ले लिया तो माँ ने उत्सुकता प्रकट की—"कुड़िये, पढ़कर देख तो क्या लिखा है?"

माँ के संस्कार के अनुसार घर में आया पत्र घर का पत्र था। उसे कोई भी पढ़ सकता था, परन्तु तारा ने लिफाफे वाले का नाम पता पढ़कर कहा—"न बाबा, मैं नहीं खोलती। भाई के नाम चिट्ठी है, वही खोलेंगे। किसी के नाम की चिट्ठी कोई दूसरा कैसे खोल सकता है।" तारा ने पत्र आलमारी के ऊपर के खाने में रख दिया था। माँ को यह बात नयी लगी पर पढ़े-लिखे लड़के-लड़की की बात कैसे काट देती। उत्सुकता में प्रतीक्षा करती रही।

पुरी ने ऊपर जाकर तारा से अंग्रेजी में पूछा—"क्या बात है? रजिस्टर्ड पत्र कहाँ से आया है?"

माँ सामने थी। तारा ने अंग्रेजी में उत्तर दिया—"नैनीताल से। माँ कह रही थी पढ़ो तो सही, मैंने खोला नहीं है। रसीद पर पता के० दत्ता, विमल विला था। हो सकता है कनक का हो।" उसके स्वर में न रहस्य की ध्वनि थी, न विद्रूप की।

तारा ने आलमारी के ऊपर के खाने से पत्र उठा कर पुरी को दिया। पुरी का रोम-रोम सतर्क हो गया था। लिफाफा लेकर भी उसने सबके सामने नहीं खोला। बरामदे में चला गया। पत्र कई पृष्ठों का था। मुड़े हुए पृष्ठों को खोलने पर सौ-सौ रुपये के दो नोट निकले। पुरी ने नोटों को मुट्ठी में छिपाकर पत्र पढ़ा।

कनक ने छः पृष्ठों में अपनी विवशता की पूरी कहानी स्पष्ट लिख दी थी। पिता जी और नैयर के विरोध और उनके दबाव के कारण, दो मास तक उसे पत्र न लिखने और मिलने का यत्न न करने का प्रण करना पड़ा था। उसके हवालात में होने के समाचार से वह वश में न रह सकी थी। कनक ने लिखा था:

"हम दोनों ने अपने जीवन को एक करने का जो निर्णय कर लिया है उसे कोई बाधा नहीं तोड़ सकती। यू० पी० में स्थिति पंजाब से भिन्न है। यहाँ साम्प्रदायिक झगड़ा नहीं है, कांग्रेस की सत्ता है और स्वराज्य है। आपकी कद्र साम्प्रदायिकता और ईर्ष्या से जलते पंजाब में नहीं, यू० पी० में ही होगी। यह लोग देशभक्ति और प्रतिभा दोनों को पहचानते हैं। एक पार्लियामेंटरी सेक्रेटरी से बात हुई है। हम दोनों के लिए लखनऊ पहुँचने पर दो-दो सौ मासिक का काम मिल सकने का निश्चय है। आपके लिए तो शायद इससे अधिक ही होगा। मैंने परिवार से अपनी प्रतिज्ञा निबाह दी है। अब मैं जीजा जी के सहयोग की भी आशा कर सकती हूँ।

"यदि आप न आयेंगे तो मुझे ही आना पड़ेगा। मुझे बुलाना चाहते हैं तो तुरन्त लिखिए। मैं तो चाहती हूँ, अपने विरह के ताप और दुख का अन्त इस शीतल वायु में, इन मनोरम झील के किनारे ही करें। यहाँ के प्राकृतिक दृश्य का वर्णन शब्द नहीं कर सकते। पहाड़ी से घिरी झील है, सुनकर कल्पना नहीं कर सकोगे। रास्ते के खर्च और यहाँ होटल आदि के लिए कुछ रुपया रख रही हूँ। आवश्यकता न हो तो भी नाराज न होना। है तुम्हारा ही, चाहे नोटों को अपने हाथ से फाड़ कर फेंक देना, लौटाना नहीं। आने के समय की सूचना तार से देना। आपके लिए अपरिचित स्थान है। मैं बस के अड्डे पर मिलूँगी।" कनक ने यात्रा का मार्ग भी लिख दिया था। उत्तर रजिस्टर्ड भेजने का अनुरोध था।

पिछले सप्ताह दो बार पानी पड़ चुका था और फिर धूप निकल कर खूब ऊमस हो गयी थी। दोपहर से झीने-झीने बादल थे और हवा बिलकुल थमी हुई थी। भागवन्ती की कोठरी में स्त्रियाँ गाने बैठी थीं तो दम घुटा जा रहा था। भागवन्ती लाचार थी।

मेलादेई ने सबको पुकार कर कहा—"आओ, उधर दूसरे कमरे में बैठो।" उसने बड़े कमरे से खाटें बाहर जाल पर निकाल दीं और एक बिजली का पंखा भी लगा दिया।

सोहाग के सात गीत, बेटी द्वारा पिता से अपने लिए योग्य वर ढूँढ़ने की प्रार्थना के गाये गये। शीलो, ऊषा और सीता ढोलकी लेकर बीच में बैठी थीं। प्रथा के अनुसार तारा का लज्जा के कारण गानेवालियों में बैठना ठीक न था पर शीलो उसे हाथ से पकड़, खींचकर साथ ही ले गयी। तारा दहेज के लिए आये कपड़ों से बचे टुकड़े लेकर शौक से

शीलो के लड़के और पुष्पा की मुन्नी के लिए दो फ्राकें बना रही थी। वह दरी पर एक ओर बैठी फ्राक को कच्चा करने के लिए गर्दन झुकाये थी। विवाह के अवसर पर गाँव-देहात से सम्बन्धी नहीं आ सके थे। दूसरी गलियों की स्त्रियों का आना भी कठिन था। उस दिन शीलो की माँ भी न आ सकी थी। जमाव कम ही था, परन्तु शीलो और सीता के कमरे में गूँजते स्वर संख्या की कमी को पूरा कर रहे थे। दोनों एक-दूसरे की होड़ में एक के बाद एक गीत छेड़ती जा रही थीं। ऊषा, पुष्पा भी साथ दे रही थीं।

मास्टर जी दोपहर की नींद के लिए पंखी हाथ में लेकर जाल के नीचे ठंडे आँगन में खाट पर लेट गये थे। पुरी अपने बरामदे में कनक के पत्र को बार-बार पढ़ रहा था। कई बार पढ़ चुका तो सोचने लगा, चार दिन तारा के विवाह में हैं, उससे पहले वह कैसे जा सकता है। तारा जानती है पत्र कहाँ से आया है। उसने कुछ पूछा नहीं, पत्र में क्या है? वह पूछेगी भी नहीं, परन्तु दूसरे लोगों को तो उत्तर देना ही होगा। पत्र के पढ़ने में वह इतना डूब गया था कि स्त्रियों का कोठरी से उठ कर रतन के घर चले जाना उसे मालूम ही न हुआ, न उसे गीतों का स्वर सुनाई दे रहा था।

पत्र ने पुरी का रोम-रोम उत्तेजित और पुलकित कर दिया था। उसे सूने में बैठा रहना अच्छा न लगा। जीने से नीचे उतरने लगा तो शीलो और सीता के दर्द भरे टप्पे गाने का स्वर सुनाई दिया।

पुरी गली में उतरा तो सामने चबूतरे पर बीरसिंह रतन के साथ बैठा था। वह जोर से चिल्ला उठा—"देखो देखो, जद्दी भाप्पा को! ऊपर अकेला टप्पे सुन रहा था, हमें नहीं बुलाया।"

बीरसिंह को उत्तर दे सकने से पहले मास्टर जी ने पुरी को आँगन में पुकार लिया और पूछा—"क्या है, नैनीताल से कैसा पत्र आया है?"

पुरी ने उत्तर दिया—"मैंने पंडित गिरधारीलाल के लिए कुछ काम किया था। उन्हीं का पत्र है। उन्होंने वहाँ यू० पी० के एक पार्लियामेंटरी सेक्रेटरी से मेरे सम्बन्ध में बात की है। उन्होंने मिलने के लिए बुलाया है।"

"अच्छा है, बहुत अच्छा है," मास्टर जी उत्साह से पंखी को जोर से हिलाते हुए बोले, "अट्ठाईस को ब्याह है। लड़की तीस की सुबह ससुराल से लौटेगी। तुम इकतीस को, बहुत से बहुत पहली-दूसरी तारीख़ को चले जाओ। ऐसे काम में देर करना अच्छा नहीं होता।"

पुरी गली में आया तो बीरसिंह बार-बार पुकार रहा था—"तायी जी, तायी जी! बात तो सुनो, हमारी भी बात सुनो!"

मेलादेई ने खिड़की में से झाँककर कहा—"क्या है रे, बोल न?"

"जद्दी भाप्पा को छिपा-छिपा कर टप्पे सुनवा रही हो। हमने क्या मरी हुई भैंस कढेरी है! शीलो बहिन को बुलाने तो हम भी गये थे।" बीरसिंह ने शिकायत की, "हम भी सुनेंगे ऊपर आकर।"

"भैड़या (अरे बिगड़ैल), जद्दी तो ऊपर है नहीं।" मेलादेई ने उत्तर दिया, "तुम लोगों को आना है तो आ जाओ। किसने मना किया है? कौन बाहर के हो। सब तुम्हारी बहिनें ही तो हैं।"

बीरसिंह ने रतन को भी खींचा और पुरी को भी साथ चलने के लिए कहा। हरी, विजय और श्याम भी धड़-धड़ करते जीना चढ़ कर मेलादेई के कमरे में जा पहुँचे। लड़कों की भीड़ चढ़ आयी देखकर लड़कियों का गाना रुक गया। सीता ने माथे पर त्योरियाँ चढ़ाकर बीरसिंह की ओर देखा। उसने तिनक कर बहुत ऊँचे स्वर में आपत्ति की—"यह क्या भलमनसाहत है! लड़कियों के बीच लड़कों के आने का क्या मतलब है? हमें गाने दो।"

"कुड़िये ठंडी, जरा ठंडी हो (शांत हो)!" बीरसिंह सीता को घूर कर बोला, "तायी से पूछकर आये हैं।"

"ये गधा खींचकर लाया है।" रतन ने बीरसिंह के कंधे पर धौल मारकर कहा, "नाराज क्यों होती है, हम अभी चले जाते हैं।"

शीलो तुरन्त बोल उठी—"जम जम (जन्म जन्म) आओ, सोहणयो, मोतियांवालियो, बादशाहो, सिर आँखों पर आओ!" विवाह के समय स्वच्छन्दता और मनोरंजन की इस महफिल में वह सब कुछ कह सकती थी।

पुरी जाल पर से एक छोटी खाट उठा लाया और सब लड़के खाट दीवार के साथ डालकर उस पर लद गये।

पुष्पा ने शीलो से आग्रह किया—"कुछ और सुना। टप्पे ही सुना।"

शीलो अनुमति में सिर हिला कर ढोकली पर धीमे-धीमे दूसरी ताल बजाती हुई टप्पों के बोल याद करती रही। उसने सामने बैठे रतन की आँखों में सीधे देखा और खूब गला खोल कर जोर से गा उठी:

"तेरे साम्हणे बैठ के रोणा, ते दुख तैनू नहीं दस्सना" (तेरे सामने बैठकर रोऊँ पर अपना दुख तुझे नहीं बताऊँ)।

पुरी बीरसिंह के आग्रह से गीत सुनने ऊपर आ गया था, परन्तु उसके मस्तिष्क में अब भी कनक और कनक का पत्र मँडरा रहा था। उस पत्र ने पुरी के मस्तिष्क में भरे स्त्री मात्र के प्रति घृणा और क्रोध के कोहरे को दक्षिण वायु के झोंके की तरह क्षण मात्र में दूर कर दिया था।

शीलो के सुरीले, लोचदार गले से मुक्त स्वर में निकली बात (तेरे सामने बैठकर रोऊँ पर अपना दुख तुझे नहीं बताऊँ) ने उसे अपनी कल्पना की नींद से चौंका दिया जैसे उसे ही सम्बोधन कर कोई पुकार रहा था। मानो तारा कनक का पत्र उसके हाथ में देकर, उस विषय में किसी से कुछ न कह कर, स्वयं सब कुछ सह जाने के लिए तैयार होकर अन्तिम बार व्यथा कहे दे रही थी—तेरे सामने बैठकर रोऊँ पर अपना दुख तुझे न बताऊँ।

पुरी को याद आया, तारा अपना दुख असद को बताने गयी थी। उसे असद के शब्द याद आ गये—तारा बहुत परेशान है।...यह कोई बहुत असाधारण बात तो नहीं है कि बहिन की किसी समस्या को भाई की अपेक्षा कोई दूसरा अधिक जान जाये। तारा का खाट के पावे पर सिर मारकर माथा फोड़ लेना...सिर से चक्कर आकर गिर पड़ने की झूठी कहानी का चुपचाप अनुमोदन कर देना। तारा छटपटाना छोड़कर सिर झुका कर गाने-बजाने की रीति को भी पूरा कर रही है। उसने इच्छा करने का अधिकार छोड़ दिया है।

पुरी ने कल्पना में अपने हृदय को दोनों हाथों की मुट्ठी में पकड़ कर दबोच लिया। उसे लगा, कमरे में बहुत भीड़ के कारण उसका दम घुट रहा था। शीलो अपना गला खोलकर ऊँचे दर्दीले स्वर में गा उठी—

"मेरे यार नूं मन्दा ना आखीं, भावें मेरी गुत्त पुट लै (मेरे यार को बुरा न बोल, मेरी चाहे चुटिया उखाड़ ले)।"

पुरी फर्श पर आँखें गड़ाये मौन था, मानो बहुत ध्यान से सुन रहा हो या उसका ध्यान कहीं दूसरी जगह हो।

रतन उठ खड़ा हुआ। बीरसिंह को सम्बोधन कर बोला—"चल ओय उठ, स्टेशन चल, हमारी ड्यूटी की गाड़ी आने का टाइम हो रहा है।"

पुरी भी रतन और बीरसिंह के साथ ही जीना उतर आया। उसे तुरन्त कनक को उत्तर लिखकर रजिस्ट्री से भेजना था।

पूर्व से मुस्लिम और पश्चिम से हिन्दू परिवार शरण के लिए लाहौर में चले आ रहे थे। उनकी सहायता के लिए मुस्लिम लीग, कांग्रेस, कम्युनिस्ट पार्टी और हिन्दू सभा के स्वयंसेवकों को रात के कर्फ्यू में आ-जा सकने के पास दे दिये गये थे। कर्फ्यू के समय बाहर जाने वाले कई मुसलमान और हिन्दू स्वयंसेवकों के मारे जाने या लापता हो जाने की घटनाएँ हो चुकी थीं, इसलिए स्वयंसेवक संध्या आठ-नौ बजे तक अपने मकानों में लौट जाते थे। यदि वे किसी कारण लौट न पाते तो स्टेशन पर या किसी कैम्प में ही रात काट लेते थे। एक रात मेवाराम बावली साहब के कैम्प में ही रह गया था। वह रात उसके माता-पिता ने आँखों ही आँखों में काट दी थी।

जब संध्या रतन और मेवाराम तो लौट आये, परन्तु बीरसिंह नौ बजे भी न लौटा तो कर्तारो, खुशालसिंह और पीतो घबरा रहे थे। वे बार-बार रतन और मेवाराम से बीरसिंह के बारे में पूछ रहे थे। दोनों ने आश्वासन दिया—"स्टेशन पर या किसी कैम्प में ठहर गया होगा। डरने की कोई बात नहीं है। सुबह रास्ता चलने लगेगा तो आ जायेगा।"

कर्तारो ने प्रातः घंटा भर रात रहते कर्फ्यू समाप्त होने का बिगुल सुना तो अपने दरवाजे के सामने चबूतरे पर आ बैठी थी। अच्छी खासी धूप भी चढ़ गयी और बीरसिंह न आया तो कर्तारो और पीतो दहाड़ मार कर रोने लगीं। गली के लोगों ने उन्हें समझाया—"घबराने की क्या बात है, बीरसिंह क्या बच्चा है? आ जायेगा।"

बीरसिंह साढ़े नौ बजे भी नहीं लौटा तो गली के लोग खुशालसिंह और कर्तारो को आश्वासन देते रहने पर भी चिन्तित हो गये। मेवाराम, रतन, पुरी कमीजों के नीचे टीन के कवच पहन कर और सिरों पर लाठी की चोट से बचने के लिए कुल्हों पर पगड़ियाँ पेशावरी ढंग की बाँधकर बीरसिंह का पता लेने गये। डाक्टर प्रभुदयाल और गोबिन्दराम ने वच्छोवाली (डॉक्टरों की गली) में पुलिस के सब-स्टेशन पर फोन कर पता लिया कि बीरसिंह किसी झमेले में फिर गिरफ्तार तो नहीं कर लिया गया।

खुशालसिंह खूहवाली माई के चबूतरे पर अपनी पापड़-बड़ियों और पीठी (ताजी पिसी हुई दाल) की दुकान न लगा सका। वह अपने दोनों घुटनों को कौली में लपेटे गली के

मुहाने की ओर आँखें लगाये चुप बैठा था। कभी मास्टर जी कुछ देर के लिए उसके पास आ बैठते, कभी मुकुन्दलाल भी आ बैठता है। दोनों उसे बातों में बहलाये रखने का यत्न कर रहे थे।

कर्तारो और पीतो अपने चबूतरे पर बैठी निरन्तर आँसू बहा रही थीं। कभी पुकार-पुकार कर रोने लगतीं। बीरूमल की माँ उन लोगों के साथ आ बैठी थी। वह दोनों को बार-बार न रोने के लिए समझा रही थी। बीरूमल की माँ उठी तो सीता की माँ पूरनदेई आ बैठी। गली की कोई न कोई स्त्री उनके पास बैठी रही। कर्तारो और पीतो घर में चूल्हा जलाने के लिए भी न उठीं।

साढ़े ग्यारह बजे मास्टर जी ने खुशालसिंह की बाँह पकड़कर अनुरोध किया—"उठ सरदार, चल परशाद छक ले (रोटी खा ले)!" खुशालसिंह न माना तो हरी एक थाली में खाना परोस कर चबूतरे पर ही ले आया। मेलादेई और पुष्पा ने भी अपने-अपने यहाँ बनी तरकारियाँ एक-एक कटोरी में खुशालसिंह के लिए भेज दीं। टीकाराम की बहू पीतो को और बीरूमल की माँ कर्तारो को जबरन अपने यहाँ खिलाने के लिए पकड़ ले गयीं।

डाक्टर प्रभुदयाल और बाबू गोबिन्दराम लगभग डेढ़ बजे लौटे। उनके उदास चेहरों पर असफलता स्पष्ट थी। डाक्टर थकावट में पतलून मैली हो जाने की परवाह न कर चबूतरे पर बैठ गया। उसने विवशता प्रकट की—"कोतवाली से फोन का जवाब ही नहीं मिलता। हम लोग लाला बसाखीराम को लेकर ज्वाइंट मजिस्ट्रेट खान खुरशेदअली के यहाँ गये। उससे भी फोन करवाया पर कुछ पता नहीं चला। खुरशेदअली बड़ा नेक हाकिम है। उसमें तास्सुब नहीं है। बेचारा ठीक ही कह रहा था कि कोई खबर भी क्या दे! शहर में हजार-बारह सौ आदमी रोज़ पकड़ा और छोड़ा जाता है। उन सबकी रिपोर्ट कौन दर्ज कर सकता है? कोतवालियों में जाकर मुंशियों को पाँच-दस थमाकर खुद देखा जाय तो कुछ पता चले।"

खुशालसिंह तुरन्त उठ खड़ा हुआ—"कितना रुपया चाहिए? मेरे पास जो कुछ है, ले लो। मुझे रुपये का क्या करना है।"

मास्टर जी बोले—"मेरी सुनो! भई डाक्टर, मेरे साथ प्रोफेसर प्राणनाथ के यहाँ चलो। गवर्नर का एडवाइज़र है। उसके फोन का जवाब कौन कोतवाली वाला नहीं देगा? उनकी हवेली तो जल गयी है। वे लोग लखनऊ चले गये हैं। प्रोफेसर अब सेवॉय होटल में रहता है। भई उसकी नौकरी है, कैसे चला जायेगा। देवता आदमी है। मैं उसे बचपन में पढ़ाता रहा हूँ। जद्दी ४२ में गिरफ्तार हुआ था तो मैं उसके पास गया था। उसने एकदम खाँ साहब बलीमुहम्मद को फोन किया और कहा उस लड़के के लिए जमानत की जरूरत हो तो मैं जमानत देने के लिए तैयार हूँ।"

खुशालसिंह उठकर चलने के लिए तैयार हो गया। मास्टर जी उसे धैर्य रखने के लिए समझा-बुझा कर मुकुन्दलाल को साथ लेकर वच्छोवाली, सूत्तर मण्डी की राह लुहारी दरवाज़े से माल रोड की ओर चले गये। तारा के विवाह के लिए निमंत्रण पत्र छपने का कोई अवसर नहीं था, परन्तु अत्यन्त समीपी लोगों को तो सूचना देनी ही चाहिए थी। मास्टर जी प्रोफेसर को तारा के विवाह का निमंत्रण देना भी आवश्यक समझते थे।

लगभग दो बजे राजरानी, शीलो और किशोरी अपनी गली के कैलाश और खेमचन्द के साथ आ गयीं। शीलो ने माँ से इतनी जिद्द की कि उसे शीलो को भेजना पड़ा। स्वयं

कैसे न आती? पिछले दिन वह नहीं आ सकी थी। लड़की के ब्याह के समय वह गाने में न आती तो उमर भर के लिए बात बन जाती। वे आयीं तो गली में रंग ही दूसरा था। भागवंती ने तुरन्त उनके कान में कह दिया। वे कर्तारो के समीप जाकर उसे आश्वासन और सान्त्वना देने लगी। ऐसी अवस्था में गली में गाना कैसे हो सकता था!

पुरी, रतन, मेवाराम सभी सम्भव स्थानों में खोज करके चार बजे के लगभग लौटे थे। अब भी लोग खुशालसिंह और कर्तारो को आशा दिला रहे थे कि बीरसिंह लौट आयेगा। वे समझा रहे थे कि तास्सुबी (साम्प्रदायिक द्वेष रखने वाले) मुसलमान अफसर सिक्ख नौजवानों को झूठ-मूठ इल्जाम लगाकर गिरफ्तार करके तंग करते हैं। पता लग जाये तुरन्त छुड़वा लिया जायेगा। गली के सब लोग बीरसिंह की जमानत देने के लिए तैयार थे।

शीलो और उसकी माँ पाँच बजे तक गली में रहीं। फिर पुरी और रतन उन्हें उच्ची गली छोड़ आये।

खुशालसिंह से कुछ दूर जाकर रतन और मेवाराम ने पुरी, मुकुन्दलाल, टीकाराम और बीरूमल से कहा—"हम लोग उसे कई दिन से समझा रहे थे कि तेरा गली के बाहर जाना ठीक नहीं है। हमें उसके साथ जाते हुए खुद डर लगता था। हम लोगों को तो कोई जान-पहचान का आदमी कह सकता है कि हिन्दू हैं। सिक्ख को पहचाने में क्या लगता है!"

पुरी झुँझलाकर बोला—"मास्टर तारासिंह तलवार की धमकी देकर खुद तो लाहौर से भाग गये और यहाँ मुसलमानों की नजरों में सिक्खों को बैरी बना गये।"

रतन दबे स्वर में बोला—"हमने तो ढूँढ़ने से कोई जगह छोड़ी नहीं। जाने किसी ने स्टैब करके (छुरी भोंक कर) चारदीवारी के बाहर की नहर में डाल दिया या किसी जलते मकान में फेंक दिया हो तो क्या पता लग सकता है। हम लोगों ने तो उसे सोच-समझ कर रायबहादुर बद्रीदास की कोठी के कैम्प में आने वाले लोगों के साथ भेजा था। उस ओर तो किला गुज्जरसिंह की थोड़ी सी ही मुस्लिम बस्ती पड़ती है।"

रात नौ बजे से पहले ही सब लोग गली में लौट आये थे। बीरसिंह तब भी नहीं आया था। खुशालसिंह निश्चल मौन अपनी खाट पर पड़ गया था। सिर की पगड़ी ढीली होकर सिरहाने नीचे फर्श पर गिर पड़ी थी। सिर के केश खुलकर फैल गये थे। आँखों से निरन्तर धाराएँ बह रही थीं जैसे किसी बर्तन में महीन सूराख हो जाने पर पानी की लकीर सी बनी रहती है। गली के सभी मर्द बारी-बारी से आकर समीप बैठ रहे थे।

कर्तारो छाती पीट-पीटकर रोने लगी थी। आत्मीय को मौत का आघात एक बार लग जाना एक बात होती है। कर्तारो को पूरे जवान पुत्र की मौत का आघात शनैः-शनैः, कभी वेग से और कभी आशा दिला कर, पीछे हटकर और भी प्रबलता से लग रहा था। पीतो चीख-चीख कर रो रही थी। मेलादेई, पूरनदेई, भागवन्ती, बीरूमल की बहू सब उसके समीप बैठी थीं। वे अब भी बीरसिंह के कहीं रुक जाने के अनेक कारणों की कल्पना करके उसे छाती न पीटने के लिए समझा रही थीं—"हाय ऐसा असगुन क्यों करती है बहिन, तेरा बेटा सौ-सौ बरस जिये।" पर उनका स्वर उनकी बात का साथ नहीं दे रहा था।

तारा को हलदी चढ़ चुकी थी। उसका घर से बाहर निकलना उचित नहीं था। वह संवेदना के लिए कर्तारो के यहाँ जाने लगी तो भागवन्ती ने टोका—"ना बल्ली ना, इस समय तेरा जाना नहीं सजता।" मेलादेई ने सुना तो उसने भी बरज दिया, "ना, तेरे जाने का क्या मतलब? असगुन की बात नहीं करते।"

तारा जिद्द कर रही थी। पुरी ने सुना तो बोल उठा—"किसी के दुख दरद में हौसला देने में क्या असगुन है?" कितने दिन बाद तारा की ओर से वह बोला था। माँ के मना करने पर भी तारा कुछ मिनट के लिए कर्तारो के पास जाकर बैठ आयी।

दूसरे दिन पूरनदेई, मेलादेई, बीरूमल की घर वाली रोने में कर्तारो का साथ देने लगीं। अगले ही दिन लड़की का विवाह था इसलिए भागवन्ती का रोने में सम्मिलित होना उचित नहीं था।

कर्तारो के विलाप ने उग्र रूप ले लिया। वह वेग से छाती पीट-पीट कर रतन, मेवाराम और जयदेव को गालियाँ देने लगी कि वे क्यों उसके नादान बालक को बहका कर ले गये। वे उन जवानों की माताओं को अपना जवान बेटा खा जाने के लिए कोसने लगी। अपनी छाती और सिर पीट-पीट कर 'वाहगुरु' से माँगने लगी कि मेरे बच्चे को खा जाने वालियों के भी बच्चे न रहें। उनके परिवार का नाम-निशान न रहे।

पुरी, रतन और मेवाराम की माताओं के लिए कर्तारो के वैन और कीरने (अभिशाप देते हुए विलाप) असह्य हो गये। सहानुभूति में उसके समीप बैठना उनके लिए सम्भव न रहा।

भागवन्ती बोले बिना न रह सकी—"हम लोगों ने इसके लिए क्या नहीं किया। हमारे बच्चों ने इसके लड़के के लिए अपने सिर जोखिमें झेलीं। इस चुड़ैल की ऐसी भावना थी तभी तो परमेश्वर ने इसके साथ ऐसा किया।"

पुरी और तारा दोनों ने माँ को बिलकुल चुप रहने के लिए कह दिया। मास्टर जी ने भी डाँटा—"खबरदार! वह क्या होश में है।"

रविवार को संध्या समय तारा के विवाह का मुहूर्त था, परन्तु गली में बीरसिंह की मौत का शोक छाया हुआ था। खुशालसिंह अपनी गठरी-मुटरी समेटकर, तीस बरस पूर्व छोड़े दोआब के अपने गाँव में चले जाने के लिए तैयार हो गया था। कर्तारो छाती पीट-पीट कर वैन और कीरने से गली को अभिशाप दे रही थी। गली की स्त्रियाँ आँसू पोंछती हुई गली के फाटक तक उसे छोड़ने गयीं। मेलादेई, भागवन्ती और मित्तां उनके साथ न जा सकीं। रतन, पुरी, मेवाराम और टीकाराम स्टेशन तक जाकर उन्हें गाड़ी में बैठा आये।

चौथे पहर के लगभग पुरी गरमी के कारण केवल बनियान और तहमत पहने नये खरीदे हुए बक्सों में तारा का दहेज रखवाने में माँ और शीलो को सहायता दे रहा था। मास्टर जी भी हाथ की पंखी से अपने शरीर पर हवा करते हुए पाँव पर बोझ दिये समीप बैठे थे। मास्टर जी केवल तहमत ही बाँधे थे।

रतन तेजी से जीना चढ़कर आया। उसने सूचना दी—"प्रोफेसर प्राणनाथ आपसे मिलने आये हैं। ऊपर ला रहा हूँ।"

मास्टर जी स्प्रिंग की तरह उछलकर खड़े हो गये। पुरी भी खड़ा हो गया। मास्टर जी प्रोफेसर के प्रति आदर और उसकी सहृदयता के प्रति कृतज्ञता प्रकट करने के लिए उसे बेटी के विवाह में सम्मिलित होने का निमंत्रण दे आये थे। विनय और आदर के लिए वे अपने हेडमास्टर को भी निमंत्रण दे आये थे, परन्तु उनके स्तर के मिडिल तक के दो-तीन मास्टर ही आकर काम-धाम की बाबत पूछ गये थे। यह आशा नहीं थी कि हेडमास्टर या प्रोफेसर प्राण उनकी बेटी के विवाह में सहायता और सहयोग देने आयेंगे।

पुरी और मास्टर जी ने जल्दी-जल्दी कमीज पहन ली। पुरी ने पुकारा—"ऊषा, हरी, रतन के यहाँ से कुर्सी ले आओ!" उसने लपक कर अलगनी पर लटका पायजामा ले लिया और पहनने के लिए बरामदे में चला गया। शीलो और भागवन्ती दूसरी ओर चली गयीं।

प्रोफेसर प्राण ने आते ही हाथ जोड़कर मास्टर जी को 'पैरीपैणा' किया। मास्टर जी प्रोफेसर की सज्जनता से गद्गद और मुग्ध हो गये थे—"नमस्ते, जी आया नूं! खुश रहो!" बहुत कुछ कह गये। ऊषा कुर्सी ले आयी थी। मास्टर जी ने प्राण को कुर्सी पर बैठने के लिए कहा। ऊषा एक ही कुर्सी लायी थी।

"आप बैठिए।" प्राण ने उत्तर दिया और समीप पड़े बाक्स पर बैठकर बोला, "टूट तो नहीं जायेगा, मेरा वजन कम नहीं है। हाँ, तारा कहाँ है?"

पुरी ने आकर नमस्ते की और समीप खड़ा हो गया। मास्टर जी अपने दोनों हाथ मलते हुए बोले—"प्रोफेसर साहब, आपने बड़ी कृपा की···।"

"मास्टर जी, यह तो ठीक नहीं है।" प्राण ने टोक दिया, "आप मुझे प्रोफेसर साहब क्यों कहते हैं? मेरा नाम तो आपको मालूम है।"

मास्टर जी भावोद्वेग से मौन रह गये। आँखों में आती तरलता को कठिनाई से वश में किया।

"मेरे लायक कुछ काम बताइये। पहले नहीं आ सका, मजबूरी में था।"

मास्टर जी केवल हाथ जोड़कर रह गये। कुछ बोल न सके।

प्राण पुरी की ओर घूम गया—"सुनाओ, आजकल क्या चल रहा है?"

विजय टीन और तार की बनी एक और कुर्सी ले आया। प्रोफेसर बक्स पर से उठकर कुर्सी पर बैठ गया और बताने लगा—उसके घर के लोग लखनऊ चले गये थे। यू० पी० में उनकी एक चीनी मिल थी। उनकी हवेली सब जल कर खाक हो गयी थी पर इंश्योर्ड थी, साढ़े तीन लाख में।

तारा ने आकर नमस्ते की।

प्राण उठकर खड़ा हो गया।

मास्टर जी और पुरी ने कहा—"आप बैठिये!" प्राण ने कुर्सी तारा की ओर बढ़ाकर कहा, "नहीं-नहीं तुम बैठो! यू आर द हिरोइन टु डे (आज तुम्हीं मुख्य हो)।"

"डाक्टर साहब आप बैठिये! मैं सुबह से बैठी हूँ।" तारा ने विनय, संकोच और आत्मीयता की मुस्कान से कहा।

"नहीं-नहीं, अभी तक तो तुम लड़की थी तो कोई बात नहीं थी। आज रात तो तुम लेडी बन जाओगी।"

तारा ने संकोच से सिर झुका लिया।

"बैठो न!" प्राण ने आग्रह किया।

तारा बक्स पर बैठने को हुई तो डाक्टर स्वयं बक्स पर बैठ गया और तारा को कुर्सी पर बैठा दिया।

मास्टर जी कुर्सी छोड़ कर खड़े हो गये—"आप बैठिये मैं एक मिनट में अभी आया।" पुरी समझ गया, पिता प्रोफेसर के लिए जलपान मँगवाने के लिए जा रहे थे।

"तुम बैठो!" प्राण ने पुरी को कुर्सी की ओर संकेत किया और तारा की ओर देखकर पूछ लिया, "हैं, यह माथे पर क्या हुआ?"

पुरी ने मुँह दूसरी ओर कर लिया। तारा ने माथा पोंछकर कहा—"कुछ नहीं।"

"यह दाग पहले भी था?"

तारा ने सिर झुकाकर हामी भर ली—"हाँ।"

"पहले ख़याल नहीं गया।" प्राण ने बात बदल दी, "अच्छा तो माइयां पड़ी हुई हो। बड़ी चालाक हो, मैले कपड़े छिपाने के लिए ही इतने गहरे रंग के कपड़े पहने हैं।"

तारा ने फिर संकोच से सिर झुका कर कहा—"नहीं तो।"

प्राण ने पुरी को अंग्रेजी में सम्बोधन किया—"बरात कहाँ से आ रही है, उस बेवकूफ लड़के का क्या हुआ?"

"काका जी सुनना!" मास्टर जी की पुकार भीतर जंगले से सुनाई दे गयी।

पुरी 'जी' कहता हुआ शीघ्रता में प्राण को उत्तर दिये बिना चला गया।

"डाक्टर साहब आप गरमी में पहाड़ नहीं गये?" तारा ने पूछ लिया।

"कैसे चला जाऊँ? घर के लोग इंश्योरेंस का सब मामला मेरे सिर डालकर चले गये हैं।" प्राण दूसरी बातें, नगर की बरबादी और नाश की चर्चा करने लगा, "जाने अभी क्या होगा?"

पुरी एक हाथ में तश्तरी में कुछ मिठाई और दूसरे हाथ में जल का गिलास लेकर मास्टर जी के आगे-आगे लौटा। उसने आते ही पूछ लिया—"डाक्टर साहब, आपने क्या सोचा है? आपके सामने भी तो प्रश्न है कि हिन्दुस्तान में काम कीजियेगा या पाकिस्तान में?"

"क्या कह सकता हूँ? यूनिवर्सिटी का तो विभाजन हो नहीं रहा।" प्राण ने उत्तर दिया, "यह बात भी चल रही है कि पूर्वी पंजाब में यूनिवर्सिटी स्थापित कर दी जायेगी। मदनमोहन सिंह को ही रजिस्ट्रार बनाने की भी बात है। वह तो निश्चय ही जायेगा। एडवाइज़र की पोस्ट की बात है; जाने कौन गवर्नर होगा, वह मेरी जरूरत समझे न समझे। जेंकिन्स की तो चाल है कि पाकिस्तान ब्रिटिश डोमीनियन में ही बना रहे। अनुमान है, इस सप्ताह कुछ निश्चय हो सकेगा। माउंटबेटन कुछ करके रहेगा।"

"हवेली के जलने से तो लाखों का ही नुकसान हुआ है पर प्रभु की इच्छा!" मास्टर जी ने सहानुभूति प्रकट की।

"कोठी इंश्योर्ड थी साढ़े तीन लाख में। छः मास पूर्व इससे अधिक मूल्य था। इस समय शायद कम था।"

मास्टर जी ने हाथ जोड़कर प्राण से कुछ जलपान लेने का आग्रह किया।

"वाह, यह भी कोई कायदा है? मैं लड़की के ब्याह में काम करने आया हूँ या मिठाई खाने? मैं बराती नहीं हूँ।" प्राण ने पुरी की ओर देखा, "मुझे काम बताओ।"

"काम ही क्या है? अवसर ही ऐसा है कि कुछ कर ही नहीं सकते। वर्ना तो बहुत कुछ करना पड़ता, आप ही करते। मुझे तो भरोसा था, सब बर्तन और सामान हवेली से आ जाता पर अब क्या है? अब तो किसी तरह लावांफेरे देने हैं और क्या?" मास्टर जी बोले।

मास्टर जी ने फिर जलपान के लिए आग्रह किया। प्राण ने एक लड्डू खाकर आधा गिलास जल पी लिया।

प्राण ने जेब से एक छोटी-सी डिबिया निकाल कर मास्टर जी के हाथ में दी—"यह मेरी ओर से। चाहिए तो था कि कोई उपयोग की चीज लाता। अच्छा, तुम्हारे ब्याह पर एक खूब अच्छा फाउंटेनपेन दूँगा, ठीक है न!"

"आपका आशीर्वाद ही सब कुछ है।" पुरी ने धन्यवाद दिया।

मास्टर जी ने ना-ना करते हुए डिबिया हाथ में ले ली और खोल कर देखी। डिबिया में कानों के लिए नगीने जड़े हुए छोटे-छोटे बुंदे थे। मास्टर जी ने डिबिया प्राण की ओर बढ़ाते हुए कहा—"नहीं भाई, यह नहीं, इतना बोझ सिर पर न चढ़ाओ।"

"वाह, यह कैसे हो सकता है?" प्राण बोला, "मेरा हक़ है। आपके लिए जैसा पुरी, वैसा मैं।"

मास्टर जी द्रवित होकर मौन रह गये। प्राण ने चलते समय मास्टर जी को प्रणाम कर तारा को अंग्रेजी में सम्बोधन किया—"परम सौभाग्य पाओ! सुखी, स्वस्थ और आनन्दमय जीवन हो! अगली मुलाकात में इतनी प्रसन्न दिखाई दो कि हमें पहचान भी न सको!" प्राण हँसता हुआ जीना उतर गया।

तारा नमस्कार और धन्यवाद के लिए सिर झुकाये मौन खड़ी रह गयी।

तारा का मन और मस्तिष्क बहुत विक्षिप्त हो गये थे। वह मुँह लपेट कर खाट पर पड़ गयी। काले-काले आकाश में उड़ती जाती मशाल ने उनके सामने बड़े-बड़े अक्षरों में लिख दिया—असद तुम्हें पसन्द है, बहुत भला नौजवान है। तुम्हारे ताया ने किसी बेवकूफ लड़के से तुम्हारी शादी करा दी है।…मैं तुम्हें पसन्द करता हूँ।

तारा उन अक्षरों और शब्दों को देखना नहीं चाहती थी, परन्तु कुछ शब्द मस्तिष्क में इस तरह गढ़ जाते हैं मानो लोहे की तपी हुई मोहर से लगा दिये गये हों। तारा को अपने प्रति क्रोध अनुभव हुआ, इन बातों से क्या मतलब? बीती हुई भूलें हैं। प्रोफेसर इस समय क्यों आ गया?…स्मृतियों से लड़ती हुई वह घंटे भर लेटी रही।

लाला सुखलाल साहनी ने छः वर्ष पूर्व सोमराज के मैट्रिक पास कर लेने पर लड़के का पहला विवाह किया था तो घोड़ी (बरात) के अवसर पर 'बाऊ' का नामी बाजा, जिसमें वर्दी और रंगीन पगड़ियाँ पहने पच्चीस आदमी थे, बुलवाया था। बातचीत में प्रायः उसकी याद दिलाते रहते थे, परन्तु अब समय दूसरा था। वे मँगनी की दो मोटर में केवल आठ सम्बन्धियों को लेकर सोमराज का विवाह करने, भोलापाँधे की गली तक गये।

सोमराज के सिर पर विवाह के समय का कलगीदार मुकुट और सेहरे नहीं थे, केवल फूलों के दो-चार हार गुलाबी रेशमी पगड़ी पर लपेटे था। कन्या पक्ष की ओर से

लाउडस्पीकर नहीं लगाया गया था। मेलादेई, शीलो, पुष्पा, ऊषा, सीता ने जो सिठनियां (व्यंग्य काकोक्ति) दीं, वह भी दबे-दबे स्वरों में। स्वर गली से बाहर न सुनाई दे। सुखलाल आरम्भिक रीतों में मिलनी करके और बरात का खाना खाकर सोमराज को उसके भांजे सरबाले के साथ छोड़ कर अपने मकान लौट गये थे कि प्रातः आकर बहू को विदा कराकर ले जायेंगे।

द्वार पर वर को जयमाल पहनाने की रीति की गयी। वेदी में भाँवरें होने से पहले गली की स्त्रियाँ सोमराज को देख-समझ लेने के लिए ऊपर एक कमरे में ले गयीं। इस प्रयोजन के लिए मेलादेई ने अपना बड़ा कमरा पहले ही ठीक कर दिया था। शीलो को तीन वर्ष पूर्व अपने विवाह के समय की चहल-पहल और रौनक की तुलना में तारा के विवाह के समय की चुपचुपी बहुत खल रही थी। सोमराज मुकुट और सेहरों के बिना उदास-सा लग रहा था; जैसे विवाह में उसका मन न हो या तारा के विवाह से इन्कार कर देने का क्रोध अभी उसके मन में शेष हो। शीलो अपनेपन और परिहास के व्यवहार से सोमराज के मन का संदेह और क्रोध दूर कर देने का यत्न कर रही थी।

मास्टर जी ने विवाह के पवित्र अवसर पर अभद्र परिहास करने या गाली वाली बकने से पहले ही मना कर दिया था परन्तु शीलो ने कुछ रस उत्पन्न करने का यत्न किया। उसने साधारण रीति के अनुसार ऊषा और सीता को उकसा कर सोमराज के सामने कहलवाया—"जीजा-जीजा लाची (इलायची) दे, नहीं ते सक्की (सगी) चाची दे!"

सोमराज ने अपने कोट की जेब में हाथ डाला। सालियों ने और सबसे आगे शीलो ने हँसते हुए इलायची के लिए उसके सामने हाथ फैला दिया। सोमराज ने बन्द मुट्ठी कोट की जेब से निकाल कर उनके हाथों पर खाली मुट्ठी खोलकर उन्हें झुठला दिया।

सालियाँ फिर किलक कर बोल उठीं—"जीजा लाची दे," सोमराज ने फिर जेब से बन्द मुट्ठी निकाली, परन्तु लड़कियाँ विश्वास न कर गाली बोलती ही गयीं—

"लाची नहीं ते सक्की चाची दे।"

"नहीं ते लौंग सुपारी दे।"

"नहीं ते भैण क्वारी दे।"

सोमराज ने इन्हें चुप कराने के लिए बँधी मुट्ठी उनकी ओर बढ़ायी।

शीलो ने संदेह प्रकट किया—"पहले मुट्ठी खोलकर दिखाओ, तब हाथ बढ़ायेंगी।"

सोमराज ने इस अवसर के लिए उसकी जेब में रख दी गयी इलायची, लौंग, सुपारी मुट्ठी में दिखा दी। शीलो ने हाथ बढ़ाया तो उसने इलायची न देकर उसकी हथेली पर चुटकी काट ली।

रिश्ते की और गली की सालियाँ इस शरारत के विरोध में किलक और चिल्लाकर गालियों और सिठनियों से उसकी ख़बर लेने लगीं। उन्होंने उसकी जेबें खाली करा लीं। पूरा घर हँसी और किलक से गूँज उठा।

मास्टर जी ने कन्या-दान के धार्मिक अनुष्ठान का सब प्रबन्ध आँगन में विधिवत् करवाया था। एक पंडित जी वर-वधू को आसनों पर एक साथ बैठाकर संस्कार विधि से वेदमंत्र पढ़कर हवन करवा रहे थे। उस समय भी शीलो की टोली सोमराज के जूते छिपा

देने और उसका कोट नीचे बिछे आसन से सी देने में लगी हुई थीं। सोमराज चुपके-चुपके हाथ पीछे ले जाकर शरारत करती लड़कियों की उँगलियों को मसल देने या उनके हाथ पर चुटकी काट लेने के यत्न में था।

वेदी में भाँवरें हो जाने के पश्चात् शीलो ने वर-वधू का परस्पर परिचय कराने और उनका परस्पर संकोच दूर करने के लिए रीतियाँ कीं। वर-वधू के बीच रखी, दूध मिले जल से भरी परात में अँगूठी फेंककर 'मुंदरी' (अँगूठी पहले पकड़ लेने का खेल) खिलाया। सोमराज सभी बातों में चुहल का उत्तर चुहल से देकर सबको हँसाता रहा।

रात तीन बजे के लगभग संस्कार और रीतियाँ समाप्त हो गयीं। मेलादेई ने अपने बड़े कमरे में एक पलंग लगवा दिया था और लोहे की कुर्सी पर बिजली का पंखा रख दिया था। शेष रात विश्राम कर लेने के लिए सोमराज को वहाँ लिटा दिया गया।

तारा भी सिकुड़ सिमट कर बैठे-बैठे थक गयी थी। शीलो उसे खुली छत पर ले गयी और दोनों साथ-साथ खाट पर लेट गयीं। शीलो ने तारा के गले में बाँह डालकर कहा—"देखो, कितना हँसमुख है! कितना अच्छा है! अब सम्भालना तेरा काम है।"

तारा स्वीकृति में आँखें मूँदे सोचने लगी—पुरानी सब बात समाप्त! यह ही मेरा भविष्य और संसार है! सम्भालूँगी ही; जितनी और जैसी सम्भावनाएँ होंगी। यत्न से क्या नहीं हो सकेगा?

तारा को प्रातः ही नहला-धुला कर नये कपड़े पहना कर विदाई के लिए तैयार किया जा रहा था। दहेज के केवल चार ही बक्स मोटर में जा सकते थे, वे तैयार थे। विदाई का मुहूर्त साढ़े नौ बजे का था। लाला सुखलाल ने कह दिया था, ठीक नौ बजे आयेंगे। वे सोमराज की एक बहिन को साथ लेकर मोटर में ठीक समय पर आ गये थे।

शीलो की माँ, भागवंती, मेलादेई और गली की स्त्रियाँ गोटा-किनारी लगे रेशमी कपड़ों में लिपटी, छोटे घूँघट से ढँके तारा को घर से विदा करने के लिए जीने से उतर रही थीं तो कहकहे, हँसी और चुहल के फव्वारे विदाई की रुलाई और आँसुओं की धाराओं में बदल गये। तारा भी रो पड़ी। शीलो, पुष्पा, सीता और बीरूमल की बहू ने आँसू बहाते-बहाते भी दबे-दबे, धीमे-धीमे स्वर में गीत आरम्भ कर दिया—

"आले ते जाले बाबल गुड्डियाँ,
मेरा नई खेड्डन ते चाह होये।
माँ रोंदी दी अँगिया भिज्ज गई,
प्यू रोये दरया बहे।
मेरा वीर रोये, सारा जग रोये,
मेरी भाभियाँ मन चाव होये।"

(हे पिता, मैं तो अभी नन्ही हूँ। घर के कोनों में, दीवालों के आलों में सभी जगह मेरी गुड़ियाँ रखी हैं। अभी मेरा गुड़ियाँ खेलने का चाव कहाँ पूरा हुआ है। मुझे अभी क्यों घर से निकाले दे रहे हो! मैं घर छोड़कर जा रही हूँ, रो-रोकर माँ की अँगिया भीग गयी, पिता के रोने से नदियाँ बह गयीं, भाई को रोता देखकर संसार रो रहा है, परन्तु भाभियों के मन प्रसन्न हैं।)

गली की स्त्रियाँ आँसू बहाती हुई तारा को गली के फाटक तक छोड़ने गयीं। पुरी, किशोरी, रतन, मास्टर जी, रामज्वाया, बाबू गोबिन्दराम सभी के आँसू बह रहे थे।

गली के सिरे पर सब सम्बन्धियों ने तारा को बाँहों में ले-लेकर, रो-रोकर आशीर्वाद देते हुए विदाई दी। तारा, परिवार से विदाई और उनके करुण क्रन्दन को अपना नया परिवार पाने की आशा से सह लेने का यत्न कर रही थी। लड़की का तो जन्म ही इस विदाई के लिए होता है।

३० जुलाई, नित्य की तरह सूर्योदय से पूर्व ही गली के मुहाने पर अख़बार बेचने वालों की पुकारें सुनाई दीं—"हिन्दुस्तान में मुसलमानों को, पाकिस्तान में हिन्दू-सिक्खों को पूरी आजादी!" 'पैरोकार', 'छत्रपति' और 'सियासत' की एक-एक प्रति गली में ली गयी। पुरी और मास्टर जी भी गली में उतर आये।

रतन ने अख़बार पढ़कर सुनाया—हिन्दुस्तान की स्वतन्त्रता और पाकिस्तान की स्थापना के लिए १५ अगस्त, १९४७ की तारीख निश्चित कर दी गयी थी। कांग्रेस और मुस्लिम लीग दोनों की ही कार्यकारिणी समितियों ने घोषणाएँ प्रकाशित की थीं कि हिन्दुस्तान में अल्पसंख्यक मुसलमानों और पाकिस्तान में अल्पसंख्यक हिन्दुओं और सिक्खों के जानोमाल की पूरी रक्षा की जिम्मेदारी नयी सरकारें लेंगी। दोनों ही देशों में अल्पसंख्यकों के सब समान ही नागरिक अधिकार होंगे और उनकी सांस्कृतिक तथा धार्मिक आचार-व्यवहार की स्वतन्त्रता की पूरी रक्षा की जायेगी। यह निर्णय अभी नहीं हो पाया था कि कुछ समय के लिए हिन्दुस्तान और पाकिस्तान के संयुक्त प्रमुख शासक वायसराय लार्ड माउन्टबेटन ही रहेंगे या दोनों देश अपने-अपने पृथक गवर्नर जनरल नियुक्त कर लेंगे।

बाबू गोबिन्दराम ने संतोष से कहा—"आखिर क्या ले लिया पाकिस्तानियों ने? यूनियनिस्ट मिनिस्ट्री की जगह लीग की मिनिस्ट्री कायम हो जायेगी। जब पाकिस्तान में हिन्दू रहेंगे तो ये अपनी गरज को कुछ न कुछ हिन्दुओं को मिनिस्ट्री में रखेंगे। तब पूरे पंजाब पर हुकूमत करते थे अब आधा ही मिला।"

डाक्टर प्रभुदयाल बोला—"धार्मिक स्वतन्त्रता है, नागरिक अधिकारों की समानता है तो फिर झगड़ा क्या है? मुस्लिम लीग पाकिस्तान में हिन्दुओं पर जुल्म करेगी तो यू० पी०, बंगाल, बम्बई में लाखों-करोड़ों मुसलमानों का ख़याल उसे नहीं होगा?"

मास्टर जी कमर पर तहमत बाँधे थे। कन्धों पर कमीज भी नहीं थी। अपनी पीठ पर गरमी से उछल आयी घाम को खुजाने के लिए जनेऊ को दोनों हाथों से पीठ पर रगड़ते हुए उन्होंने विचार प्रकट किया—"भाई, अपने धर्म में दृढ़ विश्वास होना चाहिए। खिलजी, तुगलक और औरंगजेब वैदिक धर्म को नहीं मिटा सके तो बेचारा जिन्ना और मुस्लिम लीग क्या कर लेंगे?"

गोबिन्दराम ने गहरी साँस लेकर कहा—"यह सब तो होनी थी, सो हो गयी, फिर सब लोग वहीं के वहीं रहेंगे।" घंटे डेढ़ घंटे इसी प्रकार बातचीत चलती रही।

मास्टर जी ने पुरी को सम्बोधन किया—"काका, तुम जरा, जल्दी नहा-धो लो। मुल्कराज के यहाँ मोटर के लिए अभी चले जाओ। तारा को उसकी ससुराल से लाकर

उनकी मोटर वापस करनी होगी। बेचारे की मेहरबानी समझो कि इतना ख़याल करता है, नहीं तो आजकल के स्टूडेंट पुराने टीचरों को क्या समझते हैं, क्यों जी!'' उन्होंने समर्थन की आशा से सब लोगों की ओर देखा।

''अभी जाता हूँ।'' पुरी ने स्वीकार कर लिया और सरसरी नजर से 'पैरोकार' के दूसरे पृष्ठ देखने लगा।

लाला सुखलाल ने यह मान लिया था कि लड़की पहली विदाई के बाद एक दिन और रात ससुराल में रहकर पाँच-सात दिन के लिए मायके लौट जायेगी। पुरी को उसे लिवा लाने के लिए जाना था।

गोबिन्दराम फिर बोल पड़े—''लाला सुखलाल ने खामुखा इतनी जल्दी की। इस समय जरा टाल जाते। दो मास बाद भी तो फिर लगन है। तब तक सब शान्त हो जायेगा। तब लड़की का ब्याह जरा ढंग से हो जाता। साहब, खरा सोना मिल गया है उन लोगों को। लड़की तो लक्ष्मी है।''

सब लोगों की आँखें गली के मुहाने की ओर उठ गयीं। बाबू रामज्वाया और उनका लड़का किशोरीलाल अस्त-व्यस्त हालत में मौन चले आ रहे थे। उसके पीछे-पीछे रोती हुई शीलो की माँ, शीलो और किशोरी की बहू गली में आयीं। गली के लोग मुँह और आँखें फैलाये अवाक् रह गये।

रामज्वाया के घर के लोग बन्नी हाते का समाचार मिलते ही बिना नहाये-धोये भोला पाँधे की गली में आ गये थे। वे आँखें पोंछने लगे। सैदमिट्ठा में मुसलमानों की भीड़ ने आधी रात में बन्नी हाते को घेरकर बहुत से मकानों में एक साथ आग लगा दी थी। दोनों तरफ से खूब बन्दूकें चली थीं। सोमराज की बुआ और तारा का पता नहीं चल रहा था। उनके पड़ोसी माधोदास का बाप भी आग से नहीं निकल सका था। लाला सुखलाल के कन्धे में गोली लगी थी। उनका मकान, उनके दोनों ओर के मकान और सामने माधोदास का मकान भी जल गये थे। सुखलाल के मकान के पिछवाड़े का खाली मकान भी, जहाँ खोजा रहता था, जल गया था।

गली में पाँव रखते ही शीलो और उसकी माँ ऊँचे स्वर में रोने लगी थीं। भागवंती ने खिड़की से झाँका और बिना कुछ पूछे ही दुहत्थड़ मारकर चीख उठी थी। मास्टर जी गली में खड़े-खड़े ऊँचे स्वर में रो पड़े।

भोलापाँधे की गली में फिर कोहराम मच गया। लाला सुखलाल का परिवार सोमराज के मामा के यहाँ मुहल्ला मोहल्यां में चला गया था। बाबू रामज्वाया, मास्टर जी, राजरानी, भागवंती, शीलो, बाबू किशोरीलाल और पुरी को अपना दुःख लिये उनके यहाँ समवेदना के लिए जाना आवश्यक था।

संध्या समय पुरी, रतन और मेवाराम बन्नी हाते के जले हुए खंडहर देखने गये। मास्टर जी की इच्छा थी यदि लड़की का अस्थिशेष मिल जाये तो उसकी आत्मा की शान्ति के लिए हवन करके अस्थियों को रावी में प्रवाह कर दिया जाये।

बन्नी के हाते में पुराने समय से जेवर रखकर सूद पर रुपया देने वाले सर्राफ लोग रहते थे। मकानों में पुराने ढंग के काठ के भारी-भारी किवाड़ थे और छतों में शहतीरों की धन्नियाँ थीं। उनके एक बार आग पकड़ लेने पर उन्हें बचाना कठिन था। अब जले

हुए मकानों को घेरकर सशस्त्र पुलिस पहरा दे रही थी। पुलिस के कुछ लोग जली हुई जगह में जाकर मलबा हटाकर निरीक्षण कर रहे थे। दूसरे लोगों को समीप आने की आज्ञा नहीं थी। यह चौकसी इसलिए की गयी थी कि देखने आने वाले लोग मकानों में रह गया सोना-चाँदी उठाकर न ले जायें। जिन लोगों का सर्वस्व वहाँ जल गया था, वे बेबस दूर खड़े पुलिस को मनमानी करते देख रहे थे और दबे-दबे स्वर में पुलिस को गाली दे रहे थे—"इन्हीं लोगों ने तो आग लगवायी है। नहीं तो कर्फ्यू के टाइम में गुण्डे कैसे आ सकते थे। अब हमारे सामने ही सोना-चाँदी ढूँढ़-ढूँढ़ कर ले जा रहे हैं।"

पुरी, रतन और मेवाराम बन्नी के हाते की गली से सैदमिट्ठा के बाजार में लौटे तो कोई अपरिचित ताना देकर कह रहा था—"सुखलाल अपनी शहजोरी की बहुत डींग मारता था। लोग कह रहे हैं उसकी बहू को मुसलमान छीन ले गये हैं। इज्जत बचाने के लिए बात बना दी है कि जल कर मर गयी है।"

पुरी के कदम ठिठक गये। अपमान से रोम-रोम जल उठा। मेवाराम ने तुरन्त घूमकर उस आदमी का गिरेबान पकड़ कर एक घूँसा उसके जबड़े पर रख दिया।

"हैं। हैं! ना, ना! क्या करते हो! अरे बेशर्मों आपस में लड़ते हो! तभी तो हिन्दुओं का बेड़ा गर्क हो रहा है।" कई लोगों ने बीच-बचाव किया। मेवाराम और अपरिचित बहुत देर तक एक-दूसरे को माँ-बहिन की गालियाँ देकर सिर तोड़ देने और खून कर देने की धमकियाँ देते रहे। पुरी और रतन मेवाराम को अपने साथ खींचकर ले गये।

१४

पुरी के हवालात से छूट जाने के बाद पंडित गिरधारीलाल जी ने कनक को कुछ समय के लिए लाहौर से बाहर भेज देना अनिवार्य समझ लिया था। नगर में उत्पात के कारण लाहौर हाईकोर्ट में दीवानी के मामले स्थगित कर दिये गये थे। नैयर को मसूरी में जगह न मिली तो उसने नैनीताल में एक छोटी कोठी किराये पर ले ली थी। अपनी माँ, कान्ता और कनक तथा कंचन को भी साथ लेकर वह नैनीताल चला गया था।

नैनीताल में बहुत भीड़ थी। पंजाब दूर होने पर भी पश्चिम पंजाब और लाहौर से आतंक के कारण भाग आये समृद्ध पंजाबी परिवार सब ओर भरे हुए थे। सब स्थानों पर पंजाब में हिन्दुओं पर हो रहे अत्याचारों की ही चर्चा सुनाई देती।

नैयर दो वर्ष पूर्व भी हाईकोर्ट की छुट्टियों के समय, लाहौर में वकालत करने वाले इलाहाबाद के बैरिस्टर हक्सर के निमंत्रण पर नैनीताल में रहा था। वह नैनीताल की ब्रिज पार्टियों और क्लबों से परिचित था। वह आते ही 'न्यू क्लब' का मेम्बर बन गया था। उसे ब्रिज की लत थी और खेलता भी बहुत हिसाब से था। यदि पार्टनर बहुत अनाड़ी न होता

तो वह प्रायः जीतता रहता था। कांता, कनक और कंचन सम्बन्धी अतिथि के रूप में क्लब में जा सकती थीं।

उस संध्या क्लब में खद्दर के कपड़े और नोकीली गांधी टोपियाँ अधिक दिखाई दे रही थीं। छोटी-सी पार्टी का आयोजन था। मालूम हुआ, उद्योग और नागरिक उपयोग विभाग के पार्लियामेंटरी सेक्रेटरी श्री कृष्णनारायण अवस्थी क्लब में आने वाले थे। नैयर से सुना, अवस्थी जी केवल पार्लियामेंटरी सेक्रेटरी ही नहीं, यू० पी० कांग्रेस में प्रभावशाली व्यक्ति थे, यू० पी० कांग्रेस पार्लियामेंटरी बोर्ड के मंत्री भी थे।

क्लब में आने वाले लोग अधिकांश सूट ही पहनते थे। खद्दर का नियम निबाहने वाले लोग अच्छी ऊनी खद्दर के सूट पहने थे। नैयर और कनक ने लाहौर में सरकारी अफसरों को खद्दर के सूट पहने कभी नहीं देखा था। उन्हें उत्तर प्रदेश में राष्ट्रीय भावना की ऐसी प्रतिष्ठा भली लगी। अवस्थी जी खद्दर का कुर्ता-धोती, ऊनी जवाहर जाकेट और तीखी नोकदार गांधी टोपी पहने थे। पाँव में चप्पल थी। साधारण इकहरा शरीर, गहरा गेहुँआ रंग, होंठों के कोनों में पान के चिह्न। खिचड़ी होने लगी कनपटियों से चालीस को छूते जान पड़ते थे। सभी लोग उनसे परिचय पाने और हाथ मिलाने के लिए उत्सुक थे। पार्टी में उत्तर प्रदेश की महिलाएँ पाँच-छः ही थीं, परन्तु पंजाब से आयी स्त्रियों ने महिलाओं की संख्या लगभग पुरुषों के बराबर कर दी थी।

अवस्थी जी से नैयर का परिचय दो ही वाक्यों में कराया गया था, परन्तु कनक से उनका परिचय कराये जाते समय नैयर ने आगे बढ़कर कहा—"कनक जी पंजाब के बहुत पुराने राजनैतिक नेता पंडित गिरधारीलाल जी की पुत्री हैं। पंडित जी लाला लाजपतराय, लाला हरदयाल और सरदार अजीतसिंह के सहयोगी थे। सन् १९११-१९१४ आन्दोलन में जेल में रहे थे। कनक जी में प्रबल साहित्यिक प्रतिभा है, एम० ए० हैं और प्रायः पत्रों में कहानी, लेख आदि लिखती रहती हैं।"

अवस्थी जी ने चाय के लिए मेज पर बैठते समय कनक को विशेष रूप से सम्बोधन किया—"आइये!" नैयर और कनक चाय के लिए अवस्थी जी के साथ बैठे थे।

नैयर को नैनीताल पहुँचे सप्ताह भी नहीं पूरा हुआ था कि उसका छोटा भाई राजेन्द्र बहनोई के पूरे परिवार—बहिन-बहनोई के दो बच्चों और बहनोई की माँ और जवान बहिन को साथ लेकर आ पहुँचा था। उन लोगों ने बताया, सरगोधा में तो हिन्दुओं के मुहल्ले जला दिये गये थे, स्त्रियों को दिन-दहाड़े घरों से उठा लिया गया था।

महेन्द्र और राजेन्द्र ने बड़ी कोठी के लिए ठंडी सड़क, गरम सड़क, अयारपाटा, रैम्ज़े रोड, टोलबार रोड, सेक्रेटेरियट के ऊपर, पहाड़ियों के ऊपर-नीचे, कालाखान और कालाडूँगी तक सब जगह तलाश की। कहीं कोई मकान खाली न था। सब लोग जैसे-तैसे सिमिटकर छोटे से बँगले में ही निर्वाह करने लगे। एकान्त का अवसर किसी के लिए न था। अपनी भगवत-भक्ति के प्रदर्शन के लिए आतुर समधिन वृद्धाओं और तीन उपद्रवी बच्चों के रहते चुपचाप बैठ कर पढ़ने या लिखने का अवसर कैसे हो सकता था।

नैयर की माँ प्रातः बहुत देर तक जपजी साहब (सिक्खों के धर्म-ग्रन्थ) का पाठ करती रहती थीं। कभी सुखमणी साहब का पाठ करने लगती थीं। इतने से भी उनकी तुष्टि न हो पाती तो वे हनुमान चालीसा, गंगा स्तुति जो भी याद था, सबका पाठ करतीं। उनकी स्पर्धा में नैयर के बहनोई की माँ घण्टी बजाकर पिटारी में साथ लाये ठाकुरों की

पूजा करती रहतीं और फिर चाँदी के फ्रेम का चश्मा लगाकर, बहुत मोटे-मोटे अक्षरों में छपी हुई देवी भागवत ऊँचे स्वर में बाँचने लगतीं। कभी एक वृद्धा वैराग्य और धर्म का उपदेश दूसरी को सुनाने लगतीं, कभी दूसरी बदले में धर्म उपदेश देकर सन्तोष पातीं। दोनों की ही दृढ़ धारणा थी कि सिर पर आये भगवान् के कोप से उनकी भक्ति और पूजा-पाठ ही उनके परिवारों को रक्षा दिला सकेगा।

नैयर, कांता, कनक अबूझ शब्दों के इस धार्मिक कोलाहल से ऊबते परन्तु चुप रह जाते। नैयर कह भी देता—"हिन्दू तो किसी भी देवी-देवता को पूजे बिना नहीं छोड़ देना चाहता। अपने देवताओं को पूज लेता है तो पड़ोसी के देवताओं को भी पूज लेना चाहता है।"

कनक कह देती—"परन्तु हिन्दू इतने असंख्य और प्रबल देवताओं की पूजा से कृपा पा लेने के बावजूद जान बचाने के लिए भागता फिर रहा है।"

नैयर समझाने का नाट्य करता—"नहीं, हिन्दू अपने देवताओं से रक्षा की आशा नहीं करता। वह तो अपने देवताओं को पालता-पोसता है, उन्हें उठाये फिरता है, उनकी रक्षा करता है।"

बँगले में पूजा-पाठ और बच्चों की चिल्ल-पों का शोर। बाहर नैनीताल की प्रायः निरन्तर वर्षा। सड़कों पर घूम-घूम कर या झील के किनारे बेंच पर बैठे कुछ पढ़कर समय काट देना भी सम्भव न था।

नैयर तो क्लब में जाकर ब्रिज खेलता रहता। कभी पेग-डेढ़ पेग ले लेता और लाहौर और इलाहाबाद हाईकोर्ट के मुकदमों की पेचीदगियों पर बातें होती रहतीं। कंचन क्लब में कैरम खेल लेती थी। उसे ब्रिज खेलने का भी शौक था। नौसिखिये, दूसरे दर्जे के खिलाड़ी उसे साथ ले लेते थे। कनक को यह सब कुछ नहीं भाता था। वह सप्ताह भर में ही नैनीताल और क्लब से ऊब गयी थी। वह लड़की के विवाह में परिवार के हस्तक्षेप की समस्या पर कुछ लिखना चाहती थी। सबसे अधिक चाहती थी, अकेले बैठकर सोचना कि वह क्या करे! नैयर के सम्मुख पुरी से साठ दिन तक कोई सम्पर्क न रखने की प्रतिज्ञा के समाप्त होने में चार ही दिन रह गये थे। नैयर सहायता देने के बजाय पुरी को अयोग्य प्रमाणित करने के लिए ही बहस करता था। इस कारण कनक को नैयर का साथ अच्छा न लगता था। वह पुरी की निन्दा नहीं सुन सकती थी। उसे जान पड़ता, उसे कैद कर देने के लिए नैनीताल लाया गया था। इस विचार की प्रतिक्रिया में वह अपनी बात पर और दृढ़ होती जा रही थी। जो करना हो कर लें, मुझसे भी जो बनेगा, करूँगी।

संध्या समय वर्षा न होने पर कनक 'विमल विल्ला' से नीचे उतर जाती। कुछ दूर मल्लीताल या तल्लीताल की ओर जाकर, झील के किनारे कोई सूनी बेंच देख, झील की ओर मुख कर बैठ जाती। सोचने लगती, परिवार के अत्याचार के विरोध में सदा के लिए कौमार्य की प्रतिज्ञा करके कोई काम आरम्भ कर दे। पुरी का हाथ पकड़ कर किया प्रण और उसे बार-बार दिये आश्वासन याद आते तो सोचती, परिवार से स्वतन्त्र हो जाना ही आवश्यक है। परिवार को वह केवल क्लेश ही दे रही है और उससे क्लेश पा रही है। पुरी की आर्थिक स्थिति, बल्कि आत्म-सम्मान के विचार से भी जीविका के लिए कुछ कर सकना आवश्यक ही है।

संध्या वर्षा नहीं हुई थी। कनक रंगीन साड़ियों, पंजाबी जनाना सूटों और चुस्त कपड़े पहने जवानों से भरी सड़क के किनारे-किनारे झील के साथ-साथ, सूनी बेंच की तलाश में तल्लीताल की ओर चली जा रही थी। सामने से दो आदमियों के बीच में पैदल चले आते अवस्थी जी दिखाई दे गये। समीप आने पर उन्होंने ही पहले नमस्कार किया। कनक ने विनय से नमस्कार का उत्तर दिया। अवस्थी जी अपने साथियों को पीछे छोड़ कर उससे कुशल-मंगल पूछने लगे और आग्रह किया—''आप अपने बहनोई और बहिन के साथ हमारे यहाँ चाय पीजिये।'' अपनी कोठी का पता बताकर पूछ लिया, ''कब आयेंगे आप लोग?''

''जीजा जी से पूछूँगी, जब उन्हें फुर्सत हो।'' कनक ने संकोच से कहा।

''कल, परसों जब आप लोगों को सुभीता हो। पहले फोन कर लीजियेगा।'' अवस्थी जी ने स्थिति सरल कर दी।

नैयर ने पार्लियामेंटरी सेक्रेटरी के निमन्त्रण का स्वागत किया। कनक ने फोन पर सूचना दे दी। नैयर, कांता और कनक संध्या समय विशेष सम्भ्रम और शिष्टाचार के प्रति सतर्क होकर अवस्थी जी की कोठी पर गये। अवस्थी जी बरामदे में एक आराम कुर्सी पर बैठे थे। पाँच-छः आदमी उन्हें घेरे हुए थे। इन लोगों को लगा कि उनका आना ठीक समय पर नहीं हुआ, अवस्थी जी व्यस्त हैं। अवस्थी जी ने अतिथियों का स्वागत खड़े होकर किया। उन्हें भीतर ड्राइंग रूम में ले गये। मिलने आये लोग प्रतीक्षा में बरामदे में बैठे रहे।

अवस्थी जी के यहाँ चाय में विशेष तकल्लुफ नहीं दिखाई दिया। सस्ते, खुर्चे हुए और जाल पड़े हुए प्याले थे। तिपाई पर बिछा हुआ कपड़ा, चाय के प्याले असावधानी से उठाये और धरे जाने की घटनाओं की गवाही दे रहा था। तीनों ने एक-दूसरे की आँखों में देखकर विस्मय प्रकट किया। ड्राइंग रूम के आकार और फर्नीचर में कोई कमी नहीं थी, परन्तु सब ओर फूहड़पन और उपेक्षा बरस रही थी। अवस्थी जी साज-सज्जा और भोज्य पदार्थों की कृच्छता प्रगल्भता से पूरा कर रहे थे। उन्होंने कनक के पिता जी के राजनैतिक जीवन के सम्बन्ध में, उनके लाहौर के कारोबार के सम्बन्ध में और कनक की साहित्यिक अभिरुचि और भविष्य के कार्यक्रम के बारे में विस्तार से पूछा। अनेक चुटकुले सुनाये। पंत जी और नेहरू जी के साथ दौरे पर जाने की घटनाएँ; अन्य भी बहुत कुछ बातचीत निस्संकोच होती रही।

चाय पर अतिथियों के साथ अवस्थी जी अकेले ही बैठे थे। काफी आत्मीयता से बातचीत हो चुकने पर कांता ने झिझकते हुए पूछ ही लिया—''श्रीमती अवस्थी जी के दर्शन नहीं हुए।''

अवस्थी जी ने बिना झेंपे उत्तर दिया—''वह चीनी के बर्तनों में नहीं खाती-पीती हैं। उन्हें चाय की ऐसी आदत भी नहीं है। हम लोगों के घर की स्त्रियाँ अभी जरा पुराने ख़यालों की हैं। पर्दे का अभ्यास भी चला आ रहा है। आप मिलना चाहती हैं, भीतर चलकर मिल लीजिये।''

कांता के 'हाँ अवश्य' कहने पर अवस्थी जी कांता और कनक को श्रीमती अवस्थी से मिला लाने के लिए एक दरवाजे में लटके पर्दे के पीछे दूसरे कमरे में ले गये। कांता

और कनक लौटीं तो नैयर ने देखा, मुँह में बहुत-सा पान भरा रहने के कारण उनके लिए बोल पाना कठिन हो रहा था।

अवस्थी जी ने कांता और कनक से, विशेषतः कनक से अनुरोध किया—"आप लोग शिक्षित और सचेत हैं। आप लोगों को हमारे सामाजिक कार्यों में सहयोग देकर देश के नव-निर्माण में सहायता देनी चाहिए। आपके पास समय भी है। आप दो-तीन मास तो नैनीताल में हैं ही। यहाँ श्रीमती के० पंत बहुत कार्य कर रही हैं। आपका उनसे परिचय होना चाहिए। उन्होंने यहाँ 'नारी कला मन्दिर' और कई संस्थाएँ जारी की हैं। परसों प्रातः वे नौ बजे आयेंगी। आप लोग भी आइये।"

नैयर, कांता और कनक को विदा के लिए उठते समय फिर पान स्वीकार करने पड़े। वे लोग एक-एक पान लेकर ही मुक्ति चाहते थे, परन्तु अवस्थी जी ने हँसकर बताया कि पान का जोड़ा ही प्रस्तुत किया जाता है, वैसे ही स्वीकार करना उचित है। अवस्थी जी की कोठी से निकल कर सड़क का पहला मोड़ मुड़ते ही कनक और कांता ने सड़क के किनारे होकर पान थूक दिये। चार पान उनके लिए चार दिन क्या महीने भर के लिए पर्याप्त थे।

कांता खिन्नता से बोली—"यह क्या इन लोगों का कायदा है, दूसरों की स्त्रियों के साथ उठना-बैठना अच्छा लगता है, अपनी स्त्रियों को पर्दे में रखते हैं। मैं तो इनके यहाँ कभी नहीं आऊँगी।" उसे और क्रोध आ गया, "उनकी घरवाली तो भीतर पर्दे में पलंग पर बैठकर सुपारी कतरे और पान चबाती रहे, हम लोगों को सामाजिक कार्य करना चाहिए। तुम्हें मालूम है," कांता ने विस्मय प्रकट किया, "यू० पी० की औरतें पान में तम्बाकू खाती हैं।"

नैयर ने समझाया—"नाराज क्यों होती हो। कन्नी को यहाँ समय काटना भारी हो रहा है। कुछ सम्बन्ध और परिचय हो जायेगा तो बिगड़ क्या जायेगा? कोई बाँध तो लेगा नहीं।"

तीनों सड़क पर ग्रांड होटल के नीचे अपनी कोठी की ओर चढ़ने वाली पगडंडी के सामने पहुँचे तो नैयर ने कहा—"चलो क्लब में चलें, अभी से घर में कैद होकर क्या करेंगे, सात ही तो बजे हैं।"

"जीजा जी, अभी समय है, मैं जरा आपसे बात करना चाहती थी।" कनक बोली, "घर में तो भीड़ में कोई समय ही नहीं होता। सबके सामने आपको क्रोध आ गया तो भी ठीक नहीं।"

कांता समझ गयी कनक कैसी और क्या बात करना चाहती थी। छोटी बहिन बहस से उत्तेजित होकर तीखी बात कहने में भी नहीं झिझकती थी, इसलिए कांता उससे घबराती थी। उसने कहा—"मैं जाकर नानो को देखूँ। उसे जरा घुमा लाने के लिए भेज दूँ। तुम लोग क्लब के रास्ते में बात भी कर लो और क्लब भी हो आओ पर ग्यारह न बजा देना।" वह पगडंडी पर चढ़ने लगी।

नैयर को अनुमान तो था पर उसने पूछा—"क्या बात है?"

"आपने मुझसे साठ दिन के लिए प्रतिज्ञा करायी थी। कल साठवाँ दिन है।" कनक ने पहले से सोची हुई बात कह दी।

"इस चेतावनी का क्या अभिप्राय है?" नैयर नें कुछ सोचकर पूछा।

"चेतावनी या चुनौती नहीं है।" कनक ने कहा, "प्रतीक्षा का समय पूरा हो गया" और फिर बोली, "मेरा भी मन और मस्तिष्क है?"

"और प्रतीक्षा सम्भव नहीं? एकदम विवाह कर लेना चाहती हो?" नैयर ने पूछा।

"एकदम हो या न हो, मैं प्रतीक्षा कर सकूँ या न कर सकूँ पर दूसरे के मन की दुविधा और चिन्ता का भी ख़याल करना चाहिए। पिता जी का पत्र नहीं आया तो आप सब लोग व्याकुल नहीं हैं? मुझे व्याकुलता नहीं होगी?"

नैयर और कनक 'कैपिटल' की ओर चलते क्लब के दरवाजे तक पहुँच गये थे, परन्तु कनक की बात समाप्त नहीं हुई थी। वे सड़क पर लौट पड़े। नैयर ने सोचकर प्रश्न किया—"मैंने पुरी का उसकी बहिन के प्रति व्यवहार तुम्हें बताया था। उस विषय में तुमने कुछ सोचा या पता लिया? मैं तुम्हें उसकी गली तक ले जाने के लिए भी तैयार था।"

"पता किससे लूँ और लेकर क्या करूँगी? मुझे किसी न किसी पर तो विश्वास करना ही है।" कनक ने उत्तर दिया, "मुझे उन्हीं पर विश्वास है।"

"मतलब है, मैंने तुमसे झूठ कहा था?"

"मैं उन्हें बेईमान नहीं मान सकती।"

कुछ कदम तक दोनों चुप चलते रहे। कनक ने चुप्पी तोड़ी—"आपने यह आश्वासन दिया था कि आप मेरा विचार न बदल सके तो आप विरोध भी नहीं करेंगे।"

नैयर ने उत्तेजना प्रकट न होने देने के लिए स्वर को धीमा कर कहा—"हाँ, मैं कोई शारीरिक या उस प्रकार का विरोध नहीं करूँगा, परन्तु मैं इस सम्बन्ध का समर्थन या अनुमोदन नहीं कर सकता। हम लोग यही यत्न करेंगे कि तुम्हारे प्रति अपना कोई उत्तरदायित्व न समझें। हम और क्या कर सकते हैं?"

उत्तरदायित्व?···या कैद, पराधीनता?···क्या आवश्यकता है इन्हें मेरा उत्तरदायित्व सँभाले रहने की? कनक मन ही मन उबलती रही पर बोली नहीं। दोनों मौन तल्लीताल के डाकखाने तक चले गये।

नैयर ने कहा—"इस समय मैं तुम्हारी कोई सहायता नहीं कर सकता। मैं क्लब जाना चाहता हूँ, मैं लौटूँगा।" कनक भी लौट पड़ी। कोठी के नीचे की पगडंडी के सामने पहुँच कर वह पगडंडी की ओर मुड़ गयी। नैयर सीधा चला गया।

कनक बंगले की पगडंडी की चढ़ाई चढ़ती-चढ़ती आधे में रुकी। अँधेरा अभी घना नहीं हुआ था। आकाश पर झीने बादल थे पर बूँदें नहीं थीं। उसने सोचा बँगले में जाकर क्या करूँगी? वह सड़क पर उतर कर झील के किनारे सूनी बेंच की तलाश में लायब्रेरी की ओर चल दी।···यह तो बात भी नहीं करना चाहते, मैं क्या करूँ!···पुरी की मानसिक व्यथा की कल्पना, अपना हाथ उसके हाथ में देकर किया हुआ प्रण; लारेंस गार्डन में दिया हुआ आश्वासन···दोनों के एक साथ एक छोटे घर में अकेले रह सकने की कल्पना, पुरी के आलिंगन में अचेत हो जाने के सुख की कल्पना···। कलाई की घड़ी में ध्यान से देखा, साढ़े आठ बज गये थे। वह उठकर बँगले की ओर चल दी।

रात हलकी-हलकी झड़ी लग गयी थी। प्रातः साढ़े आठ बज चुके थे, परन्तु झड़ी रुकने का कोई लक्षण न था। कनक को ऐसी अवस्था में अवस्थी जी के यहाँ जाकर मिसेज़ पंत का परिचय पाने की कोई इच्छा न थी। अपनी विक्षिप्त मानसिक अवस्था में समाज सेवा का भी कोई उत्साह न था, परन्तु बंगले में कैदी बनकर सबके सामने चुप बैठे रहना उससे भी असह्य था।

नैयर, कांता या कंचन केवल अर्दली बनकर कनक के साथ अवस्थी जी के यहाँ जाने के लिए तैयार न थे। कनक ने चार आदमियों से खींची जाती रिक्शा की सवारी यहाँ पहली बार ही देखी थी। उसे रिक्शा पर बैठते संकोच होता था। विशेषतः चढ़ाई पर, कुलियों को बुरी तरह हाँफते देखकर बहुत ग्लानि होती थी। वह कांता का बरसाती कोट और छोटी छतरी लेकर पैदल ही अवस्थी जी की कोठी की ओर चल दी।

अवस्थी जी के यहाँ बरामदे में खद्दर के कुर्ता-धोती, टोपीधारी शाल ओढ़े दो व्यक्ति प्रतीक्षा कर रहे थे। अवस्थी जी दफ्तर के कमरे में थे। अर्दली से समाचार पाकर उन्होंने कनक को भीतर बुला लिया।

अवस्थी जी ने सामने खुली फाइल पर से आँखें उठाकर कुर्सी से बिना उठे ही कनक को सम्बोधन किया—"आइये बैठिये! आप आ गयीं!"

कनक नमस्कार करके मेज के समीप कुर्सी पर बैठ गयी।

अवस्थी जी बोलते गये—"मेरा ख़याल था, वर्षा में आप शायद न आ सकें। आप पंजाबी महिलाएँ बहुत साहसी और समर्थ होती हैं, क्या कहना। हमारे यहाँ की स्त्रियाँ तो किसी काम की नहीं। उन्हें नग की तरह पहुँचाने-लाने के लिए सदा एक व्यक्ति चाहिए। आपके लिए चाय़ मँगाई जाये?" अवस्थी जी ने मेज पर पड़ी घंटी पर हाथ मार दिया।

कनक ने दो दिन पहले की चाय की स्मृति के कारण तुरन्त हाथ जोड़कर क्षमा माँगी—"जी, बस अभी नाश्ते के साथ चाय भी पीकर आयी हूँ। चाय की मुझे अधिक आदत भी नहीं है। अभी न मँगाइये।"

"हाँ, हाँ आप लोग तो लस्सी पीते हैं।" अवस्थी जी कहकहे से हँस पड़े और फिर सँभलकर स्वीकार किया, "हाँ लस्सी बहुत पौष्टिक होती है। अच्छा, पान तो लीजिये!" अवस्थी जी ने पुस्तक के रूप और आकार के पानदान का ढक्कन खोलकर कनक की ओर बढ़ा दिया।

कनक को एक पान ले लेना पड़ा।

मिसेज़ पंत वर्षा में नहीं आयीं। अवस्थी जी लखनऊ और दिल्ली के अपने पंजाबी मित्रों की बातें सुनाते रहे। अवस्थी जी ने विचार प्रकट किया—"जिन पंजाबी लड़कियों ने हमारे यहाँ सरकारी नौकरियाँ ली हैं, बहुत अच्छा काम कर रही हैं।"

कनक ने सूत्र पकड़ लिया—"मैं सामाजिक काम में तो सहयोग देना ही चाहती हूँ। सन् ४२ के आन्दोलन में और पहले भी कांग्रेस में कुछ न कुछ करती ही रही हूँ, परन्तु अब यदि हम लोगों को लाहौर छोड़ना पड़ा तो ऐसी परिस्थिति में मैं भी कोई नौकरी कर लेना चाहूँगी।"

"अरे वाह, आपके लिए नौकरी या काम की कमी है! आप जैसी योग्य नवयुवतियों से तो राष्ट्रीय निर्माण में बहुत सहायता मिलनी चाहिए। अब तो सरकार का काम भी राष्ट्रीय काम ही है। एजूकेशनल डिपार्टमेंट बढ़ रहा है। हमारा सोशल वेलफेयर डिपार्टमेंट

है। सभी जगह काम है, जरूरत है। आप लखनऊ आ जाइये। निश्चय ही प्रबन्ध हो जायेगा। आप हमें बता दीजियेगा, आपको किस प्रकार का काम सूट कर सकता है। उसमें कठिनाई क्या··· ।''

अवस्थी जी ने अपने दोनों पाँव कुर्सी पर उठा लिये और सुनाने लगे—''हमें तो पंजाब से बहुत स्नेह है। हम सन् २९ में लाहौर में भी गये थे। पंजाबी लड़कियों में बहुत लाईफ होती है। बहुत निस्संकोच होती हैं।'' उनके चेहरे पर स्मृति की मुस्कान आ गयी, ''हमें तो सदा याद आती रहती है। त्रिपुरी और रामगढ़ कांग्रेस में भी हमारी कई पंजाबी परिवारों से मित्रता हो गयी थी। एक बार हमने लखनऊ का दसहरी आम भी भिजवाया था। अब तो मौसम नहीं रहा वर्ना आपको लखनऊ का आम खिलाते। मजा तो है आम के बाग में जाकर आम खाने का। आपको ले चलेंगे··· ।''

अवस्थी जी के होंठों पर अजीब-सी मुस्कराहट और कुछ भिंचती-सी आँखों में रसीलापन आ रहा था। कनक सोच रही थी, लखनऊ के आमों के रस की स्मृति से मुख में पानी आ रहा है।

डेढ़ घंटे के लगभग बीत गया। कनक ने अनुमान प्रकट किया—''मिसेज़ पंत शायद वर्षा के कारण नहीं आ सकेंगी?''

''हाँ, अब क्या आयेंगी। आप फिक्र न कीजिये।'' अवस्थी जी ने आश्वासन दिया, ''हम आपको किसी दिन उन्हीं के यहाँ ले चलेंगे, वैसे यहाँ आती ही रहती हैं। यू० पी० एसेम्बली की मेम्बर हैं। आप चाहेंगी तो हम आपके काम की बाबत सोचेंगे। आप यहाँ जब चाहें निस्संकोच तशरीफ लाइये।'' चलते समय कनक को अवस्थी जी ने मिसेज़ पंत की कोठी का भी पता बता दिया।

कनक अवस्थी जी के यहाँ से उनकी सहायता से नौकरी मिल जाने का विश्वास लेकर लौटी। चिन्ता के बोझ में हलकापन आ गया था। कल्पना भविष्य की ओर दौड़ने लगी थी। नये जीवन की कल्पनाओं के उत्साह में कनक तीसरे दिन संध्या समय मिसेज़ पंत के मकान पर चली गयी। अवस्थी जी वहाँ पहले से मौजूद थे। भारी शरीर के और उससे भारी तोंद के एक और सज्जन खद्दर का कुर्ता-धोती और टोपी पहने और खद्दर की साड़ी पहने जवान महिला भी उपस्थित थीं। गरम-गरम पकौड़ियाँ और चाय चल रही थी।

अवस्थी जी ने मिसेज़ पंत से कनक का परिचय बहुत प्रशंसा सहित कराया। भारी शरीर व्यक्ति ने पंजाबी महिलाओं की कर्मठता और साहस की सराहना की। जवान महिला ने अपने स्थानीय स्कूल को उचित आर्थिक सहायता न मिलने की कहानी सुनाकर सिफारिश के लिए अवस्थी जी से अनुरोध किया। अवस्थी जी पकौड़ी चबाते हुए रुखाई से बोले—''आप चिन्ता क्यों करती हैं? यदि नियम के अनुसार सहायता मिलनी चाहिए तो मिलेगी। आपको अपनी दरख्वास्त डायरेक्टर के यहाँ भेजनी चाहिए। पहले देखिये, डायरेक्टर क्या कहता है फिर हमसे कहिये।'' अवस्थी जी की रुखाई के बावजूद भी युवा स्त्री के चेहरे पर कृतज्ञता की मिठास छा गयी थी।

भारी शरीर महाशय जवान स्त्री के साथ अवस्थी जी को प्रणाम कर चले गये। उन लोगों के जाने पर अवस्थी जी ने फिर मिसेज़ पंत की प्रशंसा कर उन्हें सुझाव दिया कि 'नारी कला मन्दिर' के संगठन में कनक से अवश्य सहायता लें।

अवस्थी जी ने पाँव से चप्पल निकाल दी और पाँव सोफा कुर्सी पर उठा कर आराम से हो गये। सामने की सोफा कुर्सी के आधे भाग में सिमटी हुई कनक से बोले—"आप लखनऊ में रहने का निश्चय कर लीजिये। जॉब का प्रबन्ध हो जायेगा। हम रविवार को लखनऊ जा रहे हैं। आप जब भी चाहें लखनऊ आइये। आप चाहेंगी तो किसी स्कूल में हो जायेगा। काम की कमी नहीं है। सार्वजनिक सम्पर्क विभाग में बहुत जगहें हैं। डेढ़-दो सौ की तो कोई बात नहीं। आप आयेंगी तो मिसेज़ पंत के साथ ठहर सकती हैं। क्यों मिसेज़ पंत?"

"अरे क्यों नहीं, इनका घर है।" मिसेज़ पंत ने समर्थन किया।

सहसा अवस्थी जी बोल उठे—"मिसेज़ पंत, परसों यदि आज की तरह आकाश खुला रहे तो एक पिकनिक हो जाये। नौकुचिया ताल देखा है आपने?" वे कनक की ओर घूम गये।

कनक इस नाम से भी अपरिचित थी।

अवस्थी जी ने बताया—"नैनीताल में क्या रखा है। इसके आस-पास के दृश्य देखिये। वाह, क्या सुन्दर स्थान है। प्राकृतिक सौन्दर्य तो वहाँ मिलेगा। मिसेज़ पंत, खाने का प्रबन्ध आपके जिम्मे। वैसा ही सालम मुर्ग बने!" वे कनक की ओर घूम गये, "आप तो वेजीटेरियन नहीं हैं न? अरे पंजाब में यह सब व्यर्थ की बातें थोड़े ही होती हैं।"

कनक ने स्वीकार किया, शाकाहार के सम्बन्ध में उसका कोई विशेष नियम नहीं था।

मिसेज़ पंत ने आग्रह किया—"अवस्थी जी, गाड़ी की जिम्मेवारी आपकी है।"

"उसकी आप चिन्ता न कीजिये। कितनी गाड़ियाँ चाहिए?"

"शकुन्तला को भी कहला दें और वर्मा जी को भी। क्या राय है; लेकिन बहुत भीड़ हो जायेगी, उन्हें रहने ही दें।...आप बस-स्टैंड पर नौ बजे जरूर पहुँच जायें।" मिसेज़ पंत ने कनक से कह दिया।

कनक इन्कार न कर सकी। लौटते समय सोचती आ रही थी, यह लोग कितने निरभिमान और सदाशय हैं। जरा फक्कड़ किस्म के हैं। अपने देशी ढंग से चलते हैं। पार्लियामेंटरी सेक्रेटरी हैं, परन्तु अफसरी की बू जरा भी नहीं। घर लौटकर उसने कांता से और नैयर से बातों में दो सौ की नौकरी पाने की आशा और पिकनिक के निमंत्रण की बात भी कह दी।

नैयर और कांता दोनों ही चुप रहे। कुछ देर बाद कांता ने प्रश्न किया, "तुम यहाँ से पन्द्रह मील उन लोगों के साथ जाओगी। तुम्हारा परिचित तो कोई साथ नहीं होगा? अवस्थी जी की अपनी स्त्री तो साथ जायेगी नहीं?"

"उसमें ऐसी क्या आपत्ति है तुम्हें?" कनक ने साहस से कहा, "मिसेज़ पंत तो जा रही हैं। वह यू० पी० असेम्बली की मेम्बर हैं। अवस्थी जी भी साधारण आदमी नहीं हैं, पार्लियामेंटरी सेक्रेटरी हैं। आखिर नौकरी करूँगी तो क्या पूरा परिवार मेरे साथ-साथ लगा फिरेगा?"

"इस विषय में पिता जी से भी पूछ लेना उचित है।" कांता ने कहा।

"मालूम नहीं क्या मैं यहाँ कैद में हूँ?" कनक उत्तेजना से बोली "इक्कीस की हो चुकी हूँ। अपने पाँव पर खड़े होने का दिन कभी नहीं आयेगा?"

''तुम सब ओर विरोध ही क्यों देखती हो?'' नैयर बीच में बोला, ''पिता जी इन्कार ही कर देंगे; यह क्यों मान लिया जाये। पिकनिक में तुम कंचन को साथ ले जाओ। छोटी बहिन के साथ रहने में हर्ज क्या है और नयी जगह में एक के बजाय दो बेहतर!''

उस रात कनक पलंग पर कंचन के साथ लेटी तो अपनी ओर की पाटी से चिपकी बहुत देर तक सोचती रही कि मार्ग दीख रहा है, साहस से आगे बढ़ना होगा। पिता के घर में उसका समय समाप्त हो चुका है। नौकरी की आशा ने उसके विचारों और आशा का रंग ही बदल दिया। निश्चय कर लिया, कल जीजा जी को कह दूँगी और जरूर लाहौर पत्र लिखूँगी। मेरे नाम आया पत्र लेने का अधिकार किसे है? लिख दूँगी, उत्तर रजिस्टर्ड लिफाफे में भेजें और उस पर स्पष्ट लिख दें, पर्सनल!

कनक को पिकनिक का निमंत्रण आकाश साफ होने की अवस्था में दिया गया था। सूर्योदय से पहले ही वर्षा हो रही थी और दस बजे के बाद भी होती रही। कनक को अवस्थी जी के अनुरोध पर पिकनिक में जा न सकना खल रहा था परन्तु वर्षा से कैसे लड़ती। वर्षा घटने के बजाय और जोर से होने लगी थी। दस-साढ़े दस बजे कांता, कंचन, कनक और नैयर भी पोस्टमैन की प्रतीक्षा करने लगते थे। वे लोग लाहौर कई पत्र लिख चुके थे, परन्तु पिता जी का पत्र दो सप्ताह से नहीं आया था। इस समय सभी की नजरें बँगले के फाटक पर लगी रहतीं। वर्षा के बावजूद भी यही बात थी। नैयर बरामदे में आराम कुर्सी पर लेटा 'रीडर्स डाइजेस्ट' पढ़ रहा था। दूसरी कुर्सी पर बैठी कंचन नानो के लिए स्वेटर बुन रही थी। कनक भीतर पलंग पर लेटी अपना भविष्य निश्चय कर रही थी।

''जीजा जी, चिट्ठी आयी है।'' कंचन की पुकार से कनक भी बाहर आ गयी।

मोमजामे की बरसाती ओढ़े पोस्टमैन कंचन से दस्तखत करवा रहा था। एक्सप्रेस चिट्ठी थी—''पिता जी का है, आपके नाम!'' कंचन ने कहा और लिफाफा लाकर नैयर के हाथ में दे दिया। कांता भी बाहर आ गयी थी। तीनों नैयर के पीछे खड़ी हो गयीं।

पंडित जी के पत्र की पहली दो पंक्तियाँ पढ़कर नैयर ने विस्मय प्रकट किया—''पिता जी ने लिखा है कि उन्हें हमारा केवल एक ही पत्र मिला है। उनका विचार है कि शायद मुसलमान पोस्टमैन ग्वालमंडी में जाने से डर रहे हैं। उन्होंने रजिस्ट्री से पत्र भेजने के लिए लिखा है।'' नैयर ने शेष पत्र ऊँचे स्वर में पढ़कर सबको सुना दिया।

पंडित जी के पत्र से लाहौर की स्थिति बहुत आशंकाजनक जान पड़ी।···प्रेस १३ जुलाई से बन्द था। सरकारी अफसरों को हिन्दुस्तान या पाकिस्तान का चुनाव कर सकने का अवसर दिये जाने की घोषणा से लोगों में बहुत आतंक फैल गया था। लोग व्याकुल थे कि लाहौर के इधर या उधर हो जाने का फैसला हो जाय। प्रेस में काम करने वाले मुसलमान कातिब, मशीनमैन और दफ्तरी ग्वालमंडी में आने का साहस नहीं करते थे। पड़ोस के मुस्लिम मुहल्लों के आतंक से ग्वालमंडी में हिन्दुओं ने किलाबन्दी कर ली थी कि बाहर के लोग किसी ओर से भी प्रवेश नहीं कर सकते थे। सम्भवतः प्रेस का बुड्ढा मशीनमैन फतहमुहम्मद कत्ल हो गया था। पुस्तकों की बिक्री क्या होती, पंजाब भर में स्कूल बन्द थे। मौसम भी बहुत ख़राब था, उमस बेहद और वर्षा नहीं हो रही थी। लोग प्रायः अपना कारोबार लाहौर से पूर्व की ओर उठा ले जा रहे थे।

पंडित जी ने पछतावा प्रकट किया, उन्होंने दो वर्ष पूर्व नयी मशीनों में बहुत रुपया लगाया था। पूरे प्रेस और कारोबार को उठाकर ले जाते तो कहाँ? लोगों को हुकूमत और हाकिमों पर भरोसा नहीं रहा था। लोग बैंकों को भी सुरक्षित नहीं समझ रहे थे। अपनी रकमें, बैंकों की लाहौर से बाहर दिल्ली और यू० पी० की शाखाओं में भिजवा रहे थे। बैंकों के लाकर से अपना जेवर, सेक्योरिटी और शेयर सर्टीफिकेट और दूसरे कीमती कागज निकलवा रहे थे। पंडित जी लाहौर नहीं छोड़ सकते थे, परन्तु कैश अकाउंट दिल्ली शाखा में बदलवा दिया था। आम लोग निश्चय कर चुके थे कि लाहौर पाकिस्तान में हो जाने पर भी उन्हें वहाँ ही रहना था।

पंडित जी ने नैयर को परामर्श दिया था कि वह भी बैंक से अपना हिसाब कुछ समय के लिए बदलवा दे और अपने लाकर भी खाली कर दे। शान्ति हो जाने पर फिर वापिस रख दिया जा सकेगा। अन्त में लिखा था कि उनकी भी इच्छा कुछ दिनों के लिए नैनीताल आ जाने की थी, परन्तु उनके कुछ दिन के लिए जाने का भी अर्थ उनका भयभीत होकर भाग जाना ही समझा जायेगा जो अन्ततः स्वयं उनके लिए भी हानिकारक होगा।

पत्र सुन कर सब लोग चुप रह गये। कुछ समय बाद कांता ने बात शुरू की—"बताओ न, क्या करना ठीक होगा?"

"मेरा तो विचार है कि अभी कुछ दिन देखा जाय।" नैयर ने विचार प्रकट किया, "आखिर यही न कि लाहौर पाकिस्तान में हो जायेगा। क्या यह सम्भव है कि पूरे हिन्दुस्तान के दस-बारह करोड़ मुसलमान पेशावर से लाहौर तक की जगह में समा जायें? मुसलमान हिन्दुस्तान में रह सकेंगे तो हिन्दू भी लाहौर में रह लेंगे। डाक्टर, वकील, इंजीनियर तो पाकिस्तान को भी चाहिए। मैं सम्पत्ति लाहौर से क्या उठा लाऊँ, मकानों को उठा लाऊँ?"

कान्ता यह कैसे स्वीकार कर लेती कि उसके अनुभवी पिता की अपेक्षा पति का विचार ठीक था। स्त्री अपने माता-पिता की बुद्धि को अपनी ही वस्तु समझती है। उसने असन्तोष प्रकट किया—"पिता जी लाहौर की हालत देखकर लिख रहे हैं। दूसरे सब लोग जो लाहौर से जा रहे हैं, बेवकूफ हैं? भूखे-नंगे सड़क पर खड़े हो जायेंगे तो पता चलेगा··· ।"

नैयर उस संध्या लाहौर जाने के लिए तैयार हो गया तो कान्ता ने विरोध किया—"भाड़ में जाय सम्पत्ति। यह नहीं सोचते कि पिता जी लाहौर छोड़ देना उचित समझ रहे हैं तो मैं तुम्हें कैसे वहाँ जाने दूँ? मुझे तुम्हारी जान चाहिए या सम्पत्ति? तुमसे अकेले सिमिटेगा भी क्या? बक्स में से अपने हाथों कमीज तो ढूँढ़कर निकाल नहीं पाते!"

राजेन्द्र ने आगे बढ़ कर कहा—"मैं चला जाऊँ?" उसकी बात का कुछ अर्थ न था। सम्पत्ति और हिसाब के सब कागजात तो महेन्द्र के समझे हुए थे। कनक इस बहस में नहीं बोली। वह अपनी बात सोचती रही। पंडित जी के पत्र ने पुरानी परिस्थितियों के बदलने की सूचना दे दी थी। प्रश्न था, अब कैसे कहाँ बसा जाये? वह अब पिता जी के लिए बोझ और चिन्ता का कारण नहीं बनेगी। उसने लखनऊ में बसने का निश्चय कर लिया था, परन्तु अन्तिम निर्णय पुरी को सब कुछ बताकर, उसके समर्थन से ही कर सकती थी। रात भर वह इसी कल्पना-विकल्पना में रही। दूसरे दिन उसने नौ बजे पुरी

को पत्र लिखने के निश्चय की सूचना नैयर को दे दी और पूर्ण अधिकार से एक लम्बा पत्र लिखकर, पुरी को तुरन्त नैनीताल में आकर परामर्श करने के लिए लिख दिया। यह लिखना भी नहीं भूली कि यदि पुरी न आ सके या न आयेगा तो उसे स्वयं लाहौर पहुँचना पड़ेगा।

पंडित जी ने कनक और कंचन को नैयर के साथ नैनीताल भेजते समय सौ-सौ रुपये के तीन नोट चुपचाप कनक के हाथ में देकर समझा दिया था—"कान्ता पर अपने खर्चे का बोझ ज्यादा न पड़ने देना। कंचन को भी जरूरत के लिए पूछती रहना।" पंडित जी अपनी बेटी के खर्चीले स्वभाव से परिचित थे। नैनीताल में कनक जैसी मानसिक परिस्थिति में आयी थी, दो सप्ताह में उसे एक भी नोट तुड़ाना नहीं पड़ा था। वह पुरी की आर्थिक स्थिति से परिचित थी। पुरी की आर्थिक कठिनाई जान लेने के बाद से उसे व्यर्थ खर्च करना भला नहीं लगता था। दो नोट उसने पत्र में रख दिये। स्वयं डाकखाने जाकर पत्र को रजिस्ट्री करवा दिया ताकि पत्र खो जाने की आशंका न रहे।

पंडित जी का पत्र आने के बाद से नित्य ही एक-दो बार नैयर के लाहौर जाकर अपनी सम्पत्ति का प्रबन्ध कर आने की आवश्यकता और औचित्य के सम्बन्ध में कुछ न कुछ बहस हो जाती थी। नैयर लाहौर जाना आवश्यक समझता था पर कान्ता पिता के परामर्श की उपेक्षा न कर सकती थी। नैयर के जाने के लिए तैयार हो जाने पर वह उसे संकट में भेज देने का साहस न कर सकती थी। उसकी अन्तिम आपत्तियाँ यही होतीं तुम अकेले कुछ सँभाल ही नहीं पाओगे। वह चाहती थी नैयर उसे साथ ले चलने का महत्त्व समझे।

कनक ने पुरी के लिए इक्कीस तारीख को पत्र लिखा था। सत्ताईस तारीख तक भी उत्तर न आया। कनक का आतुर और शंकित मन चिंतित हो गया—क्या मुझे ही लाहौर जाना पड़ेगा। जीजा जी के साथ चली जाऊँ? नैयर के लाहौर जाने के सम्बन्ध में फिर बात उठी। नैयर के अकेले सँभाल न सकने की बात भी कान्ता ने दोहरायी तो कनक कह बैठी—"मैं साथ चली जाऊँ?"

"अच्छा!" नैयर ने बहुत गहरे अर्थ की ध्वनि में विस्मय प्रकट किया।

कनक के हठ के कारण और उस विषय में कनक और नैयर के मतभेद के कारण दोनों में बातचीत बहुत कम हो गयी थी और नोक-झोंक और हास-परिहास बन्द हो गया था। कनक ने तो अपने अधिकार के लिए लड़ने की उत्तेजना में इस अभाव को उतना अनुभव न किया था, परन्तु नैयर को पुराने अभ्यास पर लगा यह नियन्त्रण खल रहा था। पाँच दिन पूर्व कनक ने पुरी को पत्र लिखने की सूचना दे दी थी। यह पारिवारिक लिहाज के अन्त और युद्ध की घोषणा ही थी। नैयर को अपनी नैतिक स्थिति और आत्म-सम्मान के विचार से असहयोग कर देना पड़ा था, परन्तु कनक से मैत्री और नोक-झोंक और हास-परिहास की भूख तो मिट नहीं गयी थी। रोग के उपचार के लिए यह पथ्य उसे रोग से भी अधिक अप्रिय लग रहा था।

'मैं साथ चली जाऊँ', कनक की इस बात को नैयर ने असहयोग समाप्त कर देने का निमंत्रण समझा, परन्तु कनक के लिए तो अपना इष्ट प्राप्त किये बिना सहयोग या असहयोग का कुछ अर्थ न था। उसने उस गहरे विस्मयपूर्ण 'अच्छा!' के उत्तर में पूछ लिया—"क्यों?"

नैयर का गाम्भीर्य टूट चुका था, बोला—"मैं वहाँ दूसरी सम्पत्तियों को समेटूँगा या तुम्हारी चौकसी करूँगा?"

"मैं आपकी सम्पत्ति हूँ?" कनक ने तिनक कर पूछा। बीती घटनाओं की स्मृति से चौकसी शब्द उसे चुभ गया था।

"खैर, मेरी सम्पत्ति होने के विरुद्ध तो लड़ना नहीं पड़ेगा, परन्तु वहाँ अगर कोई जबरदस्ती तुम्हें सम्पत्ति की तरह उठा ले चलेगा तो उसे भी तिनक कर डाँट देने से काम चल जायेगा?" नैयर ने पूछा।

कनक ने जिस चौकसी का संकेत समझ कर क्रोध किया था उसे भ्रम पाकर वह भी परिहास का लोभ संवरण न कर सकी और बोली—"बस अपनी मर्दानगी पर इतना ही भरोसा है? मैं तो केवल काके (छोटे लड़के) के लिए सूटकेस से कमीज-निकर निकाल देने और टूटे बटन लगा देने के लिए साथ जा सकती हूँ। नहीं जरूरत न सही।" उसने अँगूठा दिखा दिया।

दो दिन तक साली-जीजे में खूब नोक-झोंक और परिहास चलता रहा। नैयर ने कहा—"हमारे पूर्वजों ने स्त्री को लक्ष्मी कहा है। लक्ष्मी का अर्थ ही सम्पत्ति होता है।" वह पुकार लेता है, "कांता, तो कब भेज रही हो मुझे लाहौर? रक्षा के लिए एक सिपाही तैयार है, अब क्या भय है?"

उन्तीस तारीख को भी कनक ग्यारह बजे तक बँगले के फाटक की ओर पोस्टमैन के लिए आँखें लगाये रही। आखिर निराश होकर भीतर पलंग पर जा लेटी। अपने में डूब जाने के लिए कम्बल से मुँह भी ढँक लिया। सोच रही थी, पत्र में सब कुछ स्पष्ट लिख चुकी हूँ। फिर भी मुझ पर क्रोध करें तो क्या न्याय है?

"कनक सुनो!" नैयर ने उसे पुकारा, परन्तु स्वर में असहयोग की ध्वनि थी। कनक ने सोचा दस मिनट पहले तक तो ठीक ढंग से बोल रहे थे।

"हूँ।" उत्तर देकर कनक ने मुख पर से कम्बल हटा दिया।

"तुम्हारे लिए एक पत्र है।" नैयर ने अंग्रेजी में गम्भीर स्वर में कहा। बन्द रजिस्टर्ड लिफाफा कनक के तकिये के समीप रखकर वह बिना कुछ कहे चला गया। लिफाफे पर लिखा था, 'पर्सनल'। यह शब्द रेखांकित था। नैयर ने लिफाफा नहीं खोला था। स्वयं लाकर दे देने का अभिप्राय वह दिखा देना चाहता था कि पत्र आने की बात उसे मालूम थी।

कनक को पत्र पाकर जो संतोष और उत्साह हुआ उसमें नैयर के मौन विरोध की चिन्ता के लिए स्थान न रहा था। उसे उलटा नैयर पर क्रोध आया, मुँह फुलाते हैं तो फुलाते रहें, मैं किसी का क्या बिगाड़ रही हूँ। इन्होंने अपनी पसन्द से विवाह नहीं किया? विवाह से पहले चोरी-चोरी पत्र नहीं लिखते थे? मैं ही दोनों के पत्र एक-दूसरे को दे देती थी। अब परिवार की प्रेस्टिज का प्रश्न इसलिए आ गया कि 'उन' के पास पैसा नहीं है। लखनऊ में हम दोनों को दो-दो ढाई-ढाई सौ की नौकरियाँ मिल जायेंगी तो सब ठीक हो जायेगा। यह हमसे नहीं बोलेंगे तो हमें उन लोगों की जरूरत? हमारा भी निर्वाह हो जायेगा।

तीस जुलाई को दोपहर के समय दिल्ली, लाहौर और लखनऊ से आये दैनिक पत्र बाँटने वाले ने 'स्टेट्समैन' और 'ट्रिब्यून' नैयर के हाथ में दिये। कनक मौन एक पत्र ले

लेने के लिए आगे बढ़ आयी। नैयर बोल पड़ा—"देख लो, मैं तो कहता ही था; लाहौर में हिन्दुओं के न रह सकने का कोई कारण नहीं हो सकता। कांग्रेस और मुस्लिम लीग दोनों की ओर से घोषणा है कि हिन्दुस्तान और पाकिस्तान में अल्पसंख्यकों को सभी नागरिक अधिकार समान रूप से दिये जायेंगे और उन्हें धार्मिक और सांस्कृतिक आचार-व्यवहार की पूर्ण स्वतंत्रता होगी। नैनीताल हिन्दुस्तान ही तो है। यहाँ मुसलमानों को कौन खाये जा रहा है?"

कनक ने नैयर की बात सहसा नहीं मान ली। वह बोली—"जीजा जी, यहाँ की बात दूसरी है। यहाँ कांग्रेस का शासन है। कांग्रेस तो विभाजन चाहती ही नहीं थी, वह तो मुसलमानों को भी साथ और संतुष्ट रखना चाहती थी। कांग्रेस हिन्दू-मुसलमानों को दो भिन्न जाातियाँ भी नहीं मानती।"

नैयर ने निश्चय कर लिया कि अपनी सम्पत्ति का प्रबन्ध करने के लिए तुरन्त लाहौर जाने की कोई आवश्यकता नहीं है। उस संध्या 'न्यू क्लब' में भी इस विषय पर चर्चा होना अनिवार्य था। नैयर क्लब जरा विलम्ब से पहुँचा था। उसे सामने ही दिखाई दे गया, गिलास में ह्विस्की-सोडा लिये नैनीताल का वकील पांडे। पांडे राष्ट्रीय विचारों के कारण कांग्रेसी था, परन्तु कांग्रेस की सदा आलोचना भी करता रहता। ऊनी खद्दर का सूट पहनता था, परन्तु गांधीजी की नीति की तीव्र आलोचना भी करता रहता था। नैयर को देखकर पांडे अंग्रेजी में बोल उठा—"नैयर, तुम तो अब लाहौर जाओगे ही। जिन्ना ने तुम्हें आश्वासन दे दिया है।"

नैयर सदा ही आबादियों के परिवर्तन को अव्यावहारिक बताता था। उसने स्वीकार किया—"हाँ जायेंगे ही, और कहाँ जायेंगे?" और बोला, "अरे भई, मुस्लिम लीग के लोगों में हिन्दुओं के प्रभुत्व की आशंका बैठी हुई है। उन्हें शासन का अवसर मिल जायेगा तो उनकी हीनता की भावना स्वयं ही मिट जायेगी। फिर उन्हें किससे आशंका होगी?"

पांडे के साथ तन कर खड़े, खिचड़ी दाढ़ी को बट कर ठोढ़ी कर बाँधे, कीमती चुस्त सूट पहने, सरदार जी ने अपना ह्विस्की-सोडा का गिलास होंठों से हटाया और तर्जनी उठा कर अंग्रेजी में ऊँचे स्वर में चेतावनी दी—"नहीं-नहीं, तुम कह क्या रहे हो? यह घोषणा केवल शब्दों का जाल है। मुसलमानों के मन में हिन्दू-सिक्खों के प्रति गहरा द्वेष भरा है। मुझे जवाब दीजिये, इंटेरिम कैबिनेट में मुस्लिम मंत्रियों को कांग्रेसी और हिन्दू मंत्रियों से कौन अधिकार कम था? लेकिन मुस्लिम लीग के मंत्रियों ने कभी काम चलने ही नहीं दिया। हर कदम को असम्भव बना देते।" सरदार जी का स्वर ऊँचा होता जा रहा था, "वे सहयोग चाहते ही नहीं, किसी शक्ल में नहीं चाहते। वह तो हम पर प्रभुत्व चाहते हैं। आखिर गांधी को भी पटेल और नेहरू की व्यावहारिक बात माननी ही पड़ी।"

अचकन, चूड़ीदार पायजामा पहने एक और पहाड़ी सज्जन आगे बढ़ आये थे। वे नैयर के समर्थन में बोले—"लेकिन हिन्दू और मुसलमान सदा ही युद्ध और परस्पर हत्या की अवस्था में तो रह नहीं सकते। हिन्दुस्तान-पाकिस्तान तो बन गया, फिर भी दोनों को सहयोग से ही रहना पड़ेगा या दोनों ओर से तोपें ही चलती रहेंगी? हिन्दुस्तान में मुसलमान रहेंगे तो सिद्धान्त रूप से हिन्दुओं को भी पाकिस्तान में रहना चाहिए। राजनैतिक रूप से यह आवश्यक भी है। गांधीजी भी यही कहते हैं।"

"गांधी कहता है," सरदार जी ने उत्तेजना से टोक दिया, "गांधी पहले विभाजन का भी विरोध करता था। गांधी कहता था, विभाजन मेरी लाश पर होगा! अब उसे अपनी गलती माननी पड़ी या नहीं? गांधी तुम्हारा खुदा है? कुछ गांधी को शैतान समझते हैं। उसकी बात को फरेब समझते हैं वे उसकी बात कैसे मानेंगे?"

नैयर ने सरदार जी की उत्तेजना का कोई उत्तर नहीं दिया परन्तु बोला—"कांग्रेस और लीग के नेताओं ने व्यावहारिक दृष्टिकोण से एक नीति स्वीकार की है तो संदेह क्यों किया जाये?"

पांडे दो घूँट लेकर शांति से बोला—"लीग का दृष्टिकोण ही दूसरा है। वे लोग हिन्दू और मुसलमान को दो भिन्न जातियाँ मानते हैं। मिलकर रहना चाहते तो दो जातियों का सिद्धान्त क्यों बनाते? अलग पाकिस्तान की माँग क्यों करते?"

नैयर बोला—"परन्तु हम दो जातियाँ नहीं समझते। हमें दिखाना है कि महत्त्व सम्प्रदाय का नहीं देश का है। पंजाब मेरी मातृभूमि है मेरा वतन है।"

पांडे ने नैयर की बात के प्रति वितृष्णा प्रकट करने के लिए गर्दन पीछे डाल ली और बोला—"यू आर सिली, नैयर! क्या जर्मन यहूदी जर्मनी को अपनी मातृभूमि नहीं मानते थे? हिटलर ने सबको निकाल कर बाहर नहीं कर दिया? अच्छा सुनो, पन्द्रह अगस्त को पाकिस्तान बन जायेगा।" पांडे के स्वर में गर्जन आ गया, "इसके बाद गांधी से कहना पाकिस्तान में जाकर लोगों का हृदय परिवर्तन करे!" पांडे ने मुक्का उठाकर चेतावनी दी, "जिन्ना अपनी सीमा में उसके प्रवेश का निषेध कर देगा और यदि निषेध कर देने पर भी कोई उसके देश में प्रवेश करेगा तो जिन्ना का उसे गोली मार देना भी अन्तर्राष्ट्रीय नियम से न्याय होगा। उस समय आप 'रघुपति राघव राजाराम' चाहे जितना कीर्तन कीजियेगा, अन्तर्राष्ट्रीय न्याय से, पाकिस्तान के विरुद्ध सैनिक कार्रवाई करने का अधिकार आपको नहीं होगा।"

सरदार जी ने संतुष्ट होकर कहा—"यस देयर यू आर।"

नैयर ने सिर ऊँचा कर तर्क दिया—"अन्तर्राष्ट्रीय कानून भी मनुष्य के ही बनाये हुए हैं। वे कोई पूर्ण आदर्श नहीं हैं। हिटलर और उसके गिरोह पर व्यापक नर-हत्या के लिए मुकदमा चलाया जाना नया अन्तर्राष्ट्रीय आदर्श है। मुझे भी मानवता में विश्वास है। मुझे आशा है कि गांधी अपने सदाशय से जिन्ना के हृदय में विश्वास उत्पन्न कर सकेगा।"

नैवर! नैवर! इम्पौसीबल!" सरदार जी गरज उठे।

पांडे ने हाथ उठाकर सरदार जी को धैर्य रखने का संकेत कर नैयर को चुनौती दी—"तुम मुझे एक उदाहरण दे दो, किस मामले में गांधी जिन्ना को अपने सदाशय का विश्वास दिला सका है?"

"अभी कुछ नहीं कहा जा सकता।" नैयर ने भरोसे से कहा, "क्राइस्ट ने तो मरने के बाद ही अपने विरोधियों का विश्वास पाया था।"

"ओ हो हो!" पांडे ठहाका लगाकर हँस पड़ा, "वह तो क्राइस्ट के मरने के हजार साल बाद हुआ और दोस्त, उसके जाने क्या-क्या आर्थिक, राजनैतिक, सामाजिक कारण थे। क्राइस्ट का धर्म तमाचा खाने के लिए गाल आगे कर देने से नहीं, तलवार के जोर से ही फैला था, तुम भी इस बात से इन्कार नहीं कर सकोगे। आज कितने क्रिश्चियन एक

तमाचा खाकर दूसरा गाल सामने कर देते हैं? अंग्रेजों ने अपना गाल कितनी बार तुम्हारे सामने किया है? खैर, तुम्हारे विश्वास के प्रति अवश्य सहानुभूति है।''

''वेल आबकार!'' पांडे ने बार रूम की ओर घूम कर ऊँचे स्वर में बैरे को पुकारा, ''नैयर साहब के लिए एक बड़ा ह्विस्की।''

''एक हमारे लिए भी, ''सरदार जी ने भी पुकारा और अपना शेष गिलास एक साँस में खींच कर बैरे को थमा दिया।

नैयर ने आराम से खड़े होने के लिए कदम खोल दिया है और पतलून की जेबों में हाथ धँसाकर जरा कमर तोड़ कर बोला—''पांडे, विश्वास रखो, यह सब उपद्रव, स्पर्धा और हिंसा चल नहीं सकती।''

बहुत से लोग उन दोनों को घेर कर बोलने लगे थे। दोनों का आपस में सीधे बात करना सम्भव न रहा था तो वे दोनों ब्रिज की टेबल की ओर बढ़ गये।

कनक ने पत्र में पुरी को लिख दिया था, ठहरने का प्रबन्ध हो जायेगा। सोचा था, होटल में ठहरा देगी। पंजाब से आये बहुत लोग स्थायी रूप से होटलों में भी ठहरे हुए थे। क्लब में होटल के विषय में दो-तीन बार सुना था कि सब होटल ठसाठस भरे हुए थे। देशी होटलों वाले भर चुके स्थानों में और लोगों को भरते जा रहे थे और रेट दुगने-तिगुने, यूरोपियन होटलों से भी अधिक कर दिये थे। यूरोपियन होटल पहले भी महँगे थे पर उन्होंने न अपने रेट बढ़ाये थे और न वे उचित संख्या से अधिक लोग भरते थे। पुरी का तार आ गया तो कनक ने डाकखाने से अस्टोरिया होटल में फोन करके सिंगल कमरे के लिए पूछा।

उत्तर मिला—''आज खाली नहीं है, कल से मिल सकेगा।''

''तो कल से ही दीजिये।''

होटल ने इस शर्त पर कमरा देना स्वीकार किया था कि बीस अगस्त से पहले वह कमरा छोड़ देना होगा।

कनक ने स्वीकार कर लिया और कमरा जे० डी० पुरी के नाम से रिजर्व करने के लिए कहकर सूचना दे दी कि उसका अतिथि अगले दिन लंच के समय तक पहुँच जायेगा।

कनक घर से चलती थी तो राजेन्द्र प्रायः साथ चलने के लिए तैयार हो जाता था। कांता की ननद स्वर्णा को सरगोधा में इस प्रकार घूमने का अवसर कब मिला था, वह भी साथ हो जाती थी। इसलिए कनक काठगोदाम से आने वाली बस के समय से कुछ पहले ही तल्लीताल के आधे रास्ते पर लाइब्रेरी में जाकर बैठ गयी थी। गहरे बादल सुबह से ही अभेद्य वितान की तरह छाये हुए थे। बादल कभी रिमझिम-रिमझिम बरसने लगते, कुछ मिनट के लिए ठहर भी जाते और कभी जोर से छींटा आ जाता। सभी लोग बरसातियों और छतरियों से ढँके आ-जा रहे थे।

कनक मन ही मन नैनीताल की सड़कों के दो भिन्न रूपों पर हँसती थी। आकाश स्वच्छ रहने पर यह सड़कें सुन्दर रंग-बिरंगे कपड़े पहने सैलानियों से भरकर पिटूनिया और फ्लाक्स से भरी पट्टियों की तरह लगती थीं। पानी बरसते समय अधिकांश लोग

बरसातियाँ और छतरियाँ लेते तो जान पड़ता, पूरी सड़क पर कुक्कुरमुत्ते ही कुक्कुरमुत्ते घूम रहे हों।

कनक कांता की बरसाती और अपनी छतरी ले आयी थी फिर भी बस के अड्डे पर बरसाती आकाश के नीचे प्रतीक्षा करना कठिन था। अड्डे पर पहले पहुँचना अनिवार्य था वरना पुरी अपरिचित स्थान में परेशान होता। वह पुरी को बस से उतरते, प्रथम क्षण में ही देख लेना चाहती थी। काठगोदाम स्टेशन पर गाड़ी साढ़े दस बजे पहुँचती थी। कनक घड़ी देखकर बारह बजे बरसाती ओढ़ कर छतरी लगाये लाइब्रेरी से तल्लीताल की ओर चल दी।

कनक बस के अड्डे पर पहुँची तो पानी का जोर बढ़ गया था। वह अड्डे पर, बस के टिकट घर की बगल में बने टीन के छप्पर के नीचे जाकर एक कोने में खड़ी हो गयी। छप्पर में छत के साथ धुएँ का बादल टँगा हुआ था। धरती पर बहुत से डोटियाल (भार ढोने वाले पहाड़ी कुली) सीले कम्बलों के टुकड़ों में लिपटे, तापने के लिए जली हुई खूब धुआँ छोड़ती आग के चारों ओर उकड़ूँ बैठे हुए थे। कुलियों ने कनक की ओर देखा और आतंक से उससे दूर-दूर होकर आपस में सिमट गये।

कनक को धुएँ से खाँसी आ गयी। कुलियों ने भय से उसकी ओर देखा और आग को समेटे रखने के लिए पत्थरों से आग को दबाने लगे। कुलियों का भय से सिमटना और सम्भ्रान्त महिला को खाँसी आने के भय से अपनी आग बुझा देना किस कानून या नियम के अनुसार आवश्यक था, यह कनक नहीं जानती थी। यह कानून कुली स्वयं भी नहीं जानते थे, परन्तु जीवन के अनुभवों ने उन्हें धन और समृद्धि का आदर करना सिखा दिया था। कुलियों के एक ओर सिमट जाने और अपनी आग दबा देने का यत्न करने पर भी छप्पर के नीचे जमा धुएँ और सील मिले पसीने की गंध से कनक के लिए खड़े रह सकना सम्भव न था। उसकी नजर डाकखाने के बरामदे में खड़े कई लोगों की ओर गयी। वह भी वहीं चली गयी। वर्षा रुक गयी। एक-आध बूँद पड़ रही थी। कनक मना रही थी, किसी तरह एक घंटे के लिए पानी थम जाये, पुरी होटल तक पहुँच जाये।

कनक खड़ी-खड़ी थकने लगी थी। एक बस आयी। प्रतिद्वन्द्विता और उत्साह का कोलाहल मचाते हुए कुलियों ने झपटकर बस को ऐसे घेर लिया जैसे गुड़ के ढेले पर मक्खियाँ बैठ जाती हैं। कनक भी उत्सुकता से आगे बढ़ी। यह बस काठगोदाम से नहीं, रानीखेत से आयी थी। कनक डाकखाने के बरामदे में लौटकर सड़क की ओर आँखें लगाये खड़ी रही। दूसरी बस के माथे पर रामगढ़-नैनीताल का बोर्ड था। एक और बस आयी, वह हल्द्वानी से आयी थी।

काठगोदाम से बस आयी। बस को फिर कुलियों ने घेर लिया। बिस्तरों और बक्सों की छीना-झपटी होने लगी। कनक साँस रोक कर आगे बढ़ी। पंजों के बल उचक-उचक कर और झुककर भीड़ के बीच देखने का यत्न किया। मुसाफिर कुलियों से न छूने के लिए बचकर, उन्हें असबाब उठा लेने का अवसर देने के लिए एक ओर खड़े हो गये थे। पुरी नहीं था। कनक फिर सड़क की ओर नजर लगाये खड़ी हो गयी। हल्की-हल्की बूँदें फिर बरसने लगी थीं।

काठगोदाम से दूसरी बस आयी। कुलियों ने इस बस पर भी छापा मारा। ड्राइवर, क्लीनर और मेट की डाँट-फटकार सुनाई दी। कनक बस के दरवाजे पर नजर लगाये थी

कि प्रत्येक उतरने वाले को देख सके। वह भीड़ की ओर झपट पड़ी। चारखाने की कमीज और सलेटी रंग की पतलून पहने पुरी कुलियों को हटाकर बस से उतरने का यत्न कर रहा था। कनक को उतावली हो रही थी और भीड़ उसे रास्ता नहीं दे रही थी।

पुरी लोगों से कन्धा रगड़ता भीड़ के किनारे तक आया तो उसने अपनी बाँह पकड़ लेने वाले की ओर देखा, देखता रहा, गद्‌गद हो जाने के कारण कुछ बोल न सका। उसने कनक का हाथ अपने हाथ में दबा लिया और फिर चारों ओर खड़ी भीड़ का ध्यान कर हाथ को छोड़ दिया।

पुरी चार आदमियों से खींची जाती रिक्शा पर बैठने में झिझक रहा था। आदमी पर सवारी उसने पहले कभी न देखी थी।

कनक ने समझाया—"वर्षा है, तुम भीग जाओगे और बिस्तर भी।"

रिक्शा-कुली आतुर आँखों से पुरी के इन्कार के विरुद्ध दुहाई दे रहे थे।

जोर का छींटा आ गया था। कनक पुरी को लेकर डाकखाने के बरामदे में हो गयी। वर्षा ने पुरी का संकोच समाप्त कर दिया। कुलियों ने प्रसन्न होकर रिक्शा पर सामान रख लिया और रिक्शा को बरामदे के जितना समीप हो सकता था, सटा दिया। कनक और पुरी रिक्शा में बैठे। कनक ने आदेश दिया—"अस्टोरिया होटल।"

कुलियों ने रिक्शा को सामने और दायें-बायें तिरपालों से ढँक दिया। कनक और पुरी पर्देदार डोली में बन्द हो गये। उन्हें न सड़क दिखाई देती थी न कुछ और। रिक्शा दौड़ पड़ा। बन्द डोली में दोनों की आँखें मिलीं। इस अत्यन्त संकुचित सीमा ने उन्हें असीम स्वतंत्रता दे दी। उन्हें न रिक्शा के पर्दों पर पड़ती बूँदों की टप-टप, न पानी भरी सड़क पर कुलियों के नंगे पाँवों की छप-छप और न रिक्शा की घंटी की टन-टन सुनाई दे रही थी।

कनक चौंकी, रिक्शा की चाल बहुत धीमी हो गयी थी, कुली हाँफ रहे थे। उसने रिक्शा को घेरे पर्दों में एक फाँक बनाकर देखा, रिक्शा अस्पताल के समीप मल्लीताल बाजार की चढ़ाई पर चढ़ रही थी। 'विमल विल्ला' को जाने वाली पगडंडी पीछे छूट गयी थी। कनक को लगा, रिक्शा वहाँ तक उड़कर या एक ही छलांग में आ गयी थी। दोनों मिलन के प्रथम क्षण में प्रेम के मौन सम्पृक्त आदान-प्रदान में बँधे रह गये थे। उनके होंठ कुछ भी बात न कर पाये थे। उस 'क्षण' में रिक्शा तल्लीताल से मल्लीताल चढ़ाई पर पहुँच गयी थी।

कनक ने पुरी की बाँहों से छूटे बिना उसके कन्धे पर हाथ रखकर कहा—"मैं अगले चौक में उतर कर दूसरी रिक्शा पर लौट जाऊँगी। वहाँ से तुम्हारा होटल कुछ ही कदम है। यह रिक्शा तुम्हें ले जायेगा। मुझे देर हो जायेगी। तुम्हारे कमरे का नम्बर ७ है। नहा-धोकर लंच ले लो, कुछ विश्राम करो। मैं पाँच या छः बजे आऊँगी, तभी बात करेंगे।"

पुरी के लिए नैनीताल के सबसे अच्छे यूरोपियन होटल का परिचय जीवन का नया अनुभव था। होटलों के विषय में उसने केवल सुना और पढ़ा ही था। होटल के दफ्तर से चुस्त सूट-पहने आदमी उसके साथ हो गया और उसे सफेद वर्दी पहने बैरे के सुपुर्द कर आया। बैरे ने झुक कर सलाम किया।

बैरे ने पुरी को कमरे में पहुँचा कर उसका छोटा-सा बिस्तर एक बड़ी आलमारी के निचले खाने में छिपा दिया। टीन के काले बक्से की चाबी माँग कर उसके कपड़े निकाले और आलमारी में हैंगरों पर लटका दिये। पुरी कुर्सी पर बैठा बैरे की गति-विधि देखता रहा।

बैरे ने आलमारी में उसके कपड़े लटका कर जूते दूसरी ओर रखे और एक दरवाजा खोलकर पूछा—"हजूर, गुसल करेंगे? गरम पानी चाहिए?"

पुरी ने स्वीकृति में सिर हिला दिया। पुरी नहाने के लिए गुसलखाने में गया तो तीन तौलिये देखकर उनके प्रयोग का अनुमान करने के लिए अपना कान खुज़ाने लगा।

डाइनिंग हाल खूब बड़ा, बड़ी सभा के योग्य स्थान था। चार-चार हल्की कुर्सियों के बीच झक सफेद कपड़ों से ढँके मेज थे। मेजों पर सफेद कपड़े से भी अधिक सफेद प्लेटें, चाँदी के चम्मच, काँटे, छुरियाँ और बीच में फूलदान थे। पुरी को संकोच अनुभव हुआ, यह सब आयोजन यहाँ खाना खाकर, जूठन बखेर कर मैला और खराब कर देने के लिए है! भोजन यूरोपियन ढंग का था। बैरे चुपचाप, झुक-झुक कर चुस्ती से वस्तुएँ प्रस्तुत कर रहे थे।

पुरी का परिवार मास्टर जी के विचारों के कारण शाकाहारी बन गया था। मांस उसने केवल तीन-चार बार, मिथ्या संस्कारों के विरोध में ही खाया था। काँटे छुरी का भी अभ्यास न था। नहा कर भूख चेत आयी थी। वह अकेला एक मेज पर बैठा बहुत अधिक न खा सका पर भूखा भी न रहा।

पुरी विश्राम के लिए स्प्रिंगदार पलंग पर लगे कोमल बिस्तर पर बैठा तो एक बार उछल सा गया। यह नया अनुभव असुविधाजनक नहीं, अपितु कुछ अपरिचित युवा नारी के स्पर्श की भाँति लगा। इस स्पर्श के वैचित्र्य की झिझक के साथ आकर्षण भी था। चारों ओर सफाई, स्वच्छता की गन्ध और कोमलता अनुभव हो रही थी। पुरी लाहौर की बरसात की उमस भरी गर्मी से आया था। वहाँ शरीर पसीने से गलता रहता था। नैनीताल में शीतलता ही नहीं, कुछ सर्दी भी मालूम हुई। उसने बिस्तर पर लगा हुआ चादर जुड़ा कम्बल शरीर पर खींच लिया। पिछली रात के जागरण और थकावट के बावजूद नींद कुछ देर बाद ही आयी।

पुरी की नींद खुली तो कनक उसके चेहरे पर झुकी हुई मुस्करा रही थी। उसकी उँगलियाँ पुरी के केशों में और आँखें उसकी आँखों में थीं।

"क्या देर से सोये थे?"

नींद से जागने और कमरे में झुटपुटा और धुँधलका होने से पुरी सहसा समझ न सका कि समय सूर्योदय का है या सूर्यास्त का। पूछा—"क्या बजा है?" समय देखने के लिए अपना हाथ कम्बल से बाहर करना चाहा।

"सवा छः," कनक ने बता दिया, "मैं आयी तो बाहर बरामदे में बैरे ने बताया, साहब सो रहा है, उसने तीन बार खटखटाया, आप उठे ही नहीं। वह भीतर कैसे आता? यहाँ छः बजे चाय का टाइम खतम हो गया। कोई बात नहीं, नींद तो ले ली।"

पुरी कुछ समझ नहीं पा रहा था। विश्राम, सब सुविधा, कोई बाधा नहीं और कनक अपना शरीर उस पर टिकाये, उसके पलंग की पाटी पर बैठी हुई थी। किसी की दृष्टि की,

किसी की बात की आशंका नहीं थी। वह नैनीताल पहुँच गया था या किसी अन्य लोक में।

कनक ने बताया—"आज हम लोग साढ़े आठ तक स्वतन्त्रता से घूम सकते हैं। वे सब लोग सिनेमा गये हैं। जीजा जी क्लब में हैं।" उसका स्वर बदल गया, "अब मैं परवाह भी नहीं करती। मैंने उनका कहना निबाह दिया।" एक साँस में घर के विरोध की सब बात, साठ दिन तक पत्र न लिखने और मिलने का यत्न न करने की प्रतिज्ञा आदि सब निस्संकोच कह गयी। पार्लियामेंटरी सेक्रेटरी साहब द्वारा लखनऊ में दो सौ की नौकरी का आश्वासन भी बता दिया और कहा—"सुनते हैं लखनऊ बहुत अच्छी जगह है और सब झगड़ों से दूर।"

पुरी ने टोका—"वह तो उन्होंने तुम्हारे लिए कहा है। मुझे भी तो काम चाहिए। तुमने मेरी नौकरी के विषय में लिखा था।"

"मेरे लिए हो सकता है तो तुम्हारे लिए क्या कठिनाई होगी? लेखकों को कौन नहीं जानता? तुम्हारा नाम तो पहले ही जानते होंगे। तुम्हारी योग्यता क्या छिपी हुई है?" कनक अवस्थी जी की सरलता, स्पष्टवादिता और उदारता की प्रशंसा करने लगी।

कनक और पुरी होटल से बाहर निकले तो सूर्य पश्चिम की ओर की पहाड़ियों के पीछे झुक रहा था। चौथे पहर से बादल बिखर गये थे। बादलों के बड़े-बड़े, मैले-उजले टुकड़े आकाश में जहाँ-तहाँ उड़े जा रहे थे। कुछ बादल देवदारों और घनी वनस्पति से ढँकी पहाड़ियों के कन्धों पर आ टिके थे। पूर्व की ओर की पहाड़ी की रीढ़ पर सूर्य की विदा लेती किरणें मखमली, सुनहली हरियावल पर चमक रही थीं। वर्षा के कारण दिन भर के रुके ग्राहक बाजार में उतर आये थे। अच्छी-खासी भीड़ थी। बाजार लाँघकर दोनों अस्पताल के नीचे और मैदान के ऊपर की सड़क उतर रहे थे।

"हैं! झील यहाँ ही है।" पुरी के कदम ठिठक गये। उसकी दृष्टि दायीं ओर थी।

"हम रिक्शा में झील के किनारे-किनारे ही तो आये थे! रिक्शा बन्द था, तुम देख नहीं सके। बस से उतरे थे तब भी नजर नहीं गयी?" कनक ने पूछा।

"कहाँ देख पाया था। उस समय तो भीड़ ने पागल बना दिया था।" पुरी झील की ओर आँखें गड़ाये रहा।

इतनी देर तक कनक को अपनी बातों के सिवा और कुछ याद ही नहीं आया था। अब पूछा—"तारा बहिन का विवाह ठीक-ठाक हो गया?"

पुरी की गर्दन झुक गयी। रुँधे गले से धीमे-धीमे बोला—"विवाह ऐसे समय जैसा हो सकता था, हो गया था। वह बेचारी रही भी नहीं।"

"क्या?" कनक ने आतंक से गहरा साँस लिया।

पुरी ने संक्षेप में पिता जी, ताया जी और समधियों की इच्छा के कारण विवाह कर दिये जाने, उसी रात बन्नी के हाते पर आक्रमण होने और तारा को आग से बचायी न जा सकने की बात बता दी। दुख भरे शब्दों में अपनी और अपने परिवार की आलोचना की—"लाहौर के ऐसे वातावरण में यह कोई विवाह का अवसर था! पर लड़कियों के अभिभावक तो बोझ उतार देने का अवसर चूक जाना नहीं चाहते।"

"तारा बहिन क्या यह विवाह करना नहीं चाहती थीं?" कनक ने पुरी की स्पष्टवादिता से साहस पाकर पूछ लिया, "सुनते हैं, उस लड़के की काफी बदनामी थी।"

"नहीं, मैं तो...किसने कहा तुमसे?" पुरी ने पूछा और बोला, "तारा की सगाई तो सन् ४४ के शुरू में हो गयी थी। मैं तो जेल में था।"

"कहते हैं, तारा ने विवाह का विरोध भी किया था।" कनक ने पूछा।

पुरी पल भर सोच कर बोला—"क्या तुम्हारा जीजा नैयर कहता है?"

"हाँ, उन्होंने ही मुझसे कहा था।" कनक ने स्वीकार किया। पुरी से वह कोई बात क्यों छिपाती।

पुरी ने खिन्नता प्रकट की—"गलियों में बीसियों तरह की बातें उड़ती हैं। सुखलाल के विरोधी भी तो हैं। उन लोगों ने बात उठायी थी कि ऐसे लड़की-लड़के का क्या मेल! मैं तो साफ स्वीकार करता हूँ, मुझे लड़का विशेष पसन्द नहीं था पर तीन बरस सगाई रह चुकी थी। सुखलाल, हमारे ताया जी, पिता जी सभी के लिए यह सम्मान का प्रश्न था। तारा की ओर से कोई बात उठे बिना मेरा बोलना जँचता न था। चाहे हिन्दू लड़की के पुराने संस्कार हों या जो कुछ हो, उसने आपत्ति नहीं की तो मैं क्या कह सकता था?"

"दोनों एक दूसरे से परिचित नहीं थे?" कनक ने जिरह की।

"मुझे उसका विशेष अनुमान नहीं, परन्तु मेरे अज्ञान में या मेरे जेल में रहते समय अगर कुछ हुआ हो तो मुझे मालूम नहीं।" पुरी ने उत्तर दिया।

पुरी से इतनी स्पष्ट, निश्छल, यथातथ्य बात सुनकर कनक क्या सन्देह करती! समझ लिया, नैयर ने पुरी की अन्य झूठी निन्दा की तो उसने ऐसी कहानी पर विश्वास कर लिया था या कुछ बढ़ा भी लिया होगा। कनक को नैयर की चतुरता में छल दिखाई देने लगा। कनक ने उस व्यथा भरे प्रसंग को फिर नहीं उठाया।

दोनों झील के किनारे-किनारे तल्लीताल तक गये। अँधेरा हो गया था। लौटते समय कुछ देर तक एक बेंच पर बैठे। पुरी सामने झील के हिल्लोरते विस्तार और चारों ओर पहाड़ों की हरी अँधियारी में चमाचम बिजली की मालाओं को देखकर विभोर हो रहा था।

"तुम्हारे जैसा मर्मस्पर्शी लेखक इस दृश्य को न देखे, यह कितना बड़ा अन्याय होता! मैं इसे अकेली क्या देखती? तुम्हें बुलाकर ठीक किया न!"

पुरी ने उत्तर में कनक का हाथ अपने हाथ में ले लिया और कई क्षण तक वैसे ही मौन बैठा रहा। लौटते समय कनक को नैनीताल में परिचय पाये कुछ चेहरे दिखाई दे गये। उसने किसी की परवाह नहीं की। वह पुरी के साथ निधड़क चल रही थी। गर्दन गर्व और संतोष से उठी हुई थी। चेहरे पर तृप्ति का भाव था, हमें कौन रोक सका! हमने बाधाओं को पार कर लिया। जैसे पहाड़ी मार्गों के पथिक सामने जमकर बैठ गये बादलों को अनायास पार कर जाते हैं। वह पुरी को होटल के फाटक तक पहुँचाने गयी।

संध्या भोजन के पश्चात् पुरी अपने कमरे में पहुँचा तो उसका बिस्तर फिर से लगा दिया गया था। चादर की सिलवटें दूर कर दी गयी थीं। दोनों तकियों को फुलाकर नरम कर दिया गया था। चादर जुड़ा कम्बल बिस्तर पर खुले लिफाफे की तरह सजा हुआ था कि सुविधा से शरीर पर खींच लिया जा सके। पुरी को यह सब सज्जा अपूर्व जान पड़ रही थी। उसे याद आया, सम्पन्न लोग बिस्तर में जाने के लिए विशेष प्रकार का कुर्ता-पाजामा पहनते हैं। वह उसके पास नहीं था, परन्तु बिना अच्छे साफ कपड़े पहने ऐसे कमरे में रहना और ऐसे बिस्तर में सोना कमरे और बिस्तर का अपमान था। उसने साफ

धुला इस्त्री किया हुआ एक कमीज और सफेद पाजामा पहन लिया। पुरी ने जीवन में पहली बार बिस्तर में लेटते समय ताजे स्वच्छ कपड़े पहने थे। उसके परिवार और उसकी गली के लोग बिस्तर में लेटते समय तो क्या, घर के भीतर भी ताजे स्वच्छ कपड़े पहनना मूर्खता भरा अपव्यय ही समझते थे।

पुरी बिस्तर पर लेट गया। छत से लटकती कंदील में ढँकी बड़ी बिजली उसने बुझा दी थी। पलंग के सिरहाने तिपाई पर रखा हुआ छोटी छतरी से ढँका लैम्प जल रहा था। लैम्प की गुलाबी छतरी पर बने चित्र, कमरे की गुलाबी हो रही दीवारों पर खूब बड़े और धुँधले होकर फैले हुए थे। लेटकर कुछ पढ़ने की इच्छा पुरी को न थी परन्तु प्रकाश भी नहीं बुझा देना चाहता था। वह समृद्धि के उस सौन्दर्य को अपनी आँखों के सामने से नहीं हट जाने देना चाहता था। उसका मन अभाव की चट्टान पर निर्बल हाथों से राह बनाने के सुदीर्घ संघर्ष के बाद सहसा सुख और समृद्धि का मार्ग खुल जाने की सान्त्वना अनुभव कर रहा था। लखनऊ में उसके और कनक के लिए दो-दो सौ रुपये मासिक की नौकरियाँ प्रतीक्षा कर रही थीं। चार सौ मासिक, छोटा-सा बँगला··· स्वच्छ साफ कपड़े··· आदरपूर्ण व्यवहार··· निस्संकोच मुस्कुराती हुई कनक··· ।

सुख और समृद्धि को प्राप्त कर लेने की उत्तेजना ने नींद को मस्तिष्क से दूर भगा दिया था। उसका मन और शरीर कनक के लिए व्याकुल हो उठे। कनक के बिना यह चित्र रंगहीन, केवल चित्र की टूटी-फूटी रेखाएँ मात्र था। तीन घंटे पूर्व कनक को बाँहों में ले लेने का सन्तोष पाकर उसने जाना कि वह उसे कितने अदम्य वेग से प्यार करता था! बहुत देर तक बेचैनी से करवटें लेते रहने के बाद, सहारे के लिए बाँहों में दोनों तकियों को लेकर ही उसे नींद आ सकी।

कनक ने पुरी को समझा दिया था कि नैयर, कांता या कंचन देख लेंगे तो कुछ कह न सकने पर भी खिन्न तो होंगे ही। उससे कुछ लाभ न था। दूसरे दिन नौ बजे कनक होटल के ऊपर, सेक्रेटेरियट के नीचे पार्क में उसकी प्रतीक्षा कर रही थी। वे पहाड़ी के ऊपर से तल्लीताल को जाने वाली सड़क पर घूमते हुए और बड़े-बड़े पत्थरों पर बैठकर अपने भविष्य की योजना पर विचार करते रहे। भविष्य के प्रश्न को अवस्थी जी ने आश्वासन देकर आशामय और उत्साहपूर्ण बना दिया था।

पुरी ने नैनीताल आकर जिस सुख और संतोष का परिचय पाया, वह उसकी कल्पना की अति उच्छृंखल उड़ानों से भी परे की वस्तु थी। कनक ने उसकी बाँहों में उत्साह से आत्मसमर्पण करके उसे अभिभूत कर दिया था। कनक का प्रेम जल का ऐसा पात्र नहीं था जिसे पुरी को उठाना पड़ता, न वह ऐसा कूप था जिसमें से यथेष्ट जल ले लिया जा सकता। कनक का प्रेम तो नैनीताल की विस्तृत झील की तरह था। पुरी उसे तैरकर भी पार न कर सकता था।

पुरी का मस्तिष्क उस सुख को स्थायी बना लेने के लिए पूर्ण रूप से सजग हो गया था। अगले ही दिन उसने कनक से यथा-सम्भव शीघ्र लखनऊ चलकर अपने भावी जीवन की नींव डालने के लिए बात की। अवस्थी जी से परिचय कनक का ही था। बात तो ठीक ढंग से आरम्भ करने के लिए कनक का उसके साथ लखनऊ जाना आवश्यक था। यह बात कनक भी समझती थी। वह भावी जीवन के लिए दृढ़ निश्चय कर चुकी थी। उसमें साहस की भी कमी न थी। घर से अकेले लखनऊ चले जाने के लिए बहिन और

जीजा से अनुमति माँगने में समाज के संस्कारों की झिझक अनुभव हुई। उसने बात दूसरे दिन पर टाल दी।

कनक नैनीताल में आने के समय से ही, बँगले में जगह की तंगी और परिवार से मतभेद के कारण प्रतिदिन ही दोपहर के भोजन से पहले डेढ़-दो घंटे के लिए और दोपहर बाद भी काफी समय के लिए घर से चली जाती थी। नैयर और कांता कारण जानते थे। और यह भी जानते थे कि वह लाइब्रेरी में जाकर या झील के किनारे बैठकर कुछ पढ कर समय बिता लेती है। लोक अपवाद की आशंका से उन्हें कनक का व्यवहार पसंद नहीं था परन्तु उसके मानसिक क्लेश के प्रति उन्हें सहानुभूति थी। कुछ दिनों से कनक काफी समय घर से बाहर रहने लगी थी। उसके घर से आने-जाने के ढंग और मुद्रा में परिवर्तन आ गया था। उस पर ध्यान गये बिना नहीं रह सकता था। इस विषय में नैयर, कांता, राजेन्द्र और उर्मिला के कौतूहल का समाधान भी जल्दी ही हो गया।

आठ अगस्त, दोपहर ३ बजे कनक आयी और साड़ी बदल कर बरामदे में कांता से बोली—"बहिन जी, मैं जरा जा रही हूँ।"

"नहीं-नहीं कन्नी, आज मिस्टर बाधवा के यहाँ चाय पर जाना है। तुम्हें और कंचन को मिसेज बाधवा ने खास तौर पर बुलाया है।" कांता ने वारणा की।

"मैं आप लोगों के साथ कैसे जा सकती हूँ?" उत्तर में कनक ने विस्मय प्रकट किया और फिर विवशता प्रकट की, "आपने पहले कह दिया होता तो मैं मिसेज़ पंत से आज के लिए न कहती। वे मेरी प्रतीक्षा करती रहेंगी।"

"तो अपने जीजा जी से पूछ ले।" कांता ने कह दिया।

"मैंने आपसे कह दिया।" कनक बहिन के और कुछ कह सकने से पहले ही बरामदे से उतर गयी। कांता क्रोध में चुपचाप रह गयी, यह क्या तरीका है!

कनक और पुरी बातचीत करते भुवाली रोड से काफी दूर चले गये थे। वे साढ़े छः बजे के लगभग लोअर माल से 'एम्बर्ट हाल' के ऊपर तक आये और झील की ओर जाने वाली सड़क से उतरने लगे। इन सड़कों की खड़ी चढ़ाई-उतराई को कुछ सहल बना सकने के लिए यह सड़कें दायें-बायें घूमती हुई बनायी गयी हैं। कनक और पुरी ने तीसरे मोड़ पर कदम रखा कि बहुत जोर से हो-होकर हँसने के स्वर से उनकी आँखें उठ गयीं। कनक नहीं जानती थी कि बाधवा परिवार उसी ओर रहता था। बँगले के हाते के फाटक पर खड़े समूह में उसकी आँखें नैयर, कांता और मिसेज़ बाधवा से मिल गयीं।

"हमारे बुलाने पर नहीं आयी और यहाँ सैर हो रही है।" मिसेज़ बाधवा ने कनक को पुकार लिया।

कनक कुछ सहमी, पुरी भी सहमा। कनक संकोच से मुस्करा कर उत्तर सोच रही थी।

नैयर ने पुरी की ओर हाथ बढ़ा दिया और आत्मीयता के ऊँचे स्वर में पुकार लिया—"हल्लो, पुरी! मिसेज़ पंत के यहाँ आपकी मीटिंग खत्म हो गयी? आप लोग जहाँ जाते हैं, आपको पॉलिटिक्स मिल जाती है।"

पुरी को कुछ बोलने का अवसर न देकर नैयर ने बाधवा को उसका परिचय दिया—"आप मिस्टर पुरी से नहीं मिले होंगे पर नाम अवश्य सुना होगा। अरे भई, मशहूर जर्नलिस्ट और फिक्शन राइटर मिस्टर पुरी!"

बाधवा पेशावरी पंजाबी लहजे में बोले—"पुरी साहब, क्लब में क्यों नहीं आते? वहीं तो वाकफियत की जगह है।"

पुरी की ओर से नैयर ने ही उत्तर दिया—"अरे भाई, इनके पास बरबाद करने के लिए समय कहाँ है! इनका तो हर क्षण बहुमूल्य है। इन्हें बस एक कलम चाहिए और यह लोग अपना केस बनाने में मगन रहते हैं।" नैयर ने पुरी का उत्साह से स्वागत करके बाधवा और मिसेज़ बाधवा को कनक के एक युवक के साथ घूमते देखे जाने की स्थिति पर विस्मय प्रकट करने का अवसर न रहने दिया।

कनक और पुरी को नैयर, कांता, कंचन, उर्मिला और नरेन्द्र के साथ ही चलना पड़ा। नैयर पुरी से ही बात करता रहा—"नैनीताल कब आये? आज ही दिखाई दिये! यहाँ मकानों की तो बहुत दिक्कत है, आपको कहाँ जगह मिली?"

नैयर ने सुना, पुरी अस्टोरिया होटल में ठहरा है। उसने पल भर चुप रहकर उसकी ओर एकटक देखा—"वह तो कुछ महँगा होटल है।"

कनक पुरी के दूसरी ओर थी। उसने आशंका से पुरी का हाथ दबा दिया कि कुछ कह न दे।

नैयर ने अपना विस्मय दबा कर पूछ लिया—"वहाँ तो जरूर आराम और शांति होगी।" वह ऐसे बात कर रहा था मानो पुराने आत्मीय हों।

माल रोड पर 'विमला विल्ला' के नीचे पहुँचकर कांता ने नानो को देखे बिना क्लब जाने से इन्कार कर दिया। कैपिटल की ओर बढ़ते हुए नैयर ने सभी को साथ चलने के लिए कहा तो पुरी को विशेष रूप से सम्बोधन किया। क्लब में नैयर ने सामने पड़ने वाले लोगों से पुरी का परिचय लाहौर के विशिष्ट लेखक और पत्रकार के रूप में कराया और पूछा—"भई क्या लोगे? बिअर या ह्विस्की?"

पुरी ने क्षमा माँगी—"धन्यवाद, मैं नहीं लेता हूँ।"

"तो फिर कॉफी!"

नैयर ब्रिज की टोली में जा बैठा। कंचन ब्रिज के नौसिखियों में जा बैठी। कनक और पुरी कुछ मिनट कैरम की गोटों की खट-खट सुनते रहे। इसके बाद पत्रों और पत्रिकाओं से लदी मेज के समीप जाकर आराम कुरसियों पर बैठकर पत्रिकाओं के पन्ने पलटने लगे। पुरी ने कनक के समीप होकर धीमे से कहा—"क्या यहाँ ही बैठे रहेंगे?"

कनक और पुरी को क्लब में बैठने की मजबूरी खल रही थी। शेष लोगों की उपस्थिति, बातचीत, हास-परिहास निरर्थक और असह्य जान पड़ रहे थे।

"इस समय मेरा चलना ठीक नहीं।"

पुरी ने कनक को याद दिलाया—"तुम आज या कल सुबह तक लखनऊ चलने के सम्बन्ध में तय कर लो। दिन व्यर्थ जा रहे हैं।" क्लब के ढंग में उसे कोई रुचि नहीं हो रही थी। साढ़े आठ बजे उसने लौट जाने की इच्छा प्रकट की। नैयर ने अपने स्थान से उठे बिना बहुत उत्साह से उससे हाथ मिलाकर "गुडनाइट, सी यू अगेन" कहा और ब्रिज में डूबा रहा।

क्लब में नैयर कनक से नहीं बोला।

पिछली संध्या के व्यवहार से स्पष्ट था कि नैयर ने समाज में अपवाद से बचने के लिए कनक और पुरी के मिलने-जुलने पर सबके सामने चाहे आपत्ति नहीं की, परन्तु उसने असहयोग से अपना विरोध भी प्रकट कर दिया।

कनक ने सोचा—मुझे इस निरर्थक नाराजगी की चिन्ता नहीं, परन्तु ऐसी अवस्था में जीजा और बहिन से लखनऊ जाने की अनुमति कैसे माँगती! जरूर सन्देह होता कि वह पुरी के साथ जायेगी पर अब और टालने का भी समय कहाँ था! पुरी परेशान हो रहा था। वे दोनों १५ अगस्त, देश के स्वतंत्र होने के दिन से अपना नया जीवन आरम्भ करने का निश्चय कर चुके थे।

नैयर सुबह केवल स्वेटर और पैंट पहने बरामदे के नीचे फूलों की क्यारियों में टहल कर नाश्ते के लिए पुकारे जाने की प्रतीक्षा कर रहा था। कनक बात करने के लिए उसकी ओर गयी, परन्तु नैयर की चुप्पी और गम्भीरता से अनुत्साहित हो लौट गयी। कांता नानो के केशों में कंघी करके, छल्ले डालकर फीते बाँध रही थी। कनक बहिन के हाथ से कंघी लेकर नानो के केश सँवारते हुए बात करने लगी। परिस्थितियों के कारण परिवार पर आये संकट के प्रसंग में, अवस्थी जी द्वारा दिये नौकरी के आश्वासन की याद दिलायी और संध्या या दूसरे दिन लखनऊ जाकर नौकरी के लिए यत्न करने की अनुमति माँगी।

पिछली संध्या की घटना से कांता भी नाराज थी। उसने रूखा-सा जवाब दे दिया—"तेरा दिमाग न जाने कहाँ रहता है? तेरी दो रोटियाँ ही तो हमें और पिता जी को भारी हैं। इतनी दूर, नयी जगह अकेली कैसे जायेगी?"

"मैं जहाँ भी काम करूँगी, जाना ही होगा। आखिर जो लोग अपने पाँव खड़ी होती हैं, आती-जाती ही हैं। मर्द कैसे काम करते हैं। और लड़कियाँ भी करती हैं। बहिन जी, आप कैसी बातें करने लगी हैं! इसमें पिता जी को क्या एतराज होगा?" कनक ने झगड़ा न होने के लिए हँसी मिला तर्क किया।

कांता नहीं चाहती थी कि बहिन की बातें ससुराल के लोग सुनें, इसलिए वह नानो का हाथ पकड़े बरामदे में आ गयी और नैयर को सुना कर बोली—"तुझे इतना विश्वास है तो पिता जी को लिख दे। हम कुछ कहेंगे ही नहीं।"

नैयर ने कांता की ध्वनि अपनी ओर अनुभव की और उन लोगों के समीप आ गया। कांता कहती गयी—"यह आज लखनऊ जाने के लिए तैयार है। कहती है, अपने पैरों पर खड़े होने के लिए नौकरी करेगी। मैंने तो कह दिया लिख कर पिता जी से पूछ ले।"

"ठीक है।" नैयर ने समर्थन कर दिया।

"लाहौर से उत्तर आने में इतने दिन बरबाद होंगे।" कनक बोली, "मैं तो आज या कल जाऊँगी।"

"तुम्हारी क्या किसी से खास तारीख की, या किसी के साथ जाने का अपाइंटमेंट है?" नैयर ने पूछा।

"अगर हो तो क्या हर्ज है?" कनक ने क्रोध से कह दिया।

''हमारे-तुम्हारे जैसे दूसरे लोग हर्ज़ समझें तो हर्ज मानना पड़ता है।'' नैयर ने उत्तर दिया, ''लोग बुरा कहने-समझने लगें तो क्या लाभ? जब तक विवाह नहीं हो जाता कुछ संयम में रहना चाहिए।''

''आप लोग क्या विवाह से पहले नहीं मिलना चाहते थे या मिलते नहीं थे?'' कनक ने उन्हें चुप करा देना चाहा।

''जो कुछ भी करते थे, लोगों की बातों का भी ध्यान रखते थे।'' कांता ने डाँट दिया, ''तुम लोगों की तरह तो लगाम नहीं तुड़ा ली थी!''

''क्या लगाम तुड़ा ली है?'' कनक ने उत्तर दिया, ''हमने ऐसा क्या किया जो आप नहीं करते थे?''

नैयर ने शांत स्वर में समझाया—''हम पर भी लोग नियंत्रण रखते थे। हमें तुम पर रखना पड़ रहा है, इसलिए हम तुम्हारी आँखों में बुरे बन रहे हैं पर हमें तुम्हारे ही हित का ख़याल है।''

''परन्तु आप समझ सकते हैं कि स्वाभाविक क्या है, रूढ़ि को कसौटी क्यों बना रहे हैं?'' कनक ने नैयर को द्रवित करने के लिए कहा, ''अपनी ही बातें याद कीजिये।''

''सब याद है। स्वाभाविक पर भी नियंत्रण जरूरी होता है। संयम ही संस्कृति है। व्यवहार रूढ़ि बनकर संस्कृति कहलाता है। मोटर की तेज चाल उसका गुण है, परन्तु जिस मोटर में ब्रेक न हो, वह जरूर प्राणों का संकट बनेगी।''

कनक को नैयर का तर्क बघारना अच्छा न लगा। वह जल-भुन कर गुम-सुम रह गयी। उसने एक ओर बैठकर पिता जी के नाम पत्र लिखा और उसे डाकखाने में अपने हाथों छोड़ आने के लिए घर से चल दी। होटल जाकर उसने पुरी को स्थिति बतायी। बहुत देर तक बातचीत करके पुरी को अवस्थी जी से मिलने के लिए अकेले ही लखनऊ जाने का निश्चय करना पड़ा। कनक ने उसे अवस्थी जी का और मिसेज़ पंत का भी पता वगैरह सब बता दिया। अवस्थी जी के लिए एक पत्र भी पुरी को दिया।

कनक संध्या चार बजे पुरी को काठगोदाम जाने के लिए बस के अड्डे पर पहुँचा आयी।

पुरी लखनऊ चला गया था। कनक दुविधा में थी। उसे विश्वास था कि पुरी लखनऊ में नौकरी की व्यवस्था हो जाने पर उसे तुरन्त वहाँ आने के लिए लिखेगा। तब तक पिता जी की अनुमति न आयी तो क्या करेगी? दोनों ने निश्चय कर लिया था कि १५ अगस्त स्वतंत्रता के समारोह की घोषणा के समय वे साथ-साथ रहेंगे। कभी सोचती शायद पुरी उसे लेने स्वयं ही आये। उसने ९ तारीख को लाहौर पत्र लिखा था। उत्तर १२ तक आ सकता था, नहीं भी आ सकता था। लखनऊ से भी पुरी का पत्र १२ तक आ सकता था। १३ को आ ही जाना चाहिए था। १३ को वह नहीं रुकेगी, चाहे जो हो। वह १४ को लखनऊ पहुँच ही जायेगी।

नैनीताल में अप्रैल से सितम्बर तक डाक दिन में दो बार बँटती थी। डाक के समय कनक की दृष्टि फाटक की ओर लगी रहती थी। पिता जी के और उससे अधिक पुरी के पत्र की प्रतीक्षा थी। पुरी का पत्र वह डाकिये से स्वयं ही लेना चाहती थी। १३ तारीख दिन का पहला पहर बीतने पर डाकिया फाटक के भीतर आया। कनक ने उत्सुकता से

आगे बढ़कर पत्र ले लिया। पत्र एक्सप्रेस था और नैयर के नाम था। कनक ने पंडित जी के हस्ताक्षर पहचाने और पत्र नैयर की ओर बढ़ा दिया।

नैयर ने पत्र एक बार मन ही मन पढ़ा और फिर पढ़कर सबको सुना दिया। कनक का पत्र पंडित जी को ११ तारीख को ९ बजे मिल गया था। उन्होंने उसी समय उत्तर लिखकर बड़े डाकखाने में डलवा दिया था। अभिप्राय था कि कनक अभी प्रतीक्षा करे। पंडित जी ने लिखा था कि मुस्लिम लीग और कांग्रेस की भावी सरकारों द्वारा अल्पसंख्यकों को सुरक्षा का आश्वासन देने का प्रयास अच्छा हुआ है। अपेक्षाकृत शांति है। उन्होंने कनक के अपने पैरों खड़े और स्वतंत्र राष्ट्रीय सरकार के काम में सहयोग देने की भावना की सराहना की थी, परन्तु लखनऊ जैसी दूर जगह में उसके जाने से पहले स्वयं ही वहाँ की कुछ खोज-ख़बर ले सकने के लिए प्रतीक्षा करने को कहा था। अन्त में लिखा था कि १५ अगस्त का परिवर्तन शांति से हो जाये तो फिर शांति का विश्वास हो जायेगा। वे १८ अगस्त तक नैनीताल पहुँच कर सब बातों पर विचार करेंगे।

कनक को पिता जी की पुरानी आदत पर क्रोध आ गया। ना नहीं करेंगे, हाँ भी नहीं करेंगे। रबड़ की जंजीर गले में डाल देंगे जो कुछ खिंच जाये पर बाँधे भी रहे। कनक ने उसी समय साफ-साफ कह दिया—"मैं अवस्थी जी को वचन दे चुकी हूँ। मुझे आज या किसी भी समय लखनऊ से पत्र मिल गया तो मैं रुक नहीं सकती।"

कांता ने क्रोध से कहा—"यह तूने कैसे नये तरीके शुरू किये हैं! बाबा, हम तुझे नहीं रोकेंगे। जाना है तो ढंग से विवाह करके चली जा। फिर तू जान।"

नैयर ने भी कनक को सुना कर कांता से कहा—"पिता जी की बात नहीं माननी थी तो उन्हें लिख कर पूछने की क्या आवश्यकता थी?"

कनक अपनी बात पर दृढ़ रही। वह जानती थी कि पुरी का पत्र आ जाने पर वह किसी तरह रुक नहीं सकेगी। वह कांता और नैयर की बातों का उत्तर कांता को दे रही थी। तभी अख़बारवाला आ गया।

नैयर ने कनक की बात सुनते-सुनते भी पहले पृष्ठ पर नजर डाली और बोल उठा—"लार्ड माउंटबैटन कल सुबह कराची जाकर दस बजे पाकिस्तान सरकार को शासन-सत्ता सौंप देंगे। १४ अगस्त रात के बारह बजने पर पाकिस्तान के गवर्नर जनरल क़ायदे आज़म जिन्ना हो जायेंगे। दिल्ली में रात के बारह बजने पर डाक्टर राजेन्द्रप्रसाद की अध्यक्षता में भारत की कांस्टीच्यूएंट असेम्बली शासन-सत्ता सँभाल लेगी।"

उसी साँस में वह कह गया—"गाड़ी में एक भी जीवित व्यक्ति शेष न होने के कारण गाड़ी लाहौर स्टेशन पर रोक दी गयी। अनुमान किया जाता है, शाहदरा स्टेशन पर एक हजार से अधिक हिन्दू स्त्री-पुरुषों और बच्चों की हत्या हुई है। गाड़ी को लाशों से भरकर शाहदरा स्टेशन से लाहौर की ओर भेज दिया गया। लाशों से भरी गाड़ी के पूर्व की ओर जाने के दुष्परिणाम का विचार कर अधिकारियों ने गाड़ी को लाहौर में स्थगित कर दिया। गाड़ी में मारे गये व्यक्तियों के नाम-धाम इत्यादि के विषय में कोई सूचना पा सकना सम्भव नहीं है।" पत्र में ११ अगस्त की रात लाहौर में बहुत अधिक स्थानों पर आग लगायी जाने और हिन्दुओं के सामूहिक रूप से लाहौर छोड़ने के भी समाचार थे।

"पिता जी ने ११ तारीख सुबह वह पत्र लिखा और दोपहर बाद यह क्या हो गया!" कांता का स्वर घबराया हुआ था। सब मौन रह गये, जाने क्या हुआ होगा?

कनक का मन हजार से अधिक हिन्दू स्त्री-पुरुषों और बच्चों के तलवारों, बर्छों और गोलियों की मार के सम्मुख बिलबिलाकर आर्तनाद करते हुए समाप्त हो जाने की कल्पना से और कुछ न सोच सका।

१५

लाला सुखलाल सोमराज की एक बहिन के साथ बहू को विदा कराने गये थे। मोटर बन्नी हाते की गली के सिरे पर आकर खड़ी हुई। सोमराज की माँ और बहिनें गली के सिरे पर आ गयीं। उन्होंने घूँघट से मुँह ढँके बहू को मोटर से उतारा, सहारा देती हुई अपने घर के द्वार पर ले आयीं। सोमराज के इस विवाह में बहू की डोली घर लाते समय बाजे बजाकर और आतिशबाजी चलाकर उल्लास और उत्साह प्रकट नहीं किया जा सका, परन्तु माँ ने अपनी पसन्द की बहू के स्वागत के लिए, उसके गृह-प्रवेश के अवसर पर सब शगुन पूरे किये। बेटी की लड़की को पानी भरा गड़वा (लोटा) हथेली पर लिये द्वार पर खड़ा कर दिया था। माँ ने बहू के देहली लाँघते समय कटोरी भर तेल द्वार के दोनों ओर बहा दिया।

ससुराल की स्त्रियों ने तारा को एक बड़ी-सी कोठरी में बैठाकर चारों ओर से घेर लिया। मायके से विदाई के समय उसे भारी रेशमी कपड़े पहनाये गये थे। जुलाई की बादल घिरी दोपहर की उमस से उसका शरीर पसीना-पसीना हो रहा था। एक ओर फर्श पर बिजली का पंखा रख दिया गया था।

स्त्रियों से घिरी हुई तारा को पंखे की हवा नहीं मिल रही थी। मुँह दिखाई की रीति की गयी। लाला सुखलाल कई बार बुलाने पर खाँसते हुए आये और तारा के सामने बैठ गये। ससुर ने सोने की एक चम्पाकली बहू की गोद में डाल दी और आशीर्वाद देकर उठ गये।

ससुर के बाद सास ने रीति के अनुसार मुँह देखा और सोने के जेवर सहित आशीर्वाद दिया। दूसरे निकट सम्बन्धियों ने कर्णफूल या अँगूठी देकर आशीर्वाद दिया। सास और ननदें आशीर्वाद देने वाले का परिचय तारा को देती जा रही थीं। पड़ोस का सम्बन्ध मानने वाली स्त्रियों ने परिवार से अपने व्यवहार के अनुसार, किसी ने मुँह दिखाई के पाँच, किसी ने दो और किसी ने सवा रुपया बहू की गोद में डाला।

सभी ने संतोष से कहा—"लड़की शील और सुन्दर है।" सभी सोमराज की माँ को बधाई दे रही थीं। सोमराज की माँ उनकी शुभकामनाओं के लिए उन्हें भी फलते-फूलते रहने की कामना कर धन्यवाद दे रही थी।

उस बातचीत में तारा की एक ननद का स्वर सुनाई दे गया—"यह तो नहीं कहते कि अच्छी नहीं पर हमने तो 'रानियों के पानी भरने' की बातें सुनी थीं।"

दूसरा स्वर सुनाई दिया—"सुनते हैं, बी० ए० पढ़ने का बहुत मिजाज है!"

पहले स्वर ने उत्तर दिया—"बी० ए० होगी हमारी जूती से! मिजाज किया होगा अपने बाप के यहाँ!"

तारा ने अपने ससुराल के वातावरण को भाँपा।

सास ने पुकारा—"नी महेशां, अपनी भाभी के लिए बक्स से कपड़े निकाल दे। बेचारी नहा ले। पसीना-पसीना हो रही है।"

सास के स्वर में अपनी पसन्द की बहू के लिए प्यार था। ननद के स्वर में उपेक्षा भी उतनी स्पष्ट थी—"मैं तो चौके में जा रही हूँ। इतने लोगों का खाना है; अभी हुआ ही क्या है! फिर तुम मुझे ही कहोगी।"

सास ने स्वयं कपड़े निकाले और तारा को पुकारा--"आ धिये, नहा ले।"

सास उसे नहाने का स्थान बताने के लिए ले गयी।

परिस्थिति के कारण विवाह बिना किसी समारोह और प्रदर्शन के किया गया था फिर भी लाला सुखलाल के यहाँ पन्द्रह-बीस अत्यन्त समीपी लोग खाने पर बुलाये ही गये थे। पूरा घर कढ़ाई में खौलते घी, मिठाई और मसालों की गंध से महक रहा था। बर्तन के खटकने की झंकारें और लोगों से भोजन कर लेने के अनुरोध की पुकारें बार-बार सुनाई दे जाती थीं।

तारा को नहाने के बाद भी रेशमी और रंगीन कपड़े ही पहनने की मजबूरी थी। तारा नहा चुकी तो सास ने उसके भोजन के लिए थाल परोस कर भेज दिया। ससुराल में आने के पहले दिन की सिहरन, संकोच और नये वातावरण के आतंक में कौन बहू अच्छी तरह खा पाती है। तारा को भूख की अपेक्षा प्यास ही अधिक सता रही थी। बर्फ से ठंडे किये जल का एक गिलास उसने पी लिया, परन्तु कुछ खाये बिना भी छुट्टी नहीं हो सकती थी। डर रही थी, न खाना कहीं मिजाज ही न समझ लिया जाये। किसी तरह छोटी-छोटी दो पूरियाँ खायीं। उस समय भी वह सतर्क थी कि आस-पास बैठी लड़कियाँ और स्त्रियाँ उसकी उँगलियों से पूरी तोड़ने, ग्रास मुँह में डालने, खाने और गिलास उठा कर होंठों से लगाने के ढंग को ध्यान से देख रही थीं। तारा खा चुकी तो सास ने घेरा डाले लड़कियों को हटाकर उसे कुछ समय विश्राम के लिए अकेली लेट जाने का अवसर दे दिया।

संध्या के भोजन के कुछ समय बाद, लगभग रात के दस बजे तारा की एक ननद उसे अपने साथ तीसरी मंजिल पर ले गयी और उसे एक कमरे में पलंग पर बैठा आयी। कमरे में बिजली की तेज रोशनी थी। फर्श पर दरी बिछी थी। छत से लटका हुआ बिजली का पंखा चल रहा था। कमरे की दीवारों पर तीन बड़े-बड़े कैलेण्डर थे। एक कैलेण्डर में नेता जी सुभाषचन्द्र बोस, आज़ाद हिन्द सेना के कमांडर-इन-चीफ की वर्दी पहने और राष्ट्रीय झण्डा लिये खड़े थे। दूसरे कैलेण्डर में भगवान् राम को सीता वन में छिपा स्वर्णमृग दिखा रही थीं, तीसरा कैलेण्डर किसी साबुन का विज्ञापन था। चित्र में पुष्ट उरोज युवती दाँत से साड़ी का आँचल सँभाले बाँहें उठाकर बंडी पहन रही थी। पलंग के सिरहाने दीवार पर किसी बुजुर्ग का पुराना फोटो मोटे फ्रेम में जड़ा हुआ लगा था।

संध्या बूँदा-बाँदी हो गयी थी। खिड़कियों से सुहावनी हवा आ रही थी। कमरे की दीवारों में बिना किवाड़ों की आलमारियाँ प्रायः खाली थीं। केवल एक आलमारी के ऊपर के खाने में दीवाली के गणेश-लक्ष्मी रखे हुए थे। अकेली बैठी तारा चारों ओर आँखें घुमाकर घर की रुचि और ढंग समझना चाह रही थी। एक कोने में बहुत पुराने ढंग की नक्काशीदार सिंगार-मेज थी। मेज नीला गुम्मद के किसी बड़े कबाड़ी की दुकान से आयी जान पड़ती थी। सिंगार-मेज का शीशा दागी और धुँधला हो चुका था। जान पड़ रहा था, घर में पैसा था, परन्तु ज़ुत्शी, नरेन्द्र, कनक और दीपो के घर का आधुनिक सुघड़पन न था।

पलंग पंखे के नीचे कमरे के फर्श के बीचों-बीच था। नरम बिस्तर पर कढ़ी हुई चादर थी। पलंग के समीप तिपाई पर सुराही और काँच का गिलास रखा था। मुरादाबादी गिलास में तश्तरी से शायद दूध ढँका हुआ था। तश्तरी पर कुछ सफेद इलायचियाँ और मिश्री के टुकड़े पड़े थे।

तारा ने समझ लिया, प्रथम परिचय का क्षण अत्यन्त निकट आ गया था। उसका रोम-रोम सजग हो रहा था। पुष्पा और शीलो ने उसे ऐसे अवसर के अपने अनुभव सुना दिये थे। तारा उन बातों से लाज, रोमांच और कुछ भय भी अनुभव कर रही थी। जानती थी, वह स्वाभाविक और अनिवार्य था फिर भी···। उसके कन्धों पर लाल शिफोन का झीना दुपट्टा था। सोचा, घूँघट कर ले या रहने दे। उस घूँघट में दीखता क्या नहीं है? सोचा, 'उनके' आने की आहट पाकर घूँघट कर लेगी। कहेंगे तो हटा देगी या हटा लेने देगी। बहुत थकावट जान पड़ रही थी। वह पैताने आड़े लुढ़क गयी। सोचा, आहट पाकर बैठ जायेगी।

तारा किवाड़ों से आहट पाते ही बैठ कर सिमट गयी। झीने दुपट्टे का आँचल चेहरे पर खींच कर कनखियों से दरवाजे की ओर देखा। सोमराज लम्बा छरहरा जवान था। मलमल का सफेद कुर्ता और लट्ठे का सफेद पाजामा पहने भला लग रहा था। सोमराज ने कमरे का दरवाजा मूँद कर चिटखनी चढ़ा दी। तारा ने रोमांच से सिहरन अनुभव कर गर्दन झुका ली।

सोमराज पलंग की ओर आया। एक क्षण मौन खड़ा रहा जैसे अवसर के लिए उचित शब्द सोच रहा हो। तारा के कान उन शब्दों के लिए आतुर थे जैसे सीप स्वाती नक्षत्र की बूँद पा लेने के लिए अपने पुट खोल देती है।

"बहुत शरम आ रही है?" तारा ने स्वर की कठोरता अनुभव की। उसकी गर्दन तनिक और झुक गयी।

"यहाँ शरम आ रही है! साड़ी पहन कर उघाड़े सिर, माल रोड और अनारकली में जुलूसों में घूमते शरम नहीं आती थी?"

सोमराज कड़े अफसरी ढंग से जवाब-तलब कर रहा था।

तारा का साँस रुका और फिर गहरा चलने लगा। वह निश्चल बैठी रही।

सोमराज ने उत्तर के लिए अधिक अवसर न देकर पूछा—"तू यहाँ शादी नहीं करना चाहती थी न?"

तारा मौन, निश्चल रही।

"किससे है तेरी आशनाई?" सोमराज ने दाँत पीस कर पूछा।

तारा मौन रही। मूँदी हुई आँखों में आँसू आ गये। निचला होंठ दाँत से काट लिया।

सोमराज दो पल क्रोध में चुप रहा, फिर पूछा—"कितने घाटों का पानी पिया है?"

तारा के आँसू टपक पड़े।

सोमराज ने उसके कन्धे को घूँसे से ठेल कर धमकाया—"बोलती क्यों नहीं?··· कितनों के साथ सोयी है, बोल?"

तारा का सिर उठ गया। आँसू बहती आँखों से सोमराज को घूर कर उसने दबे हुए स्वर में फुँकारा—"चुप!" और मुख अँजली में छिपा लिया।

तारा के अँजली से ढँके चेहरे पर दायें और बायें से दो जबरदस्त थप्पड़ पड़ गये।

तारा ने चेहरे पर से हाथ हटाकर चमकते हुए आँसुओं से भरी लाल आँखों से सोमराज की ओर घूम कर धमकाया—"ख़बरदार हाथ उठाया तो!"

सोमराज का अपने क्रोध पर लगाया हुआ बाँध टूट गया। उसने तारा को चोटी से पकड़ कर पलंग से नीचे गिरा दिया। दो लातें मार कर दाँत पीसते हुए वह गाली दी जो तारा ने कभी किसी भद्र पुरुष के मुख से नहीं सुनी थी—"···भूखे मास्टर की औलाद, तेरी हिम्मत कि मुझसे शादी के लिए मिजाज दिखाये?···बी० ए० पढ़ने का बहुत घमण्ड है! तेरी जैसी बीसियों को टाँगों के बीच से निकाल दिया है। देखूँगा तुझे! गली-गली कुत्तों और गधों से न रौंदवा दिया··· ।" सोमराज घुटे हुए स्वर में बोल रहा था।

तारा ने आत्म-रक्षा और आत्म-सम्मान की रक्षा के लिए हाथ-पाँव से यथाशक्ति काम लिया। केवल चिल्ला न सकी। सोमराज अच्छे कद का स्वस्थ जवान था। अपना पूरा शारीरिक बल लगा देने पर भी वह तारा को पूर्ण रूप से कुचल कर अपमान स्वीकार करा लेने का सन्तोष न पा सका। तारा का उसके सम्मुख पूर्ण आत्म-समर्पण न कर देना ही उसका घोर अपमान था।

सोमराज तारा का स्वामी बनकर भी उसे अपमान सह जाने के लिए पूर्णतः विवश न कर सकने के क्षोभ और शारीरिक संघर्ष की थकावट से लेट गया। वह सोच रहा था, इस बदजात औरत से वह अपने अपमान और तिरस्कार का बदला लिये बिना न रहेगा। अब वह जा कहाँ सकती है? वह उसका सब कुछ, तिल-तिल तोड़ डालेगा।

तारा कमरे के कोने में फर्श पर पड़ी, घुटने समेटे सिर को बाँहों में दाबे सिसकियाँ ले रही थी। उसका अंग-अंग मरोड़ा जाने और चोट खाने से दुख रहा था। उससे भी अधिक पीड़ा थी मन में। वह सोच रही थी, किस तरह मर जाये! यह चंडाल, जालिम उठकर जाये तो अपने गले में दुपट्टे का फंदा लगा ले।···मेरे साथ ऐसा व्यवहार करने के लिए ही इसने विवाह किया है! ऐसा अन्याय करने वाला भी मर जाय, परन्तु सोमराज के मर जाने से तो उसके दुख का अन्त नहीं हो सकता था, वह तो केवल स्वयं मर जाने से ही हो सकता था।

तारा का मन चाह रहा था, चुपचाप दरवाजे की चिटखनी खोलकर, घर से निकल रावी (नदी) पर जाकर डूब मरे, परन्तु नीचे भी तो दरवाजा था। नीचे का बड़ा दरवाजा, जिससे उसने घर में प्रवेश किया था, स्मृति में दिखाई दिया। उस घर से नदी का रास्ता भी नहीं मालूम था।

समीप ही कहीं बन्दूकें दगने के धमाके और ऊँचे स्वर में ललकारें, चीखें और पुकारें सुनाई दीं। साथ के मकानों और नीचे की मंजिल से भी चीखें सुनाई पड़ीं। बन्दूकों के धमाके हुए।

सोमराज अपने पलंग पर चौंका और तड़प कर पलंग से कूद गया और कमरे की चिटखनी खोलकर निकल गया। सोमराज के कदमों और किवाड़ों के खुलने की आहट से तारा ने सिर उठाकर देखा। किवाड़ खुल जाने पर आतंक की पुकारें और चीखें और भी स्पष्ट सुनाई दीं। तारा ने अनुमान किया, मुसलमानों की भीड़ ने आक्रमण किया है। उसने कुछ पल सोचा। वह उठकर कमरे से बाहर आ गयी। दाहिने हाथ नीचे घर के आँगन को घेरे छोटी मुँडेर थी और साथ ही जीना था। सामने पतली दीवारों से बनी संडास थी। बायीं ओर पड़ोस से पर्दे के लिए उसके सिर के बराबर ऊँची झरोखेदार दीवार की मुँडेर थी।

तारा ने बायीं ओर की दीवार को झरोखों में पाँव रखकर दीवार के ऊपर से दूसरी ओर देखा। उस छत पर कोई न था। वह उस छत पर चली गयी। तारा ने उस छत से नीचे आने वाले जीने को खोलना चाहा। जीना भीतर से बन्द था। उसने छत की दायें हाथ की मुँडेर से नीचे झाँका। इस ओर साथ लगते मकान की छत काफी नीची थी। तारा पल भर सहमी और फिर मर जाने की परवाह न कर मुँडेर पर चढ़ दूसरी ओर लटक कर कूद गयी। तारा के गिरने से जोर का धमाका हुआ। धमाके की प्रतिध्वनि में बहुत डरे हुए, ऊँचे स्वर में आवाजें सुनाई दीं—''कौन? कौन?''

''ओए सत्तार क्या हुआ? कौन है?''

कुछ क्षण में तारा के ऊपर टार्च का प्रकाश पड़ा। एक जवान, दाढ़ी-मूँछ सफाचट, कमर में रंगीन तहमत बाँधे, एक हाथ में टार्च और दूसरे हाथ में हाकी खेलने की लकड़ी लिये समीप खड़ा, ध्यान से उसे देख रहा था। आस-पास से अब भी पुकारें सुनाई दे रही थीं—''कौन है? कौन है? क्या हुआ? खैरसल्ला है भाई?''

''कौन है तू?''

तारा मौन रही।

''कहाँ से आयी है?''

तारा ने उत्तर नहीं दिया। बोल नहीं पा रही थी। क्या उत्तर देती!

जवान ने नीचे आँगन में झाँक कर पुकारा—''चाचा जी, ऊपर आओ!''

फिर नीचे आँगन में उत्तर दिया—''कोई हिन्दनी लगती है। उधर की छत से कूदी है।''

अधेड़ उम्र का एक आदमी कमीज-पाजामा पहने नौजवान के समीप आकर खड़ा हो गया। चेहरे पर दाढ़ी न होने के कारण हिन्दू-मुसलमान की पहचान कठिन थी।

''कौन हो? कहाँ से आयी हो?'' उसने भी प्रश्न किया।

दो बार प्रश्न किये जाने पर तारा ने उत्तर दिया—''उधर आग लग गयी है! मुसलमान आ गये हैं। गोली चल रही है। मुझे गली में उतरने का रास्ता दे दो।''

पास-पड़ोस से पूछताछ की आवाजें और भी अधिक सुनाई दे रही थीं—''कौन है, क्या हुआ? अरे, बोलते क्यों नहीं!''

"यह घर मुसलमानों का है। तू मेहरबानी करके जहाँ से आयी है, वहीं लौट जा।" अधेड़ व्यक्ति ने तारा को धमकाया और फिर सामने की दीवार से लड़की का लौटना सम्भव न देखकर लड़के को आदेश दिया, "इसे जीने से उतार कर गली में कर दो। मुसीबत को दूर करो!"

"चल उठ, जल्दी कर।" नौजवान टार्च से रास्ता दिखाते हुए बोला।

तारा उठी और जवान के पीछे-पीछे लँगड़ाती हुई उतरने लगी। अधेड़ व्यक्ति तारा के पीछे-पीछे चला आ रहा था। आँगन में खड़ी प्रौढ़ा और एक जवान लड़की सहमी हुई दृष्टि से उसे देख रही थीं। नौजवान मकान की ड्योढ़ी में पहुँच कर किवाड़ों की साँकल खोलते-खोलते ठिठका। पीछे घूमकर बोला, "चाचा जी, इस वक्त कहाँ जायेगी?...बाहर की हालत...माँ या बहिन के साथ न पड़ी रहे!"

"ना ना! वह कुछ नहीं!" प्रौढ़ा ने इन्कार में सिर हिलाकर कहा, "बंदर की बला तबेले के सिर पड़ जाती है। न बाबा हम किसी के लेने-देने में नहीं पड़ते।"

नौजवान ने झिझकते हुए किवाड़ खोल दिये और तारा को रास्ता देने के लिए एक ओर हट गया।

तारा ने गली में कदम रखकर दायें-बायें देखा, किस ओर कदम बढ़ाये?

नौजवान ने उसकी दुविधा भाँपकर बता दिया—"दायें हाथ गली से आगे रास्ता नहीं है। बायें हाथ कूचा लालमिसर से भाटी दरवाजे का रास्ता है।"

तारा घूम गयी।

तंग गली के प्रायः सभी मकानों में लोग जाग गये थे। सामने के मकान की खिड़की में सीखचों के पीछे से कोई स्त्री पूछ रही थी—"नादरा की भाबो, कौन है, क्या हुआ?"

इस ओर से उत्तर मिला—"कोई जवान हिन्दनी लड़की है। बन्नी की तरफ से छत से कूद कर भाग रही है। कहते हैं, उधर आग लग गयी है।"

"हाय मैं मर गयी, ये बड़ी दिलेर होती हैं बाबा!"

"ऊपर छत से शम्मो कह रही है, बन्नी में दंगा हो गया है।"

तारा चुपचाप कदम बढ़ाती जा रही थी। गली में अफवाह और बातचीत उससे आगे फैलती जा रही थी। वह गली के मोड़ के साथ घूम गयी।

तारा अधिक दूर न जा पायी थी कि कंधों पर बहुत-सा बोझ पड़ जाने से दबकर बैठ गयी। उसका शिफौन का दुपट्टा उसके मुख, आँखों पर कसकर लपेट दिया गया। उसे धरती से कंधे पर उठा लिया गया। मुँह बँध जाने के कारण उसका दम घुट रहा था। चिल्ला या पुकार सकना सम्भव न था। वह चिल्लाकर पुकारती भी तो किसे? बेबस, साँस के लिए छटपटाती कंधे पर लदी चली जा रही थी।

तारा ने अनुभव किया, उसे धरती पर रख दिया गया था। किवाड़ों के थपथपाने की आहट सुनाई दी।

बहुत दूर से या किवाड़ों के परे से सुनाई दिया—"कौन है?"

"मैं हूँ, किवाड़ खोल!" तारा को उठा कर लाने वाले ने धमकी से उत्तर दिया।

तारा बाँह से खिंचती हुई एक दहलीज के ऊपर से घिसट गयी। उसके सिर और मुँह पर लिपटा दुपट्टा हट गया। वह एक कच्चे आँगन में बैठी थी। बायीं ओर की कोठरी के द्वार से प्रकाश आ रही था।

"यह किसे ले आया?" स्त्री का विरोध और विस्मय भरा स्वर सुनाई दिया। जवान स्त्री मैले-कुचैले कपड़े पहने, त्योरियाँ चढ़ाये थी। मुसलमान जान पड़ती थी।

"चुप्प रह!" तारा को उठाकर लाने वाले मर्द ने दम चढ़ा रहने के कारण हाँफते हुए, गाली से उत्तर दिया, "हिन्दनी है, भाग रही थी।"

"बाहर निकाल डायन को!" स्त्री चिल्लायी, "मैं यहाँ नहीं रखने दूँगी।"

"चुप्प रह··· !" मर्द ने स्त्री को डाँट कर गाली दी और तारा को बाँह से पकड़ कर कोठरी की ओर खींच ले चला।

स्त्री विरोध में चिल्लायी—"नहीं नहीं। मैं अपने घर में डायन को नहीं रखूँगी। मेरे सिर सौत ले आया!"

मर्द ने स्त्री को गाली दी और हिन्दुओं को सामूहिक गाली देकर कहा—"मैं इसे ख़राब करके खलीफा के यहाँ पच्चीस रुपये में दे आऊँगा। मुझे क्या इसे यहाँ रखना है। खामुखाह झगड़ा क्यों कर रही है?"

आँगन में खड़ी स्त्री ऊँचे स्वर में विरोध करती रही।

मर्द ने तारा को कोठरी में ले जाकर, उसे विवाह के समय पहनायी गयी सोने की चूड़ियाँ और गले का हार उतार लिया। कानों से कर्णफूल खींचे जाने पर तारा ने स्वयं ही निकाल कर मर्द के हाथ में दे दिये।

स्त्री कोठरी के भीतर आकर तारा को घर से निकाल देने के लिए चिल्ला रही थी। मर्द ने जेवर कोठरी में पड़ी खाट पर रख दिये और स्त्री के मुँह पर दो चाँटे मारे और विकट गालियाँ देकर धमकाया—"ख़बरदार चुप्प! मुँह से आवाज निकाली तो···टाँगों से पकड़ कर चीर डालूँगा।"

मार पड़ने से स्त्री बाहर आँगन में जाकर रोने लगी। मर्द खाट पर बैठ गया। उसने एक सिगरेट सुलगा ली और लम्बे-लम्बे कश खींचने लगा। अब भी कहीं दूर बन्दूकें दगने की गूँज सुनाई दे रही थी। तारा की टाँगे काँप रही थीं। वह धरती पर बैठ गयी और सिर घुटनों पर रखकर बाँहों में लपेट लिया। इस कल्पनातीत परिस्थिति में उसका मस्तिष्क सोचने योग्य भी नहीं रहा था।

मर्द सिगरेट समाप्त करके खाट से उठा। उसने आँगन में रखे घड़े से लेकर पानी पिया। एक और सिगरेट सुलगा ली और खाट पर लेटकर धुआँ छोड़ने लगा। आधे जले सिगरेट को नीचे ईंटों की फार्श पर रगड़ कर बुझा दिया और तारा की ओर करवट लेकर पुकारा—"यहाँ आ, चारपाई पर!"

मर्द ने कई बार पुकारा। तारा निश्चल रही। मर्द गाली देकर खाट से उठा। उसने तारा को बाँह पकड़कर अपनी ओर खींचा।

तारा ने बाँह छुड़ाने का यत्न किया और गिड़गिड़ाकर प्रार्थना की—"नहीं, नहीं, तेरे पाँव पड़ती हूँ। तू मेरा गला काट दे।"

मर्द ने तारा के गिड़गिड़ाने और प्रार्थना को नहीं सुना।

तारा ने अपनी बाँह छुड़ाने के लिए क्रोध में पुकारा—"तेरा बेड़ा गर्क। तेरे बदन में कीड़े पड़ें। खबरदार, हाथ लगाया तो! तू मेरा गला काट दे, मुझे मार डाल!"

मर्द ने गुर्रा कर तारा की एक बाँह कोहनी से पकड़ ली। दूसरी बाँह उसके घुटनों के नीचे डाल दी और उसे उठाकर खाट पर पटक दिया। तारा का शरीर सोमराज के साथ लड़ाई से थका और चोटें खाया हुआ था। कमर में छत से गिरने की चोट थी। गली में दबोच ली जाने और साँस घुटने से भी वह शिथिल थी पर वह सामर्थ्य भर लड़ी। कहती जा रही थी—"बेशक तू मुझे मार डाल, मेरा गला काट दे पर यह नहीं हो सकता।"

कोठरी के बाहर आँगन में बैठी नब्बू की घर वाली रो-रोकर नब्बू को और जिस अपरिचित हिन्दू स्त्री को नब्बू उठा लाया था, काला साँप काटने से मौत का, उनके अंग-अंग में कीड़े पड़ने का और उनके दोजख की आग में जलने का अभिशाप दिये जा रही थी।

नब्बू स्त्री को परास्त कर देने की कला में सोमराज की अपेक्षा अधिक दक्ष था। उसे प्रस्तुत स्त्री के मर जाने या उसका अंग-भंग हो जाने का या उसके चिल्ला देने से स्वयं अपनी ही बदनामी हो जाने का भी भय न था। नब्बू ने तारा का विरोध समाप्त करने के लिए उसकी सलवार फाड़कर फेंक दी। कमर पर सलवार का केवल ऊपर का कुछ भाग ही नाड़े से बँधा रह गया। इस पर भी तारा ने आत्म-समर्पण नहीं किया। उसके इस हठ से चिढ़कर नब्बू ने तारा की बाँह को पीठे के पीछे कंधे की ओर इतने जोर से मरोड़ा कि वह तड़प कर और चीखकर बेहोश हो गयी।

उतरती रात के सन्नाटे को चीरती हुई नगाड़े की कड़क गूँज उठी और उसके साथ ही ताजो (मुमताज) तायी और बदरू (बदरुन्निसा) का सुरीला स्वर मुहल्ले भर में फैल गया।

"डाचीवालेया मोड़ मुहार वे,
"डाचीवालेया लै चल नाल वे।
"तेरी डाची दे गले बिच टल्लियां,
"असी पीर मनावण चल्लियां।"

(ऐ मक्का मदीना जाने वाले सांडनी सवार, अपनी सांडनी का मुख इधर कर। ऐ सांडनी सवार, हमें भी साथ ले चल। तेरी सांडनी के गले में घंटियाँ बँधी हैं, हम पीर की मनौती मनाते जा रही हैं।)

ताजो तायी और उसके साथ रहने वाली बदरू और कादिरा प्रातः चार बजे ही आसावारी के स्वर में प्रार्थना गाकर रोज़ा रखने वाले मुसलमानों को सचेत कर देती थीं। खालिद और इम्तयाज़ के गले अच्छे थे। वे भी कभी ताजो से पहले और कभी उसके बाद अपनी छत से कव्वाली गाकर सवाब (पुण्य) के इस काम में सहयोग देते थे कि लोग नींद से उठकर समय रहते सहरी (सूर्योदय से पूर्व का भोजन) खाकर और नेचे पर एक-दो चिलमें पीकर सूर्यास्त तक रोज़े (उपवास) के लिए आसदा हो जायें।

नब्बू अपने आचरण के सम्बन्ध में बदनामी की परवाह नहीं कर सकता था परन्तु मज़हब ख़ासकर रोज़े के मामले में मुहल्ले के मत की उपेक्षा नहीं कर सकता था। नित्य जीवन में उसका जो ढर्रा था, उसे बख़्शवाने के लिए कुछ मज़हबी फर्ज़ पूरा करना जरूरी

था। मुहल्ले के मुहम्मद नबी, फ़ज़लदीन, मुमताज़ तायी और भाभी बदरुन्निसा रोज़ा रखने वालों की पूरी ख़बर भी रखते थे। नब्बू के लिए चुपचाप स्वयं धर्म-कर्म निबाहने की अपेक्षा दूसरों को धर्म दृढ़ रखने के लिए चौकसी या शासन का काम अधिक सहज था। वह रोज़े के दिनों में नल का पहरा देता कि कौन आदमी चोरी से पानी ले जाता है। इसी उत्तेजना से रोज़ा उसके लिए सह्य हो सकता था।

ताजो तायी और बदरू का मीठा स्वर सुनकर नब्बू ने खाट पर अँगड़ाई ली, परन्तु नींद के पंजे से छूट न सका। कुछ ही मिनट में खालिद और इम्तयाज़ का कव्वाली में ललकारता हुआ स्वर तालियों की ताल के साथ सुनाई दिया—

"हमें क्या काम खुदा से,

जो लेना होगा ले लेंगे मुहम्मद से।"

नब्बू नींद तोड़ने के लिए उठ बैठा। पाँव फर्श पर रखकर खाट पर बैठ गया। अल्लाह पाक और रसूल को याद करते हुए उसने हाथों की मुट्ठियाँ चूमकर हथेलियों से आँखों को मला। कानों में कराहट सुनाई दी। उसने उठकर दीवार पर टटोल कर बिजली का बटन दबाया और रोशनी जला दी। नजर दीवार के साथ पड़ी औरत पर गयी। औरत उसी तरह चित्त पड़ी थी जैसे उसे नब्बू ने अपनी खाट से उठाकर फर्श पर डाल दिया था। मसली गयी गुलाबी रेशमी कमीज पेट पर सिमटी हुई थी। कमर पर गुलाबी रेशमी सलवार के चीथड़े मौजूद थे। दोनों कलाइयाँ अब भी पीठ के पीछे बँधी हुई और पीठ के नीचे दबी हुई थीं। सिर के केश खिंचकर बिखरे और उलझे हुए, आँखें मूँदी हुई थीं। अधखुले मुख से साँसों के साथ धीमे-धीमे आधी मूर्च्छा की कराहट निकल रही थी। नब्बू की बीवी कोठरी में नहीं थी। उसने समझ लिया—बदज़ात गुस्सा दिखाने के लिए ऐंठकर आँगन में पड़ी हुई होगी।

नब्बू रोशनी करके फर्श पर पाँव रखे खाट पर बैठा था। उसने सिरहाने से नीचे गिर पड़ी तारा मार्का सिगरेट की डिबिया और माचिस उठाकर एक सिगरेट सुलगायी और कड़े स्वर में पुकारा—"अरी सुन! उठ जल्दी! ऐ! मैं क्या कह रहा हूँ! आग जला! मेरे लिए चाय बना दे। सहरी खाने से पहले मैं चाय पिऊँगा।"

"मेरी जूती से! मेरी बला से!" आँगन से बहुत तीखे स्वर में जवाब आया और बीबी भीतर आकर नब्बू को कोसने के लिए हाथ बढ़ा-बढ़ा कर चीखने लगी—"इस अपनी माँ को ले आया है, इसका खून पी! तू इसका मूत पी! वह तुझे खाये!···हरामी के बच्चे, तेरे लिए चाय बनाये मेरी जूती! तू··· ।"

खाट पर बैठे नब्बू ने बहुत लम्बे कश का धुआँ मुँह से फेंक कर चीखते हुए बीबी को मर्दों को दी जाने वाली पुल्लिंग गालियाँ देकर धमकाया—"अपनी चुटिया मुड़वा कर हड्डियाँ तुड़वायेगी या चाय बनाती है?"

बीबी उत्तर में और गालियाँ देने लगी।

नब्बू ने हाथ का सिगरेट फर्श पर डाल दिया और खाट से उठकर बीवी की ओर बढ़ा। बीवी ने भी लपक कर, अपने पीछे कोने में खड़ा, कूँडी में मसाला घोटने का डंडा ले लिया और आत्म-रक्षा में आक्रमण के लिए डंडा दोनों हाथों में अपने सिर से उठा लिया।

तारा को होश आया तो घुप्प अँधेरा था। उसका सिर और शरीर पीड़ा से फटा जा रहा था। कंधे दरद से कट रहे थे। हाथ पीठ पीछे बँधे होने के कारण घुटने समेट या फैला लेने और सिर को हिला सकने के अतिरिक्त हिलने-डुलने में भी असमर्थ थी। कुछ देर वह हाय-हाय करती रही। गला सूख जाने के कारण वह भी नहीं बन रहा था। कोई सुनने वाला भी नहीं था। अँधेरे के कारण यह भी मालूम न था कि कोठरी में कोई है या वह कोठरी में अकेले बन्द पड़ी है। जान पड़ रहा था, उसे बाँध कर मर जाने के लिए डाल दिया गया है और वह पीड़ा सहते-सहते प्यास से गला रुँध कर मर जायेगी।

चीखने-चिल्लाने की पुकारें सुनकर तारा ने पलकें खोलीं। कोठरी में रोशनी हो गयी थी। नब्बू गाली देता हुआ सामने खड़ी स्त्री की ओर लपका। स्त्री ने अपने सिर पर उठाये हुए डंडे से उसके सिर पर प्रहार किया। नब्बू पैंतरे से बच गया और फिर आगे बढ़ा। स्त्री ने फिर भी डंडा उठाया। नब्बू हटा नहीं, केवल सिर एक ओर कर लिया। डंडा उसके कन्धे पर पड़ा। उसने स्त्री को उठाकर फर्श पर गिरा दिया और डंडा उसके हाथ से छीन कर उसके शरीर पर चार-पाँच चोटें कीं।

स्त्री बहुत जोर से चीख-चीख कर नब्बू को मर जाने की और सभी तरह की गालियाँ देने लगी। नब्बू ने भी उसे गालियाँ दे-देकर लातों और घूँसों से पीटा और हाँफ कर खाट पर बैठकर दम लेने लगा।

तारा विवश पड़ी पलकें झपकाती यह दृश्य देखती रही। दूर से कव्वालियाँ गाने के स्वर सुनाई दे रहे थे। समीप नब्बू की स्त्री दहाड़ें मार-मार कर रो रही थी। नब्बू खाट पर बैठा गालियाँ बक कर उसे धमका रहा था—"···तेरी यह हिम्मत कि मुझ पर हाथ उठाये! हड्डियाँ तोड़ डालूँगा, चमड़ी उधेड़ लूँगा!···तू न बना चाय! मैं तो अभी जाकर मूसे की दूकान पर चाय पी लेता हूँ पर तुझे भूखा मार दूँगा। बासी उठाकर चाहे कुत्तों को डाल दूँगा, तुझे नहीं खाने दूँगा।"

कर्फ्यू का बिगुल जोर से चीख उठा। नब्बू खाट से उठा। उसने तारा से छीने हुए जेवरों को सिरहाने से उठाकर तहमत की अंटी में कस लिया। फिर कोने में कनस्तर के बक्स पर रखे आल्मोनियम के पतीले में रात का बचा हुआ जो कुछ रखा था, निकाल लिया और बाहर चला गया। उसके जाते ही रोती हुई स्त्री धरती की टेक लेकर कमर पर हाथ रख कर उठी और आँगन में जाकर रोती हुई जोर-जोर से पुकारने लगी—"ओ ताजो तायी! मुझे मार डाला। बदरू भाभी देखो, मुझे कसाई ने मार डाला! स्त्री के उसके रो-रोकर किसी से कुछ बात करने का स्वर सुनाई दिया।

तारा ने सोचा, वह क्या करे? पीड़ा को समाप्त करने का उपाय केवल मृत्यु थी। गले के दुपट्टे का फन्दा लगाकर मर सकती थी, परन्तु हाथ बँधे थे। दृढ़ निश्चय से उसने घुटने समेटे, पूरी शक्ति लगाकर करवट ली और बैठ गयी। सरक कर दीवार के समीप हुई और अपना सिर फोड़कर मर जाने के लिए सिर को दीवार पर पटकने लगी।

आँगन में खड़ी रुक्कां रो-रो कर ताजो तायी, बदरू और पड़ोस की दूसरी स्त्रियों से शिकायत कर रही थी कि रात में नब्बू ने उसके सिर पर सौत लाकर रख दी है। वह कोठरी के भीतर से धम्म-धम्म की आहट सुनकर चीख पड़ी—"हाय, वह चोर डायन तो मेरा बक्सा तोड़ रही है··· !" रुक्कां लपककर भीतर गयी।

रुक्कां उलटे पैर भागती हुई कोठरी से निकल कर चीख उठी—"हाय, उस पर तो जिन्न आ गया है, लोगो! खेलकर जिन्न को बुला रही है!"

ताजो, बदरू और मेहर, रुक्कां के साथ उसकी कोठरी में गयीं। देखा, कमर से नंगी औरत केश फैलाये, जोर-जोर से अपना सिर दीवार पर पटक रही थी। औरत के हाथ पीठ पीछे से बँधे थे।

"हाय, यह तो जान दे रही है, खुदकुशी कर रही है।" बदरू घबरा कर बोली और उसने झपट कर औरत के कन्धे पकड़ कर दीवार से खींच लिया। स्त्री गिर पड़ी। वह बेहोश हो गयी।

रुक्कां चिल्ला उठी—"हाय, यह यहाँ जान देकर, डायन बनकर मेरे कलेजे पर बैठेगी।"

"चुप रह!" ताजो ने उसे डाँट दिया।

स्त्री के पीठ पीछे बँधे हुए हाथ खोल दिये गये। उसे लिटाकर ताजो होंठों ही होंठों में दुआएँ पढ़ती हुई उसके कलेजे पर हाथ फेरने लगी। बदरू उसके तलुये और पिंडलियाँ सहलाने लगी और रुक्कां को तुरन्त पानी लाकर उसके मुँह पर छींटें मारने के लिए कहा।

तारा को जान पड़ा कि सिर दरद से फट रहा था। आँखें खोलने का यत्न किया तो पलकों के भीतर पानी चला जाने से चरचराहट हुई और आँखें खुल न सकीं। कानों में बर्रे घुसकर भनभनाते जान पड़ रहे थे। शरीर पर जगह-जगह जकड़न और बोझ जान पड़ रहा था। उसने अपना सिर हिलाया।

घायल और विक्षिप्त स्त्री को सिर हिलाते देखकर बदरू ने उसका सिर हाथ में लेकर फर्श से ऊपर उठाया और पानी भरा अल्मोनियम का मैला गिलास उसके मुँह से लगा दिया। तारा होंठों पर पानी का स्पर्श पाकर पूरा गिलास पी गयी। उसकी आँखें खुल गयीं। हाथ खुल गये जानकर उसने फर्श की टेक लेकर उठने का यत्न किया और सहायता पाकर बैठ गयी। अपनी कमीज घुटने पर खींच ली। मेहर ने समीप पड़ा दुपट्टा उठाकर उसके घुटनों को ढक दिया।

तारा बातें करती स्त्रियों से घिरी हुई थी। कोठरी में रहने और पिटने वाली स्त्री कभी अपने कंधों को और कभी अपनी कमर को दबाती हुई रुआँसे स्वर में मारने वाले को कोसती हुई कह रही थी—"हाथ टूट जायें मरे के, कीड़े पड़ें जालिम के बदन में! मैं अब यहाँ कभी नहीं रहूँगी। आज ही मौसी के यहाँ चूनामंडी चली जाऊँगी। मैं तो रात आँगन में बैठी रोती रही। देखो!" उसने अपनी सलवार बहुत ऊपर तक उठाकर जाँघ पर लगी चोटें दिखायीं, "देखो, कैसे मारा है मरे ने, सब नीला कर दिया। मैं तो इसके सिर फोड़ने की आहट पाकर भीतर आयी। मुझे क्या मालूम उसने क्या किया। मरा कह रहा था, घर से भागी हुई है। होगी, मुझे क्या! मैं तो अपने सिर सौत नहीं झेलने की। उस हरामी का क्या है। जवान औरत क्या, वह तो गाय, भैंस, बकरी देख ले तो नहीं छोड़ सकता। इसे रखे, मुझे क्या! मैं तो मौसी के यहाँ चली जाऊँगी। मेरा दो हजार का मेहर लिखा है। मैं क्यों डरूँ!"

दो और स्त्रियाँ, एक गोद के बच्चे को कंधे से लगाये और दूसरे हाथ में प्याज की दो गाँठें और छुरी लिये दरवाजे से भीतर आ गयीं। पहली आते ही बोल उठी—"यह तो

हिन्दनी है।'' उसने घृणा से हिन्दू स्त्रियों की जननेन्द्रिय में आग लगने की गाली देकर कहा, ''इन्हें ख़राब किया तो क्या? ये बेहया तो इसी लायक हैं।''

''फिट्टे मुँह (लानत)! क्या कुफ्र (पाप) बकती है, तोबा कर!'' तारा की पीठ सहलाते हुए ताजो तायी ने उसे डाँट दिया, ''तेरे लिए हिन्दू ऐसा कहें तो कैसा लगे? औरत को औरत का दरद होना चाहिए। खुदा न करे जो किसी ऐसे के बस पड़ जाये। अल्लाताला ने हिन्दू-मुसलमान मर्दों में तो फरक किया है, औरतों में तो उसने भी कोई फरक नहीं रखा।''

बदरू ने तारा के सिर की चोट पर गीला कपड़ा दबाते हुए रुक्कां को समझाया—''तुझे इस गरीब पर क्या गुस्सा है? यह अपनी मर्जी से थोड़े ही आयी है।''

मेहर तारा के पाँव और पिंडलियाँ सहलाना छोड़कर अपने घुटनों पर कोहनियाँ रखे दुख और चिन्ता की मुद्रा में बैठी हुई तारा की चोटों को देख रही थी। गहरा साँस लेकर बोली—''मरे आपस में लड़ते हैं, मिट्टी औरतों की खराब करते हैं।''

ताजो ने समझाया—''खुदावन्द ने तो मर्द पर फर्ज आयद किया है कि औरत पर रहम करे और उसकी हिफाजत करे क्योंकि औरत मर्द को अपने जिस्म से पैदा करती है और पालती है···।''

''खाक रहम और हिफाजत करते हैं।'' मेहर ने क्रोध प्रकट किया, ''बेहया जहाँ से निकलते हैं, उसी की बेइज़्ज़ती करते हैं। मर्द मुहब्बत करे तो, गुस्सा करे तो, उनका सब जोर वहीं उतरता है। देखो तो बेचारी के जिस्म पर कैसी रगड़ें लगी हैं, चमड़ी उतर गयी है। इस गरीब की भी हड्डियाँ तोड़ गया है।'' मेहर ने रुक्कां की ओर संकेत किया, ''मर्द में भैंसे जैसी ताकत होती है। ये बेचारी खुदकुशी की कोशिश न करती तो क्या करती! गरीब औरत के पास सिवा मर जाने के और चारा ही क्या है!'' मेहर ने बहुत गहरा साँस खींचा।

पास खड़ी प्याज काट कर अपनी झोली में डालती जाने वाली औरत बोल पड़ी—''भैंसे का जोर हो चाहे हाथी का, मैं तो ऐसे हरामजादे का पेट फाड़ दूँ; दाँतों से उसके गले की रग काट दूँ।'' उसने मर्दानी गाली दी, ''····के···खींचकर जान ले लूँ!''

मेहर घुटनों पर हाथ रख उठते हुए बोली—''ठहरो, मैं इसके लिए एक गिलास गरम चाय ले आऊँ। बानो ने बना ली होगी।''

''चाय ले आना, पहले इसका बदन तो ढको।'' ताजो ने टोका।

''रुक्कां, तू कोई अपनी पुरानी-धुरानी सलवार दे दे न!''

''हाय मेरे पास कहाँ है! मैं जैसे-तैसे अपना बदन ढके हूँ।'' रुक्कां ने दुहाई दी, ''एक तो वह मेरे सिर सौत ले आया, मैं ही अपना कपड़ा दे दूँ? अच्छी सीख दे रही हो!''

बदरू और ताजो ने आश्वासन दिया—''तू डरती क्यों है? कोई निकाह थोड़े ही पढ़ा दिया है मौलवी ने! तेरे सिर सौत कैसे रख देगा? तू मत डर! इसे कमर में पहनने के लिए कुछ तो दे। नहीं तो अभी कुछ दे दे, तेरा पूरा कर देंगे। बेचारी नंगी बैठी है। औरत जात की बेइज़्ज़ती में सबकी बेइज़्ज़ती है।''

रुक्कां को अलगनी पर से अपनी मैली, घिसी हुई, कई जगह पैबन्द लगी सलवार उतार कर दे देनी पड़ी। तारा ने बैठे ही बैठे सलवार पहन ली।

मुहल्ले में अजां की पुकार की गूँज सुनाई दी। ताजो ने रुक्कां को सम्बोधन किया—"मैं तो नमाज़ के लिए जा रही हूँ। तू ख़याल रखना, यह कुछ और न कर बैठे। खुदा बख्शे इनके गुनाहों को, रमज़ान शरीफ के दिनों में यह करतूतें! कत्ल, लूट, आग, जब्रजनाह (बलात्कार) करते हैं! यह क्या बख्शे जायेंगे!"

ताजो, बदरू और एक और औरत ने सहारा देकर तारा को खाट पर लिटा दिया। सब स्त्रियाँ रोज़े से पहले फजर की नमाज़ पढ़ने चली गयीं। कोठरी में तारा और रुक्कां रह गयी थीं। तारा हाथों में सिर दबाये सोच रही थी, क्या दुर्दशा हो गयी···मैं मर भी नहीं सकती। इन लोगों को क्या मेरा दरद था या मुझ पर क्या गुस्सा है जो मर जाने भी नहीं दिया। हजारों बार सुनी हुई बात याद आयी, मनुष्य के चाहने से कुछ नहीं होता, होता वही है जो भगवान् चाहता है। भगवान् अभी मेरा और क्या करना चाहता है? मुझे और क्या दंड देना चाहता है? पिछले जन्म के ऐसे क्या पाप हैं···कौन से पाप? इस जन्म के किन कर्मों का दण्ड है? सोमराज से विवाह न करने की इच्छा का? या असद के साथ चले जाने की इच्छा का? सोमराज से तो विवाह कर ही लिया। अब मेरा और क्या होने को शेष है? मरने की भी स्वतन्त्रता नहीं। शायद नरक की यातना में, नरक की भट्ठी में जीवित जलाये जाना, गरम तेल में खौलाये जाना, आरे से सिर चीरा जाना बाकी है। जो होना हो जल्दी हो··· ।

ताजो तायी, बदरू भाभी, मेहर और लैला के कारण आसपास के घरों के मर्दों को भी मालूम हो गया कि नब्बू एक जवान हिन्दू लड़की को उठा लाया है। उसने लड़की के साथ बुरा किया है और उसे कंजरों के हाथ बेचने के लिए घर में रखे हुए है। ताजो तायी ने मुहल्ले के खुदातरस (धर्मभीरु) लोगों को फटकारा—"रमज़ान का मुतबर्रिक (पवित्र) महीना है। मुहल्ले में यह गुनाह हो रहे हैं··· ।"

पड़ोस के मर्दों ने विचार किया, इस विषय में क्या किया जाये।

ताजो नमाज़ पढ़ लेने के कुछ देर बाद हाथ में चाय का गिलास लिये फिर तारा के समीप आ बैठी थी। दूसरी स्त्रियाँ और लड़कियाँ भी आकर कोठरी के भीतर झाँक जाती थीं। ताजो ने बहुत अनुरोध करके तारा को चाय के कुछ घूँट पिला ही दिये थे। लगातार वज़ीफा या दुआ (मंत्र) पढ़ते रहने से ताजो के होंठ हिलते जा रहे थे। ताजो बार-बार कहे जा रही थी—"बेटी, अल्लाह को याद कर। हर मुसीबत में फकत वही मदद करने वाला है। अल्लाह तुझ पर रहम करे। परवरदिगार तुझ पर करम करे।"

नब्बू सूर्योदय के प्रायः एक घण्टे बाद अपने घर लौटा। पड़ोस के लोग उसके लौटने की ही प्रतीक्षा कर रहे थे। सब ओर से उस पर फटकार पड़ने लगी। मर्द उसके आँगन को घेरे छतों पर आ गये और स्त्रियाँ खिड़कियों और दरवाजों के पल्लों के पीछे से बोलने लगीं—"यह सब क्या हरकतें हैं तेरी? दस नम्बर में नाम दर्ज़ है, फिर भी बाज़ नहीं आता! हम कब तक तेरी जमानतें दिया करेंगे? मुहल्ले की बदनामी कराता है।"

नब्बू ने पड़ोसियों के इस हस्तक्षेप का विरोध धमकी से किया—"तुम लोगों को क्या मतलब! किसी मुसलमान औरत की तरफ तो आँख नहीं उठायी मैंने! हिन्दू औरत है। वे लोग नहीं हमारी औरतों को ख़राब कर रहे हैं? उन लोगों ने कितनी जगह आग लगायी है, रोज़ बम चलाते हैं। मौलवियों ने जिहाद (धर्मयुद्ध) का फतवा दिया है।"

ताजो तायी को मुहल्ले के बुजुर्ग बेब्बे (बड़ी बहिन), बच्चे और जवान तायी पुकारते थे। वह सबके सामने खड़ी होकर बात कर लेती थी। उसने सामने होकर फटकार दिया—"चुप मरदूद कहीं का! औरतों के साथ बदकारी करना क्या जिहाद है? नम्बरी बदमाश है। दीन के नाम पर कुफ्र बकता है। ज़बान गल कर गिर जायेगी।"

नब्बू ने स्थिति देखकर कहा—"मैं क्या उठा लाया, यह तो खुद ही भाग रही थी···।"

"भाग रही थी तो तेरे बाप का क्या ले रही थी! तू उठा लाने वाला कौन था? मुहल्ले को बदनाम करायेगा!" किसी ने धमकाया।

नब्बू ने मान लिया कि वह औरत को जहाँ से लाया है, छोड़ आयेगा।

रुक्कां को बदला लेने का अवसर मिला। उसने किवाड़ की आड़ से ऊँचे स्वर में बता दिया, "झूठ बोल रहा है। यह तो कह रहा था कि औरत को पच्चीस रुपये में खलीफा के हाथ बेच दिया।"

समस्या थी कि औरत का क्या किया जाये। नब्बू पर कोई विश्वास नहीं कर सकता था। औरत को पुलिस के हवाले किया जाता तो नब्बू के खिलाफ रपट हो जाती। आखिर तो वह मुसलमान था। सोच-विचार से तय हुआ कि हाफिज़ जी को खबर कर दी जाये; वह जैसा कहें, किया जाये।

नब्बू ने हाफिज़ जी के यहाँ ख़बर दी जाने की बात सुनी तो तारा के शरीर से उतारा हुआ जेवर लेकर चुपके-चुपके घर से बाहर निकल गया।

भाटी दरवाजे के मुस्लिम मुहल्लों में हाफिज़ इनायत अली साहब का बहुत प्रभाव और आदर था। हाफिज़ जी ने तीस बरस से अधिक समय तक इंटैलीजेंस (गुप्तचर) विभाग में नौकरी की थी। ऊँचे पद पर पहुँच कर पेंशन ले ली थी। उन्हें पूरा कुरान शरीफ कंठस्थ होने के कारण लोग सम्मान से हाफिज़ जी पुकारते थे। उन्हें अरबी भाषा का खूब ज्ञान था। वे बरसों तक अरब देशों में भेस बदल कर अंग्रेज सरकार के गुप्तचर के रूप में रहे थे। अंग्रेज सरकार की इस सेवा के परिणामस्वरूप उनके बड़े पुत्र को पी० डब्लू० डी० के महकमे में अच्छी नौकरी मिल गयी थी और छोटा पुत्र फिल्लौर के पुलिस स्कूल से इम्तहान पास करके अमृतसर में सब-इंस्पेक्टर के पद पर गया था।

पेंशन पा लेने के बाद हाफिज़ इनयात अली के मन में इस बात के लिए बहुत ग्लानि हो रही थी कि जीविका के लिए अपने सहधर्मियों के साथ धोखा करते रहे थे। उस पाप का प्रायश्चित करने के लिए, पेंशन पाकर वे 'जमायते इस्लामी' का काम अवैतनिक कर रहे थे। उनका सब समय और शक्ति इस्लाम को वैज्ञानिक धर्म सिद्ध करने में, गैर-मुस्लिमों को मुसलमान बनाने में और मुसलमानों को पक्का और सच्चा मुसलमान बनाने में लगती थी। सभी मुसलमान और मुसलमान अफसर उनका बहुत आदर करते थे।

दस के लगभग एक मुसलमान बुढ़िया सुरक्षा के लिए पुलिस के दो सिपाहियों के साथ नब्बू के यहाँ आयी। बुढ़िया ने कहा कि वह हिन्दू लड़की को लिवा ले जाने के लिए हाफिज़ जी के यहाँ से आयी थी।

ताजो तायी ने तारा को सान्त्वना देकर समझाया कि उनके साथ जाने में कोई खतरा नहीं है। हाफिज़ जी दीनदार, नेक और बाइज़्ज़त आदमी हैं।

तारा ने इन्कार कर दिया, कहीं नहीं जायेगी। उसने कहा—"मुझसे उठा नहीं जाता। कहीं नहीं जाऊँगी। यहाँ पड़े-पड़े ही मरूँगी।"

रुक्कां ने तारा के सामने हाथ जोड़कर, गिड़गिड़ाकर अपने घर से जाने के लिए कहा पर तारा नहीं मानी। उसका उत्तर था—"मुझे यहाँ नहीं मरने देना चाहते तो उठाकर क्यों लाये थे? मैं खुद तो आयी नहीं। मैं मर चुकी हूँ। मुझे हटाना चाहते हो तो उठवा कर नदी में फिंकवा दो या मर जाने पर लाश को फिंकवा देना।"

खबर मिली कि हाफिज़ जी स्वयं आये हैं। रुक्कां घबरा गयी। बदरू उठकर चली गयी। ताजो तायी ने अपना बुर्का मँगवा लिया और पड़ोस से एक पीढ़ी माँग लेने के लिए कहा। रुक्कां कोठरी से बाहर हो गयी और ताजो बुर्का ओढ़कर कोठरी के एक कोने में खड़ी हो गयी।

कोठरी में पहले वर्दी पहने पुलिस के दो सिपाही आये, उनके पीछे हाफिज़ जी आये। हाफिज़ जी के सिर जरीदार कुल्हे पर पेशावरी लुंगी (छोटी पगड़ी) बँधी थी। शरीर पर बन्द गले का लम्बा टर्किश कोट था। पाँव में पालिशदार जूते, सलवार शरअ के अनुसार जमीन पर पड़ी गलाजत से छू न सकने के लिए टखनों से ऊँची थी। हाथ में मूंठदार बेंत था। ओजपूर्ण संतुष्ट चेहरे पर कतरी हुई दाढ़ी-मूँछें भी होंठों से नीचे न आने देने के लिए होंठों की लकीर से ऊपर-ऊपर कतरी हुई थीं। हाफिज़ जी आकर तारा की खाट के समीप पीढ़ी पर बैठ गये, जैसे डाक्टर मरीज की खाट के समीप बैठ जाता है। तारा ने एक नजर आगन्तुकों की ओर देखा और पलकें मूँद लीं।

हाफिज़ जी ने पुलिस के सिपाहियों को आँगन में जाकर प्रतीक्षा करने के लिए कह दिया। हाथ में लिया बेंत खाट के साथ टिकाकर खड़ा कर दिया। उनका चेहरा बहुत गम्भीर हो गया। दोनों हाथों को अंजलियों की भाँति दोनों घुटनों पर रखकर आँखें मूँद लीं और होंठों ही होंठों में कुछ पढ़ने लगे। दुआ पढ़कर उन्होंने तारा के शरीर पर एक फूँक मार दी। उन्होंने तीन बार दुआ पड़ी और दुआ से पवित्र श्वास की फूँक तारा के शरीर पर छोड़कर आशीर्वाद दिया—"तेरी बलाएँ दूर हों। तुझ पर अल्लाह का करम हो!

हाफिज़ जी ने तारा को बेटी कह कर सम्बोधन किया। खाट पर झुक कर उसके सिर पर लगी चोटों को देखा और डाक्टर के दवाई लगाने की आवश्यकता बतायी। बोले—"बेटी, हमारे घर चल, चोटों पर डाक्टर से दवाई लगवा दें। जहाँ तेरी तबीयत होगी, पहुँचा दिया जायेगा।"

तारा ने सिर हिला कर इन्कार कर दिया कि वह न कहीं जाना चाहती थी, न कुछ सुनना चाहती थी।

हाफिज़ जी ने स्नेह से समझाया—"बेटी, तू शक्ल-सूरत से अच्छे खानदान की और समझदार लगती है। मैं खुद बेटी-बेटियों, पोते-पोतियों वाला हूँ। उस पाक परवरदिगार पर भरोसा कर। इन्सान की हर मुसीबत में उस पर यकीन ही मदद करता है। वह अपने सब बन्दों को देखता है, वह किसी से बेखबर नहीं। उसी परवरदिगार ने मुझे तेरी मदद और खिदमत के लिए भेजा है।"

तारा ने आँखें मूँदे, सिर हिलाकर इन्कार कर दिया।

हाफिज़ जी और भी करुणा और वात्सल्य से बोले—"बेटी, तू अपने घर नहीं जाना चाहती तो तुझे तेरे अजीजों के यहाँ पहुँचा देंगे। वहाँ भी जाना पसंद नहीं तो इलाज के लिए हस्पताल में भरती करा देंगे। वहाँ भी मंजूर नहीं तो खुदा के इस बन्दे के घर रहना। तेरी माँ-बहिनें तेरी खिदमत करेंगी। बेटी, यह जगह तेरे लायक नहीं है। यहाँ मुनासिब इलाज नहीं हो सकता। यहाँ तुझे सुकून (शांति) नहीं मिलेगा।"

बहुत समझाने पर भी तारा ने धीमे से इन्कार किया—"मैं तो यहाँ ही पड़े-पड़े मरूँगी। मैं तो मर चुकी। मुझे यहाँ नहीं रहने देना चाहते या मुझ पर रहम करना है तो मुझे उठवा कर दरिया में फिंकवा दीजिये।"

हाफिज़ जी धैर्य और सहानुभूति से बोले—"बेटी, तेरी गुफ्तगू जाहिर कर रही है कि तू ख़्वान्दा (शिक्षित) है, समझदार है। बेटी, समझ से काम ले। खुदा का हुक्म है कि यह बन्दा तेरी मदद करे वर्ना मैं यहाँ कैसे आ सकता था! बेटी, जिद्द करने से क्या फ़ायदा? यहाँ दवा-दारू का भी इन्तजाम ठीक नहीं हो सकता। यहाँ तेरा रहना न मुनासिब है, न मुमकिन। तू रज़ामन्दी से नहीं जायेगी तो पुलिस तुझे उठाकर ले जायेगी। पुलिस तुझे उठाकर ले आने वाले बदनाम बदमाश के यहाँ कैसे रहने दे सकती है। यह बदमाश तुझे जबरन उठा लाया है। उसके सामने तो जिद्द काम नहीं दे सकती थी। पुलिस का भी वही तरीका है। पुलिस के हाथ पड़ने से ख्वार ही होना पड़ेगा। मेरे यहाँ तू रज़ामन्दी से जायेगी तो अपनी तबीयत से जब जहाँ चाहेगी, जा सकेगी। मुझे इससे कुछ लेना-देना नहीं है। तेरी हालत सुनकर, तेरी मुसीबत में मदद करना फर्ज़ समझ कर आया हूँ; यानी खुदा ने मुझे तेरी खिदमत के लिए भेजा है। यह खुदा का हुक्म है। बेटा, इन जाहिल लोगों के बीच में पड़ी रहने में तो हर तरह का खतरा है। जान-बूझ कर खतरे में पड़ना समझदारी नहीं है।"

तारा कुछ देर मौन सोचती रही। पुलिस के हाथ पड़ना सान्त्वना का कारण नहीं हो सकता था। पुलिस के सद्व्यवहार की बात उसने कभी नहीं सुनी थी। उसकी कल्पना में पुलिस क्रूरता और आतंक का ही प्रतीक थी। उसने हाफिज़ जी के यहाँ जाना स्वीकार कर लिया।

हाफिज़ जी का मकान बहुत बड़ा नहीं था, परन्तु पूरे मकान में केवल उनका ही परिवार रहता था। मकान उसी ढंग का था जैसे लाहौर की गलियों में पुराने ढंग के मकान थे—ड्योढ़ी के साथ बैठक के पीछे आँगन को घेरे कोठरियाँ, गुसलखाना। आँगन से ऊपर की मंजिल के लिए जीना। आँगन पर लोहे का जाल। ऊपर की मंजिल में गली की ओर बड़ा कमरा। जाल को घेरे दो और कमरे और रसोई। हाफिज़ जी की सरकारी सेवाओं और रसूल के प्रभाव से उनके बड़े लड़के अहमद अली को नहर विभाग में एस० डी० ओ० की नौकरी मिल गयी थी। उन दिनों वह बार के इलाके में तैनात था। छोटा लड़का अमजद अली बी० ए० पास करके फिल्लौर में ट्रेनिंग लेकर अमृतसर में सब-इंस्पेक्टर नियुक्त हो गया था।

सरकार ने शासकीय और सैनिक अफसरों को हिन्दुस्तान या पाकिस्तान की सेवा के लिए स्वयं चुनाव कर लेने का अवसर दिया था। अमजद अली ने अपना नाम पाकिस्तान की सेवा के लिए दिया था। निश्चय हो चुका था कि अमृतसर हिन्दुस्तान में रहेगा।

हाफिज़ जी के मन में ख़याल बना रहता था कि उनका पुत्र जल्दी ही लाहौर आ जाय परन्तु आश्वासन था कि उनका पुत्र पुलिस का अफसर है। पुलिस से अधिक सुरक्षित और कौन हो सकता है। इस बात का भी विश्वास था कि अंग्रेज सरकार हो या हिन्दुस्तानी सरकार; जो भी हो, अमजद को सुरक्षित पाकिस्तान पहुँचाने के लिए जिम्मेवार है।

हाफिज़ जी की तीनों बेटियों के विवाह हो चुके थे। अल्लाह के करम तीनों अपनी ससुरालों में दूध-पूत से संतुष्ट थीं। अहमद अली प्रायः दौरे पर रहता था। उसका बड़ा लड़का अनवर कालेज में पढ़ रहा था। लड़के की पढ़ाई के ख़याल से अहमद अली की बीबी खुरशीद अपने लड़के और दोनों बेटियों, तेरह बरस की फर्ज़ाना और आठ बरस की कमरू के साथ लाहौर में ही रहती थी। गोद में दो बरस की मुन्नी हाजरा थी।

हाफिज़ जी के विचार-व्यवहार का प्रभाव घर के वातावरण पर भी था। हाफिज़ जी की बेगम और बहू खुरशीद ने दुखी तारा को बहुत सहानुभूति से हाथों-हाथ लिया। गरम पानी से नहलाया, डाक्टर के यहाँ से दवा मँगाकर उसके सिर के घावों पर लगायी और बुखार की दवाई पिलायी। ऊपर की मंजिल में, गली की तरफ हवादार कमरे में उसके लिए खाट बिछा दी।

तारा नब्बू के यहाँ से कहीं भी ले जायी जाने से इसलिए इन्कार कर रही थी कि वह केवल मरना ही चाहती थी। हाफिज़ जी ने उसे समझा दिया था कि पुलिस उसे नब्बू के यहाँ मर जाने के लिए भी नहीं रहने देगी। पुलिस के हाथों पड़ने से बचने के लिए और चुपचाप मर सकने के लिए तारा ने हाफिज़ जी के यहाँ आना स्वीकार कर लिया था। हाफिज़ जी की बेगम और बहू के सहृदय व्यवहार के बावजूद वह कुछ खाना-पीना न चाहती थी। हाफिज़ जी ने उसकी खाट के समीप कुर्सी पर बैठकर समझाया—"बेटी, इस तरह भूखे रहने से तेरी तबीयत किस तरह ठीक होगी? तू तो खुदकुशी कर रही है। तुझे खुदा के रहम पर भरोसा नहीं है।"

तारा ने आँखें झुकाये स्वीकार किया कि उसकी जिन्दगी जिन्दा रहने के योग्य नहीं है। मर जाने का दूसरा उपाय नहीं है तो वह अनशन के सिवा और क्या करे?

हाफिज़ जी ने बहुत स्नेह से समझाया—"बेटी, तू ख्वान्दा और समझदार होकर कैसी बातें करती है! तू खुदकुशी करके किस गुनाह का कफ्फारा (प्रायश्चित्त) करना चाहती है! तू बेगुनाह है। गुनाह की सजा तो गुनहगार को दी जानी चाहिए। जुर्म की सजा अगर गुनहगार जालिम के बजाय मजलूम पर पड़ेगी तो इससे गुनाह बढ़ेगा। अच्छा बता, तेरे फाका रखकर खुदकुशी कर लेने से उस बदमाश नब्बू पर क्या असर पड़ सकता है? तेरे फाके से रहने से तो हमें ही तकलीफ हो रही है। फाके से रहकर दूसरों को डराना जाहिल औरतों का तरीका है या गाँधी ने यह तरीका पॉलिटिक्स में चलाया है। जब उसके पास दलील नहीं होती तो वह फाके से रहकर डराता है। अंग्रेज उसके फाकों का लिहाज करते थे, चूँकि उसे लीग के खिलाफ अपना दोस्त ख़याल करते थे।

"बेटी, तुझे चाहिए कि तू तन्दुरुस्त होकर दुनियाँ से गुनाह को दूर करने में खुदा के बन्दों की मदद करे। तू माजी (भूत) को ही क्यों सोचती है! मुस्तकबिल (भविष्य) को क्यों नहीं सोचती! खुदा के रहम पर एतबार क्यों नहीं करती! हमारे मकान में तेरा

खुदकुशी करना हमारे लिए ही परेशानी और मुसीबत की वजह हो सकती है, नब्बू जैसे गुनहगार के लिए नहीं।''

हाफ़िज़ जी के सीधे-सीधे तर्क का तारा के पास कोई उत्तर न था। निःस्वार्थ भाव से उसकी सेवा करने वालों के प्रति वह कितनी उपेक्षा दिखा सकती थी! उसकी आत्महत्या से हाफ़िज़ जी के परिवार के संकट में पड़ने के विचार ने उसे शिथिल कर दिया। वह जैसे-तैसे कुछ खा लेने लगी।

नित्य के उत्पात और कर्फ़्यू के कारण शहर में समीप के गाँवों से दूध नहीं आ पाता था। हाफ़िज़ जी की बेगम और बहू खुरशीद पाकिस्तान के विरोध में उत्पात करने वालों को बददुआएँ देती थीं। रमज़ान के महीने में कमरू और गोद की मुन्नी को छोड़कर पूरा परिवार रोज़े रख रहा था, परन्तु बेगम तारा को दिन में दो बार पौन-पौन गिलास दूध पी लेने के लिए विवश कर देती थी। कमरू और मुन्नी के साथ ही तारा के लिए भी सहरी में कुछ खाना बचा रखती थी। रोटी वैसे ही गेहूँ की जैसी वह अपने घर में खाती थी। सब्जी-तरकारी भी खेतों से लायी हुई, परन्तु इनके यहाँ पकाने का स्वाद उसके पुराने अभ्यास से भिन्न था। अनिच्छा के कारण इन वस्तुओं से उसे और भी अरुचि होती।

तीन-चार दिन में तारा की तबीयत कुछ सँभल गयी। फजर की नमाज के बाद हाफ़िज़ जी ने उसकी खाट के समीप कुर्सी डलवा ली और उसे कुरान शरीफ पढ़कर सुनाने लगे। अर्थ और व्याख्या भी करते जाते थे। हाफ़िज़ जी चुनकर ऐसे प्रकरण सुनाते थे जिनमें खुदा के वाहिद-मुतकल (ईश्वर के अद्वितीय, एकमात्र, सर्वशक्तिमान और सर्वनियंता) होने और हजरत मुहम्मद के खुदा के आखिरी पैगम्बर (संदेश देने वाले) होने का उपदेश रहता था। खुदा और उसके पैगम्बर पर एतबार रखने वालों को जन्नत मिलने और खुदा और उसके पैगम्बर पर ईमान न लाने वालों के दोजख की आग से जलाये जाने की चेतावनी रहती थी। हाफ़िज़ जी उपदेश देते रहते, परन्तु तारा का मस्तिष्क दूसरी कल्पनाओं में उलझा रहता। यह उपदेश उसके लिए उतना ही उबा देने वाला था जैसे भूख न रहने पर अरुचिकर भोजन खाने के लिए विवश होना।

चार-पाँच दिन खुरशीद और उसकी सास ने तारा से उसकी चोटों, उसकी तबीयत और खाने-पीने के लिए उसकी रुचि के अतिरिक्त अन्य कोई बात न की। तारा की तबीयत जरा सँभल गयी तो वह खाट छोड़ कर फर्श पर बिछी चटाई पर बैठ जाने लगी। खुरशीद बखिया करने के लिए गोद की मुन्नी की फराक हाथ में लिये उसके समीप आ बैठी और तारा के बदमाश नब्बू के हाथ पड़ने की घटना का ब्योरा पूछने लगी। तारा ने संक्षेप में अपनी ससुराल के घर पर रात में आक्रमण होने और आग लगा दिये जाने के समय छत की मुँडेर लाँघ कर बचाव के लिए भागने की बात बता दी।

खुरशीद ने आत्मीयता से जिज्ञासा की—''हाय, घर में तुम्हारी सास-ननदें और दूसरी औरतें भी तो रही होंगी? तुमने दूसरे लोगों और अपने दूल्हे को नहीं पुकारा?''

अनिच्छा और संकोच होने पर भी तारा ने बेगम और खुरशीद की आत्मीयता के व्यवहार के प्रति कृतज्ञता में सुहागरात के आरम्भ में ही पति से पाये भीषण दुर्व्यवहार की बात कह दी। बात चल गयी तो सोमराज से विवाह की अपनी अनिच्छा की बात भी बता दी। उसके और असद के आकर्षण की चर्चा की कोई आवश्यकता नहीं थी।

ख़ुरशीद और उसकी सास ने तारा की ससुराल, पति की क्रूरता, अन्याय और ऐसा व्यवहार करने वाले हिन्दू-समाज को कोस कर कहा—''हमारे यहाँ मुसलमानों में ऐसा जुल्म कभी नहीं हो सकता। मुसलमानों में तो निकाह पढ़ाने से पहले वकील लड़की की रज़ामन्दी पूछ लेता है। लड़की इन्कार कर दे तो निकाह हरगिज नहीं हो सकता। मुसलमानों में तो लड़की के नाम हैसियत के मुताबिक, आठ-दस हजार रुपये तक मेहर (हक) लिखा लिया जाता है। नालायक मर्द औरत को छोड़ दे तो मेहर भरना पड़ता है। मुसलमानों में ऐसा जुल्म हरगिज़ नहीं हो सकता।''

इतनी दुर्गति सह लेने पर भी तारा को हिन्दू-समाज के आचार-व्यवहार पर लांछन सुनना अच्छा नहीं लगा। बताये बिना न रह सकी कि पूछ लेने और लड़की की इच्छा के बिना विवाह न करने का नियम तो हिन्दू धर्म में भी है पर परवाह कौन करता है। नियम तो रखे ही रह जाते हैं। उसे नब्बू का रुक्कां के साथ व्यवहार याद आ गया, परन्तु कह देने से क्या लाभ था?

उस संध्या हाफिज़ जी रोजा खोलने के बाद ऊपर ही बैठे थे। रोजे के रहते समय किसी प्रकार की सुगन्ध या भोजन की इच्छा उत्पन्न करने वाली गन्ध लेना शरअ (नैतिकशास्त्र) के अनुसार मकरूह (निन्दनीय) है इसलिए रमजान के महीने में हाफिज़ जी के यहाँ रात का भोजन सूर्यास्त के पश्चात, उपवास समाप्त हो जाने के बाद ही बनता था। उस समय हाफिज़ जी आँगन में लोहे के जाल पर पड़ी खाट पर, खुले आकाश के नीचे बैठे हुक्का पीते हुए बेगम, बहू और पोते-पोतियों से कुछ बात करते रहते थे।

बेगम ने हिन्दुओं और मुसलमानों में स्त्री की तुलनात्मक अवस्था की बात उनके सामने शुरू कर दी। हाफिज़ जी ने बहुत ब्योरे से बताया कि हिन्दुओं की सभ्यता आदिम और बर्बर है। वे लोग औरत को अपने हैवानों की तरह खानदान की जायदाद समझते हैं। बेवा को खाविन्द की लाश के साथ जला देना सवाब (पुण्य) समझते हैं। इससे ज्यादा हैवानियत और क्या होगी? इस्लामी शरअ में लड़के और लड़की दोनों को जायदाद पर हक दिया गया है। तलाक का हक मर्द और औरत दोनों को हासिल है। मर्द को एक वक्त में चार से ज्यादा बीबियाँ रखने का हक नहीं। हिन्दुओं में चार हजार पर भी बन्दिश नहीं है।

तारा सिर झुकाये सुनती रही। उस बुर्के और पर्दे में बन्द रहने वाली, मर्दों के सामने आने का हक न रखने वाली स्त्रियों की स्वतन्त्रता और मर्दों से समता की बात अनर्गल लग रही थीं। तर्क और विरोध का न अवसर था न उससे लाभ था। दूसरे दिन वह हाफिज़ जी के कुरान शरीफ पढ़कर सुनाने पर और भी अधिक ऊबने लगी। मन को समझाया, मुझे क्या लेना है हिन्दू और मुसलमान से। उसे धार्मिक विश्वासों और साम्प्रदायिक भावना से कोई अनुराग नहीं था, परन्तु अपनी रीति-नीति की निन्दा भली न लगती थी। वह यही चाहती कि कोई उससे न कुछ कहे, न उससे कुछ पूछे।

तारा को चटाई, दरी या खाट पर पड़े-पड़े सोचते रहने के सिवा और काम ही क्या था। वह सोचते-सोचते थक गयी थी। सोचने के लिए था भी क्या? एक रात और दिन की घटनाओं को कितना सोचती। सोच-सोच कर सिर दरद कर लेने के सिवा लाभ ही क्या था? जो कुछ उसने सोचा, कभी न हुआ। हुआ वही जो कभी न सोचा था, जिसकी कभी कल्पना नहीं थी।

तारा सोचना नहीं चाहती थी परन्तु मस्तिष्क रिक्त और निष्क्रिय न रह सकता था। सोचने लगती, क्या यही उसका भाग्य था? अभी जाने और क्या सहने को था? एक दिन भाई से अपमान की बात सुनकर ही वह जल कर मर जाने के लिए तैयार हो गयी थी, अब कितना क्या नहीं सह रही है! रात में जब सब लोग सो रहे हों, गले में दुपट्टे का फन्दा लगाकर क्यों न मर जाय? भाग्य में अभी मौत है नहीं तो यत्न करने पर भी न मर सकेगी। उसने भाई पर व्यर्थ भरोसा किया। यदि वह परिवार की परवाह न कर विवाह न करने की बदनामी सहने के लिए तैयार हो जाती तो क्या इससे भी अधिक कुछ हो सकता था? सोमराज क्या कर लेता?

तारा अपने साथ उपकार और सहानुभूति करने वाले परिवार के प्रति कृतज्ञता अनुभव कर रही थीं। इस कृतज्ञता में वह घर के कामों में खुरशीद का हाथ बटाने का यत्न करती। मुन्नी का फराक उसने खुरशीद के हाथ से ले लिया और उसे बहुत सुन्दर बनाकर उस पर एक फूल काढ़ दिया। परिवार के उपासे रहने पर उनके सामने कुछ खाना-पीना उसे अच्छा न लगता। सूर्योदय से पूर्व परिवार के लोग सहरी खाते तो उसे इतनी जल्दी खाने की रुचि न होती, परन्तु दिन भर परिवार के साथ उपासे रहने की स्वयं स्वीकार की हुई विवशता में उसे भी सुबह ही कुछ खा लेना पड़ता था। उसका व्यवहार देखकर बेगम, खुरशीद, लड़कियाँ और हाफिज़ जी उसके प्रति अधिक ममता और आदर प्रकट करने लगे।

तारा हाफिज़ जी के परिवार से सहृदयता और कृपा पा रही थी परन्तु उस घर में जो समाचार मिलते वे उसकी चिन्ता और निराशा बढ़ा रहे थे। अनवर सदा पाकिस्तान की विजय और मुसलमानों के बड़ी संख्या में पूर्व से आने और हिन्दुओं के पूर्व की ओर भागने का समाचार सुनाता रहता था। घर की बूढ़ी नौकरानी नसीबन जब भी मुहल्ले में घूम कर आती, कहीं न कहीं आग लगने या कत्ल हो जाने के समाचार सुनाती। बूढ़ा मेहतर कालू कभी उत्साह से लोहे के तालाब के मुहल्ले के जल जाने और हिन्दुओं के भाग जाने के समाचार सुना जाता, कभी ग्वालमंडी, पुरानी अनारकली में आग लगने और हिन्दुओं के भगाये जाने और पाकिस्तान की विजय के समाचार सुना जाता।

हाफिज़ जी को मालूम हो गया था कि तारा बी० ए० तक पढ़ी थी। उन्होंने उसे मानसिक शांति प्राप्त कर सकने और समय का सदुपयोग कर सकने के लिए 'जमायते इस्लामी' की दो पुस्तकें—'दि लाइफ आफ गाड' और 'दि साइंटिफिक रिलीजन आफ इस्लाम' दे दी थीं। ऐसी पुस्तकों में तारा का मन नहीं लगता था। उसे जान पड़ता था, बड़े-बड़े शब्दों में उबा देने वाली निरर्थक बातें थीं। सोचती, यह लोग कट्टर मुसलमान हैं, परन्तु भले लोग हैं। उनके रहन-सहन का ढंग और विचार भिन्न हैं। वह उनके सिर पर बोझ बनकर कब तक पड़ी रहे और जाये तो कहाँ? उसे कहीं तो जाना ही होगा। पिता के घर के अतिरिक्त और कहाँ जा सकती थी? उसने परिवार की आज्ञा मानकर विवाह को भी सह लिया था। अब तो उसे अपना मार्ग बना लेने देंगे।

सहसा तारा के मस्तिष्क में बिजली कौंध गयी—यदि परिवार ने मेरे इस प्रकार चले जाने को ससुराल से भाग आना समझ लिया तो?···परिवार की प्रतिष्ठा का प्रश्न?···नहीं, अब वह जीवन और सम्पर्क समाप्त है।

तारा का सिर चकरा जाता। सोचती—सोचने से क्या लाभ? सोचा हुआ तो कभी होता नहीं। फिर भी सोचा—कम्युनिस्ट पार्टी के लोग शायद अब भी हिन्दू-मुसलमानों का झगड़ा रोकने और शान्ति कायम रखने का यत्न कर रहे होंगे! उस झगड़े में दौलू मामा की तरह समाप्त हो चुके सैकड़ों लोगों में वह भी एक थी। एक व्यक्ति का क्या मूल्य होता है, परन्तु सभी लोग तो व्यक्ति ही हैं। असद की भी याद आयी परन्तु उस स्मृति में उत्साह, आकर्षण और मिठास न रहा था। उसे पुरुष-मात्र से विरक्ति हो गयी थी। वह सोचना नहीं चाहती थी, परन्तु मस्तिष्क सोच में इतना डूब जाता कि आधी रात तक नींद न आती। सोचना सिर की पीड़ा और चक्कर बन जाता।

दोपहर में कभी पड़ोस के मकान से स्त्रियाँ बेगम और खुरशीद से बात के लिए आ बैठतीं। तारा उनसे परिचय न होने के कारण दूसरे कमरे में चली जाती। सामने बैठकर अपने विषय में बातें सुनना उसे अच्छा न लगता था। पड़ोसिनें काफी ऊँचे स्वर में बोलती थीं। तारा ने सुना—"...अच्छे खतरी खानदान की लड़की इतनी पढ़ी-लिखी है, बीमारी और उदासी से कमजोर जरूर हो गयी पर देखने में शरीफ मुसलमान खानदान की लड़की से किस बात में कम है? आजकल के लड़के अंग्रेजी पढ़ी-लिखी लड़कियाँ ही पसन्द करने लगे हैं। अमजद को पसन्द आ जाये तो क्या है? हाँ, अमजद के लिए क्या बुरी है? इसी से निकाह करा दो न!"

तारा आशंका से सुनने लगी; सुना—"ले वाह! हमारे अमजद के लिए यही रह गयी है? हमारे लड़के के लिए कैसे-कैसे पैगाम आये हैं।" अमजद की माँ ने विरोध किया, "हमने लड़कियों को दान-दहेज में कितना दिया है! हमारे लेने की बारी आयी तो घर से भागी हुई हिन्दू बेवा ही रह गयी है!"

तारा को अपना यह तिरस्कार बहुत चुभा। चुभा जरूर परन्तु सांत्वना भी अनुभव की कि इस प्रकार के किसी जाल की आशंका यहाँ नहीं है।

तारा हाफिज़ जी के लिए 'ताया जी', उनकी बेगम के लिये 'माँ जी' और खुरशीद के लिए 'भाभी जी' शब्दों का प्रयोग करने लगी थी। उसने खुरशीद के सामने उन सबकी कृपा और सहानुभूति के लिए कृतज्ञता प्रकट करके कहा—"...कितने दिन आप लोगों के सिर का बोझ बनी रहूँगी। मुझे पिता जी के यहाँ पहुँचवा दीजिये, आगे जो मेरे भाग्य में हो।"

खुरशीद बातचीत में तारा के परिवार और गली-मुहल्ले के विषय में सब कुछ जान चुकी थी। उसने तारा की यह बात सास और ससुर तक पहुँचा दी।

संध्या समय हाफिज़ जी रोजा खोलने के बाद ऊपर के आँगन में खाट पर बैठे थे। उन्होंने बेगम और तारा को बुलाकर सामने चटाई पर बैठा लिया और बात शुरू की—"बेटी, तुमने अपनी भाभी से क्या कहा था? भला तुम हमारे लिए बोझ हो? हमारी बेटियाँ घर आकर रहें तो बोझ होगा? तुम कहती हो तो हम बजाजहट्टा और भोलापाँधे की गली से खास पता मँगवा लेंगे। यों सबको मालूम है कि उधर के सब हिन्दू पाकिस्तान की मुखालफत में अपनी जायदाद और मालमत्ता बटोरकर पूरब की तरफ चले गये हैं। शहालमी, मच्छीहट्टा में अब हिन्दू कहाँ हैं!"

हाफिज़ जी बताने लगे—"अख़बारों में ख़बर है कि कायदेआज़म जिन्ना ने लार्ड माउण्टबेटन को साफ कह दिया है कि १४ अगस्त के दिन पाकिस्तान कायम हो जाने के

बाद पाकिस्तान पर अंग्रेजी सल्तनत को कोई हक नहीं रहेगा। पाकिस्तान के गवर्नर जनरल कायदेआज़म होंगे। हिन्दू बनियों को देखो, उन्होंने तय किया है कि दिल्ली में हिन्दुस्तान का गवर्नर जनरल अंग्रेज लार्ड माउण्टबेटन ही रहेगा। यह क्या आजादी हुई। हिन्दुओं में आजादी का जज़्बा है ही नहीं, न उन्हें आजादी की जरूरत है। उन्हें तो सिर्फ मुसलमानों से और पाकिस्तान कायम होने से बुग्ज (बैर) है। हिन्दू में हुकूमत करने की काबलियत और माद्दा नहीं होता। मुसलमान को खुदा ने हुकूमत करने के लिए ही पैदा किया है।''

हाफिज़ जी ने दोनों हाथों की अंजुली चेहरे के सामने कर पल भर के लिए आँखें मूँद लीं। होंठों ही होंठों में कुछ पढ़ा और फिर अपनी कतरी हुई दाढ़ी को दायें हाथ की मुट्ठी में सूत लिया। उनके चेहरे पर करुणा का भाव आ गया। बोले—''हिन्दू कौम औरत के हक में बहुत बेरहम है। हिन्दू मर्द मुहज्जब (सभ्य) न होने से बहुत शहबतपरस्त (कामुक) होता है। इस्लामी शरअ में एक शख्स के लिए चार बीबियों की हद मुकर्रर है लेकिन हिन्दू मजहब में कोई बंदिश नहीं। उनका किरशन, जिसे हिन्दू अपना खुदा मानते हैं, सोलह हजार औरतों से ताल्लुक रखता था। उसे जोगीराज कहते हैं, लेकिन हिन्दू की औरत अगर बेवा हो जाय तो शादी का हक नहीं रखती। हिन्दू की बहिन, बेटी, औरत एक दिन राह भटक जाय, बाप या शौहर से दूर रह जाय तो हिन्दू लोग तो उसे मिट्टी का कुल्लड़ समझते हैं। एक शख्श ने कुल्लड़ से पानी पी लिया और उसे फेंक कर तोड़ दिया।''

दूसरे दिन सुबह फजर की नमाज के बाद हाफिज़ जी ने तारा को इस्लाम की रूह से वाहिद मुतलिक खुदा और उसके पैगम्बर हजरत मुहम्मद पर आस्था रखने से मिलने वाली शांति, इस आस्था के फलस्वरूप बहिश्त (स्वर्ग) की प्राप्ति का विश्वास दिलाकर यह आश्वासन भी दिया कि वे दोपहर में बजाजहट्टा और भोला पाँधे की गली से ख़बर मँगाने का यत्न करेंगे।

ईदुलफितर (मीठी ईद) में सप्ताह भर रह गया। दोपहर में बेगम और खुरशीद दरी पर सिलाई की मशीन रख कर ईद के लिए नये कपड़े सी रही थीं। तारा उनकी सहायता के लिए कपड़ों को कच्चा करती जा रही थी।

खुरशीद तारा को सुनाकर सास से बोली—''ये बेचारी भी दिन भर हमारे साथ रोज़े रहती है। अगर एतकाद (धर्म-विश्वास) कर ले तो इसे कितना सवाब हो!''

तारा को इस सहानुभूति में छलना का संकेत अनुभव हुआ। वह चुप रही।

संध्या मगरिब की नमाज़ के बाद हाफिज़ जी रोजा खोलने के लिए ऊपर आये तो तारा को बुलवा कर सहानुभूति और चिन्ता से उन्होंने बताया कि रंगमहल और शहालमी के बीच के इलाके के सब हिन्दू चले गये हैं और पूरब से आये मुसलमान वहाँ आबाद हो गये हैं।

तारा गर्दन झुकाये गहरी साँस लेकर मौन रह गयी।

हाफिज़ जी पाक परवरदिगार से दुआ माँग कर तारा को समझाने लगे—''बेटी, बन्दे को अल्लाह की रजा पर इत्मीनान करना चाहिए। उस कादिर मुतलिक के रहम पर सब्र करना चाहिए। उसकी हर बात बन्दे की बहबूदी (हित) के लिए होती है। वह चाँद-सूरज और तमाम कायनात (सृष्टि) की खबर रखता है। पत्थर में बन्द कीड़े को भी नहीं भूलता।

वह तुझे कैसे भूल सकता है? यकीनन तुझे यहाँ इसलिए भेजा है कि हम तेरी खिदमत कर सकें। पाक परवरदिगार ने हमें तीन बेटियाँ दी थीं। उनकी तरफ हमने अपना फर्ज पूरा कर दिया। अब उसने तुझे हमारी गोद में दिया है। नादान इंसान उसके तरीके नहीं समझ सकता। यह तुझ पर उसका रहम है कि उसने तुझे यहाँ पहुँचाने का जरिया बनाया कि तू लाइलाहिलिल्लाह, मुहम्मद रसूललिल्लाह पर ईमान लाये और उम्मत में शरीक हो और हमें तुझे उम्मत में शरीक करने का सवाब हासिल हो।''

बेगम, खुरशीद और दोनों लड़कियाँ—फर्जाना और कमरू समीप बैठी सुन रही थीं। हाफिज़ जी से कलामपाक (अल्लाह और रसूल के पवित्र नाम) सुनकर उन्होंने अपने दोनों हाथों की उँगलियाँ चूमकर आँखों से लगायीं और एक स्वर में कहा—''आमीन (तथास्तु)!''

हाफिज़ जी ने पीठ सीधी करके जरा ऊँचे स्वर में अरबी में कुरान शरीफ की एक आयत पढ़ी और बोले—''जिनका उस सृष्टिकर्ता, एकमात्र खुदा और उसका संदेश मनुष्यों तक पहुँचाने वाले पैगम्बर मुहम्मद पर विश्वास नहीं है, वे कयामत के बाद दोजख की आग में जलेंगे।'' और बोले, ''उस रहीम-करीम ने दोजख की आग से बचाकर जन्नत के बाग में दूध और शहद के दरियाओं के किनारे, खजूरों की छाया में आराम कर सकने के लिए ही रहम करके इस घर में पहुँचाने का जरिया किया है। उसने जो रहम तुझ पर किया है, उसके लिए तुझे उसका शुक्रगुजार होना चाहिए।''

तारा हाफिज़ जी का उपदेश सुन कर चुप रही। उस रात उसे बहुत देर तक नींद न आयी। सोचती रही, स्पष्ट है कि हाफिज़ जी और उनके परिवार की कृपा का प्रयोजन उसे मुसलमान बना लेने का सवाब हासिल करना ही था, इसीलिए उसका अनशन छुड़वाकर उसे मरने नहीं दिया। तारा को मुसलमान बन जाना मंजूर न था। संसार में उसके लिए ठिकाना नहीं था। इस पर भी वह हाफिज़ जी की कृपा और दया नहीं चाहती थी। यह भी स्पष्ट था कि उसके लिए कोई स्थान हो न हो, हाफिज़ जी उसे मुसलमान बना सकने के लिए अपने घर से चले जाने देना नहीं चाहते थे। वह क्या करे?

तारा को इतने समय तक कालेज के वातावरण में रह लेने के बाद, विशेषकर कामरेडों की संगति मिलने के बाद से हिन्दू धर्म के विश्वास में कोई आस्था या प्रेम नहीं रहा था। स्वर्ग-नरक, पूजा-श्राद्ध और अवतारों के धार्मिक विश्वास उसे उपहासास्पद लगते थे, परन्तु इस्लाम स्वीकार करने के दबाव से उसे मानसिक यंत्रणा अनुभव हो रही थी। उसे याद आने लगा, एक दिन नरेन्द्रसिंह, ज़ुबेदा, सुरेन्द्र और हमीद के सामने असद ने कहा था—''···हिन्दुत्व कोई मजहब और धर्म-विश्वास नहीं है। वह एक समाज और संस्कृति है। उसमें विश्वासों के बंधन हैं। आप भगवान् में विश्वास करें तो हिन्दू, विश्वास न करें तो भी अपने आपको हिन्दू कह सकते हैं। आप चाहे जैसे भगवान् में, साकार में या निराकार में, एक ही भगवान् में या अनेक भगवानों में विश्वास कर सकते हैं। अवतार में विश्वास कीजिये या न कीजिये। ब्रह्म, जीव और माया को एक मानिये या पृथक-पृथक। पुनर्जन्म को भी मानने न मानने की स्वतंत्रता है, व्यवहार की नहीं। इस्लाम ऐसी स्वतन्त्रता सहन नहीं कर सकता। इस्लाम चिन्तन का नहीं विश्वास का मार्ग है। आप खुदा से मुनकिर नहीं हो सकते। आप खुदा से मुनकिर हैं तो आप काफिर हैं। खुदा पर भी आप मनचाहे ढंग से विश्वास नहीं कर सकते। सिर्फ एक ही खुदा—वाहिद

मुतलिक, लाउलशरीफ खुदा पर एतकाद करना होगा। यहीं तक हद नहीं है, उस खुदा का एक रसूल भी मानना होगा और वह रसूल केवल मुहम्मद साहब को मानना होगा। आप आज के विज्ञान और साइंस से खुदा के सम्बन्ध में तर्क नहीं कर सकते, क्योंकि जिस वक्त मुहम्मद साहब पर इस्लाम का इलहाम नाज़ल हुआ था, यह विज्ञान मौजूद नहीं था।''

हाफिज़ जी रोजे के दिनों में दोपहर के समय गर्मी और भूख का कष्ट न अनुभव करने के लिए जौहर की नमाज से पहले साढ़े ग्यारह से दो-सवा दो बजे तक सो लेते थे। ग्यारह तारीख की दोपहर में वह सो रहे थे तो कर्फ्यू के बिगुल के चीत्कार से उनकी नींद टूट गयी। पहला ख़याल यही आया कि रोजे के दिनों में काफिरों ने हमला किया होगा। अगर शाम तक कर्फ्यू न खुला तो रोजा रखने वालों को कितनी तकलीफ होगी। ख़याल आया कि पड़ोस की गली में मियाँ निजामुद्दीन कसूरी, आनरेरी मजिस्ट्रेट के यहाँ से कोतवाली में फोन करके कर्फ्यू के कारण का पता लें, फिर सोचा जौहर की नमाज के बाद ही जाना ठीक होगा।

हाफिज़ जी रोजा खोलने की अजां हो जाने के कुछ मिनट बाद घर लौटे। बहुत परेशान थे। बेगम और खुरशीद खजूरें लिये उनका इन्तजार कर रही थीं। हाफिज़ जी के यहाँ रोज़ा हमेशा खजूरें खाकर ही खोला जाता था। हजरत मुहम्मद खजूर खाकर रोज़ा खोलते थे इसलिए खजूर से रोजा खोलना 'सुन्नत-उल-रसूल' है। उससे रोज़े का सवाब अधिक हो जाता है।

हाफिज़ जी से घबड़ाहट के कारण खजूर खाते न बन रहा था, परन्तु समय पर कुछ खा न लेने से रोज़ा मकरूह (भंग) हो जाने का भय था। खजूर का एक टुकड़ा मुँह में लेते हुए बोले—''इन काफिरों पर खुदा का कहर नाजल हो। दंगा और फरेब तो काफिर की फितरत है। अमृतसर में हिन्दू पुलिस सुपरिण्टेण्डेण्ट ने पुलिस के सब मुसलमान सिपाहियों के असलाह (शस्त्र) धोखे से रखवा कर उनकी वर्दियाँ उतरवा ली हैं। सबको बर्खास्त करके कह दिया है कि पाकिस्तान चले जाओ। मेरा दिल दहल रहा है। अमजद बिना हथियार और वर्दी के किस तरह यहाँ पहुँचेगा। अमृतसर में हालत बहुत नाजुक है। उसे और दूसरे मुसलमान अफ़सरों को बाहिफाजत लाहौर तक पहुँचाना उनका फर्ज था।''

अमजद की माँ और भाभी ने सुना तो मुँह में काटी हुई खजूर चबा सकना मुश्किल हो गया। आँखों से आँसू बह चले। वे काफिरों को दंगा और जुल्म करने के लिए बददुआएँ देने लगीं।

हाफिज़ जी बोले—''सुना है गुस्से से भरे मुसलमान सिपाही लाहौर स्टेशन पर पहुँचे तो मारपीट कर बैठे। इन सिपाहियों का क्या कसूर है? उन्हें पहले इश्तआल (उत्तेजना) दिलाया गया है। बेईमान हिन्दू कांग्रेस वाले एलान तो करते हैं कि हिन्दुस्तान में मुसलमानों को पूरी आजादी और शहरी हकूक दिये जायेंगे और अमल यह है। आइन्दा क्या होगा, जाहिर है। ये लोग फरेब के सिवा और क्या कर सकते हैं?''

हाफिज़ जी मगरिब की नमाज के बाद भी बहुत देर तक दुआ के लिए बैठे रहे। अमजद की माँ नमाज से उठी तो आँखों से आँसू बह रहे थे। खुरशीद भी आँचल से

बार-बार आँखें पोंछ रही थी। हाफिज़ जी के यहाँ नमाज के बाद ही शाम का खाना बनाने का सिलसिला जारी होता था। खाना जल्दी तैयार कर सकने के लिए मामा नसीबन के साथ बेगम और खुरशीद भी हाथ बटाने लगती थीं। मामा प्याज-लहसुन लेकर सालन के लिए मसाला पीसने लगी थी। बेगम ने मामा से आलू और छुरी ला देने के लिए कह दिया था, परन्तु आँखों से आँसू भर-भर आने के कारण कुछ करते बन न रहा था। तारा ने चुपचाप उसके सामने से आलू और छुरी उठा ली और तरकारी काटने लगी।

हाफिज़ जी नमाज के बाद फिर निजामुद्दीन कसूरी के यहाँ कोतवाली में टेलीफोन पर पूछताछ करने चले गये थे। पड़ोसी विलायत अली के पास अमृतसर में अमजद के संकट में होने का समाचार पहुँच गया था। उनके घर की दो स्त्रियाँ सहानुभूति में खबर पूछने आ गयी थीं। बेगम और खुरशीद उनसे बात करने लगीं। तारा ने रसोई का काम सँभाल लिया।

हाफिज़ जी लगभग दो घण्टे बाद लौटे। पहिले से अधिक परेशान थे, बोले—"कुछ खबर नहीं मिल रही है। बहुत से सिपाही और अफसर आ भी गये हैं। कुछ लोग रेल से आये हैं, कुछ बसों में आ गये हैं। अमजद की कोई खबर अभी नहीं मिली। अल्लाह मुहाफिज हैं।"

हाफिज़ जी की बात सुनकर अमजद की माँ और भाभी फिर रो पड़ीं। हाफिज़ जी ने उन्हें धैर्य रखने और पाक परवरदिगार से दुआ माँगने के लिए समझाया। सिर से पगड़ी उतार कर खाट के पाये पर टिका दी और परवरदिगार पर भरोसा करके कमर सीधी करने के लिए लेट गये।

कमरू भूख के कारण तारा से रोटी माँग रही थी। तारा ने उसे एक रकाबी में रोटी और तरकारी परोस दी थी। खुरशीद दुआ माँग कर उठी तो तारा ने उसके समीप आकर धीमे से कहा—"भाभी, फर्जाना और ताया जी के लिए तुम परस दो।"

खुरशीद ने ससुर से खाने के लिए कहा।

"बेटी, अभी ठहर जा, तबीयत परेशान है।"

गली में ड्योढ़ी की साँकल जोर से झनझना उठी। तितरवाली गली में और आस-पास सब मुसलमानों की ही बस्ती होने के कारण आशंका का कारण नहीं था। फिर भी सावधानी के विचार से हाफिज़ जी ने मामा को नीचे जाकर दरवाजा खोल देने से पहले ऊपर की खिड़की से झाँक कर देख लेने के लिए कहा।

"शायद भाई आ गये हों।" तारा के मुँह से परिवार के प्रति सहानुभूति में निकल गया।

"आमीन! बहिन तेरे मुँह में घी-शक्कर!" खुरशीद बोल उठी।

"भला हो तेरा। जुग-जुग जिये, तुझ पर खुदा की बरकतें हों।" बेगम ने तारा को आशीर्वाद दिया।

"चाचा जी! चाचा जी!" नसीबन के साथ कमरू भी खिड़की पर चली गयी थी। वह किलक कर चिल्लायी और जीने से नीचे भाग गयी।

हाफिज़ जी उठ बैठे। बेगम और खुरशीद भी शरीर में स्फूर्ति अनुभव कर सहसा खड़ी हो गयीं। बेगम ने तारा को फिर आशीर्वाद दिया—"जुग-जुग जिये। फले-फूले। तू करमों वाली है। तुझ पर अल्लाह का फजल और करम हो।"

हाफिज़ जी ने जीने की ओर बढ़ते हुए बेगम के आशीर्वाद का समर्थन किया—''बहुत नेक (सुलक्षण) लड़की है तभी तो अल्लाह ने तेरी बेटी बनाकर तेरे घर भेजा है।''

हाफिज़ जी के पीछे-पीछे बेगम और खुरशीद भी नीचे चली गयीं; तारा ऊपर ही रही।

पाँच-सात मिनट में सब लोग फिर ऊपर आ गये। अमजद अली सलेटी रंग का कोट-पतलून पहने नंगे सिर था। छोटी-छोटी तितली मूँछें, दाढ़ी सफाचट, वेशभूषा से आधुनिक; न हिन्दू न मुसलमान। तारा को वह सभ्य और शिक्षित पुरुष जान पड़ा। वह शिष्टता से रसोई में जाकर आड़ में हो गयी।

अमजद हाफिज़ जी के समीप खाट पर पैताने बैठकर बात करने लगा। तारा रसोई में बैठी सुन रही थी—''मुझे खाँ साहब अब्दुलगनी ने रोक लिया था। उनके बाल-बच्चे भी अमृतसर में थे। हमने छः मुस्लिम सिपाहियों को हिफाजत के लिए रख लिया था। खाँ साहब फर्नीचर छोड़कर सब कुछ ले आये हैं। मैं भी अपना सब कपड़ा-लत्ता ले आया हूँ। बहुत से गरीब सिपाही तो कुछ भी नहीं ला सके। बेईमान हिन्दू एस० पी० ने डोगरा मिलिटरी को पहले से बुला लिया था। लाइन के मुसलमान सिपाहियों को परेड में खड़ा करके वर्दियाँ उतरवा लीं··· । हम लोगों ने एक पूरी बस ले ली थी। खाँ साहब की अपनी प्राइवेट दो बन्दूकें और दो पिस्तौल थे।''

हाफिज़ जी ने पूछा—''तुम्हारे पास तो ड्यूटी का रिवाल्वर होगा?''

''सुबह ही सब इंस्पेक्टरों को बड़ी कोतवाली में बुलवा लिया था। सिख मिलिटरी टामीगन लिये खड़ी थी। बेईमान एक-एक अफसर को कमरे में बुलाते थे। रिवाल्वर और पेटी उतरवाकर, रिलीविंग सर्टीफिकेट देकर दूसरी तरफ से बाहर कर देते थे।''

''लानत है, लानत है! क्या मकर फरेब है! तोबा!''

खुरशीद ने रसोई में आकर तारा से कहा कि थोड़ा आटा और घी लेकर भाई के लिए परौंठे उतार दे। वह देवर की बात सुनने के लिए खाट के समीप लौट गयी। तारा आटे में घी का मोयन मिलाकर गूँधते हुए सुन रही थी—''अमृतसर में तो कौल बाजी ले गया। हमें इतनी जल्दी उम्मीद नहीं थी। हमारा तो यकीन है कि किसी ने मुखबिरी की है। हरामी का बच्चा हसीब उसका बहुत मुँह-लगा था। मुझे तो उसी पर शक है। हरामी दीन और दुनिया दोनों से गया। गनी साहब खामुखाह कहते रहे, अभी सब्र करो, शक न होने दो; वर्ना हम अमृतसर में एक काफिर को न रहने देते। पुलिस क्या नहीं कर सकती?'' सिर झुकाये आटा गूँधती तारा का मन चाहा कि परात को उठाकर फेंक दे।

''तुम शहर में पहुँचे किस वक्त? मैंने तो कोतवाली में इमामदीन को कई बार टेलीफोन किया।''

''अमृतसर से अढ़ाई बजे चले थे। तकरीबन चार बजे पुलिस लाइन में पहुँच गये थे। आप जानते हैं, गनी साहब तो पक्का यूरोपियन का बच्चा है। उसने जिद्द की कि उसे सिविल लाइन में बँगला चाहिये। सिविल लाइन में घूमे। फिर खयाल आया माडल टाउन चलकर देखें। वहाँ दो बँगलों के ताले तोड़े। एक गनी साहब ने लिया है और दूसरा

सत्तार साहब ने। वहाँ से पुलिस लाइन में लौटकर रिपोर्ट की। सवारी के बिना आना ठीक नहीं था। जीप बहुत देर में मिली। दो सिपाहियों को साथ लेकर आया हूँ।'' बातचीत चलती रही।

खुरशीद ने खाट पर बैठे हुए ससुर और देवर के बीच खाना परोस दिया। अमजद परौंठे का एक ग्रास तोड़ते हुए बोला—''यह कैसे हिन्दुवानी परौंठे बनाये हैं? रसोई में कौन है?'' उसे तारा की झलक मिल गयी थी।

''हिन्दू लड़की है। बेचारी मुसीबतजदा है। अल्लाहताला के करम से यहाँ आ गयी है तो मुसलमान बन ही जायेगी। पन्द्रह तारीख को यह सवाब का काम हो जायेगा।'' हाफ़िज़ जी ने संक्षेप में अमजद को तारा की कहानी सुना दी।

हाफ़िज़ जी ने तारा को दो दिन और इस्लाम की सच्चाई और सच्चे धर्म से प्राप्त होने वाली मुक्ति के उपदेश देकर सुझाव दिया कि वह इस्लाम स्वीकार कर ले।

तारा ने सिर झुकाये प्रार्थना की—''ताया जी, आपके और माँ जी के मुझ पर बहुत एहसान हैं लेकिन अपनी समझ और दिमाग को क्या करूँ? मेरा दिल-दिमाग नहीं मानते। अल्लाह-ईश्वर की इच्छा से जैसी पैदा हुई हूँ, मुझे वैसे ही मरने दीजिये। सोचती हूँ, उसने अपनी रजा से जो कुछ बना दिया है उसे मैं क्या बदलूँ? आपका एहसान कभी नहीं भूलूँगी। आप मेहरबानी करके पहुँचा सकें तो मुझे हिन्दुओं में पहुँचा दीजिये। या इजाजत दीजिये, मैं चली जाऊँ। फिर आगे जो मेरी किस्मत में होगा··· ।''

हाफ़िज़ जी ने धैर्य से समझाया—''बेटी, कालेज की अंग्रेजी तालीम का ख़राब असर तुम्हारे दिमाग़ पर पड़ा है। इस तालीम का असर इंसान के दिमाग में गरूर पैदा करके उसे गुमराह कर देता है। इंसान के दिमाग की क्या औकात है? इंसान की बनाई फिलासफी और साइंस का कोई कानून इटर्नल (शाश्वत) नहीं है। वह हमेशा बदलते रहते हैं। सिर्फ कुरान शरीफ की फिलासफी और कानून इटर्नल हैं। वह कभी नहीं बदले और न बदलेंगे। इंसान की निजात उन्हीं पर ईमान लाने में है।''

सब-इंस्पेक्टर अमजद अली दूसरे दिन से ही लाहौर में ड्यूटी पर लग गया था। उसे किसी चौकी का चार्ज नहीं मिला था इसलिए रात घर पर ही रहता था। १३ तारीख की संध्या उसने आकर बताया कि कराची से पैगाम आया है कि पाकिस्तान का दारुलखिलाफा (राजधानी) कराची में कायम होगा। १४ तारीख को दिन के दस बजे लार्ड माउण्टबैटन कराची में जाकर कायदेआज़म को पाकिस्तान का गवर्नर जनरल तस्लीम कर लेगा, लेकिन उनके फरमान रात बारह बजे के बाद अमल में आयेंगे।

अमजद ने यह भी बताया कि पाकिस्तान का इनआगुरेशन (स्थापना) पन्द्रह तारीख को नहीं बल्कि अठारह तारीख को ईद के मुतबर्रिक दिन किया जायेगा। कायदेआज़म का फरमान है कि उस रोज कोई जशन नहीं मनाया जायेगा, न रोशनी की जायेगी। सिर्फ पाकिस्तान का कौमी परचम (राष्ट्रीय झण्डा) फहराया जायेगा और ईद की नमाज की जमात में हिन्दुस्तान में रह जाने के लिए मजबूर करोड़ों मुसलमानों की निजात (मुक्ति) के लिए दुआ माँगी जायेगी।

''सही है! बहुत मुनासिब है!'' हाफ़िज़ जी ने उत्साह से समर्थन किया और बोले, ''कायदेआज़म बहुत खुदापरस्त आदमी हैं। उनके दिल में दीन और मिल्लत की

आग है। कौमी और दीनी ख़याल का इससे बड़ा और क्या सबूत हो सकता है। वाह-वाह!"

हाफिज़ जी उत्साह से कहते गये—"सूबा सरहद के कांग्रेसी काफिर अब्दुल गफ्फार खाँ के गुण्डे कायदेआज़म के खिलाफ जहर फैलाते थे कि कायदेआज़म शरअ से नहीं चलता, दाढ़ी नहीं रखता, शरई पोशाक नहीं पहिनता, औरतों के पर्दे के खिलाफ है, परहेजगार नहीं है, उसकी लड़की ने पारसी से शादी की है। सरहदी कांग्रेसियों ने एक नादान पठान को बहका कर कायदेआज़म का कत्ल करने के लिए बम्बई भेजा था। कायदेआज़म के मकान का दरवाजा खुला था। उन्हें किसका खौफ है? पठान सीधा मकान में चला गया। देखता क्या है कि कायदेआज़म जायेनमाज (नमाज का आसन) बिछाये घुटने तोड़े बैठे हैं और वज्द (समाधि, सम्मोहन) की हालत में सिर हिला-हिलाकर पुकार रहे हैं, अल्लाहू! अल्लाहू! अल्लाहू!

"पठान सकते में (मुग्ध) खड़ा देखता रहा। दस मिनट गुजरे, आध घंटे का वक्त गुजरा, पठान खड़ा-खड़ा थक गया लेकिन कायदेआज़म का वज्द नहीं टूटा। आखिर कायदेआज़म ने वाहिदुलशरीफ खुदा और रसुलेखुदा वालेसल्लम से" हाफिज़ जी ने अपनी बात रोक कर और उनके साथ ही दूसरे लोगों ने भी अपनी उँगलियों को चूम कर आँखों से लगाकर अल्लाह और रसूल के प्रति सम्मान प्रकट किया। हाफिज़ जी बोलते गये, "दुआ माँगी कि मेरी मदद कर और मेरी राह पर अपने करम की रोशनी रख कि मैं दीन व मिल्लत की खिदमत में कामयाब हो सकूँ। जब कायदेआज़म जायेनमाज से उठे, पठान ने अपने कपड़ों में छिपाया हुआ छुरा एक तरफ फेंक दिया और उनके पाँव पकड़ लिये और रो-रोकर अपने जुर्म का इकबाल किया।

"कायदेआज़म ने कत्ल के इरादे से आने वाले पठान को सीने से लगा कर फरमाया, बिरादरे दीन, उस रब्बुल आलमीन (ब्रह्माण्ड के स्वामी भगवान्) के हुक्म के बिना कुछ नहीं हो सकता। अगर तुझे मेरे मालिक का यह हुक्म हुआ कि तू दीन व मिल्लत की खातिर मेरा कत्ल करे तो तू उसका हुक्म पूरा कर। कायदेआज़म ने अपना सीना खोल दिया और बोले, मेरा खून दीन और मिल्लत की खिदमत में बह जाये, मेरी इससे बड़ी और क्या खुशकिस्मती हो सकती है। उनके कल्ब (दिल) में खुदा का इलहाम है। गांधी उनका क्या मुकाबला कर सकता है? उनकी हर बात दीन की बेहतरी के लिए है। वह जानते हैं कि काफिर और मोमिन एक जगह नहीं रह सकते। तकसीमे आबादी की उनकी तजवीज बहुत सही है।"

अमजद बोला—"आज सुबह से कम से कम दो हजार हिन्दू लाहौर से गया है। उसी तादाद में पूरब से मुसलमान भी आया है।"

हाफिज़ जी खाट से उठकर खड़े हो गये और बोले—"अब सोयें। बारह बजे तहज्जुद की नमाज के लिए उठना भी है।" वे चले गये।

अमजद ने तारा की ओर संकेत करके माँ और भाभी से धीमे स्वर में बात की—"तुम लोगों ने यह कूड़ा समेट रखा है? लोग काफिरों को मुल्क से निकाल रहे हैं, तुमने घर में ही रख लिया है।"

"उम्मत (धर्म) में आ जायेगी तो फिर क्या काफिर रहेगी? तुम्हारे अब्बा को और हमें भी सवाब होगा। तुम्हारे अब्बा को तो फर्जेदीन (धर्म) प्यारा है। जानते हो, इससे

पहले भी कितने काफिरों को, नौ की बाबत तो मैं जानती हूँ, मुसलमान बना चुके हैं। पन्द्रह तारीख को या ईद मुतबरिक के दिन सब हो जायेगा।'' अमजद की माँ ने बेटे को तसल्ली दी।

''अब्बा को तो फिक्र परेशान किये है कि जन्नत उजाड़ रह जायेगा। अगर पंजाब के सभी हिन्दू मुसलमान बनकर यहाँ ही बैठे रहते तो गरीब मुसलमानों को क्या फायदा होता?''

तारा के इस्लाम स्वीकार करने के लिए अनिच्छा प्रकट करने पर भी हाफिज़ जी ने धैर्य नहीं छोड़ा। वे और भी तन्मयता से अपनी आध्यात्मिक शक्ति का प्रयोग करने लगे। वे फजर की नमाज के बाद मस्जिद से लौटकर और जौहर, असर और मगरिब की नमाजों के बाद भी तारा को समीप बैठाकर वजीफे पढ़-पढ़ कर उस पर फूँके छोड़ते रहते कि उसके दिमाग से शैतान का प्रभाव दूर हो जाये। वे पाक-परवरदिगार से लड़की की जमीर रोशन करने के लिए दुआ माँगते रहते। तारा को दूसरे के मुँह की वायु अपने ऊपर छोड़ी जाने से बहुत ग्लानि अनुभव होती थी।

तारा उस कैद से मुक्ति पाने के लिए छटपटा रही थी, परन्तु फिर नब्बू जैसे खूँखार अत्याचारियों के हाथ में न पड़ जाने के लिए हाफिज़ जी को चिढ़ाये बिना, उनकी सहायता से ही उस घर से सुरक्षित स्थान पर पहुँचा दी जाने की आशा कर रही थी। निराशा के क्षणों में वह लड़कर चली जाने के लिए भी तैयार हो जाती। सोचती इस बार वैसी परिस्थिति आने पर वह उठा ली जाने के बजाय लड़ कर जान दे देगी। याद आ जाता—रुक्कां कूँड़ी का डंडा उठाकर नब्बू से लड़ी थी। उस घर में स्त्रियों के मुख से पुरुषों से आत्म-रक्षा के लिए लड़ सकने के उपाय सुने थे, वे भी याद आने लगते।

१७ अगस्त रमज़ान का अन्तिम दिन था। दूसरे दिन प्रातः ईद के पवित्र त्योहार के दिन पाकिस्तान की स्थापना के लिए भगवान् के प्रति कृतज्ञता प्रकट करने का पवित्र दिन भी था। हाफिज़ जी बहुत प्रसन्न थे। उन्होंने मगरिब की नमाज़ के बाद मस्जिद से लौट कर तारा को समीप बैठाकर उस पर रहम करने के लिए अल्लाहताला से दुआ माँगी और तारा को सुनाकर अमजद की माँ से बात शुरू की—

''हमारी बदरू की इतनी ही उम्र होगी, चाहे चार छः महीने कम ही हो। अल्लाह करीम के रहम से गोद में दो बच्चे हैं। कितने प्यारे बच्चे हैं। जवान औरत तो भरी गोद ही अच्छी लगती है। मेरी नजरों में आला ओहदे के तीन-चार अफसर हैं।'' उन्होंने तारा की ओर संकेत किया, ''मुश्किल तो यह है कि शादीशुदा है। शरअ के कानून से खाविन्द के जिन्दा रहते शादीशुदा औरत की दूसरी शादी नहीं होनी चाहिए। यह इस्लाम कबूल कर ले तो इसका पहला निकाह खुद ही रद्द हो जाय वरना कोई शरीफ शरअ का पाबन्द मुसलमान इससे शादी कैसे कर सकता है···!''

हाफिज़ जी ने बताया कि इससे पहले भी वह तीन विपत्तिग्रस्त हिन्दू लड़कियों का निकाह योग्य मुसलमान जवानों से कराकर उनकी जिन्दगी सुधार चुके थे। एक लड़की तो तारा की तरह पढ़ी-लिखी थी। अपने पति के जुल्मों से परेशान होकर घर छोड़ आयी थी। हाफिज़ जी ने अपने बड़े बेटे मुहम्मद अली के मातहत एक मुसलमान कानूनगो से उसका विवाह करा दिया था। अब वह अपने घर में प्रसन्न थी, अल्लाह के करम से दूध-पूत से निहाल थी।

अमजद की माँ ने तारा की पीठ पर वत्सलता से हाथ फेर कर कहा—"बेचारी में तो काफिरों की जहालत की कोई बात ही नहीं है। रूप-रंग बिल्कुल हमारी बदरू से मिलता है। जब से आयी है, हमारे ही हाथ का खा-पी रही है। इसने तो हमारे साथ तेरह दिन के रोज़े भी रखे हैं। इस पर खुदा की मेहर है। इसे तो हमारे ही जैसी समझो। अब बच्चा थोड़े ही है। इसकी पसन्द का भी तो ख़याल करना चाहिए। इसे पर्दे में से लड़का दिखा दो, खुद ही पसन्द कर देगी।"

हाफिज़ जी बोले—"हाँ क्यों नहीं! मुनासिब कह रही हो। वह भी हो जायेगा लेकिन उससे पहले दीन कबूल करके उम्मत में शरीक होना जरूरी है।"

तारा सिर झुकाये बैठी थी। उसने अपने पैरों के नाखून खोंटते हुए धीरे स्वर में कहा—"ताया जी, मेरा तो ऐसा कोई ख़याल नहीं है, पहले भी नहीं था। जो होना था हो गया और अल्लाह-ईश्वर को जो मंजूर था वह हो गया। मुझे तो अब कोई ख्वाहिश नहीं है। अल्लाह-ईश्वर की राह में मुझसे अगर कुछ बन सके तो सेवा के लिए तैयार हूँ।"

"च्च, च्च, च्च, यह सब परेशान दिमाग की बातें हैं।" हाफिज़ जी ने उसे टोक दिया, "बेटी यह सब परेशान दिमाग की बातें हैं। कानूने कुदरत के खिलाफ चलना गलती है। कानूने इलाही से जवान औरत का निकाह लाजमी है। खुदा ने औरत को फरिश्ता सीरत (दिव्य गुण) बनाया है, लेकिन इबलिस (शैतान) उसके दिमाग पर गालिब रहता है इसलिए शरअ में हुक्म है कि वह मर्द की हिफाजत में रहे—बचपन में बाप की हिफाजत में, जवानी में शौहर की और बुढ़ापे में अपने बेटों की··· ।"

तारा मन ही मन विरोध में कुढ़ रही थी—स्त्रियों का दमन करने में इस्लाम हिन्दू स्मृतियों से किस बात में कम है?

हाफिज़ जी कहते जा रहे थे—"औरत की भलाई के ख़याल से शरअ में हुक्म है कि औरत जवान हो और उसका हामला (गर्भिणी) न हो तो बेवा हो जाने के चार माह और तेरह दिन बाद उसका दूसरा निकाह हो जाना लाजमी है वर्ना उसके इबलिस के असर में आ जाने का मौका रहता है। इस्लाम में औरत का निकाह उसकी मर्जी और पसन्द के बिना मना है। हम जो करेंगे, तेरी तालीम, तेरे जौक (स्वभाव) का ख़याल कर तेरी मर्जी से करेंगे।"

तारा ने सिर झुकाये धीमे परन्तु दृढ़ स्वर में उत्तर दिया—"नहीं माँ जी, मेरा तो यह ख़याल हर्गिज नहीं है।"

हाफिज़ जी ने उठते हुए कहा—"नहीं बेटी, परेशानी की हालत में ऐसी बात नहीं करनी चाहिए। खुदा और रसूलेपाक पर ईमान लाने से तेरे दिलोदिमाग सही हो जायेंगे। तेरे ख़याल भी खुद दुरुस्त हो जायेंगे।"

अमजद की माँ ने भी समझाया—"बेटी, ऐसी बातों के फैसले खड़े पैरों थोड़े ही किये जाते हैं। हम जो करेंगे तेरी भलाई के लिए ही तो करेंगे।"

खुरशीद को तारा के इस्लाम स्वीकार न करने की इच्छा की बात मालूम हुई तो वह उससे चिढ़ गयी थी। जब तक हाफिज़ जी सामने रहे वह ससुर के प्रति आदर के कारण चुप रही। उनके जाते ही बोल उठी—"इन हिंदनियों को लावारिस गाय-बछिया की तरह

उघाड़े मुँह-सिर और गली-बाज़ारों में घूमने-फिरने की आदतें पड़ जाती हैं। यह शरीफ बाइज्जत औरतों की तरह पर्दे में कैसे रह सकती है? हम लोगों के ऊपर बुर्का न हो तो दरवाजे के बाहर कदम उठाना मुश्किल। खुदा का कहर पड़े इन बेहयाओं पर। हया न हुई तो औरत क्या हुई?''

तारा गाली सुन कर गहरी साँस लेकर चुप रह गयी। सोचा गलाजत, गन्दगी और कैद में रहने का ही जिन्हें अभिमान हो, उनके सामने कोई क्या बोले! ऐसे अंधविश्वासी का क्या उपाय!

१८ अगस्त ईद के पवित्र त्योहार का दिन था। रमजान के दिनों की तरह सहरी खाने के लिए बहुत तड़के उठने की जरूरत नहीं थी, इसलिए हाफिज़ जी और घर के सब लोग देर तक सोये रहे। वे लोग फजर की नमाज की अजां सुनकर ही उठे। हाफिज़ जी पिछले रोज ही पाकिस्तान का एक बहुत बड़ा, हरे रंग का राष्ट्रीय झंडा ले आये थे। सुबह ही छत पर चढ़ कर उन्होंने झंडा फहरा दिया। सभी मकानों पर हरे झंडे फहराये जा रहे थे। सब लोगों के साथ उन्होंने तारा को भी ऊपर बुला लिया था। तारा ने लगभग वैसे हरे झंडे इससे पूर्व अनेक बार देखे थे। उसे वह झंडा मुस्लिम लीग के झंडे से भिन्न लगा। इन झंडों से उसे कभी कोई विरोध और आतंक अनुभव नहीं हुआ था। अलबत्ता उसने इतनी संख्या में यह कभी नहीं देखे थे। आज इन झंडों की बड़ी संख्या ने उसके लाहौर और पंजाब को दूसरा देश बना दिया था। हाफिज़ जी और सब परिवार के चेहरों पर उत्साह था, तारा के मन में चिन्ता और आशंका का बोझ। ये झंडे घोषणा कर रहे थे कि वह अपने लोगों से दूर परदेश में कैदी बनी हुई थी।

सब लोगों ने नहाकर ईद के लिए बनाये गये नये कोरे कपड़े पहने। हाफिज़ जी ने तारा के लिए भी ईद के नये कपड़े सी देने का सुझाव दिया था। खुरशीद ने उपेक्षा कर दी थी। उसने सास के सामने विरोध में कहा था—''ईद के रोज मुसलमान के लिए नया कपड़ा पहनना लाजमी है। वह दीन कबूल नहीं करती तो हमारे यहाँ मुफ्त का कपड़ा कहाँ रखा है! कपड़ा इतना महँगा है कि घर की जरूरत ही पूरी करना मुश्किल है।''

हाफिज़ जी को विश्वास था, अपनी कृपा से तारा का मन जीत लेंगे। उनके संकेत करने पर खुरशीद ने परोक्ष में भुनभुना कर भी तारा के लिए धोबी के धोये हुए अपने सलवार, कमीज और दुपट्टा बक्स से निकाल दिये थे। सभी लोग बहुत खुश थे। खुरशीद की मुन्नी तो बिलकुल तितली बनी हुई थी। जरदा (मीठा भात). सेवैयाँ और बादाम मिली चाय बनाने की तैयारियाँ हो रही थीं।

हाफिज़ जी ने तारा को साफ कपड़ों में देखकर उसकी निजात के लिए अंजली बाँधकर खुदा से दुआ माँगी और फिर स्नेह भरे स्वर में समझाया, ''बेटी, आज बहुत मुतबर्रिक मौका है। ईद का मुबारक दिन है। एक नयी सल्तनते-इलाही के कायम होने का दिन है। तू आज कलमा पढ़कर उम्मत में शरीक हो जाय तो तुझे दूना सवाब होगा।''

तारा की गर्दन झुक गयी। होंठ काटते हुए उसने बहुत ही विनीत स्वर में कहा, ''ताया जी, पिता से अधिक आपकी इज्जत करती हूँ। मैं आपको धोखा नहीं देना चाहती हूँ। आपसे सच कह रही हूँ, मेरा दिल-दिमाग नहीं मानते वर्ना एतराज क्या था? आप

देख रहे हैं, मैं खाने-पीने में किसी किस्म का फरक नहीं समझती हूँ। फिर भी अगर आपका हुक्म है तो आप जो कहें, लेकिन मेरे दिल-दिमाग तो वैसे ही रहेंगे।''

अमजद की माँ बोल उठी—''कल्मा पाक पढ़ लेगी तो खुद ही जमीर रौशन हो जायेगी। तुझे तजल्ली (प्रकाश) और सुकून (शान्ति) महसूस होगा।''

तारा ने उत्तर दिया—''जैसा आपका हुक्म हो। आप कहती हैं तो मैं आजमाने के लिए तैयार हूँ! अगर मुझे कुछ फर्क न मालूम हुआ तो आप मेरा कसूर न कहियेगा।''

अमजद को यह बातें अच्छी नहीं लग रही थीं। उसके माथे पर त्योरियाँ पड़ गयीं—''कलमा पाक क्या मजाक और आजमाइश की चीज है?'' वह टोके बिना न रह सका, ''बिना एतकाद के कलमा पाक पढ़कर उसका मजाक करने की क्या जरूरत है?''

अमजद विरोध प्रकट करने के लिए उठकर नीचे चला गया। सब लोग चुप रह गये। कुछ पल बाद हाफ़िज़ जी भी नीचे उतर गये तो खुरशीद ने क्रोध प्रकट किया—''मरने दो चुड़ैल को! तौबा करो, दहरियों (नास्तिकों) की जुबान से कलमा पाक की तौहीन कराने की क्या जरूरत है? नसीब में दोजख बदा है तो कोई क्या कर सकता है।''

तारा अपना चेहरा आँचल से ढक कर दूसरी ओर चली गयी।

हाफ़िज़ जी के अतिरिक्त सभी लोग तारा से नाराज हो गये थे। कोई उससे बोलता न था। वह भी अलग बैठी रहती। खुरशीद अब उसे खाने के समय समीप बैठ कर खाने के लिए न बुलाती। लड़कियों के हाथ एक तश्तरी में उसके लिए बेमन से खाना भिजवा देती।

चुप और अलग बैठी रहने से तारा के कान घर में होने वाली बातचीत के लिए सतर्क रहते। उसने सुना, अमजद खाना खाते हुए कह रहा था—''सिर से बला हटाओ। वह दीन कबूल करना नहीं चाहती तो उसे यहाँ खामुखाह क्यों रखा जाय। बाकी बचे हिन्दुओं को कैम्पों में इकट्ठे कर दिया गया है। कहो तो इसे भी वहाँ पहुँचा दूँ। वे लोग जाने, यह जाने।''

खुरशीद ने देवर का समर्थन किया—''रुपये का डेढ़ सेर आटा मिल रहा है। अपने बाल-बच्चों का पेट पूरा कर सकें तो बहुत है। यहाँ काफिरों को खिलाने के लिए किसके पास रखा है!''

हाफ़िज़ जी ने उपदेश दिया—''बेटा, सब्र से काम लेना चाहिए। दहरियों को खुदा की राह पर लाना फरज मजहब (धार्मिक कर्तव्य) और सवाब का काम है। दस-पन्द्रह दिन और देखो। तुम लोग मुसलमान हो। तुम्हें अपने रहम और इखलाक से नेक असर डालना चाहिए।''

तारा को आशा बँधी; अमजद स्वभाव का कड़ुवा है, बुड्ढों की तरह फरेब से मीठी बातें नहीं करता, जवानों के अक्खड़पन में सीधे बक देता है। उससे घृणा करता है, परन्तु उसकी सहायता से ही मुक्ति मिलेगी। आशा हो सकती है।

तारा ने रात की बात से उत्साहित होकर दूसरे दिन सुबह अमजद की माँ से फिर हिन्दुओं के कैम्प में पहुँचा देने की प्रार्थना की।

बेगम ने विस्मय प्रकट किया—"हाय बेटी, तू कैसी बातें करती है? हम पर्दानशीन औरतें कम्प-वम्प क्या जानें! अब हिन्दू यहाँ हैं ही कहाँ? हम तो चाहते हैं, तेरी दीन-दुनिया बन जाये। तू नहीं मानती तो तू जान। मर्दों से खुद बात कर ले।"

अगले दिन अमजद के आने पर तारा साहस कर उसके सामने जा खड़ी हुई। सिर झुकाये अमजद को भाई जी सम्बोधन करके उसने कैम्प में पहुँचा देने की प्रार्थना की।

अमजद ने उसकी ओर देखे बिना उत्तर दिया—"मैं कुछ नहीं जानता।"

तारा के लिए कैद विकट यंत्रणा बन गयी थी। यह लोग उसे हिन्दू कैम्प में पहुँचा देने के लिए तैयार न थे। स्वयं अकेले बाहर चले जाने पर नब्बू जैसे बदमाशों का भय था।

तारा ने सोचा, मेरी समझ और विश्वास के विरुद्ध इस्लाम स्वीकार करने के लिए विवश करना क्या जुल्म नहीं है?···सोमराज और नब्बू ने शरीर को कुचला, भ्रष्ट किया और यंत्रणा दी। यह लोग तो दिमाग को कुचल कर समाप्त कर देना चाहते हैं। उन अवसरों पर मैं विवश हो गयी थी तो भी मैंने शक्ति भर विरोध किया, मैंने उसे स्वीकार नहीं किया। यह तो मुझे अत्याचार को स्वयं स्वीकार कर लेने के लिए, अपने मन, मस्तिष्क और आत्मा को स्वयं कुचल देने के लिए कह रहे हैं।

तारा को ख़याल आया, क्या हर्ज है; जबान से कलमा पढ़ लूँ। उससे मेरे मन या मस्तिष्क का क्या बिगड़ जायेगा? कह दूँ, शर्त है कि विवाह नहीं करूँगी···यहाँ से तो निकलूँ।

तारा कल्पना में ठिठकी···ना, यह ठीक नहीं। धोखा देने में मैं स्वयं ही फँस जाऊँगी। एक बार कबूल कर लिया तो यह लोग मुझ पर अपना अधिकार बना बैठेंगे।

तारा का मस्तिष्क चकरा रहा था। विचार आया, अनशन करके ही प्राण दे दूँ। जेल में अनशन करने वालों की क्या अवस्था हो जाती थी; भाई से सुनी बातें याद आने लगीं। सोचा, मेरी वैसी अवस्था हो जाने की यह लोग क्या परवाह करेंगे? हाफ़िज़ जी इस विषय में कह ही चुके हैं। यह लोग मेरे अनशन के लिए कोई नैतिक उत्तरदायित्व क्यों समझेंगे? गांधीजी के अनशन से सरकार घबरा जाती थी क्योंकि उनके पीछे देश का जनमत था, देश के बिगड़ उठने का डर था। परवाह उसी के अनशन की होती है जिसकी जान की फिक्र हो। अनशन से हाथ-पाँव न हिला सकने की अवस्था में इन लोगों ने उठाकर गली में फेंक दिया तो उठकर चल भी न सकूँगी। उस अवस्था में किसी बदमाश के हाथों पड़ गयी तो आत्म-रक्षा कैसे करूँगी? या शरीर पर मक्खियाँ भिनभिनाते मर गयी तो क्या मुक्ति होगी!

पाकिस्तान की स्थापना के उत्साह के साथ ही हाफ़िज़ जी के घर में प्रसन्नता का एक और कारण हो गया था। लाहौर से हिन्दू अफसरों के चले जाने के कारण अमजद अली का प्रोमोशन इंस्पेक्टर के ग्रेड में हो गया था। उसे पुनः संगठन के काम के लिए दफ्तर में ले लिया गया था। वह रहता घर पर ही था।

अमजद अली ने २२ तारीख की संध्या हाफ़िज़ जी से अकेले में बात की—"गवर्नमेंट का आर्डर है कि लाहौर में जहाँ कहीं भी हिन्दू हों, उनकी रिपोर्ट पुलिस में की जानी चाहिए और भारत के लियासों अफसर (सम्पर्क अधिकारी) को भी इत्तला दी जाये।

अब इस लड़की का मामला पेचीदा हो गया है। अगर यह इस्लाम कबूल कर लेती तो कोई बात नहीं थी लेकिन जब तक यह हिन्दू है, हम पर कानूनन जुर्म आयद होता है।''

हाफ़िज़ जी ने अपने अफसर बेटे को कानूनी संकट में डालना उचित नहीं समझा, उत्तर दिया—''इसकी किस्मत! हम अपनी सरकार के कानून के खिलाफ कैसे जा सकते हैं। जैसे तुम मुनासिब समझो।''

दूसरे दिन सुबह दफ्तर जाते समय अमजद तारा के सामने आकर उसे सम्बोधन किये बिना बोला—''तुम्हारा हिन्दुओं के कैम्प में रहना मुनासिब है। तुम पसन्द भी करोगी। दोपहर में सिपाही और गाड़ी भेज दूँगा। वे लोग तुम्हें हिफाजत से कैम्प में पहुँचा देंगे।''

तारा निहाल हो गयी।

१६

१४ अगस्त। बहुत सबेरे से ही लोग दुकानें और मकान सजाते जा रहे थे। आते-जाते लोगों के हाथों में केसरिया-सफेद-हरे रंग के तिरंगे, बीच में चक्र बने झंडे नजर आ रहे थे। सभी लोग उस दिन आधी रात के समय या कुछ पहले ही अपने मकानों और दुकानों पर स्वतन्त्र भारत की राष्ट्रीय पताका फहरा देना चाहते थे। कुछ लोगों ने तो राष्ट्रीय पताकाएँ फहरा भी दी थीं।

बाजार में स्थान-स्थान पर लोग झुंड बाँधे रेडियो के सम्मुख खड़े उत्सुकता से उस दिन के लिए निश्चित कार्यक्रम की घोषणा सुन रहे थे। बाजारों में और सड़कों के किनारे भी रस्सियों में पिरोई हुई तिरंगी झंडियों के बंदनवार लगाये जा रहे थे। बाजारों और सड़क पर जगह-जगह बल्लियाँ गाड़ कर और बाँस बाँध कर द्वार बना दिये गये थे। द्वारों को हरियावल और झंडियों से सजाया जा रहा था। बाजार में खौलते घी और शकर की, खासकर गरम जलेबी की महक भर गयी थी। कहीं अगरबत्तियों की सुगन्ध की लपटें उठ रही थीं। नैनीताल के बोट हाउस क्लब और कैपिटल थियेटर, जहाँ कांग्रेस के बहुत प्रबल आन्दोलन के दिनों में और १९३७ में कांग्रेसी मन्त्रिमंडल के शासन के समय भी सदा ही यूनियन जैक फहराते रहे थे, तिरंगी झंडियों से सजाये जा रहे थे।

नैनीताल में अगस्त में भी सर्दी की खासी खुनकी हो जाती है परन्तु बहुत से लोग सफेद खद्दर के कपड़े पहने दिखाई दे रहे थे। जिन लोगों ने कभी खद्दर का उपयोग नहीं किया था उस दिन वे भी गर्व से खद्दर की सफेद नोकदार टोपी सिर पर रखे घूम रहे थे। दो दिन पूर्व पंजाब में हिन्दुओं से भरी ट्रेन पूरी कत्ल कर दी जाने के समाचारों से पंजाबियों के चेहरे मुर्झाये हुए थे, परन्तु वे भी अपने दुःख को दबाकर, देश भर के जीवन में पहली बार आये इस दिन को उत्साह से मनाने में तत्पर थे।

'न्यू क्लब' में १४ की रात के लिए बहुत बड़े भोज की तैयारी थी। सभी मेम्बरों को पूरे परिवार और अतिथियों सहित भोज में सम्मिलित होने का निमंत्रण दिया गया था। मेम्बरों से भोज की तैयारी में सहयोग देने के लिए भी अनुरोध किया गया था। प्रत्येक परिवार ने अपने पाक-कौशल का परिचय देने के लिए, भोज के लिए कोई एक व्यंजन यथेष्ट मात्रा में प्रस्तुत करने का आश्वासन दिया था।

कांता पिछली संध्या से ही अपनी सास, ननद, कनक और कंचन से सलाह कर रही थी कि भोज के लिए क्या बनाकर ले जाना ठीक होगा? कभी दही-बड़ों का विचार आता, कभी फीरनी की बात सोचती। कभी पंजाबी ढंग से मसालेदार चनों का सुझाव आता। वकील पांडे ने उससे मसालेदार चनों के लिए अनुरोध किया था पर आशंका थी कि अपना-अपना अभ्यास और स्वाद होता है; उत्तर प्रदेश के घुइयाँ-कचौड़ी खाने वाले लोगों को चने पसंद न आये तो इंसल्ट हो जायेगी। उसने आठ सेर दही के लिए बयाना देकर बड़ों के लिए यथेष्ट दाल भिगो दी थी।

नैयर का नौकर फूलसिंह नैनीताल जिले का रहने वाला चतुर आदमी था। वह तीन घरों से सिलें और लोढ़े माँग लाया था। प्रातः नाश्ते के पश्चात् से ही सब स्त्रियाँ बारी-बारी से बड़ों के लिए पीठी पीसने लग गयी थीं। पीठी की पिसाई पर ही बड़ों का खस्तापन और नरमी निर्भर करती है। कनक भी इस काम में सहयोग दे रही थी पर मन उसका व्याकुल था। लखनऊ से पुरी का पत्र नहीं आया था। पुरी की अवस्थी जी से क्या बात हुई, उस पर ही दोनों का भविष्य निर्भर था।

कनक सोचती, क्या इतने दिन तक अवस्थी जी से मुलाकात ही नहीं हो सकी? इनके लिए नयी जगह है। पत्र आज ही आये तो भी पन्द्रह की प्रातः उसे लखनऊ पहुँचना ही होगा। उसे लखनऊ जाने वाली गाड़ी के समय का पता था। मन में विश्वास था, पत्र नहीं आया तो ये लौटकर आयेंगे ही। उसने निश्चय कर लिया था, ग्यारह बजे तक पत्र या तार की प्रतीक्षा करेगी और फिर डाकखाने जाकर अस्टोरिया होटल में फोन करके पता लेगी।

कनक साढ़े दस बजे तक पीठी पीसने में हाथ बँटाकर हाथ धोते हुए कांता से बोली—"बहिन जी, अब तो थोड़ी ही दाल रह गयी है। इतनी तो सिब्बो और फूलसिंह मजे में पीस लेंगे। उर्मिला भी जरा देख लेगी। नन्दा साह लाइब्रेरी में साढ़े दस बजे आयी होगी। मैं जरा जा रही हूँ। बड़े तो ढाई बजे तले जायेंगे, अभी क्या जल्दी है।" कनक साड़ी बदल कर कोठी से उतर गयी।

फोन पर अस्टोरिया होटल से उत्तर मिला—"मि० पुरी कुछ समय पहले आ गये हैं। अगर चाहें तो फोन पर रहिये, उन्हें बुलवा दिया जायेगा।"

पुरी के स्वर की खिन्नता ने कनक के हृदय पर डँक सा मार दिया। पुरी ने कहा—"मिल कर ही बताऊँगा। तुम लाइब्रेरी की ओर लौटो, मैं तुम्हें रास्ते में मिल जाऊँगा, तुरन्त चल रहा हूँ।"

कनक के सुझाव के अनुसार ही पुरी लखनऊ स्टेशन से सीधा एबट रोड पर कौंसिलर्स रेजीडेंस में मिसेज़ पंत के यहाँ पहुँचा। मिसेज़ पंत स्नान कर रही थी। डेढ़ घंटे

लगभग बरामदे में प्रतीक्षा कर चुका तो उसने विवश होकर अपनी याद दिलाने के लिए दरवाजे पर उँगली से टंकोर की। भीतर से प्रश्न हुआ—"कौन साहब हैं?"

"मेरा नाम जयदेव पुरी है। नैनीताल से आया हूँ। आपके लिए कनक जी का पत्र है।" पुरी ने नेपथ्य से सुने प्रश्न का उत्तर दिया।

मिसेज़ पंत खद्दर की साड़ी पहने दरवाजे में दिखाई दीं। पुरी ने कनक का पत्र उन्हें दिखाया। मिसेज़ पंत ने दरवाजे में खड़े-खड़े ही पत्र पढ़कर मोड़कर हाथ में दबा लिया और पूछा—"अच्छा, वह जो नैनीताल में पंजाबन जवान लड़की थी! आप उसके क्या लगते हैं?"

पुरी ऐसे प्रश्न के लिए तैयार न था।

"कज़न (सम्बन्धी)।" उसने उत्तर दे दिया।

"हम तो उसे अधिक जानते नहीं। अवस्थी जी से उसकी कोई बात हुई होगी। अवस्थी जी से मुलाकात होगी तो हम पूछेंगे, क्या बात थी। तुम फिर किसी दिन आना। आज तो हम सेलीब्रेशन कमेटी की मीटिंग में रहेंगी।"

पुरी को और कुछ कहने का अवसर न देकर मिसेज़ पंत ने 'अच्छा' कहकर बात समाप्त कर दी। वे भीतर जाकर किवाड़ बन्द कर लेना चाहती थीं। पुरी को 'तुम और हम' का ऐसा प्रयोग सम्मानजनक न लगा। उसने अपने आहत मन को सँभाल कर पूछ लिया—"श्री अवस्थी जी से कहाँ मुलाकात हो सकेगी?"

"भई सेक्रेटेरियेट में जाकर पता ले लो।" मिसेज़ पंत ने किवाड़ बन्द कर लिये।

पुरी टिकने के लिए स्थान की खोज में दो-ढाई घण्टे घूमता रहा। असन्तुष्ट ताँगे वाले को एक दिन के निर्वाह लायक दाम देकर पीछा छुड़ाया। चारबाग स्टेशन के समीप धर्मशाला के पंडित जी को एक रुपया दक्षिणा देकर उसे सामान रखने के लिए स्थान मिला।

मिसेज़ पंत के व्यवहार से पुरी के मन में राष्ट्रीय सरकार की सेवा का तीन-चौथाई उत्साह समाप्त हो गया परन्तु वह लखनऊ अवस्थी जी से मिलने के लिए आया था। हजामत बनाकर कपड़े बदले और दोपहर बाद सेक्रेटेरियेट में पहुँचा।

मिसेज़ पंत द्वारा ठुकरा दिये गये उत्साह के बावजूद पुरी उत्तर प्रदेश विधानसभा और सेक्रेटेरियेट के अर्ध-चन्द्राकर भव्य भवन में पहुँचा तो उसका मन फिर उमंग उठा। सेक्रेटेरियेट के गुम्बद पर यद्यपि अभी यूनियन जैक ही फहरा रहा था, परन्तु ड्योढ़ी की बगल में खड़ी खूब बड़ी-बड़ी मोटरों पर कांग्रेसी झण्डे लगे हुए थे। वर्दी पहने सशस्त्र संतरी और पुलिस अफसर खद्दर की धोतियाँ और सफेद नोकीली टोपियाँ पहने आने-जाने वाले लोगों को तन-तन कर सैल्यूट दे रहे थे। पुरी ने सेक्रेटेरियेट की ड्योढ़ी के विशाल गुम्बद के नीचे सहमते हुए नहीं, गर्व से सिर उठाये प्रवेश किया। स्वतंत्रता और स्वराज्य के वातावरण में उसका सीना फूला जा रहा था।

दूसरी मंजिल के बरामदे में एक दरवाजे के समीप पटिया पर पार्लियामेंटरी सेक्रेटरी अवस्थी जी का नाम लिखा था। दरवाजे के समीप एक अधेड़ चपरासी घुटनों से नीचे तक लटकी हुई लाल रंग की बनात की अचकन पहने, पेट पर जरीदार पेटी लगाये और सफेद पगड़ी पर भी जरीदार पट्टा बाँधे स्टूल पर बैठा अवस्थी जी के सम्मान और सत्ता की सूचना दे रहा था।

चपरासी ने दीवार पर सुतली से टँगी हुई कागज की गड्डी में से एक टुकड़ा नोच कर पुरी की ओर बढ़ा दिया—''नाम लिख दीजिये।''

पुरी ने जेब से कलम निकाल कर अपना नाम लिखा और लिख रहा था—''नैनीताल से कुमारी कनक दत्ता के पत्र सहित।'' उसी समय खद्दर की टोपियाँ, लम्बे कुर्ते पहने और खद्दर की धोती का छोर हाथ में सँभाले दो सज्जन आपस में निस्संकोच, ऊँचे स्वर में बहस करते हुए आ गये। चपरासी ने उठकर हाथ से माथे को छूकर सलाम किया और उनके लिए दरवाजा खोलकर एक ओर खड़ा रहा। आगन्तुक चपरासी की ओर देखे बिना भीतर चले गये। चपरासी फिर स्टूल पर बैठ गया।

चपरासी ने पुरी का लिखा पुर्जा बैठे ही बैठे ले लिया और जम्हाई लेकर समीप पड़ी बेंच पर प्रतीक्षा के लिए बैठ जाने का संकेत कर दिया।

पुरी को यह भला न लगा कि दूसरे लोग निस्संकोच पार्लियामेंटरी सेक्रेटरी के दफ्तर में जा सकें और उसे चपरासी की तरह बाहर बेंच पर बैठ जाने के लिए कह दिया जाये। वह बैठने के बजाय खड़ा रहा। कुछ मिनट गुजर गये तो घड़ी देखी। फिर घड़ी देखी तो बीस मिनट और गुजर गये थे। उसने इस पाँव का बोझ उस पाँव पर बदला। कुछ देर बाद उसे बेंच पर बैठ जाना पड़ा। दरवाजे के सिर पर लगी घण्टी जोर से टर्रा उठी। चपरासी भीतर गया और कुछ कागज हाथ में लिये बरामदे-बरामदे कहीं चला गया।

चपरासी कुछ मिनट बाद लौट कर आया तो दीवार से पीठ टिका कर स्टूल पर बैठ गया मानो थक गया हो। उसने शिथिलता से वर्दी की अचकन की जेब से बटुआ निकाल लिया। बटुए में से एक टीन की डिबिया और तम्बाकू की सूखी पत्ती निकाल कर हथेली पर रख ली। डिबिया से चूना लेकर पत्ती में लिया और दायें हाथ के अँगूठे से बायें हाथ की हथेली पर तम्बाकू-चूने को लगभग मिनट भर रगड़ता रहा। रगड़ी हुई तम्बाकू को हथेली के केन्द्र में समेट कर तम्बाकू पर दूसरी हथेली फट् से मारी। समीप बैठे पुरी को छींक आ गयी। आस-पास तम्बाकू की महीन गर्द उड़ कर फैल गयी थी।

चपरासी ने समीप बैठे युवक के अनाड़ीपन के प्रति करुणा भरी मुस्कान से तिरछी निगाह उसकी ओर डाली। पुरी ने तम्बाकू बनाने-खाने की ऐसी विधि और प्रक्रिया पंजाब में नहीं देखी थी। वह भी कनखियों से चपरासी की ओर देख रहा था। चपरासी ने अपना मुख छत की ओर उठाकर हथेली पर रखा तम्बाकू मुँह में ले लिया। तम्बाकू को जिह्वा से मुँह में घुमाकर एक होंठ के नीचे दबा लिया। निगाहों के मेल से दोनों में अपरिचय की दूरी कुछ कम हो गयी। चपरासी ने दो मिनट बाद स्टूल से उठकर नीचे के लान में झाँका और तम्बाकू की पीक की पिचकारी चला दी।

पुरी बैठे-बैठे परेशान हो गया था।

अवस्थी जी के दफ्तर का दरवाजा खुला। भीतर जाने वाले दो सज्जनों के साथ उन्हीं की पोशाक में एक और सज्जन बाहर निकल कर एक ओर चल दिये। चपरासी उनके सम्मान में उठकर खड़ा हो गया था। वह फिर बैठ गया।

पुरी को कहना पड़ा—''हमारा पुर्जा आपने भीतर नहीं दिया?''

चपरासी ने पीक को सँभालने के लिए मुख को छत की ओर उठाकर उत्तर दिया—''डेखटे टो हो, साहब लोग बैठे ठे। अब बाहर टले गये।''

पुरी को खद्दरधारी सज्जनों के लिए 'साहब' शब्द का उपयोग कुछ विचित्र सा लगा।

दरवाजे पर फिर घंटी बजी। चपरासी भीतर गया। वह लौटा तो कई फाइलें बगल में दबाये था। उसने पुरी को सूचना दी—"साहब अब नहीं लौटेंगे।"

पुरी का दिल टूट गया, फिर भी पूछा—"सुबह कितने बजे आ जाते हैं?"

चपरासी ने बेपरवाही से हाथ हिला दिया—"जितने बजे साहब का मन होय! मालिक लोग हैं! कोई अंगरेज का टाइम थोड़े ही है। दस-ग्यारह-बारह बजे आ जाइये।"

अनुभवी चपरासी ने पुरी के चेहरे पर आ गया निराशा का भाव देखा। पुरी का अधिकार से अपने नाम का पुर्जा भीतर देने का आग्रह, भीतर पुर्जा न दिया जाने पर शिकायत और फिर साहब के चले जाने के समाचार से चेहरे पर आ गयी निराशा।

चपरासी ने अपने अनुभव और स्थिति के अधिकार से पुरी से बात की—"साहब से जान-पहचान है आपकी?"

"हाँ, नैनीताल में मुलाकात हुई थी। यहाँ मिलने के लिए बुलाया था।" पुरी ने सँभल कर चतुरता से उत्तर दिया।

चपरासी सँभला—"तो आप सुबह मकान पर मिल लीजिये न! सुबह तो साहब सुबिस्ते (सुविधा) में रहते हैं। हम भीतर साहब को आपकी खबर दे देंगे।" चपरासी मंथर-गति से ड्योढ़ी के जीने की ओर बढ़ते हुए कहता गया, "बाबू जी, हम तो जितना बन पड़ता है, मदद करते हैं। एक और भी जटई (केश-दाढ़ी वाले) पंजाबी सरदार जी आये थे। बेचारे बहुत परेशान थे। हमने उनका सब काम करा दिया। पाँच रुपया इनाम दे गये।"

पुरी दूसरे दिन नौ बजे ही पार्क रोड पर स्थित अवस्थी जी के मकान पर पहुँच गया। दो-तीन आदमी बरामदे में प्रतीक्षा में खड़े थे। एक कुर्सी पर अर्दली बैठा था। पुरी ने अपने साफ कपड़ों के आधार पर, श्रेष्ठता के अधिकार से प्रतीक्षा किये बिना अपने आने की सूचना भीतर दी जाने की माँग की।

बरामदे में मौजूद अर्दली ने उत्तर दिया—"साहब अभी नहीं मिल सकते, मालिश करवा रहे हैं।"

सौभाग्य से कल का परिचित अधेड़ चपरासी भीतर से आ गया। उसने पुरी को सलाम करके उसके सम्मान की रक्षा कर दी और एक कुर्सी लाकर उसे बैठा दिया। पुरी ने एक पुर्जे पर अपना नाम लिखकर कनक के पत्र सहित भीतर भेज दिया।

कुछ मिनट बाद चपरासी बरामदे में लौटा। उसने पुरी को आश्वासन दिया—"हमने साहब को कागज दिखाकर 'पीए' साहब को दे दिया है। आप आराम से उस वक्त, दोपहर बाद उधर आ जाइयेगा। मुलाकात हो जायेगी।"

कनक ने अवस्थी जी के सौजन्य, निरभिमान और आत्मीयता के व्यवहार का बखान किया था। उसकी तुलना में ऐसी उपेक्षा और निरादर पाकर पुरी का मन फिर अवस्थी जी के द्वार पर जाने को न था, परन्तु लखनऊ आकर उनसे मिले बिना लौट जाना भी महामूर्खता होती। वह दो बजे फिर सेक्रेटेरियेट में पहुँचा। अवस्थी जी दफ्तर में नहीं आये थे। पुरी एक घंटे तक प्रतीक्षा कर चुका तो चपरासी ने सुझाया—"साहब चीप मिलस्टर

साहब के यहाँ हैं। सब साहब लोग आजादी के जलसे की तैयारी में हैं। यहाँ आयें, न भी आयें। पीए साहब से पता ले लीजिये न।''

चपरासी के भीतर जाकर सिफारिश करने पर पीए साहब ने पुरी को भीतर बुलवा लिया।

पी० ए० साहब खद्दर का कोट-पतलून पहने थे पर मुद्रा अफसरी थी। पुरी की ओर आँख उठाये बिना ही अंग्रेजी में बोले—''कृपया बैठिये। आपकी क्या सेवा कर सकता हूँ?''

पुरी ने बहुत सुचारु ढंग से नैनीताल में कुमारी कनक से अवस्थी जी के परिचय और अवस्थी जी के लखनऊ आकर राष्ट्र-निर्माण के काम में सहयोग देने का अनुरोध करने की बात बतायी।

पी० ए० साहब मेज पर पड़े एक कागज को पढ़ते हुए पुरी की बात सुन रहे थे। सहसा पुरी से निगाह मिलाकर उन्होंने प्रश्न किया—''आपका अभिप्राय जॉब (नौकरी) से है?''

''जी हाँ, एक तरह से, जॉब के थ्रू ही सहयोग दिया जा सकता है।'' पुरी ने स्वीकार किया।

''यह कुमारी कनक जी कौन हैं? कभी इनका नाम नहीं सुना। कांग्रेस की लीडर हैं; पंजाब कांग्रेस में हैं क्या? श्री अवस्थी जी से इनका कैसे परिचय है?''

यह जानकर कि कनक इक्कीस वर्ष की, एम० ए० की विद्यार्थी युवती है, पी० ए० साहब ने माथे पर त्योरियाँ चढ़ाकर पूछा—''मिस कनक दत्ता से आपका क्या सम्बन्ध है?''

पुरी ने झिझक छिपाकर कहा—''मेरी कज़न है।''

पी० ए० के चेहरे पर व्यंग्य की मुस्कान आ गयी। अंग्रेजी में बोले—''आपका क्या ख़याल है, पार्लियामेंटरी सेक्रेटरी की स्थिति में व्यस्त रहने वाले व्यक्ति ऐसी कितनी लड़कियों को याद रख सकते हैं? ठीक से याद दिलाने के लिए आप मिस कनक को साथ क्यों नहीं ले आये?'' पी० ए० फिर हिन्दी में बोले—''क्या कहा जाये साहब, आप पंजाबी लोग बहुत तेज होते हैं, किसी तरह भी काम होना चाहिए।''

पुरी व्यंग्य से तिलमिला उठा—''''ह्वाट डू यू मीन सर!''

पी० ए० ने अंग्रेजी में उत्तर दिया—''मतलब कोई खास नहीं है। मतलब है, आप लोग बहुत साहसी होते हैं। आपके यहाँ की लड़कियाँ भी बहुत साहसी होती हैं, बहुत ढंग से अपनी बात सब जगह कह सकती हैं। खैर, असली बात पर आइये। आप पंजाब से आ रहे हैं। हम यहाँ कितने पंजाबियों के लिए प्रबंध कर सकते हैं? कांग्रेस गवर्नमेंट के कन्धों पर एक नये उत्पन्न राष्ट्र को अपने पाँव पर खड़ा करने का बोझ है। आप लोग अपने लिए नौकरियाँ ढूँढ़ने का बोझ भी सरकार पर ही डालेंगे तो सरकार क्या कर सकेगी! आप अगर प्रसिद्ध लेखक हैं तो आपको जनता में स्वावलम्बन का भाव पैदा करना चाहिए और आप सरकार के सामने हाथ फैला रहे हैं। यू० पी० में, लखनऊ में भी कितने ही पत्र हैं, आप वहाँ कोशिश कीजिये।''

पुरी को आत्म-सम्मान की रक्षा के लिए कहना पड़ा कि स्वयं अवस्थी जी के कहलाने पर ही वह लखनऊ आया था। उसे नौकरी की उतनी चिन्ता नहीं थी जितनी कांग्रेसी सरकार की सहायता की इच्छा थी। वह नमस्ते करके उठा और चल दिया।

पुरी का मन लखनऊ से फट गया था। चाहता था, उसी संध्या लखनऊ से चल दे। विनय और शिष्टाचार के लिए प्रसिद्ध लखनऊ का रूखापन और कटुता उसे काट रही थी। उसकी साधनहीनता के प्रति लखनऊ भी लाहौर की ही तरह निष्ठुर था। इतना व्यय करके वह लखनऊ पहुँचा था इसलिए एक दिन ठहर कर दोनों दैनिक पत्रों के कार्यालयों में जाकर, पत्रकारों से भेंट करके काम के अवसर के सम्बन्ध में बात करने गया।

लखनऊ के पत्रकारों को पुरी के लिए नौकरी की सम्भावना की अपेक्षा लाहौर और पंजाब की स्थिति के सम्बन्ध में अधिक कौतूहल था। लाहौर के समीप हिन्दुओं से भरी पूरी गाड़ी के कत्ल कर दिये जाने और लाहौर से हिन्दुओं के बड़ी संख्या में भागने के समाचार लखनऊ पहुँच चुके थे। वे जानना चाहते थे कि हिन्दू पंजाब को छोड़कर भाग आयेंगे या उनमें आत्मरक्षा की सामर्थ्य है?

तटस्थता का यत्न करने पर भी पुरी पंजाब के हिन्दुओं के प्रश्न से अपने आत्मसम्मान को पृथक् नहीं कर सका। अन्तर-स्थिति से परिचित होने के नाते उसने विश्वास दिलाया कि मुस्लिम लीग, धर्मांध मुसलमान और धर्मांध हिन्दू-सभाई अंग्रेजों की कूटनीति के हाथों में खेल रहे हैं। जो भी हो, पंजाब के हिन्दुओं ने कभी पराजय स्वीकार नहीं की, न वे अब करेंगे।

नौकरी के सम्बन्ध में पुरी को मालूम हुआ कि लखनऊ के हिन्दी पत्रों में पत्रकारों के वेतन लाहौर के पत्रों की अपेक्षा कम थे। उर्दू पढ़ सकने वाले दो पत्रकारों ने उससे अधिक सहृदयता से बात की। चाय और पान से सत्कार करके समझा दिया कि पत्र में जगह के लिए किसी माध्यम से 'बोर्ड ऑफ डाइरेक्टर्स' तक पहुँच होना आवश्यक था।

पुरी ने नैनीताल लौटकर कनक को सब स्थिति सुना दी। उसे लाहौर लौटकर जाने के अतिरिक्त कोई दूसरा मार्ग न सूझ रहा था। लाहौर में वह परिचय के आधार पर कुछ तो कर सकता था।

कनक और पुरी लाइब्रेरी के समीप झील के किनारे पड़ी बेंच पर बैठे चिन्ता कर रहे थे। वे विश्वास कर बैठे थे कि अवस्थी जी से पाये आश्वासन के मेघ पर चढ़कर वे सुनिश्चित, पर्याप्त जीविका के स्वर्ग में पहुँच जायेंगे। वह मेघ यथार्थ की धूप का स्पर्श पाकर विरल और अदृश्य हो गया था। पुरी समृद्धि के मेघ पर सवारी का स्वप्न छोड़कर कम से कम इतनी जीविका की छाँव तो चाहता ही था कि अभाव की आँच से सूख न जाये। वह अवस्थी जी की छलना पर और कभी कनक की सरलता पर खिन्नता प्रकट कर रहा था।

कनक पुरी का अनुभव सुनकर व्याकुल थी।

पुरी और कनक ने पीछे सड़क पर शोर सुनकर घूमकर देखा, स्थानीय पहाड़ी लोगों का एक दल, हाथों में जलेबी के दोने लिये, गाता-बजाता, नाचता, विजयोल्लास में ललकारता मल्लीताल की ओर चला जा रहा था। इतना उत्साह और शोर सुनकर बात कर सकना सम्भव न था।

कनक और पुरी अपनी बात भूलकर देखते रहे—नैनीताल में इतने दिन उन्होंने बोझ ढोने वाले और रिक्शा खींचने वाले कुलियों के अतिरिक्त सड़कों पर सदा बहार से आये हुए सैलानियों को देखा था। क्लब में दिखाई देने वाले पंत, पांडे, जोशी, बिष्ट, साह, रावत जरा दबी हुई टोपी के अतिरिक्त पोशाक में लाहौर, दिल्ली और लखनऊ के लोगों से भिन्न नहीं थे। यह भीड़ दूसरे ढंग के लोगों की थी।

स्वतन्त्रता समारोह के अवसर पर देहात के छैले नैनीताल में घिर आये थे। छोटी बाड़ की किश्ती-नुमा या औंधाये हुए आधे नारियल जैसी काली टोपियाँ, बास्कटें, बास्कटों पर मशीन की दोहरी-तेहरी सफेद सिलाई चमक रही थी। कमीज के ऊपर बिर्चिस की तरह चूड़ीदार पायजामे कसे हुए, आँखों में काजल या सुरमा, माथे पर कनपटियों पर तेल और पसीने की बूँदें। नेकटाई की जगह गले में रंगीन रूमाल या रंगीन डोरे। बहुत से नौजवान बादल रहते भी धूप का काला चश्मा लगाये थे और कुछ दोपहर के चकाचौंध प्रकाश में भी टार्च हाथ में लिये थे। छैलों की टोली हुड़का (डफली) बजा-बजा कर नाचते हुए समवेत स्वर में गा रही थी।

पहाड़ी युवतियाँ गहरे लाल लहँगे, काली बंडियाँ और गहरे रंग की चादरें ओढ़े थीं। वे नगर में आने पर, शील के विचार से घूँघट कर लेना उचित समझती थीं, परन्तु पूरा घूँघट मेला देख सकने की उत्सुकता में बाधक था। वे संकोच से सड़क के किनारे एक साथ खड़ी, दो उँगलियों से सिर के आँचल को जरा खींच कर शील निबाह रही थीं। उनकी आँखें विस्मय और कौतूहल से फैली हुई थीं। वे भी उत्सव का शृंगार किये थीं। गले में चाँदी की भारी-भारी हँसलियाँ, पाँच-छः सात लड़ी के चाँदी के हार, नाक में नथ या बुलाक और माथे पर टिकुलियाँ।

कनक ने पुरी का ध्यान युवतियों की ओर दिलाया—"हाय, देखो तो, कितनी भोली और भीरु लगती हैं।" सम्भवतः उसका ध्यान अपने और उन युवतियों में साम्य और अन्तर की ओर चला गया था, एक देश, एक युग पर परिस्थितियों और निर्वाह के ढंग का भेद!

गाने वाले हुलस-हुलस कर कानों पर हाथ रख-रख कर गा रहे थे :–

"चिलमा की पीच
दुई डांडू बीच।"

पुरी और कनक उस गीत के शब्द और भाव और हुड़के की अपरिचित ताल को समझ न सकने के कारण विस्मय और कौतूहल से उन लोगों की ओर देख रहे थे। खाकी जीन के बिना मसले हुए कोट-पतलून पहने, निम्न मध्यम श्रेणी का एक पहाड़ी भलामानस सड़क रुक जाने के कारण बेंच के समीप खड़ा हो गया था। भलेमानस ने देहातियों के शोर से भद्र सैलानी लोगों को अनुभव होने वाली असुविधा का अनुमान कर लिया। नैनीताल निवासियों और पहाड़ी लोगों की समझ में सभी सैलानी भद्र लोग सम्पन्न होते हैं। जो लोग मास-दो मास के लिए जीविका की चिन्ता छोड़कर सैर-सपाटे के लिए नैनीताल की महँगाई में रह सकें, वे भद्र या सम्पन्न नहीं होंगे!

भलेमानस ने भद्र युवक और युवती की असुविधा के लिए देहातियों की भूल क्षमा कर दी जाने की सिफारिश में हँस कर कह दिया—"आज ये शाले बी मश्तिया रिये हैं।"

"यह लोग क्या गा रहे हैं? कैसा गीत है?" पुरी ने पूछ लिया।

"ऐसा ही देहाती पहाड़ी गीत है, इन लोगों का।" भलेमानस ने भद्र लोगों के सम्मुख देहाती गीत के प्रति उपेक्षा प्रकट की। "साहब, इन लोगों की हिम्मत कब हो सकती थी इस तरह माल रोड पर नाचने-गाने की! बखत की बात है साहब! एक बखत में तो कुलियों को और देहाती लोगों को माल रोड से नीचे-नीचे चलना होता था।"

गीत के प्रति पुरी की उत्सुकता जाग उठी थी। उसने फिर अनुरोध किया परन्तु वह भलामानस स्वयं देहाती समझ लिये जाने की आशंका में गीत के बोल और अर्थ बताने के लिए तैयार न हुआ।

भीड़ आगे बढ़ गयी, पहाड़ी भलामानस भी नमस्ते करके चला गया।

पुरी और कनक के सिर फिर जीविका के रूप में जीवन का उपाय सोचने की चिन्ता में झुक गये। लखनऊ से लौटकर पुरी को अस्टोरिया होटल का सुख और आराम काट रहा था। अब वह उस सुख को अपना अधिकार और भाग नहीं समझ सकता था। उसे लग रहा था, कनक ने ममता और दया के ऐसे स्थान पर उसे बैठा दिया था, परन्तु उसे किसी भी समय वहाँ से ठेल दिया जा सकता था। पुरी उस कृत्रिम अवस्था से तुरन्त लाहौर लौट जाने के लिए छटपटा रहा था। लाहौर में कष्ट होने पर भी वह अपने स्थान पर तो था, किसी न किसी प्रकार क्षुद्र जीविका तो कमा सकता था। अपने और कनक के भविष्य का मेल उसे फिर अपने सामर्थ्य से परे, लँगड़े के पहाड़ लाँघने की कल्पना के समान जान पड़ने लगा था।

कनक ने आग्रह से कहा—"चाहे जो हो, आज स्वतन्त्रता की घोषणा के समय तो हम लोग अवश्य साथ रहेंगे।"

"हमारे लिए क्या स्वतन्त्रता है?" पुरी खिन्नता से बोला, "हम लोगों के तो घरबार उजड़ रहे हैं। हम लोग बलिदान हो रहे हैं। यह लोग तो दूसरों के बलिदानों से होम करके उसका श्रेय ले लेना जानते हैं। यह लोग अपने आपको समझते क्या हैं! सन् ४२ में जब संकट था तो फोन करके जेल चले जाते थे कि पुलिस का थप्पड़ न सहना पड़ जाये। हमने भी स्वतन्त्रता के लिए संकट सहा है, जेल भुगती है। अब हमारे लिए राष्ट्र-निर्माण के उपदेश रह गये हैं!"

"हम क्या इन लोगों के मोहताज हैं? उत्सव मनाने का अधिकार तो तुम जैसे ही लोगों को है। तुम क्या किसी आशा से जेल गये थे? हमारे भी तो हाथ-पाँव हैं। हमें इन लोगों की परवाह ही क्या है; देख लेंगे! मैं एक बार अवस्थी से पूछूँगी तो जरूर! मेरी बात मानो; जहाँ इतना किया है, जैसे भी हो, पाँच दिन और ठहर जाओ। पिता जी ने १८ तारीख को यहाँ आने के लिए लिखा है। एक बार हम दोनों साथ-साथ लखनऊ चलें। मैं देखूँगी, अवस्थी जी मेरे सामने क्या कहते हैं?"

"तुम्हारा मतलब है, मुझे उन लोगों से बात करना नहीं आया?" पुरी झल्ला उठा।

"हाय, यह बात नहीं। तुम्हारे बराबर मैं क्या बात कर सकती हूँ, परन्तु मैं उन्हें उनका वचन याद दिलाना चाहती हूँ।" कनक ने पुरी के चुटियाये मन के प्रति सहानुभूति से कहा।

पुरी बौखला उठा। उसके पुरुष के संस्कारों के अनुसार, कनक आत्म-समर्पण कर चुकी थी तो उसे पति के मत का विरोध करने का अधिकार भी न रहा था। बोल

उठा—"तुम क्या समझती हो, उससे फ्लर्टेशन (उसका बहलाव) करके मुझे नौकरी दिला दोगी! ऐसी नौकरी पर मैं लात मारता हूँ।"

"फ्लर्टेशन का क्या मतलब?" कनक ने चौंककर आपत्ति की।

"पी० ए० का संकेत तुम समझना न चाहो तो उपाय क्या है।"

कनक कुछ देर सोचकर बोली—"तुम पी० ए० की बात पर ही क्यों जाते हो। सब जगह सब तरह के लोग होते हैं। लोगों की ईर्ष्या भी तो होती है। तुम एक बार अवस्थी जी से मिल सके होते तो दूसरी बात थी। हो सकता है, वे उस समय बहुत ही व्यस्त रहे हों। इन छोटे लोगों का तो दिल भी छोटा होता है। हम दोनों साथ-साथ ही उनसे मिलेंगे।"

पुरी कनक का सुझाव मानने के लिए तैयार न हुआ।

कनक ने बहुत अनुरोध किया—"सोचो तो, मुझे सदा क्या ऐसे ही दूर रखोगे? हम दोनों का भविष्य तो इसी बात कर निर्भर करता है···।"

कनक एक बजे 'विमला विल्ला' में लौटी तो नैयर बरामदे में आराम कुर्सी पर अधलेटा, अपने दोनों हाथों से सिर को पीछे से थामे, मौन और निश्चल बैठा था। कनक को पहली आशंका अपने व्यवहार के प्रति नाराजगी की हुई। भीतर गयी तो कांता की आँखों में भी रोने और आँसू पोंछे जाने की सुर्खी दिखाई दी।

कंचन ने धीमे-धीमे बताया—"लाहौर माडल टाउन से बैरिस्टर मिर्जा का एक्सप्रेस पत्र आया है। जीजा जी के माडल टाउन की कोठी पर अमृतसर के किसी मुसलमान पुलिस सुपरिण्टेण्डेण्ट ने ताले तोड़कर कब्जा कर लिया है। हिन्दू माडल टाउन से भी भाग रहे हैं। मिर्जा ने लिखा है, उन्होंने पुलिस को फोन करके कोठी पर नावाजिब कब्जे की शिकायत कर दी है, लेकिन पुलिस की शिकायत पुलिस क्या सुनेगी?"

कनक को पत्र का सब हाल मालूम हो गया। मिर्जा ने लिखा था, पुरानी अनारकली की तिलक गली में भी नैयर के दोनों मकानों पर लोगों ने कब्जा कर लिया था। वह पूरी गली पूर्व से आये मुसलमानों से भर गयी थी। मिर्जा ने नैयर को अभी लाहौर न आने के लिए लिखकर सलाह दी थी कि वह नैनीताल से ही लाहौर के डी० सी० के कोर्ट में अपने मकानों पर अजनबी लोगों के गैर-कानूनी कब्जा कर लेने के कम्पलेंट दायर कर दे और उसके नाम एक वकालतनामा भेज दे। मिर्जा ने आश्वासन दिया था कि वह उसकी जायदाद की रक्षा के लिए स्थिति के अनुकूल जो-जो सम्भव होगा, करेगा।

नैयर की माँ और बहिन भी निरन्तर रो रही थीं। दोपहर में कांता कुछ भी न खा सकी, कनक और कंचन का भी मन नहीं हो रहा था। नैयर ने संयम बनाये रखने के लिए थोड़ा-बहुत खाया। कांता की आँखों में बार-बार आँसू आ जाते थे; कह देती—"हमारा तो असली सहारा मकानों का किराया ही था। वकालत से तो कभी महीने का चार सौ भी नहीं बन पाता था।"

नैयर की माँ की आँखों से आँसू बहते जा रहे थे। वह आँखें पोंछ-पोंछ कर बार-बार अदृश्य भगवान् के सामने हाथ जोड़-जोड़ कर कहे जा रही थी—"वाह गुरु महाराज, परमेश्वर जी, सब तेरा ही करना होना है। महाराज, तू ही रक्षा करने वाला है।"

नैयर की बहिन सुभद्रा की सास समधिन की समीप बैठकर भगवान् का भरोसा करके धैर्य रखने के लिए सान्त्वना दे रही थी—"उन्होंने मगर के मुँह में फँसे गजराज की रक्षा की थी तो हमारी-तुम्हारी भी रक्षा करेंगे।"

कनक कांता के समीप जाकर सहानुभूति के लिए कुछ कहना ही चाहती थी कि पुकार सुनाई दे गयी—"तार वाला!"

नैयर और पंडित जी के परिवार ऐसे नहीं थे जहाँ तार केवल अशुभ सूचना के लिए आते हों। फिर भी पुकार सुनकर कनक और कांता दोनों ही स्तब्ध रह गयीं; अभी और क्या होने वाला है! कनक तुरन्त बाहर गयी। उसने दस्तखत करके तार ले लिया।

तार नैयर के नाम था परन्तु इस परिस्थिति में कनक ने लिफाफा खोल लिया। किसी अनुचित कौतूहल के कारण से नहीं, इसलिए कि आपत्ति की सूचना का बोझ अकेले नैयर के कन्धों पर ही न पड़े।

तार पिता जी का था—"बारह को माँ सहित लाहौर से चलकर तेरह की संध्या सुरक्षित पहुँच गये हैं। पत्र लिख रहे हैं।"

कनक ने विस्मय प्रकट किया, तार दिल्ली से था।

संकट की आशंका पशु-पक्षियों को जैसे इकट्ठा कर देती है वैसे ही नैयर, कंचन, कांता, उर्मिला, राजेन्द्र, दोनों वृद्धाएँ और नैयर के बहनोई ने भी कनक को घेर लिया। कनक ने तार नैयर के हाथ में दे दिया था। तार का अभिप्राय स्पष्ट था। पंडित गिरधारीलाल जी पत्नी सहित दिल्ली पहुँच गये थे। समझा जा सकता था, ११ तारीख की घटनाओं के कारण उन्हें लाहौर से सहसा भागना पड़ा होगा।

"ग्वालमंडी का मकान भी गया···प्रेस, इतना सामान··· ।" कांता की आँखों में फिर आँसू आ गये, "हाय हमारा क्या होगा!"

"तुम भी क्या बात करती हो, ऐसी हालत में माँ जी के साथ सुरक्षित दिल्ली पहुँच गये, यह क्या कम संतोष की बात है! पत्र भेज रहे हैं। पत्र की प्रतीक्षा करो!" नैयर ने मानो सबको दुख प्रकट न करने की चेतावनी दे दी।

कांता के लिए मन को पत्थर बना लेना कठिन था। वह गुसलखाने में चली गयी और आँचल में मुँह छिपाकर फूट-फूट कर रो उठी। वैसे ही दूसरे लोगों ने इधर-उधर मुँह छिपा लिये थे।

कांता को याद आया, तीन सेर दाल-पिसी रक्खी है। वह रोती रहेगी तो सँभालेगा कौन?

आहें और लम्बी साँसें भरते-भरते भी कांता ने बड़े तलने के लिए कढ़ाई चढ़वा दी। मन में चाहे जितना अवसाद था परन्तु क्लब में दिये हुए वचन के अनुसार संध्या के भोज के लिए क्लब में दही-बड़े तो पहुँचाने ही थे। भोज उनके परिवार के ही सुख-दुख की बात तो थी नहीं? लुट जाने और आर्थिक हानि उठाने की शिकायत कौन पंजाबी नहीं कर रहा था? अपने आर्थिक सर्वनाश की बात से भी राष्ट्रीय पर्व के अवसर को बिगाड़ देना उचित नहीं था। राष्ट्र के सामने व्यक्तियों की क्या सत्ता! वह राष्ट्रीय आजादी का पर्व था।

नैनीताल में रहने वाले फूलसिंह ने विस्मय प्रकट किया कि घी में बड़े तले जायेंगे, परन्तु कांता और दूसरे पंजाबी लोगों ने तेल में कभी बड़े नहीं तले थे। इसी प्रसंग पर घर में स्त्रियाँ कुछ बोलीं वर्ना सबके मुँह सिल गये थे, आँखें बहती जा रही थीं।

बारी-बारी से दो-दो जनी बड़े बना-बना कर कढ़ाई में छोड़ती जा रही थीं और एक जनी पोनी लेकर पके हुए बड़े निकाल-निकाल कर पानी में डालती जा रही थीं। बड़ों को पानी से निचोड़ कर मथे हुए दही के कूंड़ों में डालने और उन पर मसाला छिड़कते-छिड़कते सवा छः बजे गये थे।

नैयर ने चेतावनी दे दी थी, सात बजे से पहले सब तैयार हो जायें। नैयर का बहनोई रामप्रकाश और राजेन्द्र कपड़े पहन कर छः बजे ही फ्लैट की ओर चल दिये थे। लगभग दो घंटे आग के सामने बैठने से कांता, सुभद्रा, कनक, कंचन और उर्मिला पसीना-पसीना हो गयी थीं।

कनक को ध्यान था, पुरी सात बजे उसकी प्रतीक्षा करेगा, परन्तु इतना पसीना आने के बाद नहाना भी आवश्यक था। बँगले में गुसलखाना एक ही था और नैनीताल की सर्दी में सबको गरम पानी की आवश्यकता थी। विलम्ब हो रहा था। बात चल रही थी, कौन क्या पहनेगा। उत्सव में जा रहे थे तो ठीक ढंग से पहन-ओढ़कर जाना उचित था। कपड़ा और जेवर अन्य किस अवसर के लिए होता है! सुभद्रा जरीदार सूट पहनना चाहती थी, कांता का भी विचार सुनहरी साड़ी पहनने का था और वह चाहती थी कि कनक और कंचन भी भारी कामदार कपड़े पहने और कानों में भी कुछ पहने···क्लब में सब लोग अच्छी तरह पहन कर आयेंगी, हम लोग यों ही जायें तो क्या अच्छा लगेगा! जो होना था, हो गया पर अपनी इज़्ज़त का तो ख़याल रखना ही चाहिए। यह दिन तो दोबारा आयेगा नहीं!

कनक यत्न करने पर भी जल्दी तैयार होकर पहले न निकल सकी। नैयर डिनर सूट पहन कर बरामदे में खड़ा था। बार-बार खीझ रहा था—"साढ़े सात बजे गये, आखिर तुम लोग कर क्या रही हो?"

माल रोड की सब दूकानों पर दीपावली सजी हुई थी। सड़क पर साधारण से बहुत अधिक प्रकाश था। भीड़ में कंधे से कंधा लग रहा था, जैसे किसी बड़े भारी उत्सव के पश्चात् भारी भीड़ एक ही द्वार से निकल रही हो। बीच-बीच में चिल्लाकर पुकारते खोमचे वालों और नाचने-गाने वालों की टोलियों से राह चलना और भी कठिन हो गया था। कनक आँखें फाड़-फाड़ कर पुरी को ढूँढ़ रही थी। कैपिटल के सामने फाटक तक पुरी उसे कहीं नहीं दिखाई दिया।

कनक की दृष्टि पुरी पर पड़ी तो कुछ कदम आगे-पीछे चलता नैयर पहले ही पुकार उठा—"हल्लो पुरी, इतने दिन कहाँ थे भाई!" नैयर पुरी का हाथ पकड़ कर खड़ा हो गया।

पुरी से उत्तर पाकर नैयर ने उसका हाथ पकड़े-पकड़े ही पूछा—"तुमने किसी का निमन्त्रण स्वीकार कर लिया है?"

"समझा नहीं!···कहाँ, कैसा निमंत्रण?"

"क्लब में डिनर के लिए तुम हमारे अतिथि हो। आओ चलो।"

पुरी को कनक से बात करने का अवसर न देकर नैयर उसका हाथ थामे साथ-साथ ले चला। कनक का खयाल था कि नैयर व्यवहार में अपनी उदारता और श्रेष्ठता दिखाने के लिए ही पुरी के प्रति सौजन्यता प्रकट करता था, परन्तु लखनऊ से खिन्न होकर लौटे पुरी को दावत में बुला लेना उसे अच्छा लगा। पुरी परिवार के मित्र के तौर पर साथ है तो वह सबके सामने निस्संकोच उसके साथ रह सकेगी।

क्लब के द्वार पर भीतर से कोलाहल की गूँज सुनाई दे रही थी। भीतर जमी भीड़ का आभास मिल रहा था। नैयर के प्रवेश करते ही कई लोगों ने उससे हाथ मिलाया। सरदार जी ने अपना गिलास बायें हाथ में लेकर दायें हाथ से उसका हाथ झटका और आलिंगन में लेकर शिकायत की—"यार, आज के दिन भी लेट!"

पांडे अपना गिलास छलकने की परवाह न कर लम्बे-लम्बे कदम रखता हुआ आया। नैयर का हाथ झटक कर उसने कांता, कनक, सुभद्रा, उर्मिला और पुरी से भी हाथ मिलाया, फिर हलकी गुलाबी आँखों से, सेनापति की तरह चारों ओर देखकर अंग्रेजी में घोषणा की—"आज कोई राजनीतिक मतभेद और विवाद नहीं! विदेशी दासता से मुक्ति का उत्सव है।"

क्लब में तेज प्रकाश और सजावट आँखों को चौंधिया रही थी। बहुत से पुरुष सफेद खद्दर के कपड़े और नोकदार सफेद टोपियाँ पहने थे पर सरदार जी, पांडे और नैयर की तरह सूट पहने लोग भी काफी थे। स्त्रियाँ चमचमाती साड़ियों और पंजाबी सूटों में थीं। दो बड़े हालों में बड़ी-बड़ी मेजों पर बड़े-बड़े थालों, प्लेटों, पतीलों, डोंगों और छोटी बाल्टियों में सभी प्रकार की मिठाइयाँ, पूरी-कचौरी, तरकारियाँ, रायते, पकौड़े, अनेक प्रकार के पुलाव, कबाब और अनेक प्रकार के मांस के ढेर लगे थे।

इतने अतिथि थे कि कुर्सियों के लिए स्थान नहीं था। डेढ़-दो सौ कुर्सियों पर कितने लोग बैठ सकते थे। अतिथि परिचय और रुचि से अनेक दलों में बँटते जा रहे थे। पुरुषों की टोली, व्यवसायियों और पेशेवर लोगों की टोलियाँ, स्त्रियों की टोली, स्त्री-पुरुषों की सम्मिलित टोली। बहुत से लोगों के हाथ में गिलास थे। एक ओर कुर्सियों पर बैठी स्त्रियों में से भी कुछ के हाथ में छोटे-छोटे रंगीन गिलास थे।

पांडे ने नैयर को बाँह से पकड़ कर बता दिया—"बार (मद्य बाँटने का स्थान) उस कोने में है। आठ बज चुके हैं। डिनर नौ से है। ग्यारह बजे कांस्टीच्युएंट असेम्बली की बैठक शुरू होगी। उस समय रेडियो पर कमेण्ट्री होगी, कांस्टीच्युएंट असेम्बली के प्रेसीडेंट और प्राइम मिनिस्टर का भाषण सुनाई देगा।"

पांडे ने कांता की ओर बढ़कर पूछा—"भाभी, बोलो क्या लोगी; शेरी, पोर्ट, वरमूथ, क्रेम द मौं, क्वांत्रू?"

"न! न!" कांता ने हाथ और सिर भी हिला दिया।

"आप! आप! तुम? तुम?" पांडे ने कांता की ननद, कनक, कंचन, उर्मिला सभी से पूछ लिया। सभी ने इन्कार से क्षमा चाही।

नैयर रामप्रकाश के साथ ह्विस्की लेने के लिए बढ़ रहा था। ठिठक कर उसने पुरी की बाँह पकड़ कर पूछा—"आओ न; एक लो!"

पुरी ने इन्कार कर दिया।

नैयर ने आग्रह किया—''यह दिन तो फिर नहीं आयेगा।''

पुरी ने क्षमा माँगी।

नैयर ने सौजन्य में फिर आग्रह किया—''आधा पेग!''

''नहीं, नैयर, जबरदस्ती कभी नहीं!'' पांडे ने चेतावनी दी, ''ह्विस्की के बारे में एक नियम कभी मत भूलो! ह्विस्की का अपमान कभी मत करो! जो इसकी कद्र नहीं जानता, उसे मत दो! जो जितनी सहार सकता है, उस से अधिक के लिए मत कहो! केवल बयालीस ही बोतलें तो हैं, बारह बोतल रम हैं, बस। यहाँ तुम्हारे पंजाबी धा मौजूद हैं, सरदार जी जैसे। उसे अकेले को एक बोतल चाहिये।''

नौ बजे क्लब के प्रमुख और जाने-माने लोग अतिथियों से अनुरोध करने लगे—''प्लीज़ हैल्प योरसेल्फ! लीजिये, अपनी पसन्द से स्वयं लीजिये!''

भोजन से लदी मेजें अतिथियों से घिर गयीं। अतिथि अपनी रुचि से प्लेटों में लेकर इधर-उधर खड़े होकर बातचीत करते हुए खाने लगे। उस समय भी बहुत से लोग हाथों में गिलास थामे इधर-उधर कोनों में मँडराते बातचीत में उलझे हुए थे। सुभद्रा और उर्मिला के लिए, खड़े-खड़े भोज का यह ढंग नया अनुभव था। कनक और कंचन ने उन्हें सहायता दी। कनक ने पुरी के लिए एक प्लेट भर कर उसे दी और एक प्लेट अपने लिए लेकर उसके साथ एक ओर हो गयी।

पौने ग्यारह बजे भोजन की मेज की ओर कोई नहीं देख रहा था। मेजों पर रखा सामान अभी आधा शेष था। जोशी ने चावला के साथ आकर अभिमान से असन्तोष प्रकट किया—''क्या खाया लोगों ने? हमारी मेहनत अकारथ गयी। एक भी चीज समाप्त नहीं कर सके! हमने तो कहा था, कम पड़ जाय तो हमारा नाम नहीं। साली आइसक्रीम भी अभी पूरी बाल्टी पड़ी है लेकिन साहब, ह्विस्की और रम खतम!'' उसने अपना अँगूठा दिखाकर हिलाया, ''विश्वेश्वर बाबू और गैरोला बहुत नाराज हैं, उन्हें एक-एक पेग भी नहीं मिला। वह आये ही देर से कि यार लोग सब चाट गये। हम क्या करते?''

''साइलेंस प्लीज! साइलेंस प्लीज! सुनिये! सुनिये!''

क्लब के हाल में भरी हुई गूँज शान्त हो गयी। अंग्रेजी में सुनाई दिया :

''···कांस्टीच्युएंट असेम्बली के मेम्बर अपने-अपने स्थानों पर बैठे हुए हैं। असेम्बली के प्रधान डाक्टर राजेन्द्र प्रसाद सभा-भवन में पधार रहे हैं। डाक्टर राजेन्द्र प्रसाद श्वेत खादी के वस्त्र पहने हैं··· ।

''गैलरियों में प्रतिष्ठित दर्शक बैठे हैं। प्रधान की कुर्सी के दोनों ओर अनेक देशों के राजदूत उपस्थित हैं। इस समय ग्यारह बजकर पाँच मिनट हो रहे हैं, श्रीमती सुचेता कृपलानी और श्रीमती नन्दिता कृपलानी वन्देमातरम् गान करेंगी··· ।''

रेडियो से वन्देमातरम् गान सुनाई दिया। सूट या योरोपियन पोशाक पहने अधिकांश लोग सावधान (अटेन्शन) की मुद्रा में बिल्कुल सीधे खड़े हो गये। पश्चिमी व्यवहार से अपरिचित, विशेषतः बहुत से खद्दरधारी लोगों ने अभी राष्ट्रीय गान का सम्मान करना नहीं सीखा था। वे शरीर को ढीला छोड़े ऐसे खड़े थे जैसे मदारी का खेल देख रहे हों।

''···अपने इतिहास के इस महत्त्वपूर्ण अवसर पर जब अनेक वर्षों के संघर्ष के पश्चात् हम देश का शासन सँभाल रहे हैं··· ।''

"डाक्टर राजेन्द्र प्रसाद बोल रहे हैं।" किसी ने कहा।

"इन हिन्दी! हिन्दी में?" कई लोगों ने विस्मय प्रकट किया।

नैयर ने बचपन में हिन्दी नहीं पढ़ी थी। शब्द उसे समझ नहीं आये, परन्तु देश के प्रधान को देश की भाषा में बोलते सुनकर एक अद्‌भुत रोमांच अनुभव हुआ।

डाक्टर राजेन्द्र प्रसाद बोल रहे थे—"हम उस सर्वशक्तिमान भगवान् को जो मनुष्यों और राष्ट्रों का भाग्य निर्णय करता है, धन्यवाद देते हैं। हम अपनी श्रद्धा राष्ट्र के पिता, राष्ट्र के गुरु और पथदर्शक महात्मा गांधी के प्रति अर्पण करते हैं। हम उन सब लोगों के प्रति भी अपनी श्रद्धा प्रकट करते हैं, जिन्होंने देश की स्वतन्त्रता के संग्राम में त्याग और बलिदान द्वारा सहयोग किया है...।"

कनक समीप खड़े पुरी की बाँह से अपनी बाँह का स्पर्श कर दिया, मानो कह रही थी—सुनो, यह तुम्हारे लिए कहा जा रहा है! तुम्हें कौन भुला सकता है! कनक को इसका गर्व था।

लोगों में व्याख्यान सुनने के लिए धैर्य और संतोष नहीं था। उन्हें किसी से कुछ सुनने-समझने की आवश्यकता नहीं थी। वे जानते थे, कुछ मिनट में रात के बारह बजे की टंकोर के साथ उनका देश संसार के दूसरे राष्ट्रों के समान स्वतन्त्र और सार्वभौम सत्तापूर्ण राष्ट्र बन जायेगा। सदियों की गुलामी का कलंक दूर हो जायेगा। वही उनके लिए पर्याप्त था। वे केवल अपनी स्वतन्त्रता की घोषणा करने वाली टंकोर सुनने के लिए आतुर थे।

रेडियो विधान परिषद् देहली में दिये जाने वाले भाषण सुना रहा था, परन्तु क्लब का हाल फिर लोगों की आपसी बातचीत से गूँजने लगा था।

"नेहरू! पंडित जी! जवाहरलाल जी! पंडित नेहरू!" पुकारें सुनाई दीं और हाल में एक बार फिर सन्नाटा हो गया।

पंडित नेहरू का स्वर था—"बहुत बरस पहले हमने कुछ अहद करके अपनी किस्मतें दाँव पर लगा दी थीं। आज उन अहदों को पूरा करने का वक्त आ गया है। आजादी के साथ ही बहुत बड़ी-बड़ी जिम्मेवारियों को पूरा करना और निबाहना है। हमारे लिए अब आराम और चैन का वक्त नहीं आ गया है बल्कि हमें और भी ज्यादा लगन और मेहनत से और त्याग से काम करने की, अपने वायदों को पूरा करने की कोशिश करनी होगी।..."

जनता को आजादी की जिम्मेवारियों की चिन्ता नहीं थी। जनता को आजादी के लिए दिये या उनसे आजादी के लिए लिये गये मूल्य की भी चिन्ता नहीं थी। यह भी चिन्ता नहीं थी कि उनके हाथ क्या आयेगा! आजादी न होना उनके लिए राष्ट्रीय अपमान का कारण था। वे केवल आजादी चाहते थे। वे आजादी की घोषणा करने वाली टंकोर सुनना चाहते थे।

क्लब के हाल में फिर लोगों की आपसी बातचीत की गमगहाहट भर गयी। पंडित नेहरू का भाषण भी उसमें डूब गया।

रेडियो पर घड़ी ने सुरीली टंकोरों में बारह बजने से पूर्व का संकेत बजाया और ऊँचे स्वर में—टन्न! टन्न! टन्न! टन्न!

कनक और पुरी के हाथों ने छिपे-छिपे एक दूसरे के हाथों को दबा लिया। बारह टंकोरें समाप्त होते ही रेडियो से बहुत ऊँचे स्वर में शंख की मंगल-ध्वनि हुई। रेडियो में से ऊँची ललकार सुनाई दी—"पन्द्रह अगस्त जिन्दाबाद!"

शरीरों में बिजलियाँ तड़प गयीं।

"हुर्रे! हुर्रे! हुर्रे! हुर्रे!"

"भारत माता की जय! महात्मा गांधी की जय!"

लोग उछलने लगे। उछल-उछल कर, कूद-कूद कर गले मिलने लगे। इस भीड़ में अधिकांश ऊँचे आर्थिक मध्यम वर्ग के शासन के सूत्रों से जीविका और लाभ पाने वाले लोग थे, जो कभी विदेशी दासता से विद्रोह करने का, स्वतन्त्रता के आन्दोलन में भाग लेने का साहस नहीं कर सके थे। आज उनके अन्तर्मनों में भी दबी-छिपी स्वतन्त्रता की स्वाभाविक भावना उफन पड़ी थी।

"जामे आजादी! जामे आजादी!"

नैयर और पांडे ने आवाज सुनकर पीछे घूमकर देखा।

नेगी साहब ह्विस्की की एक बोतल हाथ में लिये लपके आ रहे थे—"यार, हमने एक बचा कर रख ली, जामे आजादी के लिए!"

"ओह, यू आर ग्रेट!" पांडे ने किलक कर उत्साह प्रकट किया।

रेडियो से असेम्बली के मेम्बरों के प्रतिज्ञापत्र पढ़ने की आवाजें आ रही थीं। क्लब की खास मित्र-मंडली जामे आजादी पी रही थी।

अधिकांश लोग हाल से बाहर निकल गये थे। किसी ने याद दिलाया—"अरे भई चलो, आतिशबाजी देखें!"

क्लब के बाहर फ्लैट (मैदान) में देहाती पहाड़ी रिक्शा-कुलियों और बोझ ढोने वाले कुलियों की टोलियाँ चीथड़े पहने, परन्तु सिर पर सफेद टोपियाँ लगाये, ताली बजा-बजा कर, नाच-नाच कर गा रही थीं—

"बेरू पाको बारो मासा,
काफल पाको चेता, मेरी छैला!"

झील के किनारे छतरी के पास उत्तर प्रदेश के पूर्वी जिलों के लोगों की टोली ढोलक पर कड़कती आवाज़ में आजादी का आल्हा गा रही थी।

पंजाबी नौजवानों की एक टोली भंगड़ा नाच रही थी। वे लोग उत्साह का उन्माद प्रकट करने के लिए होंठों पर उल्टी हथेली रखकर मस्ती में आये बकरे की तरह ऊँचे स्वर में बबिया-बबिया कर हुंकार रहे थे—हो! हो! हो! हो!

एक टोली के लोग खद्दर की उजली टोपियाँ पहने राष्ट्रीय गीत गा रहे थे और उछल-उछल कर और ऊँचे स्वर में बार-बार नारे लगा रहे थे—भगतसिंह जिन्दाबाद! इंकलाब जिन्दाबाद! चन्द्रशेखर आजाद जिन्दाबाद! इंकलाब जिन्दाबाद!

झील के किनारे कई स्थानों पर आतिशबाजियाँ छूट रही थीं। उनके प्रकाश में झील के जल की काली सतह कभी लाल, कभी पीली और कभी हरी रोशनी से उज्ज्वल हो उठती थी।

पांडे, सरदार जी और नैयर एक-दूसरे की बाँह में बाँह फँसाये झील की ओर चले जा रहे थे। उन लोगों से दो कदम पीछे-पीछे रामप्रकाश, कान्ता, सुभद्रा, कंचन, उर्मिला, कनक और पुरी चले आ रहे थे।

"कैसे उत्साह हैं लोगों में?" नैयर चारों ओर नजर दौड़ा कर उच्छ्वास से बोला।

सरदार जी अपने लड़खड़ाते हुए कदम जमाकर खड़े हो गये। नशे में साधारण अभ्यास के विरुद्ध अंग्रेजी के बजाय पंजाबी-हिन्दी में ऊँचे स्वर में बोले—"खुशी नहीं होगी! जोश नहीं होगा! आजादी मिली है बादशाहो! जानवर से आदमी बन गये! आजादी की क्या कीमत है! आजादी के लिए कोई कीमत बड़ी नहीं। उस पर वतन भी निछावर है।"

"ठीक है, जिक्र करने लायक बात तो नहीं है।" नैयर अपना कदम रोककर बोला, "लेकिन आज ही हम लोगों को अपने लाहौर के पड़ोसी मिर्जा का पत्र मिला है कि हमारे तीनों मकानों में इल्लीगल आकुपेशन (गैरकानूनी कब्जा) हो गया है। आज ही तार मिला है कि फादर-इन-लॉ ने भी अपना सब कुछ छोड़, दिल्ली पहुँच कर जान बचायी है। अब हम लोग बेघरबार हैं, स्वतन्त्र भी और स्वच्छन्द भी!" उसने बहुत जोर से कहकहा लगा दिया, "लेकिन क्या परवाह है!"

नैयर गम्भीर होकर पुरी की ओर घूम गया—"हम लोगों में से भाई पुरी ने ही स्वतन्त्रता के संघर्ष में जेल काटी है। भाई पुरी, आप जैसे लोग तो आज के उत्सव के हीरो हैं। शासन की गद्दी पर चाहे जो बैठ जाय।"

"कोई परवाह नहीं! मैं बहुत प्रसन्न हूँ, संतुष्ट हूँ।" पुरी ने उत्तर दिया, "हमने किसी आशा से स्वतन्त्रता के संघर्ष में सहयोग नहीं किया था।"

पांडे सिगरेट से लम्बा कश खींचकर राख झाड़ते हुए बोला—"आशा! स्वतन्त्रता से क्या आशा! स्वयं स्वतन्त्रता ही क्या सब कुछ नहीं है?"

सरदार जी ने उद्‌गार प्रकट किया—"स्वतन्त्रता दिलायी है नेताजी ने पर नेताजी कहाँ हैं आज?"

"इन लोगों को स्वतन्त्रता से क्या मिलेगा?" नैयर ने मैदान में ताली बजाते, कूदते, नाचते कुलियों की ओर संकेत कर पूछा, "सुबह फिर रिक्शाओं में जुत जायेंगे पर इन्हें भी कुछ अनुभव हो रहा है।"

"नेताजी जिन्दाबाद! इन्कलाब जिन्दाबाद! भगतसिंह जिन्दाबाद! इन्कलाब जिन्दाबाद! राष्ट्रीय पताका उठाये, जोश से नारे लगा-लगा कर फ्लैट के चक्कर लगाती हुई टोली नैयर और पांडे के दल के समीप से गुज़र गयी।

क्लब की ओर से नेगी के साथ चावला आ रहा था। उसने पुकार लिया—"इन्कलाब तो हो गया, अब और क्या इन्कलाब चाहिए?"

"हाँ, इन्कलाब तो हो गया।" सरदार जी ने शरीर को तौले रहने के लिए कदम फैलाकर स्वीकार किया, "हाँ इन्कलाब तो हो गया।"

"इन्कलाब हो गया?" पांडे ने नैयर को विशेष रूप से सम्बोधन किया।

"इन्कलाब?" नैयर ने सीधे पुरी से पूछ लिया, "इन्कलाब हो गया?"

"इन्कलाब तो···परन्तु राष्ट्रीय स्वतन्त्रता मिल जाना कम बात नहीं है।" पुरी ने नशा पिये लोगों को समन्वय सुझाने के ढंग से कहा।

"सुनो!" पांडे ने अति गाम्भीर्य की मुद्रा में हाथ कमर पर टिका कर पुरी की ओर देखा, "राष्ट्रीय स्वतन्त्रता तो मिल गयी है इन्कलाब करना होगा!"

१६ अगस्त प्रातः पुरी की नींद खुली तो पहला खयाल उसे लाहौर लौट जाने का आया। बहुत देर तक सोचता रहा। वह घर में और गली में सब लोगों को कहकर आया था नैनीताल नौकरी के लिए बुलाया गया है। अब जाकर क्या मुँह दिखायेगा! उसने देश की स्वतन्त्रता के लिए प्राणों की बाजी लगा दी, अपने लिए कुछ न चाहा था, परन्तु···देश की स्वतन्त्रता मुझे जीविका देने का भी उत्तरदायित्व नहीं लेना चाहती! क्या यह देश की कृतघ्नता नहीं है? कैसी विडम्बना है!···पर देश, केवल अवस्थी जी और मिनिस्टर बन जाने वाले ही तो देश नहीं हैं।···सभी लोग तो मिनिस्टर नहीं बन सकते। रात कूद-कूद कर नाचने गाने वाले पहाड़ी लोग क्या आशा कर रहे हैं? रात स्वतन्त्र हो जाने के बाद वे आज फिर रिक्शाओं में जुत गये होंगे? पर गली और घर के लोगों को क्या मुँह दिखाऊँगा।

पिछले दिन दोपहर पुरी कनक के बहुत अनुनय करने पर भी नैनीताल में २० तारीख तक ठहरने और उसके साथ दूसरी बार लखनऊ में अवस्थी जी से मिलने जाने के लिए किसी तरह तैयार नहीं हो रहा था परन्तु लाहौर असफल लौटकर गली और घर के लोगों के सामने लज्जित होने की चिन्ता ने उसका विचार बदल दिया।

उस दिन पुरी दोपहर में कनक से मिला तो उसने स्वीकार कर लिया कि वह नैनीताल में १९ अगस्त तक इसी शर्त पर ठहर सकता है कि कनक २० अगस्त की संध्या हर हालत में उसके साथ लखनऊ चलने का निश्चय कर ले। पंडित जी ने १८ अगस्त को नैनीताल पहुँचने की आशा दिखाई थी। कनक ने पुरी को विश्वास दिलाकर वचन दे दिया। घर में भी कनक ने सबको दिखा-सुनाकर अपने मैले कपड़े अर्जेण्ट रेट पर लांड्री से धुलवाकर और इस्त्री करवाकर, सूटकेस में रख लखनऊ जाने की तैयारी आरम्भ कर दी थी।

नैयर और कान्ता ने कुछ कहने की आवश्यकता नहीं समझी। सोचा, पिता जी यहाँ होंगे तो हमारा क्या उत्तरदायित्व?

१५, १६, १७ को लाहौर से आने वाले उर्दू और अंग्रेजी के समाचार पत्र नहीं आये। देहली से आने वाले पत्रों में समाचार थे, अमृतसर और लाहौर के बीच रेलगाड़ी का आना-जाना बन्द हो गया था। केवल सैनिकों की सुरक्षा में ही सवारी की बसें सड़कों के रास्ते आ-जा रही थीं। इन अधूरे समाचारों से नैनीताल में एकत्र पंजाबियों के मन और भी अधिक आशंकित हो रहे थे।

२० अगस्त, दोपहर से पहले पुरी ने देहली से आये अखबार में पढ़ा : पाकिस्तानी सेना और पुलिस ने लाहौर के रंगमहल, लोहे का तालाब, समीप की गलियों और ग्वालमंडी, पुरानी अनारकली में शेष रहे हिन्दुओं को अपने घरों से हटाकर सुरक्षा के लिए डी० ए० वी० कालेज की इमारतों में बना दिये गये कैम्पों में इकट्ठा कर दिया था। गुजरांवाला और लायलपुर में भी सब हिन्दुओं को कैम्पों में इकट्ठा कर देने और उपद्रवियों

द्वारा बाजारों में हिन्दू स्त्रियों को निरावरण करके उनके जुलूस निकाले जाने के भी समाचार थे।

पुरी का हृदय धक्क से रह गया। उसने समाचार को कई बार पढ़ा और निश्चय कर लिया जिस तरह से भी हो, उसे तुरन्त लाहौर जाना होगा। ऐसी स्थिति में वह किसी भी कारण से रुक नहीं सकता था। उसने तुरन्त अपना सामान समेटकर बाँध लिया। साढ़े बारह बजे वह लायब्रेरी में कनक से मिलने गया। कनक बहुत ही चिंतित थी। पिता जी १८ की संध्या भी नहीं आये थे। उनका पत्र आया था। पंडित जी दिल्ली में माँ के साथ एक होटल में ठहरे हुए थे। विधिचन्द का परिवार एक कैम्प में था। पंडित जी दिन-रात, सिर छिपा सकने लायक जगह की खोज में थे। दिल्ली में लाखों आदमी पंजाब से चले आ रहे थे। भय था, यदि मकान का प्रबन्ध किये बिना वे नैनीताल चले आते तो लौटकर मकान मिल सकना और भी कठिन हो जाता।

पुरी ने कनक को लाहौर के सम्बन्ध में पढ़ा समाचार सुनाकर तुरन्त लाहौर लौटने का अपना निश्चय बता दिया।

कनक विरोध नहीं कर सकी, परिस्थिति ऐसी ही थी।

१७

बरेली स्टेशन पर पुरी को छोटी लाइन की गाड़ी बदल कर बड़ी लाइन पर पश्चिम जाने वाली डाक गाड़ी में बैठना था। गाड़ी में बहुत भीड़ थी। उसे गाड़ी में घुस पाने के लिए अच्छा-खासा संघर्ष करना पड़ा। बरेली से सवार होने वाले लोगों में अधिकांश बुर्का ओढ़े स्त्रियाँ और मुसलमान थे। गाड़ी में पहले से मौजूद लोगों में भी मुसलमान स्त्री-पुरुष अधिक थे। डिब्बे में अंतिम खिड़की के साथ बैठा हिन्दू अपने समीप बैठना चाहने वाले प्रौढ़ मुसलमान को धमका रहा था—''क्या हमारे सिर पर बैठोगे? दूसरी गाड़ी में जाओ।''

प्रौढ़ मुसलमान स्थान के लिए अधिकार का तकाजा कर रहा था।

भीड़ में आराम से बैठाकर एक सिक्ख बोल पड़ा—''कहाँ जाना है? पाकिस्तान!''

''कहीं जाना हो, आप से मतलब!''

खिड़की के समीप बैठे हिन्दू ने सिमटने की विवशता अनुभव करके पुरी को अपने समीप बैठने का स्थान दे दिया।

प्रौढ़ मुसलमान ने इस अन्याय पर आपत्ति की।

''तुम्हारे लिए पाकिस्तान में बहुत जगह है!''

''यह आपकी शराफत है, यह आपका इंसाफ है?''

शहरी ढंग की दाढ़ीवाला, दो बुर्कापोश स्त्रियों के साथ बैठा हुआ एक सफेदपोश मुसलमान प्रौढ़ के समर्थन में बोल पड़ा—"यह है आप लोगों का रवैया! दिलों में इतना निफाक (विरोध) है और तकसीम का इल्जाम मुसलमानों पर रखते हैं।"

पुरी को वह स्थान ले लेने में लज्जा अनुभव हो रही थी। वह खड़ा हो गया—"अच्छा जनाब, आप ही बैठ जाइये।"

हिन्दू ने घृणा से पुरी की ओर देखा—"बहुत मुहब्बत है आपको इनसे, यहाँ हम लोग इन्हें सिर पर बैठा लें। मालूम है, लाहौर में हिन्दू स्टेशन पर कदम नहीं रख सकता!"

"इन हंगामे और कुश्तोखून (उपद्रव और रक्तपात) की भी वजह दिलों में नफरत और दुश्मनी है वर्ना तकसीम इंसाफ और अमनो-अमान (शान्तिपूर्वक) से भी हो सकती थी। जिसका जो हक़ है, उसे दीजिये।"

पुरी खड़ा तो हो गया था, परन्तु बोले बिना न रह सका—"जनाब, निफाक और दुश्मनी तो आपने पैदा की है, मजहब के नाम पर तकसीम का सवाल उठाकर!"

प्रौढ़ मुसलमान ने झिझकते हुए पुरी का समर्थन किया—"अरे साहब, सब अल्लाह के बन्दे हैं। मजहब बन्दे का अल्लाह से नाता है, दिल की और एतकाद की बात है। उसे लेकर दुनियावी झगड़े।…"

सफेदपोश जवान ने उसे टोक दिया—"वाह जनाब, क्या फर्माते हैं, आप? मजहब अव्वल है! मजहब से ही तो इंसान है। जब दो कौमें हैं, दोनों कौमों का नुक्ते नजरिया हर बात में मुख्तलिफ है। दोनों का एक सा खाना-पीना, नाता-रिश्ता मुमकिन नहीं तो दोनों कौमों की इलाकाई तकसीम कुदरती है।"

"तो जाओ, दफा हो! ले जाओ अपने सब लोगों को। कौन तुम्हें पकड़े है?" हिन्दू ने डाँट दिया।

एक और आदमी उदास स्वर में बोल उठा—"आप लोग रहने नहीं देना चाहते तो जा ही रहे हैं वर्ना कितनी पुश्तें गुजर गयीं, एक साथ रह ही रहे थे।"

हिन्दू ने विरोध किया—"अब मुसलमानों के यहाँ रहने का मतलब क्या? यह खूब रही कि अपना पाकिस्तान भी बना लिया और हिन्दुस्तान में भी हिस्सा बनाये रहेंगे?"

सिक्ख बोला—"कलकत्ते में तो इन लोगों का काफी सफाया कर दिया। कहीं-कहीं फौज के पहरे में रह गये हैं। सरकार उन्हें आहिस्ता-आहिस्ता ढाका भेज रही है। बीच में फौज न आ जाती तो फैसला था।"

हिन्दू बोल उठा—"यहाँ तो सरकार इन लोगों को बचा रही है नहीं तो इन्हें आटा-दाल का भाव मालूम हो जाता। पाकिस्तान की तो सरकार ही हिन्दुओं का कत्ल करवा रही है।"

एक मुसलमान ने हाथ जोड़ दिये—"भाई लोगो, हमारी किस्मत तो रहनुमाओं के हाथ में है। दोनों अल्लाह के बन्दे हैं। जब तक साथ बैठे हैं, उसके (खुदा) खौफ से चुप रहिये!"

प्रौढ़ ने दबकर पुरी के लिए जगह बना दी और उसे बैठा लिया।

डाकगाड़ी कई-कई स्टेशन छोड़कर बड़े स्टेशनों पर खड़ी होती थी। गाड़ी में आने वाले मुसाफिरों के लिए स्थान न था। गाड़ी में स्थान चाहने वाले अधिकांश मुसलमान थे। भीतर बैठे मुसलमान ही उन्हें दूसरे डिब्बों में स्थान देखने के लिए समझाने लगे। सफेदपोश मुसलमान ने मुसीबतजदा भाइयों के प्रति हमदर्दी का उपदेश देकर दरवाजा खुलवा दिया। इस बात पर उसकी सिक्ख और दूसरे दो हिन्दुओं से तकरार हो गयी।

मुसलमान यात्री यह सुनकर परेशान थे कि ट्रेन उन्हें केवल अमृतसर तक ही ले जायेगी। एक हिन्दू ने उन्हें आश्वासन दिया—"पाकिस्तान की सरकार तुम लोगों को आगे खुद ले जायगी। तुम्हें अपने मजहबी भाइयों पर भरोसा नहीं है तो पाकिस्तान बनाया किस दम पर है?"

पुरी ने चिन्ता प्रकट की कि उसे भी अपना परिवार सम्भालने के लिए लाहौर जाना है। उसे उत्तर मिला—"शायद बस से जा सकोगे। सुनते हैं फौजी पहरे में बसें आती-जाती हैं।"

मुरादाबाद और सहारनपुर के स्टेशनों पर और भी अधिक भीड़ गाड़ी में आ जाना चाहती थी। गाड़ी के भीतर इतने लोग आ चुके थे कि भीतर बैठे मुसलमान भी दूसरे मुसलमानों के भीतर आने का विरोध ऊँचे स्वर में करने लगे थे। अब सफेदपोश मुसलमान भी चुप हो गया था।

डाक गाड़ी सब स्टेशनों पर थोड़ा बहुत पिछड़ती-पिछड़ती बहुत लेट चल रही थी। भीड़ के कारण सो सकने का तो क्या, दूसरों का दबाव अनुभव किये बिना बैठ सकने का अवसर नहीं था। पुरी की इच्छा हुई कि कोई पुस्तक निकालकर, पढ़कर रात काटे, परन्तु भीड़ के दबाव के कारण उठकर सूटकेस से पुस्तक निकाल सकना सम्भव न था। गाड़ी में पढ़ सकने योग्य प्रकाश भी न था मानो प्रकाश भी अधिक भीड़ के बोझ से दब गया था। अँगड़ाई ले सकने के लिए बाँह उठा सकना भी सम्भव न था। पुरी बार-बार घड़ी देख रहा था और जम्हाइयाँ ले रहा था। सुबह के पाँच बज गये थे। रात पलक झपके बिना बोझ से दबते-दबते बीत गयी थी।

अलबत्ता स्टेशन पर इतनी बड़ी भीड़ गाड़ी की ओर लपकी कि भीतर बैठे सभी लोग घबरा गये। वे गाड़ी का दरवाजा खोलना नहीं चाहते थे, परन्तु दो हिन्दुओं को यहाँ ही उतरना था। डिब्बे में केवल पुरी और एक सिक्ख ही गैर मुसलमान रह गये थे। डिब्बे का दरवाजा खुलते ही इतनी सवारियाँ घुस आयीं कि सबके सटकर खड़े हो सकने के लिए भी स्थान न था। खुले दरवाजे में भी इतने लोग सट गये थे कि दरवाजा बन्द नहीं किया जा सकता था। भीतर बैठे लोगों को साँस लेने की कठिनाई हो रही थी। भीतर बैठे मुसलमान ही आने वाली मुसलमान सवारियों को धक्के देकर रोक रहे थे। पुकारों, चीखों, चिल्लाहटों, रोने की आवाजों के कारण कुछ सुनाई नहीं पड़ रहा था। कुछ लोग भीतर आने के लिए चिल्ला रहे थे, कुछ रौंदे और कुचले जाने के कारण चीख रहे थे। गोद के बच्चे भय और धक्का-मुक्की से चीख-चीख कर रो रहे थे।

प्लेटफार्म पर खड़ी गाड़ी के भीतर आना चाहने वाली भीड़ ऐसी आतुर और आतंकित थी कि उसी गाड़ी में न चढ़ जाने से वे निश्चय ही मृत्यु के मुँह में चले जायेंगे। गाड़ी की छत पर कदमों की आहट से जान पड़ता था कि लोग छतों पर भी चढ़ रहे थे।

गाड़ी बहुत अधिक भर जाने और छतों पर भी लोगों के लद जाने के कारण अम्बाला स्टेशन से चल ही नहीं पा रही थी। गाड़ी का इंजन बार-बार फुफकारें मारकर आगे बढ़ने के लिए जोर लगाता परन्तु झख-झख-झख करके रह जाता था। प्रत्येक मुसाफिर दूसरे मुसाफिरों को इस दुर्भाग्य का कारण समझ रहा था।

लाठी और बन्दूकें लिये बहुत से सिपाही प्लेटफार्म पर आये। सिपाहियों ने भय दिखाकर और खींच-खींच कर रोते-कलपते लोगों को छतों पर से उतारा। इंजन अपनी पूरी शक्ति लगा देने के लिए बहुत फूँ-फूँ, फाँ-फाँ, फक-फक करके गाड़ी को प्लेटफार्म से खींच सका। गाड़ी चल देने पर भी गाड़ी का दरवाजा बन्द न किया जा सका। कुछ लोग गाड़ी के दरवाजों के साथ के डंडे पकड़ कर पायदान की पटरियों पर खड़े चल रहे थे।

गाड़ी चलने के कुछ मिनट बाद इतनी शांति हो गयी कि ऊँचे स्वर में कही गयी बात सुन ली जा सकती थी। दो बच्चों के रोने का स्वर स्पष्ट सुनाई देने लगा। एक बच्चा बहुत हिचक-हिचक कर रो रहा था। एक कराहती रुआँसी-सी आवाज आयी—"किसी मेहरबान के पास बच्चे के लिए दो घूँट पानी है?" पुरी ने देखा शरई दाढ़ी वाले मुसलमान ने अपना टोंटीदार लोटा एक बूढ़े की तरफ बढ़ा दिया।

एक प्रौढ़ा जोर से सिसक-सिसक कर रो पड़ी। लोगों का ध्यान उसकी ओर गया। उसके समीप बैठे बूढ़े मुसलमान के कपड़ों पर खून के दाग थे। लोगों का ध्यान अपनी ओर देखकर बूढ़ा भी रो पड़ा और आँसू भरे स्वर में बोला—"रब्ब को जाने क्या मंजूर है! हम लोग तो सब कुछ छोड़-छाड़ कर दोनों जवान बेटों, बहू और लड़की को लेकर चल पड़े थे। गाँव के हिन्दू-सिक्खों ने घेर लिया। बहू और लड़की को पकड़ कर ले चले। लड़कों ने आगे बढ़कर रोका। दोनों को फरसे से काटकर गिरा दिया। बहू और लड़की को उठा ले गये। बहू की यही बच्ची है दो बरस की।"

"ओफ! च्च-च्चच! लाहौल···!···लानत···तौबा!" बहुत से लोगों ने भय, सहानुभूति और घृणा प्रकट की।

एक दूसरा मुसलमान बोला—"सब अल्लाह की कुदरत है। जिसके दिल में उसका खौफ है, वही इन्सान है। हमारे गाँव के भी दस-बारह आदमी मारे गये। सब मुसलमानों के मकान जला दिये हैं लेकिन हम तो अपने पड़ोसियों को दुआ करते हैं। हमें दिन भर अपनी गोहरन में छिपाकर रखा। रात को अपनी लढ़िया में छिपाकर स्टेशन पहुँचा गये।"

एक प्रौढ़ ने पगड़ी हटाकर अपने सिर पर घाव दिखाया और अपने भाई को मार देने वालों पर खुदा की कहर पड़ने की प्रार्थना की।

अब डिब्बे में केवल दो ही हिन्दू थे। ऐसी बातें सुनकर पुरी को आशंका हो रही थी, यदि मुसलमान प्रतिहिंसा से उन दोनों पर टूट पड़े तो क्या होगा? परन्तु चारों ओर बैठे लोगों की आँखों में धमकी नहीं, कातरता और भय था।

दो और स्त्रियों के रोने की पुकारें सुनाई देने लगीं। उनके साथ बैठा आदमी आहें भरने लगा। वह समीप बैठे लोगों को अपना दुख बता रहा था।

अम्बाला स्टेशन के बाद गाड़ी की चाल बहुत धीमी हो गयी थी। पुरी साँस के लिए हवा की कमी से परेशान होकर सोच रहा था—किसी तरह गाड़ी अमृतसर पहुँच जाये, इस चाल से तो गाड़ी अमृतसर जाने कब पहुँचेगी!

पुरी अम्बाला में उतरने वाले हिन्दू के स्थान पर बैठ गया था, इसलिए खिड़की के किनारे से बाहर देख सकता था। मेल की चाल बहुत धीमी होने पर भी वह अपने नियम के अनुसार छोटे-छोटे स्टेशन को बिना ठहरे लाँघती जा रही थी। सभी स्टेशनों के प्लेटफार्मों पर अपना बोरी-बँधना लिये सैकड़ों मुसलमान उन्हें ले जा सकने वाली गाड़ी की प्रतीक्षा में बैठे हुए थे।

दिन एक पहर चढ़ चुका था। गाड़ी सरहिन्द स्टेशन पर रुकी। प्लेटफार्म खाली था। सिपाही संगीनें चढ़ाये पहरा दे रहे थे। आतंक भरी स्तब्धता छायी हुई थी। प्लेटफार्म पर जगह-जगह फर्श लाल-काला हो रहा था। खून फैला हुआ जान पड़ता था। स्टेशन की बाड़ के साथ-साथ कुछ लाशें पड़ी हुई थीं। स्टेशन के परे से भीड़ का हो-हल्ला सुनाई दे रहा था। केवल डाक उतारी और लादी गयी और गाड़ी चल दी।

गाड़ी सिगनल को लाँघकर कुछ ही दूर गयी थी। लाइन के साथ-साथ लगे तारों के परे शहर की बस्ती अभी बिल्कुल पीछे नहीं छूटी थी। गाड़ी के पहिये रगड़ खाकर चेंचियाने और गाड़ी रुक गयी। बहुत समीप बन्दूकें चलने के धमाके के साथ गाड़ी की काठ की दीवारों पर गोलियों की चोटों की आहटें हुईं। तारों के पीछे बस्ती में से बर्छे, फर्से, तलवारें और बन्दूकें लिये भीड़ गाड़ी की ओर झपट पड़ी। गाड़ी पर गोलियाँ पड़ रही थीं। पुरी के समीप खिड़की में बैठा प्रौढ़ चीख उठा। उसके कंधे से खून बह गया।

पुरी ने बचने के लिए सिर आड़ में कर लिया।

एक और आदमी चिल्लाया—"हाय, मार डाला!"

हाय-हाय और चीख-पुकार से गाड़ी भर गयी।

"खिड़कियाँ बन्द करो।" घबराये हुए लोग चिल्लाने लगे।

आक्रमण करने वाले गाड़ी के पायदानों पर चढ़कर खुले दरवाजे और खिड़कियों से बर्छे और फर्से चलाने लगे और सामने पड़ने वालों को बाँहों से पकड़-पकड़ कर बाहर खींचकर गिराने लगे। आक्रमणकारियों को गाड़ी के दरवाजे में आते देखकर भीतर के लोगों ने पीछे दबकर उन्हें जगह दे दी थी। तीन जवान दो तलवारें और एक जवान बर्छा लिये भीतर आ गये। बर्छे या तलवार का एक वार और गाड़ी से बाहर धक्का। सवारियों के साथ असबाब की गठरियाँ और बक्स भी फेंके जा रहे थे। आस-पास गोलियाँ भी दग रही थीं। एक ओर बैठी एक प्रौढ़ा और जवान स्त्री बहुत जोर से चीखकर एक-दूसरी से लिपट गयी थीं। बर्छा हाथों में लिये आदमी ने बर्छा बायें हाथ में लेकर दायें हाथ से जवान स्त्री के दुपट्टे में से केशों को पकड़कर उसे दरवाजे की ओर लुढ़का दिया और लात के धक्के से नीचे गिरा दिया। बर्छा उठा और दोनों हाथ उठाये भय से रंभाती हुई बुढ़िया के खुले मुँह और गले को फाड़कर उठ गया। सफेदपोश मुसलमान ने कातरता से गिड़गिड़ा कर प्राणों की भिक्षा के लिए तलवार उठाये जवान के घुटने पकड़ लिये। तलवार उसकी पसलियों के नीचे धँसकर उठ गयी। उसके समीप बैठी स्त्रियाँ भय से लुढ़क कर गिर पड़ीं।

आधी गाड़ी खाली हो गयी थी। आक्रमण का प्रतिरोध करने की शक्ति किसी में नहीं थी। पुरी की आँखों के सामने अँधेरा छा रहा था। गला सूख गया था।

पुरी के साथ यात्रा करते सिक्ख की पुकार सुनाई दी—"भाइयो, मैं सिक्ख और यह एक हिन्दू भाई है।"

पुरी भी चिल्ला उठा—"मैं हिन्दू! मैं हिन्दू!"

"हिन्दू! हिन्दू!" और भी कई पुकारें सुनाई दीं।

बहुत-सी राइफलें एक साथ दगने के धमाके सुनाई दिये। फर्से, भाले लिये लोग गाड़ियों से कूदकर फिर बस्ती की ओर भागने लगे। बाढ़ की तार के साथ की ऊबड़-खाबड़ जमीन पर कई जीपें दौड़ती चली आ रही थीं। राइफलें लिये सिपाही जीपों से कूद पड़े थे।

राइफलों और बन्दूकों से फायर बन्द हो गये। केवल हाय-हाय, चीखने, रोने और सिसकने के शब्द सुनाई देने लगे।

सिपाहियों ने कड़कती हुई आवाज में हुक्म दिया—"सब लोग गाड़ी पर चढ़ जाओ! पाँच मिनट में सब लोग गाड़ी पर चढ़ जाओ! पाँच मिनट में गाड़ी चलेगी!" हुक्म कई बार दोहराये गये।

गाड़ी के नीचे गिरा दिये गये लोगों में से कुछ लोग चढ़ आये। पुरी के समीप खिड़की के नीचे पड़े एक मुसलमान ने पुरी की ओर हाथ बढ़ाकर गिड़गिड़ाकर पुकारा—"अल्ला के वास्ते।"

पुरी ने दरवाजे में होकर, हाथों से थामकर उसे ऊपर खींच लिया। दो बुरका-पोश औरतें सहमी हुई, अपने बुरकों में उलझती हुई गाड़ी पर चढ़ आयीं। जवान स्त्री भी आ गयी। वह अपने साथ की बुढ़िया के छिन्न-भिन्न, कटे-फटे सिर को देखकर पथरायी-सी रह गयी। एक लाश दरवाजे में राह रोके पड़ी थी। पुरी के समीप खिड़की में बैठा हुआ प्रौढ़ गोली से जख्मी हो गया था। वह दो बेंचों के बीच पड़ा कराह रहा था। बच्चे बिल्कुल स्तब्ध और सुन्न थे।

पुरी का मुख सूख रहा था। सिर घूम रहा था। वह फिर पहले की ही जगह पर बैठ गया। सिपाही बार-बार गाड़ी से गिरे हुए लोगों को पाँच मिनट में गाड़ी पर चढ़ जाने के लिए धमका रहे थे। कई सिपाही जख्मियों को उठा-उठा कर गाड़ी में डाल रहे थे। ऊँचे स्वर में हाय सुनकर पुरी की आँखें डिब्बे में दूसरी ओर गयीं। सफेदपोश मुसलमान का सिर उठा। वह फर्श पर पड़ा पीड़ा से चिल्ला रहा था। सिक्ख ने उसे बाँह का सहारा देकर लिटा देने का यत्न किया, परन्तु दूसरे शरीरों के कारण स्थान न था।

गाड़ी प्रायः घंटे भर बाद चल सकी। लाइन के दोनों ओर बहुत-सी लाशें, गठरियाँ और बक्से पड़े रह गये थे।

गाड़ी लुधियाना स्टेशन के प्लेटफार्म पर रुकी। प्लेटफार्म पर और गाड़ी के पीछे लाइन पर भी संगीनें लगाये सिपाहियों का पहरा था। कुछ अफसर प्लेटफार्म के बीचों-बीच खड़े थे। हुक्म सुनाया गया—

"सब लोग गाड़ी से दो मिनट में उतर जायँ। आगे लाइन पर हमले का खतरा है। गाड़ी आगे नहीं जायेगी। सवारियों को स्टेशन से बाहर जाने की इजाजत नहीं है। सब सवारियों को हिफाजत के लिए मुस्लिम-पनाहगजीं के कैम्प में जाना होगा।"

सवारियाँ गाड़ी से उतर कर अपना असबाब कंधों और सिर पर सम्भालने लगीं। जख्मी और उनके साथी बहुत घबरा गये। पुरी का सूटकेस गाड़ी में नहीं दिखाई दिया।

वह विचित्र स्थिति में था, क्या करे? खोजने का अवसर भी नहीं था। सिक्ख बहुत परेशान था। वह अपना पूरा सामान अकेला उठा नहीं सकता था।

पुरी ने बिस्तरे का बंडल बगल में दबा लिया और एक अफसर के समीप जाकर अंग्रेजी में सम्बोधन कर निवेदन किया—"मैं हिन्दू हूँ। मैं मुस्लिम इवेक्वी कैम्प में नहीं जाना चाहता।"

अफसर ने हाथ का छोटा बेंत अपनी जाँघ पर पट-पट मारते हुए पुरी को सिर से पाँव तक जाँचा—"तुम्हारा नाम?"

"जयदेव पुरी।"

'खत्री? कहाँ जाना चाहते हो?"

"लाहौर जाना जरूरी है।"

"प्रोफेशन क्या है?" अफसर ने कौतूहल से पूछा।

"जर्नलिस्ट।"

"जर्नलिस्ट?" अफसर ने विस्मय प्रकट किया, "लाहौर की हालत तुम्हें नहीं मालूम?"

"तीन सप्ताह पहले नैनीताल गया था। मेरा परिवार लाहौर में ही है। उनकी सहायता के लिए जाना जरूरी है।"

"खैर, तुम जानो, तुम्हारा काम जाने। तुम बाहर जा सकते हो।"

"एक बात और है।" झिझकते हुए पुरी बोला, "इस डिब्बे में कुछ ऐसे जख्मी और औरतें हैं जो खुद नहीं उतर सकते।"

"हो सकता है। देख लिया जायेगा।" अफसर ने दृष्टि दूसरी ओर कर ली।

लुधियाना पुरी के लिए अपरिचित स्थान था। गत अठारह घंटे के अनुभवों से उसका मन और शरीर इतने विक्षिप्त और शिथिल थे कि कोई विचार या काम कर सकना सम्भव न था। पेट भर जल पिया और मुसाफिरखाने में जहाँ जगह मिली, लगभग दो घंटे तक लेटा रहा। सोचता रहा, लाहौर जाना सम्भव होगा या नहीं? उसे तो परिवार को सभी सम्भव स्थानों पर ढूँढ़ना है। यहाँ भी लाहौर और दूसरे स्थानों से हजारों लोग आये होंगे। कैम्पों में जाकर पता लें।

लुधियाना का स्टेशन और मुसाफिरखाना दुर्गन्ध से ऐसा भरा हुआ था जैसे बहुत दिनों से साफ न की जा सकी बड़ी संडास हो। स्टेशन के बाहर वर्षा, धूप और आश्रय दे सकने वाले सभी स्थान पश्चिम से आये हिन्दुओं से भरे हुए थे। पुरी ने आधी रात तक और दूसरे दिन घूम-घूम कर स्कूलों और दूसरे स्थानों में बना दिये गये कैम्पों में पता लिया। उसके परिवार का कहीं पता न लगा। अफवाह थी कि सरकार ने लुधियाना-अमृतसर की लाइन और सड़क पर पश्चिम से हिन्दुओं का आना रोक दिया है। यह रास्ता पाकिस्तान जाने वाले काफिलों के लिए निश्चित कर दिया गया है। पश्चिम से हिन्दुओं के आने के लिए 'बल्लोकी हैड' और फिरोजपुर का रास्ता दिया गया है। पुरी ने पश्चिमी पंजाब और लाहौर में हिन्दुओं पर किये गये अत्याचारों के और भी दारुण और बीभत्स समाचार सुने। रात उसने मुसाफिरखाने में अपने बँधे हुए बिस्तर का तकिया बनाकर काट दी।

पुरी तीसरे दिन प्रातः लुधियाना से फिरोजपुर के लिए चल पड़ा। गाड़ी में भीड़ नहीं थी। मोगा तहसील स्टेशन वीरान-सा लगा। प्लेटफार्म पर जगह-जगह खून फैला हुआ था, लाशें पड़ी हुई थीं। हाथों में बर्छे और फर्से लिये लोग निधड़क घूम रहे थे। एक आदमी कंधे में ब्रेनगन लटकाये हुए गाड़ी की खिड़कियों में झाँक-झाँक कर देख रहा था। वे लोग गाड़ी के प्रत्येक डिब्बे के सामने पहुँच कर पूछ लेते थे—"कोई मुर्गा है?"

गाड़ी मोगा स्टेशन से चलना ही नहीं चाहती थी। इंजन बार-बार सीटी देकर रह जाता। पुरी पिछली रात कुछ न खाने के कारण भूख से परेशान हो रहा था। स्टेशन के प्लेटफार्म को घेरे हुए लोहे की सीखचों की बाड़ के बाहर सड़क के दूसरी ओर तंदूरों पर रोटी बनती दिखाई दे रही थी। पुरी वहाँ तक जाकर रोटी ले आने का साहस भी न कर सकता था, इतने में गाड़ी छूट जाती तो फिर जाने कब मिलती।

चार-पाँच जाट सिरों पर पगड़ियाँ और कमर में तहमत बाँधे प्लेटफार्म पर आये। वे अपने बीच में दो सहमी हुई नवयुवतियों को जल्दी चलने के लिए बाँहों से खींचे ला रहे थे। एक युवती के सिर पर ओढ़नी नहीं थी। उसका छींट का कुर्ता कंधे से दाहिनी छाती पर फटा हुआ था। गोरी, उभरी, तनी हुई छाती बाहर निकली हुई थी। नवयुवती आतंक से बदहवास थी। दूसरी भी जवान लड़की कंधे पर अटकी नीले रंग की ओढ़नी को सँभाल सकने की अवस्था में नहीं थी। दो जवान बाँहों के नीचे, कढ़ी हुई लाल ओढ़नियों में बँधे हुए छोटे-छोटे पुलिन्दे दबाये थे।

जााट नवयुवतियों को लाकर पुरी के ही डिब्बे में बैठ गये। उनके हाथों में खून से सने बर्छे और फर्से थे। एक के हाथ में तमंचा था। जवान लड़कियों के चेहरे आँसुओं से भीगे और आतंक से सहमे हुए थे। उनकी बड़ी-बड़ी बूटी की छींट की सलवारें, गलें में चाँदी की हँसलियाँ और कलाइयों पर चाँदी के जेवरों से स्पष्ट था कि वे देहाती मुस्लिम परिवारों की थीं। उन्हें लाने वाले लोग आपस में ऊँचे स्वर में झगड़ रहे थे।

पुरी इस दृश्य से स्तब्ध रह गया था। कुछ देर बाद वह लाहौरी उच्चारण से भिन्न पंजाबी को समझने लगा। एक आदमी ऊँचे स्वर में अपने साथी को कोस रहा था—"वही तो असली काम की मटियार (ऊर्ध्वयौवना) थी। साले, तूने उसकी छातियाँ नहीं देखीं? कसम है मेरी, जैसे लड़ाके तीतर चोंच उठाये हों।" उस व्यक्ति ने उँगलियों के अग्र भाग मिलाकर चोंच का संकेत किया, "कमबख्त, तूने उसकी गर्दन ही काट दी।"

कोसे जाने वाले जवान ने समर्थन के लिए दूसरे साथियों की ओर देखकर उसका विरोध किया—"वाह रे, वाह! क्या बक रहा है तू, उसने मेरी बाँह काट दी, देखता नहीं?" जवान ने अपनी कलाई पर लिपटा चीथड़ा हटाकर दिखा दिया। माँसल, पुष्ट बाँह पर खून पोंछा हुआ था। दाँतों की पंक्ति के गड़ जाने के निशानों से अब भी खून छलक रहा था।

कोसने वाले जाट ने जवान के अनाड़ीपन के प्रति वितृष्णा प्रकट करने के लिए हाथ छिटक कर कहा—"लानत है तुझ पर, तू मर्द है! बहिन···औरत से हार गया, मादर··· ऐसी औरत को ही तो बस में करना हुनर है। बहिन···तू मुझे कहता, मैं उसकी ऐसी चाबी मरोड़ता कि बहिन···पलस्तर हो जाती।"

पुरी ने करवट लेकर मुँह दूसरी ओर कर लिया।

बाँह खींची जाने से पुरी का चेहरा फिर उन लोगों की ओर घूम गया—"कौन है तू? उतार अपनी तंबी (पाजामा)!" एक बर्छा उसके पेट को छू रहा था।

पुरी काँप गया।

"हिन्दू हूँ, खत्री।" उसके हाथों ने पाजामे की तरह पहनी हुई अपनी पतलून का बटन खोले बिना नीचे खींच दिया और कमीज उठा दी।

उसके प्रति सन्देह करने वाले लोग जोर से कहकहा लगाकर हँस पड़े। पुरी को सामने सिर झुकाये बैठी स्त्रियों को देखकर लज्जा आ गयी। वह बाँह मोड़कर अपनी पतलून सम्भालने लगा।

कहाँ है तेरा घर, फिरोजपुर शहर में?" फिर प्रश्न सुनाई दिया।

"लाहौर में।" पुरी ने उत्तर दिया।

"अपनी माँ-बहिन तुर्कों को दे आया है न?"

पुरी कुछ उत्तर न दे सका।

"अबे बोलता है कि नहीं?"

"मैं तो नैनीताल में था, अब लाहौर जा रहा हूँ।"

"नैनीताल? वह कहाँ है? किस मुल्क में है?"

"दिल्ली से परे।"

"दिल्ली से परे, हिन्दुस्तान (यू० पी०) में?"

"हाँ।"

"लाहौर जा रहा है, बड़ा हौसला है!"

"बाबू है, बाबू।" दूसरा बोला।

जवान फिर आपस में उलझ गये। उन्होंने पुरी की ओर ध्यान नहीं दिया। अगले ही स्टेशन पर वे लोग दोनों नवयुवतियों को लेकर गाड़ी से उतर गये। पुरी ने सान्त्वना की साँस ली।

डिब्बे में बैठे लोग बात करने लगे—"जाने क्या हो गया है दुनिया को? लोगों के सिर फिर गये हैं! भलमनसाहत, आदमियत खत्म हो गयी है। इतना हथियार कहाँ से आ गया है! जिसे देखो तमंचा, बंदूक लिये फिर रहा है!"

पुरी को बुरा लगा, यह लोग अब तक क्यों चुप थे पर वह भी तो चुप रह गया था। सोचा—"हमें अंग्रेजों से लड़ने के लिए शस्त्रों की जरूरत थी तो कहीं नहीं मिलते थे, अब सब जगह हैं। हथियारों को पुलिस से छिपाने की भी जरूरत नहीं है।

पुरी के मस्तिष्क में बार-बार खटक जाता था—माँ-बहिन को तुर्कों को दे आया है। क्या कह सकता था।

पुरी ने नैनीताल से चलने से पूर्व जो कुछ पत्रों में पढ़ा था और लुधियाने में पश्चिम से भागकर आये लोगों से स्त्रियों के अंगच्छेद करने और उन्हें नंगी करके जुलूस निकालने की बातें सुनी थीं वे याद आ गयीं। उसका मस्तिष्क जड़-सा हो रहा था। क्या हो गया सबको? यह हिंसा, ध्वंस और बीभत्सता की दानवी प्रवृत्ति कहाँ से जाग उठी है! तारा बेचारी आहुति बन गयी। माँ, ऊषा, तोषी, पुष्पा, रतन की माँ और गली की दूसरी

स्त्रियों ने क्या किया होगा? उसे ऐसी अवस्था में हिन्दू नारियों के, चित्तौड़ की पद्मिनी के चिता में कूदकर प्राण देने की बातें याद आने लगीं··· । क्या स्त्री के लिए अपमान और यातना से बच सकने के लिए मृत्यु की शरण लेना ही एकमात्र उपाय है? क्या पुरुष की यह पशुता स्वाभाविक है···न्याय है?···पुरुष ही न्याय के लिए इस पशुता का विरोध भी करते हैं; अपने प्राणों की बाजी लगाकर उसका विरोध करने वाले भी हैं··· । इस समय मैं कुछ नहीं कर सका। ···कोई भी कुछ नहीं कर पा रहा है।

पुरी को स्मृति में नवयुवती के फटे हुए कुर्ते में से बाहर निकला, तना हुआ गोरा स्तन दिखाई देने लगा। काटकर मार दी गयी अत्यन्त आकर्षक नवयुवती के सम्बन्ध में जाटों की बातें याद आयीं। खीझ अनुभव हुई, बेचारी स्त्री का सुन्दर होना या सुन्दर लगना भी उसका संकट है। पुरुष स्त्री को चाहने लगे, यह भी स्त्री के लिए कितनी बड़ी विपदा है! ···पुरुष स्त्री को बिलकुल न चाहे तो स्त्री करे क्या! ···पुरुष शारीरिक रूप से अधिक बलवान होने के कारण उससे सब कुछ छीन ले और उसे चरती फिरने के लिए बंजर और जंगल में हाँक दे।

स्त्री को चाहने पर ही तो पुरुष उसके लिए सब कुछ, अपना प्राण भी निछावर करता है। ···यही तो प्रेम है। ···पुरुष पर ही निर्भर करता है कि अपने प्रेम को कैसे चरितार्थ करेगा! स्त्री पुरुष की दया पर निर्भर है। इसके अतिरिक्त प्रेम क्या है? असभ्य समझा जाने वाला पुरुष स्त्री के न चाहने पर उसे दबोच कर, झपटकर ले लेता है और सभ्य समझा जाने वाला स्त्री के सम्मुख प्रेम की याचना करता है। ···अस्टोरिया होटल के कमरे में कनक की याद आ गयी।

पुरी गाड़ी की खिड़की से बाहर देख रहा था। बादल प्रातः से घिरकर उमस बनाये थे। अब धीमे-धीमे बरसने लगे थे। उसके मुख पर कुछ छींटे पड़े। ख़याल आया, यदि फिरोजपुर से गाड़ी द्वारा लाहौर जाना सम्भव न हुआ? पचास मील है। पैदल··· ?

गाड़ी फिरोजपुर छावनी स्टेशन पर पहुँच गयी। स्टेशन पर लुधियाना स्टेशन से भी अधिक भीड़ थी। गाड़ी में तुरन्त घुस आने के लिए व्याकुल भीड़ के कारण पुरी को गाड़ी से उतरना कठिन हो गया। समझ में आया यही गाड़ी लुधियाना लौटेगी। वह लाइनों के ऊपर, पुल से स्टेशन से बाहर जा रहा था। पूर्व की ओर जाने वाली दूसरी गाड़ियों पर भी भीड़ का अन्त नहीं था। लोग गाड़ियों की ढलवाँ छतों पर भी बक्सों और सामान को पगड़ियों और धोतियों के दोनों छोरों पर बाँधकर, छत के किनारों पर लटका कर, बीच में जगह बनाकर बैठे हुए थे। उन्हें वर्षा की भी परवाह नहीं थी।

वर्षा ने जोर पकड़ लिया। फिरोजपुर छावनी और नगर का पुरी को कुछ परिचय न था। वर्षा में वह कहाँ जाता! अँधेरा उतर रहा था। वह अपने बिस्तर का बण्डल लिये मुसाफिरखाना की ओर बढ़ा जा रहा था। ऊँची पुकार सुनाई दी—

"जिस भाई-बहिन ने प्रसाद (भोजन) न पाया हो, लंगर में आकर ले लें; इसमें लाज-संकोच नहीं होना चाहिए।"

पुल के नीचे एक तिरपाल बिछाकर परात में बड़ी-बड़ी रोटियों का छोटा सा गोल स्तम्भ रखा था और एक बड़ा-सा देग था। पुरी भूख की उपेक्षा न कर सका। उसके कदम उस ओर उठ गये। उसे देखते ही एक व्यक्ति ने दो रोटियों पर देग में से गाढ़ी उड़द-चने की दाल की कड़छी डालकर उसकी ओर बढ़ा दी।

पुरी ने रोटियाँ हाथ में ले लीं। वह जानता था, यह पीड़ितों की सहायता के लिए बिन मूल्य रोटी देने वाला लंगर था, परन्तु उसने अपनी जेब से चवन्नी निकालकर आगे बढ़ा दी। रोटी देने वाले ने समीप पड़ी मोहर लगे ताले से बन्द संदूकची की ओर संकेत कर दिया। संदूकची के ऊपर पैसा, रुपया डाल सकने योग्य छिद्र था। पुरी ने चवन्नी उसमें डाल दी।

पुरी ने मुसाफिरखाने में आकर चारों ओर दृष्टि दौड़ायी। बिस्तर बिछा लेने लायक जगह कहीं भी शेष न थी। बहुत से परिवार अपना सब सामान बीच में लगाकर उसे चारों ओर से घेरकर लेटे हुए थे। पुरी ने एक जगह बिस्तर लगाने का यत्न किया, परन्तु पहले से बिस्तर बिछाये आदमी झगड़ा करने लगे—"देखते नहीं, जनाना बिस्तर है! तेरे घर में माँ-बहिन नहीं हैं!"

पुरी चुपचाप हट गया।

दूसरी जगह दो बिस्तरों के बीच डेढ़ बालिश्त स्थान खाली देखकर पुरी ने दोनों ओर के लोगों से जरा-जरा समेट लेने का अनुरोध किया। उन लोगों ने उत्तर दिया—"यहाँ जगह नहीं है तुम कहीं और जगह ढूँढ़ लो।"

पुरी ने जगह के लिए आग्रह किया तो वे ऊँचे स्वर में दुहाई देने लगे—"घर-बार, जगह-जमीन सब छोड़कर आये हैं। देखो तो हमसे धरती पर लेट लेने की बालिश्त भर जगह भी छीन लेना चाहता है?"

दूसरे लोग समझाने लगे—"पीढ़ियों की जायदादें, मकान, हाते, खेत, मुरब्बे नहीं रहे तो तीन हाथ जगह के लिए क्यों झगड़ा करते हो भाई! कल यहाँ किसे बैठे रहना है! यह तो नदी-नाव का संयोग है!" यह सब सुनकर भी जगह घेरे हुए आदमी अपने स्त्री-बच्चों का बिस्तर खिसकाने के लिए तैयार नहीं हुए।

जगह घेरकर लेटे हुए लोगों के समीप ही एक दूसरा परिवार लेटने की जगह न पा सकने के कारण रात काटने के लिए बैठा हुआ था। उनमें से एक ने क्रोध से कहा—"अरे भाई, इस सिकन्दर ने अपनी सल्तनत कायम कर ली है, इससे कोई न बोले। अपनी जगह का इतना खयाल था तो अपना घर-बार मुसलमानों को क्यों सौंप आया?"

पुरी ने अपने बिस्तर का तकिया बना लिया और डेढ़ बालिश्त खाली फर्श पर ही लेट गया। सोच रहा था, क्या हो गया? क्या देख रहा हूँ? दोपहर से संध्या तक क्या-क्या देखा? कई लोग पुकारकर भोजन देते हैं और कोई समीप बैठने पर भी आपत्ति करते हैं। क्रूरता और दया लोगों में भी सभी कुछ है।

पुरी मुँह अँधेरे ही उठा। मुसाफिरखाने की संडास के सामने बहुत-सी स्त्रियाँ खड़ी थीं। वही हाल प्लेटफार्म पर बनी हुई संडासों का था। बहुत से लोग लोटे लिये चले भी आ रहे थे और संडासों के सामने भीड़ को देखकर दूर तक फैली लाइनों की ओर या बाड़ लाँघकर स्टेशन के बाहर खाली मैदान की ओर चले जा रहे थे। पुरी भी मैदान की ओर चल दिया। लाइनों में और मैदान की ओर देखने से जान पड़ता था कि दूर तक सिर झुकाये चरती हुई भेड़ें फैली थीं। सभी ओर पुरुष और स्त्रियाँ निवृत्त हो सकने की विवशता में, संकोच भूलकर, कुछ-कुछ अन्तर पर सिर झुकाये दूसरों को न देखकर और न देखे जाने का विश्वास करके पाँवों पर सँभलकर बैठते जा रहे थे। प्रातःकाल की शीतल वायु में मनुष्यों द्वारा त्यागी गंदगी की दुर्गन्ध भरी हुई थी।

सूर्य की किरणें अभी वृक्षों की चोटियों पर ही थीं। पुरी लाहौर और पश्चिम पंजाब से आये हिन्दुओं के कैम्पों में अपने परिवार का पता लेने के लिए स्टेशन से चल पड़ा। स्टेशन के बाहर रेल-लाइनों के ऊपर से जाने वाली सड़क के पुल के नीचे और आड़ ले सकने वाले सभी स्थानों में बेघर-बार हो गये लोगों ने घर बना लिये थे।

पुरी की छावनी के सभी स्कूलों, मन्दिरों, दोनों आर्य समाज मन्दिरों, गुरुद्वारों और अनाथालयों में बना दिये गये कैम्पों में जाकर सभी जगह पता लेते-लेते रात पड़ गयी। बगल में दबा बिस्तर उसके लिए संकट बन रहा था, परन्तु अपनी एकमात्र सम्पत्ति को वह किसे सहेज सकता था? रात उसने टाँगे के अड्डे के समीप इस्लामिया स्कूल में बने हिन्दू कैम्प में बितायी।

पुरी दूसरे दिन फिरोजपुर शहर में शरणार्थियों के कैम्पों की छानबीन के लिए छावनी से शहर गया। आर्य स्कूल, रामसुख कालेज, तख़्तसिंह स्कूल, गुरुद्वारा, गोबर मंडी, आर्य समाज के कैम्पों को देखकर वह सर्राफा बाजार से चला जा रहा था। एक दुकान पर खड़े आदमी को देखकर उसे सन्देह हुआ कालीचरण कौल है। नौजवान चेहरे पर कई दिन की बढ़ी हुई हजामत की खसरी दाढ़ी के कारण मुसलमान या सूतक में हजामत न बनवा सकने वाला व्यक्ति लग रहा था। कौल के गालों की हड्डियाँ पहले उतनी उभरी हुई और गाल भी उतने धँसे हुए न थे। कौल के कपड़े भी उतने गंदे-गलीज न हो सकते थे, परन्तु सर्राफ की दुकान पर मैली चादर-धोती में काली की प्रौढ़ा माँ, काली की छोटी बहिन कैलाश और उसकी बहू गोद के बच्चे को लिये बैठी थीं। सभी के चेहरे मुर्झाये हुए और सभी के कपड़े बहुत ही मैले थे।

पुरी ने पुकार लिया—''कौल!''

कौल ने पुकार सुनकर पुरी की ओर देखा। एक क्षण दोनों ने सन्देह से एक दूसरे को अपलक देखा और फिर झपट कर गले मिल गये।

पुरी ने पूछ लिया—''मास्टर जी को कहीं देखा है? डी० ए० वी० कालेज के कैम्प में गये थे?''

काली ने पुरी के पहले प्रश्न का उत्तर इन्कार में सिर हिलाकर और दूसरे प्रश्न का स्वीकृति से दिया। शेष प्रश्नों के उत्तर में बताया कि उनकी गली में तो अन्त तक कोई झगड़ा नहीं हुआ था। उनकी गली के मुसलमानों का दोष नहीं था। १७ अगस्त की सुबह बलोची सशस्त्र सैनिकों ने आकर सब हिन्दुओं को एकदम मकान खाली कर देने का हुक्म दे दिया। कोई सामान, जेवर, कपड़ा कुछ नहीं उठाने दिया। धमकाया, पाँच मिनट में बाहर हो जाओ, सामान के लिए ट्रकों में जगह नहीं है। जो कपड़े पहने थे, उन्हीं के साथ घर से बाहर कर दिया। इन लोगों के बदन पर जो दो-चार जेवर साधारणतः रहते थे, वही हैं।

काली की माँ रो पड़ी—''मेरा साठ तोले जेवर सन्दूक में रखा था। अब बस, आठ-दस तोले जो कुछ बहू के शरीर पर है, और चूड़ियाँ कैलाशो के हाथ में हैं।''

काली बोला—''घर में हजार से अधिक नकद रुपये थे पर उन लोगों ने किसी चीज को हाथ ही नहीं लगाने दिया। बस खूँटी पर लटका कोट पहन सका। जेब में सत्ताईस रुपये तीन आने थे वह कैम्प में खर्च हो गये। कैम्प से बाहर जाने नहीं देते थे। कैम्प में रुपये का एक सेर आटा, रुपये का एक सेर दूध···दूध क्या सफेद पानी। कैम्प में बुरा

हाल है। गनीमत समझो, महाजन किसी तरह चार सौ रुपया ले आया था। तुम जानते हो तेज आदमी हैं।

"आज सुबह इंडियन मिलिटरी ने ट्रकों पर बैठाया। महाजन अमृतसर गया है। हमें उसके साथ जगह नहीं मिली। दस ट्रक अमृतसर गये थे, दस यहाँ आये हैं। हम यहाँ उतरे हैं तो जेब में एक पैसा नहीं है।"

काली ने आस्तीन से आँखें पोंछ लीं—"बच्चा भूखा है। पाव भर दूध चाहिए। चूड़ियाँ बेच रहे हैं और यह दो सौ बीस के एक सौ पैंतालीस बता रहे हैं।"

"मैं देता हूँ। मेरी जेब में बीस हैं।" पुरी ने तुरन्त कहा। उसने अपनी जेब की रकम कुछ घटाकर बतायी, "दस तुम ले लो।"

"रहने दो।" काली पुरी का जेब की ओर जाता हाथ थामकर बोला, "क्या होगा? आखिर हम भी तो पेट में कुछ डालेंगे। जिन्दा हैं तो कुछ खाना ही पड़ेगा। बदन के कपड़ों के सिवा कोई दूसरा कपड़ा भी तो नहीं हैं। पाँच दिन से नहा नहीं सके। एक-एक धोती तो इन लोगों के लिए लेनी ही होगी।"

काली के पूरे परिवार के भूखे होने की बात सुनकर पुरी का शरीर सिहर उठा। पिछले दिनों में भूख का कुछ अनुभव उसे हो गया था। काली को बाँह से पकड़कर उसने आग्रह किया—"पहले तुम लोग बच्चे को दूध पिलाओ और कुछ लस्सी-वस्सी पी लो। बेचना-खरीदना फिर होता रहेगा।"

काली की माँ को बहुत संकोच हुआ परन्तु पुरी के आग्रह और काली के समझाने से वह मान गयी। दूध-दही की दुकान पर जाकर पुरी ने आध-आध सेर दही की लस्सी सब लोगों के लिए बनवा दी।

काली ने पुरी को दही के दाम न देने दिये। दस का नोट उसके हाथ से छीन लिया।

पुरी काली के साथ चार-पाँच दुकानों पर घूमा। चूड़ियों को बार-बार तोला गया, कसौटी पर कसा गया लेकिन डेढ़ सौ से अधिक देने को कोई तैयार न था।

काली ने खिन्न होकर कहा—"हम लोगों की मुसीबत में हमारे हिन्दू भाई हमारा मांस बसूले से उतार लेना चाहते हैं। कहने को रिफ्यूजियों से बहुत सहानुभूति है।"

काली की दशा देखकर पुरी को क्रोध और दुःख हो रहा था। बोला—"कुछ समझ में नहीं आती हिन्दू भाइयों की दया! मुफ्त दाल-रोटी भी बाँटते हैं; कल छावनी के कैम्पों में बहुत जरूरतमंद लोगों को नये-पुराने कपड़े भी बाँट रहे थे और यहाँ खून निचोड़े ले रहे हैं। यह लोग हमसे सभी तरह का लाभ उठाना चाहते हैं। हमें मुफ्त भोजन देकर पुण्य कमाना चाहते हैं और सौदा सस्ता-महँगा ले-देकर हमीं से रुपया भी कमाना चाहते हैं।"

पुरी शहर के सब कैम्पों में घूम आया था। वह काली के परिवार को अपेक्षाकृत अच्छी जगह दिखाने के लिए उसके साथ हरभगवान स्कूल तक गया। काली ने पुरी को समझाया–

"इंडियन मिलिटरी किसी हिन्दू को सड़क से लाहौर की ओर नहीं जाने देगी। तुम्हारे परिवार के लोग या तो अमृतसर भेज दिये गये होंगे नहीं तो कल-परसों में यहाँ या अमृतसर आ जायेंगे। तुम अमृतसर जाकर देखो, यहाँ मैं ध्यान रखूँगा। यदि कहीं मिले तो ख़बर दूँगा; पर खबर दूँगा कैसे?"

पुरी ने समझाया—"तुम अमृतसर के बड़े डाकखाने के पोस्टमास्टर की मार्फत पत्र लिख देना। मैं वहाँ से ख़बर लेता रहूँगा।"

फिरोजपुर से अमृतसर जाने वाली लाइन सतलज पार कसूर जंक्शन होकर जाती थी। सतलज पार का भाग पाकिस्तान की सीमा में था। उस लाइन पर बहुत कत्ल और लूट होने के कारण गाड़ी रोक दी गयी थी। अब फिरोजपुर से अमृतसर जाने का मार्ग ब्रांच लाइन से 'लोहियांखास' और जालन्धर के रास्ते हो सकता था। पुरी ने उसी मार्ग से अमृतसर पहुँचने का निश्चय कर लिया।

पुरी सूर्योदय के कुछ समय बाद जालंधर शहर के स्टेशन पर पहुँचा था। स्टेशन पर और स्टेशन के बाहर मैदान में भीड़ का अंत न था। फिरोजपुर में पश्चिम पंजाब के देहातों से आये हिन्दू-सिक्ख किसान परिवारों की अधिकता थी। जालंधर में नगरों से आये दुकानदार और व्यापारी हिन्दू-सिक्खों की संख्या अधिक थी।

स्टेशन के बाहर मैदान में अच्छा-खासा अस्थायी बाजार लग गया था। कुछ लोग आटा-दाल की छोटी-छोटी ढेरियाँ बनाकर बेच रहे थे। कुछ लोग ताँबे के क़लईदार और अलमोनियम के मुसलमानी ढंग के बर्तनों, हुक्के, उगालदान, चिलमचियों के ढेर लगाये कबाड़ की तरह बेच रहे थे। कुछ लोग नये और पुराने सूती-रेशमी कपड़े लिये बैठे थे। कपड़ों के भड़कीले रंग और सस्ते गोटे-किनारी उनके मुसलमानी ढंग को प्रकट कर रहे थे।

कुछ लोग ईंधन के छोटे-छोटे—सेर-सेर, दो-दो सेर के भार बनाये बिक्री के लिए बैठे थे। यह ईंधन पलंगों के पावों, किवाड़ों, दरवाजों और खिड़कियों की चौखटों या बैलगाड़ी के पहिये चीर-फाड़ कर बनाया गया था। चाँदी के मुसलमानी जेवर भी बिक रहे थे।

एक आदमी बक्स से निकालकर रेशमी और मखमली जनाने कपड़े नीलाम कर रहा था। कपड़े हिन्दुआने थे। उनके समीप दो हिन्दू स्त्रियाँ सिर झुकाये बैठी थीं।

एक आदमी अपना कम्बल बेचने के लिए पुकार लगा रहा था।

पुरी किसी ओर ध्यान न देकर अपना बिस्तर बगल में दबाये सेवा-समिति की छोलदारी में गया। वहाँ कुछ पता न पाकर दूसरे कैम्पों में अपने परिवार का पता खोजने चल दिया। वह दोनों आर्यसमाज के कैम्पों में गया, फिर बहुत दूर डी० ए० वी० कालेज के कैम्पों में गया, गुरुद्वारों के भी चक्कर लगाये। इतनी भीड़ के लिए काफी सवारियाँ नहीं थीं, इसलिए जो थीं, बहुत महँगी हो गयी थीं। कनक से लिये रुपयों में से केवल तेईस रुपये सात आने शेष थे। इस रकम में से सवारी पर कैसे खर्च कर देता ! यह रुपया ही उसके जीवन की रक्षा और अपने परिवार को ढूँढ़ सकने की आशा का अवलम्ब था। ऐसी परिस्थिति में और कुछ कमा सकना सम्भव नहीं था। सब लोग जहाँ-तहाँ आड़ में शरण ले रहे थे, भोजन के लिए अपना गहना-कपड़ा बेच रहे थे, कहानी और लेख की बात कौन करता ?

पुरी का शरीर दिन भर धूप में पैदल चलते रहने से पसीने से चिपचिपा रहा था। चेहरे पर धूल, पसीने से भीगकर जम गयी थी। चलते-चलते पैरों में खून उतरकर पाँव सूजकर जूते तंग हो गये थे। बगल में दबा बिस्तर जान की मुसीबत बना हुआ था।

सूरज ढल रहा था। पुरी इस्लामिया कालेज में बना दिये गये शरणार्थी कैम्प में पहुँचा। माता-पिता, भाई-बहिनों का यहाँ भी कुछ पता न चला। अब आगे चल सकने

की सामर्थ्य शरीर में नहीं रही थी। प्रातः स्टेशन से बाहर निकलने पर उसे लस्सी पीने की बहुत इच्छा हुई थी, परन्तु पाव भर दही की लस्सी के दाम छः आने सुनकर उसे क्रोध आ गया था; तीन आने की जगह छः आने! छुरी दिखाकर जेब खाली कर लेना राहजनी और जुल्म है तो दूसरे की भूख-प्यास की यंत्रणा में जेब खाली कर लेना क्या राहजनी और जुल्म नहीं है?

पुरी ने तन्दूर से दो रोटियाँ दाल से खाकर पानी पी लिया था। उसे अस्टोरिया होटल में आडम्बर से नाश्ता खाना याद आ रहा था और दिनों के फेर पर दर्द मिली हँसी। वह दिन भर बिस्तर उठाये चलता रहा था। बाजारों में बार-बार 'ठंडी लस्सी', 'ठंडे शरबत', 'ताजे नीबू की शिकंजबीन'! की पुकारें सुन-सुन कर गरमी दूर करने के लिए मन ललक उठता था पर वह मिलने पर केवल पानी ही पी लेता था। अब भूख-प्यास और थकान में बिस्तर बगल में दबाये परिवार को ढूँढ़ने के लिए दूसरी जगह चल देना उसके बूते का न था।

पुरी कालेज की ओर की इमारत के बरामदे में कुछ स्थान खाली देखकर उस ओर बढ़ गया। बरामदे में कुछ लोग और भी टिके हुए थे। भीतर कमरों में से विद्यार्थियों के बैठने की बेंच और डेस्क निकाल कर बाहर फेंक दिये गये थे। कमरों में कहीं खाटों पर, कहीं बेंचों पर या फर्श पर ही सामान पड़ा था। उदास, मैले कपड़े पहने स्त्रियाँ लेटी या बैठी हुई थीं। कई कमरों के दरवाजों पर ताले लटक रहे थे। पुरी बरामदे के एक कोने में खाली जगह देखकर, बिस्तर दीवार के साथ रखकर उसी पर बैठ गया।

इमारत के बरामदे के दोनों छोरों पर एक-एक कमरा था। कमरों के लिए कुछ रास्ता छोड़कर शेष बरामदे में लोग असबाब रखकर टिके हुए थे। पुरी ने दायीं ओर के कमरे के सामने रास्ते के लिए चौड़े स्थान में गुजरने लायक जगह छोड़कर बिस्तर रख लिया था।

पुरी अपने नाम की पुकार सुनकर चौंका। उसने बायीं ओर घूमकर देखा।

बायीं ओर दो हाथ के अन्तर पर कमरे में बधावामल नारंग थे। फर्श पर बिस्तर की दरी बिछी हुई थी। नारंग जी दरी पर पाल्थी मारे, हाथ से फर्श पर टेक दिये बैठे थे। आँखें मिलते ही दोनों एक साथ बोल उठे।

नारंग जी ने पूछा—"मास्टर रामलुभाया जी साथ नहीं हैं?"

पुरी पूछ रहा था—"पिता जी को आपने कहीं देखा?"

पुरी ने फिर प्रश्न किया—"आपने उन्हें लाहौर कैम्प में नहीं देखा?"

नारंग जी की पीठ के पीछे दरवाजे की ओर पीठ किये प्रवीण की माँ बे जी लेटी थीं। वे अपनी ओढ़नी सँभालते हुए उठीं और पुरी को पहचान कर पूछ लिया—"काका जी, तुम लाहौर से नहीं आये?"

पुरी ने बहुत संक्षेप में नैनीताल जाने, अखबारों से हाल जानकर लौटने, लुधियाने में ट्रेन को रोक दिये जाने की बात बताकर कहा—"पिता जी और घर के लोगों की खबर कैसे मिलेगी? शायद वे लोग लाहौर कैम्प में हों! लाहौर जाने का कोई उपाय बताइये।"

नारंग जी और बे जी एक साथ बोल उठे—"ले, वाह काका जी, लाहौर कैसे जा सकते हो? यह तो जलती भट्ठी में कूदना है। जाने भी कौन देगा।"

नारंग जी ने बताया—"हमने तो सुना था कि रंगमहल, मच्छीहट्टा, बजाजहट्टा के इलाके तो १५-१६ को ही खाली हो गये थे। रामगली के लोग भी १७ को चले गये थे। वहाँ तो मिलिटरी ने बहुत जुल्म किया। लोगों को जबरदस्ती घरों से निकाल दिया और उनके घर लूट लिये। हमारे मंसो गली के इलाके में डोगरा रेजीमेंट के सिपाही थे। मुसलमानों ने हमला किया तो उन्होंने तड़ातड़ सबको भून डाला।

"भई" हम लोगों का तो ख़याल लाहौर छोड़ने का था नहीं। हमने तो निश्चय कर लिया था, पाकिस्तान हो गया तो पाकिस्तान ही सही। १८ तारीख को सब जगह पाकिस्तान के झण्डे लगे तो हमारी गली के लोगों ने भी हरे झण्डे लगा लिये कि यहाँ रहना है तो सरकार का जो झण्डा हो हमें मंजूर है।

"दोपहर में हमें डोगरा सिपाहियों ने बता दिया कि मुसलमान अफसर इस इलाके से हिन्दुओं को निकाल देना चाहते हैं। शाम को उनकी बदली हो जायेगी। यहाँ भी बलोची सिपाही आयेंगे। हमें चार घण्टे का समय था। असल में जब रामगली खाली करवायी गयी तभी से हम भी डर रहे थे कि किसी भी समय भागना पड़ सकता है। औरतें दोहरे-दोहरे कपड़े और कपड़ों के नीचे जेवर भी पहने रहती थीं कि कुछ भी साथ न ले जाने दिया तो एक जोड़ा कपड़ा तो साथ रहेगा। रामगली के लोगों को मिलिटरी ने कुछ भी नहीं ले जाने दिया।

"हम लोगों ने तो झटपट सूटकेसों में नकदी, जेवर और जरूरी कपड़े ले लिये। घर के सब आदमी एक-एक सूटकेस, अटैचीकेस लेकर गली से निकल पड़े। कोई दरी, बिस्तर, कम्बल, तकिया कुछ नहीं ले सके। पिछले जाड़े में दो मखमली रजाइयाँ बनवायी थीं। तुम्हारी बे जी कहने लगीं, उन्हें तो ले चलो, रास्ते में सर्दी होगी।

"मैंने कहा—गोली मारो! यहाँ जान पर आफत है, तुम्हें रजाइयों की फिक्र है। नकदी हाथ में होगी या जेवर होगा तो सब कुछ हो जायेगा। लाखों का कारोबार, हजारों के कालीन, फर्नीचर, बक्से, आल्मारियाँ नहीं छोड़कर जा रहे हैं? बस पाँच सूटकेस ही लाये हैं, देख लो! ये दरियाँ, चादरें, तवा-पतीला, थाली, कटोरी, गिलास सब यहाँ आकर खरीदे हैं। तकिये न सही, क्या करें भाई! एक लोटा-गिलास जरूर हाथ में लिये थे।"

"हमारी गली में तो सभी ने यही किया। गली के सब आदमी सही सलामत निकल आये। चार परिवारों के लोग थे; हम लोग, रलाराम के छः आदमी, उश्नाकमल के घर सात आदमी और लद्धाराम के घर के सब लोग। पूरी बस किराये पर ले ली, बस के लिए तीन सौ रुपया दिया है। हम लोग डी० ए० वी० कालेज चले गये थे। वहाँ से मिलिटरी के पहरे में कनवाय के साथ आये हैं। एक कनवाय के साथ, रब्ब उनका बेड़ा गरक करे, बिलोची सिपाही थे। आठ बसों का कनवाय था। अमृतसर पहुँचे हैं तो सिवाय ड्राइवरों के सब लाशें। भई, चार दिन से यहाँ तो कुछ जमता नहीं दीखता। सोच रहे हैं, दिल्ली चले जायँ।"

पुरी का मन अपने परिवार की चिन्ता में ही डूबा हुआ था। उसने नारंग जी से पाकिस्तान जाने वाले लोगों के साथ जाने की संभावना के विषय में फिर पूछा।

बे जी ने उसे फिर समझाया—"काका जी, ऐसे दिल छोटा न करो। जानबूझ कर मौत के मुँह में जाना क्या समझदारी है?"

नारंग जी बोले—"मास्टर जी अभी तक वहाँ थोड़े ही होंगे? होंगे भी तो सरकार उन्हें लाने का प्रबन्ध कर रही होगी। यह न हो कि मास्टर जी आ जायें तो उन्हें तुम्हें वहाँ से लाने की चिन्ता में परेशान होना पड़े।"

बे जी ने कहा—"काका जी, यह तो समय ही ऐसा आ गया है कि परमेश्वर का भरोसा करके धीरज धरने के सिवा क्या किया जा सकता है? हमें ही देखो, पिछले छः महीने से क्या-क्या हम पर बीत रही है।" उनकी आँखें छलक आयीं। पुरी समझ गया, वे लड़की के विधवा हो जाने के प्रसंग का संकेत कर रही थीं, "हम तो दूसरों पर बीती देखकर कहते हैं कि हमारा तो जो कुछ बिगड़ा, परमेश्वर दूसरों पर भी दया करें।" बे जी आँचल से आँखें पोंछने लगीं।

नारंग जी ने धीमे स्वर में बताया—"तुम्हारे परली तरफ जो सिक्ख बूढ़ा-बुढ़िया गोद के बच्चे के साथ चुपचाप पड़े हैं, यह लोग गुजरात से गाड़ी में आ रहे थे। कामोकी स्टेशन पर इनकी गाड़ी पर छापा पड़ा। बेचारे के जवान लड़के मारे गये, बहुओं को छीन ले गये और पोते भी मारे गये। सोलह-सत्रह बरस की पोती थी, उसे उठा ले गये। गठरी-बक्सा, बोरी-बर्तन सब छीन ले गये, किस्मत की बात, सबसे छोटा पोता बच गया है। ये लोग भी कहाँ बचते। मौके से सिक्ख रेजीमेंट का गार्ड आ पहुँचा था। इन्हें ट्रेन में उठा लाये हैं। बिलकुल बदहवास हैं, क्या करें?"

नारंग जी ने चुपचाप, दीवार से पीठ लगाये, घुटने पर कपड़ा बाँधे बैठे एक आदमी की ओर संकेत किया—"उसे देखो, यह तीन आदमी हैं। इन लोगों ने हमले का बहुत मुकाबला किया, लेकिन पाकिस्तानी पुलिस ने बीच में आकर इन्हें लुटवाया और मरवा दिया। इनके दो घरों में से ग्यारह आदमी मारे गये हैं। इनके सामने इनकी औरतों की दुर्गति की गयी। किसी औरत को आने नहीं दिया। इसका घुटना टूट गया है। इसके साथी दूसरे लोगों के साथ यहाँ देहात में मुसलमानों के घर लूटने गये। क्या करें बेचारे? इन्हें भी तो पेट भरना है। अपना तो सब कुछ खो आये। हमारी गवर्नमेंट का जुल्म देखो, मुसलमानों की हिफाजत के लिए इन लोगों पर भी गोली चलाती है।"

नारंग जी कहते गये—"खैर, हमारी गवर्नमेंट तो अपने आदमियों को हिफाजत से ला रही है। पाकिस्तान सरकार को तो कुछ परवाह नहीं है। हमारी गवर्नमेंट तो मुसलमानों को भी हिफाजत से पाकिस्तान की हद में पहुँचा रही है पर भाई कमी किस तरफ नहीं रही, यहाँ भी काफी मुसलमान कटा है। अमृतसर की सड़क पर जहाँ देखो, लाशें ही लाशें पड़ी हैं।"

नारंग जी ने पुरी को धैर्य रखने का उपदेश दिया—"तुम हजामत तो बनाओ। उधर नल है, जाकर नहा डालो। तुम पहचाने ही नहीं जाते। मनहूसियत मालूम होती है, जैसे कोई गमी हो गयी हो। यार, ऐसी दाढ़ी देखकर कोई मुसलमान समझकर छुरा ही भोंक दे!"

पुरी ने बताया, उसका बक्स, कपड़े और हजामत का सामान गुम हो गये थे।

नारंग जी बोले—"क्या मर्द मर गये हैं? लो, जग्गी का सेफ्टी रेजर ले लो।"

बे जी पीठ पीछे घूम कर बोलीं—"बल्लो उर्मी उठ, भाई का हजामत का सामान काका जी को निकाल दे। उठ ना, कैसा जी है तेरा? चन्ना (मेरी चाँद), लेटे-लेटे बदन और गिरने लगता है।"

घुटने समेटकर और सिर-मुँह ओढ़नी में लपेट कर लेटी हुई लड़की फर्श पर हाथ टेक कर उठी। सिर झुकाये बहुत धीमे से एक कोने में जा सूटकेस को खोलने लगी।

नारंग जी पालथी में घुटने पर रखे अपने पाँव को एक हाथ से दबाते हुए कहते गये—"हजामत बनाकर नहा लो। सामने बाहर नल है। यहाँ पर अब पर्दे की परवाह कौन करता है। गुसलखाने कहाँ हैं? औरतें तक बिना पर्दे के नहाती हैं, तुम तो मर्द बच्चे हो। आखिर कोई करे क्या?"

बे जी ने उर्मिला से भी कहा—"धिये (बेटी), चल तू भी नहा ले। क्या हाल हो रहा है? सिर भी धो डाल! मैं चादर पकड़ कर खड़ी हो जाऊँगी।"

पुरी ने पूछा—"जगदीश और प्रवीण कहीं गये हुए हैं?"

"हाँ, तुम जानते हो न मुझे कम्बख्त डाईबिटीज का मर्ज है। इंसुलीन खत्म हो गयी है। बस दो इंजक्शन के लिए है। जगदीश शहर दवाई लेने गया है। प्रवीण बैठा-बैठा तंग आ गया था, उसे भी साथ ले गया है।"

पुरी की दृष्टि उर्मिला की ओर चली गयी थी। उसे कहीं और अकेले देखता तो पहचानने की बात क्या, उसकी ओर ध्यान भी न जाता—कत्थई सुनहरी केशों के माथे पर बने रहने वाले छल्ले, जिन पर ओढ़नी टिक न पाती थी, पुराने सन की उलझी हुई लच्छियों की गाँठ जैसे लग रहे थे। उसकी पारदर्शी सुनहरी त्वचा, जिनके नीचे नसों का जाल दिखाई दे जाता था, पीले गर्द की परत जैसी हो गयी थी। उसकी आँखों में चमकते रहने वाले बल्बों पर से पलकें उठती ही नहीं थीं। उसने एक बार भी पुरी की ओर नहीं देखा था। सिर झुकाये सूटकेस में से उस्तरा, साबुन, ब्रुश ढूँढ़ रही थी।

पुरी हजामत बना रहा था तो नारंग जी गली में झेले संकटों का ब्योरा सुनाते जा रहे थे—"स्त्रियाँ भी पिस्तौलें लिये तैयार रहती थीं।"

पुरी अपने संकट की बात सोचता-सोचता उर्मिला की बात सोचने लगा था, क्या हो गया? प्रेम की चाह का दुर्दम झरना, आँसुओं का गँदला चहबच्चा बन गया है, ओफ!

पुरी की नाक के पास उस्तरा लगकर खून बह गया था।

पुरी ने हजामत बना ली तो उसका चेहरा पहचाना जाने लगा। वह नल पर गया और पतलून पहने ही नहा लिया। चादर का तहमत बाँधकर भीगी हुई पतलून उतार दी। कमीज और पतलून का पसीना पानी में बहा दिया। बरामदे में लौटकर उसने कमीज, पतलून सूखने के लिए लटका दिये और दरी-कम्बल बिछाकर लेट गया। भूख मालूम हुई पर थकावट से नींद आ गयी।

पुरी की नींद टूटी तो घना अँधेरा हो गया था। बरामदे में एक परिवार ने हरीकेन लालटेन जला ली थी। दूसरी जगह एक मोमबत्ती जल रही थी। लोग अँधेरे में ही बैठे या लेटे थे। नारंग जी के कमरे की साँकल भीतर से बन्द हो गयी थी। बरामदे के सामने मैदान में कई स्थानों पर आग जल रही थी। आग के धुँधले प्रकाश में दिखाई दे रहा था कि लोगों ने इमारत को पूरा करने के लिए लगे हुए ईंटों के चट्टों में से ईंट उठा-उठा कर चूल्हे बना लिये थे और रोटी सेंक रहे थे। सिंकती रोटी की सोंधी-सोंधी

गंध उड़ रही थी। बरामदे में मोमबत्ती के प्रकाश में बैठे लोग रोटी हाथों में लिये खा रहे थे।

पुरी ने सुबह आठ बजे से पहले दो रोटियाँ खायी थीं। दिन भर पैदल घूमा था। बहुत भूख मालूम हुई। उसने कलाई उठाकर घड़ी देखी, नौ बज रहे थे।

शहर का बाजार इस्लामिया कालेज से मील भर दूर था। सोचा, इस समय क्या किया जायेगा? वह लेटा रहा, परन्तु भूख व्याकुल करने लगी। नींद कैसे आ जाती। उसने उठकर कमर में बँधी चादर उतार कर सीले-सीले कमीज-पतलून पहन लिये। चादर की टेंट में खोंसे हुए तेईस रुपये सवा सात आने पतलून की जेब में रखे और बिस्तर लपेट दिया।

पुरी के समीप बैठे कामोकी से आये सिक्ख बूढ़े-बुढ़िया का पोता रो रहा था। कभी बूढ़ा बच्चे को गोद में लेकर झुलाता-डुलाता, कभी बुढ़िया।

पुरी ने बहुत विनीत स्वर में बूढ़े को सम्बोधन किया—"सरदार जी, सुबह से कुछ खाया नहीं है, जरा बाजार जाऊँगा। यह बिस्तर आपके समीप पड़ा है, जरा देखते रहेंगे?"

"फिक्र न कर बाबू!" वृद्ध ने उत्तर दिया, "वाहगुरु तुम्हें दे, सबको दे। वही अकाल पुरुष सबको देने वाला है। हम देखते रहेंगे।"

पुरी कालेज के फाटक से दाहिनी ओर घूमकर जरनैली सड़क से बाजार की ओर चल दिया। घना अँधेरा था। राह कठिनाई से सूझ रही थी। दूर कुछ बिजलियाँ और शहर का प्रकाश दिखाई दे रहा था। यह प्रकाश पुरी की आँखों पर पड़ कर उसके चारों ओर के अँधेरे को और भी घना बना रहा था। पुरी कालेज की चारदीवारी से लगभग सौ कदम आगे बढ़ गया था। सुना—

"बाबू कितना बजा है?"

पुरी ने ठिठककर कलाई आँख के समीप उठाकर समय देखा पर बोल न पाया।

पुरी की गर्दन पर कोई मजबूत पंजा कस गया और नाक के सामने पैना छुरा था। उसका सिर चकरा गया। सुनाई दिया—

"घड़ी उतार दे! ख़बरदार! मुँह से आवाज नहीं निकले!"

पुरी की साँस धौंकनी की तरह चल रही थी। उसका दाहिना हाथ बायीं कलाई पर से घड़ी उतारने लगा। सामने खड़े आदमी ने छुरा एक हाथ से थामे उसकी जेब से कलम खींच लिया और फिर उसकी कमीज टटोलकर पतलून की जेबें भी टटोलीं। तेईस रुपये छः आने और पाँच पैसे के साथ ही बक्स की बची रह गयी चाबी भी जेब से निकल गयी।

घड़ी उतारते-उतारते पुरी कुछ सोच सकने की अवस्था में हो गया था। साहस कर बोला—"मैं तो तुम्हारा हिन्दू भाई ही हूँ।"

"यहाँ अब सभी हिन्दू हैं। हम लुटकर आये हैं तो हमें भी तो अपना और बच्चों का पेट भरना है।"

पुरी क्या उत्तर देता। उसे लूट लेने वाले ने अँधेरे में धरती पर पड़ी हुई बाइसिकल उठा ली। पुरी की ओर देखकर एक बार और धमकाया—"खबरदार, बोलना नहीं।" और साइकिल पर सवार हो शहर की ओर चला गया।

पुरी कुछ क्षण असहाय मौन खड़ा रहा और इस्लामिया कालेज की ओर लौट गया। बरामदे में पहुँच कर बिस्तरा बिछा लिया, अपना सिर पकड़कर लेट गया। समीप रोता बच्चा, पेट में भूख, लुट जाने के अन्याय और अपमान का दुख नींद कैसे आने देता। अब यह जान सकने का भी साधन नहीं था कि रात कितनी गयी, कितनी शेष थी? सुबह वह क्या करेगा; यह सोचना भी व्यर्थ था।

कोलाहल से पुरी की नींद टूटी। नींद टूटते ही कानों में कोलाहल और आँखों में चौंध अनुभव हुई। प्रातः की धूप बरामदे में आकर उसके मुख पर पड़ रही थी। पुरी ने आँखों को धूप से बचाने के लिए हाथ से ढँक लिया। अस्पष्ट कोलाहल में उसने सुना :

"अजीब आदमी हो तुम! बच्चा कल से भूखा रो रहा है, तुमने किसी से कहा भी नहीं। किसी से कहते तो ऐसा पत्थर-दिल कौन है कि बच्चे को भूखा देखकर भी खुद खा ले! यह तो रात की रोटी है, इसे खिलाओ! तुम खुद भी कब तक भूखे रहोगे! वाहगुरु की जो इच्छा होगी, सहना ही पड़ेगा। परमेश्वर से तो कोई रूठ नहीं सकता। जो हजारों, लाखों के साथ हुआ है सो तुम्हारे साथ हुआ। इसका रोना क्या? सरकार ने सब कैम्पों में हर आदमी पीछे पाव भर आटा, छटाँक भर दाल मुफ्त बाँटने का प्रबन्ध किया है। तुम भी जाकर लो, पका कर खाओ, इसमें शरम क्या है? भले लोग, ऐसी शरम कब तक करोगे?"

अनेक लोगों के स्वर बीच में बाधाएँ डाल रहे थे परन्तु समीप से बुढ़िया ने रोते-रोते कहा—"मैं तो कल से यही कह रही हूँ कि रब्ब, वाहगुरु को ऐसा मंजूर है तो मैं-तू क्या कर लेंगे? यह नहीं मानता तो मैं क्या करूँ?"

बूढ़ा आँसुओं से रुँधे स्वर में बोल उठा—"मैं क्या अपाहिज, मँगता हूँ; फकीर हूँ? मैं किसान आदमी हूँ। मेरे हाथ-पाँव अभी टूट नहीं गये हैं। मैंने उमर भर ब्राह्मण, नाई, कमीन और फकीर को चुटकी देकर, दस आदमियों को खिलाकर खाया है। मैं आटे के लिए किसी के आगे हाथ पसारूँ? तेरी आँख का पानी मर गया है तो तू जाकर माँग ले।"

पुरी आँखों पर पड़ती धूप की चौंध से बचने के लिए उठकर बैठ गया था। उसका सिर बरामदे में आती धूप से ऊपर हो गया था। आँखें खोलने पर उसे कोलाहल का कारण समझ में आया। वह नींद में था तो बरामदे के सामने खाली पड़े सब स्थानों में लोग आकर टिक गये थे। पुरी ने नारंग जी के कमरे की ओर घूमकर देखा।

नारंग जी फर्श पर बिछी हुई दरी पर पालथी मारे बैठे सिगरेट पी रहे थे। हजामत करके नहा-धो चुके थे। बे जी बरामदे के नीचे कमरे की दीवार के साथ ईंटें रखकर चूल्हा बनाकर पराँठे सेंक रही थीं। तवे पर घी के जलने की सुगन्ध आ रही थी। "पुरी भ्रा जी नमस्ते!" प्रवीण ने पुकारा। वह एक छोटी थाली में पराँठे खा रहा था। उर्मिला

एक ओर आड़ में दीवार के साथ बिछी दरी पर दीवार की ओर मुँह किये हुए लेटी हुई थी।

नारंग जी की आँखें पुरी से मिलीं। उन्होंने सिगरेट की राख दहलीज के बाहर पुरी की ओर झाड़ दी। केवल पुरी को सुनाने के लिए स्वर दबाकर बताने लगा—"देखा भाई पुरी, है न आदमी-आदमी में फरक! शाबाश बुड्ढे को, असली सरदार है न! जवान बेटे मारे गये, बहुएँ-बेटी छिन गयीं, घर का सब मालमतो लुट गया, लेकिन यह पाव भर आटे के लिए हाथ नहीं पसारेगा। दूसरे लोगों ने तो माँगना पेशा बना लिया है। इस बदकिस्मती का अच्छा बहाना बना लिया है। यह भी नहीं कि सीधे ईमानदारी से माँग लें। ऐसी-ऐसी कहानियाँ गढ़कर सुनायेंगे, ऐसा मिस्कीं (गरीब) मुँह बनाकर कहेंगे—हम खाते-पीते भले घरबार के लोग हैं, माँगते शरम आती है; दिल चाहता है डूब मरें। सड़क पर हमारी बैलगाड़ी खड़ी है, जनाना बाल-बच्चे मिलाकर घर के दस आदमी हैं, रास्ते में लुट गये हैं।

"कोई कहेगा—रास्ते में एक बैल जख्मी हो गया था। यहाँ तक खींच लिया पर अब गिर पड़ा है। आप लोग मदद करें। हमारा पता लिख लो। हम अपने गाँव पहुँच कर रुपया मनीआर्डर से लौटा देंगे। कोई कह देगा—हमारा रहा-सहा सामान कैम्प में चोरी हो गया है···।"

फाटक की ओर से पुकारें सुनाई दीं—"ओए धनीराम्मा! ओए मोहनसिंहा! ओए लोगो दौड़ो, जल्दी दौड़ो! सड़क पर मुसलमानियों का तमाशा देखो!"

बहुत से लोग दौड़ गये।

पुरी नारंग की बातें सुनकर अपनी रात की बीती क्या सुनाता! पूरे कैम्प में बधावामल नारंग का परिवार ही उसका परिचित था। पुरी का सिर भूख, पीड़ा और क्षोभ से चकरा रहा था। सोच नहीं पा रहा था, क्या करे? बैठे रहने से तो कुछ हो नहीं सकता था पर जाये तो कहाँ और किस आशा से? पहला काम तो था किसी भी तरह पेट में कुछ डालकर चलने-फिरने योग्य हो सकना।

पुरी ने नारंग की बात सुनकर अपने हृदय की गहराई से उठते दर्द को दाँत से होंठ काटकर दबा लिया और खड़ा हो गया। वही बिस्तर जो चार दिन से जान का बवाल हो रहा था अब एकमात्र सहारा था। स्टेशन के सामने बिस्तर को बेचकर ही कुछ मिल सकता था। अठारह रुपये का तो कम्बल ही था, केवल साल भर पहले खरीदा था। दरी, दो चादरें, तकिया भी था।

पुरी ने सोचा, आठ-दस रुपये मिल भी गये तो कितना समय चलेंगे पर इस समय वही बहुत थे। कुछ तो करना ही होगा, चाहे मजदूरी ही करे। सोचा, मजदूरी करना सभी चाहते हैं, कराना कोई नहीं चाहता। सोचा, देहली चला जाये। जैसे उसके साथ और लोग फिरोजपुर से बिना टिकट आये थे, वह भी अब टिकट क्यों खरीदे?

पुरी ने बिस्तर को समेट कर लपेट लिया और बगल में दबाकर नारंग जी को सम्बोधन किया—"अच्छा जी नमस्ते, चल रहा हूँ।"

नारंग जी सिगरेट की राख झाड़कर बोले—"बाजार जा रहे हो, घूम आओ। यह बोझ क्यों उठा रहे हो? हमारे कमरे में रख दो। हममें से कोई न कोई यहाँ रहता ही है।"

''नहीं, कुछ बोझ थोड़े ही है, शायद आगे चला जाऊँ।'' पुरी और बात न कर बरामदे से उतर गया। बरामदे में ठहरा हुआ एक आदमी बुढ़िया को मुफ्त राशन मिलने का स्थान दिखाने के लिए ले जा रहा था।

पुरी इस्लामिया कालेज से निकल कर उसी मार्ग पर चल रहा था जिस पर रात गया था। अब रात के अँधेरे के स्थान पर चौंधियाती धूप थी। दूर तक भय का कोई कारण नहीं था। भूख की निर्बलता के कारण चलना कठिन हो रहा था। धूप बहुत तीखी लग रही थी। वह जरनैली सड़क के चौराहे से कुछ दूर आगे बढ़ा तो बस्ती के पहले मकानों से कुछ इधर ही सड़क के किनारे कुछ लोग टाट के टुकड़ों पर आटे की ढेरियाँ लगाये लाल-हरी मिर्चें और कई तरह की तरकारियाँ और ईंधन के छोटे-छोटे बोझ सामने रखे बेच रहे थे।

पुरी का ध्यान बस्ती की दीवारों के समीप खड़े भीड़ के एक चक्कर की ओर चला गया था। इस भीड़ से लोगों के बोलने-पुकारने की अस्पष्ट आवाजें आ रही थीं। चक्कर के बीच में कोई आदमी बाँह उठाये पुकार रहा था—

''पैंतीस, पैंतीस, पैंतीस रुपये! कोई और बोलो! पैंतीस रुपये में जाती है। पैंतीस रुपये एक, पैंतीस रुपये दो! और कोई बोलता है तो बोलो! नहीं तो जाती है, अच्छी तरह देख लो! बोलो!...पैंतीस रुपये तीन!''

पुरी ने समझ लिया, नीलाम हो रहा था। सोचा, स्टेशन तक दो मील क्यों जाये! यहाँ ही बिस्तर नीलाम कर दे। पुरी भीड़ की ओर बढ़ गया। भीड़ के समीप पहुँचा तो नीलाम करने वाले का स्वर और स्पष्ट सुनाई दिया—

''अच्छा बादशाहो, अब इसके लिए बोलो! नया, कोरा, बिना बर्ता माल! शक हो तो अपने हाथ से टटोल कर देख लो!''

भीड़ के लोग जोर से कहकहा लगाकर हँसे।

नीलाम करने वाले ने आवाज लगायी—''बोलो, पहली बोली बोलो!''

पुरी ने भीड़ की दीवार के भीतर झाँका।

भीड़ के बीचोंबीच नीलाम करने वाला एक जवान लड़की को चुटिया से खींचकर खड़ा किये था। लड़की के शरीर पर कोई कपड़ा न था। माल गाहकों को अच्छी तरह दिखा देने के लिए उसने लड़की की कमर के पीछे अपने घुटने से ठेस देकर, उसके सब अंगों को सामने उभार दिया था। लड़की के आँसुओं से भीगे, पलकें मुँदे चेहरे पर से उसके हाथ को भी खींचकर हटा दिया। लड़की के सूर्य की किरणों से अछूते शरीर के भाग छिले हुए संतरे की तरह, चेहरे की अपेक्षा बहुत गोरे और कोमल थे। भीड़ के बीच धरती पर कुछ और भी लड़कियाँ चेहरे बाँहों में छिपाये, घुटनों पर सिर दबाये बैठी थीं। उनके कपड़े भी धरती पर पड़े थे। पुरी का कदम पीछे हट गया।

वीभत्स विनोद के कहकहों में एक आदमी का क्रुद्ध स्वर सुनाई दिया—''यह क्या कर रहे हो तुम? कुछ शर्म करो! आगा-पीछा सोचो! तुम लोग इनकी इस तरह बेइज्जती करोगे तो कोई भलामानस इन्हें घर में कैसे बसा सकेगा? इससे तो अच्छा है, इनकी गर्दन झटक कर परे फेंक दो। तुम मुसलों से किस बात में अच्छे हो? उन्होंने क्या बुरा किया जो तुम नहीं कर रहे हो!''

"ठीक है, ठीक है, ठीक कहता है सियाना! हाँ, शर्म करो!" कुछ लोगों ने उसका समर्थन भी किया।

पुरी दाँत से होंठ काटकर सिर झुकाये सड़क पर लौट आया और स्टेशन की ओर चल पड़ा। उसका सिर और भी अधिक घूमने लगा। याद आया, अख़बार में हिन्दू स्त्रियों को नंगी करके जुलूस निकालने की बात पढ़कर उसका खून खौल उठा था। एक पक्ष के लोगों ने स्त्रियों का अनसुना अपमान करने की वीरता दिखायी है, दूसरे पक्ष के लोग कैसे स्वीकार कर लें कि वे कम पशु हैं? पशुता की होड़ में पीछे क्यों रह जायें?

भले आदमी की बात याद आयी—इनकी इस तरह बेइज्जती करोगे तो कोई भलामानस इन्हें घर में कैसे बसा सकेगा? इनका अपराध यह होगा कि इनके साथ अनाचार किया गया है। पशुता और अनाचार तुम करो, उसका दंड बेचारी स्त्री भोगेगी! वह बेचारी भुगतने और भोगी जाने के लिए ही है…!

पुरी स्टेशन के सामने से अस्थायी बाजार में अपनी दरी बिछाकर अपना कम्बल, चादरें और तकिया अलग-अलग रखकर बैठ गया। बेचने के लिए पुकार लगाते न बनता था यह आवश्यक था। वह समीप से गुजरते लोगों से सहमता हुआ कह देता—"भाई, नयी चीजें हैं, सस्ती दे दूँगा।"

आने-जाने वाले अपना-अपना सामान सिर, कंधे या पीठ पर लादे हुए देखे बिना चले जा रहे थे। धूप बढ़ती जा रही थी। कभी उत्तर मिल जाता—"अपना जो कुछ है वही सँभाले-ढोये नहीं बनता।"

चौथा पहर लग गया था। पुरी भूख और सिर की पीड़ा के कारण बार-बार सिर को दोनों हाथों से दबा लेता था। कोई भी उसका बिस्तर खरीदने के लिए तैयार नहीं हुआ; न आठ रुपये में, न पाँच में, न मनचाहे मोल में। आँखों के सामने काले-काले तारे तैर रहे थे।

पुरी ने अपनी निर्बलता के प्रति दाँत पीसकर अपने आपको फटकारा—मुझे क्या हो रहा है? मुझे क्या हो रहा है? शर्म आनी चाहिए! रोटी खाये अभी छत्तीस घंटे भी नहीं हुए और यह हालत! क्यों? जेल में तीन दिन, बहत्तर घंटे का अनशन किया था। दो सौ से अधिक आदमी इतना अनशन कर रहे थे। अब मुझे क्या हो गया है? जेल में खाना सामने पड़ा रहता था और हम आँख उठाकर उसे देखते नहीं थे!…पर इस समय किस सिद्धान्त का बल है? वह लड़ाई थी, शत्रु पर आत्मिक बल से आक्रमण था, अब खाने के लिए मिल नहीं रहा है।

पुरी भूख और सिर दरद से विवश हो गया। सिर दरद के लिए कोई दवाई एक दो आने में लेकर खाना आवश्यक था। वह पीड़ा से जड़वत् हो रहे मस्तिष्क में कल्पना करने लगा—वह स्टेशन के समीप झुंड बाँधे अंधे, लूले, लंगड़ों के साथ खड़ा हो जाय और हाथ पसार कर माँगे—कोई भागवान मोहताज को पैसा-दो पैसा दवाई खाने को दे। सिर दरद से फटा जा रहा है। शायद कोई दयालु पुण्य की इच्छा से उसे पैसा दे देगा। पुरी का मन सहसा ग्लानि से भर गया, यह मुझे क्या होता जा रहा है?

पुरी की आँखें सिर दरद के कारण खुल नहीं रही थीं, परन्तु उसने दृढ़ निश्चय से अपना बिस्तर समेटकर बगल में दबा लिया। एक हाथ से जमीन की टेक लेकर उठ खड़ा हुआ। वह मुफ्त राशन बाँटने वाले स्थान का पता पूछने चल दिया।

पाव-पाव भर आटा और छटाँक भर दाल बाँटने वाला खद्दरधारी व्यक्ति सामने खड़ी भीड़ को बार-बार धैर्य से काम लेने के लिए कहकर चेतावनी दे रहा था—"भाइयो, अपना धर्म-ईमान समझकर कोई दो बार न ले। कोई भाई-बहिन खाली हाथ रहेगा तो दो बार लेने वाले को पाप होगा।"

भीड़ में से किसी ने समर्थन किया—"हाँ भाई, पिछले जन्म में किये पापों का दंड भगवान क्या कम दे रहा है? यहाँ धोखा देने से जाने क्या होगा!"

"सबर से परसाद लो भाई, सबर से! यह स्वराज्य का परसाद है।" किसी दूसरे ने अपनी पीड़ा में व्यंग्य का पुट देना चाहा।

"यह क्या स्वराज हुआ!" कोई खिन्नता से झुँझलाया, "पाव भर आटे के लिए मोहताज हो गये!"

"कांग्रेस वालों ने राज पाया है, हमें पाव भर आटा बाँटकर पुण्य भी कमायेंगे।" हँसने वाले ने फिर हँसकर कहा और उससे जोर का कहकहा लगा दिया।

पुरी उन लोगों की तरफ देखता रहा और क्यू में उसके पीछे खड़े कई आदमी उसको लाँघकर आगे बढ़ गये।

दोपहर बाद लगभग पाँच बजे का समय था। तारा के सतर्क कानों ने नीचे बैठक से हाफ़िज़ जी की पुकार सुनी—"बेटा कमरू, सुनो!"

कमरू के जीने से धम-धम नीचे उतरने की आहट सुनाई दी। फिर सुनाई दिया कमरू जीना चढ़कर लोहे की जाल को अपने कदमों से झम-झम बजाती, रसोई के समीप बरामदे में बैठी अपनी और दादी के पास जाकर कुछ कह रही थी। तुरन्त ही कमरू तारा के सामने आ गयी और हाँफती हुई बोली, "नीचे गली में सिपाही खड़े हैं। आपको कैम्प में ले जाने के लिए आये हैं।"

तारा तुरन्त उठ खड़ी हुई। दुपट्टे से सिर और कन्धों को लपेट लिया। खुरशीद और उसकी सास उसे विदा देने के लिए आगे नहीं बढ़ीं। तारा ने उन्हें दूर ही से मौन नमस्कार किया और जीने से उतर गयी।

तारा को ड्योढ़ी में बैठक के दरवाजे से आराम कुर्सी पर बैठे हाफ़िज़ जी दिखाई दिये। तारा ने उन्हें भी सिर झुका कर सलाम किया।

"अल्लाह तुझ पर रहम करे!" हाफ़िज़ जी बैठे-ही-बैठे उदास स्वर में आशीर्वाद दे दिया।

तारा ने ड्योढ़ी में लटका पर्दा हटाकर बाहर देखा। गली में एक जवान उसकी प्रतीक्षा में खड़ा था; पुलिस की वर्दी पहने सिपाही नहीं था पर लगता पुलिस का ही आदमी था। उसके शरीर पर कुछ मैली रेशमी कमीज, सफेद सलवार, सिर पर पुलिस की खाकी पगड़ी का छोर कलगी की तरह उठा हुआ था। हाथ में पुलिस अफसर का छोटा सा बेंत था।

तारा को देखकर जवान ने प्रश्न किया—"तुझे ही कैम्प में जाना है?"

तारा ने गर्दन झुका कर हामी भरी।

"गाड़ी उधर खड़ी है।" जवान ने गली की दिशा में हाथ का संकेत कर दिया।

तारा को उस आदमी के चेहरे के भाव से आश्वासन अनुभव न हुआ, परन्तु उसने कब और किसे पुलिस से आश्वासन की आशा करते देखा-सुना था। इतनी बार अनुरोध करने पर उसे हाफ़िज़ जी के यहाँ से भेजा जा रहा था तो अब न जाने की इच्छा कैसे प्रकट करती!

गली के सामने पुरानी सी जीप खड़ी थी। ड्राइवर के पीछे एक जवान बैठा था। वह रोयेंदार ऊँची टोपी पहने था। मूँछें बिच्छू की डँक की तरह चढ़ाये था। वह भी पुलिस की वर्दी की खाकी कमीज पहने था। कंधों पर पुलिस के बिल्ले नहीं थे। घबराहट में तारा इतनी सूक्ष्मता क्या भाँपती! तारा को जीप में पीछे, पुलिस की कमीज पहने जवान के सामने की सीट पर बैठाया गया। उसे बुलाकर लाने वाला जवान उसके समीप बैठ गया।

जीप में बैठकर तारा ने देखा, उसके पैरों के समीप चौड़ी सी टोकरी में चार मुर्गे करवट से पड़े हुए थे। मुर्गों की टाँगें कपड़े की धज्जियों से बँधी हुई थीं। उनकी लाल-काली, बूँदों जैसी गोल-गोल आँखें तारा की ओर एकटक लगी हुई थीं! उन आँखों की बेबसी और कातरता पहली ही दृष्टि में तारा के हृदय में कील की तरह चुभ गयी। मुर्गों की आँखें झपकने पर झिल्ली जैसी पलकों की सफेदी और भी दयनीय जान पड़ती थी। तारा के मस्तिष्क में हाथ पीठ के पीछे बँधे रहने की पीड़ा और विवशता बिजली की तरह कौंध गयी।

जीप बाजार लाँघकर सड़क पर पहुँची। गाड़ी की चाल तेज हो गयी। तारा गर्दन झुकाये हुए कनखियों से चारों ओर देख रही थी। वह उन बाजारों और रास्तों से परिचित नहीं थी। कुछ ही दूर जाने पर उसे लगा कि गाड़ी रावी के पुल की ओर जा रही थी।

तारा बहुत घबड़ा गयी, धोखा! साहस कर उसने टोका—"मुझे डी० ए० वी० कालेज के कैम्प में जाना है, इधर तो रावी का रास्ता है।"

"वहाँ जगह नहीं है।" तारा के समीप बैठा जवान बोला, "शाहदरे के कैम्प में ले जाने का हुक्म है।"

तारा के सामने बैठे रोयेंदार टोपी पहने जवान के चेहरे पर मुस्कराहट आ गयी। तारा को बुरा लगा, परन्तु क्या कर सकती थी।

रावी के पुल के फाटक पर खाकी पगड़ियों पर ऊँची कलगियाँ लगाये बलूची सिपाही राइफलों पर संगीनें चढ़ाये पहरे पर खड़े थे। उनके संकेत पर जीप रुक गयी। रोयेंदार टोपी वाला जवान जीप से कूदकर उन लोगों के समीप चला गया। सलाम कर उसने दो बातें की। जीप को पुल पार करने की अनुमति मिल गयी।

तारा रावी नदी के पार शाहदरा में जहाँगीर के मकबरे में अपने कालेज के विद्यार्थियों के साथ तीन बार आ चुकी थी। जीप नूरजहाँ और जहाँगीर के मकबरों को भी लाँघकर आगे बढ़ गयी तो तारा ने फिर आपत्ति की—"शाहदरा तो पीछे रह गया।"

"चुप रह!" सामने बैठे जवान ने डाँट दिया।

तारा काँप गयी। समझा; सचमुच फिर नब्बू जैसों के हाथों सौंप दी गयी!

"रोको! मैं नहीं जाऊँगी!" तारा ने पूरी शक्ति से धमकाया।

"चुप बैठ··· !" सामने बैठे जवान ने उसे माँ की गाली देकर डाँटा।

तारा मर जाना ही रक्षा समझकर जीप से कूद जाने के लिए अपनी सीट पर घूम गयी। समीप बैठे जवान ने उसे अपनी बाँह से रोक कर अपनी ओर खींच लिया।

तारा ने छूट पाने के लिए जवान के मुख पर मुक्का मार दिया। सामने बैठे जवान ने भी आगे बढ़कर उसे कन्धों से पकड़ लिया। तारा को पहले पकड़ने वाले जवान ने उसका सिर अपने घुटनों पर दबा लिया था। तारा ने उसके घुटने पर दाँत गड़ा दिये।

जवानों ने तारा को चोटी से खींचकर घुटना छुड़वाया। उसका सिर मुर्गों की टोकरी में रखकर दोनों जवानों ने उसे घुटनों के नीचे दबा लिया। कई मुक्के और चोटें धम्म-धम्म उसके सिर और पीठ पर पड़ गयीं।

सुहागरात के वीभत्स अनुभवों के बाद से तारा की नींद विक्षिप्त रहती थी। हाफ़िज़ जी के यहाँ उसे विचित्र और भयंकर स्वप्न आते रहते थे। हाथ-पाँव से पकड़ कर खींची जाना, आत्मरक्षा के लिए हाथापाई करते हुए चीखना और चिल्लाना। ऐसे स्वप्नों में चौंक कर उसकी नींद टूट भी जाती थी।

तारा ने आँखें खोलीं तो धुँधला-धुँधला-सा और अपरिचित बड़ा-सा आँगन दिखाई दिया। मुख पर जलन और सिर में दरद और चक्कर जान पड़े। उसे लगा कोई भयंकर स्वप्न देखकर नींद टूट गयी है। पलकें खोलने पर तीन स्त्रियाँ आपस में लड़ती हुई दिखाई दीं। एक के शरीर पर कोई भी कपड़ा नहीं था, एक के शरीर पर केवल सलवार थी और तीसरी के शरीर पर केवल लम्बा कुरता था। दो और भी स्त्रियाँ थीं। उनके शरीरों पर कमीजें और सलवारें थीं। दुपट्टा किसी के सिर पर नहीं था। तारा सुध सँभालने के लिए अपना सिर झटक कर सोच रही थी, कहाँ हूँ; यह कैसा स्वप्न है?

तारा अपनी बाँह की टेक लेकर उठी और घुटने समेट कर फर्श पर बैठ गयी। कुछ देर सिर की पीड़ा से जलती हुई आँखें झपकती रहीं। उसे विश्वास हो गया, स्वप्न नहीं था, वह वास्तविक दृश्य देख रही थी। घुटनों तक लम्बा कुरता पहने और कुछ न पहने स्त्री में उसी के सम्बन्ध में झगड़ा और लड़ाई हो रही थी। उनकी बातचीत सुनकर तारा ने समझा, वह मूर्च्छा और नींद में थी तो वस्त्रहीन स्त्री उसका कपड़ा उतार लेना चाहती थी।

कुरता पहने स्त्री नंगी स्त्री को धमका रही थी—"चोट्टी कहीं की। अब वह होश में है, उठ बैठी है। हिम्मत है तो अब उतार ले उसका कपड़ा!"

सलवार-मात्र पहने स्त्री वस्त्रहीन स्त्री की ओर से बोलने के लिए बढ़ आयी—"तू कौन मुकद्दम है; तू क्यों बोलती है बीच में? तू क्या थानेदार है?" कपड़ा पहने स्त्रियाँ, कपड़ा छीनना चाहने वाली नंगी स्त्री और सलवार-मात्र पहने स्त्री का विरोध कर रही थीं।

केवल कुरता पहने स्त्री ने तारा को उठ बैठी देखा तो उसके समीप आ गयी। उसने तारा की पीठ पर हाथ रखकर पानी भरा टीन का डिब्बा उसके होंठों के समीप करके कहा—"थोड़ा पी ले।"

तारा ने अनिच्छा से गर्दन घुमाकर होंठ हटा लिये।

"पी ले न! जरा ठंडक पड़ेगी। दिल ठहर जायेगा।"

तारा से अनुरोध करते समय स्त्री का स्वर कोमल हो गया था परन्तु केवल सलवार पहने स्त्री की ओर दृष्टि जाने पर उसका स्वर फिर कड़ा हो गया—"तू उस चोर की हिमायत करती है। देखो तो, मुझे भी चोरी में साथ मिलाकर चोर बनाती है। मेरी-तेरी लाज है तो उसकी लाज नहीं है? जब उसने तेरा कुरता उठाकर पहन लिया था तब क्या हुआ? तब तू कैसे लड़ी थी? अपना कुरता उसे दे देती न! तू ने ही तो कुरता फाड़ डाला था। न उसके काम का रहा, न तेरे काम का। अब उसी की हिमायत कर रही है! शर्म नहीं आती?"

तारा ने समझ लिया, उसकी मूर्च्छित अवस्था में नंगी स्त्री उसके शरीर से कमीज उतार कर स्वयं पहन लेना चाहती थी। कुरता-मात्र पहने स्त्री ने ही उसकी रक्षा की। नंगी स्त्री ने उससे समझौता करना चाहा था कि तारा की सलवार वह ले ले परन्तु बंती ने यह अन्याय स्वीकार नहीं किया था।

तारा ने बंती की ओर कृतज्ञता से देखा।

कपड़ा पहने स्त्रियाँ दायीं ओर की कोठरियों के सामने खड़ी हो गयीं और वस्त्रहीन स्त्रियाँ बायीं ओर बीच की कोठरी की दहलीज पर बैठ गयीं। बंती तारा के समीप बैठी उसे कुछ घूँट पानी पी लेने के लिए कह रही थी। तारा का मुख सूख रहा था, जिह्वा ऐंठ रही थी, परन्तु अनिच्छा के कारण वह जल न पी सकी। स्त्रियाँ बहुत देर तक लड़ती रहीं। फिर थक कर आँगन के फर्श पर लुढ़क गयीं और ऊँघने लगीं।

तारा बहुत देर तक घुटने पर ठोढ़ी रखे परिस्थिति को समझने का यत्न करती रही, सोचती रही। उसने समझ लिया, हाफिज़ जी के घर से अमजद ने उसे यहाँ भेज दिया था, अब यहीं उसकी जगह थी।

मकान पक्की ईंटों का था। आकाश में बादलों के उड़ते-उड़ते टुकड़ों में खूब उजला, लगभग आधा चाँद पश्चिम की ओर ढल रहा था। आँगन के एक-चौथाई भाग में अब भी उजाला था। बड़े से आँगन में ईंटों का फर्श था। एक कोने में हाथ का पम्प था। आमने-सामने कोठरियाँ। फर्श पर गाल या सिर रखे करवट से या चित-पट्ट पड़ी स्त्रियाँ लाशों की तरह लग रही थीं। उनकी साँसों के शब्द और खुर्राटे ही उनके जीवित होने का आश्वासन दे रहे थे।

तारा आँगन के बीचोंबीच, जहाँ उसे सुध आयी थी, वहीं घुटने समेट कर बैठ गयी थी। कभी पलकें मूँदे, कभी अँधेरे में पलकें खोलकर सोचती जा रही थी, क्या से क्या होता जा रहा है! बैठी-बैठी थक गयी तो वहीं फर्श पर लुढ़क गयी। चाँदनी सिमिट कर समाप्त हो गयी। आकाश तारों से भर गया। ऊँघ आने पर मच्छर काटकर जगा देते थे। ऊँघ टूटने पर तीखी दुर्गन्ध अनुभव होने लगती थी। मच्छरों से बच सकने

के लिए और नाक दबाकर दुर्गन्ध से बच सकने के लिए उसकी ओढ़नी भी अब नहीं रही थी।

तारा के ऊँघते-जागते तारे धुँधले हो गये। अन्धकार में पौ फटने की सफेदी मिलने लगी। आँगन में पड़ी बिखरी चीजें दिखाई देने लगीं। दीवार में मोरी के छेद के समीप बहुत पुराना फटा-मुड़ा बादामी रंग के टीन के बक्स का निचला भाग पड़ा था। उस बक्स का ढक्कन उससे कुछ दूर पड़ा था। टीन के टूटे-फूटे बिना ढक्कन के दो डिब्बे भी पड़े थे। मिट्टी के बर्तनों, मरतबानों, फटी हुई चटाइयों और रस्सियों के टुकड़े जहाँ-तहाँ बिखरे हुए थे। एक ओर आईने के दो धुँधले टुकड़े चमक रहे थे। फर्श की ईंटों की संधों में जगह-जगह गेहूँ, चावल या दालों के दाने दिखाई देने लगे। दो कोठरियों के किवाड़ गायब थे। सब ओर लूट और ध्वंस के चिह्न थे।

तारा आँगन के बीचोंबीच फर्श पर बैठी रही थी। उसने स्थान नहीं बदला था। केवल करवटें बदलती रही थी। उसकी दृष्टि टूटे हुए बक्स और मोरी की ओर थी। उसके देखते-देखते बंती टीन के डिब्बे में पानी लेकर उसकी ओर पीठ करके निपटने के लिए मोरी के ऊपर बैठ गयी। तारा ने विस्मय और घृणा से मुँह फेर लिया।

तारा को घृणा से मुँह फेरते देखकर सलवार-कुरता पहने स्त्री पश्चिमी पंजाबी में बोल उठी—"तो कोई क्या करे? इस आँगन के बाहर निकल नहीं सकते। छत के जीने पर ताला लगा है। कोई क्या करे? जैसा वक्त आ पड़ा है, काट रही हैं।"

तारा मौन रही, मुँह फेर लिया।

"सतवंत, जरा पम्प चला दे, डिब्बा माँज लूँ।" बंती मोरी से उठकर पम्प की ओर जाती हुई बोली।

सतवंत, तारा के समीप से पम्प की ओर आ गयी और 'खड़च-खड़च' करता ढीला पम्प चलाने लगी। बंती ने फर्श को मिट्टी मानकर उस पर हाथ रगड़-रगड़ कर बार-बार धोये और डिब्बे को भी बर्तन की तरह माँज दिया।

बंती ने दूसरी स्त्रियों के सामने होने की चिन्ता न कर, कुरता उतार कर सतवंत की बगल में थमा दिया। सतवंत पम्प चलाती रही। बंती पानी की धार के नीचे बैठकर अपने शरीर को मल-मल कर नहाती हुई बोलती जा रही थी—

"हर-हर गंगे, काशी, विश्वनाथ गंगे!"

"नहात्यां धोत्यां गई बला, धरती माता दा टिक्का ला!"

नहाकर बंती ने अपने कुरते पर पानी का छींटा दिया और बोली—

"नहा धो मैं चढ़ी चौबारे, उत्तों मिलै मैंनूँ कृष्ण प्यारे।"

बंती एक कोने में बैठकर पाठ करने लगी।

बंती जैसी भी अवस्था में थी, अपने धर्म-विश्वास का अनुष्ठान पूरा कर रही थी। पाठ बोलते-बोलते वह फिर तारा के पास आ बैठी और बोली—"मेरिये भैणे (मेरी बहिन), तू कल साँझ से ऐसे ही बैठी है। एक घूँट पानी भी नहीं पिया। भूख-प्यास से कलेजा जला लेने से क्या होगा? रोग लगा लेने से तो दुःख बढ़ेगा ही, घटेगा नहीं। कौन तेरे-मेरे मायके-ससुराल के लोग यहाँ बैठे हैं जो हमें भूखे-प्यासे देखकर कलपेंगे, चिन्ता

करेंगे? उस सच्चे परमेश्वर महाराज जी को जो मंजूर होगा, वही होगा। उठ, नहा-धो और पानी पी! मैं ला देती हूँ।''

बंटी के स्वर की सहानुभूति से तारा की आँखों में आँसू आ गये। जीभ और होंठों को सूखा हुआ अनुभव करके भी तारा ने धीमे से उत्तर दिया—''बहिन जी, रोग और मौत का क्या है, मौत आती ही कहाँ है? मैं तो मरने का यत्न करके हार गयी। मर ही जाऊँ तो और क्या चाहिए?''

''बहिना, मरना-जीना क्या मनुख के अपने हाथ की बात है!'' बंती बोली, ''तू क्या समझती है, कष्ट मुसीबत तूने ही झेली है? बहिना, तेरी तरह साबुत-सलामत तो यहाँ एक भी नहीं पहुँची। तुझे भी देख रहे हैं, हमने भी सहा है, दूसरों को भी देखा है। मनुख का तो स्वभाव होता है कि कम दुःख पड़े तो उसे और अधिक मानता है। तू दूसरों को देख! तुझे तो बस उठा लाये हैं। मुँह पर जरा रगड़ लगी है। इतना लिहाज तो उन लोगों ने अपनी माँ-बहिन का भी नहीं किया होगा। तुझे दूसरों की बीती मालूम नहीं न!''

बंती घुटने पर ठोढ़ी टिका कर कहने लगी—''कहने से क्या होता है पर तुझे बताऊँ, हमने पड़ोस के गाँव डब्बोकी से हिन्दुओं के भागने की ख़बर सुनी तभी हम लोग भी जाने के लिए तैयार हो गये थे। हमारे पड़ोसी शेखों ने ही हमें रोक लिया था। हमें तो पड़ोसियों ने ही मरवाया। यह जरूर है कि पड़ोसियों ने हम पर हाथ नहीं उठाया, मदद ही करने को कहते थे पर उनके मन की बात परमेश्वर ही जाने! कछेरियाँ और डब्बोकी के पठानों ने हमारे चिम्मोकी के हिन्दुओं के पाँच घरों का आँगन घेर लिया। हम पाँचों घरों के लोग मर्द, स्त्री, बच्चे मिलाकर छत्तीस आदमी थे। पाँच सौ की भीड़ घेरे हुए थी। लाठियाँ, बर्छे, फरसे, तलवारें उनके हाथों में थी। भीड़ में सबसे आगे डब्बोकी का बाकर था। क्या बताऊँ, हमारा अपना ही आसामी था बेईमान!

''बहिना, बाकर ही क्या, हम तो आस-पास के गाँवों में सबकी ही मदद करते थे। कौन काश्तकार, जमींदार वक्त पर हिन्दुओं के यहाँ कर्जे के लिए नहीं आता? तुम जानती हो, मुसलमान क्या जो कर्ज न ले! इस बेईमान बाकर का बाप हमीदू कितना नेक आदमी था! हमीदू था तो कभी कोई झगड़ा नहीं हुआ। दोनों फसलों पर ब्याज में अनाज, कपास, दो-ढाई सेर घी; जो होता, दे जाता था। अरे सभी भले थे। आप भले तो जग भला। शाह जी को स्टेशन जाना होता तो हमीदू खबर सुनते ही अपनी घोड़ी लेकर आ जाता था। शाह जी को घोड़ी दे देता और गठरी-मुठरी अपने सिर पर उठाकर स्टेशन पहुँचा देता था। कभी दो आने, कभी सेर भर अनाज दे दिया तो चुपचाप ले लिया। उस बेचारे ने कभी जबान नहीं खोली। कहता था तुम्हारा दिया ही खाता हूँ। तुमसे आँख मैली करूँगा तो मरने के बाद खुदा को क्या मुँह दिखाऊँगा? देखो, उसी का बेटा यह बाकर है। चार अक्खर क्या पढ़ गया, उसका तो दिमाग ही फिर गया! शहर से मौलवियों ने आकर ही सब आग लगायी। इस बेईमान ने जब से होश सँभाला, चोरी-डकैती के अलावा दूसरा काम ही नहीं किया। वही सबसे आगे बढ़कर आया, शर्म नहीं आयी उसे।

''पाली शाह ने उससे कहा—तुम चाहो तो हम लोगों के यहाँ जो कुछ है, सब ले लो। बस हम लोगों को और हमारे बाल-बच्चों की जानें बक्श दो।

''उन लोगों ने भी एतबार दिलाया, अपने हथियार खुद ही हमें सौंप दो। सिर्फ जरूरत के कपड़े, बदन का जेवर और सफर का खर्च लेकर गाँव के बीच पीपल वाले कुएँ के पास इकट्ठे हो जाओ। हम सबको सलामत स्टेशन तक पहुँचा देंगे। बहिना, कोई क्या कर सकता था? उन लोगों के पास बन्दूकें, हथियार सब कुछ था··· ।''

सतवंत अपनी बायीं आँख एक हाथ से ढँके समीप आकर बैठ गयी थी। वह बंती को टोक कर बोल उठी—''बहिना, हमारे गाँव के मर्दों ने तो बहुत मुकाबला किया। हमारे बड़े सरदार जी के पास भी बन्दूक थी। सोढी होरी (साहब) फौजी पेंशनियाँ हैं। उनके पास भी बन्दूकें थीं। पड़ोस के गाँवों के तुर्कों (मुसलमानों) की हजारों की भीड़ नौ कोस तक हमारे जत्थे का पीछा करती रही। सरदारों ने किसी को पास फटकने नहीं दिया। स्टेशन पर पहुँच गये तो पुलिस के मुसलमान सिपाहियों ने हमारे मर्दों से बन्दूकें रखवा लीं और हमें लुटवा दिया।'' वह ऊँचे स्वर में रो पड़ी।

सतवंत अपनी दायीं आँख से आँसू पोंछने लगी तो उसका हाथ हट जाने से तारा को उसकी बायीं आँख दिखाई दे गयी। बायीं आँख टेंटर पड़ कर सफेद हो गयी थी और फूल आयी थी। सतवंत इस अवस्था में भी अपनी अशोभा प्रकट हो जाने से संकुचित थी।

बंती सतवंत के रोने की ओर ध्यान न देकर फिर अपनी बात कहने लगी, ''हम पाँचों घर के लोग कुएँ के पास इकट्ठे हो गये तो पठानों की भीड़ ने हमें घेर लिया। हमारे गांव के शेखों का भी मन बदल गया। वे भी उनके साथ मिल गये। गाँव के शोहदे अनवर और लियाकत भी बाकर के साथ हो गये। बहुत जोर-जोर से चीखने लगे—अली! अली! अल्लाहो अकबर!

''फिर तू जान।'' बंती ने आँखें पोंछी, ''इतनी भीड़ ने हमें घेर लिया।

''बाकर ने कहा—मटियारें (नवोढ़ाएँ) अलग एक तरफ हो जायें।

''चाचा पाली शाह ने हाथ जोड़ कर समझाया—बेटा, हम लोगों को जाने दो। अपने कौल का ख़याल करो!

''बाकर ने हाथ का फर्सा उठाकर पाली शाह की गर्दन पर मारा। खून ही खून। पाली शाह के मुँह से आवाज भी नहीं निकली। सब लोग थर-थर काँपने लगे।

''बाकर मेरी छोटी ननद काशो को बाँह पकड़ कर खींचने लगा। काशो मुझसे चिपट गयी। मैंने उसे बाँह में ले लिया। लियाकत ने मुझे भी उसके साथ धक्का दे दिया। बोला, तू भी चल! मेरा जग्गी गोद में था। बच्चा डर कर चिल्ला उठा। मेरी सास ने लड़के को गोद से खींच लिया।''

सतवंत ने आँखों से हाथ हटा कर टोक दिया—''मैं तो अपने मिहिन्दर को गोद में लेकर बक्सों के पीछे छिप गयी थी। जालिमों ने मुझे पकड़ कर खींचा तो कसाइयों ने लड़के को छीनकर परे फेंक दिया।'' सतवंत ने सिर पीट लिया और बच्चे की याद में ढाहें मार-मार कर रोने लगी।

बंती उसके रोने की परवाह न कर कहती गयी—''उन लोगों ने हमारे मर्दों को लाठियों और फरसों की मूठों से धकेल-धकेल कर कहा—जाओ चले जाओ! जो सीधा चुपचाप नहीं जाये, जो मुड़कर देखे, उसे काट डालो। सब चल दिये। हम तीन जवान

औरतें और तीन क्वारी लड़कियाँ—काशो, सत्तो और फूलां रह गयीं। उन्होंने गोद के बच्चों को भी छीन-छीन कर मर्दों की तरफ फेंक दिया।

"हम लोग काँपती हुई, रोती हुई देखती रह गयीं। हमारे लोग आँख से परे हो गये। बाकर ने कहा—इन तीनों क्वारी मटियारों को अलग कर लो। कहने लगा, ये गनीमत का माल (धर्मयुद्ध की लूट) है। जो दीनदार बहादुर इनसे निकाह करना चाहे, ले जाये। उसने सत्तो की बाँह पकड़कर कहा—ये एक मेरी है।

"लड़की ने बाँह झटक कर छुड़ा ली। साथ ही कुआँ था। वह दौड़कर कुएँ में कूद पड़ी।

"फूलां भी दौड़ी। अनवर ने लाठी मारकर लड़की को गिरा दिया। तू जान, आखिर बेचारी लड़की ही तो थी।" बंती ने आँखों में आये आँसू उँगली के पोर पर लेकर छिटक दिये और कहती गयी, "वे लोग चीखती-चिल्लाती फूलां और काशो को खींचकर ले चले तो मैंने हाथ जोड़कर बाकर से कहा, वीरा (भाई), यह तो तेरी बहिनें हैं।

"बाकर ने मुझे गाली दी,... यह बड़ी मुकद्दम है। इसकी खबर लो। उसने मेरी छाती पर फर्से की मूठ का जोर से धक्का मारकर मुझे गिरा दिया।

"लियाकत ने भी गालियाँ दीं, यह... बहुत पंचनी बनती है। मैं उस बदमाश को डाँट दिया करती थी। धोने के लिए कपड़े लेने या छाछ माँगने हमारे आँगन में आता था तो सत्तो को ऊटपटांग इशारे किया करता था। मैंने उसे धमका कर उसकी माँ से भी कह दिया था—इसे हमारे यहाँ मत भेजा करो। लियाकत मेरे बदन के कपड़े फाड़ने लगा तो मैंने बचने के लिए उसकी जुल्फें पकड़ कर खींची। सब लोगों ने मुझे पकड़ लिया। जानती हो, बस चलते हाथ-पाँव चलाये पर इतने मुस्टंडों के सामने मैं औरत जात अकेली क्या करती? जालिमों ने मेरे हाथ-पाँव बाँधकर कपड़े फाड़ दिये। क्या कहूँ, उसने सब लोगों के सामने लकड़ी और लाठियों से मेरी दुर्गति की। मैं बेहोश हो गयी।" बंती दोनों हाथ आँखों पर रखकर जोर से रो पड़ी।

सतवंत ने अपनी टेंटर से बिगड़ी हुई आँख को फिर हाथ से छिपा लिया था। वह बोल उठी—"बहिना, बुरा किसके साथ नहीं हुआ। इन जानवरों ने औरत को औरत थोड़े ही समझा। इनका बीज नाश हो जाये, इनके नाम को रोने वाला भी कोई न रहे। इससे तो गला काट देते तो भला था। कोई कहके बता सकता है कि क्या झेला? जबसे पाँच दिन से आयी हैं तबसे समझो कि मिट्टी ख्वार नहीं हुई।" अपनी बिगड़ी हुई आँख को वह फिर भी हाथ से छिपाये रही मानो उसकी सब लज्जाओं से बड़ी लज्जा उसकी आँख की कुरूपता ही थी।

बंती गालों पर बहते आँसू हथेलियों से पोंछकर कहने लगी—"मुझे आधी रात अँधेरे में होश आया तो हाथ-पाँव बँधे थे, कुएँ के पास पड़ी थी। पानी-पानी चिल्लाती रही। रोयी, चिल्लायी, किसी ने नहीं सुना। वही पड़ोसी थे, जिनके सुख-दुख में, जापे-स्यापे (सोहर-सूतक) में दिन-रात का साथ था। रोटी-बेटी का नाता छोड़कर सब नाता, साथ का उठना-बैठना था! जाने लोगों के दिल कैसे फिर गये?

"करीमो मुँह अँधेरे पानी लेने आयी। मैं पानी-पानी चिल्लाती रही। वह चुपचाप अपना घड़ा भर कर लौट गयी। उसके बाद बाकर की माँ आयी तो चुपके से यह कुरता

मेरे बदन पर डाल गयी। अपने साथ ही घर से लोटे में पानी लेती आयी। मेरा सिर उठाकर लोटे की टोंटी मेरे मुँह में लगा दी। कोई कह दे कि मेरा धर्म-ईमान गया! मैं तो कहती हूँ कि धर्म-ईमान तो होशहवास से होता है। बेचारी मेरे कान में कह गयी, किसी से कहना मत। मेरे हाथ-पाँव दर्द से कटे जा रहे थे। मैं हाय-हाय कर रही थी। पानी लेने और भी औरतें आयीं, मेरी तरफ किसी ने नहीं देखा। सबके दिल पत्थर हो गये थे। कहाँ जापे-स्यापे में सब एक दूसरे के यहाँ आती-जाती, मदद करती थीं, कहाँ ऐसे दिल फिर गये।

''सूरज चढ़े पर यही तीखी मूँछों वाला आदमी आया जो तुझे उठाकर लाया था, तन्दूरी रोटियाँ भी दे जाता है। कल तो बेईमान कुछ भी नहीं दे गया। कल वह बूढ़ी कंजरी (वेश्या) भी नहीं आयी। इसी मर्द ने आकर मेरे हाथ-पाँव खोले थे। खून रुक जाने से हाथ-पाँव हिले ही नहीं। उस वक्त शरम क्या करती? इसने बाँह पकड़ कर मुझे उठाने के लिए खींचा। खड़ी नहीं हो पा रही थी। कुएँ की जगत के पास ही कीचड़ से सने, भीगे कपड़ों में मरी हुई सत्तो पड़ी थी। उसका पेट फूल गया था। उस बेईमान से बचने के लिए मैं रेंगकर कुएँ की तरफ बढ़ी, और क्या करती बहिना? इसने मुझे धक्का देकर गिरा दिया। गाली देकर बोला, इन हिन्दनियों को बस कुएँ में कूद जाना आता है। उसने धमकाया, कुरता पहन ले। जैसे-तैसे कुरता पहना, बल्कि उसी ने बाँहों में फँसा दिया। मेरे तो हाथ ही कहाँ हिलते थे। वह मुझे खींच रहा था। मुझसे चला नहीं गया तो मुझे कंधे पर उठाकर एक बम्बूकाट (इक्के) में डालकर यहाँ ले आया। तबसे यही हूँ।'' बंती ने अपना पेट दबाकर कहा, ''ऐसी चोटें आ गयी हैं क्या कहूँ। अभी तक पाँव सीधे नहीं पड़ते।'' वह फिर रोने लगी।

बंती बात कह रही थी तो पम्प के ढीले हैंडल के चलने की खड़च-खड़च आवाज भी आती जा रही थी। सलवार-मात्र पहने जवान स्त्री ने अपनी सलवार उतार कर कुरती-सलवार पहने स्त्री के हाथ में दे दी थी। एक जनी पम्प चलाती जा रही थी, दूसरी नहा रही थी। नहाते-नहाते वह भी कोई पाठ बोलती जा रही थी। नहाकर वह स्त्री भी तारा, बंती और सतवंत के पास आकर घुटने समेटे पाँवों के बल बैठ गयी थी।

सलवार-मात्र पहने स्त्री भी बोलने लगी—''हम झूठ क्यों कहें; हमारे नूरकोट के मुसलमानों ने तो हमारी बड़ी मदद की। हम तो तीन ही घर हिन्दुओं के थे। सिद्धवाली के मुसलमानों ने उन्हें धमकाया तो बेचारों ने रातोंरात हमें बम्बूकाटों पर बैठाकर पम्बा स्टेशन पर पहुँचा दिया। हम कामोकी स्टेशन पर पहुँचे तब गाड़ी लूटी गयी। किसी को किसी का कुछ पता नहीं चला। मुझे तो गाड़ी में से खींच लिया। दस महीने का मेरा लड़का गोद से गिर गया। उसका क्या हुआ, कुछ पता नहीं चला।'' वह फूट-फूट कर रोने लगी।

जवान स्त्री बहते हुए आँसुओं की परवाह न कर कहती गयी—''स्टेशन से जाने कितनी स्त्रियों, लड़कियों को बम्बूकाटों में भर-भर कर ले गये। मालूम नहीं, सब कहाँ गयीं। जिसम की जो हालत की है; कोई गिनती थी दस-पन्द्रह की! परमेश्वर इनके बदनों में कीड़े डालें। बच जाने की उम्मीद कहाँ थी पर जान नहीं निकली। रोटी का टुकड़ा देने की फिकर नहीं। बहिना, भूख किसको नहीं लगती? पेट में भूख और छातियाँ दूध से

फटी जा रही थीं; ऊपर से जिस्म को चीरे-फाड़े डाल रहे थे…'' वह हिचकियाँ ले-लेकर सिसकने लगी।

सतवंत ने केवल सलवार पहने स्त्री को सम्बोधन किया—''दुर्गा, तू अमरो को नहला दे न!''

''मैंने तो उससे कहा, नहा ले। कहती है, अभी नहीं।'' दुर्गा ने सिसकी रोककर उत्तर दिया, ''बुखार है उसे।''

सतवंत चिन्ता से बोली—''हाँ, न नहाये तो अच्छा ही है। उसका जिस्म गरम लगता है। वह हमारे गाँव के सोढियों की बहू है। स्टेशन पर से मुझे उठा ले गये थे; मुझे क्या मालूम? परसों शाम ही वो इसे यहाँ लाया तब पहचाना। कुछ बोलती ही नहीं है। कैसी अभागिन है, यह आयी तो रोटी ही नहीं आयी। अभागिन ही है। लड़की तो गरीब किसानों की है। सोहणी (सुन्दरी) देखकर सोढियों ने ले ली थी पर उसका भाग्य तो साथ लगा है। स्टेशन पर सबसे पहले इसी को पाँच महीने का बच्चा छीनकर कसाइयों ने सबके सामने जमीन पर डालकर कुचल दिया। मैं तो अपने महिन्दर को लेकर छिप गयी थी।''

आँगन की बायीं ओर धूप आधी दीवार तक उतर आयी थी। बंती ने फिर तारा को सम्बोधन किया—''तू भी उठ अब! चल, मैं पम्प चला दूँगी। तू नहा ले। सोग-दुःख क्या तुझे ही है, और किसी को नहीं?'' उसने आकाश की ओर संकेत किया, ''जिसने इस नरक में डाला है, वही महाराज जी ही उबारेगा। उसी ने द्रोपदी की पुकार सुनी थी, चाहेगा तो हमारी भी सुनेगा। उसकी महिमा का क्या अन्त है? तू नहाकर दो-चार कौर खा ले। मेरे पास आधी रोटी है। तूने जाने कब से नहीं खाया। बेईमान कल तो रोटी दे ही नहीं गया, आज देख महाराज जी भेजते हैं या नहीं। तेरे पास भी तो थोड़ी है!'' बंती ने सतवंत की ओर देखकर पूछा।

''हाय, मेरे पास कहाँ है। आधी बची हुई थी, कल शाम खा ली।'' सतवंत बोली।

''चल झूठी।'' दुर्गा ने विरोध किया, ''तूने मेरे सामने तीन रोटियाँ ली थीं। मुझे तो मालूम है, जहाँ तूने छिपायी है। नहीं देना चाहती तो मत दे!''

''झूठी तू है, तेरे पास नहीं हैं?'' सतवंत ने क्रोध प्रकट किया।

''जो छिपाकर रखे अपने बाल-बच्चे को खाये।'' दुर्गा चिल्ला उठी।

बंती, दुर्गा और सतवंत की उपेक्षा करके तारा की बाँह पकड़ कर उठ खड़ी हुई—''तू उठ, चल नहा ले।''

तारा के सामने तीन स्त्रियाँ कपड़े उतार कर नहा चुकी थीं। उसे दूसरी स्त्रियों के सामने कपड़े उतार कर नहा लेने में संकोच हो रहा था पर वहाँ ऐसी लज्जा दिखाना दूसरों की हेठी करना होता।

तारा संकोच से झुक कर सलवार उतार कर फर्श पर एक ओर रख रही थी। बंती ने सलवार उसके हाथ से लेकर अपनी बगल में दबा ली और बोली—''तुझे नहीं मालूम, इसी बात पर तो झगड़ा हुआ था। वह जो भैड़ी (बुरी) लक्खी है उसका कोई भरोसा नहीं है। दुर्गा नहा रही थी तो इसने उसका कुरता उठा लिया था। दोनों ने लड़कर कुरते को तार-तार कर डाला। उस बेचारी को तो ऐसे नंगी ही लाया था। वह न किसी से बोलती

है न पास बैठती है। कोठरी में पड़ी रहती है। इसी ताक में रहती है कि किसी का कपड़ा उतारा हुआ देखे तो उठा ले।''

दुर्गा बोली—''लगता है उसका दिमाग खराब हो गया है। अकेले पड़ी बड़बड़ाने लगती है—मैं क्या अकेली? सभी तो, सभी तो। कभी बोलने लगती है मैं मर गयी, सभी तो मर गये! यह मालूम नहीं किस गाँव-शहर की है। बोली शहरियों की है, गुजरांवाला-वजीराबाद जैसी बोली।''

तारा ने पम्प के नीचे बैठकर अपनी कमीज उतारी। तारा की झिझक के कारण सतवंत उसकी ओर देखने लगी थी। सतवंत तारा की अंगिया की ओर संकेत कर बोल उठी—''हाय री, देखो तो इस शहरवाली को! देखो, देखो न बदन को कैसे बाँध-बाँध कर बनाती है! जैसे लवेरों (बछड़ों) के मुँह पर मुश्कें (छीकें) कसे हों। इनके नये-नये फैशन! कैसे उठा कर कस-कस कर दिखाती हैं। मर जायें, जरा शर्म-हया नहीं है इनको!''

''तू किसी को भला-बुरा क्यों कहती है? तुझे क्या? कोई कुछ करे, कुछ पहने। अपने-अपने मुल्क का रिवाज है।'' बंती ने उसे टोका।

तारा गर्दन झुकाये चुप रही।

तारा नहा चुकी तो बंती ने एक बासी, रूखी तंदूरी रोटी के टुकड़े में से आधा तोड़कर उसे दे दिया। सतवंत हाथ में छिपाये हुए रोटी के छोटे-छोटे दो टुकड़े लायी। टुकड़े तारा के हाथ में देकर बोली—''मेरे पास तो यही है। वाहगुरु की सौगन्ध! सच्चे बादशाह, गरीबों को भूखे न मारना!''

तारा को ठीकरे की तरह सूखे हुए रोटी के टुकड़े खाने की इच्छा न हुई। ''नहीं, भूख नहीं है।'' उसने इन्कार में सिर हिला दिया।

''भूख कैसे नहीं है।'' बंती ने प्यार से धमकाया, ''मेदे में गरमी बैठ जायेगी।''

''देखो तो मिजाज! इस शहर वाली के लिए वाहगुरु मोयन लगे परौंठे भेजेगा।'' सतवंत ने तारा के नखरे पर विद्रूप किया।

बंती सतवंत की बोल की परवाह न कर कहती गयी—''देख ले, लक्खी का क्या हाल हो गया है। वह भी नहीं खाती थी। फिर खाया तो मरोड़ लग गये। अब बुरा हाल है। पेट पकड़े पड़ी रहती है। हाय-हाय करती रहती है। परमेश्वर का दिया जो कुछ है, उसे सिर-माथे लेना चाहिए।''

बंती के बहुत समझाने से तारा ने मान लिया—''जरा ठहर कर खा लूँगी।'' और पानी पीकर रह गयी।

''साँकल खटकी है!'' दुर्गा ने चौंक कर चेतावनी दी। सब स्त्रियाँ कोठरियों में हो गयीं। कई पल प्रतीक्षा करते रहने पर भी किवाड़ नहीं खुले।

सतवंत बोल उठी—''इसे तो यों ही सुनाई देता रहता है। इस धूप में कौन आयेगा? बूढ़ी कंजरी तो चौथे पहर, दिन ढलते-ढलते रोटी लाती है। वह कसाई दो बार आया तो दोपहर से पहले ही दे गया था।''

बंती ने कहा—''जब मुझे यहाँ लाया तो लक्खी के साथ तीन और भी लड़कियाँ थीं। मेरे आने के दो दिन बाद वह कसाई सुबह-सुबह दो और मर्दों के साथ आया और

उन तीनों को ले गया। महाराज जी जानें हम लोगों का क्या होगा? ये सिरसड़ा (कपालफूटा) किसी न किसी के हाथ बेचेगा ही।''

''हाँ, नहीं तो और क्या, पर कोई घर बसाने के लिए ले जायेगा तो दर-दर मिट्टी ख्वार तो नहीं करेगा!'' सतवंत बहुत उदासी से बोली।

बंती ने अपना सिर दोनों हाथों में थामकर चिन्ता प्रकट की—''महाराज को जाने क्या मंजूर है, जिसने मरने नहीं दिया। उसकी महिमा वही जानता है। उसके मन में कुछ होगा ही! जलते लाल लोहे के खम्भे में से निकलकर प्रहलाद को बचा लिया था, उसी का आसरा है। अगर इस जालिम ने मुझे किसी के हाथ बेच दिया तो फिर चाहे हँसिये से अपना गला काटना पड़े।'' वह सिर थामकर चुप हो गयी।

''दरवाजे की साँकल तो गिरी है।'' इस बार सतवंत सिर उठाकर बोली।

ड्योढ़ी के भारी दरवाजे के खुलने की चर्राहट सुनाई दी और किवाड़ों के मुँदने का खटका हो जाने पर भारी, भर्राई सी आवाज सुन पड़ी—''लो धियो (बेटियों), मैं क्या करूँ? मेरे बस में क्या है?''

एक बुढ़िया कोठरी के दरवाजे के सामने आ गयी। बुढ़िया का चेहरा झुर्रियों से भरा था। सिर के केश मेंहदी से लाल रँगे थे। वह मैले दुपट्टे में बँधी गोल गठरी सिर पर रखे थी। बुढ़िया कहती गयी—''वह परसों मुझसे चाभी ले गया था तो आज अभी दी है। मुझे तो बड़ा तरस आ रहा था कि लड़कियाँ भूखी होंगी।''

बुढ़िया ने गठरी सिर से उतार कर कोठरी के फर्श पर रख दी। गठरी को खोलती हुई बोली—''अल्ला तुम पर रहम करे, किसी को भूखा न रखे। मैं तो आज रोटियों में नमक भी लगवा लायी हूँ।''

सतवंत रोटियों पर झुक आयी थी। तन्दूर में सिकी हुई ताजी, बड़ी-बड़ी रोटियाँ थीं। उसने चार रोटियाँ उठा लीं।

बुढ़िया बोलती जा रही थी—''मेरा बस चले तो मैं तो तुम लोगों के लिए सालन-दाल भी लाऊँ पर वह जालिम दाम नहीं देता। मेरे पास अब क्या रखा है। मेरे पास तो तीन-तीन, चार-चार लड़कियाँ रहती थीं। उन्हें दूध-दही, मलाई, सालन खिलाती थी। मुझसे बन पड़े तो मैं तुम्हारे लिए सब कुछ करूँ।''

''तूने चार क्यों ले लीं? तेरा पेट क्या बहुत बड़ा है?'' बंती ने सतवंत को टोक दिया।

''हाँ-हाँ, बराबर-बराबर बाँट लो बेटियो! तुम पाँच हो, मैं सबके लिए तीन-तीन ले आयी हूँ। भूखी रह जाती हो तो मैं दो-तीन ज्यादा ले आया करूँगी। रोटियाँ क्या तुमसे अच्छी हैं? पर क्या करूँ, वह हरामी दाम ही नहीं देता।'' बुढ़िया ने दुख प्रकट किया।

''हम छः हैं।'' बंती ने बुढ़िया को उत्तर दिया और सतवंत की ओर देखकर कहा, ''सबको बराबर-बराबर बाँट।''

बुढ़िया ने तारा को एक नजर देखा—''एक और आयी है? अल्लाह खैर करे, सदके, रोटियाँ क्या तुमसे अच्छी हैं?'' बुढ़िया बोली, ''कल मैं तीन ज्यादा ले आऊँगी।''

बुढ़िया चली गयी तो बंती तारा की ओर देखकर बोली—"तेरा भाग्य अच्छा है, तेरे आते ही रोटियाँ आ गयीं।"

दोपहर में ईंटों का फर्श खूब तप गया। स्त्रियाँ छाया की ओर कोठरियों में जा बैठीं। फिर बातें चलने लगीं। सतवंत ने तारा से पूछ लिया—"बहिन, तेरे भी जातक (बच्चे) हैं?"

तारा ने इन्कार में सिर हिला दिया।

"हुए ही नहीं?"

"हाय क्यों; ब्याह हुए कितने बरस हुए?" दुर्गा ने विस्मय प्रकट किया।

तारा ने कुछ झिझक कर कहा—"अभी नहीं हुआ।"

सतवंत ने अपनी बायीं आँख हाथ से ढँककर दाहिनी आँख से तारा के चेहरे को सन्देह से देखा और पूछा—"हाय, इस उमर तक? शहरों की सब बातें निराली होती हैं।"

"मैं कालेज में पढ़ रही थी।" तारा ने उसका समाधान करने के लिए कहा।

दुर्गा ने होंठों पर हाथ रखकर विस्मय प्रकट किया—"क्या; वह जो बड़ा मदरसा होता है?"

तारा ने हामी भरी।

"तो अँग्रेजी, शास्त्री (हिन्दी), फारसी तीनों इलम पढ़े होंगे?" दुर्गा ने पूछा।

तारा ने हामी भर लेने पर स्त्रियाँ आदर और विस्मय से उसकी ओर देखती रहीं।

दुर्गा फिर अपनी बच्ची की बात सुनाने लगी थी। बच्ची ने पहले दो दाँत ही निकाले थे। उसने बच्ची की बीमारी की बातें सुनायीं और उसे याद करके रोने लगी। उसे टोक कर सतवंत अपने बच्चे की बात कहने लगी कि लड़का अपने बाप के साथ घोड़े पर बैठने की जिद्द करता था। एक बार गिर गया था, बहुत चोट आयी। माथे पर रोड़ा-सा बन गया। उसे गोद में लेकर कई रात जागती बैठी रही थी।

बंती भी अपने लड़के की बात सुनाने लगी—"दादी से बहुत हिला हुआ था पर सोता मेरे साथ ही था। मुझे काम-काज में, चौका समेटते, दही को जामन लगाते बहुत रात हो जाती तब भी जागता बैठा रहता।"

बंती आँसू पोंछती हुई कहती गयी—"महाराज जी ने ब्याह के सवा बरस बाद पहला दिया था और दस महीने में ही लौटा लिया। फिर पाँच बरस महाराज की कृपा नहीं हुई। यों मैं अच्छी-भली थी। मेरी सास घबरा गयी कि शरीकों ने कुछ टोना-टोटका कर दिया होगा। वह मुझे दिपालपुर में बाबा के यहाँ ले गयी। बाबा से 'आवाज' (आशीर्वाद) मिली कि साल भर में आयेगा। तुम जानो, लौटकर दस महीने में मेरा केवल आ गया।"

बंती अपने लड़के की बात सुनाते-सुनाते अपने नुकसान की बात कहने लगी—"डब्बोकी में झगड़े की बात सुनी तो मेरी सास ने मेरा और मेरी जेठानी का—बेचारी तीन साल पहले पूरी हो गयी थी—सब जेवर, सत्तर तोले सोना छोटी गागर में रखकर भीतर की कोठरी में गाड़ दिया था। हमारे यहाँ असामियों का, छः-सात सेर चाँदी का

गहना रेहन था। सब भारी बक्सों में बन्द था। बेईमानों ने सब निकाल लिया होगा। क्या मालूम सोना भी निकाल लिया होगा? केवल के बाप और मेरे जेठ ने सौ-सौ के एक सौ और दस नोट और बाकी भी नोट पहले से समेट कर रख लिये थे। तीन हजार पुराना चेहराशाही चाँदी का रुपया था, वह भी बक्सों में रह गया··· ।''

तीसरे पहर गरमी और अधिक हो गयी। जम्हाई लेती हुई दुर्गा ड्योढ़ी के साथ की दूसरी कोठरी में चली गयी। अमरो आँखें खोले छत की ओर टकटकी लगाये देखती रही। सतवंत और बंती फर्श पर लेटकर ऊँघने लगीं। तारा भी लेट गयी। उसने आँखें मूँद लीं परन्तु नींद नहीं आयी। अब तक वह रुचि न होने पर भी स्त्रियों की बातें सुनती रहने के कारण अपनी परिस्थिति के विषय में सोच नहीं पायी थी। अब गहरी चिन्ता से सोचने लगी। मुक्ति की इच्छा करके वह कड़ाही में से उछल कर भट्ठी की आग में आ गिरी थी। इस आँगन की अपेक्षा हाफिज़ की कैद स्वर्ग थी। अब यह भी नहीं जानती थी कि थी कहाँ?

तारा को कल्पना में जीप में रखी टोकरी में पंजे बाँधकर रखे हुए मुर्गों की आँखें दिखाई देने लगीं। जान पड़ा कि उस मकान में बन्द वह और दूसरी पाँचों स्त्रियाँ उन मुर्गों की अवस्था में ही थीं। जब चाहे उनकी गर्दन मरोड़ कर उन्हें समाप्त कर दिया जा सकता था और खाने वाले मजा ले-लेकर खा सकते थे। सतवंत, बंती, दुर्गा पर हुए अत्याचारों की बातें मस्तिष्क में घूम गयीं। किस प्रयोजन के लिए सबको यहाँ बन्द करके रखा गया होगा! क्या ये सब जानती नहीं होंगी? ये लोग क्या अभी और सहने को तैयार थीं? जान पड़ता था कि भगवान ने तो उन्हें भुला दिया था, परन्तु ये लोग भगवान को नहीं भुला सकती थीं। भगवान मनुष्य की जितनी चिन्ता करता है, उससे कहीं अधिक मनुष्य भगवान की चिन्ता करता है। मर जाने का उपाय भी क्या था? सिर फोड़कर मरने का यत्न किया था तो बेहोश होकर ही रह गयी। तारा बहुत देर तक उसी उधेड़बुन में ही पड़ी रही।

तारा ने आँखें खोल कर आँगन की ओर देखा तो धूप आँगन से उठ कर पूरब की मुँडेरों पर पहुँच गयी थी। आँगन में ठंडक देख कर स्त्रियाँ आँगन में आ गयी थीं।

सतवंत ने पम्प से डिब्बे में पानी ले लिया और एक ओर बैठ कर रोटी खाने लगी।

बंती ने तारा को पुकारा—''बहिना, जरा पम्प चला दे।'' और उसने पम्प के नीचे बैठ कर नहा लिया।

संध्या का धूमिल प्रकाश चाँदनी में बदल गया।

स्त्रियाँ पास-पास बैठ गयीं और सुनाई हुई बातों को फिर सुनाने लगीं। रात पड़ जाने पर स्त्रियाँ इधर-उधर लुढ़क कर सो गयीं। नींद खुलने पर कोई दो फिर बैठकर बतियाने लगतीं। पिछली रात तारा के अर्द्ध-मूर्च्छित अवस्था में होने के कारण जैसे-तैसे बीत गयी थी पर यह रात अधिक कठिन मालूम पड़ रही थी। तारा कभी लेट जाती, कभी बैठ कर सोचने लगती। उसे गत जीवन की बातें याद आने लगतीं। वह केवल कष्ट उठाने के लिए ही पैदा हुई थी। गरीब घर में पैदा ही क्यों हुई? गरीबी को पिछले जन्मों का कर्म-फल मानकर संतोष क्यों न कर सकी? गरीबी से मुक्ति की इच्छा क्यों हुई? अपनी इच्छा से ही विवाह करने का विचार क्यों आया? वह भी क्या शीलो की तरह सुख-दुख मिलाकर

जीवन नहीं बिता सकती थी? ससुराल की रात! नब्बू का अत्याचार! हाफ़िज़ जी का स्नेह भरा छल! मुसलमान बन जाने में ही क्या हरज था? हाफ़िज़ जी की बात अस्वीकार कर उसने क्या बचा लिया? उसके हिन्दुत्व ने उसे क्या दे दिया, उसकी क्या सहायता कर दी? बंती, सतवंती, दुर्गा अब भी हिन्दुत्व को लिये थीं। यह सब तो हुआ, अब क्या होगा⋯?

तारा के कभी सिर पकड़ कर सोचते और कभी ऊँघते फिर उसी आँगन में पौ फटी। स्त्रियों के मोरी पर निपटने और उसे डिब्बे भर-भर के पानी से बहाने, नहाने-नहलाने का क्रम चलने लगा। पहले दिन तारा ने जो कुछ देखकर मुँह फेर लिया था, उसका मन घृणा से घबरा गया था, वही अनिवार्य समझ कर उसे भी करना पड़ा। बंती ने नहाकर एक ओर बैठकर कृष्ण-लीला का पाठ किया। सतवंती ने जपजी साहब की वाणी का पाठ किया। फिर सबने बारी-बारी से पम्प से डिब्बे में पानी लेकर पिछले दिन के बचाये रोटी के टुकड़े खा लिये। तारा बेचैनी में कभी पूरब की दीवार के साथ चहलकदमी करने लगती, कभी पश्चिम की दीवार के साथ। थक जाती तो बैठ जाती।

धूप आधे आँगन तक उतर आयी थी। स्त्रियाँ कोठरियों में हो गयी थीं। तारा पूर्व की ओर की कोठरियों के साथ चहलकदमी कर रही थी। ड्योढ़ी की साँकल गिरने की झनझनाहट हुई। तारा भी कोठरी के भीतर हो गयी।

दरवाजा खुलने की आहट हुई। बूढ़ी कंजरी का स्नेह की चाशनी से भरा हुआ कर्कश स्वर सुनाई दिया—"धियो, तुम्हारे लिए रोटियाँ ले आयी हूँ।"

सतवंत, दुर्गा और बंती बुढ़िया को देखकर आँगन में आ गयीं। तीनों रोटियों के हिस्से करने लगीं। तारा एक ओर ही खड़ी रही। तारा ने देखा, बुढ़िया दुर्गा की ओर ममताभरी आँखों से देख रही थी।

तारा को सहसा बचपन की याद आ गयी। पिता जी कभी सुबह तरकारी लेने जाते तो वह उनकी उँगली पकड़े साथ चली जाती थी। मास्टर जी किसी अच्छी लौकी या तरकारी का अधिक दाम सुनकर उसे बहुत ध्यान से देखते थे। वैसा ही लालच का भाव बूढ़ी कंजरी का दुर्गा के प्रति था।

बुढ़िया की दृष्टि तारा की ओर गयी। उसने तारा को सम्बोधन किया—"हाय, तेरी तो उमर बहुत कम है। तू किस गाँव की है?"

तारा ने मुँह फेर लिया।

बुढ़िया चलने को हुई पर तारा के समीप ठिठक गयी—"हाय मैं मर जाऊँ, तेरे माथे, नाक और गाल पर कैसी रगड़ें लगी हैं? हाय मैं सदके, घी ले आऊँगी लगा लेना, तू ठीक हो जायेगी।"

तारा ने इस सहानुभूति के प्रति भी घृणा से मुँह फेर लिया।

"आ, अभी रोटी नरम-नरम है, कुछ खा तो ले?" बंती ने तारा को बुला लिया।

चौथा पहर बीत गया था। तारा को उस घर में दूसरा ही दिन था पर उसे जान पड़ रहा था, वह महीनों से वहाँ कैद थी। स्त्रियाँ दोपहर में ऊँघने के बाद फिर बतियाने लगी थीं। वही कही हुई बातें फिर बार-बार। तारा फिर आँगन में आकर

कोठरियों के साथ-साथ चहलकदमी करने लगी थी। बंती ने कोठरी से निकल कर उसे पम्प चला देने के लिए पुकारा और नहा लिया। शरीर के भीतर लगी चोटों के परिणाम में बंती का शरीर बार-बार रक्त बहकर मैला हो जाता था। उसे चलने में भी कठिनाई अनुभव होती थी।

बंती नहा कर सतवंत के समीप बैठकर बातें करने लगी थी। बंती ने तारा को पास बुला लिया—"कुड़िये (लड़की), इस तरह चल-चल कर घुटने क्यों तोड़ रही है; यहाँ आकर बैठ।"

तारा उनके समीप जाकर पैरों पर बोझ देकर बैठ गयी और बोली—"यह बताओ, ऐसे कब तक चलेगा, कब तक इस कैद में पड़ी रहेंगी?"

"सुनो इसकी बातें, हम क्या यहाँ मेहमान बनी बैठी हैं? सच्चे बादशाह वाहगुरु का भाणा (भावना) है। वही निस्तार करेगा या उसकी जो इच्छा होगी।" सतवंत ने दीर्घ निश्वास लिया, "यह भी तो नहीं मालूम हम कहाँ हैं? कौन शहर, कौन गाँव है? कभी-कभी मूली, साग या पट्टे (करवी) बेचने वाले की आवाज आ जाती है।" वह एक हाथ से अपनी बिगड़ी हुई आँख को ढँके दूसरे हाथ से आँसू पोंछने लगी।

तारा बहुत ध्यान से सतवंत की ओर देख रही थी। उसको टेंटर से बिगड़ी हुई, छिली लीची जैसी बायीं आँख से ग्लानि होती थी परन्तु उसके नैन नख-शिख तीखे और सुन्दर थे। तारा ने सोचा, इसकी आँख बिगड़ जाना और यह गति हो जाना भी वाहगुरु की ही इच्छा है।

तारा, बंती और सतवंत को बहुत समीप मुँह किये हुए बातें करते देखकर दुर्गा भी कौतूहल से समीप आ बैठी। तारा की दृष्टि उसकी ओर गयी। कंधों पर कुरता या सलूका न होने के कारण वह दाहिना हाथ बायें कंधे पर और बायाँ हाथ दाहिने कंधे पर रखे सीने को बाँहों से ढँके रहती थी। इस कष्ट में भी उसकी छातियाँ म्यूजियम में रखी हुई संगमरमर की मूर्ति की तरह सुडौल थीं। त्वचा की सफेदी अनार के फूल की रंगत का पुट लिये थी परन्तु चेहरे पर माता के दाग इतने घने और गहरे थे कि माथा, नाक और गाल बिलकुल झामे (स्पंज) जैसे जान पड़ते थे। चेहरा स्पंज से बना जान पड़ता था। तारा ने सोचा, यह भी उस भगवान की इच्छा है।

"मेरी बहिना, घबराहट तो होती ही है पर घबराने से बनता क्या है?" बंती गहरी साँस लेकर तारा को समझाने लगी, "बचाने वाले तो महाराज जी ही हैं। जब उन्हें उबारना होगा, नीले अम्बर को फाड़कर प्रकट हो जायेंगे। उन्होंने प्रहलाद जी को भी जलती आग से बचा लिया था। इस कसाई ने तो हमें यहाँ ऐसे ही बन्द कर रखा है जैसे कसाई नूरा हलाल करने के लिए खरीदी बकरियों को बाँधकर रखता था।"

"बहिन जी, ठीक ही कहती हो। बचाने वाला तो वही है पर अपने करने से ही कुछ होता है।" तारा बोली, "यहाँ से निकलने का कोई उपाय नहीं हो सकता?"

"कैसे निकलेंगी, निकलने का रास्ता कहाँ है? ड्योढ़ी पर बाहर ताला है। जायेगी कहाँ?" बंती बोली।

"मैं बताऊँ?," तारा उनकी तरफ झुक कर बोली, "बुढ़िया रोटी लेकर आये तो सब उसको पकड़ लें। उसे बाँधकर डाल दें और निकल जायें।"

सतवंत ने टोका, "क्या पागलों जैसी बातें करती है? यहाँ चारदीवारी के पर्दे में मर्दों की आँखों से बची तो बैठी हैं। दरवाजे के बाहर क्या होगा; इसका क्या पता है? बिल से निकल कर बिल्ली के मुँह में जायें! मालूम होता है, तू भुगती नहीं है।"

"तुझे पता क्या है?" तारा की ओर देखकर दुर्गा बोली, "जो दस-दस, पन्द्रह-पन्द्रह के बस पड़ी हैं, उनसे पूछ! वही जानती हैं। यहाँ सालम-साबत तो बैठी हैं। बाहर जाकर अपने चीथड़े उड़वाने हैं?"

बंती ने अपनी नंगी पिंडलियों को छूकर कहा—"इस हालत में मर्दों के सामने निकलें?" उसने दुर्गा की ओर संकेत किया, "यह बाहर निकलेगी?" उसने कोठरी में पड़ी लक्खी के प्रयोजन से संकेत किया, "वह बाहर जायेगी? रात-बिरात का अँधेरा हो, दस-बीस कदम जाना हो तो एक बात है। खुद ही अपनी मिट्टी को रौंदवाना हो तो फिर किसी को क्या दोष दें? यूँ तो मिट्टी खराब होने में रह ही क्या गया है पर महाराज जी जानते हैं कि अपना तो कोई दोष नहीं था, वही क्षमा और दया करने वाले हैं।"

बंती ने दोनों हाथ जोड़कर माथे को छुआ, लम्बा साँस लिया और फिर कहने लगी—"केवल का बाप तो हफ्ता भर पहले ही कह रहा था कि अमृतसर चले चलें। चले ही जाते पर कर्मों का फल भोगना था, चले कैसे जाते? महाराज जी चाहें तो क्या नहीं हो सकता? फिर मिला दे! सीता जी माता रावण की कैद में रहकर भी भगवान रामचन्द्र जी के पास पहुँच गयी थीं।"

"तू भी क्या कहती है?" दुर्गा बोली, "घर से एक बार निकाली, दर-दर ख्वार हुई तीमी (अबला) को फिर कौन रखता है? घर से निकली तीमी और डाल से टूटा फल, उनका फिर मेल क्या?" दुर्गा ने बहुत गहरी साँस छोड़ दी मानो हृदय से सब आशा फेंक दी हो।

"मैं घर से निकली हूँ?" बंती को क्रोध आ गया, "सब कुछ तो वह सब कुछ देखने वाले महाराज देखते हैं। सब कुछ सभी की आँखों के सामने हुआ है। घर से हम निकली हैं या वो लोग हमें डर से छोड़ गये या इन्होंने जबरन छीन लिया? जो हुआ, उसमें कोई क्या कर सकता था? किसे दोष दें?"

"मरना ही है तो जालिमों के हाथ बिक कर, अपनी और मिट्टी खराब करा लेने से पहले मरो। वह बुढ़िया आये तो दरवाजा खोलकर बाहर निकल जायँ। क्या कहीं बाहर कुआँ भी नहीं होगा?" तारा ने कहा।

"बल्लो (प्यारी), हर समय तो मरा भी नहीं जाता। मैंने क्या मरने की, कुएँ में कूद जाने की कोशिश नहीं की? महाराज जी, उस परमेश्वर की इच्छा बिना कोई मर सकता है? मरना-जीना तो उसके हाथ है। जाने उसके मन में क्या है?" बंती ने समझाया।

दुर्गा बोल उठी—"जाने किन कर्मों का यह फल है। आत्मघात का पाप करें तो मोरी के कीड़े बनकर जन्मेंगे।"

तारा चुप रह गयी।

दूसरे दिन दोपहर में बुढ़िया रोटी लेकर नहीं आयी तो स्त्रियाँ घबराने लगीं। दो दिन बुढ़िया के दोपहर तक रोटी दे जाने और नित्य रोटी ले आने का आश्वासन देने के कारण स्त्रियों ने पिछले दिन की रोटियाँ बचाकर नहीं रखी थीं, बचाने योग्य थीं भी नहीं।

तारा पिछले दिन अपनी तीनों रोटियाँ न खा सकी। उसके पास एक रोटी बची रह गयी थी। दोपहर तक बुढ़िया के न आने पर उसने रोटी बंती के साथ बाँटकर खा ली। शेष स्त्रियाँ भूखी रहीं।

तारा के इस व्यवहार से सतवंत और दुर्गा नाराज होकर तारा और बंती को ताने देने लगीं।

बंती ने तारा को समझा दिया—"बहिना, कोई जवाब मत देना। यह लोग तो कीचड़ में ईंट डालकर लड़ने का बहाना ढूँढ़ती हैं।"

दोपहर ढल गयी। स्त्रियाँ नित्य की तरह अपने बाल-बच्चों और परिवार की याद में बातें न करके बुढ़िया के रोटी न लाने की बात करती रहीं। सबके कान और आँखें ड्योढ़ी के फाटक की ही ओर लगे थे।

साँझ तक भी बुढ़िया न आयी। स्त्रियों के चेहरे उतर गये। भूख तारा को भी लग रही थी। दूसरों की भूख देखकर उसके पेट में भी भूख की वेदना उग्र हो रही थी। दूसरे दिन स्त्रियाँ भूखी होने पर भी नहायीं। बंती, दुर्गा, सतवंत ने भजन-पाठ कुछ अधिक ही किया। आपस में बुढ़िया के रोटी लेकर आने या मूँछों वाले कसाई के ही जल्दी रोटी दे जाने की इच्छा और आशा प्रकट करती रहीं। दोपहर आ गयी। रोटी लेकर कोई न आया तो वे निराश होने लगीं।

आँगन में खूब कड़ी धूप थी। पक्के आँगन से गरमी उठ रही थी, परन्तु स्त्रियाँ कोठरियों के भीतर न बैठकर दहलीजों पर ही बैठी हुई थीं। लक्खी भी पेट में बार-बार मरोड़ उठने और शरीर पर कपड़ा न होने पर भी दहलीज में बैठी ड्योढ़ी की ही ओर टक लगाये थी। भूख की खोह मिटाने के लिए सभी बारम्बार पम्प से पानी लेकर दो-दो, चार-चार घूँट पानी पी लेती थीं। पम्प से पानी ले सकने के लिए दुर्गा और सतवंत में झगड़ा हो गया। दुर्गा सतवंत को गालियाँ देने लगी कि यह रोटियाँ चुरा-चुरा कर रख लेती थी और सबसे ज्यादा खा जाती थी। इस बच्चे-पिट्टी के पाप से सब भूखी मर रही थीं।

तारा को भूख की खोह से पेट में पीड़ा सी अनुभव होने लगी। उसे याद आ रहा था कि भाई ने उस पर असद के साथ भागने का लांछन लगाया था तो उसने क्रोध में अपना माथा फोड़ लिया था और दो दिन-रात खाया नहीं था। तब तो भूख अनुभव ही नहीं हुई थी। तारा भूख की पीड़ा को भुलाने के लिए मन ही मन तर्क करने लगी—खाने की इच्छा ही न हो तो भूख मालूम नहीं होती। मैं खाने की इच्छा क्यों करूँ? वह कभी बंती की ओर देखती और कभी अमरो की ओर।

बंती अधिक न बोलकर दीवार के सहारे बैठी हुई कोई जाप या पाठ करती जा रही थी। अमरो किसी की ओर न देखकर सूनी दीवार या छत की कड़ियों की ओर टक लगाये चुप बैठी थी। कभी तारा की दृष्टि लक्खी की ओर चली जाती। वह पेट में मरोड़ उठने के कारण कराह उठती थी। बंती उसके पास जाकर पानी के लिए पूछ लेती। लक्खी में स्वयं पम्प चला सकने की शक्ति भी नहीं रही थी। बंती पानी दे देती तो वह दो घूँट पी लेती थी।

भूख के कारण तारा को बहुत रात गये तक भी नींद न आयी। स्त्रियाँ आँगन में लेटी थीं। कुछ रात रहते बूँदें पड़ने लगीं। स्त्रियाँ आँगन से उठकर कोठरियों में हो गयीं।

नींद टूटने से भूख जाग उठी थी। उसे भुलाने के लिए वे फिर बातें करने लगीं। सतवंत बताने लगी, वह आटे में बेसन, प्याज, महीन कटा साग मिलाकर तन्दूर में बहुत करारी रोटी सेंकती थी। दुर्गा को घी-गुड़ की चूरी का स्वाद आ गया। बंती कहने लगी, सबसे बड़ा स्वाद तो सुथरे फुलके और उड़द की दाल में है। तारा को याद आ रहा था, चूल्हे में अँगारों पर सिंकते फुलके की सुगन्ध कितनी प्यारी होती है।

बंती ने मुँह फेर लिया और कोई जाप करने लगी। उसे देखकर सतवंत और दुर्गा भी अपने-अपने इष्टदेवों का ध्यान या जाप करने लगीं और फिर सो गयीं। तारा को नींद न आयी।

रात समाप्त हुई, पौ फटी, परन्तु बादल न फटे। बंतीं, सतवंत और दुर्गा वर्षा होती रहने पर भी नहायीं। भजन, पाठ और जप अधिक देर तक किया।

पानी ठहर-ठहर कर बरसने लगता था। दोपहर बीत गयी। स्त्रियाँ दहलीजों में बैठी कान और आँखें ड्योढ़ी के दरवाजे की ओर लगाये थीं। सूर्य के दर्शन नहीं हुए और न रोटी लाने वाली बुढ़िया के।

दोपहर बाद भी ठहर-ठहर कर बूँदें पड़ती रहीं। सूर्य का बादलों से ढँका प्रकाश भी क्षीण होते-होते अँधेरा होने लगा और स्त्रियों की रोटी पाने की आशा मिटती गयी। आधी रात तक बादल न फटे। स्त्रियाँ कोठरियों में रहने के लिए विवश थीं। एक दूसरी के समीप होने पर कुछ बात करने लगतीं। बंती, सतवंत, दुर्गा दुख दूर करने के लिए भगवान का स्मरण कर रही थीं। उनकी आवाजें क्षीण हो गयी थीं।

पौ फटने से पूर्व ही स्त्रियों की नींद टूट चुकी थी या वे उनींदी सी पौ फटने की प्रतीक्षा कर रही थीं। बंती, सतवंत, दुर्गा ने निर्बलता अनुभव करने पर भी स्नान-ध्यान के नित्य कर्म करके धार्मिक विश्वास पूरे किये और जप-भजन भी किया। तारा को लगा भगवान अपने कर्म में शिथिल हो सकता है, यह स्त्रियाँ उसकी पूजा में शिथिल नहीं हो सकतीं। भगवान से इतनी उपेक्षा पाकर भी इनके मन में उसके प्रति क्रोध नहीं है। भगवान की इतनी उपेक्षा पर भी यह भगवान के प्रति अधिक दयालु हैं। तारा को स्वयं अपने प्रति खीझ अनुभव होती, यह स्त्रियाँ मूर्ख सही पर इन्हें किसी का तो सहारा है। मुझे किसी का भी सहारा नहीं। बिना सहारे के खड़े होना कितना कठिन है, सचमुच नास्तिक हो सकने के लिए कितना आत्मबल चाहिए।

धुले हुए आकाश में खूब उजली, तीखी धूप निकल आयी। धूप ने स्त्रियों की क्षुधा को तीखा करके उनके शरीरों को शिथिल कर दिया। कोई दीवार के सहारे पीठ टिकाकर बैठ गयी, कोई लेट गयी। सभी चुप थीं। बंती होंठों ही होंठों में नाम जपती जा रही थी।

अमरो प्रायः चुप ही रहती थी। उसका रोता-कुर्लाता हुआ स्वर सुनाई दिया—"इस कसाई को हमें बेचना है तो भूखा क्यों मार रहा है? इससे अच्छा तो है बेच डाले, मुसीबत कटे। जो सामने आना है, वह भी देख लें। कोई चीरकर जिस्म की धज्जियाँ कर देते हैं, कोई भूखा मारते हैं।"

बंती सिर हिलाकर कहने लगी—"नहीं, मैं तो नहीं बिकूँगी, मैं तो कहीं नहीं जाऊँगी, यहाँ ही मरूँगी, भूखी ही मर जाऊँगी।"

शेष स्त्रियाँ चुप ही रहीं।

दिन का दूसरा पहर भी आधा बीत गया। ड्योढ़ी के किवाड़ों की साँकल गिरने की आहट हुई। सब स्त्रियों की गर्दनें उत्सुकता में उठ गयीं जैसे घोंसले पर माँ को उड़ते आते देखकर चिड़िया के बच्चे गर्दनें उठाकर चोंचे खोल देते हैं। किवाड़ खुले। बुढ़िया सिर पर छोटी गठरी लिये आँगन के बीचोंबीच आकर बैठ गयी। दुर्गा, सतवंत और बंती तुरन्त समीप पहुँच गयीं। अमरो और तारा जहाँ थीं, वहाँ ही रहीं।

बुढ़िया ने रोटियों की गठरी खोली। तारा अपने हिस्से की रोटियाँ पाने की आशा में उधर ही देख रही थी। सतवंत, बंती और दुर्गा में लड़ाई हो गयी। सतवंत और दुर्गा ने दो-दो रोटियाँ उठा ली थीं। बंती उनसे यों रोटियाँ न लेकर बराबर-बराबर बाँटने को कह रही थी।

बुढ़िया ने विवशता प्रकट करने के लिए अपने होंठों पर हाथ रखकर समझाया—"बेटियों, तुम लड़ती क्यों हो? मैं क्या करूँ? सदके (बलिहारी जाऊँ), रोटियाँ क्या तुमसे अच्छी हैं? मैं तुम्हें भूखा थोड़े ही रखना चाहती हूँ। बेईमान गफूरा पैसे ही नहीं दे गया था। तीन दिन बाद बस एक रुपया दे गया है। मैं आठ रोटियाँ ले आयी हूँ। मैं क्या करूँ?"

सतवंत और दुर्गा दो-दो रोटियाँ लेकर एक साथ बैठी थीं। रोटियों के टुकड़े तोड़कर मुँह में कौर भी भर लिये थे। बंती ने उन्हें कोसते हुए एक-एक रोटी तारा, अमरो और लक्खी को देकर एक अपने लिए रख ली। बुढ़िया लौटकर जा रही थी तो तारा के पास ठिठक गयी। तारा के चेहरे पर आँख गड़ाकर बोली—"हाय मैं मर गयी; घी की मुझे याद ही नहीं रही! खैर, अब तो तू ठीक है। तू सुबह उठकर जरा सा थूक जख्म पर लगा लिया कर।" फिर आहिस्ता से कहा, "तू भूखी क्यों मरती है; तू मेरे साथ चली चल!"

तारा ने कुछ उत्तर न देकर मुँह फेर लिया।

दूसरे दिन भी बुढ़िया दोपहर तक न आयी। स्त्रियाँ निराश होने लगीं। अकारण ही सतवंत दुर्गा और बंती से लड़ी। तीनों बहुत देर तक बक-बक करती रहीं। दुर्गा कुछ देर तक रोती रही। चौथे पहर ही ड्योढ़ी के किवाड़ खुले और बुढ़िया भीतर आयी। रोटियों की गठरी खुलने पर और भी अधिक झगड़ा हुआ। रोटियाँ पाँच ही थीं। दुर्गा ने सबसे पहले दो उठा ली थीं। सतवंत ने दुर्गा को बच्चे खाने की गाली देकर केशों से पकड़ लिया। दुर्गा ने एक हाथ में रोटियाँ दबाये दूसरे हाथ से सतवंत का कुरता कंधे से खींचकर फाड़ दिया। दोनों में बहुत लड़ाई हुई। दोनों ने एक दूसरे की इज्जत बिगाड़ने की, बच्चे मरने की गालियाँ दीं। एक दूसरी के बाल नोचे, कोहनियों से एक दूसरे को मारा और दाँत भी काट लिये। रोटियों के भी टुकड़े-टुकड़े होकर आँगन के फर्श पर बिखर गये।

बुढ़िया चिन्ता और विवशता प्रकट करने के लिए होंठों पर हाथ रखे इस दृश्य को देख रही थी।

बंती और तारा ने रोटियों को उठाकर सँभाला। बुढ़िया ने बहुत संवेदन के स्वर में अपनी विवशता प्रकट की—"मैं कुर्बान, मैं सदके। रोटियाँ क्या तुमसे अच्छी हैं? मेरा बस चले तो तुम्हारी जैसी मटियारों की घी से मालिश करूँ। हलवे और मंडे (पतली

रोटियाँ) खिलाऊँ। क्या करूँ; बेईमान गफूरा कुछ दे ही नहीं गया। मेरे पास दस आने थे। मैं पाँच रोटियाँ ले आयी और क्या करती!''

बंती रोटियों के टुकड़े इकट्ठे करके बराबर-बराबर हिस्से कर रही थी। बुढ़िया चलने लगी तो उसने फिर तारा को सम्बोधन किया—''बेटी, मैं कुर्बान जाऊँ! सुन, तू यहाँ बेकार मर रही है। तुझे बता दूँ, बदमाश गफूर बहुत बुरा आदमी है।''

तारा ने ग्लानि में मुँह फेर लिया।

रोटियाँ टूटकर फर्श पर बिखर गयी थीं। टुकड़ों में धूल और राख मिल गयी थी, स्त्रियों ने जैसे-तैसे उन टुकड़ों को खाया और पानी पिया।

तारा और बंती ने सतवंत और दुर्गा को समझाया—''जो कुछ रूखा-सूखा, आधा पेट मिलता है, उसे आपस में लड़कर बर्बाद करने से क्या फायदा? सब की जान एक जैसी है। यहाँ सबकी किस्मत एक साथ है। रोटियों के आने पर कोई छीना-छपटी न करे।''

बंती ने सुझाव दिया—''तारा पढ़ी-लिखी, समझदार है। सबके सामने बराबर-बराबर हिस्से कर देगी। तुम लोग जो हिस्सा चाहो, उठा लेना पर आपस में झगड़ना और अन्न को बर्बाद करना ठीक नहीं।''

तारा ने दूसरी स्त्रियों को बुढ़िया की बात बताकर अनुमान प्रकट किया, ''बुढ़िया हमें भूखा रखकर दो-एक को भगा ले जाना चाहती है। उस दिन वह दुर्गा को भी फुसला रही थी, आज मुझे साथ चलने के लिए कह रही थी।''

बंती ने उसके अनुमान का समर्थन किया—''यही बात है। दुर्गा और तुम कम उमर हो, रूप-रंग की चंगी हो, तुम पर उसकी नजर है।''

सतवंत बिगड़ उठी—''हाँ, ये दोनों बड़ी अपस्सरा (अप्सरा) हैं, ये ही जवान हैं। तू भी जवान मटियार है। हम तो बूढ़ी हो गयी हैं।''

बंती ने उसे फटकार दिया—''मेरी तरफ से तू नवरनी (नव-परिणिता) बन जा। वह कंजरी है, शहर में ले जाकर पेशा करायेगी। तू भी जा, चाव से जा।''

''कसर ही बाकी कौन रह गयी है।'' दुर्गा ने निराशा से कह दिया।

तारा चुपचाप उसकी ओर देखती रही।

दो दिन और बीत गये। अभी सुबह की धूप आँगन में उतर नहीं पायी थी, दुर्गा अभी नहा ही रही थी कि ड्योढ़ी के बाहर साँकल गिरने की झनझनाहट हुई। इतने सबेरे बुढ़िया कभी नहीं आयी थी। स्त्रियों ने सन्देह से ड्योढ़ी की ओर देखा। किवाड़ खुले और स्त्रियाँ भय से भागकर किवाड़ों वाली कोठरी में हो गयीं और किवाड़ मूँदकर संधों में से देखने लगीं। मूँछों वाला गफूरा और एक दूसरा मर्द दो लड़कियों को बाँहों से खींचते हुए भीतर लाये। लड़कियों को आँगन में छोड़कर वे लौट गये।

आँगन में नयी आयी लड़कियाँ खड़ी न रह सकीं। एक बैठते-बैठते गिर पड़ी। दूसरी पाँवों पर सिमिट कर बैठ गयी। ड्योढ़ी से किवाड़ जोर के खटाके से मूँद गये। मर्दों के चले जाने का विश्वास हो जाने पर सतवंत, बंती, दुर्गा और तारा नयी आयी स्त्रियों के समीप आ गयीं। लड़कियों के सिरों पर दुपट्टे नहीं थे। चौड़ी आस्तीनों के ढीले-लम्बे कुर्ते, कमर में तहमत और महीन-महीन चोटियों से चटाई की तरह गुँथे केश

देखकर दुर्गा ने तुरन्त दबे स्वर में अनुमान प्रकट किया—"मधियाने की या बार की लगती हैं।"

पैरों पर सिमट कर बैठी हुई लड़की दुबली-पतली, पन्द्रह-सोलह वर्ष की थी। गिर पड़ी युवती बीस-बाईस की जान पड़ती थी। दोनों के चेहरे आँसुओं और पसीने से तर और धूल से भरे थे। फर्श पर पड़ी हुई, बाँह पर सिर रखे कराह रही थी। उसका तहमत खून से भीगा हुआ था। छोटी लड़की ने सिर घुटनों पर रखकर बाहों में लपेट लिया था।

बंती दोनों लड़कियों के बीच उकडूँ बैठ गयी। उसने घुटनों में सिर छिपाये लड़की के सिर पर हाथ रखकर पूछा—"कुड़िये (बिटिया), किस गाँव, शहर की हो?"

लड़की आश्वासन का उत्तर सुनकर जोर से रो उठी।

दुर्गा ने उसके रो पड़ने में अपने दुख को बहुत अधिक महत्त्व देने और दूसरों के दुख की उपेक्षा का अहंकार समझ लिया। वह चिढ़कर बोल उठी, "क्या तुझे ही खराब किया है? दूसरों के साथ कुछ नहीं हुआ?" दुर्गा चिढ़कर अपनी बीती सुनाने लगी, "हमारा तो ऐसा हाल हुआ है, कोई गिनती थी।"

लड़की ने रोते-रोते बताया—वे दोनों टोबाजार की थीं। उनका परिवार काफिले में जा रहा था। बड़ी भारी भीड़ ने काफिले पर हमला कर दिया। बहुत लोग मारे गये। बहुत-सी स्त्रियों के साथ उन्हें भी उठा लाये थे। लड़की बहुत अधिक रोने के कारण बोल नहीं पा रही थी। उसके बता न सकने पर भी भुक्तभोगियों ने स्वयं ही अनुमान कर लिया।

बंती ने लेटी हुई लड़की की पीठ पर हाथ रखकर चिन्ता प्रकट की—"हाय राम, इसके तो अब भी खून जा रहा है?"

"यह तेरी क्या लगती है?" बंती ने छोटी लड़की से पूछा।

"भाभी।"

"इसके कुछ था?"

"हाँ।" लड़की ने सिर झुका कर हामी भरी।

"जालिमों ने इसका गिरा दिया है।" बंती ने चिन्ता में अपना सिर दोनों हाथों से थाम लिया।

"तू क्वारी है, तू जरा उधर चली जा।" बंती ने तारा की ओर देखा और सतवंत और दुर्गा से कहा, "तुम आओ इसे सम्भालो, नहीं तो यह लड़की मर जायेगी।"

सतवंत कराहती हुई लड़की के समीप सरक आयी और देखकर कह दिया—"ले, यह क्वारी है! उमर तो देख! अब भी क्वारी है! इन शहरवालियों के फरेब! इसे वहाँ कंजका जिमाणे (कन्या जिमाने) के लिए लाये होंगे। इन···ने धरती पर कोई क्वारी छोड़ दी होगी?"

तारा दूसरी ओर मुँह फेरकर बैठ गयी थी। खून से लथपथ कराहती हुई स्त्री की अवस्था का ध्यान कर उसके शरीर के रोंगटे खड़े हो जाते थे।

बंती कह रही थी—"सब जोर-जुल्म के लिए औरत ही रह गयी। बेहयाओं, नीचों का सब गुस्सा इसी बात में उतरता है। गाली भी देते हैं तो इसी बात की! बेहया जहाँ से

आते हैं, फिर उसी में डूबते-मरते हैं, उसे ही बेइज्जत करते हैं। औरत पर इसी बात का गुस्सा है कि इन्हें जना क्यों?''

सतवंत भी क्रोध में बोल उठी—''औरत क्या, वाहगुरु करे धरती पर से इन बेहयाओं का नाश हो जाये! औरत को कुछ और समझते ही नहीं। इसी के लिए मरते भी हैं और जुल्म भी इसी पर! इनका सब प्यार, सब गुस्सा इसी में है!...ये वहीं के कीड़े हैं। यह न हों तो औरत की बरबादी क्यों हो?''

बंती, सतवंत और दुर्गा कभी क्रोध में कभी सहानुभूति में बकती-झकती, खून से लथपथ नयी आयी स्त्री को बिना साधनों के भी ग्रामीण उपचारों से सम्भालने का यत्न करती रहीं। आँगन में धूप उतर आने पर वहाँ बैठना कठिन हो गया। बंती ने तारा और अमरो को भी पुकार लिया और सब मिल कर नयी आयी बिशनी और केसरो को कोठरी में ले गयीं।

दोपहर में फिर किवाड़ खुलने की आहट हुई। स्त्रियों ने बुढ़िया के आने की आशा से ड्योढ़ी की ओर झाँका, परन्तु ऐंठकर चढ़ाई हुई मूँछों वाला गफूर ही भीतर आया। उसके हाथ में रोटियों की भारी गठरी थी। गफूरे को रोटियों की गठरी लेकर आते देखकर सभी भय से पीछे हट गयी थीं।

गफूर ने कड़े स्वर में पूछा—''कहाँ हो री।'' उसने सब कोठरियों में झाँक-झाँक कर स्त्रियों को गिना।

स्त्रियों के कलेजे धड़क रहे थे।

गफूर ने स्त्रियों को गिन लिया। रोटियों की गठरी को बिना खोले ही बोला—''ले लो, रोटियाँ रखी हैं।'' वह चला गया।

सतवंत रोटियों की गठरी के पास सबसे पहले पहुँच गयी थी। उसी ने गठरी खोली थी। वह गठरी के हाथ भर के चीथड़े का छोर अपने हाथ में पकड़े रही और बोली—''यह कपड़ा मैं रक्खूँगी।''

दुर्गा ने न्याय के लिए दुहाई दी—''मैं लूँगी, मेरे पास कमीज भी नहीं है। कंधे पर डाल लूँगी।'' सतवंत के न मानने पर दोनों की बातों में कटुता आ गयी। एक-दूसरी को गालियाँ देने लगीं। दूसरी स्त्रियाँ इस झगड़े को व्यर्थ समझ कर दूर रहीं। दुर्गा ने उनसे न्याय का समर्थन न पाकर उन सबको गालियाँ दीं और रोने लगी।

रोटियों की ढेरी नित्य से बहुत बड़ी देखकर स्त्रियाँ विस्मित और प्रसन्न थीं। तारा ने गिना तो पूरी पच्चीस रोटियाँ थीं। उसने कहा—''मैं कहती थी न, बेईमान बूढ़ी हमें यहाँ से भगा ले जाने के लिए भूखा मार रही थी।''

सभी स्त्रियों ने मन भर रोटी खायी और सभी को अधिक खा लेने से कुछ कष्ट अनुभव हुआ। लक्खी की हालत बहुत खराब हो गयी। उसे बार-बार मोरी पर जाकर बैठना पड़ रहा था। पेट में मरोड़ अधिक उठने से वह पेट पकड़े कराह रही थी।

अगले दिन फिर दोपहर में बुढ़िया रोटियाँ लेकर आयी तो रोटियों की संख्या बारह ही थी। सतवंत से रहा न गया। उसने बुढ़िया को शाप दिया—''हम मुसीबत की मारियों का पेट काटती है, वाहगुरु तुझे समझेगा!''

बुढ़िया ने पहले विस्मय प्रकट किया और फिर भलाई के बदले चोरी का लांछन लगाने वालियों को कृतघ्न बताकर गालियाँ देने लगी और क्रोध में बड़बड़ाती चली गयी। दूसरे दिन आयी तो अठारह रोटियाँ ले आयी और सबको मीठे बोलों से सम्बोधन करने लगी।

ठीक दोपहर में जब आँगन धूप से तप रहा था, किवाड़ों के खुलने की आहट हुई। बुढ़िया रोटी देकर लौट गयी थी, इसलिए स्त्रियाँ आशंका और भय से कोठरियों में हो गयीं और किवाड़ों की ओट से आँगन में झाँकने लगीं। गफूर भीतर आया। वह रोयेंदार टोपी, साफ-सुथरी कमीज और नया रंगीन तहमत बाँधे था। उसके कंधे से चमड़े के थैले में तमंचा भी लटक रहा था। उसके साथ दो और मर्द थे। एक मर्द रँगी दाढ़ी वाला प्रौढ़ दूसरा कतरी हुई काली दाढ़ी वाला जवान था। दोनों पिता-पुत्र, मजदूर स्थिति के कारीगर, राज-नेमार, टीन का काम करने वाले या सिकलीगर मालूम पड़ते थे। गफूर ने कोठरियों में झाँक कर देखा। जिस कोठरी में स्त्रियाँ थीं, उसके सामने खड़े होकर उसने अपने साथ आये हुए मर्दों को बुला लिया—"आ जाओ, यहाँ आकर देख लो!"

प्रौढ़ और उसके साथ के जवान कुछ सहम रहे थे। तीनों पुरुष कोठरी के भीतर आ गये। सब स्त्रियाँ डरकर एक ही कोठरी में हो गयी थीं। केवल लक्खी पीड़ा के कारण अलग कोठरी में पड़ी थी। स्त्रियाँ भय के कारण दीवारों के साथ सिर झुकाये कोने में सिमट गयी थीं। प्रौढ़ और उसका बेटा घूम-घूम कर उन्हें देख रहे थे और झिझक भी रहे थे।

"खूब देख ले। जिसे देखना हो खड़ी करके देख ले!" गफूर ने उनका उत्साह बढ़ाया।

जवान ने दुर्गा की तरफ इशारा किया।

गफूर ने दुर्गा की चोटी पकड़ कर खड़ा करके उसका मुँह ऊपर उठा दिया।

जवान चुप रहा। उसकी आँखें अमरो की ओर चली गयीं।

गफूर ने अमरो को खड़ा कर दिया।

अमरो पथरायी हुई आँखों से उसकी ओर अपलक देखती रही। उसके बाद बिशनी को खड़ा किया गया। जवान ने असन्तोष से मुँह फिरा कर पूछा, "कोई क्वारी नहीं है?"

गफूर ने इधर-उधर देखा और केसरो को बाँह से पकड़ कर खड़ा करके कहा—"ये ले क्वारी है! जिसके बाल-बच्चा नहीं हुआ, यह क्वारी ही है। यह तो सोलह की भी नहीं लगती।"

प्रौढ़ ने इनकार में सिर हिला दिया—"उसमें रह ही क्या गया?" केसरो बाँह छूटते ही गिर पड़ी।

प्रौढ़ ने केसरो को गहरी दृष्टि से परख कर सिर हिला दिया—"यह तो बेकाम हो गयी।" वह फिर दुर्गा की ओर घूम गया और कुछ सोचकर बोला, "यह भला क्वारी तो क्या होगी?"

"क्वारी वह है।" दुर्गा ने आत्मरक्षा के लिए तारा की ओर संकेत कर कह दिया। तारा अपना चेहरा घुटनों पर दबाये सिर बाँहों में लपेटे थी। चोटी खींची जाने पर वह उठी नहीं, उसका चेहरा उठ गया।

तारा क्रोध में फुँकार उठी—"खबरदार, मुझे छुआ तो!" क्रोध में उसने अपनी बात पंजाबी में न कहकर हिन्दुस्तानी में कही।

"ओह! यह तो फारसी बोलती है।" जवान एक कदम पीछे हट गया।

"जब तू इस···, इसकी सब फारसी निकल जायेगी।" गफूर ने अपशब्दों में नौजवान का साहस बढ़ाकर उसे चिन्ता न करने के लिए कहा।

प्रौढ़ ठेठ पंजाबी में बोला—"हमें क्या दरख्वास्तें लिखवानी हैं? लड़के के लिए मुंशी नहीं औरत चाहिए।" उसने तारा की ओर से मुँह फेर लिया।

गफूर, प्रौढ़ और नौजवान एक बार फिर सब स्त्रियों को ध्यान से देखकर आँगन में जाकर बात करने लगे। इसके बाद तीनों फिर कोठरी में आये और गफूर दुर्गा को बाँह से खींचता हुआ बाहर ले चला। दुर्गा ने जोर-जोर से चीखकर अटकने और कोठरी से बाहर न जाने का यत्न किया पर गफूर उसे झटका देकर खींच ले गया।

स्त्रियों के कलेजे धक्-धक् कर रहे थे। वे भयभीत और विवश थीं। दुर्गा के चीखने-रोने की पुकार ड्योढ़ी के दरवाजे की ओर चली गयी। किवाड़ों के खुलने और मुँदने की आहट हुई। स्त्रियाँ बहुत देर तक सहमी हुई चुपचाप बैठी रहीं और फिर रो पड़ीं—हाय हमारा जाने क्या होने को है, जाने क्या बीतेगी? कोई इस तरह पकड़ कर उठाकर ले जायेगा तो क्या कर सकेंगी? परमेश्वर ही रक्षा करेगा!

दूसरे दिन बुढ़िया दोपहर से कुछ पहले ही रोटियाँ लेकर आ गयी। दुर्गा को न देखकर बोली—"ले गया न उसे? मैं कहती तो थी···।" उसने गाली दी, "सबको बेच डालेगा। बेचारी भली लड़कियाँ हैं।"

प्रत्येक दिन बीतने पर तारा को अनुभव होता था कि वह निराशा और अन्धकूप में गहरी उतरती जा रही थी। सोचती, अगर वह अकेली होती तो कुछ न कुछ कर बैठती। उसे अन्य स्त्रियों की संगति असह्य जान पड़ने लगी थी। सोचती, यह सब तो भगवान की कृपा से उद्धार की आशा किये बैठी रह सकती हैं, कभी उससे निराश न होंगी। इनके देखते दुर्गा चली गयी। यह सोचती हैं, भगवान दुर्गा की नहीं, इनकी ही चिन्ता करेगा। मैं कैसे बैठी रहूँ? भगवान तो हमारी अपेक्षा हमें यहाँ कैद करने वाले ज़ालिम गफूर और उस बूढ़ी कंजरी के ही पक्ष में जान पड़ता है।

तारा को जान पड़ रहा था कि भूख और कैद से वह पशु बनती जा रही थी। उसका आत्म-सम्मान और व्यक्तित्व समाप्त होता जा रहा था। निराशा में सोचने लगती, इस कैद से छूटने के लिए, इन मूर्ख स्त्रियों से पिंड छुड़ाने के लिए बूढ़ी कंजरी की बात मानकर यहाँ से तो किसी तरह निकले। किसी प्रकार मर सकने का तो अवसर मिले। यह जीवन तो मृत्यु से भी बुरा है। सोचा, यदि आज भी बुढ़िया आकर स्नेह दिखाये तो 'हाँ' कर दे।

दिन लगभग एक पहर चढ़ गया था। सूर्योदय से पहले ही बादल घिर आये थे। समय का अनुमान कठिन था। ड्योढ़ी के किवाड़ों पर जोर-जोर से चोटों की आहट हुई। स्त्रियों का ध्यान उस ओर गया। किवाड़ों की साँकल गिरने की झनझनाहट नहीं हुई। खट-खट का शब्द हो रहा था। स्त्रियाँ भय से कोठरियों में हो गयी थीं। बुढ़िया इतने

सबेरे कभी नहीं आयी थी। स्त्रियों को गफूर के आने की ही आशंका हुई। उसके आने पर सदा ही भय का कारण होता था। स्त्रियों के कान सतर्क थे। कुछ समझ न पाने से स्त्रियाँ बहुत डर गयी थीं।

धक्के से किवाड़ों के खुलने का शब्द हुआ और उसके साथ ही बहुत से लोहा लगे बूटों के कदमों की आँगन में आने की खटपट सुनाई दी। सतवंत और बंती किवाड़ों की ओट से आँगन में देख रही थीं। वे सहमकर पीछे हट गयीं। दूसरी स्त्रियों की ओर देखकर उन्होंने आतंक से कहा—''पुल्स-पुल्स (पुलिस), शिपाई (सिपाही)!''

स्त्रियों के दिल डूबने लगे। उत्पात के आरम्भ से पुलिस और सिपाहियों से उन्हें अत्याचार ही मिला था। उनके अधिक सशक्त होने से, उन्हें और अधिक भय और आशंका थी।

आँगन में हुक्म सुनाई दिया—''कोठरियों में जो हैं बाहर आ जायें! हम तुम्हारी मदद के लिए आये हैं।''

स्त्रियाँ आतंक और मूढ़ता की अवस्था में एक साथ सिमट गयीं। सब तारा की ओर देखने लगीं। क्या करें? अब क्या होगा?

तारा उत्तरदायित्व समझकर साहस से आगे बढ़ी। उसने किवाड़ों की ओट से झाँका। आँगन में उसे वर्दी पहने पुलिस का एक इंस्पेक्टर, चार पुलिस सिपाही, कुछ वर्दी पहने सैनिक और एक सैनिक अफसर भी दिखाई दिये। उनके साथ दो सफेदपोश नौजवान थे। एक साधारण कमीज-पतलून पहने था, दूसरा कमीज-सलवार पहने था। एक जवान हिन्दू स्त्री, खद्दर की कमीज-सलवार में और हिन्दुस्तानी ढंग से दुपट्टा ओढ़े हुए थी। स्त्री के चेहरे पर भय की स्तब्धता नहीं थी।

तारा सबकी ओर से बोली—''बहिन जी, आप इधर आ जाइये!''

जवान स्त्री के समीप आ जाने पर तारा ने कहा—''आप भीतर आ जाइये, हम लोगों के पास पहनने-ओढ़ने का कपड़ा नहीं है, मर्दों के सामने कैसे हों।''

जवान स्त्री कोठरी के भीतर आ गयी। उसने कोठरी में सिमटी हुई स्त्रियों को देखा, तारा से बात की और उन्हें प्रतीक्षा करने के लिए कहकर बाहर चली गयी।

दो-तीन मिनट पश्चात् वह स्त्री कपड़ों की एक गठरी लेकर कोठरी में लौट आयी। स्त्रियों ने दुपट्टे ओढ़ लिये। बंती के लिए एक सलवार भी थी। ओढ़-पहन लेने पर भी स्त्रियाँ बाहर निकलने में झिझक रही थीं।

तारा दुपट्टे से सिर ढँके सबसे पहले और शेष स्त्रियाँ घूँघटों में चेहरे छिपाये निकलीं।

''यू हियर (तुम यहाँ)!'' तारा के कानों ने सुना। उसकी आँखें ऊपर उठीं। वह काँप उठी। जान पड़ा, गिर पड़ेगी। उसकी गर्दन झुक गयी।

''आँखों पर विश्वास नहीं कर पा रहा हूँ!'' असद विस्मय से फैली आँखों से तारा को एकटक देख रहा था।

तारा का सिर चकरा रहा था। बोल पाना सम्भव नहीं था। नवागन्तुक स्त्री ने आगे बढ़कर उसकी सहायता की। तारा को सम्बोधन कर उसने पूछ लिया—''यहाँ कितनी बहिनें हैं?''

"हम यहाँ अब सात हैं।" तारा ने उत्तर दिया और लक्खी की चिन्तनीय अवस्था बताती हुई वह नवागन्तुक स्त्री को दूसरी कोठरी की ओर ले गयी।

स्त्री के कहने से सिपाही एक स्ट्रेचर, कुछ कपड़े और कुछ चादरें ले आये। लक्खी पिछली संध्या से पीड़ा के कारण बहुत व्याकुल थी। न लेट पाती थी, न बैठ पाती थी। इस समय भी वह बल खा-खाकर कराह रही थी। बंती और तारा ने लक्खी को कपड़े पहनाकर चादरों में लपेटकर स्ट्रेचर पर लिटा दिया। लक्खी सीधे लेट नहीं पा रही थी परन्तु मर्दों के सामने दाँतों से होंठों को दबाये और स्ट्रेचर के डंडे को पकड़े अपने को बस में किये थी।

दो सिपाही स्ट्रेचर को बाहर ले गये। नवागन्तुक महिला ने अफसर के साथ सब कोठरियों में झाँक-झाँक कर देखा। अफसर सिपाहियों को लेकर, जीने का ताला तोड़कर छत पर भी गया।

नवागन्तुक स्त्री ने तारा से कहा—"हमें तो खबर मिली थी कि यहाँ दस-बारह स्त्रियाँ बन्द हैं?"

तारा ने उसे विश्वास दिलाया कि इस समय तो यहाँ सात ही थीं।

सिपाहियों ने सबसे पहले स्ट्रेचर पर पीड़ा से कराहती हुई लक्खी को आँगन से बाहर किया। उनके पीछे-पीछे सब स्त्रियाँ बाहर निकलीं।

बाहर कई सिपाही राइफलें लिये चौकसी में खड़े थे। तारा ने पहचाना, असद के साथ दूसरा व्यक्ति जुबेर था। तारा को पहचान कर उसके भी होंठ खुले रह गये। बड़ी कठिनता से केवल नमस्ते कह सका। जुबेर ने भी विस्मय प्रकट किया—"तुम यहाँ कैसे आ गयी?"

भारतीय सरकार की प्रतिनिधि श्रीमती कौशल्यादेवी, परिवारों से छीन कर पाकिस्तान में रोक ली गयी हिन्दू स्त्रियों का उद्धार करने के लिए सुरक्षा के पूरे प्रबन्ध से शेखूपुरा गयी थीं। सबसे आगे जीप पर पाकिस्तानी पुलिस का सब-इंस्पेक्टर सशस्त्र पुलिस सिपाहियों के साथ था। दूसरी जीप में भारतीय सशस्त्र सैनिक थे। दो जीपों के पीछे एक छोटी बस उद्धार की हुई स्त्रियों के लिए थी। बस के पीछे रक्षा के लिए भारतीय सशस्त्र सैनिकों से भरी सैनिक गाड़ी थी। बस में ड्राइवर के साथ भी एक भारतीय सैनिक छोटी मशीनगन लिये बैठा था।

बस में सबसे आगे कौशल्यादेवी जुबेर के साथ बैठ गयीं। असद ने तारा को सबसे पीछे की सीट पर बुला लिया था, स्त्रियों को बैठाकर खाली स्थान में कराहती हुई लक्खी का स्ट्रेचर रख दिया गया था।

जीपें और बस शेखूपुरा की उजड़ गयी-सी बस्ती के बीच से जरनैली सड़क की ओर बढ़ने लगीं। तारा के समीप बैठा असद अंग्रेजी में बोला—"मैं तो अब भी अपने विस्मय को वश में नहीं कर पा रहा हूँ।"

तारा सिर झुकाये चुप रही।

असद ने बताया—"चार दिन पूर्व यहाँ का एक जवान मुसलमान पार्टी-आफिस में आया। भय के कारण उसने अपना नाम-धाम नहीं बताया। वह ख़बर दे गया था कि मंडी के पीछे के मुहल्ले में, ऊधोदास के मकान में दस-बारह हिन्दू-स्त्रियाँ कैद हैं। हम

लोगों ने 'इंडियन लियासों अफसर' (सम्पर्क अधिकारी) से कार्यवाही करने के लिए कहा। इंडियन मिलिटरी पाकिस्तानी गवर्नमेंट की अनुमति के बिना और पाकिस्तानी पुलिस को साथ लिये बिना कोई जाँच-पड़ताल नहीं कर सकती। इसी कार्रवाई में चार दिन लग गये और यह क्या मालूम था कि तुम यहाँ होगी! यह हुआ कैसे?''

तारा मौन खिड़की से बाहर देखती रही। एक वाक्य में क्या उत्तर दिया जा सकता था, बोलते भी नहीं बन पड़ रहा था। मन में आ रहा था, क्या बोलें; क्या कहें, वह तो मिट्टी का ढेर बन चुकी थी। उसकी आँखें सड़क के किनारे जगह-जगह ध्वंस के चिह्न देख रही थीं—टूटी हुई बैलगाड़ियाँ, लाशें, कहीं बैलों के पिंजरों के समीप गिद्धों और कुत्तों में झगड़ा चल रहा था, तीव्र दम घोंट देने वाली दुर्गन्ध।

''पुरी मुझे जुलाई की इकत्तीस या अगस्त की पहली तारीख को मिला था। बहुत ही उदास था। मैं कुछ समझ नहीं पा रहा हूँ। तुम्हारे परिवार के लोगों का विश्वास है कि तुम्हें बन्नी-हाते की आग से बचाया नहीं जा सका। उसे किसी दूसरी बात का अनुमान या संदेह भी नहीं था।'' असद धीमे स्वर में बोल रहा था जैसे स्वगत बोल रहा हो।

उन्हें तो ब्याह कर देने से मतलब था। उनके लिए तो मैं मर ही गयी। वे मुक्ति पा गये—तारा ने मन ही मन उत्तर दिया पर बोल न सकी।

ऊधोदास की हवेली से उद्धार की हुई स्त्रियों के लिए सैनिक दल रावी नदी के पुल पार करके लाहौर की सीमा में आ गया। तारा की आँखों के सामने से पहचाने हुए स्थान गुजर रहे थे, परन्तु उनकी रंगत बदल गयी लगती थी। गाड़ियाँ रावी के पुल पर थीं तो सुबह से घिरे हुए बादल बरसने लगे थे। सड़क के किनारे-किनारे लगे इमारती लकड़ी, ईंधन और बाँस के टाल आँसू बहाकर रोते हुए जान पड़ रहे थे। आकाश रो रहा था, वृक्ष रो रहे थे और दुकानों और मकानों पर से वर्षा आँसुओं की धाराओं की तरह बह रही थी।

तारा बचपन में उस सड़क पर शीलो, धन्नो और बिद्दो के साथ कई बार रंगीन चुन्नियाँ ओढ़े, रावी स्नान के लिए जाती हुई माँ और दूसरी स्त्रियों के आगे-आगे किलकती-कूदती हुई दौड़ लगाकर पुल तक गयी थी। तब वहाँ क्या भय था? तब हिन्दू-मुसलमान आपस में बैरी नहीं थे।

असद तारा की ओर झुककर आहिस्ता से बोला—''तुम्हारा परिवार तो लाहौर से जा चुका होगा। पुरी तभी नैनीताल या यू० पी० में कहीं नौकरी के लिए जाने की बात कह रहा था। हिन्दू अक्सर चले गये हैं या निकाल दिये गये हैं, शेष को निकाला जा रहा है। यह पालिसी है। नरेन्द्रसिंह का परिवार तो बहुत संकट में फँस गया था। उसे तो हम लोग अमृतसर तक पहुँचा कर आये हैं। प्रद्युम्न, महाजन सभी लोग चले गये हैं; पुरी को खबर कैसे दी जा सकती है? तुम्हें उसका पता मालूम है?''

तारा ने इन्कार में सिर हिला दिया।

''तो फिर क्या विचार है?''

तारा ने मौन रहकर हाथ से कुछ न जानने का संकेत कर दिया।

गाड़ियों की पंक्ति डी० ए० वी० कालेज और टिब्बा फरीद पुलिस चौकी के बीच कालेज की इमारत के सामने खड़ी हो रही थी। इमारत के माथे पर सोने से ॐ बना हुआ दमक रहा था।

"अपने आपको हिन्दू कहकर तो तुम लाहौर में रह नहीं सकोगी!" असद ने तारा की ओर झुककर झिझकते हुए कहा।

तारा की गर्दन झुकी हुई थी। उसकी कल्पना में हाफ़िज़ जी के घर में बिताये दिन कौंध गये।

तारा ने असद से आँखें बचाने के लिए और मन में भर आया उच्छ्वास छोड़ सकने के लिए आकाश की ओर मुख उठाकर गहरा साँस लिया।

इमारत के शीर्ष पर बना ॐ भी भक्तों द्वारा पीछे छोड़ दिया जाने के कारण, वर्षा में रोता हुआ जान पड़ रहा था।

लक्खी को स्ट्रेचर पर बस में लिटा कर किसी ने उसकी ओर ध्यान नहीं दिया था कि उसकी कराहट कब बन्द हो गयी थी। गाड़ी रुकने पर मालूम हुआ कि लक्खी समाप्त हो चुकी थी।

कौशल्यादेवी और जुबेर गाड़ी से उतर गये। दूसरी स्त्रियाँ रास्ते में रखा स्ट्रेचर उतार लिये जाने की प्रतीक्षा में थीं।

असद ने तारा के कान के समीप मुख कर बहुत दबे हुए स्वर में कहा—"अब अपने भविष्य का निश्चय तुम्हें स्वयं ही करना होगा, यही समय है।"

भारतीय सैनिक अफसर चाहता था कि लक्खी के शव का उत्तरदायित्व पाकिस्तानी पुलिस ले, क्योंकि उसकी मृत्यु हिन्दू कैम्प की सीमा के बाहर, पाकिस्तान में हुई थी। पाकिस्तानी पुलिस इंस्पेक्टर जीवित भारतीय प्रजा को भारतीय अधिकारी को सौंप देने के बाद उसके शव का उत्तरदायित्व लेने के लिए तैयार न था।

डी० ए० वी० कालेज और स्कूल के छात्रावासों की, बड़े-बड़े आँगनों को घेरे हुए, छोटे-मोटे नगर के क्षेत्रफल में फैली हुई दोमंजिली इमारतें, उनमें भरी हुई भीड़ के शोर से मधुमक्खियों के छत्तों की तरह भनभना रही थीं। बीच में आँगनों के मैदान खेमों और छोलदारियों से भरे हुए थे। उनके बीच-बीच बची धरती पर बरसात में घास बढ़ आयी थी। घास जहाँ-तहाँ, विवशता में कर दिये गये पाखानों से दबी और भरी हुई थी। वातावरण दुर्गन्ध और कोलाहल से भारी था।

असद तारा के साथ निधड़क हिन्दू कैम्प में चला गया। कौशल्यादेवी उसे विश्वास योग्य और सहायक मानती थीं। असद ने तारा से अंग्रेजी में कहा—"अभी तुम्हारा मन बहुत विक्षिप्त है। कुछ विश्राम कर लो और सोचना। मैं संध्या पाँच-छः बजे आऊँगा।" असद तारा के ठहराये जाने का स्थान देखकर चला गया।

श्रीमती कौशल्यादेवी ने शेखूपुरा से लायी गयी अनाथ स्त्रियों को डी० ए० वी० कालेज के कैम्प में उद्धार की हुई स्त्रियों के लिए नियत कमरे में ठहरा दिया। एक नौजवान रजिस्टर ले आया। कौशल्यादेवी नयी आयी स्त्रियों और उनके अभिभावकों के

नाम-धाम लिखवाने लगीं। तारा का नाम जानने के कारण सबसे पहले उसी का नाम लिखवा दिया और उसके अभिभावकों का नाम-धाम पूछा।

''मेरे परिवार के लोग लाहौर से चले गये हैं।'' तारा ने उत्तर दिया।

''पता, उनका नाम-धाम ?''

''कोई लाभ नहीं।''

''आखिर तुम जाना कहाँ चाहती हो ?''

''अभी कुछ नहीं कह सकती, सोचूँगी।''

''शेखूपुरा कैसे पहुँची ?''

''मुझे उठाकर मोटर में डालकर ले गये थे।''

''किसके घर से ? किसी गली या बाजार से ?''

''नहीं मालूम, मैं नहीं जानती।''

कौशल्यादेवी और नौजवान चिढ़ गये—''कोई तो नाम बताओ जिसे तुम्हारा पता दिया जाये !''

''मेरा कोई नहीं है।''

कौशल्यादेवी और नौजवान को इतनी फुरसत न थी कि घण्टों एक ही स्त्री के लिए माथा-पच्ची करते रहते। वे दूसरी स्त्रियों से पूछ-ताछ करने लगे। कौशल्यादेवी ने सभी स्त्रियों को दो-दो मुट्ठी भुना हुआ अन्न और थोड़ा गुड़ दिलवा दिया। वह इन स्त्रियों को लेकर संध्या से पूर्व अमृतसर पहुँच जाने के लिए गाड़ी की व्यवस्था करने के लिए चली गयी।

बंती निरन्तर तारा से चिपकी हुई थी और अनुरोध कर रही थी—''बहिना, मुझे अमृतसर पहुँचाकर मेरे घर वालों का पता ढूँढ़ दे। तू ही कुछ कर सकती है। तू पढ़ी-लिखी है। मैं अनपढ़-गँवार, किसी से बात करना भी नहीं जानती।''

तारा बरामदे के फर्श पर दीवार से पीठ लगाये बैठी एक हथेली पर कनपटी टिकाये सोच रही थी, क्या करे ? पिता, माँ, भाई मालूम नहीं यू० पी० में कहाँ चले गये हैं ? उनके लिए तो मैं मर चुकी हूँ, जल भी चुकी हूँ, संसार में शेष नहीं हूँ।

असद पाँच-छः बजे आयेंगे। एक बार मैंने स्वयं ही उनसे कहा था, आज वह कह रहे हैं।···न न, किसी भी पुरुष का विश्वास नहीं।···तभी मान लिया होता तो दूसरी बात थी; तो यह सब होता ही क्यों ? ···पर वह होता कैसे ?···क्या मालूम; वह मान भी जाते तो हिन्दू-मुसलमान और पाकिस्तान का झगड़ा तो रुक नहीं जाता···सोमराज, नब्बू, हाफिज़ जी और गफूर के हाथों तो न पड़ती।

···अपने आपको हिन्दू कहकर तो तुम लाहौर में नहीं रह सकोगी। असद की बात याद आयी। भाई और वह हिन्दू-मुसलमान के भेद को मानते ही कहाँ थे ? सुरेन्द्र, नरेन्द्र, ज़ुबेदा, प्रद्युम्न, जुबेर, महाजन कोई भी ऐसा भेद नहीं मानता था, परन्तु उनके न मानने से क्या हुआ ? उस भेद का वीभत्स व्यवहार और परिणाम सब ओर मौजूद था।

···असद कुछ भी हो, जैसा भी हो जन्म से तो मुसलमान है पर वह गफूर, नब्बू, हाफिज़ जी और अमजद जैसा तो नहीं, उन लोगों से बिलकुल उलटा है। वह और जुबेर ही तो हिन्दू स्त्रियों को छुड़ाने के लिए गये थे।

···लेकिन जाऊँ तो कहाँ? परिवार के लिए तो मर चुकी! जल चुकी, जीवित हूँ तो ससुराल से भागी हुई!···असद की शरण ले लूँ? पहले क्या उससे स्वयं शरण नहीं माँगी थी? वह तो प्रेम था। प्रेम··· ? शीलो-रतन···नानसेंस! पुरुष-पशुओं से दूर!

···अन्य स्थान और परिचित भी कौन है! क्या करूँ, पाँच बजे असद आयेंगे तो क्या उत्तर दूँगी! असद का वेदना से भर्राया हुआ धीमा स्वर कानों में गूँजने लगा। वही परिचित हैं, उन्हें ही मेरी चिन्ता है।

''चलो री चलो, उठो चलो!'' कौशल्यादेवी की पुकार सुनकर तारा की आँखें बायीं ओर घूम गयीं। कौशल्यादेवी लम्बे बरामदे में छोटे-छोटे कदमों की तेज चाल से चली आ रही थीं। ओढ़नी की एक खूँट हाथ में पकड़े हुए थीं। ओढ़नी उसके पीछे वायु से भरे नाव के पाल की तरह फूली हुई थी।

''जल्दी चलो! तुम लोगों के लिए गाड़ी मिल गयी है, नहीं तो फिर चाहे तीन दिन यहाँ ही पड़ी रहोगी। मेरी लड़की का जाने क्या हाल होगा!''

सतवंत, दुर्गा, अमरो, बिशनी, केसरो और बंती उठने के लिए सिमटने लगीं। उनकी आँखें तारा की ओर थीं।

''जल्दी करो न!'' कौशल्यादेवी ने उन्हें एक बार और सम्बोधन किया और अभी तक शिथिल बैठी हुई तारा को उग्र स्वर में चेतावनी दी, ''उठ न!''

''बहिन जी मुझे अभी रहने दीजिये!'' तारा झिझकते हुए बोली।

''क्या!'' कौशल्यादेवी के माथे पर त्योरियाँ पड़ गयीं, ''क्यों! तेरा यहाँ क्या है!''

''मेरे मिलने वाले हैं।''

''अभी कह रही थी मेरा कोई नहीं है, अब कह रही है मिलने वाले हैं। यह क्या चरित्तर है! अभी कम भुगता है जो और खेल खेलना चाहती है! देखो तो इसे!'' कौशल्यादेवी ने ऊँचे स्वर में धमकाया, ''हमारा काम तुझे पाकिस्तान से निकालकर हिन्दुस्तान में पहुँचाना है। फिर चाहे जो खेल खेलना। चुपचाप चलकर गाड़ी में बैठ जा, नहीं तो कैम्प से बाहर निकाल दूँगी। क्या तमाशा है!''

''बहिन जी मुझे सोच लेने दीजिये।'' तारा ने अनुनय किया।

''सोचना-समझना अम्बरसर (अमृतसर) जाकर कर लेना। चल उठ!''

कौशल्यादेवी ने तारा की बाँह पकड़ कर उसे उठा दिया और शेष स्त्रियों के साथ ले चली।

फौलादी टोपियाँ पहने सशस्त्र सैनिकों से भरी सैनिक मोटर गाड़ी के पीछे शेखूपुरा से उद्धार की गयी स्त्रियों को लिये स्टेशन-वैगन थी। स्टेशन-वैगन के पीछे शरण के लिए भारत भेजे जा रहे हिन्दू परिवारों से ठसाठस भरी हुई पाँच बसों के पश्चात् एक सशस्त्र सैनिक गाड़ी और पाँच बसें थीं। उनके पीछे दो और सैनिक गाड़ियाँ भी थीं। प्रत्येक बस में ड्राइवर के साथ फौलादी टोपी पहने, मशीनगन लिये सिपाही बैठा था। शरणार्थियों का यह सार्थ अमृतसर की ओर चला जा रहा था।

कौशल्यादेवी को इस मार्ग का अनुभव था, इसलिए उसने ड्राइवर के पीछे की सीट पर तारा को खिड़की के साथ बैठा दिया था, स्वयं खिड़की से हटकर बैठी थी। उन दोनों के पीछे शेष स्त्रियाँ थीं। तारा आँखें मूँदें सोचती जा रही थी···असद पाँच-छः बजे आयेगा। जो मैं चाहूँगी वह कभी नहीं हो सकेगा। मुझे सदा पिसते-कुचले जाते रहना होगा। मैं सदा भाग्य की धारा में बहता जाता कूड़ा-करकट ही बनी रहूँगी। मैं अड़कर खड़ी क्यों नहीं हो सकती हूँ···इसीलिए मैं मर भी नहीं सकती हूँ।

गाड़ी के सहसा धीमी हो जाने के कारण झटका लगकर तारा की आँख खुल गयी। तीखी दुर्गन्ध अनुभव हुई। सड़क के दोनों ओर बहुत-सी आधी खायी, धूप से सूखकर, वर्षा से सड़कर काली हो गयी लाशें पड़ी हुई थीं। लाशों पर बहुत से गिद्ध कूद और उछल रहे थे, कुछ बैठे चोंचें मार रहे थे। जहाँ-तहाँ टूटे बक्स मुँह बाये पड़े थे। आधी जली हुई कई बसें सड़क के दायें-बायें पड़ी थीं। जली हुई दो बसें सड़क के बीच में आने से रास्ता रुका हुआ था। सड़क तंग हो जाने के कारण शरणार्थी सार्थ की गाड़ियों के दाहिने पहिये कच्ची रेतीली जमीन पर उतर गये थे। मोटरों को बहुत धीमे चलना पड़ रहा था।

कौशल्यादेवी ने सिक्ख ड्राइवर को सुनाकर परेशानी प्रकट की—"यह रास्ता कभी साफ होगा भी कि नहीं? नौ दिन से बसें यहीं पड़ी हैं।"

"बहिन जी, आप नौ दिन से देख रही हैं।" ड्राइवर ने उत्तर दिया, "मैं महीने भर से यही हाल देख रहा हूँ। कैसी बदबू फैल रही है! लाशें हिन्दुओं की हैं पर इस सड़ांध से बीमारी फैलेगी तो मरने वाले तो पाकिस्तान की ही रिआया होगी। इस सरकार को अपनी रिआया के मरने-जीने का भी ख़याल नहीं। बहिन जी, सुना है इस काफिले में से एक भी हिन्दू नहीं बचा था। दो सौ से कम आदमी नहीं कटा होगा। जनाना को तो बेईमान मिमियाती, रड़ाती बकरियों की तरह खींच ले जाते हैं।"

"परमेश्वर ही अक्ल दे इन लोगों को।" कौशल्यादेवी ने दुख प्रकट किया। अड़चन पार करके मोटरें फिर तेजी से चलने लगीं। सड़क के दोनों ओर थोड़े-बहुत अन्तर पर लाशें, कटे हुए अंग या ध्वंस के दूसरे चिह्न निरन्तर दिखाई देते जा रहे थे। वह सब न देखने के लिए तारा ने आँखें मूँद ली थीं।

मोटर की गूँज के कारण ड्राइवर और कौशल्यादेवी ऊँचे स्वर में बात करते जा रहे थे। तारा को उनकी बातचीत का शब्द सुनाई दे रहा था, पर उधर उसका ध्यान नहीं था। वह सोचती जा रही थी, क्या होगा? वह मृत्यु से भी अधिक यंत्रणा सह चुकी थी। माता-पिता भाई को कैसे कहाँ ढूँढ़ पायेगी! उन्हें ढूँढ़कर करेगी भी क्या? भाई से इतना अन्याय सहकर भी उन्हीं के पास जायेगी? उनके सामने अपराधी बनकर खड़ी होगी? अब उसे पाँव रखने की भी जगह कहाँ मिलेगी पर उसे कोई जगह तो चाहिये।

गाड़ी धीमी होकर थम गयी। तारा की आँखें झटके से खुल गयीं। ड्राइवर गाड़ी की खिड़की से सिर निकाल कर सामने की ओर देख रहा था। परेशानी में बोला—"आह बेड़ा गरक! अब रास्ता कैसे मिलेगा बहिन जी! कल यह लोग अटारी में थे। एक दिन में छः मील आये हैं। चलने की ताकत ही कहाँ रह गयी है इनमें। सुना है, मुसलमानों का

यह काफिला जालन्धर, लुधियाना और अम्बाला जिलों से आ रहा है। इस भीड़ के बीच में मोटर आदमी की चाल से चल पाये तो बहुत समझो। आधी रात से पहले अम्बसर नहीं पहुँच सकेंगे।''

सामने चलने वाली फौजी मोटरों से कोई हुक्म सुनाई दिया।

सिपाही मोटरों से कूद पड़े और शस्त्र सँभाल कर स्टेशन-वैगन और सार्थ की मोटरों के दोनों ओर चौकसी के लिए खड़े हो गये। सवारियाँ आतंक से सिमिटकर बसों से बाहर देखने लगीं। सामने से मोटरों के दाहिने-बायें लड़खड़ाते-लँगड़ाते लोग चले आते दिखाई दिये।

''हाय-हाय! आ गये! आ गये! आ गये!'' अमरो, सतवंत और बिशनी भय से चिल्ला उठीं।

''चुप रहो! चुप रहो! डरो मत!'' ड्राइवर और कौशल्यादेवी ने स्त्रियों को डाँटकर आश्वासन दिया, ''यह क्या मारेंगे, खुद मरे हुए हैं। देखती नहीं हो, कमर टूटे हुए कुत्तों की तरह कढ़िल रहे हैं।''

मोटरों के दोनों ओर लँगड़ाती-लड़खड़ाती भीड़ बढ़ती आ रही थी। कतरी हुई और उलझी हुई दाढ़ियों, दबी हुई टोपियों, रस्सी की तरह लपेटी हुई मैली पगड़ियों में से झाँकते मुड़े हुए सिर, काले, नीले, चीथड़े कपड़े, स्त्री-पुरुषों के चेहरे आँसुओं और पसीने से जमी गर्द से ढँके हुए, कमरें झुकी हुईं, घिसटते-लँगड़ाते हुए कदम। भीड़ फटकर मोटरों के दाहिने-बायें, दस-दस, पन्द्रह-पन्द्रह आदमियों की लहरों में आती जा रही थी। भीड़ के ऊपर मँडराते मक्खियों के बादल ने मोटर गाड़ियों पर आक्रमण कर दिया। इतनी मक्खियाँ कि मक्खियों को साँस के साथ नाक में घुसने से रोकने के लिए उन्हें दोनों हाथों से निरन्तर हटाते रहना आवश्यक था। उबकाई पैदा करने वाली भयंकर दुर्गन्ध ...मानो वे शरीर चलते-फिरते भी सड़ते-गलते जा रहे थे। भीड़ के खिसटते कदमों से उड़ती धूल से साँस लेना और भी दुष्कर हो रहा था।

भीड़ के प्रायः सभी लोग कुछ न कुछ, छोटा-मोटा बोझ उठाये थे। बहुत-सी स्त्रियों की कमर या पीठ पर, पुरुषों के कन्धों पर रोते हुए, सूखे से मारे घिनौने बच्चे चिपके हुए थे। किसी की पीठ पर बोरी, किसी के सिर पर कनस्तर काटकर बनाया हुआ बक्सा, किसी के कंधे पर गठरी, कोई सिर पर रखी उलटी खाट पर अपनी गृहस्थी उठाये लिये जा रहा था। कोई स्त्री-पुरुष दोनों ओर से उलटी खाट को सिरों पर उठाये थे। खाट पर गठरी-मुठरी रखी थी और मैले, कुम्हलाये हुए बच्चे बैठे थे।

काफिले के बहुत से मर्दों के हाथों में सांत्वना का और थकावट दूर करने का एक मात्र सहारा नेचे लगे मिट्टी के हुक्के थे। कई स्त्रियों के सिरों पर मिट्टी के चूल्हे थे। कोई सिर पर अपनी केवल मात्र सम्पत्ति परात या पतीला औंधाये चले जा रहे थे। कोई स्त्री सिर पर हलकी चक्की ही उठाये लिये जा रही थी। किसी के सिर पर पंजे बँधी दो मुर्गियाँ या एक मुर्गा रखा था। कोई रस्सी से बकरी या भेड़ को खींच लिये जा रहा था। किसी की बगल में या कंधे पर नया पैदा हुआ मेमना लदा था। कहीं-कहीं कोई पेट पिचका, सूखा मरियल कुत्ता इस अवस्था में अपने स्वामी की भक्ति में पीछे-पीछे चला जा रहा था। भीड़ घनी होती जा रही थी।

शरणार्थी सार्थ की मोटरें कई मिनट तक निश्चल खड़ी रहीं। ड्राइवर, कौशल्यादेवी, तारा और सभी स्त्रियाँ परेशान थीं, दुर्गन्ध से बचने के लिए नाक को दबायें या हाथों से मक्खियों को हाँकें।

सामने चलने वाले सैनिक मोटरों का इंजन चालू हुआ तो ड्राइवर ने अपनी मोटर का इंजन भी चालू कर दिया और संदेह से बोला—"देखें, कैसे चल पाते हैं। कप्तान साहब ने सिपाहियों को आगे मार्च करके रास्ता बनाने का हुक्म दिया होगा।"

शरणार्थी सार्थ की गाड़ियाँ धीमे-धीमे सरकने लगीं। जैसे हल धरती को फाड़कर दोनों ओर मिट्टी फेंकता जाता है वैसे ही मोटरों के सामने मुस्लिम शरणार्थी भीड़ फटती जा रही थी। सशस्त्र सिपाही गाड़ी को भीड़ से बचाये रखने के लिए दोनों ओर साथ-साथ पैदल चल रहे थे। गाड़ियाँ पहली गीयर में चल रही थीं। इंजनों की गूँज कानों को बहरा किये दे रही थीं। दुर्गन्ध और मक्खियाँ बढ़ती जा रही थीं। ड्राइवर एक हाथ से गाड़ी का स्टीयरिंग पकड़े था, दूसरे हाथ से मक्खियों से लड़ रहा था। परेशानी में और भीड़ के कारण विकलता में 'वाहगुरु! वाहगुरु! पुकारता और होंठों में घुसती मक्खियों को हटाने के लिए 'थू-थू' करता जा रहा था।

कौशल्यादेवी और दूसरी स्त्रियाँ एक हाथ से नाक दबाये और दूसरे हाथ से मक्खियों को हटाती जा रही थीं। स्त्रियाँ आतंक और विपदा की उस बाढ़ में पैदल काफिले के बजाय गाड़ी में सुरक्षित होने की सान्त्वना के लिए निरन्तर भगवान को याद करती जा रही थीं।

ड्राइवर को ऊँचे स्वर में ही बोलने का अभ्यास था, बोला—"देख लो जी, यह पाकिस्तानी जन्नत का जुलूस जा रहा है। क्या मिला किसी को रसी-बसी परजा को उजाड़ कर?"

"इन्हें हिन्दुस्तान में रहना मंजूर नहीं है तो जायें, अपने लोगों के साथ रहें। पाकिस्तान किसलिए है?" कौशल्यादेवी मुख के भीतर जाती मक्खियों को हाथ से रोककर बोलीं।

"इन्हें मंजूर नहीं?" ड्राइवर ने विस्मय प्रकट किया, "क्या कह रही हो बहिन जी! मार-काट कर निकाले गये हैं बेचारे! इधर से हिन्दू, उधर से मुसलमान, पर बहिन जी हिन्दुओं के काफिले भी देखे होंगे आपने, इनका भी देख लीजिये! हिन्दू मारे गये, लूटे गये, उनकी औरतें छीनी गयीं, उनकी औरतों पर जुल्म हुआ पर जो आये हैं अक्सर सवारियों पर, गाँव से किसान बैलगाड़ी पर आ रहे हैं। बल्लोकी हैड के रास्ते हिन्दू-सिक्खों का बैलगाड़ियों, घोड़ों और ऊँटों पर पचास मील लम्बा काफिला आया है।

"हिन्दू-सिक्ख लाये हैं, बक्से, सन्दूक, नकदी, जेवर और 'बांड'। यह लोग मिट्टी के हुक्के, टूटी चारपाइयाँ, चूल्हे, चक्की, मुर्गियाँ लिये चल रहे हैं। यही इनकी गृहस्थी थी। जिसके पास जो कुछ होगा, उसी से ममता करेगा; वही तो उठाकर ले जायेगा। ठीक ही कहते थे, होते का नाम हिन्दू, मुफलिसी का मुसलमान!"

कौशल्यादेवी ने दुखे हुए स्वर में ड्राइवर का समर्थन किया—"भाई ठीक ही कहते हो, पर एक दिन यह सभी हिन्दू रहे होंगे। यह सब हिन्दुओं की अपनी करतूत का नतीजा है; जाने अभी भगवान उन्हें क्या-क्या दंड देगा? हरी ओम्! हरी ओम्!"

BIN TRAVERLER FORM

Cut By: Cesar Flores Qty 40 Date 9/23/26

Scanned By: ________ Qty ________ Date ________

Scanned Batch ID's

________ ________ ________

Notes / Exceptions

____

''बहिन जी, सच है, मुसलमानों ने हिन्दुओं को लूटा है।'' कौशल्यादेवी के समर्थन से उत्साहित होकर ड्राइवर बोला, ''पर हिन्दू सैकड़ों बरस से इन लोगों को लूटते, निचोड़ते चले आ रहे हैं; नहीं तो एक ही जमीन पर रहने वालों में अमीरी, गरीबी का इतना फरक क्यों होता है? पंजाब की सब जायदाद हिन्दुओं के ही हाथों क्यों चली जाती। गरीब पहले गुस्से में मुसलमान हुआ, दूसरा गुस्सा यह है। गुस्सा मजहब का भी है पर गरीबी का भी है बहिन जी!''

''भाई, यह तो कहने की बात है।'' कौशल्यादेवी ड्राइवर से सहमत न हुईं।

तारा आँखें मूँदे, दुर्गन्ध से बचने के लिए एक हाथ से नाक को दबाये, दूसरा हाथ मक्खियों को हटाने के लिए हिलाती जा रही थी। जब एक हाथ थक जाता तो उससे नाक को पकड़ लेती और दूसरा हाथ हिलाने लगती। धीमे चलने के लिए विवश मोटरों की गूँज से कान बहरे हो रहे थे। सोच रही थी, यह उस पर अत्याचार करने वालों, हिन्दुओं को मारने वालों की अवस्था है। यह तो मारने वाले नहीं हैं। हिन्दू भी मारे गये, मुसलमान भी मारे गये। मारने वाले पागल जालिम भी इन्हीं में से थे।

गाड़ी खड़ी हो जाने पर तारा को आँख खोलनी पड़ी। दाहिनी ओर सूर्य वृक्षों की चोटियों पर ढल आया था। तारा के मुख पर धूप पड़ रही थी। दोनों हाथ मक्खियों को हटाने में व्यस्त रहने के कारण धूप से आड़ भी नहीं कर सकती थी। गाड़ियों के दोनों ओर लाहौर की ओर सरकते काफिले के कदमों से उठी धूल से दम घुट रहा था।

''क्या वागा आ गया?'' कौशल्यादेवी ने पूछ लिया।

''जी, बहिन जी! डेढ़ घण्टे में चार मील आये हैं। वाहगुरु! वाहगुरु!'' ड्राइवर ने उत्तर दिया, ''वाहगुरु चाहे तो आगे रास्ता कुछ साफ मिले। उस तरफ सिपाही ट्रैफिक के लिए कुछ रास्ता बनाये रखते हैं। यहाँ पाकिस्तान की सरहद का चेकिंग है।''

पुलिस के कुछ सशस्त्र सिपाही मोटरों की खिड़कियों से भीतर झाँकते हुए समीप से गुज़र गये। गाड़ियाँ चार-पाँच मिनट ठहर कर चल दीं और दो मिनट बाद फिर खड़ी हो गयीं।

हिन्दुस्तान की सीमा पर चेकिंग हो रहा था।

मोटरें गति के अवरोध की पीड़ा से ऊँचे स्वर में गुर्रा-गुर्रा कर भीड़ को फाड़ती हुई धीमी चाल से चलती जा रही थीं। सूर्य वृक्षों की आड़ में हो गया था। धूल में गुलाबी जान पड़ती किरणें विदा ले रही थीं।

तारा आँखें मूँदे, एक हाथ से नाक दबाये, दूसरे हाथ से मक्खियों को चेहरे पर न बैठने देने के लिए हिलाती जा रही थी। मोटरों के इंजनों की गुर्राहट में कान बहरे हो रहे थे तिस पर भी नगाड़े की तरह कनस्तरों के पीटे जाने की भड़भड़ाहट सुनाई दे रही थी, परन्तु तारा आँखें मूँदे थी। उसका मस्तिष्क जन्म के देश को छोड़कर दूसरे देश में प्रवेश की सिहरन से थर्रा रहा था।

''दुर फिटे मुँह (लानत है)!''

बहुत ऊँचे स्वर में ड्राइवर की फटकार सुनकर तारा की आँखें खुल गयीं। सभी स्त्रियों की दृष्टि दायीं ओर कनस्तर बजाकर नट का तमाशा करते लोगों की ओर चली गयी।

स्त्रियों की गर्दनें झुक गयीं। शरीरों में भय की सिहरन दौड़ गयी।

एक आदमी खेल करने वाले नट की तरह बाँस को ऊँचा उठाये था। उसके साथ के लोग नगाड़ों की तरह कनस्तरों को बजा रहे थे। कुछ लोग होंठों पर उलटी हथेली रखे, ऋतुमती बकरी को देखकर उन्मादित बकरे की तरह ब्ब! ब्ब! ब्ब! शब्द से हुंकार कर रहे थे। बाँस के सिरे पर एक स्त्री का नंगा शरीर था। स्त्री बाँस के सिरे पर टाँगे फैलाये अटकी हुई थी। दोनों टाँगों पर ताजा खून क्षितिज से झाँकते सूर्य की किरणों में चमक रहा था। स्त्री की गर्दन और बाँहें निर्जीव, शिथिल लटकी हुई थीं।

बाँस उठा कर चलने वाले आदमी के सामने भी हाथों से चेहरे छिपाये चार-पाँच नंगी स्त्रियाँ धकेली जा रही थीं। यह लोग मुस्लिम काफिले को घृणित गालियों से ललकार रहे थे—''ले जाओ, ले जाओ! अपनी माओं-बेटियों को पाकिस्तान ले जाओ!''

''वो इनकी माँ-बेटियों को बेइज्जत करें, ये उनकी माँ-बेटियों को बेइज्जत करें! माँ-बेटियाँ बरबाद होने के लिए ही हैं।'' तारा को पीठ पीछे से बंती का आह भरा स्वर सुनाई दिया।

सतवंत ने क्रोध में कहा—''जनाना तुम्हें जनने की ही कसूरवार है। सौ-हज़ार बार फिटे मुँह तुम्हारा! लाख लानत है तुम पर! मर्द आपस में लूटते हैं, कत्ल करते हैं पर मर्द एक-दूसरे को नंगा करके उनके जिस्म की बेइज्जती तो नहीं करते!''

''दुर फिटे मुँह! दुर फिटे मुँह!'' तारा के सामने ड्राइवर बार-बार गाड़ी से बाहर थूक-थूक कर फटकारता जा रहा था।

कौशल्यादेवी ने व्याकुलता से कहा—''पुलिस और फौज इन बेशर्मों को क्यों नहीं रोकती?''

''कौन रोके?'' ड्राइवर ने कहा, ''किसका दिमाग ठिकाने है? कौन अपनी ड्यूटी समझता है?''

''बेशर्मों शर्म करो!'' ड्राइवर ने उन्मत्त टोली को फटकारा, ''दूसरों को चिढ़ाने के लिए अपना मुँह काला मत करो!''

सूर्य क्षितिज से नीचे उतर गया था। लाहौर की ओर जाने वाले काफिले ने सूर्यास्त का संकेत पाकर सड़क छोड़ दी। काफिला बँटकर सड़क के दोनों ओर बैठ गया, लुढ़क गया और बिछ गया। अमृतसर की ओर जाने वाले काफिले की गाड़ियों की गति बढ़ गयी। शेखूपुरा से आयी हुई स्त्रियों ने सांत्वना की साँस ली। अँधेरा घना हो रहा था। सड़क के दोनों ओर मीलों दूर तक बिछे काफिले के लोग जहाँ-तहाँ आग जला रहे थे। मोटरें चलती जा रही थीं, परन्तु काफिले का अन्त नहीं था। मोटरें जरनैली सड़क से फटती दूसरी सड़क पर हो गयीं।

शरणार्थियों की बसों का सार्थ, नीची दीवार से घिरे हुए एक बड़े से हाते के फाटक के सामने रुक गया। दीवार के भीतर बिजली का तीव्र प्रकाश था। दीवार के भीतर छोलदारियों और शामियानों की छतें दिखाई दे रही थीं। अहाते से भीड़ के कोलाहल की गूँज सड़क पर भी सुनाई दे रही थी।

"लो बहिनों पहुँच गये!" कौशल्यादेवी ने सांत्वना की आह भर स्त्रियों को सम्बोधन किया, "उतरो! तुम्हारा वतन तो छूटा पर अपने देश में, अपने लोगों में पहुँच गयीं। परमेश्वर को धन्यवाद दो।"

वतन और देश! वतन! देश! तारा के मस्तिष्क में गूँज रहा था।

तारा कौशल्यादेवी की बात समझ नहीं पा रही थी। तारा कौशल्यादेवी को धन्यवाद दे सकती थी, परन्तु कौशल्यादेवी चाहती थीं कि तारा और उसकी साथिनें अपने पर बीती के लिए, अपना वतन छुड़ा देने के लिए परमेश्वर को धन्यवाद दें। वह चुप रही। उसके मस्तिष्क में गूँज रहा था, वतन और देश!

ड्राइवर अपने स्थान से उतरकर सामने खड़ा हो गया था। तारा गाड़ी से उतरी। ड्राइवर कह रहा था—

"वह काफिला भी वतन छोड़कर अपने देश को जा रहा है। मनुखों के देश धर्मों के देश बन गये।"

ड्राइवर ऊँचे स्वर में बोला—

"रब्ब ने जिन्हें एक बनाया था, रब्ब के बन्दों ने अपने वहम और जुल्म से उन्हें दो कर दिया।"

● पहला भाग समाप्त ●

तारा, जयदेव पुरी, शीलो, कनक, महेन्द्र नैयर, डाक्टर प्राण और अन्य पात्रों की विभाजन उपरान्त कहानी के लिए 'झूठा सच' का दूसरा भाग 'देश का भविष्य' देखिये।

यशपाल रचनावली

(१४ खण्डों में)

प्रथम खण्ड : दादा कामरेड, देशद्रोही, गीता (उपन्यास)

द्वितीय खण्ड : दिव्या, अमिता, अप्सरा का शाप (उपन्यास)

तृतीय खण्ड : झूठा सच : वतन और देश (उपन्यास)

चतुर्थ खण्ड : झूठा सच : देश का भविष्य (उपन्यास)

पाचवाँ खण्ड : मनुष्य के रूप, बारह घण्टे, क्यों फँसे (उपन्यास)

छठा खण्ड : मेरी तेरी उसकी बात (उपन्यास)

सातवाँ खण्ड : पक्का कदम, जुलैखाँ (अनूदित उपन्यास)

आठवाँ खण्ड : पिंजरे की उड़ान, वो दुनिया, तर्क का तूफान, अभिशप्त, ज्ञानदान (कहानियाँ)

नवाँ खण्ड : भस्मावृत्त चिंगारी, फूलो का कुर्ता, धर्मयुद्ध, उत्तराधिकारी, चित्र का शीर्षक, तुमने क्यों कहा था मैं सुन्दर हूँ! (कहानियाँ)

दसवाँ खण्ड : ओ भैरवी, उत्तमी की माँ, सच बोलने की भूल, खच्चर और आदमी, भूख के तीन दिन, लैम्पशेड (कहानियाँ)

ग्यारहवाँ खण्ड : मार्क्सवाद, गांधीवाद की शव-परीक्षा, रामराज्य की कथा, देखा सोचा समझा, बीबी जी कहती हैं मेरा चेहरा रोबीला है (निबन्ध)

बारहवाँ खण्ड : न्याय का संघर्ष, चक्कर क्लब, बात बात में बात, जग का मुजरा (निबन्ध)

तेरहवाँ खण्ड : लोहे की दीवार के दोनों ओर, राह बीती, स्वर्गोद्यान बिना सांप, नशे नशे की बात (यात्रा साहित्य और कथा नाटक)

चौदहवाँ खण्ड : सिंहावलोकन : क्रांतिकारी जीवन के संस्मरण